● 全国第一届年鉴评比一等奖
● 全国第二届年鉴评比特等奖
● 江苏省首届年鉴评比优秀奖
● 江苏省第三届年鉴评比一等奖

海安年鉴

HAIAN ALMANAC

2016

总第18期

海安年鉴编纂委员会

图书在版编目(CIP)数据

海安年鉴.2016/《海安年鉴》编纂委员会编.—
北京:方志出版社,2016.9
ISBN 978-7-5144-2115-6

Ⅰ.①海… Ⅱ.①海… Ⅲ.①海安县—2016—年鉴
Ⅳ.①Z525.34

中国版本图书馆 CIP 数据核字(2016)第 236559 号

海安年鉴(2016)

编　　者:《海安年鉴》编纂委员会
责任编辑:徐　宏

出 版 人:冀祥德
出 版 者:方 志 出 版 社
地址　北京市朝阳区潘家园东里9号(国家方志馆4层)
邮编　100021
网址　http://www.fzph.org
发　　行:方志出版社发行中心
电话　(010)67110500
经　　销:各地新华书店
印　　刷:南京四彩印刷有限公司

开　　本:889×1194　1/16
印　　张:25
字　　数:1078千字
版　　次:2016年9月第1版　2016年9月第1次印刷
印　　数:0001~1200册

ISBN 978-7-5144-2115-6　　定价:210.00元

编纂机构和编审人员

《海安年鉴》编纂委员会

《海安年鉴》编辑部

审稿人

（以姓氏笔画为序）

丁　炜	丁兴育	丁国祥	于清山	仇玉林	毛迎丰	王　勇
王　怀	王文贵	王亚芳	王德明	邓　澄	韦圣霞	韦宝军
冯盼盼	卢厚龙	卢荣祥	叶晨玲	仲浩然	任永峰	刘　群
刘友斌	刘建华	刘建军	吕忠圣	孙慧斌	朱加纯	朱知和
许明全	严　忠	严国和	吴永生	吴旭东	吴志梅	吴忠林
吴俊刚	宋小宾	何瑜燊	张　华	张　军	张　顺	张　蕾
张　锐	张元春	张元根	张长春	张可嘉	张羽翼	张忠宏
张俊刚	章智敏	李广珍	李如生	李志和	李艳红	杨　陈
杨云根	杨国来	杨林根	杨海燕	沈　军	花　平	陆　进
陆威生	陈　铭	陈　辉	陈　稷	陈广顺	陈文静	陈长燕
陈锦璜	陈玉海	陈关飞	陈崇进	孟圣山	周　道	周和春
周学锋	周建国	季善明	杭亚军	杭兴华	罗　骏	罗正锡
罗进明	郁　健	郁文祥	郁东惠	柯素根	贲友兰	夏宏建
夏雪峰	徐　进	徐　泷	徐　斌	徐华俊	涂开生	涂祖凤
秦广荣	袁加根	袁金官	钱亚洲	钱祥升	顾仁军	顾庆瑜
顾维斌	高春萍	曹　青	曹兆俊	黄德春	储开泉	景世泽
童夫军	董玉龙	谢富林	韩　美	韩良波	薛海骏	

保密专审　刘松建

编 辑 说 明

一、《海安年鉴(2016)》是中共海安县委、县人民政府主办,《海安年鉴》编纂委员会组织编纂的地方性综合年鉴,旨在系统记述海安自然、政治、经济、文化、社会等方面的基本情况。年鉴以马列主义、毛泽东思想、中国特色社会主义理论体系为指导,贯彻落实科学发展观和“四个全面”战略布局,坚持实事求是原则,全面记述2015年全县基本面貌和各行各业、各条战线的发展情况。

二、《海安年鉴(2016)》基本采用栏目、分目、条目3个层次,全书设28个栏目,189个分目,992个条目,表58张,随文插图163幅。以条目为主要信息载体和基本结构形式。内容收录对象以现行海安行政区划为界,凡在区域范围内的机关、团体、学校、医院、企事业单位有价值的信息和资料,不论归属,均予收录。收录时限为2015年1月1日至12月31日,个别事物可适当追溯、下延,便于读者了解始末。

三、人物篇收录2015年组织机构及负责人名单、2015年新任职领导人物、先进人物、文化名人、好人群像、2015年获得高级职称人员名单等。荣誉栏收录2015年受市政府以上表彰的单位和个人。

四、年鉴文稿由各单位、各部门提供,单位负责人主审,年鉴编辑部负责编辑修改,最后由年鉴编委会审核。主要数据以县统计部门公布的为准,价格以现价为主,不变价予以注明。

五、计量单位除农业使用“亩”外,其他使用法定计量单位。标点符号按2012年新国标执行。凡全栏目或多个栏目系同一作者的,只在最后一个条目末署名。

六、年鉴彩页图片由县新闻信息中心、政务信息中心、文联、摄影家协会及本刊图片库供稿,随文插图由各单位、各部门提供,已知作者均已在图片下方署名,未知作者均注明提供图片的部门,在此一并致谢!

七、《海安年鉴(2016)》编辑出版,得到全县各级领导和社会各界的关爱和支持,在此谨表谢忱。由于编者水平有限,希望广大读者提出改进意见,以便进一步提高《海安年鉴》质量。

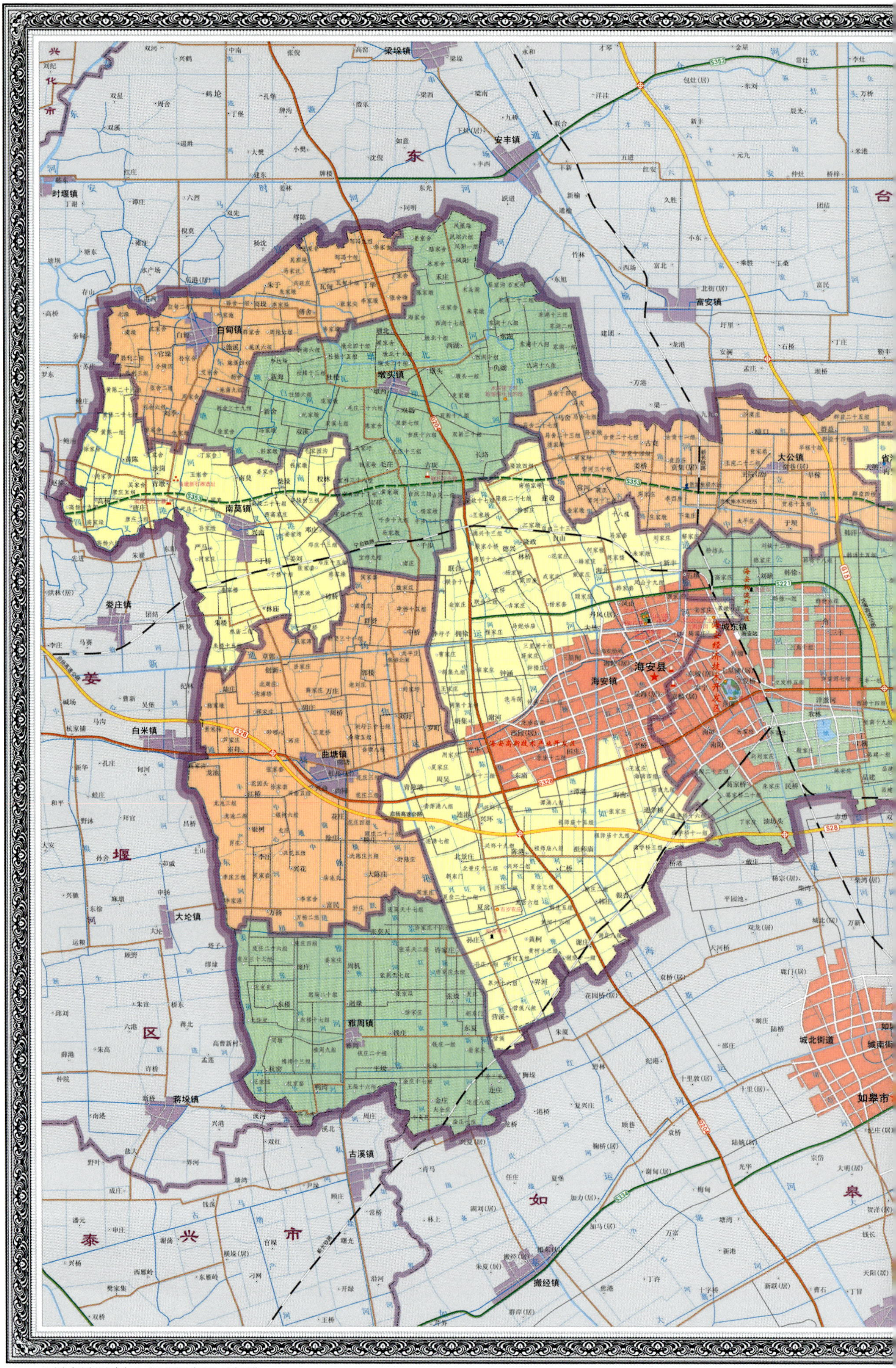

江苏省基础地理信息中心　海安县国土资源局　联合编制

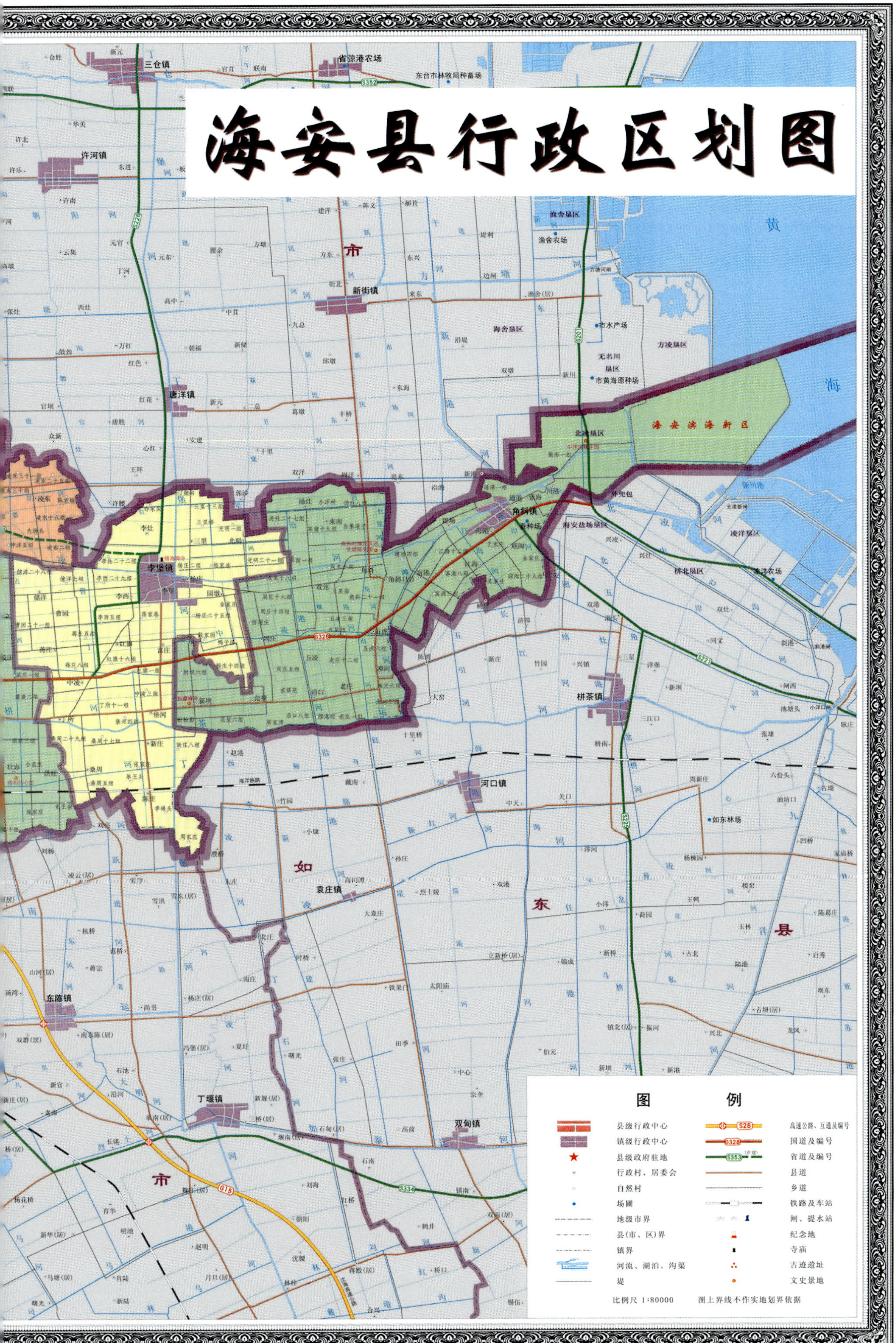

审图号：苏S(2013)117号　2013年12月第1版第1次印刷

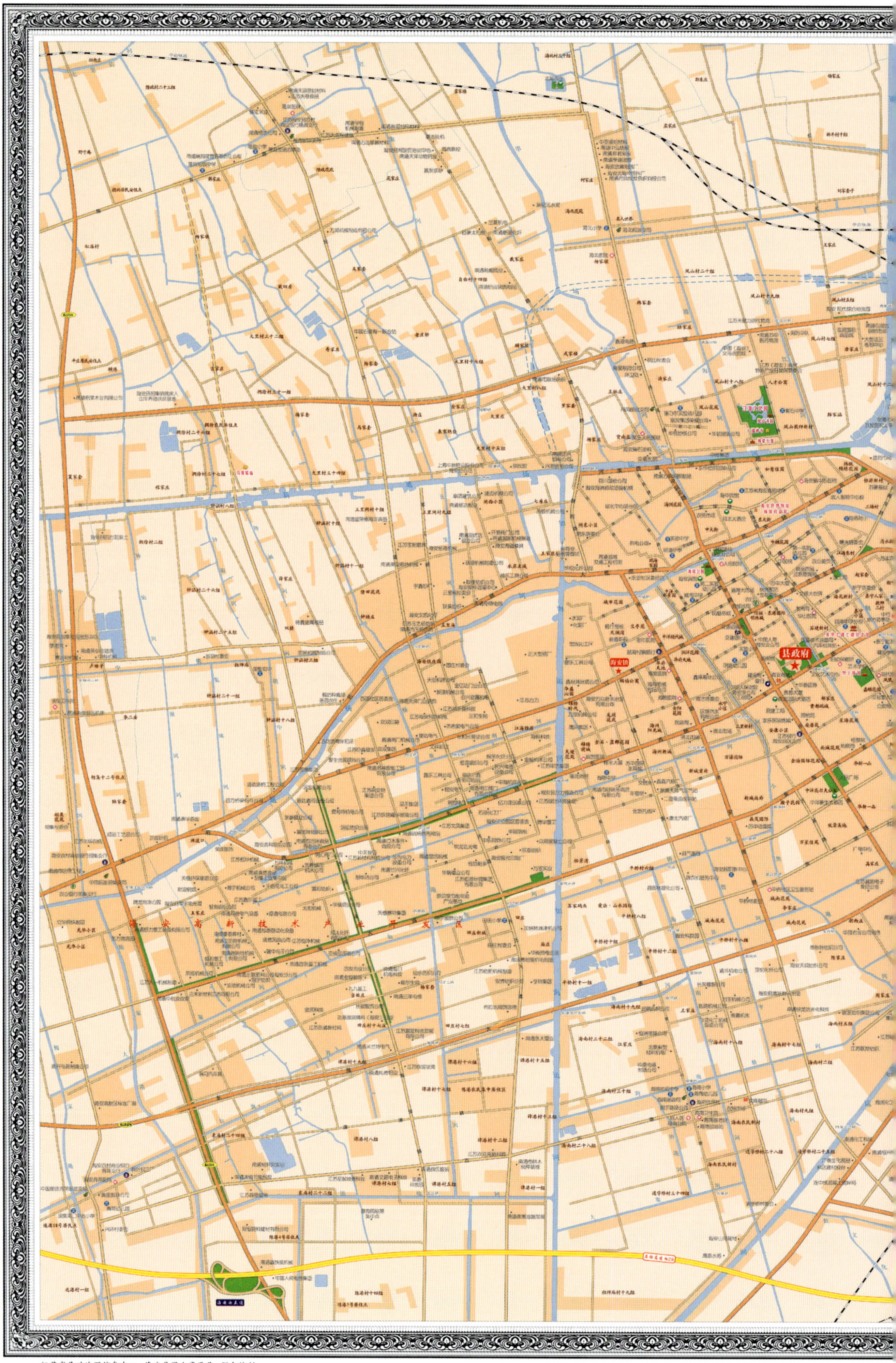

江苏省基础地理信息中心 海安县国土资源局 联合编制

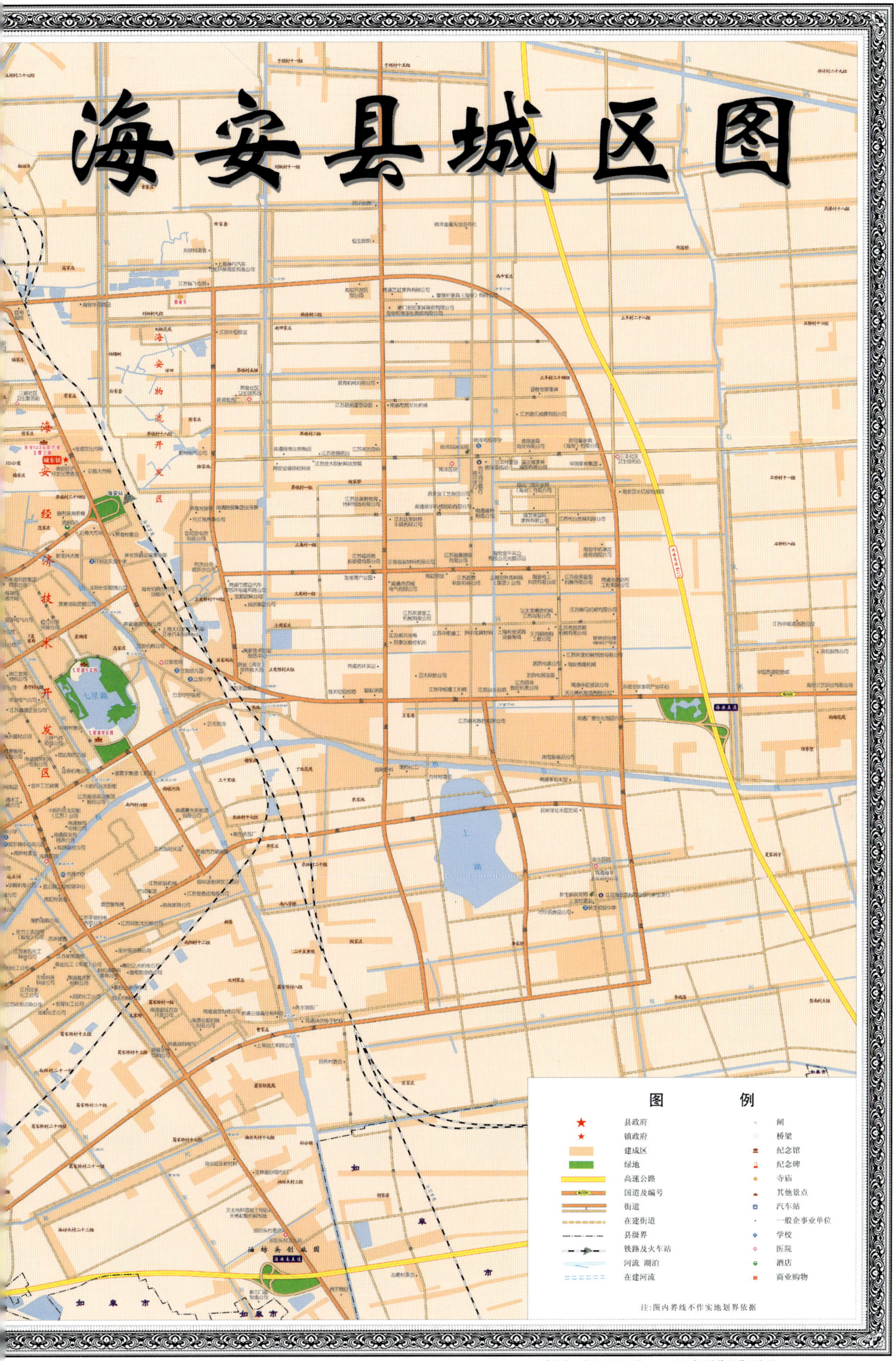

审图号：苏S(2013)118号　　2013年12月第1版第1次印刷

枢纽海安　物流天下

枢纽海安 物流天下
Hub of Haian logistics world
动车时代 节点城市
EMU era node city
CRH
和谐号

动车时代　节点城市

亮点回眸 2015

- 地区生产总值680亿元
- 一般公共预算收入62.1亿元
- 工业应税销售在南通率先突破千亿大关
- 全国中小城市综合实力百强县第31位
- 最具投资潜力中小城市百强县第10位
- 全国县域经济最具创新力50强第5位
- 国家首批中小城市综合改革试点地区
- 江苏省新型城镇化试点地区
- 江苏省科技创新体制综合改革试点县

荣誉称号

国家生态县	中国教育之乡
全国文明县城	中国茧丝绸之乡
全国卫生县城	中国建筑之乡
全国绿化模范县	中国河豚之乡
全国文化工作先进县	中国长寿之乡
全国科技进步示范县	中国平安之乡

枢纽海安　物流天下

8 月 28 日，上海铁路局海安物流基地汽车班列首发仪式在江苏海安商贸物流园举行　（董玉龙　摄）

动车时代　节点城市

7 月 22 日，中亚货运班列从海安首发　（政务信息中心　供稿）

南屏大桥——海安第一斜拉桥　（县交通局　供稿）

K417 次列车行驶在新长铁路和宁启铁路之间的联络线上　（县交通局　供稿）

海安凤山港区　（县交通局　供稿）

江苏东部

公铁水” 商贸物流高地

宁启动车、连申运河海安交汇处 （董玉龙　摄）

7月20日，省委常委、宣传部部长王燕文到海安开展“三严三实”专题教育调研。市委书记丁大卫，市委副书记陈斌，市委常委、秘书长黄巍东，市委常委、宣传部部长章树山，县委书记陆卫东，县委副书记、县长顾国标，县委副书记焦广琪，县委常委、宣传部部长王炜，县委常委、高新区党工委书记、海安镇党委书记丁锋等参加活动。（姜　明　摄）

7月16日，省委常委、省军区政委曹德信到海安县调研民兵工作情况，参观角斜“红旗民兵团”史绩陈列馆，听取海安县基本情况、角斜“红旗民兵团”发展概况介绍。省军区政治部主任李少，市委常委、南通军分区政委苏西群，南通军分区司令员徐国安，县委书记陆卫东，县委常委、组织部部长成宾，县委常委、人武部政委陈辉，副县长、县公安局局长葛志祥，县人武部部长袁九胜参加活动。（姜 明 摄）

4月9日，省人大常委会常务副主任、党组副书记蒋宏坤率领参加全省人大农业和农村工作座谈会的全体人员参观海安县农业农村建设现场。省人大常委会农业和农村工作委员会主任张京霞，省人大常委会农业和农村工作委员会副主任梁学忠，市委副书记、市长张国华，市人大常委会副主任王向红，县委书记陆卫东，县委副书记、县长顾国标，县人大常委会主任孙进基，县人大常委会副主任王锡林，副县长彭为杰参加活动。（姜　明　摄）

12月24日，县委书记陆卫东，县人大常委会主任孙进基陪同省人大常委会常务副主任、党组副书记张卫国，省人大常委会秘书长吕振霖，市人大常委会副主任陈斌等参观东部全球家具博览中心。（政务信息中心　供稿）

9月15日，市委书记丁大卫到海安县南莫镇、白甸镇、墩头镇，专题调研"十三五"推进新型城镇化和城乡发展一体化工作。县委副书记、县长顾国标陪同调研并汇报相关工作情况。（姜 明 摄）

1月9日，市委副书记、市长张国华率队到海安县康桥油脂公司等企业开展安全生产检查。县委书记陆卫东汇报相关工作。市政府秘书长顾诺之，市纪委副书记、监察局局长陈勇，县委副书记、代县长顾国标，县领导周宗泉、李春旺、卢忠平参加活动。（姜 明 摄）

10月1日，东部全球家具博览中心举行开业庆典。中国家具协会副理事长陈宝光，南通市副市长单晓鸣，江苏省家具协会执行会长冯建华，海安县县委书记陆卫东，县委副书记、县长顾国标，县人大常委会主任孙进基、县政协主席周宗泉等领导参加开业庆典，并共同为东部全球家具博览中心启动开业球。

8月28日，上海铁路局海安物流基地汽车班列首发仪式在江苏海安商贸物流园举行。县委书记陆卫东，县委副书记、县长顾国标，县人大常委会主任孙进基，县政协主席周宗泉，中铁特货运输公司上海分公司总经理顾光明，上海铁路局新长车务段段长王少锋，上海铁路局南京货运中心党委书记邬志征，上海铁路局新长车务段党委书记孙革红等出席。汽车班列首发仪式由副县长严长江主持。

（董玉龙　摄）

海安县第二届“创新创业在海安”主题活动

县委书记陆卫东，县委副书记、县长顾国标陪同来宾参观海安科技成果展览

“创新创业在海安”主题活动签约

5 月 23 日，海安县举办第二届“创新创业在海安”主题活动。科技部国际科技合作司参赞张健，省科技厅副厅长夏冰，南通市副市长黄爱军，中科院南京分院党组副书记、副院长杨涛等领导；中国科学院院士、南京大学地球科学与工程学院教授薛禹群，中国科学院院士、南京大学天文与空间科学学院教授孙义燧，中国科学院院士、南京大学电子科学与工程学院教授吴培亨等 500 名院士、专家、教授应邀出席活动。县委书记陆卫东作主旨报告。县委副书记、县长顾国标，县人大常委会主任孙进基，县政协主席、海安经济技术开发区党工委副书记周宗泉等四套班子负责人参加活动。活动现场签约 40 项新增产学研合作项目、10 项科技成果转化项目和 30 项高新技术产业项目。活动期间，海安县还分别举行装备制造、新材料、农业科技、节能环保、纺织丝绸锦纶产业成果发布会。

“创新创业在海安”主题活动会场

第二届“创新创业在海安”会场

（本版摄影　姜　明）

第九届青墩文化艺术节暨中国·海安2015金秋经贸洽谈会

南通市副市长孙建华致辞

海安县委书记陆卫东作主旨报告

海安县委副书记、县长顾国标作海安推介报告

11 月 12 日，“动车时代、节点城市”第九届青墩文化艺术节暨中国 · 海安 2015 金秋经贸洽谈会在海安王府邦瑞大酒店举行。市人大常委会副主任施建中，副市长孙建华，市政协党组副书记、副主席陈德新等领导；昆山市台商协会会长、耀马车业（中国）有限公司董事长李邦欣，中国国际科学促进会会长周玉成，中国茧丝绸电子交易市场总裁刘卓明，韩国驻上海总领事馆经济领事崔载官等 400 多名中外客商；县委书记陆卫东，县委副书记、县长顾国标，县人大常委会主任孙进基，县政协主席周宗泉等县四套班子负责人参加活动。会议表彰“十佳来海投资企业家”和“十佳新海安人”。50 个项目现场签约。

金秋经贸洽谈会会场

南通市政协副主席陈德新为“十佳新海安人”颁奖

金秋经贸洽谈会签约

重大活动

海安县第二届“中科院专家走进海安”主题活动

县委书记陆卫东致辞

县委副书记、县长顾国标介绍海安县创新创业环境

省科技厅巡视员陶静致辞

中科院南京分院党组副书记、纪检组组长杨涛致辞

县委书记陆卫东，县委副书记、县长顾国标陪同来宾参观海安科技成果展览

12 月 5 日，海安县举办第二届“中科院专家走进海安”主题活动。省科技厅巡视员陶静，中科院南京分院党组副书记、纪检组组长杨涛，中科院过程工程研究所所长助理、研究员肖炘等中科院系统及相关院所 46 家单位的 132 位专家和省市有关部门领导，《科技日报》《新华日报》、江苏电视台、澎湃新闻、人民网等媒体记者应邀参加活动。县委书记陆卫东致辞。县委副书记、县长顾国标介绍海安县创新创业环境。副县长卢忠平主持活动。县人大常委会主任孙进基，县政协主席周宗泉，县委副书记成宾等县四套班子负责人参加活动。

第二届“中科院专家走进海安”主题活动会场

（本版摄影　姜　明）

中共海安县委第十二届第九次全体会议

县委书记陆卫东代表县委常委会作题为《践行五大发展理念，弘扬创新争先精神，为全面建成小康社会而努力奋斗》的工作报告

县委副书记、县长顾国标主持会议并布置工作

12月31日，中共海安县委第十二届第九次全体会议在行政中心报告厅举行。县委书记陆卫东代表县委常委会作题为《践行五大发展理念，弘扬创新争先精神，为全面建成小康社会而努力奋斗》的工作报告。县委副书记、县长顾国标主持会议并布置工作。全会审议通过《海安县国民经济和社会发展第十三个五年规划纲要》；审议通过《中国共产党海安县第十二届委员会第九次全体会议决议》。全体县委委员、候补委员出席会议。县纪委委员；县人大、县政府、县政协全体负责人；县法院院长、检察院检察长；县四套班子老领导代表；各区管委会主任、常务副主任，商贸物流园党工委书记、管委会主任，各镇党委书记、镇长、人大主席、政协工作委员会主任；县直各党委（党组）书记，县级机关各部门、各直属单位、各群众团体主要负责人；县第十二届党代会全体党代表；重点企事业单位主要负责人列席会议。

12月16—18日，县委书记陆卫东率领县党政代表团赴盐城、南京、北京、深圳考察学习。县人大常委会主任孙进基、县政协主席周宗泉、县委副书记成宾等四套班子负责人参加活动。

12月31日，中共海安县委第十二届第九次全体会议在行政中心报告厅举行

中共海安县委第十二届第九次全体会议开幕

（政务信息中心　供稿）

纪念中国人民抗日战争暨世

刘少奇在苏中

粟裕、陈毅在苏中

联抗部队司令兼政委、党委书记、兴东泰地委书记黄逸峰

苏中滨江临海，位置显要，早在明朝，海安、南通等地民众就曾积极抗击倭寇，青史流芳。抗日战争进入相持阶段后，华中成为中国共产党谋求发展、坚持抗战的生命线。苏中根据地首先建立，是全国十九个抗日根据地之一。苏中根据地是新四军一师的“家”，在苏中民众的支持下，一师成为“最能打仗”的部队，苏中军民团结抗战，反“扫荡”、反“清乡”、反伪化，浴血奋战，威震华中。

海安曾是华中抗战的指挥中心，是苏中根据地的重要组成部分，在华中抗战史上具有独特地位。1940 年 10 月 7 日新四军苏北指挥部进驻海安，1940 年 10 月 10 日，在曲塘镇成立由新四军、国民党地方部队等组成的“联抗”部队。11 月 7 日，刘少奇、黄克诚到达海安。11 月 15 日在海安镇召开苏北临时参政会。大会选举海安耆宿、爱国人士韩国钧为苏北临时参政会名誉会长，同时宣布成立人民自己的合法抗日政权机构——苏北临时行政委员会，并通过施政纲要。11 月 17 日，华中八路军、新四军总指挥部成立大会在海安召开。在华中的党政军领导数百人云聚海安，海安一度成为华中抗战的政治中心和军事中心，确立了中国共产党在苏北抗日斗争中的领导地位。后来苏中海防团在老坝港奠基；这里有民族抗战之楷模韩国钧，刘少奇、陈毅、粟裕、黄克诚、曾山等都曾在这里战斗，这里更有浴血坚持的万千百姓。1943 年紫石县在烽火中诞生，而成为海安的前身。海安军民在中国共产党领导下，团结抗战，前赴后继，在坚持抗战中付出了巨大的代价，更为赢得抗战的全面胜利做出了历史性的贡献。

中流砥柱著史迹，居安思危保和平。愿海安人民在对历史的回望中，感悟时代的脉搏，谱写灿烂新篇章。

联合抗日座谈会会议室（海安镇东大街）（董玉龙 摄）

法西斯战争胜利70周年专辑

海安——1940年的红色岁月

韩国钧

华中新四军、八路军总指挥部成立纪念地（海安镇西寺巷）
（董玉龙　摄）

联合抗日座谈会会址（海安镇东大街）（董玉龙　摄）

参政会旧址（海安镇中大街）（董玉龙　摄）

联抗部队成立纪念地（现曲塘中学内）（董玉龙　摄）

纪念中国人民抗日战争暨世

县领导陆卫东、孙进基、周宗泉、李春旺、王炜、盛慧琴、张亚曦、陈辉、吉恒明等参观纪念展

8月31日，海安县举行海安人民抗日斗争史迹展陈暨抗战老战士图片展活动。县委书记陆卫东致辞。县人大常委会主任孙进基，县政协主席周宗泉等县四套班子负责人出席活动，参观海安县抗日斗争史迹陈列馆，观看抗战老战士图片展，看望出席活动的新四军抗战老战士代表。县委常委、宣传部部长王炜主持活动。活动现场奏唱国歌，敬献花篮，全体人员瞻仰联抗烈士墓。

法西斯战争胜利70周年专辑

海安县抗日斗争史迹陈列馆开馆

县委书记陆卫东在海安县抗日斗争史迹陈列馆开馆仪式上致辞

县委书记陆卫东看望参加抗战的老兵代表

参加纪念活动的县镇机关干部代表

到抗战纪念馆参观的群众络绎不绝

（本版摄影　董玉龙　赵海群）

纪念中国人民抗日战争暨世

电影《韩国钧》首演式

省档案局副局长顾祖根，市档案局局长苏远明，星瑞影业公司董事长印星林，县委书记陆卫东开启首映仪式

8月31日，由江苏省档案局和海安县委、县政府共同打造的电影《韩国钧》在海安举行故乡首映式。省档案局副局长顾祖根，市档案局局长苏远明，星瑞影业公司董事长印星林，县委书记陆卫东，县人大常委会主任孙进基，县政协主席周宗泉，县委常委、宣传部部长王炜，副县长翁晓云等领导和主要演职人员出席。该片由海安籍导演冯新民和张亚光联合执导，制片人任文国，著名表演艺术家石维坚主演，著名演员刘胜奎及青年演员刘旭、庄紫、杜春等在剧中都有精彩表演。

县委常委、宣传部部长王炜主持首映仪式

著名表演艺术家石维坚出席首映仪式

参加首映仪式的省、市相关部门领导和县领导陆卫东、孙进基、周宗泉、王炜

（县档案馆　供稿）

法西斯战争胜利70周年专辑

“同唱抗战歌、传承爱国情”歌咏比赛

8月31日，由海安县委组织部、县级机关党工委主办的“同唱抗战歌、传承爱国情”县级机关纪念抗战胜利70周年歌咏比赛决赛在职教园区举行。县委书记陆卫东，县领导李春旺、王炜、成宾、盛慧琴、翁晓云出席活动。

县领导和参加表演的歌咏队员合影

机关事务管理局表演《拥军花鼓》

司法局表演《团结就是力量》

审计局表演《长城谣》

卫计委表演《八路军拉大栓》

公管办表演《太行山上》

检察院表演《映山红》

（县级机关工委　供稿）

海安黄海大道一览　（张光林　摄）

乡村晨曦 （陈月斌 摄）

七战七捷纪念碑 （董玉龙 摄）

青墩遗址 （徐松山 摄）

江淮文化园 （董玉龙 摄）

淳美海安

圆通寺夜色 （董玉龙 摄）

黄海风光 （徐松山 摄）

总　目

MAIN CONTENTS

海安年鉴
2016

中共海安县委员会
海安县人民政府
主办

《海安年鉴》编辑部
地　址：海安县城长江中路106号
县行政中心10楼
邮　编：226600
邮　箱：nthanj@163.com
Q　Q：414948083
电　话：(0513)88851296
88812593
88818330

目　录
Contents

印象海安

特　载

媒体聚集海安

海安概貌

大 事 记

海安名片

城乡建设

自然环境　生态环境保护

园区建设

沿海开发

农　业

工　业

建筑业

商贸服务

金　融　业

政党　政权　政协

社会组织

法治　军事

经济事务管理

公共管理

科　　技

教育　体育

文化事业

医疗卫生

社会保障　人民生活

人　物

镇(场)

附　录

索　引

封面:国画　三里风帆　华士清　作　(江淮文化园　提供)

特　载

Special Issue

南屏大桥　章　丽绘

◎ 责任编辑　董玉龙　周宏文

年度要闻

【经济发展重要新闻】 1.在全国中小城市综合实力百强榜、最具投资潜力中小城市百强榜排名中，分别列第31位、第10位；在全国县域经济最具创新力50强中，列第5位。2015年，海安实现地区生产总值680亿元；财政总收入140.7亿元，其中一般公共预算收入62.1亿元，增长14.7%；城乡居民人均可支配收入为34445元、16549元，分别增长9%、9.2%。

2. 甘肃国际陆港华东物流基地、上海铁路局海安物流基地启动运行，中亚班列、汽车专列海安首发。7月22日，上海铁路局海安物流基地暨甘肃国际陆港华东物流基地运营启动仪式在商贸物流园举行。上午9时许，甘肃国际陆港华东物流基地中亚班列满载40个标准集装箱，从物流园专用铁路1号线首发，将华东地区生产的服装、机械等产品，输向中亚5国。

3.全国建材装备标准化技术委员会全体委员会议在海安召开。4月9日，全国建材装备标准化技术委员会工作会议暨《水泥工业用回转窑》《建材机械产品分类和型号编制方法》两项国家标准审查会在江苏鹏飞集团召开，中材装备、中信重工、朝阳重型以及科研设计院等30多家单位的标准化委员出席会议。县鹏飞集团负责起草《水泥工业用回转窑》等两项国家标准。副县长卢忠平，县政协副主席、县工商联主席蔡祝平参加活动。

4.苏中、苏北地区唯一经上海期货交易所批准的南通海安有色金属期货交割库投入使用。7月5日，海安有色金属期货交割库揭牌仪式暨苏中苏北有色金属产业发展恳谈会举行。县铜材深加工企业有60余家，三大国有有色金属企业集团、中国500强企业——甘肃酒钢集团、金川集团、白银集团在海安设立区域性总部贸易公司，县有色金属产业发展实现“研发有机构、生产有基地、物流有市场、销售有平台、服务有配套”。

5.东部全球家具博览中心开业。10月1日，东部全球家具博览中心举行开业庆典，近200个知名家具品牌首批签约入驻。中国东部家具产业基地打造以市场为龙头的集家具研发、原料采购、制造、展示、销售、物流为一体的家具全产业链发展格局。

6.海安获多项著名品牌称号。2015年，“鑫缘”品牌获“中国十大丝绸品牌”称号，新增双弘纺织“双弘及图”、海林集团“海林图形”、华强布业“倍优特及图”3件中国驰名商标、“海安脆梨”“海安紫菜”“海安香芋”“海安麻虾酱”4件商标被认定为地理标志证明商标，鹏飞集团、鑫缘集团获2014年“江苏省自主工业品牌50强”称号，鑫缘集团获第二届江苏品牌紫金奖江苏产业领导品牌奖、2015年度中国质量奖提名奖，“海安桑蚕茧”获批为地理标志保护产品，中国天楹股份有限公司、南通华新建工集团有限公司获南通市市长质量奖。另外，新增省著名商标7件、市知名商标26件。

7.海安建筑企业进入全国全省同行前列。苏中建设集团连续13年进入中国企业500强，列第314位。在2015年中国民营企业500强中，苏中建设集团、华新建工集团分别列第87位、第412位。在中国建筑业竞争力百强中，苏中建设集团列第21位、华新建工集团列第59位；在中国建筑业成长性百强中，达欣公司列第4位、信拓公司列第15位、海洲公司列第59位。11家企业入围江苏省建筑业“双百强”，3家企业入围江苏省建筑业百强企业，7家企业进入江苏建筑业竞争力百强企业；苏中建设集团列全省百强民企第18位。

8.商贸物流园成为省级示范物流园区。3月7日，县商贸物流园被省发展改革委批准为江苏省省级示范物流园区。2015年，海安商贸物流产业园区集聚区实现主营业务收入211.2亿元，实现服务业税收9.9亿元。年末，入选“中国物流基地50强”。

9.海安入围全国基本实现农业现代化国家示范区。3月，海安成功入围全国基本实现农业现代化国家示范区，其建设水平进入全国前20位。2015年，完成千万元以上农业项目105个，其中亿元项目15个，完成总投入额9.9亿元。雅周现代农业园区农业高新技术展示中心、公共服务中心、农机服务中心“三大中心”建成；南京农业大学果树研究院等一批高水平项目落户雅周现代农业园区；新增市级以上农业龙头企业11家，其中，省级3家、市级8家；县农村产权交易中心建成运行。

10.海安淘金创谷成功落户。7月1日，县开发区与淘金互联网产业股份有限公司签约，合作共建海安淘金创谷(青年电商创业孵化中心)。淘金互联网产业股份有限公司董事长王金合，县委书记陆卫东，县委副书记、县长顾国标，副县长严长江参加签约活动。淘金创谷帮助海安传统企业开展电子商务，实现转型升级，加快电商人才孵化培养，带动海安电子商务发展。

【城乡建设重要新闻】 1.海安成为全国首批中小城市综合改革试点地区。3月17日，海安被国家发展改革委列为首批国家中小城市综合改革试点地区。建立健全“多规合一”与产城融合体制机制，编制《国家中小城市综合改革试点实施方案》和26项具体改革实施方案。年内，通过江苏省优秀管理城市验收。

2.海安获批全国河湖管护体制机制创新试点县。年初，海安被国家水利部确定为全国第一批河湖管护体制机制创新试点县。全国46个县市入选，其中江苏省有7个，海安是南通市唯一入选县。

3.曲塘镇被评为全国文明镇。3月1日，《人民日报》公布《关于表彰第四届全国文明城市(区)、文明村镇、文明单位的决定》，曲塘镇荣获“第四届全国文明村镇”称号。4月17日，曲塘镇党委书记张英来参加全市文明城市长效机制建设现场推进暨表彰大会，从市领导手中接过“全国文明村镇”奖牌。

4.火车客运新站房投入使用。2月9日，海安火车客运新站房过渡启用。当日迎客1500余人，一楼候车厅和售票厅及附属区先行启用。2014年年初，海安火车站新建工程实施，地上2层，地下局部1层，高度20.8米，客运用房建筑面积9000平方米，改造后候车厅比原来扩大5倍

5.海安被列为全省首批生态循环农业示范县。2015年，海安建成农村污水管网30公里，完成城北污水处理厂、新华河两岸等污水处理工程10个。综合整治河道68条(段)151公里，新建生态护岸70.1公里，河坡整治绿化148.3万平

方米。完成淮河流域水污染防治工程 8 个，开工建设农民集中居住点生活污水收集处理项目 6 个。精细化工园区实现雨污、清污分流视频监控，44 项减排工程实施到位。实施秸秆禁烧禁抛和综合利用，全年无省市火点通报。大力发展清洁生产和循环经济，万元地区生产总值综合能耗下降 3.52%。实施清水工程，全县 96.65%的河道达到整洁河标准，90%的村通过达标村验收，96.6%的河道完成与畜禽养殖规模相配匹的污染防治设施建设，各区镇建成农户蓄粪池、沼气池 1561 个。

6.海安获评全省城乡道路客运一体化 AAAAA 级。全县公交首末站 10 个(其中新增 1 个)、公交回车场 28 个。全县城区公交站亭 195 个、农村客运站亭 280 个(新建公交站亭 30 个)、公交站牌 1370 个(其中新建公交站牌 1300 个)。

7. 海安 11 家农家乐入选中国乡村旅游金牌农家乐。8 月，国家旅游局公布中国首批乡村旅游“千千万万”品牌名单。县蓉和怡心园、盈拓生态园、百岁农庄等 11 家单位入选中国乡村旅游金牌农家乐，另有 6 人入选中国乡村旅游致富带头人。

【社会事业重要新闻】 1.见义勇为典型陈群荣登 2015 年 2 月中国好人榜。3 月 3 日，由中央文明办主办、中国文明网承办的“我推荐、我评议身边好人活动”，发布 2 月“中国好人榜”名单，冰水中托举 15 分钟、为救落水老人牺牲的“托举大叔”陈群当选“中国好人”。

2.国际积极心理学大会幸福家庭海安论坛在海安召开。7 月 11—13 日，由清华大学、中国儿童少年基金会主办的第三届中国国际积极心理学大会幸福家庭海安论坛在海安举办。清华大学与海安联手，在国家级海安经济技术开发区建立幸福科技产业园区，推进幸福科技产品从实验室走向大众化市场。

3.海安开放大学成立。12 月 14 日，海安开放大学揭牌暨海安终身学习网开通仪式在海安职教园区举行。江苏开放大学副校长金丽霞，南通开放大学校长张建锋，副县长翁晓云及师生代表 400 多人参加活动。

4.海安非遗项目扎染作品获中国民间文艺山花奖。12 月 2 日，第十二届中国民间文艺山花奖颁奖仪式在浙江海宁举行，焦宝林扎染立屏《水浒一百零八人物图》获得中国民间文艺最高奖山花奖。《水浒一百零八人物图》全长 10.8 米，高 2.6 米。焦宝林以屏风为载体，使用 10 多种扎结和染色工艺表现水浒英雄人物。

5.启动“全民参保登记计划”。年末，全县城镇职工养老、医疗、失业保险参保人数分别为 23.04 万人、24.44 万人、9.76 万人。城乡居民养老保险参保人数 38.87 万人，新型农村合作医疗参保人数 48.32 万人，城镇居民基本医疗保险参保人数 11.69 万人。

6.海安成功创建省公共体育服务体系示范区。2015 年，申报 3 个市级体育公园，创建省级优秀健身晨晚练点 10 个，省市表彰晨晚练健身点 20 个；完成主城区 10 公里健身步道建设、城区 10 分钟健身圈升级改造、全民健身数字地图建设。

7.居民综合阅读率全市第一。县拥有区镇文化站 10 家，“农家书屋”220 家。海安图书馆藏书量 43.87 万册，年阅读量 12.7 万人次。博物馆接待量 15 万人次。全年送戏 126 场，送电影 3272 场，送图书 45149 册，送展览 236 次，送培训 694 场、29592 人次。

实事工程巡礼

【依法行政和公共法律服务】 项目分别由政务服务中心、司法局、民政局牵头实施。投入 3000 余万元实施县政务服务中心改造升级，8 月 10 日迁入新址，对外服务。确定进驻中心行政部门 35 家、中介服务机构 22 家，进驻行政服务事项 599 项、公共(中介)服务事项 20 项，进驻窗口工作人员 220 人，事项、部门、人员进驻率 96.5%。日均办件量 1500 多件，是改造升级前的 3 倍。制定县镇村三级便民服务体系建设实施意见、区镇便民服务中心窗口设置办法，将区镇便民服务中心建设纳入区镇目标绩效管理考核。梳理制定便民服务室进驻事项清单，研发三级政务服务电子平台，一期平台投入使用。

县公共法律服务中心建设完成规划设计方案招标，12 月底完成主体工程施工，春节前投入使用。1—11 月，办理法律援助案件 1642 件，同比增长 60%，为受援人避免和挽回经济损失 1100 余万元，在全省法律援助质量考评中获得优秀。

扎实推进社区治理改革。统一时间、统一标准、统一表式，对开发区、高新区 22 个社区所属 308 个小区，32 个村级农民集中安置区进行逐户登记。出台《关于社区管理体制改革的实施方案》，确定社区管理型 22 个、村级管理型 29 个、街道统筹型 3 个。制定《社区管理人员使用办法》，规范社区管理人员的使用和管理要求。对全县城镇社区居委会主任进行岗位业务培训，全面提升社区党的组织建设、居民自治管理、网格化服务管理、物业管理及业主委员会建设和管理水平。

【教育现代化建设】 项目由教育局牵头实施。通过积极争取上级资金及县镇两级筹资，共投入 4595 万元用于塑胶化运动场建设。12 片场地全面建成，11 片场地抓紧施工（李堡小学场地因土地指标问题暂时缓建）。县教育云数据中心项目完成招标，进入公示阶段；教育专网接入项目确定招标方式。围绕现代化创建工作，数字化校园硬环境建设有序开展。投入资金 9100 万元，实施校安工程项目 46 个，新建、加固改造校舍面积 9.36 万平方米。其中，加固项目涉及全县 23 所学校，暑期结束前交付使用；新建项目和易地新建丹凤小学完成施工图设计等前期手续，编制工程量清单，挂网招标，年底开工建设。

【医疗卫生事业】 项目由卫计委牵头实施。2015 年人口健康信息平台项目投入资金 900 余万元。县人民医院、中医院信息系统与卫生信息平台、中心机房基本联通，初步具备数据传输功能。海安镇中心卫生院、曲塘镇中心卫生院、新生卫生院、白甸镇卫生院信息系统运行正常。曲塘镇中心卫生院作为二级医院试点单位，院内电子病历、检查检验、心电系统、影像和通信系统试运行。投入 400 余万元，实施农村妇女“两癌”免费筛查，筛查人数 32691 人，超额完成年度任务。

【社会保障工程】 项目由人社局牵头实施。通过搭建平台推动就业、政策扶持促进就业、鼓励创业带动就业。全年提供就业岗位2.8万个，其中高校毕业生就业岗位1万个，困难家庭大学生就业率动态保持100%；城乡基本养老、基本医疗、失业保险覆盖率分别为96.42%、97.45%、96.49%。

【居家养老服务体系】 项目由民政局牵头实施。县政府制定下发《关于进一步推进社会养老服务体系建设加快养老服务业发展的实施意见》，强化居家养老服务体系建设，将其纳入社区为民服务中心建设内容，统一规划，统一检查验收。完成31家农村居家养老服务中心(站)标准化建设，覆盖率50%。投入财政资金30万元，新增500名困难老人“一助一”居家养老政府购买服务对象。对上年新纳入政府购买服务对象进行抽查，抽查结果满意率95%以上。投入40余万元完成居家养老呼叫服务平台软、硬件购置、安装、调试和160名服务对象信息的采集、录入工作，并由民办居家养老服务机构开展套餐式服务，社会反响良好。

【“五送一建”工程】 项目由文广新局牵头实施。投入250余万元，完成送戏126场，送电影3272场，送图书45149册，送展览236次，送培训694场、培训29592人次。完成星级农家书屋申报工作，申报省五星级示范书屋3家，市四星级示范书屋15家，农家书屋硬件、软件设施更加完备。

【城乡环境管理】 项目由城管局牵头实施。城市环境综合整治“931”工程48个项目，年终完成整治任务。结合创建江苏省优秀管理城市，对县城区背街小巷进行全面整治。县级机关部门积极参与，组织人员利用休息时间开展打扫捡拾、清理杂物、清除小广告等活动。旺池社区通过开展背街小巷环境卫生集中整治，被评为南通市城市管理示范社区，通过省级示范验收。将集镇环卫管理工作纳入“城镇建设管理杯”“经济社会发展责任书”考核，通过个别指导、现场讲评、考核督察提升集镇环卫管理水平，集镇面貌变化较大，群众满意度不断提升。

【停车设施建设工程】 项目由住建局牵头实施。全年年实际规划停车场16处，计划新建停车泊位1675个，其中住建局负责实施14处，人民医院实施1处，瑞海集团实施1处。两区及相关部门负责清障及后期管理工作。10月已完成建设5处，分别为千禧大桥生态停车场、县图书馆南侧停车场、船闸公园生态停车场、安平路两处停车场、行政大楼北侧停车场，已建成停车泊位905个；其余11处抓紧施工。此外，结合“现代、精致、增绿、便民”工程，想方设法增加停车泊位，年底前完成新增1500个停车泊位的目标任务。

【农贸市场建设】 项目分别由商务局、市场监管局牵头实施。出台《2015年海安县农贸市场升级改造及规范化管理实施方案》和相关奖励办法、《海安县2015年城区农贸市场升级改造标准及全县农贸市场管理规范》。年底，隆田和谭港农贸市场土建工程全部完成，水电配套到位。隆田农贸市场店面房改装结束；谭港农贸市场进行装修施工。如意佳苑农产品超市：主体工程封顶，南侧工程开工建设，海安亚伦房产开发有限公司与合作方洽谈合作事宜。农副产品批发市场：设置安装大型市场字牌标识，完成厕所、化粪池、部分道路和下水道修缮，新增630千瓦变压器，完成3、4号大棚改造施工，总体进入扫尾阶段。泰宁农贸市场翻建钢结构大棚，配套设施基本到位。完成功能区划分，建立健全各项管理制度。高庄农贸市场(二期)平面图等相关设计方案进一步完善，清障交地，开工建设。年底隆田、谭港、泰宁、农批、如意佳苑农产品超市完成整体项目建设，高庄二期主体工程封顶。努力提升集镇农贸市场规范化管理水平。通过调查摸底，全面掌握8个集镇市场情况，下发规范化管理实施意见与考核办法，明确市场属地政府的管理责任，与市场主办单位签订市场规范化管理责任状，做到齐抓共管。年末，各市场全面实施规范化管理。改造、新建县城区农贸市场6家，其他8个镇各有1个农贸市场实现规范化建设和管理。

【应急水源保障】 项目由住建局牵头实施。年末，水厂备用水源深度处理工艺改造工程完成桩基工程施工及检测；深基坑专项施工方案完成编制，组织专家论证；开挖各建(构)筑物基槽；工程设备采购及安装总包招标上网公示；工程建设相关手续办理完毕。年底完成土建主体工程施工，设备进场安装。强化深井维护保养，实施备用深井泵房环境整改、机泵维护保养，部分电线、电器设备更新竣工验收；泵房专用变压器采购正在洽谈中。建立备用深井运行制度，做到每半月进行一次排空。

【城乡污水管网建设】 项目由住建局、环保局牵头实施。县城区(含开发区、高新区)建成污水管网39公里。县镇共同投入4000余万元实施区镇污水管网建设，截至10月底，完工21.8公里，年底完成扫尾的管网26.8公里。完成区镇污水管网40公里的建设任务。

【农村交通设施】 项目由交运局、财政局牵头实施。年末，财政局负责实施的100座农村危桥改造建设任务全部完工，完成投资1500万元。交运局负责的80座改造任务完成40座，在建36座，另有4座桥梁因拆迁及矛盾协调未能及时到位影响工期，年底进场施工。已完成园区道路建设30公里，在建17公里，受用地指标制约，待实施53公里。30个农村公交站亭、1300个公交站牌的建设任务提前完成。

【农村水利建设】 项目由水利局、农机局牵头实施。通过实施2015年农村河道疏浚工程、中小河流治理重点县综合整治及水系连通试点项目(首期)、栟茶运河沿海开发项目变更工程、2015年圩堤加固工程，完成河道疏浚整治156条、268公里，新建生态护岸80公里，新建闸涵39座，超额完成任务；加固圩堤11.28公里。12月初开工实施中小河流治理重点县综合整治及水系连通试点项目(第二期)，计划加固圩堤38.96公里，月底完成30公里，全面完成年度圩堤加固任务。投资2100余万元，完成拆建改造农村灌溉车口112座、机泵维修186座，5座灌溉车口施工建设。年底前全部完成年度任务。

【畜禽养殖污染治理】 项目由环保局牵头实施。制定《海安县畜禽粪便收运体系建设暂行办法》和《海安县畜禽粪便收运组织设施设备购置及运行奖补暂行办法》,完成与畜禽养殖规模相匹配的污染防治设施建设，各区镇建成农户蓄粪池1215个、33556立方米，中转蓄粪池67个、13540立方米，农户沼气池277个、3789立方米,大型沼气池1个、300立方米。各区镇均建立一支畜禽粪便收储运队伍，并常态化开展畜禽粪便的收集运输和综合利用工作。建立畜禽养殖污染控制保障体系,管理网络、考核制度、行政执法、宣传机制及信息系统实现全覆盖。实施畜禽生态健康养殖示范创建,年底生态健康养殖户占次规模化养殖户比重10%以上。

【"智慧海安"建设】 项目由发改委牵头实施。智慧交通方面:对现有信息化管理平台进行有效整合,推出掌上公交APP;实现全县道路交通集成化、可视化、网络化以及桌面化管理。智慧城管方面:开发广告管理、车辆GPS管理、视频监控、短信息等拓展子系统，一期数据普查覆盖城区2个区、23个接入部门，二期扩大至东区西园的部分主次干道；公共自行车系统实现智能调度、自助服务、无线通讯和远程监控。至10月,智慧民生方面已发放市民卡76万张,实现医保报销功能;推出"掌上就业"系统,打造虚拟就业市场,实现招聘求职"零成本"、就业服务"零距离"；县公共信用信息平台通过与市公共信用信息平台的衔接，形成全县统一的公共信用信息查询系统并进入试运行阶段。城区实现4G网络全覆盖,乡镇覆盖率90%以上。制定智慧海安(免费公共Wi-Fi)工作实施方案,新增公共场所免费Wi-Fi接入点199个。全县100辆公交汽车无线Wi-Fi安装到位,20个公共区域无线Wi-Fi有17个区域99个Ap点建成并投入运营;体育中心、文化艺术中心、公共卫生中心3个区域随主体工程建设同步完工。

"十二五"回眸

【经济综合实力】 "十二五"期间,海安在全国中小城市综合实力百强榜、最具投资潜力中小城市百强榜排名中，分别由第34位、第15位上升至第31位、第10位，在全国县域经济最具创新力50强县中,列第5位。主要经济指标实现成倍增长。全县GDP从2010年的355.57亿元增加到675亿元,是2010年的1.89倍,年均增长13.5%;人均GDP(按户籍人口算）从2010年的38009元增加到71610元,是2010年的1.88倍,年均增长13.5%;公共财政预算收入从2010年的20.5亿元增加到62亿元,是2010年的3.02倍(见图1)。社会消费品零售总额从2010年的133.16亿元增至247.4亿元，全社会固定资产投资累计完成1940亿元,是"十一五"的2.17倍。工业开票销售、服务业应税销售、设备投入分别是"十一五"期末的2.2倍、5.3倍、2.6倍，工业开票销售在全市率先突破千亿大关。

【经济结构】 "十二五"期间,经济发展结构在调整中转型升级。三次产业的比重从10.8:54.3:34.9调整到7.9:48.0:44.1(见图2)。产业结构不断优化,服务业占比年均提升1.8个百分点以上，比重首次超过工业，商贸物流业成为转型发展的生力军。新兴产业占工业经济比重近40%,总量比"十一五"期末增长3.2倍,亿元企业数、省级以上知名品牌保有量分别增长2.8倍、2.4倍。建筑业总产值突破1000亿元,成为全省首个"中国建筑之乡"。农业现代化实现程度继续保持全省领先，在全市率先跻身国家级农业现代化示范区。国家级开发区、省级高新区、常安纺织园、中意生态园等一批重大载体相继落户。

【科技创新】 "十二五"期间,自主创新在引领发展中迈出新步。开展"县级机关服务企业科技行""创新创业在海安""中科院专家走进海安"等活动,构建"地毯式、全覆盖、人盯人"推进机制,全面推进创新型经济发展,"全国科技进步先进县"实现五连冠。高新技术企业120家,高新产业产值年均增长27%以上，总量达"十一五"期末的3.3倍,占规模工业比重年均提升3个百分点。全社会研发投入占比达2.45%,年均提升0.1个百分

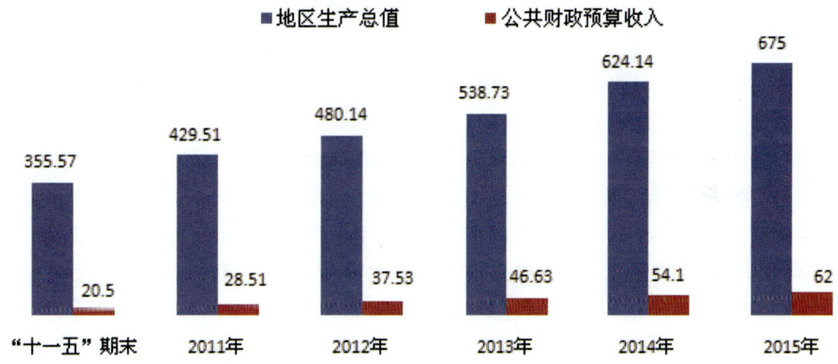

图1　地区生产总值、公共财政预算收入对比图

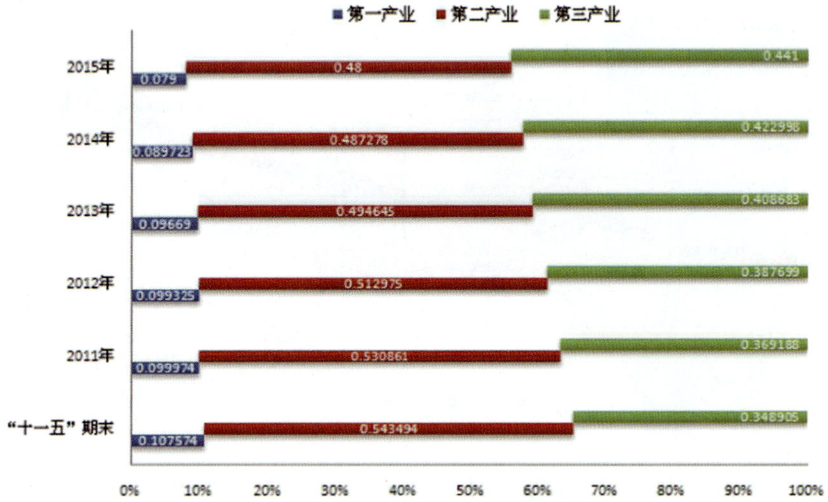

图2　三次产业结构调整变动图

点以上。规模企业研发机构、产学研合作覆盖率双双超过 90%，省级以上研发机构总量位居苏中苏北县级城市前列，新增省级以上工程技术研究中心 21 家，万人发明专利拥有量 19 件。中国产学研合作创新示范基地成功落户。高新区获批省功能新材料产业产学研协同创新基地。引进国家“千人计划”等顶尖人才 23 人，建成省级以上博士后科研工作站 7 家。入选省“双创计划”团队 1 个，省“双创计划”28 人，省“双创博士”32 人。连续两轮获评“江苏省人才工作先进县”，县域人才综合竞争力进入全省前 10 名。

【基础设施】“十二五”期间，城乡面貌在统筹协调中深刻变化。编制了 100 平方公里县城区控制性详规，明确了“一主一次两副、一轴四片”的城乡联动发展形态布局(见图 3)，形成“一体(主城区)三翼(开发区、高新区、物流园区)、三城联动”的中等城市发展格局和“中心城、重点镇、一般镇、村庄”四个层级的城镇体系。城乡统筹“六个一体化”水平明显提升，小城镇建设“八个一”工程稳步推进，城镇化率五年提升 8.6 个百分点。“公铁水”无缝对接的综合交通枢纽地位更加巩固。228 国道、328 国道、353 省道等国省干线建成通车，“四纵三横一联”国省干线网络逐渐形成；连申线航道顺利通航，实现千吨级航道零的突破；海洋铁路建成通车，宁启铁路复线电气化工程建成并投入试运营，9000 平方米的火车站客运新站房投入使用。

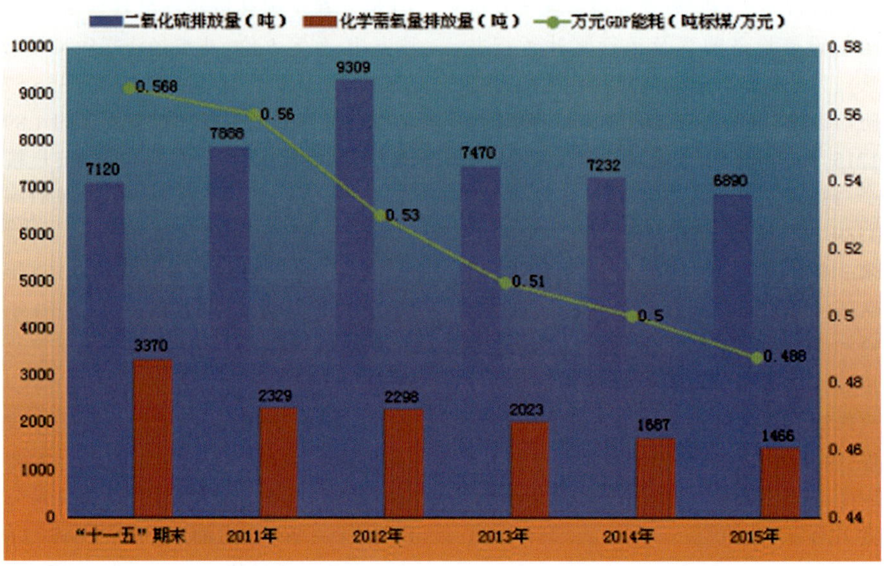

图 4 万元地区生产总值能耗、主要污染物排放量对比图

农村公路三级及以上等级公路比例 26%，“城际、城市、城乡、镇村”公共客运服务体系基本形成，行政村客运班车 100%通达，镇村公交县域全覆盖。区域供水、管道燃气等实现县域全覆盖。建成县城市防洪工程，完成栟茶河、北凌河、焦港河、海溱河四条骨干河道整治以及农村河道疏浚、农田水利、农村饮水安全等一批重点水利工程。

【生态环境】“十二五”期间，生态环境在科学发展中不断改善。万元 GDP 能耗比“十一五”期末下降 17.8%以上，全县环境质量总体状况持续改善，饮用水源水质状况稳定在良好以上，环境空气质量优良率稳定在 68%以上(见图 4)。通过土地综合整治，新增耕地 32875 亩。城镇绿化覆盖率和林木覆盖率分别为 34% 和 24%，成为全国绿化模范县和江苏长江以北首个国家级生态县，环境优美、生态宜居的“大美海安”逐步展现。深入实施“清水工程”，形成一二级河道“市场化运作、机械化保洁”、三四级不通航河道(沟塘)“以河养河、生态保洁”的河道管护模式，海安被水利部确定为全国第一批河湖管护体制机制创新试点县。全面实施生活垃圾无害化处理，通过省村庄环境整治全域性验收。

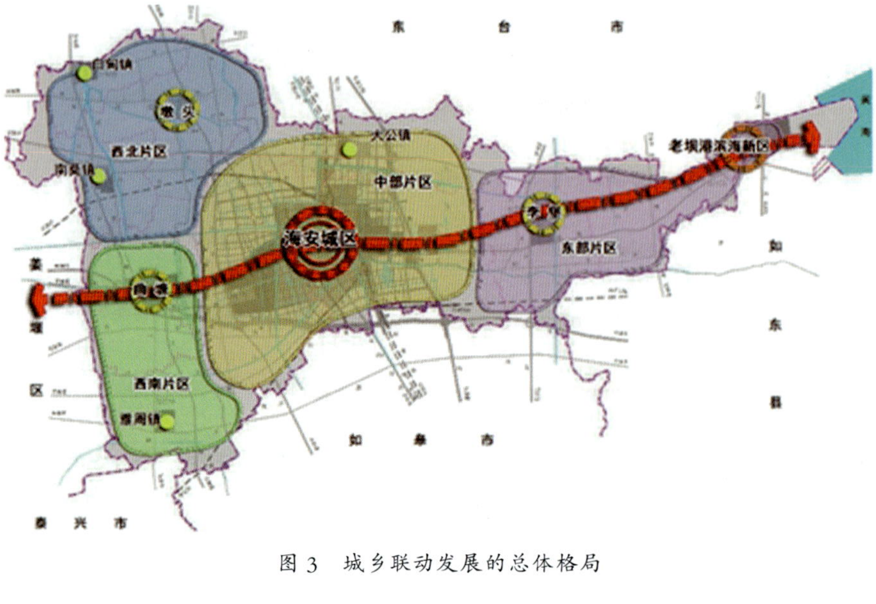

图 3 城乡联动发展的总体格局

【社会事业】“十二五”期间，社会事业在均等服务中全面进步。全县基本公共服务初步实现城乡均等化，社会事业发展居于全省前列。全县义务教育巩固率、高等教育毛入学率、中高考综合指标省市前列，建成全国义务教育基本均衡县、全国社区教育实验区。全面实施国家基本药物制度，“社区—区镇—县”三级医疗卫生体系不断完善。食品药品安全形势稳中向好，率先建成江苏省药品安全示范县，全县放心消费创建保持全省领先。顺利通过全国文化先进县复查和省公共文化服务体系示范区创建资格评审。构建全民健身服务体系，人均拥有公共文化体育设施面积 2.35 平方米。不断提升全民法治素养，顺利通过省“六五”普法终期检查考核。加快技防城建设，人民群众对社会治安的满意度不断提高。

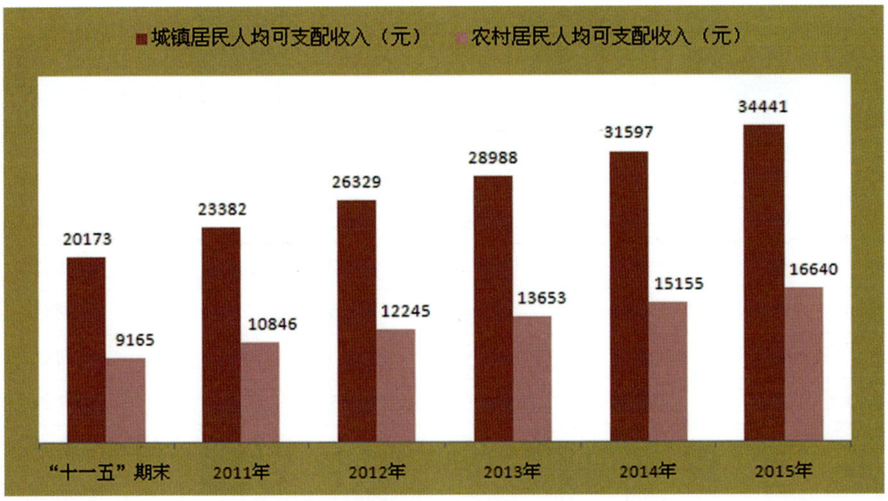

图 5　城乡居民人均收入对比图

【人民生活】 "十二五"期间，人民生活在共建共享中明显提高。全县城乡居民收入年均增长 11%以上，2015 年城镇居民人均可支配收入、农村居民人均可支配收入分别是 2010 年的 1.71 倍、1.82 倍（见图 5）。城镇登记失业率始终控制在 3%以内，新增城镇就业人数 4 万多人。社会保险覆盖率持续保持 98%以上，社会救助机制不断完善，城乡符合低保条件的家庭实现"应保尽保"，双拥工作水平不断提升，养老服务体系初步建立。全县 52 个市级经济薄弱村均实现村营收入 30 万元以上，20672 户、38465 名省市建档立卡的农村低收入对象，全部达到或超过省定 5000 元的收入标准，如期实现"十二五"脱贫目标。教育、卫生、文化等基本公共服务水平不断提升，被评为全国文明县城、国家卫生县城、全国义务教育基本均衡县、全国文化先进县。村（居）为民服务中心建设实现全覆盖。

【综合改革】 "十二五"期间，综合改革在应对挑战中有序推进，重点领域改革取得突破。成功入选全国中小城市综合改革试点，全省仅 2 家。成为全省首批新型城镇化试点地区，4 大类 26 项改革任务有序推进。获批省科技创新体制综合改革试点县，全省仅 2 家。土地利用"五化并进"被省国土厅列为改革创新试点。加快推进行政审批制度改革，积极开展相对集中行政许可权改革试点，行政审批局正式挂牌，政务服务中心建成投入使用，实行"一枚印章管审批"。深化投资审批制度改革，制定出台《海安县工业项目投资负面清单》。稳步推进大部门制改革，新组建市场监督管理局、卫生和计划生育委员会，同步调整政府部门相关职能。扎实开展市级中心镇行政管理体制改革试点，全力打造便民服务、综合执法和社会管理服务"三大平台"，所辖区镇精减为 10 个，其中 3 个镇实行建制镇与园区合署办公、区镇合一。在全国率先实施的行政机关负责人出庭应诉制度，写入十八届四中全会报告，入选第二届"中国政府法治奖"，社会公众安全感、法治建设满意度连续多年省市领先。财政管理体制、投资审批、医药卫生体制、社区管理体制等其他各项改革有序推进。

十三五展望

（海安县国民经济和社会发展第十三个五年规划纲要摘要）

【经济社会发展目标】 "十三五"期间，海安县经济社会发展主要目标是：经济保持中高速增长，提前实现地区生产总值和城乡居民人均收入"翻一番"目标。产业迈向中高端水平，现代产业体系更为健全，产业结构更为合理，经济国际化水平不断提升，在全国百强县中位次继续前移。科技创新体制综合改革试点取得显著成效，全社会研发投入占地区生产总值比重 2.9%，县域创新体系不断健全，科技创新主要指标江北领先，科技进步对经济增长贡献率 65%以上。城乡居民持续增收的保障机制更加健全，年均增幅分别不低于 9.5%、10%。生态环境持续改善，万元生产总值能耗明显降低，主要污染物排放总量大幅减少。绿化覆盖率和林木覆盖率分别达 38%、24%，生态文明制度体系更加健全，建成国家生态文明试点示范县。文明程度显著提高。人民群众思想道德素质、科学文化素质、健康素质明显提高，全社会法治意识不断增强。公共文化服务体系更加完善。全面深化改革，形成系统完备、科学规范、运行有效的县域治理体制机制。

海安县"十三五"经济社会发展指标

表 1

分类	指　　标	2015 年	2020 年				属　性
			必成目标	年均增长(%)	奋斗目标	年均增长(%)	
经济强	地区生产总值(亿元)	675	1087	10	1112	10.5	预期性
	人均地区生产总值(元)	71610	115328	10	117970	10.5	预期性
	公共财政预算收入(亿元)	62	104.5	11	109.3	12	预期性
	全社会固定资产投资额(亿元)	507	816.5	10	1019.7	15	预期性
	全社会消费品零售总额(亿元)	247.4	410	10.6	420	11.2	预期性

续表 1

分类	指标	2015 年	2020 年				属性
			必成目标	年均增长(%)	奋斗目标	年均增长(%)	
经济强	自营进出口总额(亿美元)	16	26	10	32	15	预期性
	二、三产业增加值占比(%)	92.1	94	0.38	95	0.58	预期性
	现代农业发展水平(%)	85	90	1	92	1.4	预期性
	城镇化率(%)	54.6	58.5	0.78	60	1.08	预期性
	信息化水平(%)	84.5	88	0.7	90	1.1	预期性
	高新技术产业产值占规模工业比重(%)	47.7	53	1.06	55	1.46	预期性
	R&D 经费支出占 GDP 比重(%)	2.45	2.9	0.09	3	0.11	预期性
百姓富	城镇居民人均可支配收入(元)	34441	51788	8.5	54217	9.5	预期性
	农村居民人均可支配收入(元)	16640	25602	9	26799	10	预期性
	城市万人公交车拥有量(标台)	7.14	12	0.97	15	1.57	预期性
	城镇登记失业率(%)	2.3	2.5	<3	2.2	<3	预期性
	恩格尔系数(%)	34.2	34.5	<35	34	<35	预期性
	现代教育发展水平(%)	85	90	1	92	1.4	预期性
	城乡基本养老保险覆盖率(%)	96.5	98.5	0.4	99	0.5	预期性
	城乡基本医疗保险覆盖率(%)	98	98.5	0.1	99	0.2	预期性
	失业保险覆盖率(%)	96.5	98.5	0.4	99	0.5	预期性
	城镇住房保障体系健全率(%)	86	90	0.8	93	1.4	预期性
	每千名老人拥有养老床位数(张)	28.5	35	1.3	40	2.3	预期性
	文化产业增加值占 GDP 比重(%)	4.2	5.5	0.26	6	0.36	预期性
	人均拥有公共文化体育设施面积(m^2)	2.35	2.8	0.09	2.9	0.11	约束性
	每千人拥有医生数(人)	2.2	2.5	0.06	2.6	0.08	约束性
环境美	单位 GDP 能耗(吨标煤/万元)	0.4653	0.45	/	0.43	/	约束性
	空气质量达二级标准天数比例(%)	68	70	0.4	72	0.8	约束性
	地表水好于Ⅲ类水质比例(%)	60	70	2	73	2.6	约束性
	城镇污水达标处理率(%)	78	90	/	93	/	约束性
	村庄环境整治达标率(%)	100	100	/	100	/	约束性
	林木覆盖率(%)	24	24.2	/	24.5	/	约束性
	城镇绿化覆盖率(%)	34	38	0.8	40	1	约束性
社会文明程度高	党风廉政建设满意度(%)	81.5	82	/	85	/	预期性
	法治建设满意度(%)	92	93	/	94	/	预期性
	公众安全感(%)	97	97.5	/	98	/	预期性

【先进制造业】 “十三五”期间,新开工亿元以上项目 430 个,10 亿元或 1 亿美元以上的重大工业项目 25 个,力争在 100 亿元以上的龙头型、旗舰型、链条型、基地型项目的引进和实施上取得重大突破。推进企业技术改造向自动化、集成化、智能化、生态化方向发展,每年实施亿元以上技改项目不少于 30 个,技改设备投入不低于 20 亿元。“十三五”期间,全县工业应税销售年均增幅确保 12%以上、力争 15%,2020 年总量 1800 亿元以上、力争突破 2000 亿元。到“十三五”末,亿元企业总数 400 家以上,行业龙头骨干企业 30 家左右;力争 2 家企业销售收入 100 亿元以上,5 家企业销售收入 50 亿元以上。加快形成现代家具、纺织、丝绸、锦纶、电梯、有色金属等优势全产业链,每个工业集中区确定 1~2 个

主导产业，重点在机器人与智能制造装备、节能环保、新能源汽车等领域，培育一批新兴产业链。开展“扶优助长”培育行动，引导亚太轻合金、通润汽车零部件等科技型、成长型企业向“专精特新”方向发展，在块状小行业中打造一批由精益生产向智能制造发展的“隐形冠军”。推进企业上市。“十三五”期间，上市公司净增5家以上，新增新三板挂牌20家以上。推动产业转型升级和结构调整，做优做强即时尚锦纶、现代丝绸纺织、高端装备、新能源汽车及零部件、航天航空及轨道交通装备、电梯及零部件、电子信息及智能电力装备、现代家居产业八大主导产业。做特做大四大新兴产业，即新材料、机器人、新能源及节能环保、生物医药。打造集研发、设计、生产等一体化的千亿、百亿级产业基地和有区域特色的产业链。“十三五”期间，全县战略性新兴产业、高新技术产业产值占规模以上工业比重逐年提高1个百分点以上。坚持节约集约、集群发展。实行优势产业向功能区集中，生产要素沿功能区连片、依次、合理分布。鼓励高标准厂房的建设和使用，对行业无特殊要求的新建工业项目，一律建设多层高标准厂房或入驻现有高标准厂房。精准定位高端发展，完善智能制造支撑体系。完善“网+云+端”(工业宽带、工业云、工业智能终端)的工业信息基础设施，建设低时延、高可靠、广覆盖的工业互联网。加强两化融合、智能制造、物联网等综合化标准体系建设，培育发展一批智能制造系统解决方案提供商。围绕本地化应用，积极发展智能化装备产品应用，重点推动机器人产业向国际竞争力先导产业方向发展。推动互联网与制造业融合创新。推动“海安产品”向“海安品牌”转变。“十三五”期间，新增全国知名品牌示范区1个、江苏省质量奖1个、市长质量奖2个、中国驰名商标8个、省著名商标25个、江苏省名牌10个。同时，新增省级以上标准化试点示范项目6个，新增标准化良好行为企业10家，制定修订国家标准、行业标准20项。

【现代服务业】 按照江苏东部“公铁水”无缝对接的商贸物流高地、苏中旅游集散地定位，打造重要商贸节点城市。围绕构建江苏东部沿海地区重要的门户型综合枢纽城市，整合高速公路、干线公路、内河航道、铁路等功能，提升海安铁路枢纽的集散和中转功能，构建铁路运输“绿色通道”。强化内河与上海港、南通港、连云港等港口的沟通对接，形成“通江达海”的便捷运输通道。加速推进商贸物流园区建设。高标准建设内河码头，打造江苏沿海地区重要的“水上驿站”。加快铁路专线建设，丰富货场装卸种类，形成效率最高、成本最低、服务最优的铁路运输品牌。按照“专业化、精细化、集约化”要求，构建“公铁水”无缝联运的现代集疏运体系。对接“丝绸之路经济带”，加强与西部内陆口岸、铁路等部门的跨区域合作，建成长三角地区规模较大的有色金属中转集散中心、纺织原料中转集散中心和家具中转集散中心。扩大有色金属、棉花棉纱、塑料原料期货交割库运营规模和影响力，打造“期货交割库群”。以电商物流产业园建设为重点，吸引国内知名的电商及快递企业在园区设立区域总部、快递区域分拨(拣)中心和中转集散中心，形成“电商物流产业园—分拨中心—配送站(营业点)”三个层次的电商物流体系，同时拓展以供应链管理为核心的第四方物流功能。到2020年，规模以上物流企业超过40家，现代物流产业增加值超100亿元，占GDP比重超10%；实现货运量4500万吨，铁路到发量200万吨，内河集装箱吞吐量4万标箱。培育新兴服务业。积极发展建筑设计、工业设计以及互联网+文化创意、艺术品交易市场等产业，打造苏中创意经济集聚高地和江苏工业设计重要城市。打造电商平台，发展跨境电商，推动农村电商，构建完善的电商生态体系，推动电商产业园区建设及电商人才培训。到2020年，全县电商交易额突破50亿元，跨境电子商务交易额突破1亿美元。新增省级电子商务示范企业5家，创建1~2个省级电子商务示范基地(园区)。推进旅游业由观光型向休闲度假型转变、由数量型向质量型转变、由粗放型向集约型转变，大力发展休闲度假旅游和乡村生态旅游。打造海安高端旅游发展的沿海旅游经济区、“离上海最近的里下河”，打造凤山历史文化旅游区和城东、城西乡村旅游集聚区。到2020年，国内外游客680万人次、旅游总收入80亿元，旅游业增加值占GDP比重6%以上。创建国家级旅游度假区，获批省级旅游度假区、省级生态旅游示范区各1家。建成兼具南黄海和里下河风情的全国特色旅游度假目的地、长三角知名生态休闲旅游城市和苏中旅游集散地。

【现代建筑业】 由传统方式向产业现代化转变，推进建筑产业现代化，到2020年率先基本实现建筑产业现代化。建筑产业现代化方式施工的建筑面积占同期新开工建筑面积的比例30%以上。新建公共建筑项目中，采用装配式建筑技术和全装修成品住房的比例50%。优化建筑产业结构，着力构建“总包强、专业精、主业突出”的产业结构体系，不断向市政公用、公路、铁路、水利水电等施工总承包工程、电子与智能化、消防设施、桥梁、隧道、机场、钢结构、装饰装修等专业承包工程拓展，非房建产值占比提高到20%以上。到2020年，建筑业总产值1500亿元，建筑业增加值300亿元，利税总额58亿元。由国内市场为主向国际国内统筹转变。积极承揽建设境外重大基础设施工程项目，参与“一路一带”沿线国家基础设施运营管理，努力开拓更大的市场空间。到2020年，海外施工合同额2亿美元、营业额1亿美元以上。加快建筑信息模型(BIM)、智能化技术等先进适用技术的综合集成和推广应用，用先进的科学技术改造传统产业和提升工程质量，到2020年，创鲁班奖和国优工程10项以上，省级优质工程300项以上，省、市级文明工地覆盖率15%以上。

【现代农业】 构建现代农业产业体系。做强茧丝绸产业，发展蚕业农场；做精现代畜牧业，做优现代渔业，提高特种水产品养殖比重，走“规模经营、健康养殖、加工增值、农牧结合”的现代畜牧业发展之路，发展生态休闲观光农业和高效设施农业。以雅周现代农业园区为龙头，加快“一园三区六景”建设，打造各具特色的农业园区。以基地化为重点，全面建设高标准基本农田，继续保持粮食单产全省领先地位。积极培育农业龙头企业，到2020年，县级以上农业龙头企业150家。稳步推进农村土地要素市场化改革，发展壮大农村集体经济，构建集约化、专业化、组织化、社会化的新型农业经营体系。建设一批示范性家庭农场。到2020年，培育种植100~300亩的家庭农场450家左右，全县适度规模经营面积占比超过80%。发展专业合作组织，推行合作式、订单式、全托管等服务模式，鼓励农技人员、农机手、村组干部等主体领办创办全托管服务组织和社会专业化服务组织。实施新围垦海堤达标建设、县城“两翼区”防洪治理、里下河各圩区达标建设、通扬运河沿线高低水系控制线工程更新拆建、骨干河道整治、农村水系连通及河道轮浚、农田灌溉车口更新改造、防渗渠道建设等，到2020年全县基本建成标准较高、功能完备、协调配套的防洪除涝工程体系、农村水利工程体系、水资源保障体系、水生态保护体系，基本实现水利现代化。加速重点机具推广，农业机械化综合水平90%以上，在苏中苏北地区率先基本实现农业机械化。农业科技进步贡献率70%，农业信息化水平覆盖率65%。加强农产品质量和品牌建设。坚持绿色生产理念，持续推进农业标准化及农业品牌建设，年新增“三品”认证20个以上，全县农产品“三品一标”获证种植业产品占全县生产总量的比重到55%以上。

【科技创新】 策应“中国制造2025”行动计划、“工业4.0”和“互联网+”战略，重点实施“3515”创新引领工程(培育30家具有较强竞争力的创新型领军企业，实施50个国际高端科技合作项目，建成10家国内行业较高水平研发平台，培育500家科技核心企业)。组建“工业4.0”技术研究所，建立智能制造示范工厂，孵化高新技术企业。全面建立以科技为导向、高新技术项目为重点的项目引进机制，新建项目中高新技术项目不低于80%，确保项目投产运行3年内80%以上的企业成长为高新技术企业，每年新认定高新技术企业30家以上。丰富“县级机关服务企业科技行”“创新创业在海安”“中科院专家走进海安”等活动内容，每年引进成果转化项目30项以上，新增产学研合作项目200项以上，成果转化率50%以上。新建成市级以上产业技术创新战略联盟5家以上，力争国家级1家。建立一批支撑创新创业的天使、创投基金，组建30个规模在500万~1000万元的天使基金，实行双重管理、市场化运作，组建10家亿元规模的创业投资基金。同时，县财政分别设立1亿元的科技创业引导资金、1亿元的科技成果转化风险补偿基金和2亿元的新兴产业科技发展基金。建强国家级开发区、省级高新区科技创业平台，实现区镇创新载体全覆盖，每年新增孵化器、加速器企业100家以上。推广创客空间、创业咖啡、创新工场等新型孵化模式，构建低成本、便利化、全要素、开放式的众创空间。“十三五”期间，建成以众创空间为特色的集聚区和以创业企业为特色的集聚区，形成众创、众包、众扶、众筹等新模式。建立“政府调动资金+天使资金+专业风险投资”模式，撬动和引导社会资金进入创业投资领域。在国外增设海外人才工作站，在国内设立招才引智工作局，建立新兴产业和优势产业人才需求库。全方位、多层次吸引各类人才。到2020年，全县人才总量28.4万人，高级职称人才占专业技术人才比例13%，新增高技能人才占新增技能人才比例33.3%，高层次人才数量2.1万人，占人才资源比例7.4%。县域人才综合竞争力稳居全省第一方阵。

【开发开放】 突出产业招商，以商招商，以重点产业、重点区域、重大项目为主线，招大引强，选商选资，推进台资“优势产业”在海安长远发展，打造“苏中台商集聚区”。持续聚焦世界500强、跨国企业、国际产业联盟等，确保每年引进超亿美元项目4个以上、千万美元项目20个以上。确保每年提供有效海外优质项目信息20个以上。“十三五”期末，累计实际利用外资17.5亿美元，平均每年利用外资3.5亿美元；每年新增协议外资额5.5亿美元。积极参与国际贸易促进活动，全面加大优势产品输出力度。“十三五”期末，在现有进出口总额超亿美元企业2家的基础上新增5家，在现有25家千万美元企业的基础上新增25家。2020年进出口额争取达到30亿美元，累计进出口额130亿美元，年均递增10%左右。其中：进口比重由“十二五”的平均占比14%提升到20%；加工贸易份额占比由近年的10%上升到20%左右；与“一带一路”沿线国家贸易额年均增长15%，2020年当年力争达到15亿美元左右。加快资金和技术“走出去”步伐，引导企业到资源富集、劳动力丰富、市场需求大的沿线国家投资兴业，探索建立境外投资产业集聚区。加大对海外高端人才、技术、装备、品牌、管理的引进力度，力争每年招引海外高端人才50人以上。“十三五”期间，累计对外承包劳务营业额15亿美元，境外投资合作项目数150个，培育省级境外产业聚集区2家以上、国家级境外经济贸易合作区1家。开放开发平台能级大提升。加速形成以国家级开发区、省级高新区为龙头、其他园区为骨干的开发开放载体群。开发区打造先进制造业集聚地、百亿级机器人特色产业基地、服务外包产业和跨境电子商务的集聚发展地和全球东部家具产业基地。高新区加快推进功能新材料、智能装备、新能源、节能环保、现代建筑等主导产业发展，积极创建省级以上特色产业基地。加大锦纶新材料产业培育力度，合力打造国内规模领先的千亿级锦纶功能新材料产业基地。滨海新区建成华东及沿海地区最具活力和影响力的石材、家具产业基地及沿海旅游目的地，打造海安东部副中心新区。商贸物流产业园构建“公铁水”无缝联运的现代集疏运体系，打造煤炭、钢铁、有色金属、棉花等大宗物资华东集散中心。中意海安生态园建设节能环保、先进装备制造、高端家具、有机农业产业示范区，建成国内有影响、国际有知名度的国际合作园区样板区。各镇科技产业园不断提升建设和管理水平。同时，加强外贸平台建设，海关海安办事处、保税物流中心、海安跨境电商产业园主动对接南通电子口岸平台，努力融入“大通关”体系。

【城乡建设】 围绕南通副中心城市和上海一小时都市圈卫星城市的目标定位，建设“时尚、精致、现代、大气”的50万人口现代化中等规模城市。建立并实施空间规划体系，为“一张蓝图干到底”奠定基础。完善城市功能内涵。打通城区南北通道不畅瓶颈，推进中坝路、宁海路等重要路段改造建设，不断完善城市路网体系。推进老干部大学、南通理工学院海安校区、人民医院门诊大楼、第三人民医院扩建工程、人民医院开发区分院工程建设。推进金融集聚区、泰宁村综合体工程建设,支持苏中集团总部大楼、农商行总部大楼、东大街A区建设。实施“智慧水务”及供水设施建设,推进镇村供水管网改造工程,保障城乡用水安全;实施引江供水三期工程,不断扩张中、低压燃气管网建设,扩大供气覆盖面。推进文明城市创建基础建设工程、城区公共服务中心标准化建设工程、农贸市场规划建设。注重地下管网系统建设,实行“一张图”管理。打造生态宜居环境。重点实施森林公园、奥体公园等绿化工程,实施路河交错、沿路滨水的休闲游园工程,推进透空式、庭院式绿化建设,建成“10分钟绿地休闲圈”;推进道路两侧绿地建设和改造,完成一批城区主次干道和支路两侧绿岛绿带升级改造。继续推进清水工程建设。以“改善水质”为核心,扎实推进污水管网、河道整治工程,积极探索污水管网应急运行机制,实现城镇污水收集管网全覆盖。实施城区主要街区两侧楼房和建筑的装修规划设计和亮化工程。积极稳妥推进并基本完成县城核心区棚户区、城中村及旧城改造,将城镇低收入住房困难家庭、进城落户农民、外来务工人员和新就业人员纳入住房保障,住房体系健全率90%以上。

推进城乡一体化。优化城镇空间布局,构建“一主一次两副、一轴四片”的城镇空间结构(“一主”:即海安城区。“一次”:即老坝港滨海新区。“两副”:即曲塘和李堡2个全国重点镇。“一轴”:即以328国道为主的东西向城镇发展轴,串联海安城区、曲塘镇、李堡镇和角斜镇形成带动县域整体能级提升的主导轴线。“四片”:即全县域划分为中部片区、东部片区、西北片区、西南片区)。建设新型特色城镇,4个市级中心镇加快提档升级,曲塘、李堡充分发挥全国重点镇、省重点中心镇的优势,分别争创南通市级中心镇第一镇、进步最快镇;墩头镇打造最具特色的产业新镇;白甸镇打造具有水乡特色的风情小镇。大公镇打造海安北部产业新城;雅周镇、南莫镇集聚周边的人流、物流、资金流、信息流。加大城镇基础设施建设,确保与全县境内国道、省道、运河、铁路和农村公路的无缝对接,管网、电网、信息网的同步到位,实施镇区“美、洁、亮、绿”四大工程。

强化城市精细化管理。探索实施城市管理综合执法,强化区镇城市管理责任,实行重心下移、属地管理,构建“高效、协调、便捷、有力”的大城管体制。逐步对道路保洁、垃圾收运、公厕管理、小广告清理等实行市场化管理。创新推进物业管理,建立健全县物业主管部门指导、协调、监督,各区镇属地负责,街道办事处具体组织,社区居民委员会落实,业主委员会自治的五级管理工作机制和社区居委会、业主委员会(物业管理委员会)、物业服务企业“三位一体”的小区管理模式。整合提升数字城管核心业务系统,建设公众服务平台,共享住建、水利等部门地下管线数据资源。开展“931”城市环境综合整治接续工作,实行地面、立面、空中整体改造更新,完善配套公共服务设施,完成整治项目68个。开展户外广告店招标牌提档升级活动,力争到2020年县城区所有主干道、80%以上次干道户外广告和店招标牌全部完成提档升级。加强环卫基础工程建设。实施飞灰填埋场二期工程、垃圾压缩中转站、环卫作业所以及停车(洗车)建设。推进公厕建设改造工程,新建改造二类以上公厕100座。开展生活垃圾细分类试点工作,力争2017年城区垃圾分类覆盖率40%,2020年城区生活垃圾分类全覆盖,力争2017年城区生活垃圾进入焚烧厂总量增长率控制在20%以下。建设餐厨垃圾无害化处置中心,完善餐厨垃圾收运、处置密闭循环利用体系。

推进户籍人口城镇化。促进农业转移人口市民化,全面放开建制镇和中心城区落户限制,鼓励符合条件农业转移人口落户城镇。建立合理的人口市民化成本分担机制,完善公共就业创业服务体系。到2020年,全县人口城镇化率达到58.5%。提高县城区建设水平,建设宜居县城,多渠道创造就业岗位,强化县城对周边区镇人口的吸引力。2020年,建成“空间结构协调、产业活力强劲、城市品质高端、服务功能完备”的产城融合发展格局。合理整合现有村庄,使人口向城镇集聚。有序引导农民弃宅进城(镇),在农民自愿选择原则下,开展农村宅基地使用权及农民自住房屋货币化退出或等值置换城镇商品房试点。统筹发展城乡产业,形成不同层级的互助互补产业体系,吸引各个层级的人口集聚。建立包容性的城镇运行体系,推进农民与城镇居民享受平等待遇。打破城乡二元结构形成的壁垒,建立城乡要素之间的转换通道,将城镇基础设施和社会服务设施延伸到农村,加强公共资源的城乡统筹,实现城乡基本公共服务均等化。发展休闲农业、观光农业、体验农业,使乡村地域成为城镇居民假日休闲、学习体验、消解乡愁的新场所。

构建现代交通运输体系。构建一体化综合交通“网络”。力争把海安建成沪通、宁启、新长铁路线上的突出节点和进出城市的重要门户、长三角北翼重要“节点城市”。重点实施海启高速海安段、403省道海安段以及226省道海安段等干线公路工程,努力争取位于泰州境内的354省道、411省道东延至海安境内,同时对接盐城东台市,使已建成的353省道从李堡延伸至滨海新区核心区,联结已建成的沿海高等级公路(即228);规划建设“内外双环+放射形连接线”的城市快速路网体系,启动干线公路快速化改造。实施“四好农村路”建设工程,到2017年实现“建好、管好、护好、运营好”农村公路的总目标,率先创建全省“四好农村路”示范县。实施水运联网畅通工程。实施新通扬线(运东船闸—海安船闸段)航道以及栟茶运河、海溱河、焦港河、北凌河、立公河等地方航道的整治工程。推进凤山港区二期、三期作业区建设,同步规划建设公用作业区—曲塘作业区。实施通用航空发展工程。规划建设一个A类通用机场,推动通用航空交通运输和低空产业同步发展。积极推动上海机场、南京机场在海安设置异地候机楼。实施综合交通枢纽工程。全力打造“一主一辅三站”的城市综合交通客运枢纽体系(一主:海安火车站综合客运枢纽;一辅:现海安公路长途客运站;三站分别为城北、城西、城南换乘枢纽)。打造“高品质”公共出行服务体系,建成苏中领先、全省示范的城乡公共交通一体化服务体系。发展更加便捷多样的城际客运,及时调整与动车方向高度重合的长途客运线路,加密至如皋、如东、姜堰、东台城际公交班次。发展更具吸引力的城市客运,建立以快速公交为骨干,常规公交为补充和延伸的多层次公交网络,重点规划“一横两纵”快速公交线网。调整和新增常规公交线路以及车辆配置，城市万人拥有公交车辆数不低于12标台，达到全面小康“新省标”标准。发展更加普惠公平的城乡客运，县域内规划4个城郊换乘枢纽11个城乡公交首末站、28个港湾式回车场、6个区镇客运站；同时调整和新增城镇公交线路以及车辆配置，至2020年年底城镇公交线路将达到19条。建设“高效率”现代物流服务体系。积极推动商贸物流园区建立与“一带一路”重要口岸、港口、航空枢纽的合作机制。积极推动具有“公铁水”无缝衔接优势的凤山港区为连云港、太仓港的“喂给港”，积极协调与海关建立良好合作关系，实现通关一体化。依托海安拥有二级编组站的优势，加快建设海安铁路货场南区，积极争取开通更多国际铁路货运班列；在甘肃国际陆港华东物流基地基础上，积极促进与面向东南亚、西亚、印度洋口岸的物流合作。积极争取海安作为上海机场货物区域集散中心。推动货物运输产业链优化整合，探索实施“一票到底”运输流程。打造便捷安全的城乡配送物流体系，指导城市公共配送中心项目建设，加大加密共同配送业务覆盖范围。鼓励运输企业和邮政、快递企业参与农村物流网络建设，积极发展农村连锁配送业务，指导快递业衔接综合交通运输体系。建立“高效能”交通运输治理体系。建立全方位全覆盖监管体系；建立完善安全生产巡视和监督检查工作机制；加强安全监督管理装备器材和人员配备。健全科学的应急预案体系，引入第三方安全监管市场企业。分别整合路政、运政、区镇交管所职能，组建“公路运输执法大队”“水上执法大队”。

【民生保障】 提高就业和收入水平。城镇新增就业4万人，失业人员再就业1.75万人，城镇登记失业率控制在3%以内。创业培训2500人，新增创业6000人。统筹推进高校毕业生、农村劳动力、下岗失业人员等重点群体就业，高校毕业生年末总体就业率93%。城乡劳动者就业技能培训1.75万人。深入实施产业富民、创业富民、就业富民、物业富民、投资富民、保障富民、转移支付富民、加强帮扶富民等八项富民举措，促进城乡居民收入与经济基本同步增长。健全社会保障体系。建立覆盖城乡、统一管理的基本医疗保险制度，稳妥推进机关事业单位养老保险制度改革。实施“全民参保登记计划”，“十三五”末职工基本养老、基本医疗、工伤、失业、生育保险参保缴费分别达23.5万人、26万人、17万人、12万人、11.5万人，城乡居民参保覆盖率99%以上。共建共享和谐劳动关系。“十三五”末规模以上企业劳动合同签订率99%，已建工会企业集体合同签订率98%，争创省级“两网化”管理示范县，劳动人事争议案件结案率94%。健全以就业、社会保障、人事人才、劳动关系协调等为重点的人社公共服务体系，“15分钟人社公共服务圈”更加完善，持续推进“金保工程”建设。建立覆盖全县城乡居民，涵盖人社所有业务、人员和单位基础信息统一的信息资源中心。以社会保障为主要功能的市民卡实现城乡全覆盖。推进精准扶贫精准脱贫。将减少相对贫困工作纳入全县经济社会发展总体规划，对2015年城乡家庭人均可支配收入低于7500元的家庭，全部建立电子台账系统，每年组织核实低收入农户收入情况。落实县镇机关“工作到村、扶贫到户、责任到人”的工作机制，定帮扶村和农户、定目标任务、定结对时限、定捐助金额、定脱贫进度。因村因户施策，合理配置帮扶资源，实现发展产业脱贫一批、培训就业脱贫一批、落实岗位脱贫一批、就医助困脱贫一批、社会保障兜底一批。

优先发展教育事业。统筹教育协调发展。实施《第二期学前教育五年行动计划》，到2017年每班“两教一保”全面落实，公办教师占比50%，省级优质园占比90%以上。均衡发展义务教育，创建义务教育现代化学校，推进薄弱学校提档升级，建成省义务教育优质均衡县。发展非义务教育阶段特殊教育。提高高中阶段教育普及水平，到2020年，所有普通高中达到省优质高中标准，力争1~2所新晋四星级，1所普通高中创建为五星级高中。创新发展职业教育，对接县域优势产业，到2020年，建成职业教育集团4个，争创国家示范学校1所。推进南通理工学院海安校区建设和办学，2016年建成一期工程并招生，到2020年全面建成面向全国招生、在校生达8000人的高水平应用型本科院校。推进社区教育标准化建设，到2020年创建省级社区教育中心5个，省级标准化居民学校40个，建成省级社区教育示范区。加大教育投入，完善教育保障机制，按需扩大增量资源，统筹调优全县事业布局，增加全县特别是县城区教育资源供给，补足师资和教学设施、设备等资源配置缺口，停止撤并学校，控制适度学校规模和班额办学。到2020年所有校舍都达到抗震设防要求，教育装备均达省Ⅰ类标准，数字化校园建成率100%。到2017年通过江苏省县域教育现代化评估认定，到2020年全面建成现代全民教育体系。

健全医疗卫生体系。健全完善服务网络，完善公立医院设置规划，健全包括县级医院、区域性中心医院、区镇和村卫生服务机构的城乡居民医疗服务体系。每个建制区镇办好一所政府办卫生院，中心卫生院达到二级乙等医院标准，强化特色专科建设，各区镇卫生院做到“一院一品”。加强城市社区卫生服务机构建设，全县村卫生室均由卫生院领办，加强医疗联合体建设，建立基层服务团队。建立现代医院管理制度；推动落实公立医院独立法人地位和自主经营管理权；探索建立以理事会等为核心的公立医院法人治理结构，完善院长负责制；完善公立医院价格综合改革政策。综合运用医保、医疗、价格等方面引导措施，加快构建分级诊疗制度，推动形成基层首诊、分级诊疗、双向转诊的就医秩序。加快建立基层医生和居民契约服务关系，推行家庭医生制度、乡村医生签约服务和健康管理团队服务。完善公共卫生服务项目绩效考核和日常监管机制，落实重大疾病防控措施，健全完善传染病监测系统，保持传染病防控的平稳态势。进一步落实扩大儿童免疫规划，到2020年，适龄儿童免疫规划疫苗接种率以区(镇)为单位稳定在95%以上。完善基本药物制度，执行药品零差率销售政策。健全基层医疗卫生机构基本药物补助机制，构建互联互通、信息共享、业务协同的区域人口健康信息共享协同体系，依托全员人口信息、电子健康档案和电子病历数据库，逐步实现区域卫生资源、信息资源和服务资源共享。

开展应对人口老龄化行动。积极实

施一对夫妇可生育两个孩子政策，引导适龄人群按政策生育。建设以居家为基础、社区为依托、机构为补充的多层次养老服务体系，加快实现区镇（街道）居家养老服务中心与城乡社区居家养老服务站全覆盖。鼓励社会力量兴办居家养老服务专业机构，建立满足老年人服务需求的居家养老服务网络。加快发展老年食品、保健品、康复、健身器械、服饰等产业，积极拓展适合老年人特点的文化娱乐、体育健身、教育培训、休闲旅游、健康服务、精神慰藉、法律咨询代理等服务内容。

【生态文明建设】 开展节能行动，实施低碳经济发展战略，"十三五"期间，万元GDP能耗下降15%以上。控制水资源红线。实施最严格的水资源管理制度，全县用水总量控制在5.43亿立方米以内，地下水开采量控制在0.12亿立方米以内，万元地区生产总值用水量降到60立方米以下，万元工业增加值用水量降到13立方米以下，农田灌溉水利用系数0.65以上。推行清洁生产，发展循环经济。实施一批重点节能与循环经济项目，培育一批循环经济示范园区和企业，发展资源循环式利用、企业循环式生产、产业循环式组合的典型。大力推广清洁生产技术，组织实施清洁生产示范工程，建立清洁生产扶持机制，培育一批高标准、规范化的资源节约型企业。

加强环境综合治理。全面治理水体污染，实施滨海新区污水处理厂建设工程和区镇生活污水处理厂提标改造工程，扩大污水收集范围系统实施《水污染防治行动计划》，推进水环境综合治理与水生态保护修复，确保水功能区水质达标率65%以上，集中式饮用水源地水质达标率100%，四级以上宜养河流养鱼率100%。推进大气污染防治，实施重点行业废气治理工程、机动车尾气污染控制工程、扬尘污染防治工程、秸秆资源化利用工程，确保空气质量达到二级标准以上天数占比不低于70%。强化固废监督管理，实施固废处置能力建设工程、垃圾分类处置工程，建设海安危废焚烧填埋一体化项目、建筑垃圾资源化利用项目、餐厨垃圾处置项目等一批全国县域一流水平的固废处理设施，逐步建立健全固体废物管理体制。

筑牢生态安全屏障。开展畜禽污染治理工程，实施河道轮浚、拆坝建桥等农村河网水系系统治理，加强水生态空间保护，完成16条骨干河道、5座县属水利工程和海安县城市防洪治理工程所包含的15座涵闸站划界工作以及5座县属水利工程确权工作，严格水域岸线用途管制，每年新增不少于1个省级"水美乡镇"和10个省级"水美乡村"。"十三五"期末，全县河道生态建设率90%以上，水域面积率保持在6%以上。实施"现代、精致、增绿、便民"工程，建成完善的"河道绿屏、道路绿网、城市绿景"生态体系。打造绿色宜居的生态环境，全县增加绿化面积2万亩，林木覆盖率稳定在24%以上。强化生态安全保障，以生态红线保护区保护、水源地保护和危险废弃物安全处置为重点，建立和完善环境风险社会防范体系，实施环保监管现代化工程，建设生态环境监控中心，落实污染源在线监控。

【智慧海安建设】 按照"统一规划、一次建设、集中管理、市场运作"的原则，推进宽带海安、无线海安、光网海安三网融合城市建设，逐步构建高速传送、综合承载、智能感知、安全可控的信息基础网络。加快城域网智能化改造，宽带接入网具备300兆及以上的接入能力，实现家庭用户百兆网络、多台4K高清视频业务的放装能力。少部分区域进行5G试验网测试。到2020年，信息化发展水平总指数88%。全县基本建成比较完善的智慧化信息基础设施，新一代移动通信网络、互联网光纤宽带网络实现全县镇域覆盖，IP城域网出口带宽1000G，新增4G站点560个、无线Wi-Fi热点1000个，4G用户数56万户，宽带接入用户超过40万户。

完善基础信息网络，逐步建立健全数据中心平台，推动信息网络基础设施互联互通和资源建设集行政审批、便民服务、政务公开等功能为一体的跨部门跨地区信息互通互联内网平台。整合城市空间基础地理信息系统，建立土地、人口、住房、交通等专业数据库，公共服务领域基本实现智慧化融合应用。到2020年，智慧交通着重加强智能化交通管理，客运车辆全部安装定位和监视及报站系统；智慧卫生建成人口健康数据平台，实现医疗卫生信息共享与业务协同；智慧教育推进基础教育专网、班级教学终端、录播教室等教育现代化建设工程；智慧水利实现水利基础地理信息、防汛防旱决策支持、水利工程调度运行、水资源管理等水利信息资源的汇聚集成、共享互用和业务协同。智慧民生实现市民卡集医疗、保险、个人信息及日常生活服务等功能。

积极发展智慧产业。培育互联网新兴产业。创建电子商务示范基地，重点招引电商园区管理企业、第三方服务企业、跨境电商贸易企业、垂直电商企业和优质批发零售企业。实施工业、农业大数据战略，促进制造模式变革和工业转型升级。培育互联网新业态、现代生态农业新模式，带动商业模式创新。打造互联网产业集聚载体，重点建设服务外包产业园、动漫衍生产业园、数据中心产业园、电子商务创新园。建立互联网产业联盟，集聚互联网应用服务企业、运营商、智能终端厂商、专业孵化器、科研院校、风投机构、咨询机构、专业媒体等国内产业链龙头企业和领先机构。

【社会治理新体系】 从海安传统地域文化中汲取核心价值观的丰厚营养，弘扬新时期海安精神，叫响"向上、法治、诚信、勤奋、创业"的新时期海安人优秀特质。壮大志愿服务队伍，注册志愿者占全县总人口比例6%以上，保持江苏省文明城市称号，确保2020年建成全国文明城市。力争新增国家级非遗项目1个，省级非遗项目2个以上。加快实施《青墩遗址保护利用规划方案》，建成青墩遗址博物馆，加快县博物馆（新馆）建设步伐。推动文化艺术中心、广电中心、体育中心高效运行。实施县图书馆原址新建工程，所有行政村和社区建成不少于200平方米的综合性公共文化服务中心，全县人均拥有公共文化体育设施面积2.8平方米以上。居民综合阅读率92%以上。区镇综合文化站全部通过国家综合文化站评估定级达标验收，建成省级公共文化服务体系示范区，现代公共文化服务体系基本形成。完成广电网络双向化、光纤化改造,巩固数字化广播电视村村通。发挥青墩文学艺术奖引导和激励作用,设立海安原创文艺精品生产专项扶持资金。制定出台文化产业扶持激励政策,实施重点文化产业项目“一企一策”,文化产业结构明显优化,新兴文化产业发展壮大,文化产业增加值占GDP的比重确保5.5%,力争达到6%。新培育4个市级文化产业示范基地(园区),新增2个省级文化科技示范基地(园区)。

创新社会管理机制。创新“大城管”机制,实行“三级管理、四级网络”的城市管理体制,合理划分县、镇、街道、社区在城市管理中的工作职责和权限,实现城市管理重心下移、管理责任前移。健全完善民意获取机制、信息公开机制、群众参与和监督评价机制、社会风险化解机制,形成涵盖民情收集、分析、解决、反馈、通报等环节的工作运行机制,完善和推广评议会、协调会、居(村)民(代表)大会等基层民主自治制度。在各区镇设立群众诉求受理及权益保障工作站。全面推行“政社互动”,形成政府行政管理和基层群众自治的有效衔接。全面落实“一委一居一站一办”社区服务管理体制,建立各级社会组织培育发展中心。到2020年,城乡新型社区覆盖率100%,每万人拥有社会组织超过12个。

加强法治海安建设。实施“七五”普法规划,严格依法行政,严格执行重大行政决策相关程序规定,进一步推行行政权力网上公开透明运行,建立权力清单公开及动态调整机制,坚决消除权力设租寻租空间。积极推进行政机关负责人出庭应诉工作。深入推进阳光司法工程,积极打造执法全流程可“回溯”、检务信息可查询、庭审过程可复制、执行流程可监督、人民陪审可看见的执法司法“五公开”制度。建立健全社会组织参与社会治理的机制和制度化渠道。畅通诉求表达渠道,完善“阳光信访”平台,全面推行领导干部带案下访,引导和支持人民理性表达诉求、依法维护权益。

保障社会安全稳定。加强基层社会治理和服务体系建设,完善社会矛盾纠纷排查预警和调处化解综合机制,建立健全重大社会决策、重大工程社会稳定风险评估机制,有效应对自然灾害、事故灾难、公共卫生、社会安全等突发公共事件。深化重点行业领域安全专项整治,健全事故隐患排查治理体系,严格安全生产行政执法,注重应急救援体系建设。构建食品药品安全治理体系,建成江苏省食品安全城市。依法打击网络电信诈骗、网络传销等违法犯罪活动。加快构建公共法律服务体系,实现城乡公共法律服务均衡化。推进立体化现代化社会治安防控体系建设,织密社会面治安防控网、重点行业和重点人员治安防控网、区镇(街道)和村(社区)治安防控网、机关企事业单位内部安全防控网、信息网络防控网,社会公众安全感满意度测评继续在全省领先。

【机制体制改革】 推进综合改革试点。以完善城乡发展一体化体制机制为目标,创新现代农业经营体制,加快农村产权制度改革,推动农业转移人口市民化,推进城乡一体化示范区和新型城镇化试点工作。以深化科技创新体制改革为动力,建立政府鼓励技术创新的支持机制,推进科技项目资金的市场化配置。建立激励创新的市场竞争、利益导向和聚才用才机制。完善科技金融体系,设立产业引导基金,出台创投机构发展扶持政策,健全产学研协同创新机制,推进应用型技术研发机构市场化、企业化改革。

深化重点领域改革。简政放权,推进行政管理体制改革。继续下放行政审批事项,构建高效规划、权责一致的公共服务体系,完善中心镇管理体制和运作机制。完善政府采购机制和向社会购买服务机制,加快事业单位分类改革,建设服务型政府。完善基础设施投融资体制,实施政府和社会资本的合作工程、引导资金建设工程、发行政府债券建设工程、上市公司培育工程等,破解新常态下的投融资难题。积极争取国开行、农发行等国家政策性银行的资金扶持,加大棚户区改造。利用政策扶持,争取企业债券、停车场建设债券、专项基金等方式支持充电设施和停车场建设。以要素市场化配置改革为核心,建立差别化的资源要素价格机制和用能排污总量控制交易制度与耕地保护补偿激励制度、水环境质量区域补偿机制,创新生态资源保护开发和集约使用制度。推动社会领域改革。深化公立医院综合改革,积极支持社会资本办医,发展非公医疗机构。创新文化体制机制,健全现代文化市场体系和公共文化服务体系。以实施土地利用“五化并进”(土地规划减量化、计划指标市场化、耕地保护优质化、土地利用集约化、服务监管实时化)试点为抓手,策应省节约集约用地“双提升”和市陆海统筹发展改革试点,全面提升国土资源管理水平。

(发展改革委)

媒体聚焦海安

Media Focus On Haian

广电中心　章　丽绘

◎ 责任编辑　董玉龙

甘肃国际陆港华东物流基地货运列车从江苏海安首发中亚

7月22日，甘肃国际陆港华东物流基地首班中亚货运列车停靠在江苏海安商贸物流园铁路专用1号线上。

当日上午9点38分，甘肃国际陆港华东物流基地首班中亚货运列车从江苏海安商贸物流园铁路专用1号线出发，满载货物发往哈萨克斯坦等中亚5国。这一班列的发出标志着甘肃中欧班列“天马号”国内集揽货物范围延伸至华东地区。

据了解，今年5月，甘肃国际陆港华东物流基地在江苏省海安县正式建成，7月22日正式启用。

新华社 2015年07月23日　许丛军

河网如何重现活水清流

河湖管护体制机制创新试点县江苏海安
河网如何重现活水清流(美丽中国·调查)

【核心阅读】

随着城镇化发展，大量农村河道疏于管理，成为垃圾场、臭水沟。如何让农村河网重现活水清流？江苏省海安县从去年起实施“清水工程”，建立“河长制”，倒逼企业转型升级，力争在3年内全面改善全县1796条等级河道的水质。

为屋后的小河投放鱼苗、沿河收拾垃圾……家住江苏省海安县海北村的邓中军，清明节以来就一直在忙活。同村的许松珍看老邓忙得乐呵，笑着调侃道：“看这样子，今年不仅能挣钱，大伙儿还能沾光分上几条鱼啦。”

许松珍告诉记者，过去门前这河脏得不成样子，死鸡鸭、农药瓶、破罐子满河飘，如今不仅水清了，还养上了鱼，去年底沿河居民每人还分了几条大鱼过年呢。

“我们实施清水工程，就是要把水环境治理作为生态文明建设以及事关民生的头等大事，重现有鲜花绿树、见活水清流、可寻童年乡愁的美好生活环境。”海安县委书记陆卫东说。

建立“河长制”，全面管护所有河道

地处里下河地区的江苏海安境内水网密布，曾以“三塘十景”远近闻名，“池畔泉甘鸥自浴，洲边亭圮鹭犹翔”是其美丽写照。但近年来，一些农村河道疏于管理，成为垃圾场、臭水沟。为了建设美好乡村，海安县从2014年2月起，用3年时间实施“清水工程”，全面改善全县1796条等级河道的水质。

吴王刘濞开挖的老通扬河，2000多年来穿海安县城而过。近年来，由于生活污水直排入河，河道内垃圾淤积量大，历次加固遗留的土石方和建筑垃圾也对整个河道造成了影响。根据规划，老通扬河沿岸将铺设排污管道，实现雨污分流，工程今年底完工后，可以有效处理两岸区域的生活污水，河道也不再依靠闸站定期换水来保证水质清洁，而将通过自洁功能和定期维护来达到景观河的效果。

“事得有人管，还得有监督。”陆卫东介绍，海安还建立了“河长”制度，全面管护全县的所有河道。“河长”可以是县官，也可以是村官，每条河道都要有专人负责。“河长”作为第一责任人，负责河道日常管护，现在全县已经有521名“河长”。河道边会设立公示牌，留下“河长”的职务和联系方式，群众一旦发现偷排等问题，可以随时联系“河长”举报。

海安高新区管委会主任张勇华如今也当起了“河长”，平常就算工作再忙，他也要抽空到自己管护的河道看看，发现有人丢了垃圾，就自己捡起带走，“河长不是职务，却是一种责任，时间长了，就会时时挂在心上了”。

今年初，海安县被水利部确定为全国第一批河湖管护体制机制创新试点县。“清水工程”实施一年来，全县大部分河道达到整洁河标准。

建立处理中心，畜禽粪便变废为宝

“问题在河里，根子在岸上。”县长顾国标说。海安是全国闻名的畜禽养殖大县，调查数据显示，虽然全县非规模专业户畜禽养殖量仅占20%，但污染物排放量却占总量的八成以上。农业面源污染、养殖业污染等问题依然是农村生态环境的最大威胁。如何解决河里的污染问题，既保养殖又保环境？答案在岸上。

在曲塘镇胡庄村26组的先进桥下，清澈的河水静静流淌，丝毫闻不到异味。而桥西的两排平房，就是鸡舍。

鸡舍的主人叫谢锡平。老谢养鸡已经十多年了，记者探访时，他正忙着给4000羽鸡配料。谈起十几年来养鸡的变迁，老谢笑着说：“过去产生的鸡粪人人抢着要，做肥料都不够。后来扩大规模，鸡粪却少有人要了，一下变成了污染源。”

老谢坦言，两排鸡舍都在河边，他也曾把鸡粪直接倒入河里，弄得河面上都是粪便和污水。村民们恼了，一个劲儿提意见。后来政府补贴，他花了1400多元，就在鸡舍后面建成了20立方米的蓄粪

池。老谢说，现在只要一个电话，就有人上门来运，也不用自己铲粪，既提高了养鸡效率，又保护了环境。

老谢家鸡粪的去向，就在1公里外的曲塘畜禽粪便处理中心。海安县先后投入3800万元，建立了5个处理中心。畜禽粪便在这里可以变为肥料、燃料和饲料，目前，海安县畜禽粪便利用率达到了90%以上。

河里的人为污染治住了，可自然生长的水花生、水葫芦怎么治？它们生长周期短，繁殖特别快，往往前面打捞后面又长出来，清理要花费大量的时间和人力。海安探索出一条变河道保洁“只有投入、没有直接的经济回报”为“以河养河”的新路——近2000名保洁员由政府出资购买服务，采取市场化运作、行政化考核，他们不仅岸上拿工资，还从水里捞到了“外快”。

在与海北村相邻的新丰村，保洁员贲道来给记者算了一笔账：2014年270多名村民“入股”合作社，每人一股出了40元，一人年底至少收获20斤鱼。村民们因为养鱼产生了收益，得到了实惠。与此同时，河道保洁与水产养殖同步进行，投放的青鱼、草鱼、鲢鱼吃掉浮游生物当好水下“生物保洁员”，实现了生态保洁。

提高污水处理标准，倒逼企业转型升级

海安实施清水工程一年来，清流美景，款款入画。但如何平衡环保与发展的关系？顾国标说，海安目前正集中力量打一场水污染防治战，加强项目环评把关，倒逼企业转型升级。

纺织产业是海安的传统特色产业，却又是水污染的主要来源之一。海安高新区丰产河畔，四五家大型纺织企业集聚于此。近一年来，环保检查人员发现，跟过去不同，现在每次突击检查，丰产河水质都能达标。

“实施雨污分流，流到河里的都是雨水，污水不会进入雨水管网，水质当然没问题。”江苏富邦纺织有限公司董事长蒋高稳笑道，要问污水去哪儿了，看了污水蓄水池就知道。在公司近6000立方米的污水蓄水池，污水要经过多项处理工序，废弃的黑水经过一步步过滤和化学处理，随后通过管道排往附近的污水处理厂。过去纺织企业的污水预处理过程简单，出水标准也低，去年年底前，海安将所有纺织企业出厂污水COD值门槛由500mg/L提高到200mg/L。

“标准高是好事，有利于企业走品牌化、国际化路线。如果国外客商来考察，看到我们环保做得不好，周围河流也是一池污水，谁还会与我们合作？”蒋高稳说，除了环保设备的高标准配置，公司在制造工艺、设备投入上也进行了更新换代，更加注重科技投入和先进设备的引进，致力于高科技改造传统纺织产业。

与蒋高稳一样，这一年，海安不少企业推动转型升级，既治污染，也迎来了新的发展机遇。

“水是生态之基、城市之魂、民生之要。我们坚信，随着清水工程的深入开展，海安一定能重现‘鱼游天上餐云影，树倒波心濯练光’的水乡生态图画，真正实现水清、岸绿、景美、人和。”陆卫东憧憬道。

《人民日报》2015年5月11日　刘万春　景圣红

中国海安环滨海新区自行车公路赛完美收官

【口播】

经过一上午的激烈角逐，9月20日，首届“东部家具杯”中国海安环滨海新区自行车公路赛在滨海新区产业园完美收官，比赛共决出三个大项的前15名。

【正文】

【记者出镜】 记者　张　颖

今天的老坝港蓝天万里　秋风送爽　在我身后　数百名运动员们正摩拳擦掌　跃跃欲试　现在是上午9点　再过10分钟　2015中国海安环滨海新区自行车赛就将拉开战幕。

【采访】 连云港选手　翟路鑫

你好　请问你来自哪里　我来自连云港　请你预测一下今天的成绩可以吗　重在参与嘛　有没有成绩无所谓的

【解说】

上午9:10分，随着裁判员一声枪响，本届比赛正式拉开帷幕，参赛队员个个如离弦之箭，冲出出发线。

【记者出镜】 记者　张颖

今天的比赛共分三项　男子公路精英组　赛程55公里　男子山地组　赛程33公里　女子组　赛程33公里　现在正在进行的是男子公路精英赛　期待今天的选手们有精彩的表现

【解说】

此次比赛由国家体育总局、中国自行车运动协会、江苏省体育局、海安县人民政府主办，吸引了全国各地253名自行车业余运动员参加比赛。

【采访】 上海选手　小宋

因为这项运动比较健康　比较接近大自然　在锻炼的同时又能和大自然接触　就很热爱　你参加这项运动大概多长时间了　大概七年了

【解说】

赛出水平、赛出风格，在男子山地组比赛中发生了感人一幕。171号选手王献和189号选手石勇明从一开始就咬得很紧，比赛中，二人互相鼓励密切协同，最终双双冲过终点，分获此轮赛事冠亚军。让人没想到的是，与冠军只有数米之差的王献是一名肢残人士。

【采访】 男子山地组亚军　王献

你觉得这是一种什么样的精神在鼓舞着你呢　感觉对自己身体的一种挑战嘛

【采访】 男子山地组冠军　石勇明

你想到今天会拿到这么好的名次吗　没有想到　后来跟这个王大哥　他作为一个肢残人员嘛　出来后　他比较积极主动嘛　这个大哥带着出来　我很佩服他的

【解说】

为搞好此次比赛，县政府和滨海新区提前筹划、细化方案、精心组织，得到

广大参赛运动员的认可。

【采访】 男子山地组比赛冠军 石勇明

路线很好 安全各方面都比较好 组委会 大会组织这些比较正规 这样可以带动自行车这个项目以后更好的发展

【解说】

海安滨海新区作为南通市沿海开发的重点区镇，近年来在推进产城融合上卓有成效，社会事业蓬勃发展，综合实力稳步提升，赛事的成功举办对新区推进“体育搭台、经济唱戏”有重要意义。

【采访】 县政府副县长 翁晓云

我相信这次自行车大赛 对推动我们老坝港滨海新区的经济和社会各项事业的发展将会起到巨大的推动作用 我也相信 通过今后这些赛事的组织 我们的地理位置也比较好 我们的基础设施也比较好 我相信能承载更多的体育赛事

【解说】

经过一上午激烈角逐，三个大项前15名全部决出。邱浩、石勇明、王冉分获男子公路精英赛、男子山地赛和女子公路赛冠军。

中央电视台 民生热线 2015年9月20日 许小健 张 颖

海安连续11年承担国家超级稻示范推广项目

近日，从扬州“2015年江苏省超级稻示范推广项目工作会议”传来讯息，江苏海安县被列为2015年国家超级稻示范推广项目示范县。这是自2005年以来海安县第11年承担实施该项目。

2014年海安县示范推广超级稻9.8万亩，超级稻示范推广面积占全县水稻种植面积的17.6%。在超级稻的栽培管理上重点推广应用精确定量栽培、测土配方施肥等综合配套技术，稻作科技含量和生产水平进一步提高，全县水稻统计单产达660.7公斤/亩，单产再次名列全国前列。

中央人民广播电台 2015年4月27日 杨 俊 刘 宁 吴中华

海安水稻钵苗机插技术再次放样全国

6月16日，参加全国水稻钵苗机插现场会的代表来到江苏海安县雅周现代农业园考察水稻钵苗育秧及机插现场。

海安县是水稻种植大县。2012年开始在全国率先进行钵苗机插示范，目前示范水稻钵苗机插1000亩，雅周稻作园钵苗机插典型田块实现单产867.5公斤。

领导专家考察后充分肯定海安县水稻钵苗机插育秧技术水平，希望海安继续在水稻钵苗机插技术上有新的突破，打造全国一流的示范基地。

中央人民广播电台 2015年6月17日 杨 俊 刘 宁 唐 进

华东地区最大鸟撞试验基地落户海安

10月25日，中国商飞上海飞机设计研究院鸟撞试验基地揭牌仪式在江苏海安铁锚玻璃公司新厂区举行。

铁锚玻璃此次与中国商飞上海飞机设计研究院合作共建华东地区最大鸟撞试验基地，面积4000多平方米，投资近亿元，拥有发射系统、试验靶架系统、速度测量系统、应变测量系统、位移测量系统等设备，可对飞机前风挡玻璃、机翼、平尾、垂尾进行时速1000公里/3.6千克飞鸟撞击试验。

中央人民广播电台 2015年10月26日 杨 俊 周龙彬 苏 丹

用信贷为“绿色”转型添动力

提升空气质量、整治养殖污染、助力河道清水工程和无公害食品生产……在推动当地经济社会向“绿色”转型的路上，江苏海安农行坚持了绿色发展的理念，将绿色经济作为信贷投放重点领域，助力生态保护和环境治理。

据了解，江苏天楹环保公司是一家垃圾处理企业，经其环保处理后，垃圾焚烧场的排放气体能从“乌烟”变为无污染白色雾体。为了支持其购进国际先进、国内领先的垃圾焚烧设备，今年以来，江苏海安农行向江苏天楹环保公司发放了3.3亿元项目贷款。数据显示，江苏天楹环保公司目前每天可处理集中焚烧垃圾750吨。

与此同时，作为全国闻名的畜禽养殖大县，海安常年家禽饲养量4500万羽以上，生猪饲养量120万头，年产生畜禽粪便250万吨。对畜禽养殖污染进行集中整治已成为当务之急。在考察了实际情况后，海安农行为“海安县非规模化畜禽养殖污染治理工程”发放项目贷款6000万元。在信贷资金支持下，目前海安县已在6个镇建成畜禽粪便处理中心6个、蓄粪池14581个，并实行专业队伍收集、专业处理。收集的畜禽粪便进行干湿分离，干粪用于制作有机肥，粪尿经处理达标排放，农村生态环境得到有效改善。

不仅如此，近几年来，海安农行还积极介入省级重点工程栟茶河综合治理、经济开发区污水处理、滨海新区污水处理等项目，目前全县62%的河道已达到“水清、河通、无杂物、能养鱼”的整洁河标准。同时，通过农业产业化龙头企业贷款，更支持了缘生堂桑叶茶、龙顺大米等一批绿色有机食品生产；通过小额农贷的扶持，助力一批农户的枇杷果园建设，满足了当地居民日益增长的绿色消费需求。

《经济日报》2015年5月26日　季任春　谢朝晖

海安：百名中科院专家深度对接特色产业

12月5日，第二届“中科院专家走进海安”主题活动拉开帷幕，来自中科院39家院所的132名专家齐聚海安，与当地460多家企业对接“院地合作”。活动当日，中科院相关研究所围绕海安装备制造与自动化、新材料、能源环保、现代农业4大特色产业分别举办了科技成果专场对接会，双方共达成意向性合作项目112个。

“从去年开始，我们就与海安企业申菱电器进行了合作，建立了电梯大数据采集与处理的联合实验室。”中科院自动化研究所的所务委员、副总工张文生介绍道，“电梯大数据感知与运营状态监管，就是在电梯内安装一个监控电梯各装备运行、及时处理各项技术数据的‘监控盒’，进行全天候监控，实现信息采集、存储、服务于一体。经过1年多的准备，目前已在苏北地区的电梯上安装了5000台。”

一年前的“中科院专家走进海安”活动中，张文生与申菱电器李总经理结识，双方就电梯大数据理念一拍即合，15分钟谈成项目、1个星期签订协议、10天内研发经费到位。

如今，越来越多的海安企业尝到了科技创新的甜头，与中科院合作共建已成为海安企业界的广泛共识。其中，海安开发区与中科院自动化研究所合作共建智能制造与信息感知研发及产业化基地，支撑海安智能装备产业转型升级；飞亚集团与中科院宁波材料技术与工程研究所联合组建了油品添加剂技术研发中心，加快企业转型步伐；大明玉公司与中科院过程工程研究所联合实施“废渣资源化利用微晶材料关键技术研究及示范工程”，达到国际先进水平，本月底将正式投产。

记者了解到，在推进科技创新过程中，海安从政策驱动、项目资助、目标考核全方位聚焦产学研合作，不断扩大合作范围，创新合作模式。自去年举办首届“中科院专家走进海安”主题活动以来，海安先后与中科院系统40余家科研院所开展了60余次对接活动，目前已有19个项目扎根海安、在谈项目近30个。仅去年以来，海安累计实施10万元以上产学研合作项目366项，成果转化项目172项，支付合作经费1.6亿元。

中科院过程工程研究所副研究员黄云介绍说，一直以来过程工程研究所和海安天楹集团有着非常好的合作，今年天楹有好几个生活垃圾焚烧发电厂是采用炉排炉的方式，用这种方式处理垃圾，一方面可以节约土地资源，另一方面也可以将焚烧产生的电能有效利用起来，今年这一技术也将在海安进行投产推广。

在全面推进产学研合作的基础上，海安高度重视与中科院的科技合作，专门成立了对接中科院机构，安排专项编制，拨付专项经费，在全县动员组织企业走进中科院，开展深度对接，“院地合作”氛围浓烈。

“科技创新正日益成为海安最响亮、最有含金量、最可持续发展的城市名片。”海安县委书记陆卫东说，今年海安通过构建“地毯式、人盯人、全覆盖”的推进机制，全面做实科技创新，推动大众创业、万众创新。据悉，近年来，海安科技综合实力不断攀升，在全国县域经济最具创新力50强排名中名列第5位，区域人才竞争力南通第一，并被列为江苏省科技创新体制综合改革两个县级试点城市之一。全社会研发投入占GDP比重达到2.46%，高新技术产业产值占规模工业产值比重达到47.78%，高新技术企业已增至120家，万人发明专利拥有量达到18.35件。

《科技日报》2015年12月14日6版　张　晔　陈兴斌　王桂江

海安：枢纽新城打造科技新名片

中亚、中欧国家的买家拍下来自江浙沪企业的“宝贝”，在江苏海安县揽件发货，中转至甘肃国际陆港，抵达目的地。这样的淘宝物流走向，不久将成真。

为策应“一带一路”国家发展战略，江苏海安县与甘肃国际陆港签约建成甘肃陆港华东物流基地，驶向中亚、中欧的专列将分别于六、七月开通，成功发挥“枢纽海安，物流天下”的集散作用。作为承南启北、连贯东西的枢纽新城，海安也依托四方的高校企业，成为科技人才聚集和创业发展的新高地，打造科技创新的“城市新名片”。

在5月23日开幕的“第二届创新创业在海安”活动中，来自中科院、上海交大、南大等近500名专家学者共同交流海安创新发展经验成果，80个产学研合作项目现场签约。

“我们企业与高校院所建立的稳固联系很大程度得益于这个活动，70%的合作项目就在去年活动中达成意向，这也是今年继续举办的原因。”县长顾国标说道。如今已有100多家高校院所与海安300多家企业建立长期合作关系，累计实施30万元以上项目220项，成果转化项目116项，支付合作经费1.4亿元。中国科学院院士、南京大学电子科学与工程学院教授吴培亨告诉记者，“这是我第二次来海安参加‘创新创业在海安’活动，留给我两个很深的印象。海安是个县城，它的产品创新不是农产品加工、土特产，而是涉及先进装备制造、新材料、机器人等诸多高科技前沿产品。另一个是样样都见效，既有时效又有成效，做一个是一个。”

除了引导高校院所科技成果与企业创新对接，海安还加速创业人才引进。2014年海安全县规模以上高新技术产业产值825.32亿元，增长24.2%，占规模以上工业产值比重47%，万人发明专利拥有量16件，均居全国县级城市前列。

《科技日报》2015年6月1日6版
陈佳佳　王桂江　张　晔

村村通公交引出新鲜事

公交开到村口“面的”司机改行

往年越到节日越忙的海安高新区海北村“面的”司机吴长友，今年春节却特别清闲。开了30多年“小面的”，今年怎么不出车了？“现在没啥生意，有时成天也拉不上一个人。”吴长友答。

30岁那年，吴长友买了一辆“小面包”，在海安城乡跑起出租生意。人勤快，车干净，技术又好，方圆几十里内娶亲、生子、串门，都争相用他的车。逢年过节，吴长友更是天天连轴转，早上五六点钟出门，晚上不到九十点钟回不了家。要是不提前两三天预约，就算是家里人想用车，也排不上号。

吴长友说：“刚买车的那会儿，交通不方便，农民进个城，跑到老远的公路边等上两个小时也难碰到一班公交车。现在马路修到家门口，村村通公交，出门就能坐上公交车，每隔半个小时就有一趟，两块钱就能进城，有的老人、军人还不要钱。你说，谁还愿意坐我的车？”说到这，一脸无奈的吴长友反而笑了。

原来，前几天，吴长友和老伴进城走亲戚，破天荒坐了一回公交车。这次体验，让他感触颇多：“公交车车厢宽敞、行得稳、速度够快，真不错！”吴长友坦承，现在人们腰包鼓了，买私家车的越来越多。赶上有喜事，自家车不够就租小轿车，没人再瞧上“小面包”了。

从去年起，忙惯了的吴长友，手机再也没那么多电话，出车次数越来越少，一开始，他有些不习惯。可时间长了，他也慢慢想通了。每次擦洗自己的“小面包”，吴长友的心里虽有不舍，但也知道迟早要说“再见”。

“全村全乡面临‘下课’的面的多着呢。”年逾六旬的吴长友说，过几天，抢在同行前面，把“小面包”卖了，以后有空钓钓鱼，安享天伦之乐。

《新华日报》2015年3月2日7版
刘　宁　丁亚鹏

海安10万失地农民接轨社保

“比种地收入更稳定，有养老和医疗保障，生活真不愁了……”22日，海安高新区园庄村村民赵宝银的一番话，晒出了当地失地农民的幸福生活。据了解，海安2004年起试点失地农民基本生活保障，至今已有10.5万人接轨社保。

5年前，村民赵宝银的土地被征用，成为失地农民。村委会按照补偿标准，为他缴足22800元新型农村养老保险个人账户费用，同时，集体统筹1万元。老伴张宝兰也由村委会从征地补偿中于当年缴足“新农保”费用。土地被征用后，赵宝银和老伴住进自建小洋楼，经营一间小型超市。“现在每月领取350元生活费，两人加起来就是700元，再加上小店收入，生活不用愁。”赵宝银说。

园庄村是海安高新区所在地，村里绝大部分土地被征用。村党总支部书记何咸明介绍，全村农林集体用地5500亩，被征收超5000亩，4000人失去土地走进企业务工。全村对60周岁以上男性和55周岁以上女性进行统一对接新型农村养老保险，对16周岁以上青少年对接城镇职工养老保险，全村失地农民全部纳入各类社会保险，有效解决了后顾之忧。如今，失地农民“搬得出、稳得住、能致富”成为他们的生活变迁曲线。

《新华日报》2015年3月24日7版
刘　宁　丁亚鹏

海安:清水工程绘就“梦里水乡”幸福图景

地处里下河地区的海安境内水网密布,拥有大小河流4000多条,曾以“三塘十景”远近闻名,“池畔泉甘鸥自浴,洲边亭圮鹭犹翔”是其美丽写照。然而,近年来,由于多种原因,全县河道水环境形势不容乐观,县领导在走访联系点时,群众对此纷纷“诉苦”。

“发展经济不能以牺牲水环境为代价,要让百姓享受现代生活时留住儿时记忆。”海安县委、县政府决定从2014年起到2017年,用三年时间大力实施“清水工程”,并以“史上最严的新环保法”为尚方宝剑,坚决向污染宣战,打响声势浩大的治水战役,绘就“梦里水乡”的生态图画,提高人民群众的幸福指数。

建设环境优美主城区

水,一个城市的灵魂。海安的生态文明建设,从治理污染起航,县政府成立了由县主要领导任组长,分管领导任副组长,县政府办、环保局、住建局、水利局、财政局等部门和各区镇主要负责人为成员的全县清水工程领导组。领导组办公室设在县环保局,由县环保局局长丁国祥担任办公室主任,负责协调指挥日常工作。

海安县实施“清水工程”注重强化部门协作配合,健全上下联动、各方配合的联动机制,实行建管并举、长效管理的工作机制,创新联合执法、严厉查处的执法机制,并将清水工程列入各区镇和各相关部门的年度目标绩效考核责任书,作为全县“月月看、家家到”活动视察内容。

“清水工程建设关键在于‘清’,相关部门和区镇要严格坚持‘水清、河通、无杂物’这一基本要求,该县加快排污管网、河道清淤等治理项目建设,加强水资源、水污染监督执法。”县委书记陆卫东在调研时说,“实施清水工程是建设生态文明、全面建成更高水平小康社会的重要内容,是推动经济转型升级、建设生态宜居城市的现实需要。”

海安县结合排水专项规划,制定了城区污水收集管网建设和河道整治方案,实施城北污水处理厂主干管网建设,做好恒泽、鹰泰污水处理厂污水管网延伸工作。同时,对城区严重污染的河道如老通扬运河、红光河、立新河等实施污水截流工程,进行河道清淤整治,并加强县城区生态补水力度,实行每半个月换水一次,确保县城区河道水系通畅,将主城区四河七岸建成生态带。

建设生态宜居新城区

河道,一座城市的“血脉”。清水工程,就是要让河面更清澈,河道更畅通,河面更整洁。海安县清水办主任、县环保局局长丁国祥说,清水工程中全县实现“一河一档,一河一长,一河一员,一河一策”。为了解决城市规划控制区河网功能衰减、水环境恶化的突出问题,海安县着力推进以河道疏浚、水系沟通、截污治污等为主要内容的清水工程。

海安县城市规划控制区东起沈海高速、风景河,西至204国道,南起启扬高速,北至宁启铁路、353省道的非核心城区的城市规划区域。城市规划控制区清水工程坚持河道清淤整治、排污管网建设和全面科学管理“三位一体”综合治理。

为解决污染,发挥其引排作用,全县对77条主要河道进行全面疏浚,新建闸12座、闸站8座、路下涵20座;分期规划建设所需排污管网体系,实现对区内污水全面集中收集,再经集中处理后达标排放,彻底解决工业及生产生活污水直排现象;对重点区域河道水位全部实行可控可调,河道全面推行“河长制”,充分利用河道水体资源,实现“以河养河”生态保洁。

通过对城市规划控制区清水工程实施,全面恢复河网引排功能,解决河水恶化问题,营造优美宜居的水生态环境。去年,环保部环评司副司长牟广丰、中国环境科学研究院研究员夏青等领导、专家及省、市相关单位负责人一行20余人,实地勘查海安开发区清水工程示范点,给予高度评价。

建设风光秀美新农村

“县里决策花三年时间,让农村的河流全部沟通、水清、无杂物,还能养鱼,我俫老百姓举双手赞成。”雅周镇村民杨辉兴奋地说。去年,他已在承包的河段投放1.5万尾鱼苗。全长1500米的通雅河,经过清理后成了最高标准的“示范河”。

百姓对水环境改善的迫切需求,就是党委、政府工作重点。海安县环保局负责全县农村清水工程,组织实施清水工程示范镇(区)村创建验收,做好农村环境综合整治考核,加强沿河水环境督查,做好水质监测,及时查处违法排污行为。县环保局局长丁国祥兼任农村清水工程组组长。

海安县地处里下河地区,沟河港汊多,清水工程中,攻坚克难,始终坚持“水清、河通、无杂物”“能养鱼”、“坡绿”分档要求,开展“整洁河、标准河、示范河”和“达标村、示范村”及“达标镇、示范镇”创建,成果斐然。曲塘镇就是一个精彩缩影,为保留河道原有风貌,该镇坚持不动用挖土机,本着“生态自然、景美岸绿”理念进行人工清淤、生态护坡。如今,这里河水清澈,绿树成荫,鸥鹭成群,叫响了“全国环境优美乡镇”的品牌。

“一枝独秀不是春”。去年底,该县高新区营溪村村民集体分鱼过年。全村实施了清水工程5.5公里,形成了“人人管护、户户受益”的生态保洁模式,为海安入围全国首批河湖管护体制机制创新试点县做出了贡献。同样,在白甸镇官垛村,这里每年生产水产品1000多吨,承包户有1200万元的受益,成为南通市河沟养殖示范村,并连续成功举办了三届捕鱼节。

能不能养鱼是检验清水工程成效的最直接标准,能不能带来民富村美是实施清水工程的目的所在,面对群众的新期盼、新要求,海安县深入持久推进

“以河养河”工程,达到村民增收,河道管护到位,“水清岸绿、经济生态”的目标;大力实施农村污水管网建设,全面扩大农村生活污水收集处理范围;加快城镇集中居住区生活污水集中处置,实现城镇集中居住区生活污水集中处理站全覆盖。

“问题在河里,根子在岸上。”丁国祥局长介绍说,海安作为全国畜禽养殖大县,畜禽粪便成为河道主要污染源,为此,县里先后投入3800万元,建立5个畜禽粪便处理中心,3200个蓄粪池,大力推行沼气工程、生态健康养殖和培育有机肥加工企业等工程,畜禽粪便综合利用率达100%。全县杜绝畜禽养殖粪便直排入河现象,发现后对所在区镇当月农村环境综合整治实施“一票否决”,这一做法得到上级部门的充分肯定。

为了打造让百姓满意的“环境优美、生态文明、社会和谐”的新海安,海安县建立健全“农户收集、镇村清运、集中处理”的农村生活垃圾集中清运和集中处理机制,生活垃圾集中收集的行政村覆盖率达100%,无害化处理率达100%。严禁将垃圾倒入河塘内,发现一起,查处一起,并完善了“五位一体”管理机制及有奖举报的奖励机制。去年,省环保厅、住建厅、水利厅等单位领导对海安村庄环境整治进行全域性考核验收,对海安农村环境整治工作给予高度评价,要求周边县市学习海安农村环境整治工作的先进做法。

建设生态宜业新海安

近日,海安环保卫士在开发区明察暗访时欣喜看到,通润汽车零部件有限公司位于红星河的排水口处,河水清澈透明,数人在岸边悠然垂钓。在海安,“生态经济”不再是概念符号,它已成为推动经济社会又好又快发展的新引擎。

“既要金山银山,更要绿水青山”。为了进一步推进工业企业污染防治战,海安严格按照《江苏省生态规划红线区域保护规划》、《海安县环境保护“十二五”规划》和省市减排工作要求,优化产业布局,促进产业升级,抬高环境准入门槛,禁止新建高能耗、高污染、资源消耗型项目,削减入河污染物排放量。

县环保局连续举行环保执法“亮剑行动”,着力加强对化工、钢铁、纺织、电镀、造纸、铅灰等重污染行业污染源的现场监管,对排污企业实施现场随机抽查。按照“不打招呼、不听汇报、不接受招待”的三不要求,检查人员直接到现场检查取证,提出整改、限改要求。在全县范围内对化工、印染、电镀等重点污染源生产企业实施专项整治,使其污染物排放得到有效控制和治理,对不能稳定达标排放的企业坚决关停。

通过强势推进工业、服务业污染治理工程,取得显著成效。去年以来,全县7家印染企业中水回用工程投入运行,每年可减排化学需氧量405吨,节水400万吨;全县27家印染企业全面实施废水提标改造工程,可减排化学需氧量345吨;精细化工园所有化工企业和位于高新区丰产河沿线的印染企业全部实施了雨污分流改造,污水经预处理后进入污水处理厂;围绕清水工程建设项目,加强对地表水环境质量的监测,及时掌握水质变化动态……

为了打造“水清流畅、岸绿景美、人水和谐”的清水走廊,海安县先后关停9家蓄电池生产企业、22家铅灰作坊等,先后配备河长521名,河道保洁员767名,丁国祥局长为此算了三笔账:算好经济账,海安县城内通扬、通榆两大河流由去年1月份补偿下游县市109万元,至年终已变为受偿超280万元,一正一反将近400万元;算好生态账,老百姓喝不上干净的水,呼吸不到新鲜空气,地方政府交出的经济发展政绩单再辉煌,老百姓也不买账;算好民心账,一个良好的生态环境,是百姓幸福生活的前提,实施清水工程造福百姓,得到了百姓交口称赞。

目前,海安已有1796条多等级河道80%通过整洁河验收,呈现出一幅幅“水质量提高、水循环正常、水安全保障、水生态良好、水景观优美”的生态水景,成为海安对外展示形象的靓丽名片,这将进一步巩固和提升国家生态县建设成果,全面推进生态文明建设,让海安继续成为苏中苏北生态文明建设的排头兵。

《新华日报》2015年5月26日 陆斌 徐小刚 李佳

海安打造有色产业集群

5日,来自中国有色金属加工工业协会、上海期货交易所相关负责人以及全国有色金属业界老总等300多位嘉宾集聚海安,共同见证经上海期货交易所批准成立的我省长江以北唯一有色金属期货交割库在这里揭牌运营。当天,白银集团等20多家有色金属冶炼和贸易龙头企业签约在海安设立区域总部公司。

“有色交割库的揭牌运营和有色龙头企业的竞相集聚,标志着海安重点打造的有色金属产业集群正在快速崛起。”海安县委书记陆卫东介绍,该县放大“枢纽海安、物流天下”品牌优势,借助全省唯一一家省级专业商贸物流产业园平台,重点引导培育以现代仓储物流和交易为核心的有色金属产业链。先后开通有色金属专用铁路线,建成有色金属剪切中心,获批建设上海期货交易所铝、锌指定交割仓库,吸引酒钢集团、金川集团、白银集团等三大国有有色金属龙头企业在海安设立区域性总部贸易公司,将华东地区有色产品的分拨、配送、销售等业务从上海、苏南逐步转移至海安。

目前,海安以铝、铜材深加工为主的有色金属企业已达60余家,去年全县有色金属工业企业实现开票销售90亿元,贸易型企业实现开票销售102亿元。

《新华日报》2015年7月6日头版 陈明

海安开发区："机器换人"带动产业提档升级

晋升国家级不到3年，海安开发区坚持走产业链高端路线，倾情打造机器人特色产业基地，诞生了南通市第一家机器人特色产业基地。目前，海安开发区是江北首家县级"国家知识产权试点园区"，并跻身"江苏省信息化和工业化融合示范园区"。

提起"机器人"，听起来有点"高大上"，不过，在海安开发区实地走一遭，人们不难发现，机器人身影随处可见，已成为当地产业转型升级的重要推动力。在福克斯新能源集团，偌大的生产车间，生产工人屈指可数，光伏流水生产线上的点焊机器人成了生产主角。据公司负责人介绍，一台点焊机器人相当于50个工人的工作量，并且焊接质量比全手工高出5个百分点以上。诸如此类的实例，在上柴动力、爱登堡电梯、西蒙电气等一批重点企业也能看到。"机器换人"在这里已经渐成气候。

海安开发区的领导对此坦言，晋级国家队后，作为高端增长极，海安开发区迅速成为长三角北翼最突出的投资目的地。然而，矛盾也随之而来：企业用工伴随项目的增多而日益突出，成为影响投资者热情的一大瓶颈。因而，除了通过各种渠道帮助企业招工之外，打造机器人产业基地的设想便成为开发区决策者优先决策的选项。

经过多方努力，上海交大、苏州大学、中科院等机器人产业研究院相继落户海安开发区，并开花结果。上海交大机器人海安产业研究院携手百协锻锤成功开发的自动化锻压线技术，一举填补国内空白。研究院搬来的不仅有高端装备，还有数十位专家的技术和智慧，有力地推动了海安开发区产业转型升级的步伐。

在机器人产业带动下，海安开发区特色产业正加速向智能化、自动化拓展迁移，向产业链高端强势攀升。据统计，今年一季度，海安开发区完成工业开票销售近250个亿，同比增长9%。

《新华日报》2015年4月28日16版
储成来

海安彰显长三角北翼重要节点城市优势

科技服务双创新促进转型升级

走进位于南通市海安县主城区北部的海安现代商贸物流集聚区，你会发现这里的交通区位优势非常明显：紧邻海安火车站、汽车站，境内公、铁、水资源丰富，多条国道、省道及运河穿境而过。

近年来，集聚区紧紧围绕"枢纽海安、物流天下"发展目标，积极顺应"动车时代、节点城市"新优势，不断优化产业集聚空间布局，吸引优质项目和资源，全力打造江苏东部"公铁水"无缝对接的商贸物流高地。2013年，集聚区被认定为省级现代服务业集聚区、省重点物流基地。

突出商贸物流重点，不断增强集聚区吸附力。大力实施服务业集聚区行动计划，2014年，实现营业收入168.5亿元，同比增长126.2%；实现税收7.9亿元，同比增长92.4%；新落户亿元项目14个，落户物流园区、专业市场的企业和商户达2600余家，市场开业率达80%以上。大力发展现代物流业，实现营业收入24.5亿元，完成货运量5310万吨，货运周转量42.9亿吨公里。获评市级现代服务业集聚示范区。

强化载体平台支撑，不断增强产业发展承载力。注重功能性平台打造，着力构建物资集散基地，推动先进制造业与现代服务业深度融合。精心打造第四方物流、期货交割库群等"六大功能平台"，开通运营亚太亿发等三大新型物流信息平台，正元、润安获批物流保税仓库，天成、汇益成为大连商品交易所鸡蛋指定交割仓库。全面加快公路、铁路、水运码头建设，铁路一号线基本建成，凤山内河集装箱码头开工建设。着力推进家具、五金机电等"十大物资中心"建设，新建综合仓储总面积达30万平方米。推动现代家具、纺织、丝绸等全产业链发展，东部全球家具采购中心、广汇家居材料市场等一批产业链项目加快推进。

推动重大项目建设，不断增强龙头企业带动力。狠抓服务业招商引资和项目建设，每月举办"物流周"活动，2014年，集中签约项目92个，总投资170多亿元，引进市级以上总代理、总经销、厂家直销239家。每月主持召开服务业重点工作点评会，全力推进重点工作、重大项目，新开工亿元项目37个，面积达248万平方米。完成规模以上投入158.3亿元，同比增长31.4%。入选省"十百十"重点企业、项目2个。新认定3A、4A级物流企业15家，保有量达20家。新增省重点物流企业1家，总数达5家。集聚区现有销售超50亿元企业1家、超20亿元企业1家、超10亿元企业2家，龙头型服务业企业的带动效应进一步增强。

2015年，海安商贸物流园区将着力突出功能完善、量质并举、转型升级，集中精力抓好三项工作。

一是突出功能完善，促进集聚发展。围绕"苏中领先、全省示范、全国有影响"目标，抢抓大宗物资物流园列入省、市2015年重大项目投资计划的新机遇，继续推进"六大功能平台""十大物资集散中心"建设，推动全产业链发展，加快商贸物流集聚区建设，全面提升商贸物流业发展水平。

二是突出量质并举,促进融合发展。积极对接应用“互联网+”模式,坚持农业、工业、服务业有机融合,全面推进电子商务发展,大力培育服务业新的增长点。实施阿里巴巴·海安产业带、电子商务进农村工程,积极开拓跨境贸易电子商务,加快培育电子商务企业,力争100家,其中大型跨境电商企业2家,农产品电商企业10家,启动海晟慧谷科创园、凤凰传媒图书物流等项目建设,争创国家电子商务示范基地。

三是突出转型升级,促进竞相发展。坚持以项目为抓手,丰富“物流周”活动,全年新招引服务业亿元以上项目18个、现货贸易企业60家。推动传统服务业转型升级,优化商业网点布局,打造城市消费服务功能集中区。积极发展新兴供应链管理、服务外包、技术研发等新兴服务业,促进发展水平加快提升。

《新华日报》2015年4月13日11版 蔡晓鹏

海安现代商贸物流集聚区出手不凡

放大“枢纽海安”优势 做优“物流天下”文章

11月12日,海安金秋经洽会签约落户项目50个,单体平均投资规模超过5亿元,其中4个项目超过10亿元!

在企业投资意愿普遍减弱的背景下,海安为何频掀投资热潮?县委书记陆卫东介绍,阔步迈入“动车时代”的海安,充分彰显长三角北翼重要“节点城市”优势,以“科技创新提升核心竞争力,服务创新提振投入信心”作为破难突围主攻方向,在新常态下跑出“稳中快进、稳中提质”加速度。今年以来,各项主要经济指标全线飘红,不仅延续南通市重点经济工作综合考核三连冠强劲走势,还在全国中小城市“赛跑”中跑出新的名次:综合实力、最具投资潜力以及最具创新力三个百强榜排名中分别跃升至第32位、第11位和第5位。

10月25日,海安铁锚玻璃牵手上海飞机设计研究院共建的大飞机鸟撞试验基地启用,标志着海安特种玻璃制造技术站上了国际制高点。铁锚公司原是生产普通玻璃的校办企业,市场狭窄,濒临倒闭,在政府引导下,从德国、韩国请来专家,成立企业研究中心,先后花费7亿元引设备、上技术,研发动车前挡和侧挡玻璃,先后拿到十多项国家发明专利。依靠领先产品技术,铁锚战胜法国圣戈班公司和意大利ISOCLIMA公司,拿下中国动车玻璃80%的市场份额,现在又盯上了大飞机玻璃国际国内市场。

在海安,依靠科技创新转型升级成为企业自觉意识。今年1至10月份,海安企业共实施30万元以上产学研项目91个,其中国际科技合作项目6个、引进成果转化项目21个,累计向高校科研院所支付合作经费3868万元。

“近4000万投资换来1000多个新产品,目前已有54个进入省级高新技术产品行列,带来新增工业开票销售100多亿元,太划得来了。”县长顾国标介绍,县里还专门设立1亿元机器人产业引导基金、1亿元新材料产业引导基金,引导和鼓励更多创新型研发平台落户海安。上海交大和海安经济技术开发区合作共建智能装备研究院,12名博士常驻海安研发工业用机器人,今年已“走出”10多种机器人。继苏州大学、常州大学、江苏大学等在海安建立机器人研究院后,韩国庆南机器人投资财团也携3家机器人生产企业登陆海安。“产业引导基金已开花结果,有望3年内打造出百亿级机器人产业。”

企业加快项目建设,政府不断创新服务。6月份,海安开展“服务企业、服务项目”专项行动,县四套班子负责人领衔担任服务组长,推进项目服务专人代理、专项服务、专业服务“三专”机制。建立重大项目月度专题协调办公会制度,每半个月由县政务服务中心、项目办牵头,集中解决项目建设过程中的阶段性问题。7至9月份,全县共排查出87个重点项目建设过程中存在的105个问题,并一一予以解决。浙江老板王传威投资60亿元打造中国东部家具基地项目,县政府专题协调争取到点供土地指标,目前已入驻企业300家,销售总额超过1亿元。

海安还推出联合会办、联合预审、联合踏勘、联合审图、联合验收的“五联”工作机制,对重大项目“一本通”办事,对新开工项目和前期项目列出审批清单,方便业主咨询、办理。11月3日,上汽集团圣德曼铸造公司海安生产基地设备安装提前到位,3条生产线即将投入生产。该项目总投资10亿元,原计划分三期进行,建设周期5年。“由于海安服务到位,一期工程仅用一年,现决定二、三期工程合并,明年竣工,年销售额将超过15亿元。”基地副总经理张建国竖起了大拇指。

科技创新加服务创新,激发海安经济发展的勃勃生机,1至10月,全县工业开票销售突破800亿元,总量南通市第一,同比增长11.3%;高技术产业产值超过780亿元,占规模工业产值比重达47.8%,南通市第一;务业应税销售突破600亿元,增幅高达44.1%。

《新华日报》2015年12月19日头版转2版 刘万春 卢锋 王勇

平民英雄，塑造海安“最美风景”

哀乐低回，天地同悲。当载着陈群的灵车缓缓驶到富港村村口时，早已等待多时的近千名来自十里八乡的村民，个个手持白花，眼噙泪水，争着送英雄最后一程。

为救翻船落水老人，陈群纵身跳入冰河，在寒冷刺骨的冰河中将老人托举足足15分钟。老人获救了，他却沉入了水中，献出了52岁的生命。遗体打捞上来时，还保持着托举的姿势……这位被敬称为“托举大叔”的平民英雄的事迹让人们感动不已，成为寒冬里最暖人心的暖流。

“托举大叔”是海安近年来涌现出的“平民英雄”群体的一员。去年2月6日下午，海安县城江海西路与镇南路路口发生一起恶性交通事故，8名伤员生命垂危。附近居民赵顺秋闻讯参与救援，因过度劳累突发心肌梗塞，经全力抢救无效与世长辞。从救人遇难的普通村民包容林到累倒在工作岗位上的税务干部卢华再到赵顺秋，海安先后涌现14名“江苏好人”，其中有8人入选“中国好人”。

“平民英雄”频频涌现，为地美水美风情美的里下河平添了一道“最美风景”。平民好人的感人事迹在百姓间传颂，深深地打动了众多海安市民。海安941爱心车队队员颜春宝告诉记者：“那些平民好人，发自内心的‘本能反应’，临危而上的热血担当，时时教育着我们，熏陶着我们，我们爱心车队的队员们要将平民好人们作为学习的榜样，继承他们这种无私的精神，继续为社会奉献爱心。”据介绍，自2011年海安县见义勇为基金会成立以来，全县涌现受省市县表彰的见义勇为先进典型已达44个；在公安部评选的二级英模中，海安就有两人入选，占南通总数的一半。

“海安凡人善举不断涌现，一脉相承的是海安民众践行社会主义核心价值观，争做四好海安人，凸显的是海安人的优秀特质。”海安县委书记陆卫东告诉记者，该县通过“做文明有礼海安人”、文明新风典型评比、道德讲堂等活动的开展，大力弘扬“向上、法治、诚信、勤奋、创业”的海安人优秀特质，不断塑造“存好心、做好事、当好人、有好报”的“四好”海安人文化，提升了广大干群的“精气神”，凝聚起全社会的强大正能量，让好人现象成为整座城市的最美风景。

吴桂青是白甸镇瓦甸村的村民代表，在村里，谁家有个协调不了的事情都找他解决，他讲的话大家都爱听、愿意听，所以老吴一有空就到村民家串串门，唠唠家常。经村民推荐和评议，吴桂青成为瓦甸村去年第三季度善行义举榜上的五位好人之一。和瓦甸村一样，海安全县各区镇都争相设榜褒扬好人，全县10个区镇210个村居设立了善行义举榜200多块，由村民投票评选出孝老爱亲、敬业奉献、助人为乐、诚实守信等各类好人，目前，全县已有2000多人上榜，“善行义举榜”让道德建设走进百姓心里，让群众成为道德建设主人。

崇尚凡人善举成为社会风气，平民英雄不断涌现，更要通过制度建设留下这道“最美风景”。记者从海安县文明办了解到，去年以来，海安县以培育和践行社会主义核心价值观为根本，积极推进了一系列制度建设，包括志愿服务制度化建设，建立健全文明城市建设长效管理机制，大力实施未成年人思想道德建设等。“践行社会主义核心价值观，要像抓重大项目建设一样抓好典型创树和引领，为海安经济社会持续跨越跃升共建良好的社会氛围和强劲动力。”海安县县长顾国标自信地表示，该县通过不断推进社会公德、职业道德、家庭美德和个人品德建设，着力提高市民素质、优化人居环境、提升城市品位、净化社会环境，从而促进城乡文明程度和公民素质的不断提高。

《新华日报》头版 2015年3月26日
卢　锋

写给辉煌“十二五”的巡礼——

海安：璀璨明珠耀江海

海安，江海文明渊薮，苏中璀璨明珠。

“十二五”以来，海安坚持以科学发展观为统领，积极适应经济发展新常态，紧紧围绕“枢纽海安、物流天下”战略取向，全面彰显、充分发挥“动车时代、节点城市”新优势，全力打造长三角北翼最具竞争力的新型工业化基地，江苏东部“公铁水”无缝对接的商贸物流高地，科技资源有效聚集、创业活力竞相迸发、社会和谐生态宜居的创新创业型城市，经济社会保持了科学发展的好势头、和谐稳定的好局面。

建成国家级经济技术开发区、省级高新技术产业开发区、省级商贸物流产业园区、江苏沿海开发前沿阵地老坝港滨海新区，打造出全国唯一落户县级城市的国际合作生态园“中意海安生态园”——“十二五”期间，海安，锻造出吸附力极强的发展载体。

2012年起，连续3年荣获南通市重点经济工作综合考核第一名；2015年度全国中小城市综合实力百强排名第31位、全国中小城市最具投资潜力百强排名第10位、全国县域经济最具创新力50强排名第5位；2015年，成为全国首批中小城市综合改革试点、全省首批新型城镇化改革试点、全省科技体制综合改革试点——“十二五”期间,海安,彰显出非凡的发展实力。

教育之乡、装备制造之乡、建筑之乡、茧丝绸之乡、河豚之乡、纺织之乡、花鼓之乡、紫菜之乡和长寿之乡,先后获得国家生态县、全国绿化模范县、全国科技进步示范县、全国文明县城、江苏省文明城市、江苏省金融生态示范县等数十项国家级、省级荣誉称号——“十二五”期间,海安,散发出无限的发展魅力。

“十二五”期间,海安经济发展注重量质并举,新常态下跑出了加速度。地区生产总值从360亿元到603亿元;公共财政预算收入从20.52亿元到54.1亿元;工业总产值从1625.18亿元到2872亿元;高新技术产业产值从281.18亿元到825.32亿元;服务业应税销售从160亿元到625.1亿元……从2010年到2014年,海安主要经济指标几乎全部实现倍增。

今年,海安,站在“一带一路”交汇点上乘势而上,新型工业和现代服务业双轮驱动,现代高效农业节节生长,新兴业态持续放大规模。1至10月份,全县实现工业总产值2670亿元,同比增长8.4%;工业开票销售800亿元,同比增长11.2%;实现高新技术产业产值783.89亿元,同比增长12.72%,占规模以上工业产值比重达47.78%,占比继续保持南通全市第一;实现服务业应税销售624.59亿元,同比增长50%;公共财政预算收入51.3亿元,同比增长14%,紧环境下交出满意答卷。

产业兴,经济强。海安目前拥有200多家亿元企业,近1000家规模企业,亿元企业数、规模企业数均位于苏中地区前列。海安是江苏省装备制造业特色产业基地,装备制造产业形成了输变电(智能电网)、建材机械、锻压机械、电梯整机及零部件、汽车整车及零部件、轨道交通、农业机械、船舶配套等8个特色板块。全县现有装备制造类规模企业216家,其中亿元以上企业75家。海安是江苏省纺织产业基地县和江苏省色织产业基地县,纺织丝绸化纤产业基础发达。纺织业拥有100万纱锭,联发纺织是全国色织布行业前三强;茧丝绸产业基础优良,产业化经营水平全国领先,鑫缘集团是全国茧丝绸行业领军企业;锦纶丝产量占全国的1/8。海安拥有新能源、新材料、节能环保、软件和服务外包、物联网和新一代信息技术、文化创意等六大战略性新兴产业。海安是中国建筑之乡,也是江苏省政府命名的“建筑强县”,建筑铁军捧回30多个中国建筑最高奖“鲁班奖”,年施工产值破千亿。

作为省政府确定的两个落户在县级城市的省级综合交通枢纽之一,海安是江苏长江以北唯一的公、铁、水无缝对接的节点城市。沿海高速、江海高速、204国道、328国道、228国道,新长铁路、宁启铁路、海洋铁路,通扬运河、连申运河,一条条公路、铁路、水路在海安交汇。两小时车程内,海安连接着上海虹桥、浦东国际、南京禄口等8个机场和上海洋山港、南通港、洋口港等深水大港。海安火车站是江苏省仅有的两个二级编组站之一,随着沪通铁路、宁启铁路电气化复线的建设开通,海安与上海、南京之间车程均在1小时左右,每天经过海安的列车将超过220列。海安,正在迈入“动车时代”,成为承南启北、连东贯西的“节点城市”。利用枢纽优势,海安构建起现代商贸物流集聚区,如今,这一现代商贸物流集聚区已经成为江苏省现代服务业集聚区、南通市现代服务业集聚示范区和中国浙商最具投资价值的商贸服务业集聚区,“第四方物流、期货交割库群、保税物流、多式联运、电商快递物流和铁路门户型城市”六大功能平台已经发挥辐射作用,有色金属、棉花、粮食等10类大宗物资集散中心初具规模,千亿级市场,让海安及周边地区企业能够在“家门口”采购到原材料,确保生产流程的第一道关口大幅控降运行成本。

海安始终将创新驱动作为提升经济增长质量和效益的核心战略,全力构建“企业为主体、市场为导向、政产学研金相结合”的技术创新体系,区域创新能力持续增强,实现了全国科技进步先进县“五连冠”。近年来,海安先后被评为全国科技进步示范县、全国科普示范县、国家知识产权强县工程试点县、江苏省创新型试点县,成功打造出中国产学研合作创新示范基地、江苏省功能新材料产业产学研协同创新基地,并成为全省首批、南通市唯一的江苏知识产权强省建设区域示范县。按照“政校共建产业研究院、行业龙头企业建设企业研究院、亿元企业和高新技术企业建设校企研发平台、规模工业企业自建研发机构”的思路,海安分层次推进研发平台建设。鑫缘国家桑蚕茧丝产业工程技术研究中心和联发纺织国家级企业技术中心,支撑着中国真丝面料产业基地、中国色织布产业基地的打造和形成,在国内极具影响力。南京大学海安高新技术研究院、上海交大海安智能装备研究院、苏州大学海安先进机器人研究院和联发、西蒙、铁锚、亚太、申菱等18家企业研究院建成运行。中洋、亚太、联发、铁锚4家企业研究院被评为省级优秀重点研发机构,占南通4/5。全县拥有省级工程技术研究中心60家,总数居南通第一。海安引导企业与高校院所联合实施重大产品的关键核心技术研发,先后承担实施了“高性能智能化大型液压滚切剪设备”等14项省级重大科技成果转化项目。鑫缘集团与苏州大学合作的“丝胶回收与综合利用关键技术及产业化”项目获2013年度国家科技进步二等奖。2012—2013年,海安获省重大战略产品产学研联合攻关项目立项2项,占全省三分之一。2014年,海安获省产学研前瞻性联合研究项目15项,占全省九分之一。

在发展经济的同时,海安十分注重生态文明建设。去年年初,海安启动实施“清水工程”,力争通过三年时间全面改善全县1796条等级河道水质,实现“水清、河通、无杂物”的基本要求。目前,县内90%的河道已经达到“水清、河通、无杂物”的标准,210个行政村中,85%的行政村成为“清水工程”达标村。今年,海安又以人的城镇化为核心,以惠及民生为根本出发点,坚持“规划引领、民生优先、功能提升、畅通便捷、生态文明”的原则,按照“精心规划、精妙设计、精致建设、精细管理”的要求,实施了“现代、精致、增绿、便民”工程,推进城市园林绿化提升行动,构建分布均衡、结构合理、功能完善、环境优美的城市园林绿地新格局,提升城市园林绿化建设与管理水平,完善城市功能,优化人居环境,增强人民群众幸福感,目前,海安城乡绿化覆盖率超过45%。

海安始终将发展惠民作为各项工作的落脚点。为了在第一时间倾听群众呼声，了解群众诉求，化解群众矛盾，将畅达民意的绿色通道延伸到最基层，海安形成了县四套班子负责人赴镇、镇负责人赴村下访制度，书记、县长信箱，党代表约见党员、人大代表联系选民制度，网上回帖员制度，舆情快报制度，“12345”公共服务呼叫中心，“94.1”政风行风热线，民生“110”、民生热线等“十大畅通民意渠道”。行政首长出庭应诉率达100%，为全国树立了“海安样本”，“群众事务党员干部代理”的经验在全国传播。海安还大力实施法治建设，连续10年评为省平安县，今年，海安公众安全感满意率达98.5%，高居全省第一。按照“基本服务不出村、公共服务在中心”的标准，海安201个行政村，村村建设了为民服务中心，这些村级为民服务中心均建有面积不少于40平方米的便民服务站，设立劳动保障、群众诉求、社会事业等全方位服务项目，代理群众事务，同时，建有面积不少于140平方米的标准化卫生服务站，配齐了医疗卫生设备、设施以及符合资质的工作人员，实现了农村医疗资源均等化、卫生服务管理信息化和医疗费用结报实时化。村级为民服务中心还建有面积不少于20平方米的居家养老服务站，为老人提供零距离服务。此外，海安还在南通全市率先实施了大病医保制度，实现城乡居民大病医保全覆盖，目前，已有3000多人成为这一制度的受益者。

《新华日报》2015年12月29日6版
卢　锋

一个包装机器人顶100名工人

专家教授海安收割“创新庄稼”

麦收时节，海安迎来一场与众不同的特殊收获期。23日，该县举办“创新创业在海安”主题活动，吸引包括12位院士、13位大学校长、26位国家“千人计划”专家在内的500多名专家教授集聚这个苏中县城，共同办起“科技大集”，收割沉甸甸的“创新庄稼”。

“去年才播下的创新种子，没想到今年就取得这样好的收成！”上海交大机械与动力工程学院盛鑫军博士激动不已。去年，他带着12人的博士研发团队牵手海安国家级经济技术开发区，创建上海交大海安智能装备研究院，打造国家级机器人产业研发及制造基地。“一年时间，就研发出10多种智能机器人，行情看好。”其中，他们研发的礼品奶自动化包装机器人，1小时包装24000盒，顶得上100名工人，目前已获一家乳业集团合同大单。

“看到同行都有收获，我也坐不住了，正准备‘播种’呢。”首次走进海安的加拿大工程院院士、“国家千人计划”特聘专家、北京交通大学教授张丹博士说，他准备与海安联合开发养老康复机器人，预计两年内实现产品化。

“创新创业在海安”主题活动，点燃了专家教授集聚海安播种创新种子的激情。去年首届活动以来，已落户187个产学研合作项目，先后有58名专家教授“创客”带项目、带资金来海安创新创业。著名汽车制造业专家肖春林携带7项发明专利，在海安投资1500万元研发生产“倒车防撞辅助系统”，填补了国内汽车行业主动性安全产品的空白，今年该项产品销售可达8000万元。当天，“科技大集”交易火爆，同步举办的现代装备、节能环保、现代纺织等5场签约会上，海安企业与各科研院所“一拍即合”，达成意向合作协议80项。

“持续播种创新创业种子，海安已看到丰收景象。”海安县委书记陆卫东介绍，该县已有300多家企业与100多所高校，形成产学研合作项目187个。今年1至4月份，实现高新技术产业产值308.2亿元，增长15.13%，高新技术产业产值占规模以上工业产值比重达47.28%，南通市第一。不久前，该县被评为国家知识产权强县工程试点县、江苏省创新型试点县。

《新华日报》2015年5月24日2版
陈　明　付　奇　卢　锋

联姻院士　海安“孕育”高精机器人

“中科院专家走进海安”活动5日拉开帷幕，来自中科院39家院所的132名院士和专家齐聚这个苏中县城。其中，不少专家带来的高精尖机器人甫一亮相，便成为抢眼的“明星”。

“我们所带来的机器人可以编队协同扫地。”中科院自动化研究所项目主管周浩介绍，这款扫地机器人有三大特色：“低成本的眼睛”，采用了全景摄像头而不是价格昂贵的激光传感器；“聪明的大脑”，通过核心技术实现了机器人定位、自主建地图、规划路径等功能；“算得最快的大脑”，算法达到实时处理水平。“这是目前最先进的工业扫地机器人了。”

与院士专家“联姻”，海安“孕育”出一批高精机器人。海安经济技术开发区与上海交大牵手，共建上海交大海安智能装备研究院，今年已有10多种机器人从这家研究院“走出”。其中，礼品奶自动化包装机器人1小时可完成24000盒的包装任务，顶得上110名工人的工作量，伊利、蒙牛等特大型乳业集团纷纷下了订单。如今，行走海安，随处都可能与各种各样的“机器人”碰面。

海安县委书记陆卫东介绍，为孕育更多机器人，该县专门设立了1亿元机器人产业引导基金，已吸引4所高校院所在这里建立机器人研究院，3家国外机器人生产企业登陆，有望在3年内打造出百亿级机器人产业群。

《新华日报》2015年12月14日5版
卢　锋

海安:内涵式发展跨入新常态

全国唯一落户县级城市的政府间国际合作园区中意生态园花落海安;在中国中小城市综合实力、最具投资潜力中小城市百强县市排名中,分别跃升至第32位和第11位;实现工业开票销售895亿元,增长17.2%,总量为南通市第一……2014年,海安经济社会发展再添新亮点,再攀新高度。

海安县委书记陆卫东表示,认识新常态,适应新常态,引领新常态已经成为海安人的自觉意识。资源禀赋先天不足,倒逼转型升级加快步伐,海安始终突出“内涵提升”,切实提高经济社会发展质量,全力打造“长三角北翼最具竞争力的新型工业化基地,江苏东部‘公铁水’无缝对接的商贸物流高地,科技资源有效聚集、创业活力竞相迸发、社会和谐生态宜居的创新创业型城市”,为建设“经济强、百姓富、环境美、社会文明程度高”的新江苏,做出应有的贡献。

产业凸显高大新

实现高铁挡风玻璃核心技术及产品完全国产化,铁锚集团生产的高铁侧窗玻璃占中国市场80%以上份额。

海安首家上市企业联发集团交出喜人答卷,去年实现开票销售56亿元。该企业拥有完整的产业链条,每年设备投入上亿元,色织布生产规模全球第二,连续10多年蝉联中国色织行业前三强。

美国莫塔家族控股集团投资的莫塔超硬材料(南通)有限公司闪亮之星项目顺利开工。项目全部投产后可形成400万克拉人造金刚石的产能,40亿元以上的工业产值,将成为亚洲最大的人造金刚石生产基地。

新常态下稳中求进,“内涵发展”成为海安关键词。海安以项目为主线,以设备投入为核心,推动全县企业加快低端换高端、机械换数码、单台换成套、人工换智能的转型升级步伐,去年完成增值税抵扣设备投入为32亿元,总量全市第一。同时积极培育大企业,发力新兴产业,不断壮大产业集群,产业结构向优、质量更好。2014年全县新增开票销售超亿元企业30家、规模以上企业80家,总数分别达200家、854家,均保持南通市首位。

随着沪通铁路、宁启铁路电气化复线等重点工程加快推进,海安将深度融入沪宁“一小时都市圈”。如何将“动车时代、节点城市”新优势转化为经济发展优势?海安坚定不移走“枢纽海安、物流天下”特色发展之路,大力发展以商贸物流业为重点的现代服务业,实现新型工业化、现代服务业双轮齐驱。

围绕能级提升,海安精心打造期货交割库群、保税物流中心、铁路门户型城市等六大功能平台;围绕市场需求,重点建设家具、木材、棉花等产业延伸带动性强的“十大物资”交易集散中心;围绕集聚区建设,加大项目建设和商户招引力度,提升服务业集聚集约发展水平。去年全县新开工服务业亿元以上项目30个,3A级以上物流企业数全市第一,重点服务业集聚区建设全市第一。完成服务业应税销售627亿元,增长15.5%,服务业占GDP比重达2%。

载体打造国际化

2014年10月14日,在中国国务院总理李克强与意大利总理伦齐的共同见证下,中国商务部部长高虎城与意大利经济发展部部长桂迪在意大利罗马签署了《关于共同支持建立中意生态园的谅解备忘录》。

中意海安生态园是全国唯一落户县级城市的政府间国际合作园区。在世界先进前列的意大利的丝纺设备、家具创意设计、机器人研究等,与海安丝绸、家具、精密制造等行业具有高度的产业契合度,双方合作将助推海安产业提档升级,与世界先进水平接轨。

近年来,海安载体平台不断完善,建成了江苏长江以北第一个落户县级城市的国家级经济技术开发区,全省第一批落户县级城市的省级高新区,南通市沿海前沿重点区镇老坝港滨海新区。软件园、科创园、商贸物流园区、文化产业园、现代农业园等一批特色园区先后闪亮登场。其中,商贸物流产业园南区已建电商物流产业园、金属物流产业园等3个专业园区,新建铁路专用线2条。海安与常熟市合作共建的常安现代纺织科技园获批省级“南北共建园区”,目前入园企业12家,项目总投资70亿元,完成设备投入20亿元,全部建成后可实现销售180亿元。

优质载体成为项目招引“强磁场”,上柴动力、华域汽车、美国莫塔集团、台湾炎州集团等境内外大企业纷纷落定生根。去年,海安新批外资项目50个,新增工商注册外资6亿美元,实现外资到账3.3亿美元。全县新开工项目352个,其中亿元以上项目100个。新竣工项目302个,亿元以上项目35个。

科技创新唱主角

南通大明玉新材料科技有限公司与中科院过程工程研究所合作的“废渣资源化利用微晶材料关键技术研究及示范工程”项目,利用石材废料和普通矿物为主要原料,成功研发出5G微晶玉石。

晨朗电子与南京理工大学合作的“第二代lowDy&CR-HR型稀土永磁材料的研发及产业化”项目,攻克了高性能稀土永磁体一致性和稳定性的技术难题,产品达到国际先进水平。

海安将科技创新作为转型升级的“核动力”,推动经济发展由投资拉动变身创新驱动,由海安制造转舵海安创造。去年,海安开展“县级机关服务企业科技行”、“创新创业在海安”、中科院专家走进海安等一系列主题活动,引导企业走出去“攀高亲靠大树”,请进来“拜师傅学手艺”,实现产学研合作、校政企联姻。155家科技型企业与高校院所建立实质性产学研合作关系,产学研合作项目近200项,新增成果转化项目58个,新认定高新技术产品60个。获省产学研前瞻项目15个，占全省九分之一。南京大学海安高新技术研究院、上海交大海安智能装备研究院、苏州大学海安先进机器人研究院等产业研究院，联发、西蒙、鑫缘、申菱等13家企业研究院建成运行。

拥有世界第一剪、亚洲第一锤、亚洲第一卷、亚洲第一杠、华夏第一天然彩丝，高速动车组前窗玻璃、高性能耐腐蚀稀土永磁材料、变频电机用高性能永磁铁氧体、超高压大容量生物质高效萃取装备等一批科技成果领先国内外。海安，正成为名副其实的创新创业之城。据统计，海安高新技术企业总数达98家，实现产值830亿元，占规模工业比重47%，全市第一。全社会研发投入占GDP比重达2.3%。

民生改善实打实

冬日暖阳，漫步项目高度集聚的海安开发区红星河畔，只见河水清澈透明，鱼虾聚集，三五成群的居民正悠然垂钓。

去年，海安启动实施“清水工程”，全面改善县内1796条等级河道水质，通过清淤疏浚、清除河面有害水生植物、拆坝通流来沟通盘活河网水系，进行生态治理，实现“水清、岸绿、景美、人和”的综合整治目标。目前，全县河道达标率已经过半。

打造宜居生态环境，也要为老百姓营造优质服务环境。去年，海安全面推进村级为民服务中心建设，通过综合服务一站式、群众事务代办制、卫生服务全覆盖、社会治理常态化、居家养老有保障等举措，实现“基本服务不出村、公共服务在中心”的惠民、助民、安民、乐民的目标。目前已规范建成135个村级为民服务中心。

公众安全感全省第一；城乡基本养老保险、医疗保险覆盖率稳定在96.5%以上；累计支付城乡居民大病再保险2969万元，7832人次；城乡社区居家养老服务机构实现全覆盖，1024名困难空巢老人享受居家养老服务；安置房建设新开工面积达160万平方米，竣工62.9万平方米……海安幸福指数不仅写在老百姓的笑脸上，更写进了老百姓的心坎。

海安县县长顾国标说，海安始终把“人民对美好生活的向往”作为价值追求和奋斗目标，促进各项社会事业齐头并进，努力保障和改善民生，让更多的改革发展成果惠及广大群众。

《新华日报》2015年1月31日11版 卢 峰

海安 以创新培育经济增长点

第九届青墩文化艺术节暨2015海安金秋经贸洽谈会日前在江苏海安县举行，来自意大利、美国、澳大利亚等20多个国家和地区的400多名中外客商参加。会上现场签约50个项目，总投资超250亿元，其中硒铜合金及触摸屏项目、电动汽车项目投资均超过15亿元。

今年以来，海安各项经济社会发展指标继续全线飘红，在全国中小城市综合实力百强榜、最具投资潜力中小城市百强榜、全国县域经济最具创新力50强排名中分别跃升至第32位、第11位和第5位。今年前三季度，海安县多项指标名列全市第一。

面对经济新常态，海安将科技创新作为发展全局的核心动力，以创新培育新的经济增长点。目前，全县规模企业研发机构、产学研合作覆盖率双双超过90%，85个产品技术水平国内领先，30多个新产品为国内首创，产学研合作成果转化率超过60%，科技进步对经济增长贡献率超过60%。

此次金秋洽谈会上，20名海安新市民、企业家分获“十佳新海安人”“十佳来海投资企业家”。

《新民晚报》2015年11月18日A14版 卢 锋 周龙彬

策应“一带一路” 放大枢纽优势 海安企业“西进”“南下”拓空间

5日，上海期货交易所海安有色金属期货交割库挂牌并投入运营，这个交割库核定库容为铝2万吨、锌1万吨，货物主要通过铁路从甘肃等西部省份运来，然后再借助高速公路、连申运河等通道，流向省内及山东等地。

怎样策应国家“一带一路”战略，推动本地经济平稳加速？海安人抓住机遇，放大枢纽优势，延伸产业触角，西连甘肃、新疆等地，直驱中亚、欧洲；南下东南亚，拓展东盟市场。1至6月，海安县完成以物流业为支撑的服务业应税销售339.5亿元，同比增长41%，外贸进出口额达8亿美元。

去年，甘肃国际陆港华东物流基地落户海安。今年6月，海安与甘肃国际陆港达成合作协议，甘肃国际陆港近期在海安建成“E+人、E网通、E关通、E港通”为一体的4E综合外贸服务平台，打造海安第一家跨境电子商务基地。目前，海安铁路货场已经聚集了一大批来自江、浙、沪、闽等省、市的大宗物资，载运这批物资的“天马号”中欧班列整装待发。海安商贸物流产业园党工委书记屈祖平介绍，4E综合外贸服务平台为华东地区对外贸易、海关特殊监管区运营、中欧班列运营、跨境人民币结算量身定制，还为欧洲进口到中国的货物提供物流、仓储、中转配送、通关、贸易、金融服务。

策应“一带一路”战略，企业是主体。在东盟各国，海安已有19个投资项目，协议投资额3.5亿美元，涉及纺织服装、种植、化学原料及化学制品制造、农副食品加工等产业。7月3日,联发恒宇柬埔寨制衣有限公司投产,总投资500万美元,是江苏联发集团在柬埔寨建设的第三家子公司。该集团还在柬埔寨承包了8000公顷土地,从事水稻种植。联发纺织副总经理潘志刚说,海安人带去的水稻新技术、新品种,已在柬埔寨21万公顷的土地上推广。

面对国内产能过剩,海安部分企业加快"走出去"步伐。鹏飞集团是国内第二大建材生产设备制造企业。从前年起,集团每年投入1亿多元研发新产品,建成年产能30万吨的机械装备制造基地。同时,公司在提升大型水泥生产设备制造技术、安装技术上下功夫,使设备能耗下降30%。通过项目总承包和成套设备供应,鹏飞集团在国际市场上"攻城拔寨",产品出口全球60多个国家和地区。在乌兹别克斯坦、格鲁吉亚、俄罗斯、印尼等国,鹏飞集团总承包建设的水泥生产企业成为当地的样板。集团董事长王家安说,过去靠卖设备赚钱,现在提供厂房设计、安装、设备供应、技术支撑全套服务,利润空间大大拓展。今年1至5月份,鹏飞集团纳税3509万元,比去年同期增加200万元。

《南通日报》2015年7月7日头版头条 卢 锋 吴 近

春江水暖　　陈顺源 摄

海安概貌

A General Aspect of Haian

青墩遗址　章　丽绘

◎ 责任编辑　董玉龙

综　述

【概况】 海安县位于江苏省东部的苏中地区,南通市北部,东临黄海,地处南通、泰州、盐城3市交界处。东临黄海,东南与如东相交,南连如皋市,西与泰州姜堰、泰兴市毗邻,北依盐城东台市。县域地理坐标北纬32°32′~32°43′、东经120°12′~120°53′。海安为沪通城际北翼枢纽,水陆交通四通八达,沈海(沿海、盐通)高速与启扬(江海)高速、204国道与328国道,宁启铁路与新长铁路和海洋铁路均交会于海安,连申航道(通榆运河)与通扬运河、如海运河、栟茶运河等均以海安为交汇点,形成"公、铁、水"现代综合交通枢纽。经过海安人的不断奋斗,赢得"全国百强县""全国中小城市综合实力百强县""国家文明城市""全国绿化模范县""国家卫生县城""全国文化先进县""全国体育先进县""建筑强县""全国特殊教育先进县""全国科技进步先进县"等荣誉。

【行政区划】 2015年,全县总面积1184平方公里。辖海安经济开发区(城东镇)、海安高新技术开发区(海安镇)、老坝港滨海新区(角斜镇)、曲塘镇、李堡镇、大公镇、雅周镇、南莫镇、白甸镇、墩头镇10个区镇,25个街道办事处,207个行政村(含村居合一),5109个村民小组,31个居委会。

【区划调整】 1949年,全县有172个乡镇,1952年调整为155个,1956年调整为79个。1958年改建32个人民公社。1959年,人民公社调整为40个,1962年调整为42个,1963—1983年,在43~44个之间变化。1983年,撤社建乡,辖40个乡,3个镇。1986年,李堡乡并入李堡镇,角斜、西场、胡集、南莫、墩头5个乡撤乡建镇。全县有县属镇8个,乡34个。1992年,大公、隆政、吉庆(烈士)、双楼、雅周、仁桥6个乡先后撤乡建镇。1995年6月、8月,分别撤销沿口乡、仇湖乡,设立沿口镇、仇湖镇。年底,撤乡并镇,乡镇总数由42个调整为34个。2000年又调整合并为29个,2001年合并为22个,2004年合并为14个。2011年合并为10个区镇。

(海　凌)

【人口】 年末全县户籍总人口940104人,比上年减少2526人。2015年出生人口7109人,出生率7.55‰;死亡人口10192人,死亡率10.83‰,自然增长率-3.28‰;迁入人口5179人,迁出人口4622人,净增加557人。全县人口密度每平方公里848人。年末全县常住人口86.63万人,比上年增加0.01万人。城镇化率55.32%,比上年提高1.69个百分点。

【地质地貌】 海安县是江积、河积、海积平原区,分别为古潟湖相沉积和黄泛冲积、海相沉积、长江冲积而成。地貌特征:地势低平,平原约占78.3%;水网密布,域内河道纵横、沟渠稠密、湖荡众多。海安地貌按成因、地理位置、成陆先后和地貌显示等可划分为里下河低浅洼圩田平原、长江三角洲微凹平原、三角洲平坦平原三个区域。域内各级河道、沟渠、池塘密布成水网,尤以西北部地区最为明显。

【气候特征】 地处中纬度黄海之滨,北亚热带北侧,受季风气候影响,气候温和,雨水充沛,日照充足,四季分明。常年主导风向东南风、东风,春夏季多东南风,秋季多东北风到东风,冬季多西北风、北风、东北风。1959—1992年,年平均日照2142小时,日照百分率48%,年平均气温14.5℃,年平均降水量1025毫米。1993—2008年,年平均日照2054.4小时,年平均气温15.8℃,年平均降水量959.1毫米。1993—2008年期间的梅雨与海安历史规律基本一致,平均入梅期6月19日,出梅日7月10日,平均梅长21天,平均梅雨量229.7毫米。主要自然灾害有风灾、水灾、旱灾、低温冻害等。

历史沿革

【历史源流】 海安,南通地区成陆最早的地方。5000多年前,海安就有人类居住。据现存的明清时期《如皋县志》记载,今海安、如皋一带称郧,又名海阳(今立发)。吴曾在此与鲁、卫、宋相会。东晋义熙七年(411年)设宁海县。唐中宗景龙二年(708年)置海安县。唐玄宗开元十年(722年)并入海陵县。民国32年(1943年)设紫石县。县名缘于海安镇爱国民主人士、原江苏省省长韩国钧(字紫石)。民国37年(1948年)3月,紫石县更名为海安县。海安东部为黄海,因海水经常浸淹农田,遂取名海安,取"永不扬波"之意。

【建置沿革】 海安县境,夏、商、西周属"海阳"地。西周以后至战国,先后属吴、越、楚。秦代属东海郡。西汉元狩六年(前117年)始属海陵县地。东晋义熙七年(411年)始建宁海县。南朝泰始七年(471年)析宁海县西境置海安县。不久海安县废,地仍属宁海县。唐初宁海县省入海陵县。唐景龙二年(708年)分海陵县东境置海安县。唐开元十年(722年),海安县省入海陵县,直至明洪武初年,海陵县省入泰州。

民国29年(1940年)新四军东进抗日,苏中地区先后建立抗日民主政权,由于战争形势不断变化,海安地区行政区划变迁频仍。民国32年(1943年)1月,建立紫石县,属苏中第三行政区。民国34年(1945年)10月,苏皖边区成立,紫石县属苏皖边区第一行政区。民国37年(1948年)3月,紫石县改名海安县,仍属苏皖边区第一行政区。1949年4月,苏皖边区政府撤销,成立苏南、苏北人民行政公署,海安县属苏北泰州行政区。

1950年1月,海安县划归苏北南通行政区。1953年1月,撤销苏南、苏北两个行署区和南京特别市,建立江苏省,海安县属江苏省南通专区。1971年南通专区改为南通地区。1983年,江苏省各地区行政公署撤销,实行市管县体制,海安县隶属南通市。

文化遗存

【青墩遗址】 青墩新石器时代遗址,位于县城西北20多公里的南莫镇青墩村,总面积7万多平方米。1973年首次发现。1977—1979年3次发掘,试掘面积515平方米,出土大量新石器时代的陶器、玉器、石器、骨器、古尸骨骸和麋鹿角等古生物亚化石及稻谷、核桃等实物资料1000多件,其中带柄穿孔陶斧为国家一级文物,鹿角制作的耒和三叉形投掷器在江苏系首次发现，刻纹骨簪、鹿角具有重要的研究意义。2002 年 10 月，省政府公布其为江苏省文物保护单位。2006 年 5 月，国务院公布青墩遗址为第六批全国重点文物保护单位。

【吉家墩遗址】 吉家墩遗址在海安城区偏北 5 公里左右的原隆政镇隆政村 9 组，与西北边的青墩遗址相距仅 10 多公里，是江淮东部地区青墩文化的组成部分。1987 年村组开挖鱼塘时，在吉家墩西南约 100 米处发现古人类居住遗迹及墓葬遗存，南通博物苑考古专家勘探鉴定为新石器时期居住遗迹。吉家墩遗址还发现新石器时代极其罕见的"树皮葬"现象。

【立发桥石碑】 清同治年间（1862—1874 年）立发桥石桥碑，清同治元年（1862 年）三月立，由陈士绂、范征华、陈士登、丁远慎、僧静华等募捐建造款，顾元辂题跋，仲续馀书写，金元章修造，此碑现存于立发中学内。

民国年间如皋立发桥碑，立于民国 4 年（1915 年），由如皋沙元炳撰文，顾锡爵书写，倪景山镌刻。碑文主要记载立发桥地区在春秋、宋朝、清朝等时期的历史，叙述鲁哀公十二年（前 483 年）吴、鲁、卫、宋等会于郧和吴凿邗沟导淮入海、宋代设海陵监和如皋移县以治等史实，说明立发桥在历史上的重要地位。

【平倭冢记碑】 位于西场镇文化站（刘景韶纪念馆）前院半亭内。碑高 196 厘米，宽 88 厘米，碑基高 36 厘米，为明代嘉靖三十九年（1560 年）如皋县知县童蒙吉立。碑文记载明代嘉靖三十九年夏，浙江海防兵备副使刘景韶率兵在西场设伏围困倭寇三昼夜，取得斩敌大酋长以下 1572 人，活捉 15 人的战绩。1982 年，省政府公布为省文物保护单位。

【韩公馆】 韩国钧故居建于清代光绪三十二年（1906 年），坐北朝南四进式宅院。厅、廊、庑、轩齐全，槅门、窗扇雕花，古树、奇石映衬。每进有天井相隔，回廊通连，院壁上四体石刻镶嵌。院内存有数十个石鼓、砖雕、字碑，收藏古今字画千幅。门厅上挂原国防部部长张爱萍为故居题额，正厅高悬国民党元老于右任、陈果夫、吴稚晖，江苏省原副省长冷遹秋贺寿匾，抱柱为清代协办大学士翁同龢题联。故居颇具官宦之家的气派，文人宅第的风雅，人称"韩公馆"。后花园火车厢式小花厅为联合抗日座谈会会址，1982 年省政府公布为省文物保护单位。2013 年 5 月国务院公布韩公馆为第七批全国重点文物保护单位。

【广福教寺大殿】 广福教寺（又名广福禅寺）大殿，建于唐代贞观二十年（646 年），宋代景定年间（1260—1264 年）扩建，清康熙浙江提督学政陆舜重建。民国年间毁于战火，唯存大雄宝殿。新中国成立后，大殿一度为海安县中学图书馆，1992—1993 年原拆原建于易址的新广福禅寺内。

【宋井】 宋井位于省海中校园（原广福教寺）内，井口直径 80 厘米，井深 8.8 米，弧形井砖，凹凸榫连接。省海中按省古建筑专家提出的保护方案，拨款施工，使宋井得以保护，并为校园增添一处历史景点。2003 年，公布为县级文物保护单位。2004 年，公布为市文物保护单位。

【楠木厅】 楠木厅为清代前期建筑，面阔 3 间，建筑面积 92 平方米，主要木结构均为珍贵的楠木，梁柱粗壮，青石柱础，透空木雕，庄重古朴，为苏中地区不可多见的上品居宅。楠木厅原坐落于海安县中大街 12 号，为清顺治云南按察司副使崔之四居宅，后数易其主，1995 年 8 月，旧城改造时为海安交通旅社客房，县政府组织 285 名民工，将楠木厅主体木结构整体抬移至韩国钧故居西侧。1998 年，公布为市文物保护单位。2013 年 5 月国务院公布韩公馆为第七批全国重点文物保护单位时，楠木厅亦在其中。

风景名胜

【概况】 海安名胜景点有海安县博物馆（韩国钧故居）、七战七捷纪念馆、青墩文化遗址、江淮文化园、海安石板街、广福禅寺、中洋河豚庄园、滨海新区黄海日出等。

【海安博物馆】 1989 年建成开放，位于海安镇宁海北路 58-8 号，建筑面积 1750 平方米，占地 7500 平方米，原为韩国钧故居，晚清建筑。1995 年 8 月，按县政府规划，将清初建筑楠木厅移至县博物馆西侧，成为馆内建筑群体的组成部分。2008 年楠木厅辟为青墩遗址陈列厅。2004 年筹集 30 万元，完成安全技术防范工程，对全馆所有建筑物及其内部展厅、库房实行全程图像监控和自动报警。2007 年 10 月起馆内全面维修，重新布展，2008 年 4 月 30 日对外开放。

【江淮文化园（AAAA 级）】 位于海安县城凤山北路 33 号，占地 17.47 公顷，建筑面积 6.98 万平方米。2005 年，开始投资创建苏中植物园，这是以江淮历史文化为底蕴的人文景观项目，项目计划投资 5 亿元，计划用 10 年时间全部建成，其中，一期工程建成并对外开放，主要分为青墩广场、白龙故里、发繇亭、先贤路、凤山书院和中国名人艺术馆群景区景点。2012 年、2013 年、2014 年，文化园分别通过国家 AA 级、AAA 级和 AAAA 级景区评估，是海安首个 AAAA 级旅游景区。

【苏中七战七捷纪念馆（AAA 级）】 位于县城长江中路 68 号，建于 1986 年，是全国首批百家红色旅游经典景区、全国爱国主义教育示范基地、国家 AAA 级旅游景区、南京军区青年官兵传统教育基地、省全民国防教育示范基地、省文物保护单位、南通市文明单位。纪念馆占地 2 万平方米，建有纪念碑、陈列馆（纪念馆）、国防园、碑廊等景点。1986 年由南京军区和江苏省委、省政府联合在海安兴建苏中七战七捷纪念碑。纪念碑碑身由古铜色花岗岩砌成，高 27 米，被誉为世界上最大的"刺刀"。1999 年新建纪念馆，馆名由原国防部部长张爱萍题写。纪念馆外形为 7 支步枪。馆内设 14 个展厅，分别陈列着历史图片、革命文物、史料以及历年来中央首长视察的图片。国防园展示解放军使用过的大炮、坦克、飞机、导弹等各种武器。碑廊以"捷"字为主题，刻有各个时期名人名家书写的"捷"字。迟浩田、张震、曹刚川、姬鹏飞、陈丕显、彭冲、洪学智、叶飞等党和国家领导人先后到纪念馆参观。

【新四军联抗纪念馆（AA级）】 位于墩头镇千步村，纪念馆前身为新四军联抗烈士陵园，建于1944年。联抗部队和当地政府在部队战斗过的地方建立联抗烈士公墓，墓内安葬着161位抗日英雄的灵柩。黄逸峰题写“明理堂”匾额的时间为民国33年(1944年)11月。是苏中地区抗日战争年代保存下来的规模较大的陵园式纪念馆。纪念馆占地3.3万平方米，建筑面积2000余平方米。主要纪念建筑物有标门、纪念碑、明理堂、联抗烈士墓，联抗司令黄逸峰骨灰安葬处、新四军联抗纪念馆（兴东泰特区委史料陈列室、新四军联抗烈士事迹陈列室）、海安人民抗日斗争史迹陈列馆、联抗书画馆、逸峰阁等。该馆为国家AA级旅游景区、省文物保护单位、省重点革命烈士纪念建筑物保护单位、南通市青少年革命传统教育基地、南通市全民国防教育基地。

【广福禅寺（AAA级）】 坐落在县城凤山北路19号，俗称东寺。该寺古名广福教寺，始建于唐贞观二十年(646年)。广福禅寺于1993年重建，建成照壁、山门、钟鼓楼、天王殿、大雄宝殿、藏经楼、厢房、斋堂、上客堂、回廊、水榭、放生池等，建筑面积4000多平方米。已故中国佛教协会会长赵朴初题写寺名。

【523文化主题公园(AAA级)】 位于县城迎宾路201号，作为“中国油画第一村”——深圳大芬油画村的升级版，是集油画创作销售、美术教育、休闲旅游、人文居住、文化生态、景观艺术为一体的综合性文化产业基地，是世界首家以美术产业为核心，以人文景观、旅游产业为载体的文化产业集群，现为江苏省文化产业示范基地。“523”取意于1942年5月23日毛泽东在延安文艺座谈会上的讲话。总投入3亿元的公园一期工程由玛雅图腾古街、青墩文化古街和欧洲风情区、青墩文化区、长城文化区两街三区组成，有秦俑迎宾、烽火长城、青墩古街、民俗风情园等10余处人文景观。

【七星湖生态园（AAA级）】 七星湖生态园位于海安开发区，2014年8月18日获批为AAA级景区。建于21世纪初，占地60公顷，水上面积33.33公顷，园内7个小岛、3个半岛、1个月亮广场形成“七星拱月”。生态园分为主入口广场区、景观大道区、中心广场区、旅游度假区、生态湿地区、体育休闲区、传统人文区和水上活动区八大功能区。象征21世纪的螺旋喷泉有丰富多变的水形态。中心大道全长300米，两侧建有欧陆风情商业街。临湖的月亮广场面积1.2万平方米，可以同时容纳近万游人停留观景；广场建有堪称苏中地区最大的张拉膜观景台，扬帆起航的造型，气势非凡；登上观景台，波纹广场畔的芙蓉塘水生花卉展示中心以现代手法再现海安历史的“三塘十景”。

特产名品

【水产类】 河豚、文蛤、竹蛏、梅头鱼、小黄鱼。

【土畜产品类】 麻虾酱、羊肉、草鸡蛋和韭黄、小方柿、雅周香芋、黄金米、平菇、金针菇、鸡腿菇、香菇、五水一高梨等。

【民间工艺类】 有扎染工艺品、手工编织品。

【工业产品类】 丝织品有真丝绸、蚕丝被、丝绸服装、真丝地毯，扎染制品钩针衣、棒针衣、绣衣等，红木雕刻花台、花架、餐桌、椅子、麻将桌椅、酒橱及房间床，玻璃工艺品酒杯、花瓶、烛台。

（海　凌）

国民经济和社会发展综述

全县实现地区生产总值680.44亿元，同比增长9.9%。一般公共预算收入62.06亿元，同比增长14.7%；固定资产投资510亿元，增长13.6%。社会消费品零售总额247.4亿元，同比增长11.5%。外贸进出口总额达到16.16亿元，实际到账注册外资突破3.5亿美元。二三产增加值占比92.1%，服务业增加值占比达到44.6%，比上年提高1.5个百分点。新兴产业产值占规模工业比重36.04%，比上年提高4.14个百分点。高新技术产业产值占规模工业比重47.63%，比上年提高1.03个百分点。全社会研发经费支出占GDP比重2.49%，比上年提高0.09个百分点。城镇居民人均可支配收入3445.3元，同比增长9%。农村居民人均可支配收入16549.4元，同比增长9.2%。比上年提高综合实力稳步提升，在全国中小城市综合实力百强榜、最具投资潜力中小城市百强榜排名中，分别列第31位、第10位，在全国县域经济最具创新力50强县中，列第5位。

转型升级迈出新步伐：完成工业开票销售1002.86亿元，增长12.1%；实现规模工业总产值1985亿元，增长11.4%。新三板挂牌企业7家，区域性市场挂牌5家，中国色织布、中国真丝面料产业基地建设初具规模。服务业应税销售实现758.3亿元，增长51.4%；完成税收45.2亿元，增长24.85%。全年粮食总产64.59万吨，稻麦年亩产全省“十连冠”。新增连片20亩以上设施栽培面积6460亩，新增高效设施渔业面积9724亩，农业全托管总面积新增46829亩，实现50亩以上全托管经营主体农业村全覆盖。

发展后劲增添新动力：创新能力显著加强，成为江苏知识产权强省建设区域示范县，中国产学研合作创新示范基地，实施产学研项目237个，新引进成果转化项目31个，科技成果转化率达58%，新建产业2家研究院、8家企业研究院，高新技术企业44家，2家国家知识产权优势企业，全县万人发明专利拥有量达19件。人才工作取得新进展，引进国家“千人计划”人才10人，高层次创新创业人才52人，帮助企业招引各类人才13310人。项目建设有力推进，4个项目列入省级重大项目；新开工亿元以上产业类项目135个，其中10亿元以上项目2个；新竣工亿元以上产业类项目85个，其中10亿元以上2个；完成增值税抵扣设备投资额34.5亿元，实施184个重点技改项目。深入开展“银政企携手攀新高”活动，金融机构贷款余额达760.8亿元，其中制造业贷款占比30%以上。旅游消费逐步扩大，年接待游客255万人次，增长4%，实现旅游总收入42.2亿元，增长4.3%。完成进出口总额1,16亿美元，其中出口13.64亿美元。新增工商注册外资5.5亿美元，超千万美元项目20个。

城乡建设呈现新面貌：城市功能持续完善，"五大中心"基本竣工，宁海路改造、千禧大桥顺接等工程竣工通车，建成行政中心北侧、黎明路街头绿地等16处停车场，增加停车位1559个，化工园区、船闸公园等绿化工程建成。安置房在建面积140万平方米，竣工交付47.3万平方米，基本建成城市棚户区安置住房668套。加强镇村基础设施建设，改造镇村供水管网880公里、天然气管网265.8公里。城市形象逐步提升，"江苏省优秀管理城市"通过验收。旺池社区成功创建省级示范社区。枢纽优势稳步放大。353省道海安段、通榆路改造、晓星大道北延、南海大道下穿铁路通道建成通车，新长铁路营溪、王垛两个道口完成平改立工程，综合客运枢纽汽车客运站全面开始施工。火车站货场1号线建成投运、2号线加快建设，8座独立桥梁序时推进，连申线仁桥大桥建成通车。服务水平持续提升，城乡道路客运一体化获评AAAAA级。优化城乡公交体系班次、路径安排，新建公交站牌1300个、公交站亭30个，加装公交无线网络终端，市民出行更加方便。

民生共享取得新进展：促进重点群体就业，提供大学生就业岗位9230个，帮扶失业人员再就业3520人。加大创业扶持，新增发放小额担保贷款1743万元，全年新增创业1598人，其中引领大学生自主创业215人，新增财富型创业项目426个，就业促进型创业项目1287个，新增达起征点纳税个体工商户1095户，纳税私营企业297家。城乡居民社会养老保险累计参保41.6万人，被征地农民社会保障累计覆盖10.8万人。基础养老金标准提高至每人每月105元，支付城乡居民大病保险8964人次、3936万元，职工基本医保、城镇居民医保政策范围内住院报销比例分别达82%、72%。校安工程加快推进，新建、加固改造校舍面积9.36万平方米。教育质量持续提升，本二以上达线比例再次跃增5%，中考全市第一名花落海安。启动县级公立医院改革，病人用药费用下降幅度达15%。丰富公共文化产品供给，配送投放公共文化产品近100项。完成"平安海安"技防五期工程建设，县际接边农村地区全部达到"技防村"建设标准。及时化解各类矛盾纠纷，受理调解矛盾纠纷4124件，成功调处4104件，调解成功率99.5%。

生态环境显现新成效：建成农村污水管网40公里，完成雅周万顷良田安置区、墩头万顷良田安置区等村庄污水处理工程10个。实施绿色创建系统工程，李堡镇李西村、墩头镇墩头村创建省级生态村，创建省、市级绿色学校6家。推行清洁生产，10家企业通过清洁生产审核验收。扎实推进"清水工程"，综合整治河道68条(段)151公里，新建生态护岸70.1公里，河坡整治绿化148.3万平方米。全县96.65%的河道达到整洁河标准，90%的村通过达标村验收。实施综合环境整治。完成淮河流域水污染防治工程8个，开工建设农民集中居住点生活污水收集处理项目6个。淘汰锅炉65台、黄标车2051辆，完成脱硫提标改造工程3项，搬迁关闭重污染企业1家。严格环保执法，查处环境违法行为128件。

深化改革释放新活力：精心编制"十三五"规划，通过开展调研、反复论证、坚持沟通，编制"十三五"规划纲要和36项专项规划。启动综合改革试点，被列为国家中小城市综合改革试点和省新型城镇化试点地区，围绕产城融合、土地要素、城市投融资体制改革、社会公共服务、政府行政体制改革和城市管理体制改革等方面，与中科院一起制定中小城市综合改革实施方案，明确五大任务、十大工程。将中小城市综合改革试点与新型城镇化试点有机结合，制定26项具体改革方案。推进行政体制改革。行政审批局挂牌成立，政务中心完成搬迁。优化行政审批流程，推行"五联"工作机制，建立中介服务项目清单。加强210个行政村便民服务站建设，深化市级中心镇行政管理体制改革试点，着力健全综合执法局、便民服务中心、社会管理服务中心"三大平台"服务功能。稳步推进大部制改革，组建市场监管局、卫生和计划生育委员会，成立综合检验检测中心。

海安县2015年国民经济和社会发展统计公报

2015年，面对持续偏紧的宏观经济环境和持续加大的经济下行压力，全县上下在县委、县政府的坚强领导下，紧紧围绕"枢纽海安，物流天下"战略，充分发挥"动车时代，节点城市"新优势，积极适应经济发展新常态，坚持稳中求进、稳中提质的总基调，突出质量引领、创新驱动，着力推进转型升级，经济社会发展取得新成效。

一、综合

初步核算，全县实现地区生产总值680.44亿元，增长9.9%。其中，第一产业增加值53.77亿元，增长3.6%；第二产业增加值323.18亿元，增长10.3%；第三产业增加值303.49亿元，增长10.6%。户籍人口人均地区生产总值72380元，增长10.2%，常住人口人均地区生产总值78546元。三次产业结构由上年的8.2:48.7:43.1调整为7.9:47.5:44.6，服务业增加值占GDP的比重较上年提升1.5个百分点，财政总收入占GDP的比重达到20.7%。

县城区居民消费价格总水平比上年上涨1.2%。其中：食品类上涨3.0%，烟酒类上涨2.0%，衣着类上涨5.0%，家庭设备用品及维修服务上涨1.3%，医疗保健和个人用品类上涨10.2%，交通和通信下降5.9%，娱乐教育文化用品及服务上涨2.3%，居住类下降3.5%。另外，服务项目价格上涨1.8%，商品零售价格上涨0.1%，农业生产资料价格下降3.4%。

年末全县工商部门登记的私营企业共有24183户，其中城镇私营企业6402户，农村私营企业17781户。私营企业从业人员30.93万人，注册资本970.25亿元。全县登记的个体工商户63509户，其中城镇个体工商户11209户，农村个体工商户52300户。个体工商户从业人员92934人，注册资金38.58亿元。

全年新增城镇就业7520人，城镇失业人员再就业3520人，城镇登记失业率在2.25%以内。城乡劳动者就业技能培训3562人，城乡新成长劳动力技能培训1351人，创业培训788人，企业职工岗位技能提升培训15585人，新增高技能人才5698人,新增转移农村劳动力人数4365人,新增创业人数2216人。新增发放小额贷款1763万元,新增扶持政策到位率100%。

二、农业

全年实现农林牧渔业总产值(现行价)108.12亿元,增长4.1%。其中:农业产值43.05亿元,增长2.6%;林业产值0.32亿元,增长2.9%;牧业产值46.48亿元,增长3.6%;渔业产值9.08亿元,增长7.5%;农林牧渔服务业产值9.19亿元,增长10.1%。全县稻麦单产全省“十连冠”,其中水稻单产每亩661.3公斤,小麦单产每亩444.8公斤。现代农业稳步发展,农业基本现代化进程继续位居全省第一方阵。

年末,全县农业机械原值6.8亿元,农机总动力64.6万千瓦,拥有农业机械7万台套,其中联合收割机1417台、农用拖拉机7819台、插秧机2855台、植保机械12550台。全年享受省级以上农机购置补贴资金1910.2万元,推广新增各类先进实用农机具2235台套,其中联合收割机127台、插秧机188台、大中型拖拉机198台、大中型拖拉机配套秸秆还田机械311台、粮食烘干机89台、高效植保机械47台、渔业机械679台、特色农业机械和高效设施农业机械596台套。实现农机作业年收入5.76亿元,其中农机跨区作业收入1.2亿元。全年维修改造农灌车口303座。

全县水利投入2.48亿元,实施中小河流治理重点县综合整治及水系连通试点项目首期工程等14项重点水利工程,共计疏浚河道156条、清杂整坡绿化148万平方米、河岸护岸80公里,新建防渗渠道136公里,新建渠系配套建筑物4664座,拆建灌溉泵站95座,拆建防洪治理闸、圩口闸、闸站、排涝站26座,拆坝建桥(涵)214处。

三、工业、建筑业

全年完成工业总产值(现价)3168.64亿元,增长8.0%,其中规模工业产值1984.94亿元,增长11.2%。全县规模以上高新技术产业产值945.49亿元,增长13.1%,增速高于全县规模工业产值1.9个百分点,占规模以上工业比重47.6%,比上年提升1个百分点。全县新兴产业产值715.44亿元,增长10.8%,占规模工业的比重为36.0%,比上年提升0.28个百分点。

规模企业主要工业产品产量

表2

指标名称	计量单位	2015年实绩	增长%
小麦粉	吨	54950.24	-5.6
大米	吨	105434.03	17.9
饲料	吨	349553.26	32.8
饮料酒	千升	2739.37	20.1
纱	吨	138481.87	12.6
布	万米	45666.32	6.7
印染布	万米	17725.54	28.6
蚕丝	吨	4133.98	3.1
服装	万件	5103.16	16.9
化学纤维	吨	460495.88	20.1
塑料制品	吨	7127.24	34.6
水泥	吨	1132939.21	-8.0
钢化玻璃	平方米	924059.33	-14.1
耐火材料制品	吨	105852.97	36.6
铜材	吨	20223.15	13.0
铝材	吨	7159.59	6.3
阀门	吨	17912.61	3.9
水泥专用设备	吨	261080.17	1.6
变压器	千伏安	34865017	6.5
太阳能电池	千瓦	752463	28.3
太阳能热水器	平方米	43069.79	19.7
电子计算机整机	台	473113	139.5
电子元件	万个	133475.14	-40.3
工业自动调节仪表与控制系统	台(套)	467165	19.5

全部工业实现产品销售收入3090.78亿元,增长8.0%。规模以上工业实现主营业务收入1951.44亿元,增长9.3%;实现利润141.44亿元,增长7.8%;实现利税224.28亿元,增长10.4%,利税销售基本同步增长。

全社会用电量43.24亿千瓦时,增长0.5%。其中工业用电量33.91亿千瓦时,下降0.1%;城乡居民生活用电量4.72亿千瓦时,增长4.1%。第一产业用电量0.88亿千瓦时,增长15.3%;第二产业用电量34.49亿千瓦时,下降0.8%;第三产业用电量3.14亿千瓦时,增长6.6%。

全县完成建筑业施工产值1024.85亿元,建筑施工面积12994.75万平方米,新开工建筑面积3324.82万平方米,承建高层建筑4370幢,其中29层以上1490幢。全年获3项鲁班奖、1项国优金奖、1项国优银奖、2项詹天佑奖。全国AAA级安全文明标准化工地18项,国家级QC成果奖48项。

四、交通、邮政电信业

完成公路客运量835万人次,客运周转量59191万人公里,下降0.7%、0.4%,全年完成公路货运量1895万吨,货物周转量284893万吨公里,增长3.5%、4.5%。完成水路货运量676万吨,周转量 149988 万吨公里，增长 4.8%、3.5%。

全县交通重点工程计划总投资额 20.7 亿元，其中 353 省道海安段总投资 6 亿元，已完成交安设施工程施工，建成通车。老 204 国道维修改造工程总投资 3000 万元，已建成通车。新建改造农村四级公路及特色园区道路 100 公里，建设农桥 80 座。

全县有公交首末站 10 个、公交回车场 28 个。城区公交站亭 195 个、农村客运站亭 280 个、公交站牌 1370 个。

全县电信业务收入 6.05 亿元。年末电话用户 24.41 万户，国际互联网用户 79.34 万户（含手机上网用户 53.87 万户），光纤互联网宽带用户数 24.28 万户，移动电话用户 93.90 万户。实现邮政业务总收入 15718 万元，增长 7%，代理金融板块实现收入 12387 万元，邮政业务板块实现收入 3224 万元。

五、国内贸易和对外经济

实现社会消费品零售总额 247.39 亿元，增长 11.5%。其中，限额以上零售额 72.16 亿元，增长 12.7%，限额以下零售额 175.23 亿元，增长 10.9%；城镇零售额 163.69 亿元，增长 11.5%；农村零售额 83.7 亿元，增长 11.3%。完成服务业应税销售 758.3 亿元，增长 47%；完成服务业税收 45.2 亿元，增长 24.8%，其中重点服务业企业税收 25.8 亿元，增长 71.4%。

实现进出口总额 16.16 亿美元，下降 34.1%，其中，出口总额 13.64 亿美元，下降 36.3%，进口总额 2.52 亿美元，下降 18.8%。实际注册外资到账额 2.82 亿美元，全年新签外经合同额 14441 万美元，实现对外劳务营业额 13565 万美元。

六、固定资产投资

全年完成固定资产投资 510.00 亿元，增长 13.6%。其中，第一产业投资 1.23 亿元；第二产业投资 317.44 亿元，增长 10.8%；第三产业投资 191.33 亿元，增长 20.8%，一、二、三产投资比例为 0.2:62.2:37.6。

全年完成高新技术产业投资 195.92 亿元，增长 18.4%，占工业投资的 61.7%。完成新兴产业投资 104.04 亿元，增长 12.4%，占工业投资的 32.8%。

全年完成房地产投资额 54.76 亿元，增长 4.3%；商品房施工面积 591.34 万平方米，增长 0.2%；商品房销售面积 74.05 万平方米，增长 17.3%，销售额 40.63 亿元，增长 7.7%；商品房成交均价每平方米 5487 元，下降 8.2%，其中住宅成交均价每平方米 5340 元，下降 5.1%；商品房待售面积 114.67 万平方米，增长 91.3%。

七、财政、金融、保险

全年完成财政总收入 140.71 亿元，增长 10.0%，其中公共财政预算收入 62.06 亿元，增长 14.7%。实现增值税 23.66 亿元、营业税 14.77 亿元、个人所得税 5.60 亿元、企业所得税 11.73 亿元。财政总支出 135.49 亿元，增长 12.4%。公共财政预算支出 84.22 亿元，增长 19.3%，主要投向农林水利、教育、社会保障和就业、医疗卫生、城乡社区服务等民生工程。

年末，县内 18 家银行业金融机构本外币各项存款余额 1113.66 亿元，比年初增加 130.89 亿元，增长 13.3%。其中，个人存款 637.47 亿元，比年初增加 65.29 亿元，增长 11.4%；非金融企业存款 308.55 亿元，比年初增加 47.63 亿元，增长 18.3%；广义政府存款 166.63 亿元，比年初增加 18.08 亿元，增长 12.2%。

本外币各项贷款余额 754.81 亿元，比年初增加 69.36 亿元，增长 10.1%。按交易对象分：境内个人贷款 142.21 亿元，比年初增加 16.50 亿元，增长 13.1%；非金融企业及机关团体贷款 612.59 亿元，比年初增加 52.87 亿元，增长 9.5%。按贷款期限及品种分：短期贷款 464.32 亿元，比年初增加 21.74 亿元，增长 4.9%；中长期贷款 263.77 亿元，比年初增加 39.59 亿元，增长 17.7%；票据融资 26.36 亿元，比年初增加 8.16 亿元，增长 44.8%；各项垫款 0.36 亿元，比年初减少 0.12 亿元，下降 25.4%。

年末，县内财产保险机构 15 个，全年财产险保费收入 5.60 亿元，增长 12.2%，赔付金额 2.98 亿元，赔付率 53.2%；人寿保险机构 19 个，全年人寿险保费收入 10.16 亿元，增长 14.6%，理赔给付及其他各类给付 3.00 亿元，短险赔付率 38.5%。

八、科学、教育、文化、旅游

全社会研究与发展活动(R&D)经费 16.88 亿元，占地区生产总值比重为 2.48%，比上年提高 0.08 个百分点。新建常州大学海安高新技术产业研究院、江苏省环科院海安产业研究院，建成启弘纺织、骆氏减震件等 8 家企业研究院。新增省级优秀重点研发机构 4 家、省级工程技术研究中心 7 家、省级企业研究生工作站 15 家。

全县新增 30 万元以上产学研合作项目 129 项，新引进成果转化项目 31 项，共支付合作经费 7911 万元。获省产学研前瞻性联合研究项目 29 项。新认定国家高新技术企业 44 家，总数达 119 家。万人发明专利拥有量 19.42 件，获评江苏知识产权强省建设区域示范县。

年末，全县有各级各类学校 130 所。其中：高级中学 3 所，完全中学 3 所，初级中学 23 所，完全小学 45 所，独立成型幼儿园 52 所，特教 1 所，职教 2 所，艺术学校 1 所。全县中小学和幼儿园在校学生总数 8.53 万人，比上年减少 0.2 万人。全县学龄儿童入学率 100%，小学毕业生升学率为 99%，初中三年巩固率达 99.5%，初中毕业生升学率 100.12%，高中阶段教育入学率稳定在 96%以上，适龄人口接受高等教育的比例超过 50%。2015 年高考，全省前 100 名海安县 11 人，400 分以上海安县 20 人，前 1000 名海安县 92 人；本二以上达线比例提升 5%。2015 年中考全市最高分花落海安，700 分以上 133 人，全市第一。

全年艺术作品获国家级奖励 1 件，市级奖励 4 件，广播电视作品 29 件获省市级奖。全年共完成送戏 126 场，送电影 3272 场，送图书 45149 册，送展览 236 次，送培训 694 场、29592 人次。顺利通过省公共文化服务体系示范区创建资格评审。

文化艺术中心建成并投入使用；全县拥有区镇文化站 10 家，“农家书屋”220 家，其中，省五星级农家书屋 3 家、市四星级农家书屋 38 家，博物馆、纪念馆 6 家，文物保护单位 16 处，其中全国重点文物保护单位 2 处，省级文物保护单位 5 处，市级文物保护单位 6 家，县级文物保护单位 3 家；拥有省级非物质文化遗产 5 项，市级非物质文化遗产 12 项。

海安图书馆藏书量 43.87 万册，全年阅读量 12.72 万人次，被南通市全民阅读领导小组评为市十佳全民阅读推广基地。博物馆接待量14.67万人次。

全年新增数字电视用户5001户,实有用户23.71万户。

年末,全县实有国家A级景区15家,其中AAAA级1家、AAA级6家;星级饭店22家,其中四星级饭店2家,三星级9家;旅行社14家。全年接待县内外游客277.37万人次,实现旅游总收入43.27亿元,完成旅游项目投入33.54亿元,分别增长4.8%、3.0%、39.4%。

九、卫生、计生、体育

全县有医疗卫生机构403家(含216家村卫生室),其中三级医院2家,二级医院4家,一级医疗机构45家,一级以下医疗卫生机构102家,基层医疗卫生机构237家。医疗机构总床位4574张,卫生技术人员4336人,其中执业医师、执业助理医师1921人,注册护士1621人。每镇建有一所公办卫生院,省级示范乡镇卫生院达标验收率80%。每村建成一家标准化村卫生室,其中省示范村卫生室14家。创成省级卫生镇1个、省级卫生村26个。全县实际在用基本药物品规数1443个,使用基本药物17500万元。

受理办理计生行政服务事项4099件,再生育审批2420例,其中办理城镇单独夫妻再生育审批392例。审核新增奖扶对象7749人,特别扶助对象217人,持证退休职工5710人,老年居民117人。全年发放奖励金7291万元。

完成江苏省公共体育服务体系示范区创建工作;成功申报3个市级体育公园,创建省级优秀健身晨晚练点10个,省市表彰晨晚练健身点20个;完成主城区10公里健身步道建设,城区10分钟健身圈的升级改造,全民健身数字地图建设。

承办全国自行车公路赛、江苏省象棋棋王赛、江苏省青少年象棋锦标赛、江苏省夕阳红钓鱼比赛、江苏省健身气功新功法交流比赛;组队参加江苏省第四届健身气功新功法比赛、代表南通市参加江苏省健身秧歌比赛、全国“马自骑”大会及环滨海新区全国公路自行车赛,获得省级以上奖项15项;成功创建1所国家级体育示范学校、5所国家级足球特色学校,1所省级篮球俱乐部,6个市级体育工作先进集体。

十、城乡建设、环境保护

完成千禧大桥东引桥地面辅道、镇南路、宁海路、凤山路、曙光西路、如海运河景观大道计6.2公里,桥梁改造2座。推进“现代、精致、增绿、便民”工程。以城区主要道路为重点,完成长江路、黄海路、328国道、通榆路、中坝路、永安路、迎宾路等道路的绿化提升。

实现全县范围内区域供水全覆盖,完成镇村供水管网建设792公里,户表改造28620户、安全供水3925万吨。完成天然气管网建设156公里,新增居民用户20297户,工商业用户78户。完成16个生态停车场建设,增加停车位1675个。完成城北污水处理厂、新华河两岸、老通扬河、红光河、洋港河、翻身河、东海大道污水管道及提升泵站、凤山北路污水管道、高庄路污水管道及永安路污水管道等十个“清水工程”建设。建成污水管网30公里。

全年实施减排项目19个,削减氨氮、二氧化硫、氮氧化物分别为61吨、1743吨、1423吨。建成农村污水管网40.8公里。审批建设项目350个。实施清水工程,全县96.6%的河道达到整洁河标准,90%的村通过达标村验收。完成与畜禽养殖规模相配匹的污染防治设施建设,各区镇共建成农户蓄粪池、沼气池1561个。

十一、人民生活

全县居民人均可支配收入24916元,增长9.1%;人均生活消费支出17323元,增长8.0%。按常住地分,城镇居民人均可支配收入34445元,增长9.0%;人均生活消费支出21611元,增长7.4%。农村居民人均可支配收入16549元,增长9.2%;人均生活消费支出13559元,增长8.9%。全县城镇集体以上单位在岗职工年平均工资64045元,增长8%。

十二、社会保障、民政

年末,全县城镇职工养老、医疗、失业保险参保人数分别为23.04万人、24.44万人、9.76万人,分别比上年净增1.57万人、1.78万人、0.6万人。城乡居民养老保险参保人数38.87万人,新型农村合作医疗参保人数48.32万人,城镇居民基本医疗保险参保人数11.69万人。

年末,全县养老机构总床位7500张,其中公办养老机构23家,床位数5173张;注册民办养老机构5家,床位数730张;社会力量兴办社区照料床位数1597张。全县优抚对象11023人,农村低保对象14101人,城镇低保对象878人,农村五保对象4876人,其中集中供养2393人,集中供养率49%。全年婚姻登记数8769对,结婚登记数7416对,离婚登记数1353对。

注:公报发布的2015年数据为相关部门初步统计数。

大事记

Major Events

中洋豪生大酒店　章　丽绘

◎ 责任编辑　杨　斌

1 月

5日 市委常委会以视频会议形式专题听取各县(市、区)委书记抓基层党建工作述职。县委书记陆卫东作了述职。

△ 开发区与中科院自动化研究所举行共建智能制造与信息感知研发及产业化基地签约仪式。

6日 省安监局(江苏煤监局)纪检组长姜坚率省安委会第七考核组到海安检查安全生产工作。县委副书记、代县长顾国标,副县长卢忠平参加活动。

7日 召开企业上市挂牌工作推进会。县委副书记、代县长顾国标到会讲话。上海长江国弘投资管理有限公司首席合伙人、总裁李春义,上海长江国弘投资管理有限公司合伙人、投资总监丁冀平应邀分别作了关于“下一个三十年企业经营宏观展望”和“新时期企业经营之道”专题讲座。

8日 全县国土、财政管理暨投资改革工作会议召开。县委书记陆卫东出席会议并讲话。县委副书记、代县长顾国标做工作报告。

△ 县委书记陆卫东率队调研天楹集团、鹰球集团、爱登堡电梯等重点企业。县领导孙进基、周宗泉、丁锋、卢忠平参加活动。

△ 县市场监督管理局举行揭牌仪式。

9日 市党风廉政建设责任制检查动员暨海安县情况汇报会在县行政中心举行。市委副书记、市长张国华作动员讲话。县委书记陆卫东代表海安县委作落实党风廉政建设党委主体责任情况汇报。县委常委、县纪委书记李春旺代表海安县纪委作落实党风廉政建设纪委监督责任情况汇报。

△ 市委副书记、市长张国华率队赴海安县康桥油脂公司等处开展安全生产检查。

10日 县委书记陆卫东率队督察服务业项目建设情况,分别调研海安软件园(开发区电商产业园)、正元物流中心、大运物流、联发纺织材料物流交易中心、润安仓储等。县领导焦广琪、周宗泉、王炜、丁锋、翁晓云、严长江参加活动。

△ 召开生态文明建设暨造林绿化工作会议。县委副书记、代县长顾国标,县领导彭为杰、严长江、贾韶军等参加会议。各区镇、相关部门递交责任状。

11日 国家环保部总量司副司长黄小赠率污染物总量减排核查组到海安检查,先后检查联发纺织股份有限公司、向阳奶牛场、恒泽水务有限公司、启秀养猪场、瑞华有机肥有限公司等处。市委常委、常务副市长韩立明,县委副书记、代县长顾国标等参加活动。

△ 开发区与机械科学研究总院、北京机电研究所就建立中机总院塑性成形(锻压成套)技术产业海安研究院签约。副县长卢忠平主持签约仪式。

12日 县委书记陆卫东到滨海新区村民陈群家中看望并代表市委书记丁大卫、市长张国华慰问其家属,向陈群一家送上市委、市政府及县委、县政府的深切问候,并对陈群的逝世表示深切哀悼,对他舍己救人的行为致以崇高敬意。县委副书记、代县长顾国标,县领导孙进基、王炜、盛慧琴、葛志祥、赵剑波参加活动。

△ 县组织收看收听全省农村工作会议暨推动现代农业建设迈上新台阶部署电视电话会议。县委书记陆卫东,县委副书记、代县长顾国标在海安分会场收看收听会议。

△ 召开区镇党(工)委书记2014年度抓基层党建工作述职评议会。县委书记陆卫东主持会议。县领导顾国标、周宗泉、李春旺、王炜、成宾、张亚曦、陈辉、丁锋出席会议。市委组织部派员到会指导。

12—16日 政协海安县第十三届委员会第四次会议召开。县委书记陆卫东出席会议并作题为《同心同德,汇聚起全面建成更高水平小康社会的智慧和力量》的讲话。与会委员听取和审议县政协主席朱春、副主席蔡祝平代表县政协十三届常委会分别所做的常委会工作报告和提案工作情况报告;列席县第十五届人民代表大会第四次会议;听取和协商讨论县政府工作报告及其他有关报告。会议补选周宗泉为政协海安县第十三届委员会主席,增选陆雪峰、周小军为县政协十三届委员会常务委员;通过《中国人民政治协商会议海安县第十三届委员会第四次会议决议》。会议期间,与会委员集中进行培训,视察县经济和社会事业建设重点工程。新当选的县政协主席周宗泉在闭幕式上讲话。历届县委、县人大、县政府、县政协老领导,县级机关各部门、各单位、各区镇有关负责人,在海安的市政协委员和有关特邀人士列席会议。

13—17日 海安县第十五届人民代表大会第四次会议召开。会议听取和审议县委副书记、代县长顾国标所做的海安县人民政府工作报告;听取和审议县发展改革委主任夏卫军、县财政局局长张忠宏所作《海安县2014年国民经济和社会发展计划执行情况与2015年国民经济和社会发展计划草案》《海安县2014年预算执行情况和2015年预算草案》的报告;听取和审议县人大常委会党组副书记、副主任孙进基所做的县人大常委会工作报告,县人民法院院长王平所做的县人民法院工作报告和县人民检察院检察长李平所做的县人民检察院工作报告;通过《关于海安县人民政府工作报告的决议》等六项决议及选举办法草案;选举孙进基为县人大常委会主任,顾国标为县人民政府县长。会议期间,与会人员视察县经济和社会事业建设重点工程。县委书记陆卫东在大会闭幕式上讲话。县十五届人大代表出席会议。县委、县政府、县政协负责人,县法院、县检察院负责人,县委、县政府工作部门、直属单位及群团和有关单位负责人,县人大机关离退休老干部列席会议。县四套班子老领导、客商代表应邀列席会议。出席县政协十三届四次会议的全体人员列席有关会议。

14日 省环保厅副厅长柏仇勇一行到海安调研淮河流域水污染防治规划实施情况。

15日 企业代码为“203407”的“丝乡股份”在上海股权托管交易中心成功挂牌中小企业股权报价系统,江苏丝乡丝绸股份有限公司及其所属的南通丝乡丝绸有限公司、江苏丝语佳期科技有限公司成为全市首家在上股交Q板挂牌,对接资本市场的丝绸企业。

16日 由省档案局牵头、江苏有线华博在线传媒公司联合江苏星瑞影业有限公司承制的民国人物系列电影之《韩国钧》拍摄座谈会在海安召开。县委常委、宣传部长王炜，该影片的导演、编剧、主演、摄像和海安研究韩国钧生平的有关专家、学者出席会议。

17日 召开全县外向型经济、招商引资、项目建设、旅游业工作会议。县委书记陆卫东到会讲话。县委副书记、县长顾国标部署相关工作。

20日 召开安全生产工作会议。县委书记陆卫东到会讲话。县委副书记、县长顾国标作安全生产工作报告。

△ 省工商局副局长孙连才率队到海安调研消费者权益保护工作。

24日 举行1月份“月月看、家家到”观摩活动，县委书记陆卫东率队对各区镇1月份落户特色产业园区新开工项目、新增设备项目、产学研项目、招工引劳企业进行集中观摩。县四套班子领导参加活动。

26日 县委书记陆卫东主持召开县委中心组学习会。中央党校经济学部主任赵振华应邀作题为“新常态下的中国经济”专题讲座，解读上年12月召开的中央经济工作会议精神。

27日 县委副书记、县长顾国标率队对滨海新区、李堡镇、南莫镇、曲塘镇2015年重点技改项目进行调研。县委常委、组织部长成宾参加活动。

△ 县政府与徐州工程学院举行科技人才合作交流洽谈会。县政府及有关部门与徐州工程学院成功签订“科技人才全面合作协议”“共建技术转移中心协议”“共建大学毕业生就业基地协议”“共建创新创业培训基地协议”。

△ 省编办副主任周家新一行到海安调研绩效考核试点工作推进情况。

28日 全县“银政企携手攀新高”行动——高新区银企合作项目现场对接会召开。江苏永通新材料科技有限公司、俊启粮油南通有限公司、江苏万宝机械有限公司、江苏瑞安特机械集团有限公司、江苏嘉宇流体装备有限公司等7家企业与工商银行、兴业银行、海安农商行3家银行进行现场对接签约，共获授信1.32亿元。

△ 省禽蛋产业园二期工程专家研讨会在海安县天成现代农业科技园召开。省政府参事、中华农业科技基金会理事长刘立仁及来自省农委、中国牧工商集团、省蛋品协会、扬州大学、南京农业大学等相关单位的专家学者参加活动。

△ 南通市餐饮中等职业教育集团在海安挂牌成立。

29日 实联长宜、中瑞、蓝科纯电车辆系统及整车生产项目签约仪式在海安举行。省台办主任杨峰，海基会董事、江苏台协会长联谊会会长、实联集团董事长、台玻集团总裁林伯实，省经信委副主任高清，副市长单晓鸣，县领导陆卫东、顾国标、孙进基、周宗泉参加活动。

△ 省冬训工作巡查组第一组组长、《群众》杂志社副总编辑苗成斌率巡查组到海安，督察2014—2015年度基层党员干部冬训工作。县委常委、宣传部长王炜参加活动。

30日 县委副书记、县长顾国标赴高新区、开发区调研2015年重点技改项目。县政协主席、海安经济技术开发区党工委副书记周宗泉，副县长卢忠平参加活动。

△ 县委副书记焦广琪调研全县宣传文化工作。县委常委、宣传部长王炜参加活动。

△ 县政府召开全县造林绿化工作推进会。副县长彭为杰、贾韶军等出席会议。

31日 县法学会第二次会员代表大会举行。县委副书记焦广琪出席会议。市委政法委副书记、市法学会常务副会长钱建华，市法学会专职副会长蒋玉虹到会指导。县领导盛慧琴、章曙东、葛志祥、古传稳，县法院院长王平，县检察院检察长李平及近百位县法学会会员代表参加会议。

2 月

3日 县委副书记、县长顾国标先后到墩头镇、大公镇调研2015年重点技改项目。副县长卢忠平参加活动。

△ 县人大常委会召开《中华人民共和国残疾人保障法》《江苏省残疾人保障条例》执法检查组第一次全体会议，专题部署对县人民政府贯彻实施“一法一条例”情况执法检查工作。会议听取县政府贯彻实施“一法一条例”的情况报告。省残联组织联络处处长杜潘宗作残疾人权益与《江苏省残疾人保障条例》专题辅导。县人大常委会主任孙进基，副主任肖正明、王锡林、章曙东，副县长彭为杰，市残联副理事长陶建华等参加活动。

△ 中广核美亚电力控股有限公司总裁林坚一行到海安县考察，就中广核美亚公司与常安纺织工业园合作项目达成初步意向。县政协主席、海安经济技术开发区党工委副书记周宗泉，副县长卢忠平参加活动。

△ 召开全县春运工作会议，全面部署2015年春节运输各项工作。县委常委、常务副县长张亚曦参加会议。

△ 全国台湾同胞投资企业联谊会常务副会长、市台协会长刘璟芳和部分台湾企业家赴海安县麻风残老院，慰问集中居住的71名麻风病休养员。市台办、市老区促进会负责人，副县长严长江等参加活动。

4日 县委书记陆卫东、县长顾国标率队赴文凤集团、铁锚玻璃召开现场办公会。县领导孙进基、周宗泉、张亚曦、丁锋、卢忠平参加会议。

△ 举行“百户爱心助困工程”救助款发放仪式，来自全县的107户特困家庭代表各领取到一万元的慈善捐助

△ 举行慈善基金会“低保家庭尿毒症患者”救助款发放仪式，全县186名符合条件的患者各获得5000元的救助。

5日 召开文化产业增加值常态化统计监测工作会议。县委常委、宣传部长王炜参加会议。

△ 县政府召开全县畜禽养殖污染防治设施建设工程竣工验收推进会暨禽流感防控工作会议。

△ 海安县第34个物流周活动暨高新区服务业恳谈会在上海举行。上海市徐汇区、普陀区、虹口区、闵行区政府相关部门负责人，上海电子商务、物流、互联网等行业协会负责人，上海客商代表，部分在海安投资的企业家参加活动。当天签约8个项目，总投资15亿元。

6日 海安工会会员卡发放暨2015年春节送温暖启动仪式举行。市总工会主席葛玉琴，县委常委、宣传部长王炜参加活动。

7日 2014年度“最美海安人”颁奖典礼在王府邦瑞大酒店举行。

8—9日 商务部欧洲司副司长马社一行到海安，专题听取中意海安生态园建设进展情况汇报，并就加快推进中

意海安生态园建设提出建议和意见。县领导陆卫东、顾国标、周宗泉、严长江参加活动。

9日 市政协主席王德忠、副市长朱晋率队到海安走访慰问伤残军人和困难群众。陆卫东、周宗泉、丁锋、彭为杰等参加活动。

10日 县组织收看收听全市领导干部警示教育大会。县委书记陆卫东,县委常委、纪委书记李春旺在主会场参加会议。县四套班子负责人在海安分会场收看收听会议。

△ 县委副书记焦广琪,副县长、公安局长葛志祥分别开展节前安全检查。

11日 召开全县农村工作会议。县委书记陆卫东到会讲话。县委副书记、县长顾国标做工作报告。县委副书记焦广琪主持会议。县委常委、政法委书记盛慧琴,副县长彭为杰、贾韶军出席会议。

12日 县组织收看收听全省深入实施创新驱动发展战略暨建设苏南国家自主创新示范区工作视频会议。陆卫东、顾国标、焦广琪等在海安分会场收看收听会议。

△ 阿里巴巴集团农村淘宝事业部华东地区总经理徐强一行到海安考察投资环境,洽谈农村淘宝合作项目。副县长严长江参加活动。

13日 泰州市姜堰区区委书记李伟,区委副书记、区长张长平,区人大常委会主任高永明,区政协主席仲亚岭等率党政代表团到海安考察。陆卫东、顾国标、孙进基、周宗泉、张亚曦、丁锋参加活动。

△ 召开法治海安建设暨政法系统"公正执法、忠诚为民"主题教育活动动员大会。市委常委、政法委书记曹斌出席活动并讲话。县四套班子负责人参加活动。

14日 中国共产党海安县第十二届纪律检查委员会第五次全体会议召开。会议传达中央纪委、省纪委、市纪委五次全会精神,表决通过十二届纪律检查委员会第五次全体会议工作报告和全会决议。县委书记陆卫东出席会议并讲话。顾国标、孙进基、周宗泉、焦广琪等县四套班子负责人参加活动。县委常委、纪委书记李春旺主持会议,并代表县纪委常委会作工作报告。全体与会人员观看警示教育片《脱轨的人生》。

15日 召开2015年第1次银政联席会议。县委书记陆卫东,县委副书记、县长顾国标出席会议。副县长卢忠平主持会议。

△ 市委常委秦厚德到海安调研蚕业农场建设、沼气发电项目、秸秆发电项目情况。

△ 县委常委、宣传部长王炜慰问部分道德模范,向他们送去新春祝福。

△ 召开网络宣传管理工作会议。县委常委、宣传部长王炜出席会议并讲话。

△ 召开全县公安工作会议。县委常委、政法委书记盛慧琴,县人大常委会副主任章曙东,副县长、县公安局局长葛志祥,县政协党组副书记、副主席吉传稳出席会议。

16日 县委副书记、县长顾国标主持召开第30次政府常务会,讨论海安县高毒农药定点经营实施意见、瓶装液化气换瓶点设置工作实施意见、公共租赁房管理暂行办法、社会保险监督委员会章程、开发区政企联合消防站建设的工作请示及相关政策意见等,讨论推广运用政府和社会资本合作(PPP)模式试点工作和政府信息公开相关工作。

△ 县委书记陆卫东慰问政法干警和信访干部。焦广琪、盛慧琴、葛志祥、王平、李平参加活动。

△ 县委副书记、县长顾国标对春节前部分企业、人员密集场所和城区道路交通安全管理情况进行实地检查。卢忠平、葛志祥参加活动。

△ 县委副书记、县长顾国标率队慰问部分特困军转干部。

19日 大年初一,孙进基、周宗泉、焦广琪等在海安的县四套班子领导分两组向坚守工作岗位的干部职工送去新春祝福。县领导盛慧琴、张亚曦、王锡林、章曙东、彭为杰、卢忠平、严长江、吉传稳、赵剑波等参加活动。

21日 海安县举行2015年经济社会发展座谈会。中央统战部三局局长傅铁生,国台办信息中心主任仇开明,国家开发投资公司总会计师张华,中华农业科教基金会理事长、省政府参事刘立仁,省信访局原正厅级巡视员张云泉,南京大学党委副书记杨忠,南通市委常委秦厚德,无锡市委常委、江阴市委书记周铁根等各级领导干部,海安籍专家、学者和在外创业成功人士,县四套班子负责人参加活动。县委书记陆卫东致辞。县委副书记、县长顾国标主持活动。

23日 2015新春大型人力资源交流洽谈会在县人力资源市场开市,全县225家企业拿出8000多个岗位招贤纳才。顾国标、焦广琪、卢忠平专程来到招聘会现场,与用工单位、求职者亲切交流,了解人力资源供求情况。

25日 县委、县政府召开全县2014年度总结表彰大会。陆卫东出席会议并讲话。顾国标宣读表彰决定。孙进基、周宗泉等县四套班子负责人出席会议。焦广琪主持会议。

△ 海安经济技术开发区召开总结表彰大会。

26日 县组织收看收听全省机关作风建设大会。县四套班子领导在海安分会场收看收听电视电话会议。

27日 县组织收看收听全省推动民生建设迈上新台阶暨综合医改试点工作动员大会。县四套班子负责人在海安分会场收看收听会议。

28日 县委、县政府召开全县建筑业工作会议暨第五个"海安建工节"庆祝大会。省住建厅副巡视员纪迅,省造价管理总站站长曹良春,省建筑管理总站副站长李震,市城乡建设局党组副书记、副局长、建工局局长沈卫星应邀出席会议。陆卫东到会讲话。顾国标做工作报告。焦广琪宣读表彰决定。张亚曦主持会议。孙进基、周宗泉、李春旺、张佳生、吉传稳,县人民检察院检察长李平参加会议。与会人员观看专题片《激情打拼铸辉煌》。

3 月

1日 滨海新区召开2014年度总结表彰大会。县委副书记、县长顾国标,县委常委、组织部长成宾参加活动。

2日 县委书记陆卫东主持召开十二届县委常委会第48次会议。传达全国、省宣传部长会议和市宣传文化工作会议精神;传达省、市组织部长会议精神;讨论2015年全县党的建设、精神文明建设、机关作风建设大会相关工作报告和表彰名单、会议方案;讨论关于成立锦纶产业发展领导小组和成立工业机器人产业发展领导小组的通知，县政协2015年工作要点等。

△ 高新区召开2014年度总结表彰暨2015年经济工作会议。陆卫东到会讲话。顾国标出席会议。丁锋做工作报告。张佳生、卢忠平、李平出席会议。

3日 召开2015年党的建设、精神文明建设、机关作风建设大会。陆卫东出席会议并讲话。顾国标主持会议。焦广琪通报2014年度组宣纪等部门受市委、市政府以上表彰嘉奖情况，并宣读县委表彰决定。县四套班子领导出席会议。

4日 省人大常委会委员、农业和农村工作委员会主任张京霞一行到海安考察。县人大常委会主任孙进基、副主任王锡林，副县长彭为杰参加活动。

△ 召开常州·海安新兴服务业发展恳谈会。常州市创意产业基地管委会副主任刘浩介绍常州新兴服务业发展的先进经验做法，为海安新兴服务业发展建言献策。县委常委、宣传部长王炜参加会议。

△ 县公安局召开"公正执法、忠诚为民"主题教育活动动员暨党风廉政建设会议。县委常委、政法委书记盛慧琴，副县长、县公安局局长葛志祥参加活动。

△ 县人大"一法一条例"执法检查组召开第二次全体会议，听取县政府残疾人工作委员会成员单位汇报贯彻实施"一法一条例"的情况。县人大常委会副主任章曙东出席会议。

△ 省商务厅外事处处长孙津，驻亚太首席经贸代表、驻香港及韩国主任代表宋义军等6名驻外经贸代表到海安考察投资环境。

△ 海安县见义勇为典型陈群荣登2015年2月中国好人榜。

5日 召开2015年金融工作会议。陆卫东到会讲话。顾国标做工作报告。卢忠平主持会议。县领导盛慧琴、张亚曦、章曙东、葛志祥、高斌、赵剑波参加会议。市人行副行长赵美华应邀出席会议。

△ 县举行"学习雷锋好榜样践行核心价值观"志愿服务进社区集中行动启动仪式。县委常委、宣传部长王炜参加活动。

6日 县召开"三八"国际劳动妇女节105周年纪念大会。县委常委、宣传部长王炜，副县长翁晓云参加活动。南通大学文学院教授潘晴雯应邀作女性职场魅力专题讲座。

7—13日 海安县经贸考察团赴意大利开展深度合作交流活动，先后考察意大利经济发展部、对外贸易委员会、企业家联谊会，考察FALLONI机械有限公司、CMR集团、意迪驱动公司等企业及米兰理工大学，在意大利摩德纳省CARPI市举行招商推介活动，并拜会曼托瓦省省长Alessandro Pastacci先生。商务部欧洲司副司长马社，县委书记陆卫东，副县长严长江参加活动。

9日 市委常委秦厚德到海安调研企业农产品出口情况。顾国标、焦广琪、彭为杰参加活动。

11日 泰州市姜堰区区委常委、现代科技产业园(罗塘街道)党工委书记戴兆平带领区(街)党政代表团到海安高新区(海安镇)参观考察。县委常委、高新区党工委书记、海安镇党委书记丁锋参加活动。

12日 海安县在福建省长乐市开展化纤产业专题招商推介活动。

△ 县召开安全生产专项治理工作会议。

12—14日 海安县举行村党组织书记培训班。

13日 省军区司令员李大清到海安调研，先后参观角斜"红旗民兵团"史绩陈列馆和苏中七战七捷纪念馆。

△ 全省"农机二下乡"暨农机"3·15"现场活动启动仪式在海安县举行。

14日 县委副书记、县长顾国标主持召开东大街A区规划设计方案座谈会。县领导张亚曦、翁晓云参加会议。

16—17日 南京市工商联党组成员、副主席郑德巍，巡视员纪建军率南京市工商联代表团到海安考察。

17日 在无锡市举办海安县—无锡职业技术学院、江苏信息职业技术学院科技人才合作洽谈会。

17—19日 副县长彭为杰率队赴浙江衢州等地考察病死畜禽无害化处理工作。

18日 县组织收看收听全市持续开展环保执法亮剑行动暨重点企业规范环境行为电视电话会。

19—20日 市委督察组组长葛维先一行到海安督察巩固和拓展教育实践活动成效，先后察看县行政服务中心、县公安局出入境接待大厅、县国税一分局、高新区西园社区"一站式"服务中心和钟涵村为民服务中心，查阅海安县教育实践活动有关台账，与部分单位、个人进行交流，并听取活动后续整改工作情况汇报。县委书记陆卫东作情况介绍。县领导焦广琪、李春旺、王炜、成宾、丁锋、葛志祥参加汇报会。

20日 县委书记陆卫东作为2015年度走进《海安政风行风热线》节目的首位嘉宾，在节目中与全县广大干部群众进行直接交流，畅谈发展理念和民生情怀，并现场解答听众和观众提出的问题。

△ 山东泰安肥城市政协主席何敬鹏，市委常委、宣传部长孟庆刚，市人大常委会副主任杜玉江、刘益，市政协副主席张伟等率考察团到海安考察文化创意产业。

△ 市沿海办主任尹建勇、副主任唐国平等到海安调研沿海开发工作。

22日 2015中国创新改变·中洋论坛在海安县举行。顾国标、卢忠平、严长江、储开泉，全国工商联房地产商会创会会长聂梅生、华谊启明东方暖(中国)总裁马克等企业家、专家参加活动。中国精确管理研究院院长、北京金和软件股份有限公司董事长、总裁栾润峰，中国十大服装设计师、中国服装设计师协会理事、流行趋势研究员祁刚，亚马逊中国副总裁任兆欣等12名企业家、专家作主题演讲。

23—24日 南通市人大常委会党组书记、副主任黄利金率市人大调研组到海安调研水环境整治情况。市人大常委会党组成员张小平，县领导陆卫东、顾国标，孙进基、张佳生、王锡林、彭为杰参加活动。

24日 海安县在上海召开第36个物流周暨开发区服务业（电子商务、旅游)恳谈会。上海申田高科园董事长徐莲凤、上海8090电子商务产业园总经理熊方、上海择创实业有限公司董事长江敏丽等客商代表及部分在海投资企业家参加活动。当天签约6个项目，总投资20亿元。

24—25日 省残联副理事长肖敏率残疾人文化产业政策调研组，到海安调研残疾人文化产业发展工作。

25日 上海股权托管交易中心海安孵化基地揭牌仪式在王府邦瑞酒店举行。

26日 市委书记丁大卫到海安考察,先后视察东材科技、康德生物、晨朗电子、申菱电器、文化科技大厦等,并听取海安县相关工作情况汇报。

27日 全省春季农业生产工作会议在海安召开。省委常委、副省长徐鸣出席会议并讲话。省政府副秘书长杨根平主持会议。市委常委秦厚德,副市长赵闻斌,县领导陆卫东、焦广琪、彭为杰,全省各市分管农业的副市长、农委主任、农工办主任、水利局局长、林业局局长、海洋渔业局局长、财政局局长,各县(市、区)分管农业的副县(市、区)长,省相关部门负责人180多人参加会议。与会代表考察海安雅周现代农业园区小麦春管及水稻集中育秧现场,听取海安县农委春管、备耕工作和水稻集中育秧示范点现场介绍,观摩毯苗机插育秧、钵苗机插育秧、硬地硬盘微喷灌育秧3个操作流程、微型飞机防治小麦纹枯病现场,以及新型农机具。

△ 海安县在北京举行"动车时代、节点城市"江苏海安——中央企业合作恳谈会。顾国标致辞。县领导成宾、丁锋出席会议。副县长卢忠平作投资环境介绍。副县长高斌主持会议。国家开发投资公司总会计师、党组成员张华,中国节能集团、中丝集团、中国机械集团、中国五矿集团等36家央企高管应邀参加。海安县新能源、新材料等9个产业板块40多家企业负责人参加活动。

△ 副县长翁晓云率队到部分考点、考生食宿点检查"小高考"各项准备工作。

29—30日 湖北省黄石市政协副主席、致公党市委会主委杨晓梅一行到海安县考察商贸物流业发展情况。

30日 泰州市兴化市市委书记、市人大常委会主任陆晓声,市政协主席、党组书记金厚坤,市人大常委会副主任、党组书记卞正祥等率党政代表团到海安考察。陆卫东、孙进基、焦广琪、张亚曦、蔡祝平参加活动。

31日 县委书记陆卫东率队巡查一季度农业农村、基层党建、法治海安、为民服务中心建设情况。

△ 海安广播电台《法治热线》栏目进行政法系统"公正执法、忠诚为民"主题教育活动首播。县委副书记、主题教育活动领导小组组长焦广琪专门接受《法治热线》采访。

4 月

1日 顾国标带领相关部门调研全县部分重点企业和在建项目一季度运行发展情况,现场协调解决发展过程中遇到的相关问题。卢忠平、严长江参加活动。

2日 海安电梯实训中心暨南通科技职业学院人才培养基地揭牌仪式在县技工学校举行。市政协副主席、市工商联主席徐守铭,南通科技职业学院党委书记朱千波、院长万健,县领导顾国标、卢忠平、吉传稳、蔡祝平参加活动。翁晓云主持活动。

△ 全县村(居)慈善工作站建设现场会在李堡镇召开。县委副书记焦广琪到会讲话。副县长彭为杰主持会议。县慈善会会长王秀和做工作部署。

3日 县委书记陆卫东主持召开十二届县委第54次常委(扩大)会议。会议听取全面深化改革、建设法治海安推进情况汇报,传达市委书记丁大卫到海安视察重要讲话精神,传达中央《关于2014年贯彻执行中央八项规定情况的报告》精神,通报"五个必通报"内容。县四套班子负责人参加活动。

△ 海安县在烈士陵园举行祭扫烈士墓活动。县在海的四套班子负责人参加活动。

7日 县委副书记、县长顾国标带领相关部门调研全县部分重点企业一季度运行发展情况,现场协调解决发展过程中遇到的相关问题。丁锋、卢忠平参加活动。

8日 陆卫东、顾国标调研锦纶产业、机器人产业。县领导孙进基、周宗泉、丁锋、卢忠平参加活动。

△ 省监察厅副厅长、省政务办副主任程裕松率队到海安就政务公开工作进行专题调研。李春旺参加活动。

△ 省首届"12348法润千万家"法律服务专题活动暨12348公共法律服务手机客户端上线发布仪式在县城安达广场举行。葛志祥出席启动仪式并致辞。

9日 省人大常委会常务副主任、党组副书记蒋宏坤率领参加全省人大农业和农村工作座谈会的全体人员参观海安县农业农村建设现场。省人大常委会委员、省人大常委会农业和农村工作委员会主任张京霞,省人大常委会委员、省人大常委会农业和农村工作委员会副主任梁学忠,市委副书记、市长张国华,市人大常委会副主任王向红,县领导陆卫东、顾国标、孙进基、王锡林、彭为杰参加活动。

△ 顾国标率队调研双双集团、海迅实业集团、天成科技集团3家重点企业一季度运行情况、下一阶段发展目标,并现场协调解决发展过程中遇到的相关问题。丁锋、卢忠平参加活动。

△ 全国建材装备标准化技术委员会全体委员会议暨《水泥工业用回转窑》等两项国家标准审查会议在海安县鹏飞集团召开。

9—10日 省水利厅副厅长陆桂华带领省水利厅、发展改革委等相关部门负责人到南通市,考核落实最严格水资源管理制度情况。海安县作为现场考核点接受考察。副市长赵闻斌,县领导焦广琪、彭为杰参加活动。

10日 全省人大农业和农村工作座谈会在海安县召开,省人大常委会常务副主任、党组副书记蒋宏坤出席会议并讲话。市委书记、市人大常委会主任丁大卫致辞。省人大常委会委员、农委主任张京霞主持会议。省人大常委会委员、农委副主任梁学忠,市人大常委会副主任王向红,县领导陆卫东、孙进基、王锡林参加活动。

△ 县举行第九届职工职业技能大赛开幕式暨焊工技能竞赛。省总工会副主席王爱平,县委常委、宣传部长王炜参加活动。副县长高斌宣布大赛开幕。

12日 国家"973"项目首席科学家、中国沿海六省中药材资源普查小组组长、博士生导师、南京中医药大学副校长段金廒教授和南京中医药大学药学院院长吴启南博士一行到海安县滨海新区调研考察。孙进基、成宾参加活动。

14日 县组织收看收听全省深入实施转型升级工程推动经济发展迈上新

台阶工作会议。顾国标在主会场参加会议。孙进基、焦广琪在海安分会场收看收听会议。

△ 省政协副主席、党组副书记杨新力一行到海安调研长江渔业资源保护工作。市政协主席王德忠，副市长单晓鸣，市政协副主席秦剑平，县领导周宗泉、焦广琪、彭为杰参加活动。

15 日 市政协副主席、党组副书记陈德新，市政协党组成员黄建东带领调研组考察海安县信息技术与制造产业融合发展情况。周宗泉、高斌、赵剑波参加活动。

△ 县组织收看收听中共中央宣传部加强基层宣传思想文化工作电视电话会议。县委常委、宣传部长王炜在海安分会场收看收听会议。

16 日 海安县在深圳市五洲宾馆举行“动车时代、节点城市”海安经济社会发展情况恳谈会。陆卫东致辞。成宾主持恳谈会。严长江作投资环境推介。深圳市委政策研究室党委书记江社安，深圳市南通商会会长、通成集团(香港)投资有限公司董事局主席袁亚康等领导和嘉宾出席会议。人民网、新华网、《光明日报》等媒体，广东工商界400多位来宾和海安县县镇负责人参加活动。与会者观看海安县经济社会发展概况宣传片《海纳百川安居乐业》。

△ 南通市级中心镇建设工作会议在海安县李堡镇召开。市委副书记、市长张国华到会讲话。市委常委秦厚德主持会议。副市长赵闻斌，县领导顾国标、张亚曦参加会议。

△ 县委副书记焦广琪率队赴南通部分县(市、区)考察学习农业项目发展先进经验和做法。

17 日 第五届中国海安河豚节新闻发布会暨海安旅游宣传推介会在南京举行。

18 日 县召开重点培育上市企业座谈会。县领导陆卫东、顾国标、孙进基、周宗泉、张亚曦、丁锋、卢忠平、吉传稳、蔡祝平参加会议。市发改委副主任、金融办主任张乃华应邀作专题讲座。

20 日 县召开落实党风廉政建设责任制领导小组会议。通报南通市对海安县2014年度落实党风廉政建设责任制检查考核反馈意见，通过存在问题整改方案，审议2014年度海安落实党风廉政建设责任制重点检查考核情况报告、考核结果及反馈意见，研究2015年度党风廉政建设重点工作任务分解方案及责任制领导小组成员调整方案。陆卫东对落实党风廉政建设责任制工作提出具体要求。李春旺主持会议。王炜、成宾、严长江出席会议。

21 日 省科技厅副厅长夏冰一行到海安调研亚太轻合金、联发纺织、铁锚玻璃等企业。县领导陆卫东、顾国标、卢忠平、杨同标参加活动。

△ 新西兰皇家农业科学研究院高级科学家罗加法博士到海安考察交流。

22 日 市委常委、政法委书记曹斌率队到海安调研政法工作，并听取县政法系统“公正执法、忠诚为民”主题教育活动情况汇报。盛慧琴、葛志祥、王平、李平等参加活动。

23 日 顾国标、张亚曦带领县有关部门和12家建筑业重点企业负责人赴浙江调研考察，探寻建筑业做大做强新路径。

△ 上海市嘉定区政协党组副书记、副主席章宇慧率上海市嘉定区政协产业转移调研组到海安调研。

△ 省文化厅副厅长裴旭一行到海安，围绕建设现代公共文化服务体系、提高公共文化服务水平和省级公共文化服务体系示范区创建相关工作进行实地调研。王炜参加活动。

24 日 省经信委主任徐一平到海安调研企业发展情况。副市长黄爱军，县领导顾国标、丁锋、卢忠平参加活动。

△ 县政协主席会议成员围绕“提升全民法治素养，推进法治海安建设”主题开展视察调研。县政协主席、海安经济技术开发区党工委副书记周宗泉，县政协党组副书记、副主席吉传稳，县政协副主席蔡祝平、赵剑波、储开泉，县政协秘书长张华参加活动。

△ 海安召开创建江苏省公共文化服务体系示范区推进会。焦广琪出席会议并讲话。王炜主持会议。

△ 县委常委、常务副县长张亚曦率队参观考察浙江宝业建设集团和长江精工钢构集团。

△ 召开全县区镇志、部门志编修工作推进会。副县长翁晓云出席会议并讲话。

25—26 日 2015年江苏省第八届象棋棋王竞赛在海安县举办。

△ 副县长翁晓云、南京理工大学继续教育学院院长马宏建分别代表海安县政府、南京理工大学继续教育学院，就人才合作与基地建设、科学研究与项目对接等工作，在海安职教园区共同签署人才培养全面合作框架协议。

25 日 县组织收看收听全市推进科技创新加快转型升级工作会议。陆卫东、顾国标在南通主会场参加会议。周宗泉等县四套班子负责人在海安分会场收看收听会议。

△ 南京理工大学材料科学与工程学院党委书记周学铁率专家教授到海安，就新材料产业发展开展交流对接活动

26 日 第五届中国海安河豚节开幕。顾国标致欢迎词并宣布第五届中国海安河豚节开幕。省、市餐饮协会负责人，《新华日报》、江苏电视台、人民网等媒体记者，来自上海、南京、苏州等地的旅行社负责人、自驾游团队、组团游客以及本地市民千余人参加活动。

△ 蒋龙生赴京参加全国劳模和先进工作者表彰大会。

27 日 张亚曦率队对曙光南桥建设工地、汽车站、火车站、城东泵站、镇南路加气站、镇南路及千禧大桥顺接工程等进行节前安全检查。

27—28 日 市人大常委会原副主任宋飞带领市政府“城乡一体化课题研究组”一行到海安调研城乡统筹工作。

28 日 海安县2015年对口单招学企对接会在县职教园区举行。48家重点缺工企业，823名参加对口单招学生及部分学生家长参加活动。

△ 2015年“校长论坛”在城南实验小学举行。省教育科学规划领导小组办公室主任彭钢应邀作“学校精神与文化建设”专题辅导报告。

29 日 市政府在海安召开全市一季度服务业发展分析点评会。副市长单晓鸣到会讲话。陆卫东介绍海安服务业发展情况。丁锋、严长江参加活动。

30 日 市委常委、组织部长张兆江到海安调研基层党组织建设工作。陆卫东、焦广琪、成宾、丁锋参加活动。

△　县委书记陆卫东带领相关部门负责人深入企业检查安全生产工作。副县长卢忠平参加活动。

△　召开全县人大代表评议政法机关工作动员大会。县人大常委会主任孙进基,县委常委、政法委书记盛慧琴,县人大常委会副主任肖正明、王锡林、章曙东,副县长、县公安局局长葛志祥,县法院院长王平,县检察院检察长李平等参加会议。

5　月

1日　县委副书记、县长顾国标率队看望坚守岗位的一线干部职工并督查安全生产工作。丁锋、卢忠平、葛志祥参加活动。

4日　县委书记陆卫东,县委副书记、县长顾国标率队现场巡查商贸物流业、新兴服务业工作。县领导焦广琪、王炜、严长江、杨同标、吉传稳、储开泉参加活动。

△　县举行纪念五四运动96周年暨庆祝建团93周年表彰大会。县委副书记焦广琪出席会议并讲话。县委常委、宣传部长王炜宣读县第六届十大杰出青年、优秀青年表彰决定。会议还举行青年"创易贷"发放启动仪式,为首批通过申请的8位创业青年集中授信390万元。

6日　由县委宣传部、县旅游局、高新区主办,江淮文化园承办,江海文化研究会、海安老年诗书画研究会、明道小学协办的"烂漫的五月——首届江淮文化节"开幕。市委常委、宣传部长章树山,副市长朱晋,市人大常委会原副主任李琰、沈启鹏,南通军分区原副司令员韩克文应邀出席。县委副书记焦广琪致辞。县委常委、宣传部长王炜主持活动。县领导丁锋、严长江,来自全国各地的专家、学者参加活动。

△　市委常委秦厚德到海安调研农村环境长效管理和河道整护工作。县委副书记焦广琪陪同调研。

△　中广核美亚电力控股有限公司高级副总裁、财务总监谢文彦到海安,就中广核美亚公司与常安纺织工业园互助项目进行洽谈。县委副书记、县长顾国标,副县长卢忠平参加活动。

△　县召开2015年党政主要领导干部"三责联审"告知会。县委常委、组织部长成宾参加会议。

7日　湖北省京山县政协主席、党组书记曹伟,副主席周现成、刘勋凤率队到海安考察。周宗泉、吉传稳、赵剑波参加活动。

△　海安县在上海交大开展产学研合作对接暨产业招商恳谈会。副县长高斌致辞。上海交大环境科学与工程学院副院长许振明主持活动。

8日　江苏海安商贸物流产业园与南通大学商学院签订全面合作协议。南通大学党委常委、总会计师姜佩剑,县委副书记、县长顾国标共同为南通大学大学生就业创业基地和教学实践基地揭牌。

△　省工商局局长王元慧一行到海安调研物流业发展情况。县委常委、常务副县长张亚曦参加活动。

△　海安县第27届科普宣传周活动在新世纪广场开幕。市科协主席姜晓军,市科协副主席蒋建华,县领导顾国标、王炜、成宾、肖正明、赵剑波参加活动。副县长高斌主持开幕式。

11—18日　顾国标率县经贸代表团赴美国开展考察交流、招商引资活动,先后拜会美国SHILOH公司亚洲区总裁翁伟波,会见奥克兰郡副郡长马修·格博,考察COMBINE公司、美国专业电池系统智能咨询服务企业HDS公司、CHECK POINT公司,拜访芝加哥政府和美国机械制造技术协会,考察迈阿密自贸区,与墨西哥相关企业进行对接交流,并在洛杉矶举行海安招商恳谈会。丁锋参加活动。

12日　全市农村河道清障与长效管护暨农村环境"四位一体"长效管理工作会议在海安召开。市委常委秦厚德主持会议。副市长赵闻斌做讲话。县委书记陆卫东致辞。市级相关部门及各县(市、区)相关负责人等参加会议。

△　淮安信息职业技术学院院长田敏一行到海安考察,就政校、校企合作事宜与海安县进行洽谈。县委常委、宣传部长王炜致辞。县政府与淮安信息职业技术学院签订全面合作意向协议书,软件园与淮安信息职业技术学院签订共建大学生就业基地协议书。

△　县委常委、人武部政委陈辉,副县长、县公安局局长葛志祥带队,前往江苏射阳靶场,慰问参加南通市高机实弹战术考核的海安角斜"红旗民兵团"分队官兵。

12—13日　农业部科技教育司和中国农科院植保所科研管理处专家组到海安,实地复核考评海安县农检中心2014年度农业投资项目绩效管理工作。

13日　陆卫东率队调研全县部分创业人才发展情况和产业(企业)研究院建设运营情况。成宾、吉恒明、卢忠平参加活动。

△　省经信委副主任秦雁率队到海安开展"三解三促"活动,并对海安重点企业发展及工业经济转型升级情况进行调研。

△　海安县在杭州西轩酒店举行第37个物流周活动暨电子商务发展环境推介会。副县长严长江致辞。杭州市西湖区商务局副局长张志来、中国(杭州)电子商务产业网络园区董事长夏明汉等应邀参加活动。

14日　陆卫东率队视察"清水工程"建设情况;视察城区主要道口、新建小区、小游园、道路两侧等处绿化改造情况。

△　孙进基带队视察县域教育现代化创建工作。张佳生、肖正明、王锡林、章曙东,副县长贾韶军参加活动。

△　省委统战部副部长瞿超率省委统战部调研组到海安调研新媒体统战工作。

15日　2015中国大宗商品电子商务与现代物流发展论坛在海安举办。中国物流与采购联合会副会长蔡进、国务院发展研究中心市场经济研究所所长任兴洲、中国证监会研究中心正局级研究员黄运成等参加活动。陆卫东致辞。

△　中航工业成都飞机工业(集团)有限责任公司总经理助理赵宝福一行到海安考察投资环境。

16日　海安县流动党员南京服务站专题党课在南京鼓楼区双楼集团大厦开讲。市委宣传部副部长黄正平作"伟大的中国道路,恢宏的战略布局——在社会主义现代化全面进步的历史进程中协调推进'四个全面'战略布局"专题讲座。成宾主持活动。

19日 孙进基率队视察公共卫生服务体系建设工作。

△ 由省社科院中国特色社会主义理论体系研究中心副主任、马克思主义研究所所长、研究员孙肖远，省社科院马克思主义研究所副研究员束锦、王婷等组成的省社科院课题组到海安县开展“江苏推进全面从严治党制度创新”专题调研。县委常委、宣传部长王炜参加活动。

19—20日 由中科院地理科学与资源研究所副研究员、硕士生导师马海涛、王开泳、王介勇等专家组成的中科院课题组到海安，围绕海安国家中小城市综合改革试点方案、海安县国民经济和社会发展“十三五”规划编制工作开展调研。陆卫东、顾国标、张亚曦参加活动。

21日 县组织收看收听全市“三严三实”专题党课暨专题教育部署视频会议。县委书记陆卫东在主会场参加会议。县四套班子负责人在海安分会场收看收听会议。

△ 常州大学海安高新技术产业研究院揭牌仪式在海安县软件科技园举行。常州大学党委书记史国栋，县委副书记、县长顾国标为常州大学海安高新技术产业研究院揭牌。

22日 县人大常委会主任孙进基率队视察“六五”普法工作和河道清障、县城“两翼区”防洪治理项目续建暨2015年防汛工作。县领导丁锋、张佳生、肖正明、王锡林、章曙东、贾韶军等参加活动。

23日 县举办第二届“创新创业在海安”主题活动。科技部国际科技合作司参赞张健，省科技厅副厅长夏冰，南通市副市长黄爱军，中科院南京分院党组副书记、副院长杨涛等领导，中科院院士、南京大学地球科学与工程学院教授薛禹群，中科院院士、南京大学天文与空间科学学院教授孙义燧，中科院院士、南京大学电子科学与工程学院教授吴培亨等500名院士、专家、教授应邀出席活动。县委书记陆卫东作主题报告。顾国标、孙进基、周宗泉等县四套班子负责人参加活动。《人民日报》、新华社等30家媒体记者全程聚焦活动盛况。会议为江苏晨朗电子集团有限公司董事长孙秀芳等“十大科技兴企企业家”和中科院过程工程研究所研究员曹建尉等“十大科技兴海功臣”颁奖；表彰“十佳创业人才”“十佳创新人才”、50名科技型企业家、“十佳科技核心企业”“十佳科技研发平台”和50项优秀科技成果。活动现场签约40项新增产学研合作项目、10项科技成果转化项目和30项高新技术产业项目。活动期间，海安县还分别举行装备制造、新材料、农业科技、节能环保、纺织丝绸锦纶产业成果发布会。10个区镇分别开展产学研对接活动。

24日 县委书记陆卫东主持召开常委(扩大)会议。传达全省深入实施转型升级工程推动经济发展迈上新台阶工作会议、全省贯彻落实“一带一路”国家战略大力拓展对内对外开放新空间工作会议精神；听取全国中小城市综合改革试点工作和全省科技体制综合改革试点工作推进情况汇报；初步考虑县委十二届八次全会主题；部署土地督查整改和冲刺“双过半”相关工作。会议还传达全市文明城市长效机制建设现场推进会暨表彰大会精神；传达省委“三严三实”专题教育动员会精神并讨论海安县实施方案；传达《关于贯彻〈2014—2018年全国党政领导班子建设规划纲要〉的实施意见》精神；传达南京军区司令员蔡英挺在南通军分区视察时有关角斜“红旗民兵团”的重要讲话精神，讨论纪念角斜“红旗民兵团”50周年活动总体方案及时间安排等事项。

△ “心生万象”清华大学美术学院张夫也教授艺术作品全国巡展南通展暨“九子问道”海安青年书画家九人联展在海安图书馆开幕。清华大学美术学院副院长马赛，市社科联、社科院党组书记、驻会副主席徐爱民，崇川区区委副书记陈中锋等领导应邀出席开幕式。王炜、肖正明、朱卫民参加活动。

25日 海安假座昆山市金陵大饭店举行“相聚鹿城、合作共赢”海安经济社会发展恳谈会。县委书记陆卫东致辞。县领导顾国标、孙进基、周宗泉、成宾、丁锋、吉恒明、卢忠平出席活动。昆山台协会会长、耀马车业董事长李邦欣，昆山台协会监事长、泰塑塑胶董事长廖万国，昆山台协会副会长高进龙、蒋玉兰等300多位客商应邀参加活动。副县长严长江主持活动。开发区物流自动化设备项目，高新区音箱配件项目、数控机床项目等12个项目集中签约。

25—30日 陆卫东率队赴台湾地区开展经贸交流及招商活动，先后拜会新竹县县长邱镜淳，台玻集团总裁、实联长宜集团董事长林伯实及新竹县工业会，参观考察台塑集团、台玻集团、台湾中钢集团、台达集团、正美集团等16家台湾知名企业，就相关合作项目进行推进和落实，并分别在台南市和高雄市举办招商推介活动。

26日 县委、县政府召开全县春茧收烘、夏季秸秆双禁、防汛防旱电视电话会议。

27日 顾国标赴开发区、高新区调研外资外贸工作。丁锋、严长江分别参加活动。

△ 商务部市场运行和消费促进司特殊商品处调研组到海安调研茧丝绸产业发展情况。副县长卢忠平参加活动。

△ 县召开安全生产月活动动员大会暨“三防”专项整治工作会议。

28日 顾国标率队赴大公镇和曲塘镇调研外资外贸工作。

△ 全市公共文化服务体系建设现场推进会在海安召开。市文广新局局长、党组书记陈亮，县委常委、宣传部长王炜，副县长杨同标参加活动。

△ 南通军分区副司令员燕殿寿一行到海安，调研基层武装部规范化建设。县委常委、人武部政委陈辉，县人武部部长袁九胜参加活动。

29日 江苏瑞恩电气及全国各地的16家企业新三板集体挂牌仪式在北京金阳大厦全国中小企业股份转让系统隆重举行，瑞恩电气成为海安县第二家在新三板挂牌的企业。顾国标代表瑞恩电气敲响开市宝钟。丁锋出席挂牌仪式。瑞恩电气董事长王良民代表16家集体挂牌企业致辞。

△ 县十五届人大常委会举行第三十次会议。会议听取县政府《关于加快推进教育现代化的议案》办理的实施方案，听取县政府关于人大代表评议人社局整改情况的报告，听取县政府、县法院关于2014年度县人大常委会决议、决定、审议意见执行办理情况的报告。

△ 南通市公共文化服务体系建

设现场推进会在海安县召开。文化部全国公共文化发展中心处长赵保颖受邀作《公共数字文化服务的发展与创新》专题讲座。市文广新局局长、党组书记陈亮出席会议。县委常委、宣传部长王炜致辞。

31日 海安县以电视直播形式召开"三严三实"专题党课暨专题教育部署会。陆卫东为全县党员领导干部上了一堂深刻而生动的专题党课,并对全县"三严三实"专题教育工作做出全面动员和部署。县委副书记、县长顾国标主持会议。孙进基、周宗泉、焦广琪等县四套班子负责人在主会场出席会议。

△德国议员 Uwe Leuschner 和 Karihvon Bismanck 等企业家到海安考察。

6 月

2日 市人大常委会党组书记、副主任黄利金到海安开展接待代表日活动。

3日 县召开5月沿海开发及旅游业发展工作点评会。陆卫东、顾国标、周宗泉、成宾、吉恒明、严长江参加会议。

△ 省政协副秘书长唐立鸣率调研组到海安就《宗教事务管理条例》实施十周年、推动依法管理宗教事务进行调研。市政协副主席杨展里,秘书长朱进,县政协主席周宗泉陪同。

△ 县委书记陆卫东专题调研全县工会工作。

4日 市委常委、政法委书记曹斌到海安调研"公正执法、忠诚为民"主题教育活动和基层社会治理工作。顾国标、焦广琪、盛慧琴、丁锋、葛志祥参加活动。

△ 顾国标赴南莫镇、白甸镇、墩头镇、雅周镇调研。张亚曦、卢忠平、严长江参加活动。

△ 美国佛罗里达州中华商会会长 AnlyLiu 一行到海安,考察物流项目投资环境。丁锋、严长江、杨同标参加活动。

5日 省农机局局长沈建辉,副市长赵闻斌到海安检查夏收夏种工作情况。

△ 海安县第38个物流周暨高新区服务业恳谈会在浙江宁波举行。现场集中签约4个项目,总投资4.5亿元。

6日 顾国标主持召开海安县第十五届人民政府第33次常务会。讨论关于支持机器人产业发展的实施意见、关于加快推进建筑产业现代化促进建筑业转型升级的实施意见、2015年海安县农贸市场升级改造实施方案和扶持政策、关于扶持海安火车站新货场拓展运输业务的政策意见、"智慧海安"(免费公共 Wi-Fi)工作实施方案、海安县免费公共 Wi-Fi 管理暂行办法等11项议题。

△ 观音禅寺在大雄宝殿广场举行恢复开放20周年暨承先楼落成庆典。

7—9日 高考。全县4297名考生走进考场。陆卫东、顾国标、孙进基、周宗泉、翁晓云、葛志祥、朱卫民到省海中考点察看考试情况。

11日 "动车时代、节点城市"海安经济社会发展情况恳谈会在沪举行。陆卫东致辞,顾国标推介海安投资环境。以色列驻上海领事馆总领事伯安伦,以色列驻上海领事馆商务参赞徐俊杰,中国烘焙协会会长、台湾逢甲大学校友会会长、台湾科麦股份有限公司董事长卢壮智,上海市人民企业集团副总裁余顺龙,上海市普陀区商务委员会副主任颜毓,日中经济贸易中心上海事务所所长小林和晓,日本中国银行上海代表处首席代表石井寿和等嘉宾,县领导周宗泉、成宾、丁锋、吉恒明、严长江、杨同标等共360人参加活动。30个项目现场集中签约。

12日 县举办2015年安全生产宣传咨询暨万人签名活动。陆卫东宣布活动开始,顾国标讲话。县领导周宗泉、吉恒明、王锡林、卢忠平、高斌、赵剑波等参加活动。

13日 县委副书记、县长顾国标主持召开海安县第十五届人民政府第34次常务会。讨论县政务中心"三集中三到位"安排方案、海安县供水突发应急预案、关于加强行政审批中介服务机构监督管理工作的意见、海安县县长质量奖管理办法等13项议题。

△ 新疆银隆农业国际合作股份有限公司董事长梁文盈到海安,实地考察在海安投资建设棉花集散中心项目。

15日 县委书记陆卫东召集政府办、发改委、科技局、商务局、上市办、环保局等部门负责人座谈,听取海安与央企对接合作、军民融合发展航空产业、与意大利开展科技合作和产业对接、企业新三板挂牌4个方面工作推进情况以及科技工作完成情况汇报。

16日 市委常委、政法委书记曹斌,市政府党组成员、公安局长陈旭一行到海安调研。陆卫东、顾国标、焦广琪、盛慧琴、丁锋、葛志祥、王平、李平参加活动。

△ 陆卫东、顾国标赴开发区、高新区,现场巡查两区全县前20强重点技改项目。

△ 参加全国水稻钵苗机插现场会的代表到海安县雅周现代农业园考察水稻钵苗育秧及机插现场。全国农技中心主任陈生斗,农业部种植业司副司长潘文博,省农委副主任张坚勇,县委副书记焦广琪,副县长彭为杰、贾韶军参加活动。

17—18日 省发改委党组副书记、副主任赵旻到海安开展"三解三促"基层调研活动。县领导陆卫东、顾国标、孙进基、周宗泉、焦广琪、张亚曦、丁锋、吉恒明、高斌分别参加相关活动。

19日 陆卫东赴曲塘镇开展"三严三实"专题调研。

△ 全县人大代表评议政法机关工作综合意见交办。

△ 县政协主席周宗泉主持召开政协海安县第十三届委员会第27次主席会议。会议协商确定政协十三届十六次常委会议程,协商讨论二季度常委会关于"提升全民法治素养,推进法治海安建设"专题调研报告,协商确定民主评议"城市建设与管理"工作方案,协商确定政协主席会议、党组成员走访企业家委员实施方案,协商通过有关人事事项和政协机关内部管理制度。

△ 华东师范大学副校长孙真荣到海安考察。成宾、卢忠平、杨同标参加活动。

22日 县委书记陆卫东主持召开县委中心组学习会,开展"严以修身"专题第一次集中学习研讨。县四套班子负责人、县人民法院院长、县人民检察院检察长,以及其他县处级干部出席会议。

24日 省发改委经贸处组织省级物流示范园区专家组到海安调研。

25日 陆卫东率队巡查二季度农业农村、基层党建、法治海安、为民服务中心建设情况。县领导焦广琪,李春旺、王炜、成宾、盛慧琴、丁锋、彭为杰、葛志祥等参加活动。

△ 县人大常委会召开第70次主任会议。听取县法院关于人民陪审工作情况的汇报，县政府关于推进蚕桑生产转型升级促进产业化发展情况的汇报；讨论县人大常委会任命的国家工作人员报告履职情况试行办法、建议名单和市人大代表述职计划。

26日 县政协召开第十三届常委会第十六次会议。围绕“提升全民法治要素，推进法治海安建设”进行专题协商讨论；通过常委会建议案；对民主评议“城市建设与管理”进行工作动员；协商通过有关人事事项。

△ 海安县在沪召开电子和机器人产业推介会。上海20多位院校、企业代表，欧洲商业联合促进中心相关负责人，以及10多家涉及装备制造、纺织化纤、电梯制造、电子和机器人等产业的海安企业负责人参加活动。

27日 召开县城区“现代、精致、增绿、便民”工程建设工作会议。陆卫东讲话，顾国标主持会议并就防汛工作做具体部署。

30日 县召开纪念中国共产党成立94周年大会。陆卫东讲话，顾国标宣读县委和县级机关党工委表彰决定，焦广琪主持会议。

△ 全市综治委(办)主任(扩大)会议在海安召开。

△ 县四套班子老领导视察雅周经济社会发展情况。

7 月

1日 海安经济技术开发区与淘金互联网产业股份有限公司签约，合作共建“海安淘金创谷(青年电商创业孵化中心)”。淘金互联网产业股份有限公司董事长王金合，陆卫东、顾国标、严长江参加签约活动。

△ 全县“银政企携手攀新高”——化纤、纺织、丝绸板块银企合作现场对接会召开。

2日 全市政协秘书长联席会议在海安县召开。

4日 县召开编制“十三五”规划和部署改革任务座谈会。陆卫东传达省委书记罗志军在徐州主持召开的苏中苏北八市党委主要负责人座谈会上的讲话精神。张亚曦布置推进新型城镇化有关综合试点第一批重点任务。

5日 海安举行有色金属期货交割库揭牌仪式暨苏中苏北有色金属产业发展恳谈会。中国有色金属加工工业协会副理事长、秘书长章吉林，上海期货交易所有色部总监助理沈忠明，上海铁路局投资中心副总裁陈建宇，南京铁路发展集团总经理江向阳，上海铁路局新长车务段段长王少锋，上海有色金属行业协会副会长、秘书长刘秋丽等领导、嘉宾应邀出席会议。县领导陆卫东、顾国标、周宗泉、卢忠平、严长江、吉传稳参加活动。

7日 陆卫东主持召开座谈会，专题听取研究全县工业、建筑业策应“一带一路”暨建筑产业现代化发展的思路、举措。顾国标、张亚曦、卢忠平参加会议。

△ 浙江省嘉兴市南湖区政协负责人到海安考察。

△ 四川省资阳市市委常委胡锋，资阳市乐至县县委常委、副县长唐勐率考察组到海安考察。

8日 市政协主席王德忠率调研组到海安专题调研社会养老服务业。顾国标、周宗泉、丁锋等参加相关活动。

9日 省安监局副局长喻鸿斌一行到海安，通过开展安全生产专题学习会、召开安全生产工作座谈会等形式，专题调研落实安全生产“两个责任”工作情况。陆卫东参加活动并讲话。顾国标、孙进基、周宗泉等参加活动。

△ 陆卫东率队视察到海安城区“现代、精致、增绿、便民”工程。

△ 省沿海办主任、发展改革委副主任林一峰率队到海安滨海新区开展“三解三促”调研活动。

△ 安徽省广德县县委副书记何田，县委常委、常务副县长李斌，副县长、新杭镇党委书记陈兴松一行到海安考察。

△ 到海安参加全省农发行信贷业务发展推进会的省农发行行长丁伟及与会人员集中参观考察鑫缘工业园和高新区光华花苑。陆卫东、顾国标、张亚曦、丁锋参加活动。

10日 全省农发行信贷业务发展推进会在海安召开。省农发行行长丁伟，副行长周桂娟、王明出席会议。陆卫东、顾国标参加活动。

△ 南京市海安商会第三次筹备会在海安召开。省政府参事刘立仁，南京市工商联(总商会)巡视员纪建军，县政协主席周宗泉，南京市委党校常务副校长陈华，南京市司法局律师管理处处长纪正中，省质量监督局处长顾正勤，南京工业大学生物与制药工程学院党委书记缪昌美等在宁的海安籍人士应邀出席会议。

11日 县召开2015年征兵工作会议。县委副书记、县长、县征兵领导小组组长顾国标，县委常委、人武部政委、县征兵领导小组副组长陈辉，副县长、县公安局局长、县征兵领导小组副组长葛志祥参加会议。

12日 第三届中国国际积极心理学大会幸福家庭海安论坛开幕。全国人大常委会委员、内务司法委员会副主任委员、中国儿童少年基金会副理事长陈秀榕，省妇联副主席常胜梅，县委书记陆卫东，县委副书记、县长顾国标，县政协主席周宗泉，县委常委、宣传部长王炜，副县长翁晓云，积极心理学创始人之一马丁·塞利格曼等积极心理学界著名专家学者、心理学从业人员参加活动。中国儿童少年基金会副秘书长朱锡生主持活动。

13日 顾国标召集社会事业口相关部门负责人召开座谈会，听取上半年海安教育、卫生和计划生育、文化广电新闻出版、人力资源和社会保障、档案、史志、民族宗教、职业教育等工作情况汇报，研究部署推进下半年工作的思路、举措。张亚曦、翁晓云参加会议。

△ 清华大学心理学系幸福科技实验室揭牌仪式在海安举行。县委常委、宣传部长王炜参加活动。清华大学积极心理学研究中心办公室主任、北京积极心理学协会副秘书长赵昱鲲和开发区党工委委员、管委会副主任王荣贵为清华大学心理学系幸福科技海安实验室揭牌。仪式结束后，赵昱鲲、河南省焦作市妇联副主席宋萍、山东省夏津县妇联主席张胜利、浙江华侨教育集团董事长裴秀敏分别作主题报告。

14日 顾国标召集农口相关部门负责人召开座谈会，听取上半年县农业农村工作情况汇报，研究部署下半年工作目标、打算。彭为杰参加会议。

△ 海安—同济大学产学研合作暨产业招商洽谈会在同济大学举行。县委常委吉恒明参加活动。

15日 县委书记陆卫东主持召开十二届县委常委会第52次会议。会议传达省委书记罗志军在省委常委会和省委中心组学习会上的讲话精神，听取半年度安全生产工作汇报；讨论海安县党的纪律检查体制改革实施方案，海安县落实党风廉政建设党委主体责任、纪委监督责任考评办法(试行)；讨论中共海安县委关于落实党风廉政建设党委主体责任、纪委监督责任问责暂行办法(试行)；讨论研究其他事项。

△ 海安县电网规划建设战略合作框架协议洽谈会召开。县政府与南通供电公司签订海安县电网规划建设项目战略合作框架协议。陆卫东致辞。顾国标和南通供电公司总经理许志龙、党委书记沈华等出席活动。

△ 南京中医药大学翰林学院海安附属医院签约暨授牌仪式在海安举行，这标志着县中医院正式成为南京中医药大学翰林学院附属医院。双方签署《南京中医药大学翰林学院与海安县中医院建立附属医院关系协议书》。

16日 省委常委、省军区政委曹德信到海安调研民兵工作情况，参观角斜“红旗民兵团”史绩陈列馆，听取海安县基本情况、角斜“红旗民兵团”发展概况介绍。市委常委、南通军分区政委苏西群，南通军分区司令员徐国安，县领导陆卫东、成宾、陈辉、葛志祥参加活动。

△ 海安举行鑫缘集团—江苏科技大学实习实践就业创业基地签约与揭牌仪式。

18日 召开上半年党的建设、党风廉政建设、精神文明建设、法治海安建设现场观摩会。陆卫东率队观摩并发表讲话。

20日 省委常委、宣传部部长王燕文到海安开展“三严三实”专题教育调研。市委书记丁大卫，市委副书记陈斌，市委常委、秘书长黄巍东，市委常委、宣传部部长章树山，县委书记陆卫东，县委副书记、县长顾国标，县委副书记焦广琪，县委常委、宣传部部长王炜，县委常委、高新区党工委书记、海安镇党委书记丁锋等参加活动。

21日 县召开“三严三实”专题自我剖析会推进会，对开好党员领导干部专题自我剖析会进行具体安排。县委常委、组织部长成宾参加会议。

22日 上海铁路局海安物流基地暨甘肃国际陆港华东物流基地正式运营启动仪式在江苏海安商贸物流园举行。上海铁路局南京货运中心副主任黄海涛，上海铁路局南京铁路发展集团总经理江向阳，上海铁路局新长车务段段长王少锋，上海铁路局新长车务段党委书记孙革红，甘肃国际陆港集团副总裁、国际贸易事业部总经理蔡清松，甘肃国际陆港集团副总裁、物流事业部总经理杨宇，上海铁路局南京铁路发展集团副总经理刘伟应邀出席活动。县委书记陆卫东致辞。县委副书记、县长顾国标主持仪式。县人大常委会主任孙进基，县政协主席周宗泉等县领导，以及国际铁路货代企业、通泰盐地区铁路适运货物发运内外贸企业、海安地方运输企业的230多名来宾参加活动。

△ 上海铁路局海安物流基地暨甘肃国际陆港华东物流基地业务推介会在王府邦瑞举行，30家企业与“两基地”签订战略合作协议。

△ 山西省曲沃县县委副书记、县长郭惠勇，县委常委、常务副县长程世杰一行到海安考察。

22—23日 省残联副理事长蔡振康一行到海安县调研检查残疾人工作。

23日 县召开产业集群培育工作会议，总结上半年产业集群培育工作完成情况，研究部署下一阶段工作。顾国标出席会议并讲话，卢忠平主持会议。

24日 龙卷风突袭海安，曲塘、海安、大公3镇7个村不同程度受灾。灾害发生后，县委常委、常务副县长张亚曦组织召开龙卷风灾后抢险救灾紧急会议。

25日 县举行“宏观经济形势”暨“一带一路”战略专题报告会。国务院发展研究中心对外经济研究部部长赵晋平、国务院发展研究中心市场经济研究所所长任兴洲应邀分别作“一带一路”战略、宏观经济形势专题报告。陆卫东主持报告会。

△ 海安举行县委常委议军会暨“军事一日”活动。

△ 高新区服务业经济暨输变电发展专题恳谈会在上海举行。

26日 昆山台协代表团到海安考察。昆山台协会会长、耀马车业(中国)有限公司董事长李邦欣，骅升集团科技股份有限公司董事长陈宏钦，县领导陆卫东、顾国标、周宗泉、丁锋、严长江、贾韶军，县人民检察院检察长李平参加活动。台商企业骅升集团科技股份有限公司与高新区签约，在高新区投资5000万美元，建设汽车电子组件项目。

28日 县十五届人大常委会举行第三十一次会议。听取和审议县人民政府关于上半年国民经济和社会发展计划执行情况的报告、关于上半年财政预算执行情况的报告、关于同级财政审计情况的报告；审查批准2014年度县本级财政决算；批准2015年地方政府债券置换存量债务额度纳入预算管理；通过县人大常委会任命工作人员报告履职情况的暂行办法和有关人事任免。

29日 中共海安县委十二届八次全体会议在行政中心报告厅举行。县委书记陆卫东代表县委常委会作题为《抢抓“一带一路”战略机遇，全面推进重点领域改革，奋力推动海安经济社会发展迈上新台阶》的工作报告。全会审议通过《中国共产党海安县第十二届委员会第八次全体会议决议》，并举行二季度单项流动杯、综合优胜杯授杯仪式。县委副书记、县长顾国标作会议小结，对防汛防洪防灾害、安全生产、政务中心搬迁、“十三五”规划编制等具体工作进行部署。各区镇和县级机关各部门设分会场。

30日 县委书记陆卫东主持召开县委常委班子“三严三实”专题教育自我剖析会。陆卫东通报县四套班子前期围绕“四个对照”要求广泛征求的49条意见。县委常委班子成员进行交流发言。

31日 陆卫东深入基层，专程看望慰问高温一线的企业职工、火车站工程建设者等，为他们送去防暑降温物品。

△ 顾国标深入县人武部、消防大队、武警海安中队等单位，亲切看望并慰问驻海部队官兵，向他们致以“八一”建军节的问候和崇高的敬意。

8 月

1日 顾国标主持召开县政府领导班子“三严三实”专题自我剖析会。

3日 中航机电系统有限公司副总经理李兵一行到海安县考察投资环境。

4日 县人大常委会邀请省人大财经委委员、预算工委副主任吕小鹏就新预算法作专题知识讲座。

△ 欧洲商业联合促进中心暨意大利西普若公司到海安考察。

5日 淮安市委常委、政法委书记张亚青率淮安市政法考察团到海安考察。市委常委、政法委书记曹斌，市委政法委副书记、综治办主任焦广琪，县领导陆卫东、盛慧琴、葛志祥参加活动。

6日 县委县政府召开全县企业上市、机器人和锦纶产业推进会。

△ 县委书记陆卫东赴天成集团调研。

△ 海安淘金创谷“互联网+”系列活动之首届“互联网+大众创业”高峰论坛在王府邦瑞大酒店举行。中国电子商务协会副理事长张云飞参加活动。县委常委吉恒明主持论坛。副县长严长江致辞。东南大学教授高长春、淘金集团董事长王金合围绕“互联网+创业创新发展新思考”和“互联网+大众创业”作主题演讲。海安淘金创谷作项目推介。

7日 全县开放型经济暨招商引资工作点评推进会在县行政中心举行。陆卫东讲话，顾国标总结点评上半年工作情况，部署下半年工作。

△ 海安县举行复旦大学附属中山医院与县人民医院医疗协作签约仪式。

8日 县召开党风廉政建设专题报告会。中国社会科学院监察局副局长、中国廉政研究中心副秘书长、副研究员、法学博士高波应邀作题为“把纪律挺到全面从严治党最前沿”专题讲座。陆卫东主持报告会。

△ 蒋家沙300兆瓦海上风电项目开工仪式在滨海新区举行。江苏海上龙源风力发电有限公司总经理、党委副书记、龙源海安海上风电项目筹建处主任张钢，江苏海上龙源风力发电有限公司党委书记、副总经理刘洪等应邀出席活动。陆卫东宣布项目开工。成宾主持活动。顾国标、孙进基、周宗泉、卢忠平、严长江参加活动。

△ 南京市工商联海安商会成立。

△ 县在新世纪广场举行“预防职务犯罪邮路”启动暨《包公》邮票首发仪式。

10日 市交通运输局局长周跃华率调研组到海安进行“十三五”综合交通运输体系发展专题调研。陆卫东、顾国标、张亚曦、翁晓云参加活动。

△ 全省渔业安全监管暨渔业水上搜救业务研讨会在海安县召开。

11日 省产业技术研究院项目经理、中科院常州先进所常务副所长骆敏舟一行到海安调研。

11—12日 县委副书记、县长顾国标调研开发区、高新区、墩头镇、曲塘镇部分重点企业和在建项目前7个月运行发展情况，协调解决企业发展过程中遇到的有关问题。丁锋、卢忠平参加活动。

12日 燕山大学与海安县锻压机械企业开展产学研对接活动。

13日 召开海安县总商会联合党委成立大会。

14日 省九届政协副主席、省“三会”(省工业经济联合会、省企业联合会、省企业家协会)会长吴冬华，省委组织部原常务副部长、省“三会”执行副会长柯广坚率领省“三会”考察组一行到海安考察机器人产业及其他亮点企业。

△ 南京航空航天大学机电学院院长、博士生导师朱如鹏教授等专家、学者一行8人，到高新区开展产学研对接交流洽谈。

15日 中央党校党建部副主任、博士生导师张志明教授率调研组到海安调研党建工作。陆卫东介绍县经济社会发展基本情况以及基层服务型党组织建设有关情况。

△ 陆卫东、顾国标调研县城“两翼区”重点区域防洪治理工作和雅周现代农业园区发展情况。

△ 省粮食局局长、党组书记陈杰到海安开展“三解三促”活动。

16日 顾国标主持召开县第十五届人民政府第35次常务会。讨论关于调整县机关事业单位职工住房公积金缴费基数问题，县商品房交付使用和县保障性住房专项资金管理方法，县城市河道环境综合整治方案，县畜禽粪便收运组织设施设备购置及运行奖补暂行办法，关于实行生态安葬补助的办法，以及关于实施城乡基准地价更新成果、关于调整(核定)海安镇海北幼儿园等6所公办幼儿园保育教育费收费标准、关于给获评首届“海安最美警察”10人记个人三等功奖励、关于县人民医院更新购置救护车的请示等10项议题。

17日 陆卫东调研文化建设迈上新台阶及全国文明城市创建工作。

△ 市人大常委会副主任程静率队到海安调研基层医疗卫生服务体系建设情况。县人大常委会党组副书记、副主任张佳生，副县长翁晓云参加活动。

△ 中国化学纤维工业协会副会长赵向东一行到海安就海安县创建国家锦纶差别化生产示范基地进行评审。

△ 副县长严长江检查化工企业危险化学品专项整治情况。

18日 由国能电联新能源汽车有限公司、浙江广马汽车有限公司、黑石投资股份有限公司等企业高管组成的新能源汽车及奔驰柴油发动机项目客商考察团到海安考察。

△ 吉利控股集团副总裁毛勇一行到海安考察。

19日 省发展改革委财金处处长周金刚、省沿海办规划处处长王荣飞率省债券发行审核专家到海安，就“一带一路”(江苏南通)建设集合债券申报工作进行现场办公。

20日 上海铁路局价格管理处处长史德耀到海安考察，就海安铁路新货场业务拓展事项进行对接商谈。

△ 海安县文化旅游走进上海社区宣传与招商推介会在上海杨浦区延吉街道举行。上海市杨浦区旅游局副局长陈志杰，上海市杨浦区延吉街道办事处副主任杨梅，上海市政府12345市民服务热线管理办公室主任邓友忠参加活动。

23日 海安举办“县长质量奖”高层培训班。

24日 县慈善会发放2015“情暖学子”助学款，发放善款250多万元，400多名大学生、150多名高中生、150多名初中生得到资助。

24—26日 应县市场监督管理局

邀请，欧洲商业联合促进中心到海安考察。

25 日 陆卫东、顾国标率队观摩全县重大技改项目。

△ 由台资企业苏州华斯雷奇机器人科技有限公司投资的机器人项目落户开发区。县委书记陆卫东，县政协主席周宗泉，苏州华斯雷奇机器人科技有限公司董事长黄坤荣出席签约仪式。

△ 国务院发展研究中心市场经济研究所所长任兴洲一行到海安，就保障房和棚户区改造开展调研。

△ 海安县招商骨干能力提升高级培训班在上海交通大学开班。全县 56 名招商骨干参加开班仪式。

△ 北京科技大学材料科学与工程学院副院长刘雪峰、王鲁宁率教授团到海安开展产学研对接交流

△ 河海大学技术转移中心海安分中心正式落户高新区。副县长高斌，河海大学机电工程学院党委书记杨春伟为分中心揭牌。

26 日 省编办主任俞军到海安调研。

△ 顾国标召集商务局、发改委、政务服务中心等部门负责人召开会议，专题听取开放型经济、招商引资、项目审核、服务业发展、项目建设等工作情况汇报。

△ 全县“银政企携手攀新高”行动——西北片银企项目对接会召开。瑞仁建材、宏博机械、利而迅玻纤等 8 家企业与县农商行、江苏银行、工商银行、中国银行 4 家银行进行现场对接签约，共获授信 2.21 亿元。

27 日 副市长朱晋、市政协副主席杨展里到海安调研“建好用好农村文化设施助推新型城镇化发展”提案在基层办理情况。

28 日 上海铁路局海安物流基地汽车班列首发仪式在江苏海安商贸物流园举行。中铁特货运输公司上海分公司总经理顾光明、上海铁路局新长车务段段长王少锋、上海铁路局南京货运中心党委书记邬志征、上海铁路局新长车务段党委书记孙革红、轿铁物流上海有限公司总经理官平常应邀出席活动。县委书记陆卫东致辞。顾国标、孙进基、周宗泉等县领导参加活动。

△ 召开县人大常委会第 76 次主任会议。听取县政府关于贯彻执行安全生产法情况的汇报，关于卫生信息化情况的汇报和关于完善城市公交运行体系情况的汇报；讨论确定专题询问议题，讨论常委会任命人员报告履职情况方案。

△ 淮安市市委副书记练月琴、副市长赵洪权率考察团到海安参观考察中洋集团。市委常委秦厚德，副市长单晓鸣，县委常委、组织部部长成宾，副县长彭为杰参加活动。

29 日 县委副书记、县长顾国标率队开展安全检查。副县长、县公安局局长葛志祥等参加活动。

31 日 县举行海安人民抗日斗争史迹展陈暨抗战老战士图片展活动。陆卫东致辞。孙进基、周宗泉等县四套班子负责人出席活动，看望出席活动的新四军抗战老战士代表。县委常委、宣传部部长王炜主持活动。

△ 电影《韩国钧》在海安举行故乡首映式。

△ 县举行“同唱抗战歌　传承爱国情”县级机关纪念抗战胜利 70 周年歌咏比赛。

△ 县举行《海安抗日斗争史料》首发仪式。

△ 县委常委、常务副县长张亚曦率队开展安全检查。

8 月 31 日—9 月 6 日 顾国标率招商代表团赴台湾开展考察交流、宣传推介、招商引资活动，先后考察 20 家企业，拜访 60 多位知名台商。

9　月

1 日 县召开创建省优秀管理城市推进大会。陆卫东出席会议并讲话。县领导李春旺、王炜、丁锋参加会议。张亚曦主持会议。

2 日 召开全县服务业(电子商务、新兴服务业)暨全产业链发展重点工作月度点评会。陆卫东到会讲话。

4 日 县召开水稻穗期病虫防治暨蚕桑生产“双防双保”工作会议。

6 日 县召开推动文化建设迈上新台阶工作会议。

△ 市委组织部常务副部长、市编办主任黄卫成率市“三严三实”专题教育调研检查组到海安检查“三严三实”专题教育开展情况。

8 日 市“六五”普法考核验收组到海安，考核验收海安县“六五”普法工作。

△ 顾国标调研县深化医药卫生体制改革工作。

△ 县召开“十二五”人口和计划生育目标管理责任制终期评估及人口协调发展先进县创建工作推进会。

8—9 日 顾国标率队走访调研鑫缘集团、天楹集团、联发集团、鹰球集团和天成集团等重点企业前 8 个月的运行情况和今后的发展计划，现场协调解决企业发展中遇到的有关问题。丁锋参加活动。

9 日 市政协主席王德忠，市委常委、组织部部长张兆江，市政协秘书长朱进一行到海安开展教师节慰问活动。

△ 举行 2015 年欢送新兵入伍大会。县领导顾国标、陈辉、葛志祥参加活动。

10 日 海安县假座北京国际会议中心举行“动车时代、节点城市”海安经济社会发展情况恳谈会。中科院院士、中科院地理科学与资源研究所副所长、博士生导师周成虎，意大利对外贸易委员会驻中国办事处副代表费立波，日中经济贸易中心中国总代表田渊真次，北京矿冶研究总院总会计师刘显清，中国长江三峡集团国际投资有限公司总经理陆国俊等 300 多位嘉宾应邀出席。陆卫东致辞。顾国标推介海安县投资环境。

△ 海安高新区与中国纺织科学研究院合作共建中纺院(海安)纤维新材料产业技术研究院签约仪式在北京国际会议中心举行。中国纺织科学研究院院长赵强、副院长李鑫，县领导陆卫东、顾国标、成宾、吉恒明、张佳生、卢忠平、严长江出席活动。丁锋主持签约仪式。

10—12 日 韩国庆南机器人投资财团团长、庆南机器人企业协会会长金玄珠带领可罗爱(株)、三精系统(株)、SP 系统(株)等 3 家韩国机器人企业负责人到海安考察机器人产业发展情况。

12 日 农业部副部长于康震、农业部渔业渔政管理局副局长李书民等到海安调研现代渔业生产情况。省政府副秘书长杨根平、省海洋与渔业局副局长沈毅、市委常委秦厚德、副市长赵闻斌等陪

同调研。

△ 顾国标主持召开县第十五届人民政府第36次常务会。讨论关于深入推进依法行政加快建设法治政府的意见、建立海安县农村产权交易平台的请示、进一步推进社会养老服务体系建设加快养老服务业发展的实施意见、加强留守儿童社会关爱工作落实困境儿童分类保障制度的实施意见、调整社会保险缴费基数的请示、第二批三级重大隐患挂牌督办整改的请示、为“公正执法、忠诚为民”主题教育活动中表现突出的9名优秀干警记功的请示、海安县执法和专用车辆更换（添置）申请等8项议题。

△ 县召开安全生产工作紧急会议。

13日 南通理工学院海安校区开工典礼在开发区上湖新城举行。南通市原副市长、南通理工学院名誉校长季金虎，南通理工学院董事长陈明宇，南通理工学院校长、党委书记王宝根，县领导陆卫东、顾国标、周宗泉、张亚曦、肖正明、翁晓云等参加活动。

△ 水利部第九稽查督察组组长、中国水利水电科学研究院副院长贾金生率稽查组到海安开展农村饮水安全工程稽查工作。省水利厅农水处处长蔡勇，市水利局局长刘新华，副县长彭为杰、贾韶军参加活动。

14日 顾国标率队赴南通学习“智慧交通”建设情况

15日 市委书记丁大卫到海安县南莫、白甸、墩头3个镇，专题调研“十三五”推进新型城镇化和城乡发展一体化工作。县长顾国标陪同调研并汇报相关工作情况。

△ 市政协主席王德忠率队到海安，专题调研协商“优化资源配置，加快中心镇建设”工作。县领导周宗泉、张亚曦、杨同标、吉传稳参加活动。

16日 海安县召开华南理工大学——南通中菱绝缘材料有限公司产学研合作洽谈会。县领导成宾、陈辉等参加。

16—17日 彭为杰率队赴苏北部分市县参观学习农产品电商及现代农业园区建设。

16—18日 省卫计委三级医院评审专家组到海安，对县人民医院进行三级综合医院现场评审。

17日 顾国标率队调研鹏飞集团、康桥油脂两家重点企业前8个月发展运行情况和下一阶段目标、打算，协调解决企业发展过程中遇到的相关问题。

△ 县委、县政府召开全县政法系统“公正执法　忠诚为民”主题教育活动总结大会。顾国标讲话，葛志祥主持会议。

△ 意大利曼托瓦省省长亚历山大·巴斯达奇一行到海安考察。

18日 广西环江毛南族自治县政协主席谭勉率教育考察团到海安考察交流。

19日 黑龙江省鸡西市市委书记康志文率考察团到海安考察。鸡西市所属密山市市委书记周春雁，县领导顾国标、孙进基、周宗泉等参加活动。

20日 2015中国南通江海国际旅游节海安之行活动举行。市委常委、宣传部长章树山，副市长单晓鸣，县委副书记、县长顾国标，县政协主席周宗泉，副县长严长江等参加活动。嘉宾们参观考察中洋河豚庄园的长江珍稀鱼类养殖和中洋豪生大酒店，观看宣传片《品味海安》和风情海安地方民俗歌舞展演。

△ 2015中国·海安“东部家具杯”环滨海新区自行车公路赛在老坝港滨海新区产业园成功举办。省自行车运动协会副秘书长晏勇，市体育局副局长姜海泉，县领导成宾、翁晓云、葛志祥、赵剑波参加活动。来自全国各地的253名业余自行车爱好者参加比赛。中央电视台、江苏广播电视台、江苏人民广播电台、《新华日报》《扬子晚报》、新华网、《南通日报》等10多家知名媒体报道活动。

21日 周宗泉主持召开政协海安县第十三届委员会第二十九次主席会议。协商讨论城市建设与管理民主评议报告；协商通过政协十三届十七次常委会议程（草案）；协商讨论《2015年县政协机关工作人员考核办法》；讨论2016年政协全会建言献策选题方案及有关奖励办法。

22日 张亚曦带队督查城建重点工程推进情况。

23日 举行《海安县志（1993—2008）》首发式。

24日 县举行海晟慧谷项目首批入园企业签约仪式。县领导王炜、翁晓云，上海晟峰集团执行总裁黄韶波，宁波国骅集团总裁、执行董事丁路等参加活动。

25日 县委副书记、县长顾国标调研华艺集团。

26日 县委、政府领导专题听取中国科学院地理科学与资源研究所专家组对《海安县国家中小城市综合改革试点方案》和《海安县国民经济和社会发展“十三五”规划纲要》编制情况的汇报。中科院院士、中科院地理科学与资源研究所副所长周成虎、中科院可持续发展研究中心主任樊杰，县领导陆卫东、顾国标、周宗泉、王炜、成宾、盛慧琴、张亚曦、丁锋、肖正明、彭为杰、翁晓云、葛志祥参加活动。

28日 县组织收看收听全省领导干部警示教育、全市“三严三实”警示教育电视电话会议。县四套班子领导集中收看收听会议。

△ 成宾对裕丰公司、兰波公司和忠仁公司三大生产项目进行安全生产专项检查。

29日 海安县首届“最美警察”颁奖典礼暨第八届警察文化节闭幕式在海中体艺馆举行。县领导顾国标、李春旺、王炜、成宾、盛慧琴、章曙东、葛志祥、吉传稳出席活动，并为白明和、花艳等10位“最美警察”获得者和张增官、陆华凯等10名“最美警察”提名奖获得者颁奖。

△ 县十五届人大常委会召开第33次会议。听取和审议县政府关于加快推进城镇化建设情况的报告，关于加强农村灌溉车口改造与管理情况的报告，关于养老服务体系建设情况的报告；通报《海安县相对集中行政许可权试点方案》。会议听取县人大常委会任命的10名县政府组成人员、两名法院副院长、两名检察院副检察长履职情况报告，并进行满意度测评，当场公布测评结果。会议决定接受王锡林辞去县人大常委会副主任职务的请求。

△ 县政协召开第十三届常委会第17次会议。会议通报对城市建设与管理民主评议工作情况；布置县政协四季度

主要工作;传达有关人事事项文件精神。

30日 国家法定的第二个烈士纪念日。县举行烈士公祭活动。

10 月

1日 东部全球家具博览中心举行开业庆典。中国家具协会副理事长陈宝光,副市长单晓鸣,省家具协会执行会长冯建华,县领导陆卫东、顾国标、孙进基、周宗泉等参加开业庆典,并共同为东部全球家具博览中心启动开业球。

5日 陆卫东主持召开海安县"十三五"规划编制工作汇报会。听取新型工业化、服务业物流产业、企业上市、开放型经济、旅游业、大交通、城乡公共交通、土地利用、城乡建设、智慧城市、电网发展、建筑业发展、环境保护及生态文明建设、安全生产、食品药品保障、企业质量和品牌建设、城市管理现代化建设、法治海安建设、深化户籍制度改革等37项发展规划的汇报。顾国标、孙进基、周宗泉等县四套班子负责人参加会议。

9日 县委副书记、县长顾国标召集相关部门和区镇召开锦纶新材料产业园现场推进会,专题听取全县锦纶新材料产业发展情况汇报,现场协调解决相关问题。

△ 海安县"中国产学研合作创新示范基地"通过验收。

10日 县召开外贸稳增长会议。

12日 海安县第十一届法治文化节开幕。司法部法制宣传司副巡视员刘宪国,省委政法委副书记侍鹏,省司法厅副厅长张光东,市委常委、政法委书记曹斌出席活动并分别讲话。顾国标在开幕式上致辞。县领导王炜、盛慧琴、翁晓云、葛志祥、吉传稳参加活动。法治文化节以"德法同行快乐成长"为主题,开展青少年法治系列活动。

△ 省人大常委会副主任史和平率队到海安调研县镇人大工作。市人大常委会副主任王向红陪同调研。顾国标介绍海安县经济社会发展基本情况、县委支持人大工作相关情况以及县"十三五"规划编制情况。县人大常委会主任孙进基介绍海安县镇人大工作情况。

12—13日 全国总工会集体合同部部长张建国到海安就和谐劳动关系创建、工资集体协商等工作进行专题调研。

13日 省委宣传部副部长、省网信办主任蔡丽新一行到海安调研。市委常委、宣传部部长章树山,市委宣传部常务副部长陈慧宇,县领导顾国标、王炜参加活动。

△ 顾国标召集商务局、发改委、政务服务中心等部门负责人,专题听取开放型经济、服务业发展、招商引资、项目建设、项目审核等工作情况汇报。

14日 海安县在北京国际会议中心举行"中国建筑之乡海安策应'一带一路'战略座谈会"。陆卫东致辞,顾国标主持座谈会。县领导孙进基、周宗泉、李春旺、张亚曦、吉恒明等,中国对外工程承包商会会长房秋晨,建筑业协会以及部分央企、国企和知名建筑企业的老总参加座谈会。

△ 南京理工大学继续教育学院海安分院揭牌仪式在海安职教园区举行。

14—15日 农业部科教司副巡视员杨礼胜率队到海安开展专题督查调研。

15日 副市长赵闻斌率队到海安调研扶贫开发工作情况。

15—17日 顾国标率队到苏中建设集团总承包的河北省固安环秀园项目、天津南益·名士华庭5号地项目、内蒙古防疫站改造项目等施工工地视察指导,看望、慰问施工一线的干部和职工。李春旺、张亚曦参加活动。

16日 市沿海前沿地区开发项目推进观摩点评会在老坝港滨海新区召开。市人大常委会副主任施建中,副市长单晓鸣,市政协副主席陈德新,县领导成宾、肖正明、翁晓云、储开泉参加会议。

△ 新疆木垒哈萨克自治县县委书记李绍海到海安考察。县委常委、组织部长成宾参加活动。

16—19日 第四届江苏省健身气功新功法交流比赛在海安举行。

17日 由江苏大学主办的中国网络科学峰会——"2015网络科学未来发展方向研讨会"在海安县召开。教育部长江学者奖励计划特聘教授、国家杰出青年科学基金获得者、上海交通大学致远学院常务副院长汪小帆主持会议。中国科学技术大学教授、博士生导师汪秉宏,省能源战略研究中心主任、南京师范大学副校长、教授、博士生导师田立新,国家杰出青年科学基金获得者、中国科学院"百人计划"入选者、研究员、博士生导师吕金虎,武汉大学数学与统计学院教授、博士生导师、武汉大学复杂网络研究中心副主任陆君安等参加研讨会。

△ 德国、瑞士、波兰、乌克兰等13个"丝路"沿线国家的38位外国友人到海安,寻访历史文化遗存,并与海安市民交流互动。

19日 由省民协、工美协,市民协、工美协,县委宣传部、文广新局、宗教局、文联联合主办的扎染艺术壁画《海会胜境》画稿研讨会在海安县举行。

20日 顾国标在武汉与中国铁路工程总公司第四勘探设计院集团有限公司董事长、院长蒋再秋签署《海安县人民政府与中国铁路工程总公司第四勘探设计院集团有限公司开展战略和技术合作框架协议》。

20—21日 省政府法制办副主任高建新到海安开展"三解三促"调研活动,听取了解县行政机关行政诉讼应诉工作情况以及对应诉工作的建议。

21日 顾国标、孙进基、丁锋、吉传稳等分别开展重阳节慰问活动。

22日 全市基层慈善组织建设推进会在海安县召开。市政协主席、市慈善总会会长王德忠,副市长赵闻斌,县领导顾国标、彭为杰、贾韶军等参加活动。

△ 扬州海关关长李存勇、南通海关关长方柏坚、仪征市副市长崔学峰一行到海安考察交流。

23日 顾国标主持召开海安县第十五届人民政府第37次常务会。讨论县"12345"政府公共服务平台建设实施方案、县农村小额投资工程建设项目管理意见、关于调整县住房补贴标准的请示、县市政公用基础设施建设审批管理暂行办法等7项议题。

25日 中国商飞上海飞机设计研究院鸟撞试验基地揭牌仪式在铁锚玻璃新厂区举行。中国商飞上海飞机设计研究院副院长韩克岑、江苏大学副校长程晓农、西北工业大学航空学院副院长李栋等嘉宾出席揭牌仪式。顾国标致辞,丁锋主持活动。

26日 县人大常委会召开第80次

主任会议，听取县政府关于海政〔2015〕125号将海安大鼎农业开发投资有限公司向江苏银行贷款本息列入财政预算议案的情况汇报，县政府关于网络安全管理情况汇报，县政府关于加快产业重大项目建设情况汇报，县政府关于生态文明建设清水工程实施情况汇报，县政府关于海安县幸福家庭创建情况汇报；讨论确定2015年为民办实事工程专题询问实施方案。

△ 台资金属制网项目成功签约落户高新区高科技创业园。台湾佶立制网实业有限公司董事长郭建和，县委副书记、县长顾国标，县委常委、高新区党工委书记、海安镇党委书记丁锋出席并见证签约。

△ 江苏工业4.0技术研究所筹备组发起人、中科院常州中心主任骆敏舟等一行4人到海安考察省地共建产业技术研究所事宜。

27日 市委常委秦厚德到海安，专题调研曲塘镇普豪生物发电项目及同一乡镇范围内村庄建设用地布局调整试点情况。

29日 副市长赵闻斌到海安检查秋收秋种工作情况。副县长彭为杰参加活动。

30日 县召开“银政企携手攀新高”行动电子、电梯、节能环保板块银企合作对接会。

△ 海安县在同济大学开展汽车产业产学研推介活动。同济大学副校长吕培明，县人大副主任章曙东等参加活动。

31日 县召开推动文化建设迈上新台阶工作会议。陆卫东、顾国标分别讲话。

△ 陆卫东主持召开十二届县委常委会第55次会议。讨论城市河道环境综合整治工作方案，“12345”政府公共服务平台建设实施方案，关于建立农村产权交易平台的请示，财政专项转移支付整合资金管理暂行办法以及《关于进一步推进社会养老服务体系建设，加快养老服务业发展的实施意见》；传达全省县乡人大工作和建设座谈会暨省人大常委会副主任史和平到海安调研指示精神，及全市人大主任座谈会精神；听取《海安县相对集中行政许可权改革试点方案》内容汇报；讨论关于为“公正执法、忠诚为民”主题教育活动中遴选的9名政法干警记功的决定。

△ 县召开深化医疗卫生体制改革工作会议。陆卫东、顾国标、张亚曦等参加会议。

△ 全县相对集中行政许可权改革试点工作动员大会召开。陆卫东、顾国标、周宗泉、张亚曦参加会议。

△ 县行政审批局正式挂牌。陆卫东、顾国标共同为该局揭牌。

11 月

3日 浙江省嘉兴市政协副主席、九三学社嘉兴市委主委马玉华一行到海安考察抗战遗址保护及文史资料利用情况。

△ 顾国标主持召开座谈会，围绕市委“十三五”规划建议(征求意见稿)征求社会各界意见。孙进基、周宗泉等参加座谈。

4日 省级机关工委副书记、机关党委书记李新平率队到海安调研机关党建工作。市级机关工委书记王斌，县委常委、组织部部长成宾等参加活动。

△ 县召开禁毒工作会议。盛慧琴、葛志祥等参加。

5—6日 全省2014年度农业综合开发项目验收整改工作座谈会(苏南、苏中片)在海安县召开。省农业资源开发局副巡视员张学平，副市长赵闻斌，副县长彭为杰、贾韶军等参加活动。

6日 周宗泉带队调研海安县机器人产业发展情况。

7日 顾国标召集政务服务中心、司法、教育、民政、人社、住建、水利、财政、环保等相关部门单位召开会议，听取2015年15件民生实事工程进展、存在问题、下一阶段打算以及2016年为民办实事征集准备等情况汇报，并就加快实施民生实事工程、确保完成年度目标任务提出具体要求。

9日 陆卫东主持召开“十三五”规划编制工作汇报会，讨论研究县“十三五”规划纲要以及相关专项规划编制工作。顾国标、孙进基、周宗泉等县四套班子负责人参加活动。

10日 陆卫东带队调研开发区、高新区企业科技创新项目运行发展情况。县领导丁锋、吉恒明、卢忠平等参加活动。

11日 陆卫东、顾国标率队调研图书馆工作。

△ 顾国标带领城建部门负责人调研拟定的2016年部分城建重点工程。

△ 县人大常委会主任孙进基，党组副书记、副主任张佳生，副主任章曙东及部分人大代表视察2015年民生实事项目。县委常委、高新区党工委书记丁锋，副县长高斌参加活动。

△ 省委办公厅副主任顾俊率队到海安开展“三解三促”活动，调研县经济社会发展情况。县领导成宾、吉恒明参加活动。

12日 “动车时代、节点城市”第九届青墩文化艺术节暨中国·海安2015金秋经贸洽谈会在王府邦瑞大酒店举行。市人大常委会副主任施建中，副市长孙建华，市政协党组副书记、副主席陈德新等领导，昆山市台商协会会长、耀马车业(中国)有限公司董事长李邦欣，中国国际科学促进会会长周玉成，中国茧丝绸电子交易市场总裁刘卓明，韩国驻上海总领事馆经济领事崔载官等400多名中外客商，《人民日报》《经济日报》《新华日报》等媒体记者，陆卫东、顾国标、孙进基、周宗泉等县四套班子负责人参加活动。会议表彰“十佳来海投资企业家”和“十佳新海安人”。活动现场还举行项目签约仪式，50个项目现场签约。

△ 全市党内法规工作座谈会在海安县召开。省委办公厅副主任顾俊，省委办公厅法规和政法处处长刘建东，市委副秘书长李欣彤，县委常委、组织部部长成宾等参加活动。

13日 陆卫东率队视察服务业发展情况。县领导丁锋、吉恒明、严长江参加活动。

△ 顾国标率队调研部分新开工项目建设及竣工投产工业项目发展情况。副县长卢忠平等参加活动。

14日 陆卫东主持召开县委中心组学习会，开展“三严三实”专题教育“严以用权”专题第一次集中学习研讨。顾国标、孙进基、周宗泉等县四套班子负责人出席会议。李春旺传达中央、省委有关文件精神。盛慧琴传达《省委办公厅、省政府办公厅印发〈领导干部干预司法活动、插手具体案件处理的记录、通报和责任追究实施办法〉的通知》精神。会议还听取村(居)慈善工作站建设情况汇报。

△ 顾国标召集信访局、公安局等单位负责人召开会议，专题听取信访维稳工作情况汇报，研究近期重点工作。盛慧琴、葛志祥参加会议。

16日 陆卫东、顾国标等听取发改委、商务局、建管局、财政局等部门汇报《关于海安贯彻落实"一带一路"战略的实施意见(送审稿)》以及与之配套的相关实施方案，并就推进海安参与"一带一路"建设提出指导性意见。

17日 县政府召开创建江苏省食品安全城市动员大会。顾国标到会讲话。

18日 县召开"吴仁宝式优秀村书记"座谈会。陆卫东、李春旺、王炜、成宾、盛慧琴、丁锋参加活动。

19日 中国网库总裁王海波一行到海安考察。县领导陆卫东、丁锋、吉恒明、严长江、杨同标等参加活动。

20日 周宗泉率队视察政协重点督办提案办理情况暨县政府民生实事工程。

21—22日 由南京大学主办，中国天楹集团和江苏宏德文化出版基金会承办的第二届中国传统智慧与现代管理国际论坛在海安举行。南京大学党委副书记、南京大学商学院教授杨忠，美国哥伦比亚大学经济学讲座教授蒙代尔，南京大学中华文化研究院院长、江苏宏德基金会理事长赖永海，县委书记陆卫东，县委常委、高新区党工委书记丁锋，海内外100余名学者、专家和企业家参加活动。

21—23日 黑龙江省密山市市委书记周春雁率党政代表团到海安考察。县领导陆卫东、李春旺、成宾、吉恒明等参加活动。

23日 海安县在常州江苏理工学院开展汽车产业产学研推介活动。

24日 海安县举行江苏省人民医院与海安县人民医院技术支持医院签约揭牌仪式。江苏省人民医院院长、党委书记王虹，江苏省人民医院副院长杨志健，县委书记陆卫东，县委副书记、县长顾国标，县委常委吉恒明等参加活动。

25日 召开全县机器人产业发展推进会。县政协主席周宗泉，副县长卢忠平参加会议。

△ 国家家禽工程技术研究中心蛋鸡产业技术示范基地授牌仪式在江苏天成科技集团举行。

26日 陆卫东率队赴中科院常州中心考察。中科院常州中心负责人骆敏舟，县委常委、高新区党工委书记、海安镇党委书记丁锋，县委常委吉恒明，副县长卢忠平等参加活动。

△ 省人社厅领导率专家组到海安技工学校开展国家重点技工学校评估验收工作。

27—28日 省公安厅党委委员、副厅长、省"六五"普法终期考核验收组组长吴跃章率省"六五"普法考核验收组到海安，考核验收"六五"普法工作。副市长王萍，市政府副秘书长薛谦，市委政法委副书记钱建华，市司法局局长张武林，县委书记陆卫东，县委副书记、县长顾国标，县领导成宾、王炜、盛慧琴、章曙东、葛志祥参加活动。

28日 顾国标主持召开海安县第十五届人民政府第38次常务会，讨论2016年城建、交通、城管重点工程安排和工作意见，关于深化医药卫生体制改革、建设现代医疗卫生体系的实施意见，关于推动文化建设迈上新台阶的实施意见，海安县政府购买公共服务管理暂行办法，关于发行县本级第四期企业债券有关问题的请示等10项议题。

△ 陆卫东主持召开十二届县委第57次常委(扩大)会议，讨论关于推动文化建设迈上新台阶的实施意见，关于深化医疗卫生体制改革建设现代医疗卫生体系的实施意见，2016年城乡建设管理重点工作计划。

30日 市委在海安召开干部会议，宣布关于海安县委领导调整的决定。市委研究决定，成宾任中共海安县委副书记，陈鹏军任中共海安县委委员、常委；市委组织部研究决定，陈鹏军任中共海安县委组织部部长，成宾不再担任中共海安县委组织部部长职务。市委常委、组织部部长张兆江，市委组织部常务副部长、市编办主任黄卫成，县领导陆卫东、顾国标、孙进基、成宾、李春旺、王炜、盛慧琴、张亚曦、陈辉、丁锋参加会议。

△ 县召开推动文化建设迈上新台阶工作会议。陆卫东到会讲话，顾国标主持会议。孙进基、成宾等县四套班子全体负责人参加会议。

△ 县召开深化医药卫生体制改革工作动员大会。陆卫东、顾国标、孙进基、张亚曦等出席会议。

12 月

1日 县召开"关注民生，聚焦发展"县领导与网友见面会。

△ 顾国标召集商务局、发改委、政务服务中心等相关部门负责人座谈，专题听取2015年开放型经济、招商引资、项目建设、项目审核、服务业发展等工作情况汇报。

△ 县十五届人大常委会召开第34次会议，听取县政府关于2014年度县本级预算执行和其他财政收支审计整改情况的报告，关于县十五届人大四次会议代表建议、批评和意见办理情况的报告；听取部分市人大代表履职情况的报告；听取和审议县政府民生实事项目实施情况的报告，专题询问民生实事项目实施情况，通过关于2015年民生实事项目实施情况的审议意见。

△ 省卫计委副主任、省中医药局局长陈亦江率领省卫计委督察组督察海安县2015年卫生计生重点工作，评估县"十二五"人口计生工作。市卫计委主任、党组副书记王晓敏，县长顾国标，副县长翁晓云等参加活动。

2日 文化部党组成员、中纪委驻文化部纪检组组长王铁带领文化部督察组到海安，专项督察贯彻落实《关于加快构建现代公共文化服务体系的意见》情况。省文化厅副厅长裴旭，副市长朱晋，县委书记陆卫东，县委常委、宣传部部长王炜参加活动。

△ "海安桑蚕茧"地理标志产品保护审查会在北京召开。副县长高斌在会上作"海安桑蚕茧"地理标志产品保护陈述报告，县市场监管局、县农委和鑫缘集团组成的申报方代表回答专家的质询。与会专家审查和讨论后，一致通过对"海安桑蚕茧"的地理标志技术审查，这是海安县继"南通长江河豚"后获得的第二个地理标志产品保护产品。自此，海安县成为南通首家具有两个地理标志产品的县(市、区)。

3日 国家三级地下水监测网络建

设研讨会在海安县召开。国土资源部地质环境司司长关凤峻,中国地质调查局副局长王学龙,国土资源部地质环境司副司长熊自力,省国土资源厅副厅长刘聪,中国地质环境监测院副院长郝爱兵,县委常委、常务副县长张亚曦等参加活动。

△ 省统计局党组成员、省地方统计调查局局长王当龄率队到海安,就农业、农村经济形势召开调研座谈会。副县长彭为杰参加活动。

4日 全县集中开展危爆物品寄递物流清理整顿和矛盾纠纷排查化解专项行动推进会召开。盛慧琴等参加活动。

5日 海安县举办第二届“中科院专家走进海安”主题活动。省科技厅巡视员陶静,中科院南京分院党组副书记、纪检组长杨涛,中科院过程工程研究所所长助理、研究员肖炘等中科院系统及相关院所46家单位的132位专家和省市有关部门领导,《科技日报》《新华日报》、江苏电视台、澎湃新闻、人民网等媒体记者应邀参加活动。陆卫东致辞,顾国标介绍海安创新创业环境。

△ 海安县举办科技成果展。陶静、杨涛、肖炘等100多名参加“中科院专家走进海安”主题活动的嘉宾参观展览。县四套班子领导参加活动。

6日 陆卫东召集相关部门负责人座谈,研究2016年现代服务业发展工作思路。

7—10日 陆卫东、顾国标召集相关部门和单位负责人座谈,听取2016年度工作任务和重点专题调研课题成果汇报,并讨论相关工作意见、考核办法。

10日 周宗泉率队视察全县基层卫生服务站建设情况。

12日 县召开“三严三实”专题学习暨党风廉政警示教育大会。县四套班子负责人参加活动。

△ 县召开城乡建设管理工作会议。县四套班子负责人出席会议。张亚曦主持会议。

14日 新疆银隆农业国际合作股份有限公司与海安商贸物流园区就华东棉花仓储集散中心项目落户举行签约仪式。陆卫东致辞,顾国标主持活动。新疆银隆集团总裁冯刚,副县长严长江等参加活动。

△ 海安举行开放大学揭牌暨海安终身学习网开通仪式。江苏开放大学副校长金丽霞,南通开放大学校长张建锋,副县长翁晓云等参加活动。

15日 县召开研究对台招商工作会议。

△ 海安邀请东南大学土木工程学院副院长王景全,东南大学建设与房地产系主任、建筑与房地产研究所所长李启明到海安,就推动海安建筑产业现代化作专题讲座。县委常委、纪委书记李春旺参加活动。

△ 县举行农村产权交易中心揭牌仪式。

16日 海安县南通和信科技小额贷款股份有限公司新三板挂牌仪式在北京举行。顾国标等参加活动。

16—18日 陆卫东率领县党政代表团赴盐城、南京、北京、深圳考察学习。

17日 省农业资源开发局党组书记、局长唐铁飞一行到海安调研农业综合开发工作情况。

18日 南通市打击河道电捕专项整治行动电捕器具集中销毁现场会在七星湖广场举行。市海洋与渔业局局长邵怀德,副县长、县公安局局长葛志祥等参加活动。

19日 顾国标主持召开县长专题办公会,专题研究园林绿化公司发展问题。

20日 江苏弘盛新材料股份有限公司举行一期工程竣工投产暨二期工程开工奠基仪式。陆卫东出席仪式并致辞。顾国标、孙进基、周宗泉等参加活动。

△ 海安县首届县长质量奖综合评审会议在中洋集团召开。会议对鑫缘茧丝绸集团股份有限公司、南通华新建工集团有限公司、江苏联发纺织股份有限公司、中国天楹股份有限公司、江苏海安农村商业银行股份有限公司5家企业进行综合评审。

21日 市委常委秦厚德到海安调研农业发展工作。成宾、丁锋、彭为杰等参加活动。

22日 南京理工大学理学院院长、教授陆健到海安考察。副县长杨同标等参加活动。

23日 县委、县政府召开座谈会,就《海安县国民经济和社会发展第十三个五年规划纲要》(讨论稿)征求部门、区镇、四套班子老领导和社会各界人士意见。陆卫东、顾国标、成宾、张亚曦参加活动。

△ 陆卫东、顾国标、成宾、张亚曦、陈鹏军、卢忠平听取县有关部门和单位对接省科技创新体制综合改革试点若干政策的情况汇报,并对相关工作提出要求。

24日 全省人大工作理论研讨会暨优秀论文表彰会在海安召开。会议围绕做好人大理论研究工作、推进人民代表大会制度理论和实践创新进行集中研讨,对全省人大系统人大工作理论研究优秀论文进行颁奖。省人大常委会常务副主任、党组副书记张卫国,省人大常委会秘书长吕振霖,省人大常委会副秘书长、研究室主任陈为民,省人大常委会研究室副主任王林,市人大常委会副主任陈斌,县委书记陆卫东,县人大常委会主任孙进基,全省各市人大常委会相关负责人及获奖代表参加活动。

△ 陆卫东、顾国标、成宾分别赴开发区(城东镇)、滨海新区(角斜镇)、高新区(海安镇)作落实党风廉政建设责任制检查考核动员并听取情况汇报。

△ 县政协主席周宗泉主持召开政协海安县第十三届委员会第三十三次主席会议,协商讨论政协常委会工作报告(讨论稿)和提案工作报告(讨论稿);协商讨论政协海安县第十三届委员会第五次会议的有关事项;协商确定2015年度政协工作先进集体、先进个人,优秀提案、优秀社情民意;协商确定政协十三届十八次常委会召开时间及议程;协商通过有关人事事项。

27日 省委常委、副省长徐鸣乘坐测试列车,沿途视察扬州、泰州、海安、南通等段宁启铁路复线电气化改造工程建设情况。上海铁路局副局长李迎九,省交通运输厅党组书记、铁路办主任刘广忠参加活动。市委书记丁大卫,市委副书记、市长张国华,县委书记陆卫东,县委副书记、县长顾国标,县委常委、常务副县长张亚曦陪同视察宁启复线电气化改造工程海安段。

△ 顾国标主持召开海安县第十五届人民政府第39次常务会,讨论海安县国民经济和社会发展第十三个五年规划

纲要及2016年经济社会发展相关工作意见、政策措施和考核办法。

△ 县委邀请部分四套班子老领导座谈，就修改完善全委会报告(征求意见稿)征求意见和建议。陆卫东、成宾参加座谈。

△ 南通市司法鉴定工作“三化”(正规化、专业化、职业化)建设现场会在海安县召开。省司法厅司法鉴定管理处副处长邓延松，市司法局局长张武林等参加活动。

28日 县委书记陆卫东主持召开十二届县委第58次常委(扩大)会议，研究县“十三五”规划纲要，讨论县委十二届九次全会报告(讨论稿)，研究2016年各条线工作意见、考核办法，研究“一带一路”相关政策及公车改革方案。县四套班子负责人参加活动。

29日 县召开市党风廉政建设“两个责任”检查暨市管领导班子领导干部述职考核动员会。市委副书记、市长张国华，市政府秘书长顾诺之，市政府副秘书长、办公室主任王晓斌，市纪委副书记陈勇出席会议。县委书记陆卫东汇报海安县落实党风廉政建设党委主体责任情况、县委主要工作情况，并作个人述职述廉报告。县委副书记、县长顾国标汇报县政府主要工作情况，并作个人述职述廉报告。县委常委、纪委书记李春旺汇报落实党风廉政建设纪委监督责任情况，并作个人述职述廉报告。会议上对县委领导班子、县政府领导干部、县选人用人工作、县新提拔任用干部及书记抓基层党建工作进行民主评议。

△ 县委书记陆卫东主持召开县委常委“三严三实”专题民主生活会。

30日 顾国标主持召开县政府领导班子“三严三实”专题民主生活会。

31日 县委十二届九次全体会议在行政中心报告厅举行。陆卫东代表县委常委会作题为《践行五大发展理念，弘扬创新争先精神，为全面建成小康社会而努力奋斗》的工作报告。顾国标做会议小结并布置当前工作。全会审议通过《海安县国民经济和社会发展第十三个五年规划纲要》(讨论稿)；审议通过《中国共产党海安县第十二届委员会第九次全体会议决议》。

城市蓝图　　张春龙 摄

海安名片

Haian Cards

七战七捷纪念碑　章　丽绘

◎ 责任编辑　周宏文

中国茧丝绸之乡

【概况】 1949年，全县蚕茧总产16.9吨。1965年，全县蚕茧总产134.9吨，名列苏北第一。1971年，蚕茧总产1512吨，成为苏北第一个蚕茧超万担的县。1981年，蚕茧总产4113.7吨，夺得全省第一，以后连年居全省首位。1995年，蚕茧总产1.70万吨。1997年蚕茧总产1.25万吨，海安县被中国农学会评为“中国茧丝绸之乡”。2002年，蚕茧总产1.81万吨，首次跃居全国第一。2008年，蚕茧总产1.95万吨，连续8年全国县级排名第一。2015年，鑫缘茧丝绸集团股份有限公司生产原种8个批次，毛种4800张，生产普通种16.6万张；集团不仅在江苏海安，而且在广西、安徽等地建立桑园产业基地，带动20多万户蚕农增收和几十家丝绸企业发展；“海安桑蚕茧”成为国家地理标志产品保护的产品，家蚕天然彩色茧研发及产业化成果获2015年度农产品加工十大科技创新推广成果，“鑫缘”品牌荣获“中国十大丝绸品牌”。海安蚕桑业有所收缩。全县发放蚕种22.27万张，同比下降19.14%；产茧9100吨，同比下降14.2%，其中收购蚕茧6500吨；产值3.37亿元，同比下降20.5%。至2015年海安连续35年居全省县级第一。

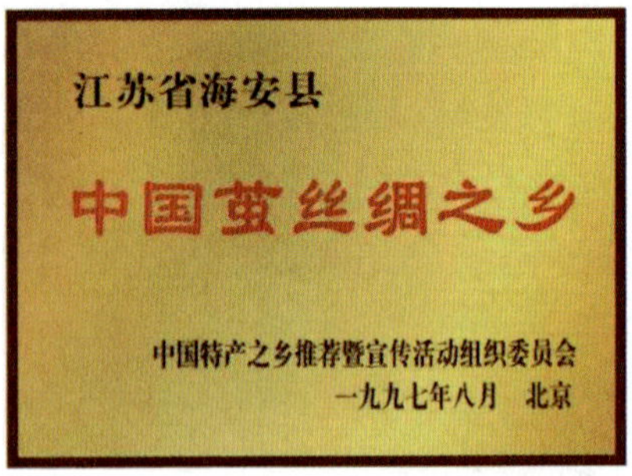

（农委 提供）

中国禽蛋之乡

【概况】 海安是禽蛋生产大县。1978年以后，海安农民叩开农牧结合的大门，走出一条“种养加出”的致富之道，被国内经济界誉为“海安之路”。20世纪80年代中期以后，海安之路愈走愈宽。家禽饲养量名列全省前茅，1997年家禽饲养量4307万羽，禽蛋产量13.97万吨，此后

（农委 提供）

10多年，家禽年饲养量稳定在4000万~5000万羽，被中国农学会中国特产之乡推荐暨宣传活动组织委员会评为“中国禽蛋之乡”。2012年，家禽饲养量3696万羽，禽蛋产量23.15万吨。2015年，全县家禽业同期小幅下降，家禽年末存栏1610万羽，比上年减少41万羽；年内出栏1853万羽，比上年减少29万羽；饲养量3463万羽，比上年减少70万羽；禽蛋总产21.66万吨，比上年减少0.53万吨。

中国湖桑之乡

【概况】 1951年，胡集、双楼、仁桥等乡组织合作桑园7处，引进栽种湖桑6744株。1960年1月，海安利用150公里河堤栽植乔木桑，《新华日报》头版头条报道海安县300里河堤桑园化的消息，并发表评论员文章《百年大事一年办》。20世纪60年代后期，为不占用大田栽桑，海安利用河堤、圩堤、渠道、路边及田埂栽桑。1969年，全县“三堤一边桑”3.50万亩，《新华日报》《蚕业科学》杂志载文报道，中央人民广播电台、省电台曾拍摄新闻纪录片放映。1983年，海安实施缩棉扩桑决策，至1986年拓植新桑园6.44万亩。全县桑园15.17万亩。21世纪初，缩粮扩桑，至2002年，全县新增桑园3.6万亩，桑园总面积15.3万亩。2004年，海安被国家林业局命名为“中国湖桑之乡”。2008年，海安桑园14.2万亩。此后，因园区开发和市场因素，

（农委 提供）

桑园面积有所减少。2015年，全县桑园面积8.92万亩，同比下降12.12%。

中国河豚之乡

【概况】 1993年，海安河豚人工培育开始起步，是国内最早进行河豚人工培育研究的地方。1994年，江苏中洋集团与南京师范大学生命科学学院合作研究开发河豚鱼的人工养殖技术，当年繁殖成功的几十万尾小河豚，最终成活2000多尾。1996年，开展河豚养殖控毒技术和健康养殖技术研究，并与南京师范大学生命科学学院、县卫生防疫站联合攻关，获得重大进展，解决了长江河豚规模化养殖问题。1998年，中洋集团全面调整养殖结构，低价抛售所有鳗鱼、甲鱼，大规模养殖河豚，拉长河豚产业链；提供商品鱼种苗、技术、饲料。2000年，江苏中洋集团拥有并申报河豚核心技术专利——控毒及健康养殖。2002年，江苏中洋集团制定河豚省级地方系列标准。2003年，卫生部在海安召开全国首次养殖河豚安全利用工作会议。2004年开始，中洋集团向国家质检总局申请“南通长江河豚国家地理标志产品保护”。2005年，中洋河豚获省名牌产品称号。2007年2月，国家质检总局行文，批准对南通长江河豚实施地理标志产品保护。南通长江河豚成为南通历史上第一个地理标志产品，也是继阳澄湖大闸蟹之后中国鲜活水产品的第二个地理标志保护产品。2008年，江苏中洋集团国家河豚良种场建成并投入使用，全县河豚鱼产量867吨。2009年，海安被中国渔业协会授予“中国河豚之乡”称号。南通长江河豚是国家地理标志保护产品，“中洋”商标是中国驰名商标，中洋河豚是江苏省重点名牌产品。2015年，年养殖存池量3000万尾，年产量超过6700吨。

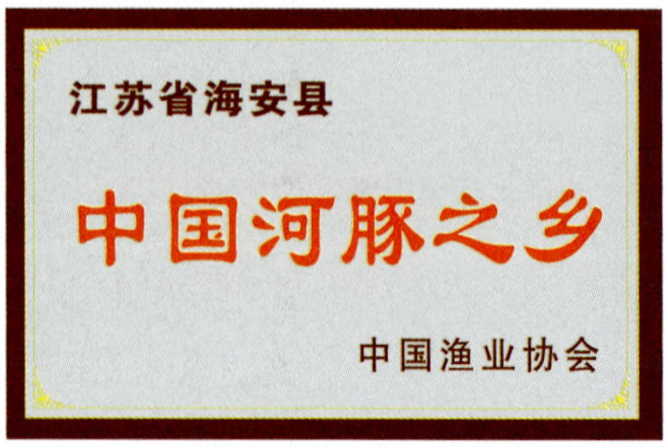

（农委 提供）

中国建筑之乡

【概况】 海安县是江苏著名的建筑之乡。20世纪六七十年代海安建筑工人开始走出海安，到外地施工。80年代，从新疆至青岛，从大庆到上海，从南京到北京，从海南岛到内蒙古大草原，海安建筑队伍都留下一串串闪光的足迹，并有千人的队伍跻身于国际建筑市场，在苏联、约旦、科威特、伊拉克等国施工。1990年，由市民和专家投票评出新中国40年来上海“十佳建筑”，海安建筑队伍承建的曲阳新村高层住宅楼名列榜首。1991年，海安获得第一个鲁班奖。1992年1月26日，省政府授予海安县“建筑之乡”称号。1997年，海安列江苏24个“建筑之乡”综合实力第四位。2002年，再次被省政府命名为“建筑之乡”，苏中建设集团获国家特级资质总承包施工企业。2004年，全县建筑业首次实现施工产值超过百亿元。2007年海安县被省政府命名为“建筑强县”。2011年2月12日，县委、县政府将农历正月初十命名为“海安建工节”。2012年2月1日，中国建筑业协会在海安举行正式授牌仪式，海安成为江苏省第一个、全国第七个“中国建筑之乡”。是年，建筑业施工产值672.3亿元，入库税金8.8亿元，承建高层建筑3486幢，其中29层以上超高层建筑1099幢。2015年，全县建筑业完成施工总产值1024.85亿元，施工面积1.13亿平方米，新开工面积3324.82万平方米。承建高层建筑4370幢，其中29层以上1490幢。全年获3项鲁班奖、1项国优金奖、1项国优银奖、2项詹天佑奖。

(县建管局 提供)

中国民间文化艺术之乡

【概况】 海安龙舞有龙灯舞、苍龙舞、扁担龙舞、人龙舞、手龙舞、草龙舞等系列龙舞，最著名的是罗汉龙舞、苍龙舞。罗汉龙舞雄浑豪放，苍劲有力；苍龙舞精致秀美，优雅轻盈。龙舞以海安镇新丰村丁家罗汉龙最为出名。丁家龙已有传人十七代，舞艺成熟。丁家龙仿效杂技堆宝塔技法，在不使用任何器械的情况下，凭空叠罗汉，由引龙人、舞龙人逐个踩肩而上，形成三层相加、四层相叠的“宝塔”形状。其时龙头昂首向天，龙球劲抖，龙尾扫地，龙身翻腾，恰似蛟龙出水、腾云驾雾一般，难度之高，场面之惊险，技艺之精湛，令观者叹为观止。1986年年底，丁家龙参加省首届音乐舞蹈节，“站、蹲、跪、坐、躺”五舞生花，“反身拧、龙摆尾、里外滚、大起花”等十八般舞艺样样叫绝，一座“四层宝塔”的生动场面，赢得经久不息的热烈掌声。丁家龙舞获得特等奖，受到全国舞蹈家协会主席吴晓邦的高度赞赏，誉为“中国龙舞之一绝”，并与舞龙人合影留念。此后，上海、江苏、中央电视台纷纷为之录像播出。同年苍龙舞在中南海为中央领导人献艺，获得好评。1988年，参加北京国际旅游年舞龙大赛，获优秀表演奖；参加广州全国首届广场民间舞蹈大赛，获“金孔雀杯”大奖。2001年1月下旬，丁家龙参加北京市第十五届龙潭庙会暨中华优秀民间花会大赛，获得金奖。2002年3月20日，江苏省文化厅命名海安县为“江苏省民间文艺之乡”。2003年3月1日，文化部社图司命名海安县为“中国民间艺术(龙舞)之乡”。同年9月，《海安龙舞》获第五届江苏省“五星工程”奖金奖。2008年，文化部将原有“中国民间艺术之乡”和“中国特色艺术之乡”名称统一为“中国民间文化艺术之乡”，海安成为“中国民间文化艺术之乡”。 (海 凌)

(崔 明 摄)

2015年度参建鲁班奖上海森兰国际大厦(南通华新建工集团有限公司承建)

(建管局 提供)

丝绸生产线　　　　（董玉龙　摄）

鑫缘丝绸　　　　（摄影家协会　提供）

天成农业科技公司孵化车间　　　　（摄影家协会　提供）

河豚宝贝　　　　（摄影家协会　提供）

海安花鼓　　　　（董玉龙　摄）

2015年度鲁班奖内蒙古广播影视数字传媒中心（江苏省苏中建设集团股份有限公司承建）　　　　（建管局　提供）

城乡建设

Urban and Rural Construction

金海安大酒店　章　丽绘

◎ 责任编辑　赵海群

城乡规划

【概况】 严把“一书三证”制度,全年核发建设项目(选址)意见书32件,面积126.75公顷;建设用地规划许可证385件,面积555.59万平方米;建设工程规划许可证275件,面积215.22万平方米;临时建设工程许可证35件,面积5220平方米。

【规划编制】 实施《海安县城应急场所布局专项规划》编制,启动新一轮镇村布局规划优化工作,完成《海安县镇村布局优化规划》编制,制定海安县优化镇村布局规划工作方案。以“精致、现代、增绿、便民”为要求开展城市设计工作,加强城市重要滨水空间和其他绿化空间的规划设计。按照新一轮城市总体规划,积极探索城市规划与用地规划和发展规划的“多规合一”机制。

【规划管理】 出台《海安县城乡规划管理暂行规定》《海安县城房地产开发管理办法》《海安县城市规划公示制度实施意见》《海安县建筑物停车设施配建标准》等文件,重新修订《海安县房屋建筑面积计算管理技术规范》。进一步明确规划审批程序,规范规划审批行为,加强建设项目批前、批中、批后管理,充分发挥规划服务信息中心职能,形成从规划设计条件编制到方案初步设计审查、施工图规划审查的一系列审查、审批程序,建立健全建设工程的放线、验线和竣工核实制,强化规划方案的公示、听证制度,提高城乡规划的透明度和群众参与度,加强社会监督,服务水平进一步提升。

狠抓房地产项目规划管理,严格把关房地产项目规划审批,从源头规范房地产开发行为。严格按照国家标准、省市规范及县规划管理相关文件要求进行规划方案的审查报批、规划公示、初步设计审查、施工图规划审查、规划许可、放线定位、竣工核实等各个环节的运作。

确定上市地块用地红线和征收红线,编制规划条件,并做好后续服务工作。做好全县房地产开发、工业、服务业等项目规划服务工作,全年编制规划设计条件246件;组织召开3次规划委员会和前期预审会议。

城市建设

【概况】 全年组织或参加实施的城市重点工程建设项目98项,其中规划编制2项,交通畅通工程19项(含盛世路、海化路及启动工程10项),生态园林工程28项(园林绿化10项,清水工程18项),功能提升工程8项(不含代建中心等其他部门实施的28项),市民安居工程41项(瑞海集团安置房11项,商品房30项)。围绕解决城区停车难矛盾,加大城区停车场所建设力度。建设停车场16处,新建停车泊位1559个。

【交通畅通工程】 县城完成宁海路、凤山路、万星南路、洋港路、曙光西路、如海运河景观大道、镇南路、奥体路工程建设。建成道路总长9.16公里。

2015年度交通畅通工程建设情况一览表

表3

序号	名称	工程规模		投资概算(万元)				工程进度	完成情况	责任人
		起止点	长×宽(米)	总投资	其中		年度投资			
					工程	拆迁				
1	宁海路改造工程(新华路—东海路)	江海路—黄海路	1850×40	13790	8790	5000	10290	完成主体施工	完成	周　道
2	万星南路建设工程(含万星桥及污水管网)	高庄路—东海路	700×18	2260	2240	20	2260	完成主体施工	完成	周　道
3	凤山路改造工程(含凤山桥改平及污水管网)	紫石路—河滨东路	930×40	8000	7000	1000	7500	6月底前完成道路红线内拆迁清障交地,交地后6个月内完成道路结构层施工。	完成	周　道
		河滨东路—人民东路	560×30	2360	1860	500	1860			
4	如海河景观大道建设工程	长江路—黄海路	1100×14	1610	1610		1610	完成施工	完成	周　道
5	洋港路建设工程	江海路—海光路	500×18	550	550		550	完成施工	完成	周　道
6	曙光西路改造工程(含曙光西桥及污水管网)	小楼港—草坝路	685×26	2680	2680		2680	完成施工	完成	周　道
7	奥体路建设工程	安平路—黄海路	530×18	900	900		900	完成施工	完成	周　道

东洲公园　　（县住建局　提供）

【园林绿化工程】　完成船闸公园建设工程、化工园区绿化提升工程、行政中心北侧景观绿化工程、慈善文化广场建设工程、如海运河景观带工程、老通扬运河景观绿化工程、城区老旧景点街头绿地景观提升改造工程等。实施"现代、精致、增绿、便民"工程，改造和绿化县城区黄海路等8条道路。及时进行绿化移植，全年移植乔木、灌木8114棵，绿篱、色块1.28万平方米，草坪1445平方米。

2015年度生态园林工程—园林绿化工程建设情况一览表

表4

序号	名　称	工程规模		投资概算（万元）		工程进度	完成情况	责任人
		起止点	面积（公顷）	总投资	年度投资			
1	如海河景观绿化工程	如海运河东侧（老通扬河—黄海大道，不含黄海大道节点，不包含江海西桥节点）	8.3	2900	2900	完成	完成	周　道
2	老通扬河景观绿化工程	草坝桥—东楹桥	1.5	1200	1200	完成	完成	周　道
3	红光河景观绿化工程	小焦港河—如海运河	1.4	550	550	完成	完成	周　道
4	慈善文化广场建设工程	文化艺术中心东侧	1.6	800	800	完成	完成	周　道
5	城区老旧景点街头绿地景观提升改造工程	1.国土局游园 2.徐坝桥绿地 3.供电局营业厅门前绿地 4.翻身河局部绿化	1.02	560	560	完成	完成	周　道
6	化工园区绿化提升改造工程	南海大道及栟茶运河两侧（通榆路—文化河）	32	2500	2500	完成	完成	王荣贵 张勇华 周　道

2015年度生态园林工程—清水工程建设情况一览表

表5

序号	名　　称	工程规模		投资概算(万元)		工程进度	完成情况	责任人
		起止点	长度(千米)	总投资	年度投资			
1	221省道污水管道工程	隆田路—丹凤路(含污水提升泵站1座和下穿连申线工程)	2.2	2200	2200	清障交地后6个月内完成管网建设。	完成	周　道
2	小楼港排水管道工程	海化路—曙光路	0.42	300	300	拆迁、清障交地后3个月内完成管网建设。	完成	周　道
3	城北污水处理厂厂外主管网顺接工程			800	800	拆迁、清障交地后6个月内完成管网建设。	完成	周　道
4	城南污水管网连通工程			700	700	拆迁、清障交地后6个月内完成管网建设。	完成	周　道
5	凤山路污水管道工程	紫石路—新通扬运河	0.8	200	200	随道路工程实施工程建设。	完成	周　道
6	万星南路污水管道工程	高庄路—东海大道	0.7	120	120	随道路工程实施工程建设。	完成	周　道
7	曙光西路污水管道工程	小楼港—草坝路	0.68	110	110	随道路工程实施工程建设。	完成	周　道

2015年度现代精致增绿便民工程建设情况一览表

表6

序号	名　　称	工程规模	工程进度	责任单位	责任人
1	黄海大道与翻身河节点河		完成工程建设	住建局	周　道
2	黄海大道与洋港河节点		完成工程建设	住建局	周　道
3	长江路与立新河节点		完成工程建设	住建局	周　道
4	黄海大道与曹平河节点		完成工程建设	住建局	周　道
5	黄海大道与小焦港河东北角节点		完成工程建设	住建局	周　道
6	黄海大道与立新河节点		完成工程建设	住建局	周　道
7	黄海大道绿化提升工程	G204至迎宾路(11.25千米),绿化面积13.7公顷。	完成工程建设	住建局	周　道
8	3个高速公路道口及办公区绿化提升工程	S28海安南道口周边、G15西场道口周边、S28海安道口周边,绿化面积30公顷	完成工程建设	住建局	周　道
9	新宁路与海光路交叉口街头绿地停车场	面积490平方米,停车位10个。	完成工程建设	住建局	周　道
10	朝阳路街头绿地停车场	面积770平方米,停车位20个。	完成工程建设	住建局	周　道
11	黎明路街头绿地停车场	面积1540平方米,停车位25个。	完成工程建设	住建局	周　道
12	安平路与新宁路拐角停车场、安平路街头绿地停车场	面积4450平方米,停车位110个。	完成工程建设	住建局	周　道
13	草坝桥街头绿地停车场	面积760平方米,停车位20个。	完成工程建设	住建局	周　道
14	小楼港区域生态停车场	面积2000平方米,停车位30个。	完成工程建设	住建局	周　道
15	凤山路街头停车场	面积2640平方米,停车位50个。	完成工程建设	住建局	周　道
16	宁海路停车场(3处)	公安局、七战七捷、海光路交叉口,面积3800平方米,停车位55个。	完成工程建设	住建局	周　道

续表 6

序号	名　称	工程规模	工程进度	责任单位	责任人
17	永安路绿化提升工程	江海路至南海大道(5980 米),绿化面积 2.39 公顷	完成工程建设	住建局	周　道
18	中坝路绿化提升工程	江海路至栟茶运河桥(4062 米)及恒联路节点,绿化面积 18.9 公顷	完成工程建设	住建局	周　道
19	迎宾路绿化提升工程	日月路至立公河 2800 米,绿化面积 8.4 公顷	完成工程建设	住建局	周　道
20	328 国道绿化提升工程	G15 西场道口至立公河(3.88 千米),绿化面积 36.5 公顷	完成工程建设	住建局	周　道
21	通榆路绿化提升工程	黄河路至启扬高速 (11570 米), 绿化面积 28.44 公顷	完成工程建设	住建局	周　道
22	长江路绿化提升工程	镇南路至通榆路(3.36 千米),绿化面积 3.36 公顷	完成工程建设	住建局	周　道

【市民安居工程】 做好人民医院、种子公司等区域的房屋征收扫尾工作。完成第三人民医院 20 户被征收户协议签订和交房工作,指导曲塘东大街、南大街区域,墩头镇墩头路北侧区域以及海北供销社区域房屋征收工作。

县本级安置房建设工程全面开工,在建面积 162.11 万平方米,竣工面积 47.05 万平方米,交付面积 30 万平方米,人才公寓、丽景佳苑竣工交付。

全面提前超额完成省政府下达保障性安居工程目标任务,新增公共租赁住房租赁补贴 29 户,占年度任务的 145%;新开工城市棚户区(危旧房)安置住房4494 套,占年度任务的 109.6%;基本建成城市棚户区(危旧房)安置住房 668 套,占年度任务的 111.33%。积极争取保障性住房专项资金,全年争取专项资金 9798 万元,位列南通县(市、区)第一。同时积极争取 2015 年棚户区(危旧房)改造项目资金 18 亿元,为启动棚户区和旧城改造打下基础。

2015 年度市民安居工程–安置房工程—续建工程建设情况一览表

表 7

序号	名　称	工程规模		投资概算(万元)		工程进度	完成情况	责任人
		用地面积(公顷)	建筑面积(万平方米)	总投资	年度投资			
1	万星绿城建设工程	19.2	44.4	146000	20000	4#、5#、7#、12#、13# 楼主体全部封顶,进行室外配套施工。	完成	张　健
2	凤凰府邸建设工程	10.67	总面积 29.7;其中一期 5.7;二期 13.4;三期 10.6。	100000	7000	一期 2014 年 10 月份竣工交户 (竣工面积 5.7 万平方米),二期、三期 2015 年竣工交户(竣工面积 24 万平方米)。	竣工交付	张　健
3	如意紫都建设工程	11.47	43.6	145000	85000	外装饰全部结束, 一期室外配套完成 50%。	完成	张　健
4	吉祥水岸建设工程	2.98	12.2	45000	20000	内外装饰全部结束, 室外配套完成 80%。	完成	张　健
5	曙光澜桥建设工程	2.7	11.3	32000	20000	主体全部封顶,室外配套施工。	完成	张　健
6	黎明润景建设工程	2.36	9.9	30000	10000	主体全部封顶,室外配套施工进行中。	完成	张　健
7	恒盛新座建设工程	2.77	11.2	40000	20000	主体全部封顶。	完成	张　健
8	盛世名门建设工程	5.67	22.8	80000	25000	完成主体结构、装饰和安装。	完成	张　健
9	丽景美域建设工程	4.07	14.7	50000	5000	竣工交房(竣工面积 14.7 万平方米)。	竣工交付	张　健

【功能提升工程】 推进镇村供水管网改造工程,完成管网改造792公里,完成户表改造2.86万户、安全供水3925万吨。地面水厂深度处理提升改造工程按序时推进;镇村备用水源制度完善,保证应急供水需要。推进天然气管网全覆盖工作,全年完成天然气管网建设156公里,其中中压管网59公里、低压管网97公里。截至2015年,全县有天然气居民用户10.39万户、工商业用户507户,2015年新增居民用户2.03万户,工商业用户78户。加强燃气行业安全监管,开展燃气换瓶点专项整治,全县规划设置45个换瓶点,32个通过验收。

2015年度功能提升工程建设情况一览表

表8

序号	名　　称	工程规模	工程概算(万元)		工程进度	完成情况	责任单位	责任人
			总投资	年度投资				
1	镇村管网改造工程	镇网改造800公里	4600	4600	镇村管网改造800公里	完成	区域供水公司	郃玉明
2	S353沿线管道铺设工程	主管网建设42公里	4000	4000	主管网建设42公里	完成	区域供水公司	郃玉明
3	水厂深度处理提升改造工程	5.0万平方米	5500	5500	竣工	完成	区域供水公司	郃玉明
4	中压管线铺设工程★	45公里	10000	2700	竣工通气	完成	中油燃气	邢剑锋
		40公里	10000	4200	竣工通气	完成	新奥燃气	顾斌明
5	低压管线铺设工程★	60公里	10000	1800	竣工通气	完成	中油燃气	邢剑锋
		50公里	5300	5000	竣工通气	完成	新奥燃气	顾斌明
6	整合画线停车位工程	200辆停车位	20	20	竣工	完成	住建局	周　道

说明:★代表社会投资。

【市政设施维护管理】 组织维修朝阳路、中坝路、江海路、安平路、万星路、民进路等10余条道路。全年修补人行道板4194.54平方米,修补路牙2617.4米,铺设混凝土路面3319.81平方米,机械摊铺沥青2.1万平方米,人工摊铺沥青2894平方米,沥青灌缝44.71公里。陆续完成长江路、黄海路、江海路、安平路、曙光路、河滨路、宁海路、中坝路、永安路、镇南路等30余条道路的下水道疏通,机械疏通窨井598座,人工掏治窨井212座,机械疏通排水21公里,有效确保汛期安全。维护城区红绿灯,增补部分通行标志、安全桩,更换部分标志牌,有效改善城区交通环境。施划标线1.52万平方米,除线208.31平方米,新增停车位施划264个。

房地产业

【概况】 县房地产市场总体平稳,全年核发预售许可证36份,批准预售商品房面积85.88万平方米;商品房销售面积111.2万平方米,同比增加64.59%,销售套数8686套,同比增长62.05%,成交额60.18亿元,同比增长51.28%。住宅均价每平方米5148元,同比下降9.92%。成功举办3次房博会,其中"五一"和"国庆"房博会成交商品房239套,面积3.04万平方米,成交金额1.8亿元。

【房地产管理】 加强开发企业的资质审核与管理工作。全年受理资质申报66件,全部通过,其中苏中置业通过一级开发资质申报,全县有3家一级开发资质房地产开发公司。

《海安县商品房预售资金监管暂行办法》实施,多个开发项目资金接受监管。

【房产交易管理】 全年完成经济收入730.26万元(其中产权登记费294.23万元,房地产交易手续费436.03万元)。完成国有土地范围内房屋权属登记7323宗,其中,商品房转移登记5125宗,63.54万平方米;二手房转让1121宗,26.45万平方米;其他国有土地范围内房屋权属登记1077宗。完成房地产抵押登记6538宗。

全年接收1.5万余宗新增房产登记发证、房产抵押案卷编目整理扫描并装订上架。缮制城镇房屋所有权证1.26万本、他项权证6905本。为行政服务中心窗口、各社会团体、县重点工程、房屋征收、司法机关、企事业单位和个人调阅房产档案3456人次。为各级法院办理查封408件。为购房户出具房屋登记信息证明12062件。

小城镇建设

【概况】 完成全县优化镇村布局规划编制工作,增强规划实施的可操作性,为全县村庄建设和环境整治提供规划依据。选定李堡、白甸两镇村布局规划为试点,为全县各区镇全面铺开提供技术指导和典型示范。各区镇镇村布局规划编制工作全面铺开,布局规划初步方案基本形成。

【美丽乡村申报】 指导老坝港滨海新区(角斜镇)申报省美丽乡村,经省财政厅、住建厅、农委等部门批准,获取省补助资金260万元。

【农村危房改造】 争取国家和省补助资金212.7万元,改造农村危房220户。争取农村危房改造试点示范村庄建设项目1个,获得补助资金117.57万元。

【新型城镇化建设】 海安成功获批全国中小城市综合改革试点，全省仅2家。成为全省首批新型城镇化试点地区，与省发展改革委签订《共同推进新型城镇化有关综合改革试点目标责任书》，第一批4大类26项具体改革任务有序推进。

工程建设管理

【概况】 加强工程建设领域行政许可及备案工作。依法办理施工许可证180份，办理质监先期介入104件，办理质监申报256件，施工合同144份，缴纳农民工工资保障金1034.95万元。全面贯彻落实勘察设计和监理合同网络备案。办理勘察设计合同备案456件，监理合同备案60件，外县市勘察设计企业备案25件，外县市拆除企业进海安备案18件。

将抗震设防技术审查纳入施工图审查必审内容，由县施工图审查机构组织抗震设防技术审查、复审直至合格。全年接审项目270项（其中居住建筑22项、公建65项），审查面积195万平方米，审查岩土工程勘察报告268份。查出违反工程建设标准抗震强制性条文80条，所有违反强条的内容都在复审阶段整改到位。联合地震局制定县应急避难场所标识标牌方案，完成主城区应急避难场所的标识标牌设立工作。

县委书记陆卫东、常务副县长张亚曦视察城市建设工程　（县住建局　提供）

【城建监察执法】 日常巡查新204国道、328国道、221省道等路段50余次；配合参加燃气专项检查11次；协调处理各类举报案件69起，其中涉及擅自拆改结构的55起。组织人员检查沿主干道厂房建设的图纸审查、质量报监情况，发放提示函10多份；配合绿化、市政部门协调处理损绿、破路等行为多次。全年受理串标案件10起，立案查处6起；查处未经竣工验收擅自使用的案件1起；同时监管违反规划建设行为，立案处理案件1件。全年罚款和补收规费到账130万余元。

【城建档案管理】 加大档案的收集力度，扩大收集范围，将大批重点工程档案接收进馆，极大丰富馆藏。全年接收工程档案160多项，接收规划审批、核实档案780卷，整理入库4150卷。为城市建设、社会各界，提供优质的档案利用服务，接待查档人员450人次，提供档案1500多卷次。

为保证信息安全，对服务器、网站进行维护和数据更新，并将首批数据异地备份到新疆维吾尔自治区容灾备份中心。全县实现村镇建设档案室全覆盖，10个区镇在江苏省村镇建设档案系统录入档案6.38万卷。8个区镇村镇建设档案室达省特级标准，2个区镇村镇建设档案室达省一级标准。

【农民工工资保障】 开展解决拖欠工程款和农民工工资治理工作，清欠工作取得成效。全年检查施工单位25家，涉及农民工200多人，共接待并调处因拖欠工程款和农民工工资的上访事件40余起，涉及拖欠金额1500多万元，有效维护施工单位、农民工的权益和社会稳定。

（陆金成）

人民广场　（县住建局　提供）

城市管理

【概况】 2015年，海安县跨入江苏省优秀管理城市行列，“931”城市环境综合整治考核全市第一，旺池社区被命名为“江苏省城市管理示范社区”，通榆中路成为“南通市城市管理示范路”。

【市容管理】 按照城市容貌标准和文明城市、省优秀管理城市创建的要求，重点对城区立面、桥梁护栏进行油漆、粉刷和清洗。部分道路主次干道两侧围墙、楼体立面粉刷近2.7万平方米，城区桥梁粉

2015年3月23—24日市人大领导体验海安公共自行车　（县城管局　提供）

刷面积1万平方米，油漆面积4579.87平方米。牵头开展中坝南路(江海路至黄海大道)、通榆中路(老通扬运河至黄海大道)、黄沙岗路(江海路至曙光路)和永安中路(长江路至江海路)店招店牌提档升级活动。拆除不符合规范、破损、存在安全隐患的高炮广告3处、楼顶广告12处、大型墙体广告82处。开展“一月一整治”活动，专项治理户外广告、烧烤摊点、扬尘、交通秩序、道路保洁、垃圾清运、公厕管理等。协同住建、公安完成中坝南路、曙光中路、新桥路停车线施划，在城区主干道安装车辆停放指示牌。划设非机动车停车位约1.5万个，自行车标识约1000个。加强非机动车停放秩序管理，做到非机动车在停车线内分类、集中、车头朝外、整齐划一停放。

【环卫管理】 全面推行夜间洒水车路面冲洗、凌晨洗扫车快车道普扫、白天电瓶扫路车非机动车道巡回吸扫、高压冲洗车人行道板冲刷、洒水车循环洒水降温压尘，人行道、绿化带人工捡扫相结合的环卫作业新模式。对主城区以及两区接管区域内137条道路进行机械化清扫和洒水压尘工作，城区主次干道机扫率100%。

【物业管理】 科学制定“三类小区”管理考核评分标准，全面普查全县174个老旧小区和70个农民安置房小区4次，普查123个新小区1次。全县老旧小区实现基本物业服务全覆盖。农民安置小区实现“三位一体”的物业管理，会同雅周镇政府打造兴雅佳园农民安置房示范社区。10个商品住宅小区被评为县物业管理优秀住宅小区。

【城区背街小巷市容环境治理】 完成“931”项目的新华西路小区后巷、人民东路小区后巷的整治。组织400多人次清理垃圾2600多吨，违章种植980多平方米，补植绿化1200平方米，修补道路420余平方米。后街里巷面貌焕然一新。

提升老集镇环境卫生管理水平。督促指导各区镇制定整治方案，按照“城镇建设管理杯”“区镇经济社会目标责任书”考核细则，对全县10个区镇、26个撤并集镇点市容环境卫生状况进行走访、调查、摸底，通过个别指导、现场讲评、考核督察推进城镇管理工作。2015年10个区镇、26个撤并集镇点投入960多万元，新增城管队员25人，全面改善城镇人居环境。

【环卫基础设施建设】 建筑垃圾处理及资源化利用项目成为海安县首批9个入省PPP项目库之一，也是海安县第一个PPP项目，至2015年南通市只有海安县一家建筑垃圾处理及资源化利用项目建设实施PPP投资运行模式。启动有机物处置中心建设，无害化、资源化利用餐厨垃圾。　（朱帮林　黄　绘）

国土资源管理

【概况】 全年争取新增建设用地计划指标466.9公顷。其中，国家计划指标88.67公顷，挂钩周转指标133.33公顷，工矿废弃地利用指标66.67公顷，省重大产业项目留用计划指标95.73公顷，曲塘镇同一乡镇范围内村庄建设用地布局调整试点计划指标21.46公顷，独立选址计划指标6.48公顷，市级留用计划指标54.55公顷。主动服务永通新材料、海安县站铁路货场改扩建工程、凤凰传媒等重点工程项目，提前介入，实施联合

2015年11月17日县委书记陆卫东视察新桥七组整治项目（县城管局　提供）

办公，组织土地报征材料。全年有57个批次获国务院和省政府批准，涉及1167个项目1072.08公顷，其中新增建设用地853.41公顷。把握建设用地供地节奏，做到工业项目用地能供尽供，经营性用地有序供地。全年工业用地供地350宗339.13公顷，成交总价6.66亿元，总量列全市第一；经营性用地(含三产服务业)供地53宗55.4公顷；交通等基础设施供地131.8公顷。2015年，海安县被省国土厅、省经信委联合表彰为"高标准厂房建设与使用一类先进地区"，国土局门户网站建设、县土地学会工作受到省国土资源厅表彰。

国家地下水监测工程第一孔监测井　　（县国土局　提供）

【土地利用总体规划】 有效调控和规范城乡土地利用，保障重点建设项目和生态环境用地，完成土地利用总体规划一般性修改。开展土地利用总体规划中期评估性修改，新增建设用地流量指标1120公顷，进一步优化城乡布局。策应南通陆海统筹发展土地综合整治试点工作，扎实推进县7个市级中心镇的陆海统筹发展"土地综合整治示范工程"村庄建设用地布局调整试点工作。全县实施城乡建设用地增减挂钩项目区2个，合计拆旧区新增农用地117.59公顷，建新区104.9公顷，其中农用地97.85公顷。加大土地利用总体规划宣传和公示力度，严格土地利用总体规划的监督和执行，确保规划的严肃性和引领性。在实施项目用地预审、土地征收、城乡建设用地增减挂钩、土地整治等行为时，均以新一轮土地利用总体规划为依据进行审查，不符合土地利用总体规划的，一律不予通过。

【保护资源】 全面落实最严格的耕地保护制度，坚持数量、质量、生态三位一体保护，强化耕地数量管控、质量管理和生态保护。县政府与各镇政府签订耕地及基本农田保护责任状，同时镇与村、村与村民小组(责任人)层层签订责任状，建成横向到边，纵向到底全覆盖责任网络。县政府将基本农田保护、高标准基本农田建设、耕地占补平衡、工矿废弃地复垦纳入镇年度目标考核范围。角斜镇、南莫镇被南通市委、市政府表彰为全市耕地保护"十佳"乡镇。制作安装9个镇级基本农田标志牌，134个村级标志牌，落实管护责任，接受社会监督。实施李堡曹园和大公星河土地整理项目，规划新增耕地37.93公顷，累计投资4322万元，有效改善农村生产生活条件，提高农民生活质量，促进新农村建设。增加补充耕地来源，实施占补平衡补充耕地项目库41个，新增耕地76.67公顷。举全县之力实施城乡建设增减挂钩拆旧复垦，复垦规模创县历史之最，新增农用地701.07公顷。将历史遗留工矿废弃地加以复垦利用，全市率先通过省级验收，新增农用地75.33公顷。曲塘镇实施同一乡镇建设用地部局调整利用试点，全省首家获批实施方案。利用调入、调出等方式对耕地后备资源调查数据库进行年度更新，全县新建成的高标准农田实行永久保护，统一上图入库，实现高标准农田实时动态管理。出台《县政府关于加强设施农用地管理支持设施农业健康发展的通知》，严格实施农业项目的现场踏勘和占补基本农田审核备案等工作，全面加强设施农用地管理。

【节约集约用地】 编制2016—2020年海安县推进土地利用"集约化"工作方案，促进产业转型升级，努力提升全县土地节约集约利用水平。建立项目用地预审机制，优化产业布局，积极鼓励各区镇推进功能齐全、设施先进的四层及以上高标准厂房建设与使用，海安县连续两年被省国土厅和省经信委联合表彰为"高标准厂房建设与使用一类先进地区"。江苏铁锚玻璃股份有限公司、江苏兴华胶带股份有限公司、西蒙电气（中国)有限公司、江苏亚太轻合金科技股份有限公司、海安海太铸造有限公司、南通市苏中纺织有限公司、江苏恒炫电气有限公司、卡姆丹克太阳能(江苏)有限公司、江苏合海集团股份有限公司、江苏海辰科技集团有限公司被县政府表彰为节约集约用地"十佳企业"。

【闲置低效用地清理】 调查核实2013、2014年度全县闲置低效用地清理处置和开发利用情况，全面"回头看"，逐宗摸清已处置和尚未处置到位的闲置低效用地数量、类型和土地实际开发利用情况。全面摸底2014年12月1日至2015年11月30日期间新产生的闲置低效用地，逐宗登记造册。年初将全县闲置低效用地盘活计划通过责任书的形式分解到各区镇，并纳入"城建杯"考核。全年共盘活闲置低效用地204.87公顷，其中收回再利用闲置空闲土地26宗65.87公顷，盘活闲置、用而不足和空闲土地139公顷。完成2015年之前征而未供土地326.73公顷的催供工作。

【权益维护】 严格执行征地报批前的告知、确认、听证、预存征地补偿款和征地风险评估制度，依法履行征地批后"两公告一登记"程序，充分保障被征地农民的知情权、参与权、监督权。办结征收土地

4月22日,世界地球日"拥抱地球 珍惜资源"亲子活动　　(县国土局　提供)

604宗479.13公顷，涉及补偿资金4.1亿元,安置总人口5274人。认真贯彻执行省政府93号令和《海安县征地补偿和被征地农民社会保障办法》,安置人口对接社会保障2.91亿元足额汇入人社局专户,切实维护被征地农民合法权益。

【地籍管理】 根据2014年度土地利用变更调查结果，全县土地总面积11.84万公顷。农用地面积7.62万公顷,其中,耕地面积5.34万公顷,园地面积1.15万公顷,林地面积26.62公顷,其他农用地面积1.13万公顷。建设用地总面积2.68万公顷，其中，建制镇面积7186.37公顷,村庄面积1.6万公顷,交通运输用地面积2662.59公顷，水利设施用地面积802.52公顷，其他建设用地面积203.73公顷。未利用地面积1.53万公顷,其中其他土地面积1.51万公顷。与2013年度土地利用变更调查结果对比发现,全县年初耕地面积5.36万公顷,年内减少405.66公顷,增加203.66公顷,全年净减少202公顷。全县年初建设用地面积2.62万公顷，年内减少170.54公顷,增加769.75公顷，全年净增加599.21公顷。全面完成耕地后备资源调查评估工作，充分利用原有后备资源调查的资料结合现场核查,确保调查成果的现势性、准确性和实用性。

【不动产统一登记】 积极有序推进不动产统一登记工作。2014年12月25日，县委、县政府《关于印发海安县部分机构改革和职能调整实施意见的通知》明确将土地登记、房屋登记、林地登记、草地登记、海域登记等不动产登记职责整合到县国土资源局。2015年9月17日,县编委批复同意县国土资源局增挂"海安县不动产登记局"牌子。2015年11月23日，县编委批复同意设立海安县不动产登记中心。县国土资源局作为不动产统一登记工作的牵头职能部门，对照"四全"服务模式,优化业务流程,登记系统再造,强化窗口建设,切实维护权利人合法权益，扎实有序推进不动产统一登记工作。

【例行督察】 国家土地督察南京局《例行督察意见书》确认县存在8大类16小类土地违法违规问题，县政府对例行督察反馈的问题强化责任落实,有力有序、全力以赴推进各类问题整改，取得显著成效。在规定期限内例行督察反馈问题整改到位个数占比99.27%，面积占比99.93%,金额占比100%,顺利通过国家土地督察南京局的验收。

【卫片执法检查】 针对国土资源部下发的2005个图斑总面积1844.71公顷(其中耕地953.91公顷),组织力量,逐宗收集规划、地类、用地批文等资料,逐块现场核查。最终确认2014年度海安县土地卫片执法检查涉及违法用地21宗51.39公顷,主要涉及道路和工矿用地,违法用地行为全部依法立案查处到位，没收建筑物面积47.37万平方米，处理责任人33人,全部报征到位,消除违法状态。

【依法行政】 精心设计世界地球日、全国土地日、全国测绘法宣传日、全国法制宣传日等系列宣传活动。举行"拥抱地球,珍惜资源"低碳出行亲子活动,与县委宣传部联合开展"我与土地"摄影作品和微故事征集活动，在韩洋小学开展测绘书籍捐赠活动，将国家版图知识宣传纳入学校专题课堂等,"六五"普法圆满收官。国土局负责人走进"94.1政风行风热线""法制热线"等栏目宣传土地法律法规。将业务办理与行政权力网上公开透明运行相结合，进一步梳理国土资源管理的行政职权和便民服务事项，汇总行政权力事项清单，取消非许可行政审批,重新确定9项行政许可、101项行政处罚、6项行政强制等139项行政权力事项的设立依据、行使状态和行使层级。主动通过门户网站公开政务信息1248条,收到信息公开事项36件,均及时按程序答复申请人,处理办结率100%。行政应诉6件,均胜诉。

【矿产资源管理】 继续推进全县砖瓦企业压减关闭工作，关闭拆除持证砖瓦窑7座,盘活存量土地30.33公顷。做好矿产资源补偿费征管工作，征收矿产资源补偿费72.36万元。国家发展改革委员会批准的国家基础建设项目，国土资源部、水利部共同组织实施的国家地下水监测工程第一监测井落户海安。在海安县部署1个点位,2眼地下水位监测井,深度350米、400米。该地下水监测井起到区域控制作用，是南通市乃至江苏省的重要节点。12月2—4日,全国三级地下水监测网络建设研讨会在海安召开。

【地质灾害防治】 出台《海安县2015年度地质灾害防治方案》，落实预防措施，确保排查巡查到位。严格执行汛期24小时值班制度，切实做好砖瓦窑安全生产工作,组织隐患排查治理。督促做好地质灾害防治工作的组织实施。各区镇出台年度地质灾害防治方案,调整、完善区镇地质灾害防治工作领导小组、汛期地质灾害防治应急指挥机构，修编突发应急预案。抓好地质灾害危险性评估工作，做到规范及时，优质服务。

【测绘管理】 加强测绘市场统一监管，不断提高测绘成果质量，认真落实测绘资质审查标准。全面检查把关全县10家测绘公司的从业人员、仪器设备、产品质量和市场行为等情况，确保测绘单位的设备先进、技术过硬、服务优质。做好测量标志管护，全面巡查304个测量标志点，登记造册，评估其中缺损标志点、需维护标志点，全面维护测量标志点，确保测量标志点的现势性和准确性。

【土地储备】 编制全县土地储备计划，取得省国土厅核准意见和县政府批复，批准列入储备计划土地373公顷，全年收储4宗20.93公顷。加强对储备土地及地面资产监管，逐一排查全县68宗48.33公顷储备土地，实行属地管理，按季组织人员巡查监管储备土地。获省财政厅下发的融资规模控制卡，核定县土地储备融资规模48亿元。县国土局主动与银行对接，推介土地储备贷款项目，拓宽融资方式，全年融资到账5.65亿元，融资成本下降10%。

【信息化建设】 7月，县国土局成立大数据中心，明确人员和办公场所，启动"智慧国土"服务监管一体化平台建设。在全市率先采用"基站铁塔+视频摄像+智能视频管理平台+视频监控中心和移动监控终端"的方式，建立实时、高效、智能的国土监管视频监控系统，并试运行。县国土局档案室被省档案局表彰为全省"AAA数字档案室"。 （曹治洲）

交 通

【公路】 年底，全县公路通车总里程2382.27公里。其中，按公路隶属分：国道114.89公里（国家高速17.78公里）、省道38.42公里(省高速33.29公里)、县道339.31公里、乡道887.65公里、村道1002.07公里；按公路等级分：高速51.01公里、一级公路222.36公里，二级公路459.36公里、三级公路203.74公里，四级公路1445.80公里。公路密度每平方公里约2.02公里。

353省道海安段路面工程顺利完工 （县交通局 提供）

根据新一轮国家公路网规划（2013—2030年）和江苏省省道公路网规划(2011—2020年)，海安干线公路网调整为两条高速（G15、S28）、三条国道(G204、G328、G228)、四条省道(S353、S226、S403、S430)。

【铁路】 海安境内铁路总里程84.2公里，其中：新长铁路海安段32.58公里，宁启铁路海安段（不含连接线10公里）32.52公里，海洋铁路海安段17.5公里。

【航道】 等级航道9条184.6公里，等外级航道45条389公里，合计573.6公里。其中等级航道是：三级航道1条，连申线25.5公里；五级航道3条，焦港河22.05公里，串场河22.44公里，通扬线29.32公里(规划为三级航道)；六级航道3条，栟茶运河(规划五级)49.87公里，老通扬运河27.91公里，老通榆运河2.86公里；七级航道2条，丁堡河14.66公里（其中栟茶河以南为规划六级），江海运河3.38公里。

【港口】 全县拥有内河港口企业62家，码头泊位175个，其中800吨级泊位4个，500吨级泊位14个，泊位总延约11716米，最大靠泊能力1000吨，堆场面积近60.8万平方米，库场面积约5.95万平方米，港作机械256台，年货物吞吐能力982万吨。

【基础设施建设】 重点工程。海启高速征地拆迁全部完成，速度居南通县市之首。353省道海安段建成通车。通榆路北延(老204国道)维修改造工程、晓星大道北延、南海大道下穿铁路通道等均提前建成并实现通车。新长铁路营溪、王垛道口完成平改立工程。交通为民办实事80座危桥改造、等级公路独立桥梁建设等工程序时推进，其中连申线仁桥大桥建成通车，西园大道老通扬运河桥具备通车条件。

站场建设。全县拥有汽车客运站13家(海安、李堡、白甸、曲塘、雅周、胡集、沙岗、章郭、南莫、角斜、西场、丁所、老坝港)，海安汽车站、李堡站、白甸站、老坝港站为城乡公交和长途客运共用。建成公交首末站10个，28个港湾式回车场，城区公交站亭195个、农村客运站亭280个，公交站牌1370个。

运输生产。全县共完成公路客运量1980.9万人次、公路货运量4236.5万吨；完成水路货物运输量705.36万吨；港口货物吞吐量775万吨。铁路货运全年发送11万吨，到达24.6万吨。

【行业管理】 公路。在干线公路建设管理上大胆创新，实施以"项目管理公司化、施工管理信息化、安全管理专业化、质量管理标准化"为核心的四化管理模式，受到省、市主管部门多次肯定，省交通厅副厅长王永安评价"这是具有全省推广价值的海安工程建设管理模式"。353省道获全省普通国省干线公路建设工程十佳项目榜首，全省干线公路标准化创建示范工程等荣誉，并挂牌创建"江苏省交通建设优质工程"。221省道海安段改扩建工程获“江苏省交通建设优质工程”。养护、路政、应急、服务四位一体“大路政、大养护”公路管养海安模式日趋成熟，公路管养效率和水平不断提升，县域农路管养实现全覆盖。全年投入1194万元，做好全县干线公路的日常小修保养、大中修工程、专项维修工程，将204、328国道海安段全线打造成双优路段，年末干线公路路况综合指数98.4，优良路率100%，较“十一五”末分别提高4.37和2.75个百分点。

运管。全县公交车辆197辆，客位数10413个。开通常规公交线路50条，其中：城区及通往城郊接合部的一级线路(城市公交)8条；城区通往各区镇的二级线路(城乡公交)19条；各区镇到所属行政村的三级线路(镇村公交)23条。全县所有行政村都通达城乡公交，所有区镇均开通镇村公交线路，这两项指标均提前达到江苏基本实现现代化和全面建成小康社会的指标体系要求。此外，开通城区区间高峰车线路26条，方便城区初中学生上学放学出行；开通晨朗集团至孙庄、南莫佳果制衣至沙岗、滨海新区管委会至海安等专线，方便企事业单位职工上下班。在全省城乡道路客运一体化发展水平综合评价中，海安被评定为最高级AAAAA级，是南通唯一一家获此荣誉的县级城市。不断完善城市公交体系，适时调整公交首末班时间、班次间隔时间，安装公交无线网络终端，更好地满足市民出行需求。新增营业收入1000万元以上运输企业3家，积极推动天赋力、亚太亿发、腾龙等6家物流企业完成省“十三五”交通物流基地建设项目申报工作。

海事。全年检验船舶398艘、8.98万总吨、47101千瓦，未发生一起船舶检验责任追究事故。检查出艇7238艘次，参加检查人员1.81万人次，巡航里程4.2万公里，实施船舶报港2.93万艘，检查船舶1.83万艘次，纠正违章7582艘次。“12395”接处警10起，排除航道不畅险情54次。办理船舶签证1.46万艘次，其中危险品船舶实船签证123艘次。实施水上水下活动监护，安全监护122天次。

航道。认真组织航道清障扫床工作，全年实施扫床740.34公里。开展六级以上航道测量88.98公里，及时向社会公示市级干线航道维护尺度信息。开展连申线养护标准化试点，组织徒步巡查和社会化测量，加强易堵航段的摸排工作。加强辖区5座航标遥测和维护保养，做到每天都及时掌握航标工况，确保航标正常率99%以上。全年巡航总里程5500千米，实施行政处罚1起，制止查纠违规行为13起，保证管理实效。未发生因养护管理不善而出现的航道堵塞现象和水上安全事故，有效保障辖区航道安全畅通。

港口。推进“智慧港口、绿色港口、平安港口、法制港口”建设，港口岸线利用严格按照海安内河港口总体规划执行，5家企业申请使用规划内港口岸线近1000米。根据省市内河港口管理“达标年”活动要求，办理延续许可14家，补办港口经营许可6家，6家危险化学品码头全部办理港口经营许可证和危货作业附证，港口经营持证率90%以上。

【安全生产】 成立安全督察组，加强督察，扎实开展安全隐患排查活动353省道海安段建设工程荣获师范平安工程、平安工地。县内2家客运和4家危化品运输企业均通过安全生产标准化达标验收，被县政府、市局评为年度安全生产工作先进单位。

【依法执政】 深入开展行政执法专项整改活动，规范执法行为。全年实施交通行政处罚(处理)案件2530件，办理行政许可30件，政府信息公开案件3起。被市交通运输局评为交通运输行政执法评议考核先进单位。

【文明创建】 组织开展“惠民党建”交通特色品牌创建活动，“工程创优展形象、先锋引领树标杆”的工地党建活动，充分发挥县交通系统党建全覆盖的强效机制，实现“工地党旗红”。积极打造“安全走廊”“公路使者”“姜海驿家亲”“船民驿站”等服务品牌。飞鹤公交两名职工被县委、县政府授予2014年度“最美海安人”荣誉称号，1名职工被南通市见义勇为基金会授予“南通市见义勇为好司机”荣誉称号。

【机构设置】 海安县交通运输局内设科室6个：办公室、政策法规科、工程建设管理科、安全技术科、财务科、交通运输综合管理科。下属基层单位10家，分别是：海安县地方海事处、海安县运输管理处(海安县内河港口管理处、海安县交通运输局运政稽查大队)、海安县乡镇交通运输综合管理所、李堡交通管理所、海安交通管理所、曲塘交通管理所、墩头交通管理所、海安县交通工程质量监督站、港务管理处、汽车综合性能检测站。

(许华平)

水　利

【概况】 2015年全县水利建设总投入2.48亿元，实施14项重点水利工程，水资源管理规范严格，节水型社会建设成

河道保洁　　(县水利局　提供)

果丰硕，河道长效管理机制不断健全，水生态环境不断改善。

【防汛防旱防台风】 汛前，县防指组织全县水利工程汛前大检查，县镇联动实施一批险工段工程的除险加固，到主汛期前，全县水利工程除险加固隐患得到处理或落实度汛预案措施，有效保证全县水利工程度汛安全和防汛减灾效益的发挥。各区镇、县各部门强化预案完善、物资储备和防汛巡查、抢险队伍组建，到主汛前，县、镇防汛巡查、抢险队伍均调整组建到位，物具器具齐全配备，全县14个雨情、16处水情监测点水雨情监测全覆盖。

为防御汛期强降雨雨涝，县防指先后启动应急响应5次，下达防汛排涝指令12次。调度北凌新闸春季排咸、汛期泄洪排涝及生态补水排水，开闸107个潮次，排水6.2亿立方米。两次调度通扬运河、北凌河沿线闸涵关闸挡洪、控制引排（防御7月上、中旬雨涝和8月各一次）。县主城区和大公镇东部洼地刚建成的防洪除涝闸站投入汛期运行，发挥显著的防洪减灾效益。里下河防雨涝、防台风期间先后调度63个低洼圩区关闸排涝，关闸465座，开机排涝210座、1.26万千瓦，累计排涝10天，有效防御近35万亩农田雨涝及内渍灾害。

全年先后遭受多次强台风外围影响，其中以防御第9号台风“灿鸿”最为紧迫，7月9—11日，县防指将防台抗台应急响应从Ⅳ级提升到Ⅲ级、Ⅱ级，全县各区镇、各相关部门积极落实各项防范措施，最大限度减轻灾害损失。

【防汛减灾水利工程】 实施大公红星闸改造工程、墩头东湖排涝站工程、里下河圩堤工程，7月底前全部完成。实施北凌新闸除险加固工程，该工程为县第一个水利工程建设代建制项目，2014年12月底开工，2015年12月完工。

【河道整治、水利连通项目】 实施2015年农村河道疏浚工程，总投资1322万元，疏浚整治县级河道1条，疏浚长度0.97公里，疏浚土方1.93万立方米；疏浚整治乡级河道6条，疏浚长度16.44公里，疏浚土方18.87万立方米；疏浚整治村级河道80条，疏浚长度90.98公里，疏浚土方105.44万立方米。6月底前全面完工。

民桥16组泵站　　（县水利局　提供）

实施拆坝建桥（涵）工程，拆建及拆除214处，完成全年计划100%。

继续实施中小河流重点县综合整治和水系连通试点项目（海安镇、城东镇项目区），该项目于2014年8月中旬项目开工建设，到2015年12月底前基本完成。

【农田水利工程】 完成海安县2014年高标准农田水利建设示范县项目、海安县2014年新增千亿斤粮食产能规划田间工程（灌区末级渠系）、2014年中央农田水利建设资金海安县维修养护项目。

海安县2014年高标准农田水利建设示范县项目涉及高新区、开发区（城东镇）、曲塘镇、南莫镇，拆建灌溉泵站79座，新建防渗渠道99.87公里，新建配套建筑物2679座，新建圩口闸7座、闸站2座、排涝站2座，完成灌溉水利用系数测定3处。项目总投资4001.12万元，2014年10月底开工，2015年5月底完工，省级绩效考核结果为优秀，获省级奖补300万元。

2014年新增千亿斤粮食产能规划田间工程（灌区末级渠系项目）涉及大公镇、雅周镇、墩头镇，新建排涝闸站2座，圩口闸1座，拆建灌溉泵站16座，新建防渗渠道42.36公里，新建配套建筑物1818座，新建水泥路长2.7公里。工程总投资1500万元，2015年4月开工，2015年12月通过竣工验收。

2014年中央农田水利建设资金海安县维修养护项目涉及高新区、曲塘镇、南莫镇，实施灌溉泵站维修39座，防渗渠道维修5.77公里，跨渠桥维修18座，过水涵维修57座，节制闸维修7座，圩口闸维修58座，排涝站维修8座。项目总投资300万元，2015年4月底开工，6月底完工。

【清水工程】 发挥县主城区城市防洪工程引调提排功能，根据《海安县城市防洪工程调度运行方案（试行）》，每月3~4次调度各闸站适时开机引排，科学安排河水水体置换频次，特别情况及时开机排污，实现主城区河道水流串活和水体置换，保持县主城区较好的水质水环境。

一、二级河道25条470公里，“市场化运作、机械化保洁”正常运作，9条大型机动保洁船、37条小型机动保洁船、95名专职保洁员投入保洁。开展河道清障，清理网箱2863个、围网220处、网簖（拦网）962处，清除沉船456只。5月12日，市委、市政府在海安召开全市农村河道清障与长效管护工作会议，观摩县一、二级河道管护成果。省南水北调办及江都、如东、通州、海门等8个县市先后到县参观一、二级河道市场化运作、机械化保洁的做法。

继续推行三、四级不通航河道(沟塘)“生态保洁、以河养河”,新增养殖河道278条(段),投放鱼苗277吨,节省打捞秧花的人力、物力、财力,河面保洁效果有明显提升。

【水资源管理】 按照《海安县水资源管理现代化建设方案》,水资源管理现代化建设领导小组14个相关职能部门加强统筹协作,基本完成省水资源管理现代化试点县创建各项考核指标。实施用水总量控制、水功能区纳污控制、用水效率考核控制的最严格水资源管理制度。全年用水总量控制在5.43亿立方米以内,地下水用水总量控制在0.12亿立方米以内。组织编制全县《地下水压采方案》,组织实施县区域供水公司农村水厂供水深井三期工程,填埋深井8眼,封停改造22眼。结合全省取水许可确权登记,全面复核全县非农取水许可证,复核率100%。 (王 飞)

县供电公司全力配合上级公司做好特高压电网境内建设工作

(县供电公司 提供)

供 电

【概况】 全年海安完成供电量41.11亿千瓦时,同比增长0.13%;完成售电量39.63亿千瓦时,同比增长0.55%;线损率3.59%,同比下降0.39个百分点;完成固定资产投资3.19亿元;电费回收率100%;公司三项可控费用、电压合格率、供电可靠率等有关指标均达到业绩考核要求。县供电公司开展“最美海电人”选树活动,推动“安全、服务、廉洁、绩效和创新”五个文化落地实践,县供电公司营销部被省电力公司授予首批“企业文化示范点”称号。全年在市级以上新闻媒体用稿740多篇,被上级公司表彰为新闻宣传工作先进集体。开展最佳俱乐部评比、“海电之家”中秋晚会等系列活动,县供电公司荣获市供电公司职工体育运动比赛团体第一名。建成投运离退休职工活动中心,常态开展“电牵童缘”“电暖空巢”等5类志愿服务活动,志愿服务工作放样全县。再次获得全国“安康杯”竞赛优胜企业、江苏省电力公司“安全生产先进集体”和南通供电公司“安全生产先进集体”“文明单位”“党风廉政建设标兵单位”称号。截至2015年12月31日连续安全生产5634天。

【电网建设】 县供电公司加强电网项目规划和前期工作。主动对接地方经济发展,组织南通供电公司与海安县政府签订电网规划与建设战略框架协议,并率先在全市5县(市)全面完成与10个镇(区)的协议签订工作。完成“十三五”电网整体规划。支持1000千伏淮上特高压工程建设,配合施工单位圆满完成海安境内所有83.5基铁塔的组立和39.86千米线路的架设工作,公司荣获省公司特高压工程建设先进集体。配合完成110千伏老坝港变电站工程等5项工程的施工属地管理工作。组织实施沈星—田庄220千伏线路增容工程、壮志220千伏变电站110千伏送出工程等8个项目。加强配、农网建设与改造,重点解决“低电压”、“卡脖子”问题,共完成配网项目673个1.62亿元,农网项目782个1.61亿元。

【优质服务】 县供电公司利用自身打造的“电力E超市”服务平台,主动对接全县10个镇区的用电需求和重点项目建设,协调解决上海圣德曼铸造海安有限公司等18个市级和61个县级重大项目建设用电需求。全面推广并指导用户应用电力一点通APP,共完成3314户专变用户的绑定工作。开展“电力体检”活动,完成295户“AAAAA级电力用户和重要用户安全性评价”。配合县发展改革委开展节能减排工作,淘汰全县346家用户的S9以下高损耗变压器。开辟绿色通道,积极服务光伏发电接入系统,并网运行2.31万千伏安。实现河口岸电全覆盖,建成投运42台小容量接电设施。常态做好充换电站运营工作,服务公交累计行驶35.88万千米。完成“省农业科技项目展览会”“第五届海安中洋河豚节”等重要政治活动保电工作。

【科技创新】 县供电公司以国家电网公司级别的王生强劳模创新工作室为平台,积极发挥其示范带头作用,切实解决公司生产、经营、服务中的难题。截至2015年,累计完成国家发明专利申请2项,实用新型专利申请5项、授权6项,自定科技项目33项。公司青年创新项目“高压接头发热应急带电处理装置系统的研究开发”荣获国家电网公司青年创新创造大赛银奖。 (戴子贤)

自然环境　生态环境保护

Natural Environment　Ecological Environment Protection

里下河风情　章　丽绘

◎ 责任编辑　杨　斌

自然环境

【境域变迁】 海安境内成陆最早的是扬泰古沙嘴(扬泰岗地),在南莫镇青墩村。海安镇北部吉家墩、曲塘镇所辖原双楼镇等多处发现新石器时代的遗址和哺乳动物化石,有6500年以上的历史。此后基本上是在长江三角洲的自然发展和演变过程中不断沉积淤涨,不断向东延伸和扩展,东部成陆较晚。李堡镇、大公镇、角斜镇等地区成陆从上千年到数百年不等,滨海新区(角斜镇)沿海地区2010年年底才完成海堤围筑,新增土地面积3.74万亩。

【土壤】 海安境内土壤主要分为草甸土、滨海盐土、水稻土(潴育型、潜育型、脱潜型)3个类型。河北地区为水稻土地区,主要分布着缠夹沙、缠沙土、缠脚土、灰土、勤泥土等;河南地区为高沙土地区,主要分布着泡沙土、板而沙、夹沙土等,其北缘及村镇附近夹沙土占较大比重,其余则以板而沙为主;河东地区为潮盐土地区,除近海的老坝港外,大部分土壤发展为潮土类灰潮土亚类、脱盐土,主要分布着夹沙土、板而沙、黏土等。

【矿产资源】 域内矿产资源主要有黏土、石油、地热资源。境内的黏土主要用于制作砖瓦,资源浪费大,利用价值低。境内油气资源丰富,是江苏油气建设的重点区域,其中李堡地区地下探明储量可开采20多年。地热资源丰富。海安区域地层中地热水温45℃~52℃,单井出水量一般大于每日1000立方米,水质优良,富含多种有益人体健康的矿物元素。

【水资源】 全县水域总面积98.32平方公里,水资源总量(包括地表水、地下水及入境水)年平均6.0亿立方米。地跨江淮两个水系,以通榆公路为界。通扬公路以北,通榆公路以西属淮河水系,总面积420.3平方公里,区内正常河网水位1.2米。通扬公路以南,通榆公路以东属长江水系,总面积723.9平方公里,区内正常水位2.50米。1980—2008年降水资料统计,全县年平均降水量1001.59毫米,年平均径流量(即地表水量)2.77亿立方米;浅层地下水平均地下水资源量约为1.11亿立方米。全年平均降水入渗补给量1.59亿立方米,田间入渗补给量0.35亿立方米,浅层地下水补给量1.94亿立方米。 (海 年)

【2015年气候情况】 年平均气温16.0度,比常年平均偏高0.7℃。除7月平均气温较常年偏低1.0℃、6月平均气温与常年持平外,其余月份均比常年偏高。

年总降水量1604.4毫米,比常年平均偏多58%,为1981—2010年的同期历史的次多年份。其中1月、2月、7月和10月降水量比常年平均偏少,其余各月降水均比常年同期偏多,尤其是6月、8月和11月降水量较常年异常偏多:8月偏多量达122%,6月和11月偏多量均达138%。

年日照时数1768.0小时,比常年同期偏少15%,年日照百分率40%。其中,除4月、10月比常年平均正常略偏多外,其余各月均偏少。

梅雨:6月24日入梅,7月13日出梅,梅雨量312.8毫米(县气象站),入梅较常年偏迟,出梅正常,降雨时空分布不均,除南莫镇略偏少外,其余站点均比常年(203.9毫米)偏多1~6成。

台风:西太平洋热带气旋较活跃,受台风影响,出现明显的降水和大风天气。

7月11—12日(梅雨期间),受9号台风"灿鸿"影响,海安县大部分地方出现8级大风天气,最大风速每秒26.0米,出现在东部沿海海堤;大部分区镇出现暴雨,过程最大降水量出现在老坝港(94.2毫米)。

8月10—11日,受13号台风"苏迪罗"减弱后的热带低压和冷空气的共同影响,海安县出现暴雨、大暴雨和大风天气。过程累计最大雨量出现在白甸镇(257.7毫米),过程极大风速出现在海堤(每秒28.2米)。

8月23日20时至24日10时,受15号台风"天鹅"外围和冷空气的共同影响,海安县出现暴雨、局部大暴雨,过程累计最大雨量出现在角斜镇(111.7毫米)。

暴雨:年出现8个暴雨日(日降水量≥50毫米),3个大暴雨日(日降水量≥100毫米)。一日最大降雨量104.3毫米,出现在8月24日。

高温:全年≥35℃高温日数10天,年极端最高气温36.9℃,出现两次。

寒潮:11月24—26日受强冷空气影响,海安县出现寒潮天气,26日最低气温-1.0℃,27日最低气温-4.4℃;12月2—4日,海安县出现寒潮天气,4日最低气温-0.6℃。年极端最低气温-6.1℃,出现在2月9日。

强对流天气:7月24日下午,海安县遭受短时强雷雨大风袭击,造成曲塘镇、海安镇、大公镇7个村368户房屋受损。

连阴雨:年出现连续降水过程时段较多,其中连续降水日数5天以上的有3月16—20日、6月23—30日、7月6—12日、7月23—27日和11月4—9日。

异常气象:6月降水量342.2毫米,超过1981—2010年的同期历史最多纪录(1986年321.7毫米);8月降水量342.5毫米,超过1981—2010年的同期历史最多纪录(1987年332.6毫米)。

综合全年来看,2015年海安县气温正常略偏高,降水显著偏多,日照正常略偏少。 (吴 亚 彭小燕)

【雨情、水情、灾情】 (1)降雨总体偏高,短时降雨较大。汛期平均降雨量968毫米,较上年增加53.7%。受江淮梅雨峰的影响,6月24日至7月13日梅雨期降雨312.9毫米,较常年多53.5%。汛期有4次强降雨过程,降雨量共325.3毫米,其中8月11日白甸镇一次降雨量256.8毫米。(2)水位总体平稳,短时水位较高。汛期上、下河平均水位2.44米和1.35米,上河水位比往年平均高0.21米,下河水位与往年基本持平。梅雨期上、下河平均水位2.64米和1.58米,上河较常年高0.34米,下河与常年基本持平,其中6月下旬、7月中下旬和8月中旬,分别出现7天、3天和11天的超警戒水位。6月28日上河水位出现全年最高的3.54米,8月11日下河水位出现全年最高的2.72米。(3)梅雨正常,台风正常。梅期20天,与常年相当。汛期有第9、13、15、21号台风外围影响到海安县,海上风力7~9级,陆上风力5~7级,灾害影响较小。(4)涝情较重,旱情较轻。梅雨期几次强降雨及几次台风的外围影响,河东沿海各区镇和里下河各镇的局部地区短时受淹，县主城区基本安然无恙。5月下旬至6月上旬水稻抛栽期的用水高峰期降雨少，但由于长江引水充足，全年基本无旱情。（王　飞）

环境状况

【空气质量】 海安的空气质量每天都在南通市空气质量数据发布平台进行发布，同时在海安环保网、政府网、海安电视台及时发布空气质量、首要污染物及出行建议等，让群众及时了解环境空气质量，使环境空气质量评价结果更加接近人民群众切身感受。全年，海安县PM2.5平均浓度每立方米0.059毫克，AQI良好天数225天，占监测总天数的69%，PM2.5平均浓度较2013年同期下降19.2%。

【水环境质量】 2015年，县环境监测站及时、圆满完成省、市、县控断面、重点流域、地表水环境功能区、农村地表水、饮用水源、地下水、生物监测等例行监测工作，取得例行监测数据8844个。在密切关注环境质量和环境敏感问题的同时，加强综合分析力量，及时将监测数据转化成有效信息，以月报、半年报等专项报告的形式，向管理和决策部门提供翔实、准确、可靠的信息，全年，形成各类报告22份。对照《地表水环境质量标准》GB3838-2002，2015年，海安县串场河仇湖大桥断面水质和通榆运河古贲大桥断面水质均达到水质功能区标准。根据省环保厅、省财政厅《关于缴纳2015年度全省水环境区域补偿资金的函》（苏环函〔2015〕221号），海安县补偿下游1657.68万元，受偿2223.58万元，净受偿565.9万元，表明新通扬运河—通榆运河流经海安县后水质有明显改善。

【声环境质量】 2015年，海安县环境监测站例行监测县城区域环境噪声和功能区噪声，取得监测数据5793个，为环境管理提供第一手资料，为环境决策提供有力的参考。(1)道路交通噪声。海安镇道路交通噪声等效声级为62.5分贝，低于标准7.5个分贝值，所测路段均达标。平均车流量较上年相比有所下降。(2)功能区噪声。县城1类、2类、3类、4类功能区全年昼、夜间的噪声等效声级均达到相应的国家标准，较上年无明显变化。(3)区域环境噪声。海安镇区域环境噪声昼间等效声级均值55.2分贝，与上年相比下降1.1个分贝值。

污染防治

【概况】 海安县污染物减排工作全市领先，提前一年完成省政府下达的“十二五”化学需氧量减排任务。2015年，海安县氨氮、二氧化硫、氮氧化物减排任务分别为61吨、1743吨、1423吨。安排减排工程19项，水污染物减排项目15个，包括联发污水处理厂提标改造、新建雅周污水处理厂等项目6个，天成养殖场畜禽治理项目1个，水关停项目8个；大气污染减排项目4个，包括3家热电企业脱硫脱硝工程、气关停项目1个，19项工程全部完成。

【大气污染防治工程】 海安县以生态文明建设为核心，以大气污染防治等为重点，通过工程治理、执法监管等有效举措，凝聚整体合力，污染防治工作取得一定成效。10月底，提前完成2015年度市大气污染防治重点任务和重点项目，为全市9个县（市、区）唯一完成任务的地区。控制燃煤总量。县政府印发《2015年海安县淘汰燃煤锅炉工作实施方案》，5月，召开全县锅炉淘汰工作会议，将淘汰燃煤锅炉任务分解下达至各相关部门及区镇。省下达锅炉淘汰任务15台，全部完成；市下达任务51台，完成50台，剩余1台采用其他同等规模锅炉淘汰实施替代。实施工业治理。推进热电、水泥行业提标改造。完成联荣建材、东方特种建材和美亚热电脱硫提标改造工程，康桥油脂每小时10蒸吨以上导热油炉年初停用，炉体拆除；推进重污染企业搬迁关闭工作。南通博鳌纺织有限公司染色生产线企业年初关闭，拆除锅炉、定型机等产生废气污染物的设备；推进挥发性有机物污染治理。江苏紫石化工科技有限公司等7家化工企业、江苏晨朗电子集团有限公司等4家其他企业完成挥发性有机物治理；电子行业新建企业齐克庞德安装挥发性有机物在线监控设施。实施综合治理。继续执行《海安县黄标车提前报废奖补办法》，实施黄标车禁行，依法对黄标车闯限行区域行为进行处罚，全年淘汰黄标车1965辆。实施秸秆禁烧禁抛和综合利用，加大重点区域、重点路段、重点时段的秸秆禁烧巡查力度，严查严控第一把火，全年无省市火点通报。实施秸秆还田作业补助、收贮补贴、压块加工补贴、临时堆贮补助等4项扶持政策，全县夏季秸秆机械化全量还田面积41万亩。

【开展环境专项整治行动】 实施印染企业整治。海安县有26家印染类企业，2014年进行整治，完成污水处理设施提标改造，其中9家企业于2013年建成30%的中水回用工程。2015年，按照深化印染行业环保专项整治实施方案组织整改，主要从VOC处理、燃煤锅炉淘汰、危险废物规范处置、在线监控设施完善等方面进行整治，全面完成整改任务。

实施电镀企业整治。全县有10家电镀企业，7家企业2014年完成整治，3家企业为刚投产验收项目。2015年，按照新的整治方案要求，进一步强化重金属监控设施建设，规范危险废物处置，健全应急处理预案，所有企业通过现场核查。

实施化工园区综合整治。园区有33家企业，其中26家企业建成投产，

污染源监测　（县环保局　提供）

基本完成整治任务，7家企业在建，按照环保审批意见及环保综合整治要求进行规范。

环境监测

【环境监测能力建设】 不断加强监测能力建设，确保监测数据质量。县环境监测站拥有水质自动站1座、大气自动站2座，拥有气相色谱仪、原子荧光分光光度计、离子色谱仪等大型仪器(设备)及部分中小型分析仪器(设备)166台(套)，仪器设备配置能满足《全国环境监测站建设标准》的要求。在日常监测工作中海安站注重加强仪器设备维护保养，确保仪器设备运行率。海安环境监测站具备经江苏省质量技术监督局认定的分析测试能力项目101项，具备环境质量例行监测、污染源监督监测和特征污染物监测中要求的基本监测项目能力，所有项目能做到2名以上监测人员同时持有上岗证。

【应急监测】 加大应急装备投入，做好应急监测仪器的维护保养。县环境监测站应急监测仪器设备配备处于南通9县(市、区)先进水平，为确保仪器能随时处于待命状态，2015年，加大对县环境监测站仪器设备的维护力度，实现设备维护工作程序化、定期化、例行化，监测仪器箱内均配置了快速操作作业指导书，为环境事故现场应急监测提供强有力的保障。强化应急演练。重点加强县环境监测站应急监测技术的培训，每月均组织监测站全体人员就各类应急监测技术进行培训，着重学习站内应急监测仪器的操作及适用范围，每次培训后进行现场考核，考核采取实际操作与提问相结合的方式，重点考核监测人员的实际应用能力，要求全站人员不论男女，发生应急事故时都必须能独当一面。应急监测快速响应。应急监测技术培训常态化是海安县环境监测积极探索的适应自身实际情况的应急管理模式，为提高全县环境监测的应急监测技术水平、确保应急监测快速响应打下良好的基础。

应急监测　　（县环保局　提供）

生态文明建设

【概况】 下发《海安县2015年生态文明建设暨环境保护实施意见》和《海安县2015年生态文明建设考核办法》，分解落实《南通市2015年生态文明建设目标责任书》，召开2015年全县生态文明建设工作会议，签订工作目标责任状，将市下达的生态文明建设任务分解落实到各区镇和相关部门。实施农村污水管网延伸工程。全年，海安县污水管网建设总体目标任务为40.1公里，实际建成农村管网40.8公里。积极开展覆盖拉网式农村环境综合整治工程。完成雅周万顷良田安置区、墩头万顷良田安置区、李堡李西小区等村庄污水处理工程5个，建设污水管网16.83公里。开展绿色创建系统工程。开展绿色创建，李堡镇李西村、墩头镇墩头村申报省级生态村建设，6所学校创建省、市级绿色学校，组织县内3家企业创建环保科普教育基地，市环保局在海安举行环保科普教育基地的揭牌、授牌仪式。推行清洁生产，10家企业通过清洁生产审核验收。

【清水工程】 2015年，全县96.6%的河道达到整洁河标准，90%的村通过达标村验收，超额完成全年目标任务。滨海新区、李堡、大公、白甸和南莫等5个区镇实现清水工程达标村全覆盖。强化畜禽养殖污染防治工作。积极推进全县畜禽养殖污染治理工作，完成与畜禽养殖规模相匹配的污染防治设施建设，各区镇建成农户蓄粪池1212个容积33591立方米，中转蓄粪池67个13540立方米，农户沼气池281个3834立方米，大型沼气池1个300立方米。积极开展畜禽生态健康养殖示范创建工作，按序时完成生态健康养殖5%的目标任务。加快推进畜禽粪便收运体系建设，各区镇均建立一支畜禽粪便收储运队伍，常态化开展畜禽粪便的收集、运输、综合利用工作，以畜禽粪便肥料化为主渠道，以末端处理为辅，实行种、养结合，积极发展林牧、果牧、桑牧等生态循环农业模式。发展区域性畜禽粪便集中收集和处理设施，实施畜禽粪肥的就地就近转化利用。建立畜禽养殖污染控制保障体系，管理网络、考核制度、行政执法、宣传机制及信息系统全覆盖。

【基层绿色创建】 海安县大力开展绿色社区、绿色学校的创建工作，积极倡导清洁生产、绿色消费、节约资源，增强全社会环境保护意识，弘扬生态文明。加强对创建工作的统筹规划和督促落实，建立完善成员单位目标责任考核，进一步加大创建力度。全年建成省级绿色学校1所(紫石中学)；市级绿色学校4所，分别为墩头镇吉庆小学、墩头镇双溪小学、南莫镇中心幼儿园、李堡镇丁所幼儿园；环保科普教育基地3家，分别为海安天楹环保能源有限公司、江苏中洋集团、南通绿源生物能源有限公司。　　(谭俊梅)

资源节约与综合利用

【建设资源节约型社会】 建立资源节约工作协调机制，组织开展节能、节水、节地等工作。强化节能目标考核。分解下达年度万元开票销售电耗下降指标和高耗能行业占比同比下降指标等节能考核指标，组织各区(镇)、县级机关22个部门和47家重点用能单位签订年度节能工作目标责任书，按要求推进工业、建筑、交通、公共机构等重点领域节能工作；强化财政支持、科技支撑等政策激励，推进统计分析、质监引导和舆论宣传教育，开展固定资产投资项目节能评估与审查等活动。2015年，全县工业用电量33.91亿千瓦时，工业应税销售每万元电耗

338.71千瓦时，万元工业应税销售电降率比上年下降10.75%；七大高耗能行业产值550.81亿元，规模工业产值1984.94亿元，占比为27.75%，占比比上年下降0.99个百分点。两项指标均超额完成市政府下达的年度计划目标。推进节水型社会建设。将节水型社会建设纳入最严格水资源管理制度考核，按照《县政府办关于实行最严格水资源管理制度考核事项的通知》总体部署，实施计划用水，全年创建申报省级节水型载体3个，其中省级节水型学校1所（县城南实验中学）、省级节水型企业1个(江苏鹰球集团有限公司)、省级节水型社区1个(县城中洋·高尔夫公寓小区)、节水示范项目1个(联发集团每日6000吨印染废水深度处理中水回用)。节水型社会建设考核指标全面完成。全县用水总量5.01亿立方米，单位工业增加值用水量每万元降至3.45立方米。突出土地节约集约利用。大力推进标准厂房建设，落实节约集约用地责任，加大挖潜利用力度，盘活存量土地资源取得新业绩，全年通过收回重新组织出让、督促企业追加投资等方式盘活利用闲置低效工业用地271.38公顷，其中闲置土地48宗120.8公顷，用而不足土地86宗61.3公顷。继续加大对砖瓦窑厂的整治力度，科学规划全县砖瓦窑，逐步推进由一镇多窑向一镇一窑过渡。至年底，全县关闭粗放用地、高能耗低产出的持证砖瓦企业29家，"腾"出土地146.67公顷。2015年度全县关闭砖瓦企业7家，超额完成年度关闭3家的任务目标。

【工业节能降耗】 园区循环化试点改造及节能项目建设成效显著。开发区、高新区在先后完成园区循环化改造方案的基础上，进一步加大重点项目建设，至2015年年底顺利完成20个重点项目的实施，取得良好的经济和社会效益；组织申报省产业转型升级绿色发展项目5个，获省引导资金260万元，争取资金总量位于南通各县市区前列。严格执行新上项目的节能评估审查工作。从源头上控制高耗能、高污染项目的引进和落户，同时引导企业积极使用节能新工艺、新产品，有效防止能源消耗的过快增长。加强节能执法和检查。会同市节能中心对全县8家固定资产投资项目企业，5家燃煤锅炉使用企业进行节能监察，对13家重点用能涉限企业及水泥生产企业和2家非工业重点用能单位进行能源监察审计，对8家国家"万家企业"使用Y系列电机情况进行监督检查，发现8家企业使用国家明令淘汰电机179台、淘汰磨机4台、淘汰S7变压器1台，针对检查中发现的问题，责令企业进行限期整改。抓好节能管理和淘汰落后产能工作。组织全县节能低碳行动单位认真开展能源利用状况报告编制及能源管理体系认证工作；引导企业加快淘汰落后产能及设备。1家企业完成省计划，淘汰印染落后产能2000吨。继续组织推进《海安县电机能效提升实施方案》，加快淘汰低效电机，14家企业完成电机能效改造提升任务，淘汰更换旧低效电机933台，淘汰功率5916千瓦。全面启动高新区和开发区10蒸吨以下燃煤锅炉改造工作，完成省市年初下达的淘汰改造任务目标。

【新型墙体材料推广】 2015年全县新型墙体材料产量占墙材总产量的89.82%，新型墙体材料建筑竣工面积占建筑总竣工面积的90.5%；黏土实心砖产量下降10%，压产到0.18亿块；新建角斜"居福园小区"和墩头"凤凰新城"2个新墙材推广应用新农村示范项目，2个示范点所使用墙体材料均为非烧结类的蒸压加气混凝土砌块和混凝土多孔砖，新墙材使用率100%。通过以点带面，示范引导，极大地推动农村新墙材的应用。组织做好新墙材推广的宣传报道工作。报道工作信息87篇，多篇文章被省经信委网站、《墙材革新与建筑节能》杂志、《中国建材报》等录用，县墙改办被省墙改办连续4年授予"江苏省墙改宣传工作先进单位"，发放《墙改宣传手册》等宣传材料1500多份。开展执法检查及基金征收工作。全年开展墙改执法检查52次，征收新型墙体材料专项基金588.07万元，返退墙改基金415.37万元。严格遵守基金返退内控制制。返退材料全部扫描上传至海安县电子政务平台操作，确保基金返退工作万无一失。

【散装水泥推广】 全年完成散装水泥发放量115万吨，占市下计划的135%，其中工程项目散装水泥使用率100%；推广应用商品混凝土171万立方米，占市下计划的100.5%。全年征收基金80.27万元。积极引导企业开发散装水泥市场，增加发散设施投入，增强设施配套能力，海安县新纪元水泥有限公司等企业均对原来的落后设备进行更新改造或转产。组织做好商品混凝土的扬尘治理工作，全县各生产企业均制定可行性方案并开始组织实施。抓好全县商品混凝土行业协会建设工作，一定程度上避免了商品混凝土行业的恶性竞争和无序发展。加强混凝土及预制构件生产企业的资质管理，配合市、县有关部门，全面检查商品混凝土搅拌站和重点水泥预制构件企业生产经营、资质申报情况，指出存在问题，提出整改意见，完成市下达的任务目标。（景月兰）

环境管理

【概况】 海安县环境保护以改善环境质量为目标，着力解决影响科学发展和群众健康的环境突出问题，各项工作取得积极进展。2015年，总量减排4项指标完成率在9县(市、区)名列第一；"海安县运用法治手段推动清水工程造福百姓"入选2013—2014年度南通市十大法治事件(案例)；环保宣传工作成绩显著，被评为《江苏环境》宣传工作先进单位。

【建设项目审批】 海安县在建设项目环境管理工作中依法行政、认真履责，严把建设项目审批关，进一步优化环评审批流程，创新服务举措、提升工作效能，全年审批建设项目350个。所有事项准确办结率、当事人满意率100%，环保窗口各项考核结果位于中心各窗口前列，连续四个季度被评为红旗窗口，且有工作人员被评为"服务标兵"。

【环保目标责任考核】 2015年，县下发《各镇环保办年度目标责任制考核办法》，并与各镇环保办签订目标考核责任书，将年度环保工作任务分解至各镇。12月，县政府组织考核各区镇的环保工作完成情况，全县10个区镇均完成年度环保工作任务。

全体环保执法人员统一着装上岗 (县环保局　提供)

【环境行为规范化整治工程】 开展环保大检查工作。年初,海安县制定环保大检查工作方案,召开全县环保大检查动员部署会,明确环保大检查工作任务,并对企业自查表填报、审核等工作进行业务培训。每月召开一次调度会,各区镇汇报、点评环保大检查进展情况,研究解决环保大检查中的相关问题。开展环保执法“亮剑行动”。召开污染源监控管理专题会议,63家企业主要负责人参加,明确在线监控设施建设规范和运行管理要求,落实建设和运行管理责任。召开行政处罚后督察工作专题会议,集中约谈企业负责人。宣传环境执法形势和环保政策,明确企业主体责任,敦促企业立即整改,纠正环境违法行为。强化部门联动。县环保局联合公安局、检察院等部门开展集中执法亮剑行动,严肃查处环境违法行为,全年组织7次。从4月开始,县公安局治安大队安排1名专职干警派驻县环保局,与环境监察人员一同查处环境违法行为。全年查处环境违法行为122件,处罚431万元,其中,限产1家、查封1家、移送公安机关3起。

【优化环境信访调处机制】 建立县、镇、村环保纠纷“三级”调解网络,成立1个县级、10个镇级环境矛盾纠纷调处站,并在全县210个行政村配备环保信息员、调解员,畅通环境信访的反馈、调处渠道。加大对信访调处时效性、满意度和处理效果的考核力度,把加强环境日常监管作为调处环境信访的突破口,及时消除可能引发环境纠纷的隐患,有效防范环境纠纷的重复访、越级访的发生。全年调处环境信访1396多件,其中,越级到环保部5件,越级到省138件,全部调查处理到位。

环保宣传

【环保宣传报道】 积极筹划,选好环境报道的方向和专题,并把宣传报道任务分解到各区镇,及时收集环保信息,确保环保工作的全程都能得到宣传报道,从而提升海安环保的影响力。全年,海安县在国家级报刊上发表作品11篇,省级报刊18篇,市级报刊20篇,全方位宣传海安环保工作。

【提高全民环保意识】 海安县建立区镇、学校、企事业单位环保通讯员制度,构建环保宣传网络,确保全方面宣传环保工作,提升海安环保的影响力。与海安广电、海安零距离网站合作搞宣传,在电台开辟环保专栏节目,在网站实时报道环保大检查、环境监管、群众信访等工作,让环保工作更贴近群众,取得群众的理解、支持和参与。积极落实新《中华人民共和国环境保护法》的要求,组织筹建海安环保志愿者协会,动员社会各界人士、各类企业参加,有力促进公众参与环保工作,共同促进环境状况的好转。

(谭俊梅)

环保演讲比赛 (县环保局　提供)

园区建设

Park Construction

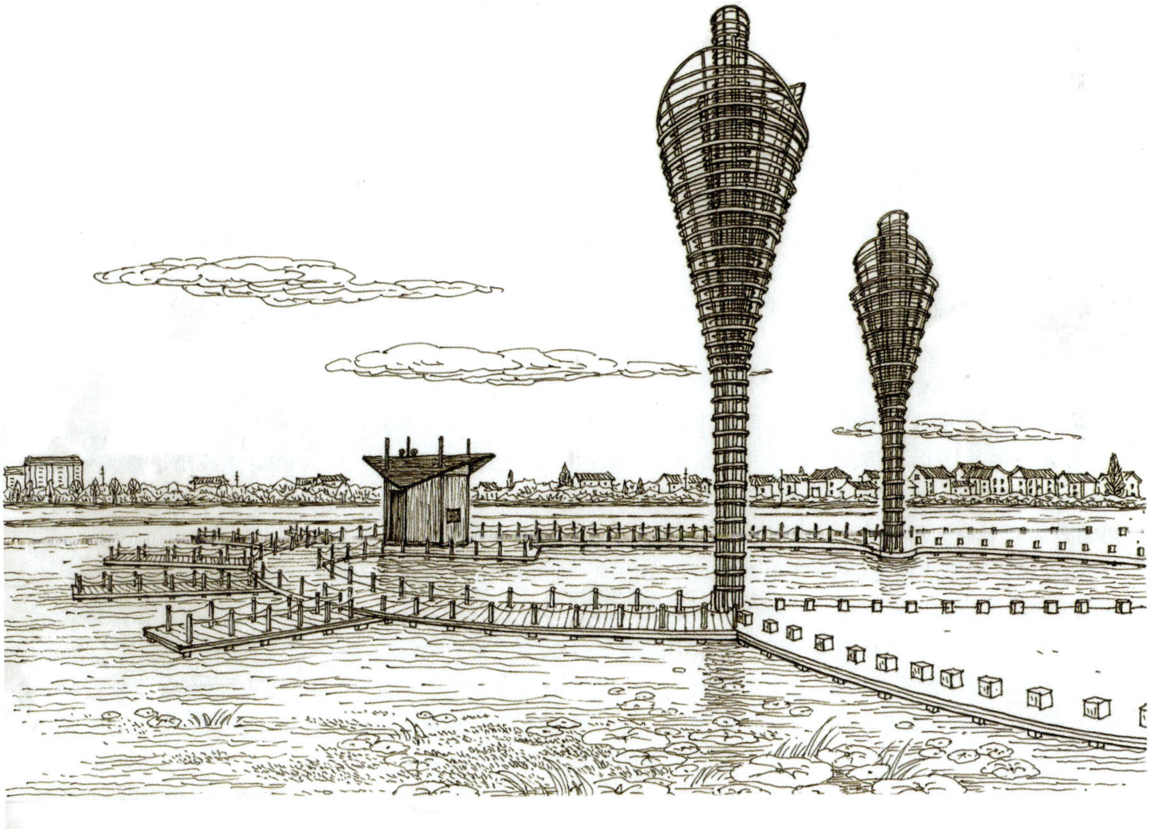

七星湖　章　丽绘

◎ 责任编辑　崔广华

海安经济技术开发区

【概况】 海安经济技术开发区（简称海安开发区）是“国家知识产权试点园区”“全国模范劳动关系和谐工业园区”“江苏省工业和信息化融合示范园区”“江苏省国际服务外包示范园区”。海安开发区始建于1992年，1996年获批为省级外向型农业综合开发区，2006年整合为省级经济开发区，2012年升级为国家级经济技术开发区。2014年10月，由中国和意大利两国政府联合共建的“中意海安生态园”成功落户开发区。2015年，海安开发区充分发挥“动车时代、节点城市”新优势，主动适应新常态，奋力抢抓新机遇，全面推进经济社会转型升级、创新发展，呈现出稳中求进、稳中有为的良好态势，年内被确认为“省级南北合作园区”“南通市机器人特色产业基地”。

【经济发展】 坚持三业并举，不断调优产业结构，全区工业和服务业应税开票销售767亿元，对全县的贡献份额首次超过50%。新增规模以上工业企业22家，完成工业设备投入12.9亿元，完成工业开票销售383.4亿元。新增新三板挂牌企业4家、入轨8家。和信科贷成为全国首家新三板挂牌科贷公司，三盛鑫成为全省第一家食用菌新三板挂牌企业。电子商务产业园全面升级，有色金属期货交割库启动营运，东部家具全球博览中心盛大开业，专业市场繁荣稳定，完成服务业应税销售383.8亿元，同比增长60.2%。现代农业亮点纷呈，新培育全托管主体52个，全托管面积近两万亩。大力推进农业“互联网+”，农产品线上交易额1.7亿元。农业大项目建设领跑全县，现代农业实现全县“四连冠”。

【规划与基础设施建设】 启动南湖大道、晓星大道、丁祠路改造等交通网络建设，完善上湖大道、姚池路、常安纺织园次干道等绿化配套，污水管网建设实现全覆盖，园区承载力实现质的提升。上湖湖面基本成型，开发大道、动力大道、上湖大道、东部大道等绕城主干道已经建成，湖面整形、生态水环境、沿湖生态驳坡及景观绿化、环湖路、南湖大道等一批

纯电动车项目签约仪式　　（县开发区　提供）

基础设施工程正抓紧建设。“现代、精致、增绿、便民”工程扎实推进，城市形象显著提升。

【招商引资】 整合招商队伍，创新招商方式，深化与中国台湾、日本、韩国等地区和国家各大商会的合作交流，积极寻求有效突破。新增境外招商机构4个，招引一批外资项目、优质项目、龙头项目，全区实现外资到账1.56亿美元。总投资3.5亿美元的纯电动汽车项目、总投资52亿元碳纤维及石墨烯材料项目，分别为海安历史上最大的外资项目和内资项目。

【项目建设】 大力推进重大项目建设，集聚效应不断增强，为实现全区跨越发展提供了强有力的支撑。2015年，新开工亿元以上工业项目21个，竣工亿元以上工业项目19个。美国莫塔激光熔束制造技术合成人造金刚石项目、海安大宗物资物流园项目和长三角全球家具采购中心项目被列入2015年江苏省省级重大项目投资计划。

【科技创新】 深入开展产学研合作，着力提升科技创新能力。全年推动10万元以上校企合作产学研项目70个。不断释放国家级知识产权试点园区优势，全区万人发明专利拥有量36件。上海交通大学、苏州大学、常州大学、中国科学院、北京机电研究所等产业研究院与区内企业迅速联姻，企业通过实现机器换人，加速向智能化、自动化拓展迁移，向产业链高端强势攀升。新兴产业持续增长，全区高新技术产业产值占比56%。新能源、汽车零部件两大新兴产业快速发展，累计实现工业开票销售56亿元。

【中意海安生态园建设】 以生态、环保、可持续、循环发展的理念打造园区，规划共建“一基地、两区”载体平台。2015年，启动中意海安生态园低碳生活核心区规划设计，中意海安生态园路、电、水等七通一平基础配套设施基本完善到位，174亩启动建设用地规模空间落实到位，规划设计一稿提交评审。设立驻意大利招商机构，中意双方互访频繁，首个中意合作项目意迪驱动开工建设，意大利精品家具展销馆主体封顶。

【开发区实验学校投入使用】 9月，总投资1.5亿元的开发区实验学校投入使用，设有3座可容纳48个班的现代化教学楼、可容纳近1200名学生的学生公寓、可容纳800多人的多功能报告厅、可容纳2400名学生的食堂、400米标准塑胶跑道、2500平方米的风雨操场，成为全县第一所九年一贯制学校。

【南通理工学院海安校区开工建设】 9月13日，南通理工学院海安校区开工建设，把海安教育推进到了更高更新的层面。启动教学楼、宿舍楼、后勤服务大楼、主广场、雨污水管网等建设。建成后将进

9月13日南通理工学院海安校区开工典礼　　（开发区　提供）

一步放大海安开发区科技载体、人才导入、创新资源和功能平台的“四大优势”，促进区域经济社会健康持续跨越发展。

【东部全球家具博览中心盛大开业】 10月1日，营业面积15万平方米的东部全球家具博览中心盛大开业，首批签约入驻的近200个知名家具品牌夺人眼球。开业后短短的3个月，完成市场成交额2.5亿元。（蔡晓群）

海安高新技术产业开发区

【概况】 海安高新技术产业开发区（简称海安高新区）地处通盐泰金三角中心和通盐连发展轴重要节点，独具“公铁水”立体交通格局。沿海高速、启扬高速、宁启铁路、新长铁路、海洋铁路、204国道、328国道、221省道、353省道等纵横贯穿，连申运河、新通扬运河相互交汇。行政区划面积208.9平方公里，26.5万人，下设13个街道办事处、18个居委会、40个村委会。海安高新区是海安县城主城区、海安核心功能区，是全国文明县城、国家生态镇、国家卫生县城、中国绿色名镇、全国环境优美区（镇）、全国社区教育示范镇、国家科技示范园区、国际科技合作基地、国家级科技孵化器、国家级高校学生科技创业实习基地，是省生态工业园区、省和谐劳动关系示范园区、省“工业化、信息化”融合示范区、省社会治安综合治理先进镇、省安全生产先进镇、省依法行政示范镇、省诚信乡镇、省放心消费创建示范镇、省公共文化服务体系示范镇、省科技示范镇、省乡村公路管养及安保工程示范镇。2015年，又被评为江苏省创新型科技园区、省功能新材料产业产学研协同创新基地、省级锦纶化纤中小企业产业集聚示范区。海安高新区综合发展水平、民营经济保持南通市第一强，成为海安重要的经济增长极、对外开放窗口、科技创新基地和转型发展引擎。

【规划建设】 科技核心区建设全面展开，《高新区特色产业园控制性详细规划》通过论证，科创园规划面积8平方公里，新型孵化器、产业化基地、加速器等科创项目进入实施阶段。加快城乡一体化建设，构建完善“七横六纵”道路交通格局，2015年完成基础设施投入1.7亿元，续建南海大道、国瑞特区间路等道路，新建隆政区间路、好味多区间路等道路工程，全年新增造林绿化面积188.67公顷。实施县属重点工程45项，区本级工程57项，完成征收1347户，安置房新竣工可交付套数5119套，安置率99.1%。按照“老旧小区扫盲、农民安置房达标、新小区创优”的要求，166个老旧小区实现物业服务全覆盖，18个新建安置房小区物业管理规范到位。

【科技创新】 全年开工技改项目86个，完成技改设备投入10亿元，省列入统计的大中型工业企业研发机构建设覆盖率100%。海安南京大学高新技术研究院成为苏中地区唯一进入2015年省创新能力建设计划项目清单的创新载体；与江苏省环境科学研究院合作，建成海安分院；与中纺院、太原科技大学签订产业研究院共建协议，新建企业研究院2家；铁锚玻璃与中国商飞上海飞机设计研究院共建的华东地区最大鸟撞试验基地成功落户；建立“江苏文凤东华大学化纤研究院”。东南大学、苏州大学、江南大学、西安理工等高校和院所在高新区设立科技成果转化中心，全区建成校企共建研发平台52家，累计达成产学研合作超过120个，发生金额超过3000万元，产学研合作项目成果产业化数量40项。2015年发明申请专利512件，实用新型专利申请509件，专

高新区工业生产一瞥　　（翟惠勇　摄）

利授权总量1069件，其中发明专利70件。国际发明专利申请11件。招引顶尖人才3人，入选省“双创人才”4人，入选江苏外专百人计划1人。

【招商引资】 积极实行1名招商分管负责人、1名专业招商人员和若干名委托招商人员组成的“1+1+X”团队，先后在日本、韩国、美国等国家和中国台湾地区成立招商代表处，聘请当地人士实行委托招商。全年新批注册外资2.72亿美元；完成外资到账1.56亿美元；完成外贸进出口总额4.2亿美元，台湾骅升科技、韩国荣民、马尔席湾、北京仁创、润雅机电、安瑞电力、众润新型建材等一批项目签约落户。

【项目建设】 坚持“项目为零、一切为零”的理念，强化“一审二核三建四供”项目管理制度，圣德曼铸造、奥狮汽车等重大项目有序推进，弘盛新材料二期顺利开工。全年实现新开工工业项目74个，其中10亿元项目1个，5亿元项目2个，1亿~5亿元项目17个，5000万~1亿元项目14个，1000万~5000万元项目40个；新竣工工业项目64个，其中5亿元项目2个，1亿~5亿元项目15个，5000万~1亿元项目7个，1000万~5000万元项目40个；全年完成工业设备投入抵扣数12.86亿元(其中进口设备1.1亿元)；完成工业项目电力增容累计新增变压器用户72家，累计新增总容量33805千伏安。 (胡 军)

老坝港滨海新区

【概况】 老坝港滨海新区（简称滨海新区）地处临海高等级公路与328国道交接处，是海安县唯一的临海区镇，也是南通沿海8个重点区镇之一。辖区面积145.6平方公里，其中滩涂面积33平方公里，下辖20个行政村。老坝港滨海新区是全国闻名的角斜“红旗民兵团”所在地、“海安花鼓”发源地，拥有“紫菜之乡”“河豚之乡”“鳗鱼之乡”等称号。

【经济运行】 工业经济提质增效。纺织、服装、机械、电子等传统产业提档升级。“3+1+1”产业园区内碧辉等5家石材与海东等4家光伏企业，开票销售占全部工业企业的10.1%。华强染整、华安袜业2家企业实现开票销售超亿元。品合石材等12家企业开票销售增幅均超30%。巨力磁材等17家企业实现总量2.1亿元的技改投入，开票技改设备投入6300万元，创历史新高。新增规模企业3家，净增亿元企业1家。

【科技创新】 以“银政企携手攀新高”活动为抓手，深入研究制定“一企一策”。大明玉新材料等6家企业与中科院等高校院所形成产学研合作。完成30万元以上产学研合作项目3个，成果转化项目4个；10万元产学研合作项目3个，科技核心企业3家。明芯微电子成功申报省级以上高新技术产品4个。统筹人才梯度建设，引进高层次、高技能、创新型人才6个。

【园区发展】 开发力度不断加大。按照“全覆盖、地毯式、精准化、高频率”要求，实行领衔部门、产业、任务“三领”招商。围绕石材、家具、生物、新能源、综合等“3+1+1”产业园区，紧抓“北上广”“浙闽川”等产业密集转移区，举办招商推介活动40多场次。签约澳凡家具、源和金属等亿元以上项目40个，完成注册外资1300万美元，到账外资402万美元。

园区建设稳步推进。大明玉新材料等7家亿元企业竣工投产。10万平方米石材标准厂房和12万平方米家具孵化园开工建设。央企龙源投资50亿元的海上风力发电项目加快推进。落户园区新开工亿元以上项目18家，累计57家，其中石材、家具各20多家；厂房建筑面积90万平方米，其中石材、家具均有40多万平方米。

发展要素着力提升。全力推进项目融资，不断拓展融资业务，与各银行和金融企业对接，累计新增银行贷款到账资金5.55亿元。加大海域使用权证办理力度，成功获批11个用海项目260.47公顷。全年征地88.47公顷。推进石材保税仓库、家具基金工作。加大人才集聚和创业就业培训工作，赴陕西、贵州进行招工引劳。

【产城融合】 基础设施有序实施。不断完善核心区内基础设施，完成1.5亿元投入。市政二期8条道路的绿化完成土方平整，亮化完成灯杆安装，交安完成标线划分、标志牌安装，形象初出。市政三期3条道路和区间一期8条道路工程完成沥混摊铺，形成园区道路互通。桃园路、乐园路完成路基施工。河道四期2条河道工程完成疏浚整治。

新城开发步伐加快。快速推进新城区生产生活性配套项目建设，产城融合不断深入。滨海商务大厦建成投入运营；邻里中心一期商务接待中心建成，二期12栋职工中心公寓主体建成。滨海新天地完成复工前相关手续。加油站、物流中心、企业家公馆、人才公寓等生产性配套项目和滨海医院、汽车站、大卖场、星级酒店、阳光老年公寓等生活性配套项目

滨海新城区道路 (县滨海新区 提供)

副市长单晓鸣率队参观了凡木屋休博园项目　　（县滨海新区　提供）

有序推进。

配套设施快速跟进。建成110千伏变电站，投入运行。新建110千伏架设线路40公里，10千伏线路30公里，电缆入地2公里。新建供水管网主支管道10公里，园区内全覆盖。家具消防池建成投入运行。污水处理厂一期工程主体封顶。产业园区内通信、燃气、供热、排污等配套工程与市政道路建设同步推进。

城乡面貌明显改观。争取财政奖补路资金172万元，修建财政奖补路10.5公里。新建硬质水泥路10.5公里、桥梁3座。改扩建车口14座，新建涵闸107座。提升原角斜、沿口、老坝港3个老集镇的城镇管理水平，完成角斜环镇东路改扩，修缮公厕5座。改造221省道、老集镇区路灯624盏。

【"3+1+1"产业园区】　"3+1+1"产业园区分别为石材、家具、生物、新能源、综合产业园区，位于滨海西路以东，金港大道以北区域。石材产业园区占地200公顷，以高端石材生产加工为主，规划建设工业生产区、商业生活区、城市综合区。凤凰山石材等20多家企业签约入住，碧辉石材等近10家企业竣工投产。家具产业园区占地200公顷，打造中国东部家居全产业链生产基地，规划建设工厂区、物流园区、交易展示区、商住配套区等。澳凡家具等20多家企业签约入驻，大爱城家具等10多家企业即将竣工投产。生物产业园区占地133.33公顷，进行海洋生物药品制剂、片剂研发生产及研究中心建设。盐生药用植物园、侨基生物等5家亿元项目入驻建设。新能源产业园占地133.33公顷，重点发展光伏、风电等新能源产业，投资50亿元的海上龙源风电项目等8家企业落户，其中5家竣工投产，海上龙源风电项目完成高压走廊可行性研究报告，通过省能源局核准，年内完成工程招投标，力争开工建设；综合产业园占地133.33公顷，先进装备制造、新材料、电子信息、食品加工等产业，累计落户项目4家。其中投资5亿元的了凡木屋休博园1000平方米木屋基本建成。项目一期水上乐园，预计2016年10月全面建成，对外开放营业。　（周花荣）

江苏海安商贸物流产业园

【概况】　2015年，物流园重点做好基础建设与平台运营两大文章，新货场1号铁路线的开通、有色金属期货交割库的运营、内外贸铁路班列的到发，园区平台专业特质进一步凸显，功能辐射效能进一步提升。全年实现开票销售150亿元，新引进16家有色金属贸易企业，其中超亿元企业3家，超10亿元企业1家。

【多式联运体系】　园区8条区间道路全线贯通。铁路1号线建成运营，铁路2号线主体工程竣工，凤山港务码头基础设施按序时推进，园区内"公铁水"联运体系实现无缝对接。

【中物联大宗分会年会】　5月15日，2015中国大宗商品电子商务与现代物流发展论坛在海安举办。论坛由中国物流与采购联合会主办，中物联大宗商品交易市场流通分会、中国物流信息中心等单位承办，江苏海安商贸物流产业园协办。中国物流与采购联合会副会长蔡进、国务院发展研究中心市场经济研究所所长任兴洲、中国证监会研究中心正局级研究员黄运成等有关领导，中国物流与采购联合会、中物联大宗商品交易市场流通分会会员单位代表，以及来自国内外的行业著名专家、学者与企业家共聚一堂，探索交流新常态下大宗商品电子商务与现代物流发展的新方法、新思路。县委书记陆卫东、县人大常委会副主任王锡林、副县长严长江参加活动。

【有色金属期货交割库】　3月24日，上海期货交易所批复同意江苏百金汇物流有限公司成为该所铝、锌交割仓库，核定库容为铝2万吨、锌1万吨，百金汇物流有限公司是苏中苏北地区唯一的上海期货交易所有色金属期货指定交割库。7月5日，举行有色金属期货交割库揭牌仪式。该交割库位于江苏海安商贸物流产业园核心区内，项目一期用地7.07公顷，已建成4500平方米的结算中心大楼，标准化室内仓库1座，露天存储货位10万个，库存总容量超过50万吨，年吞吐能力500万吨以上。该项目充分利用区内"公铁水"无缝对接的条件，有效破解有色金属流通环节中"最后一公里"的问题。中铝、鑫恒、青铜峡、包铝等10余家国内知名有色金属冶炼企业发货入库，周边有色金属生产加工企业到海安提货，月均到发量近2万吨。

【上海铁路局海安物流基地】　7月22日，上海铁路局海安物流基地举行揭牌仪式，在业务推介会上，物流基地先后与25家地方企业签订框架合作协议，县四套班子主要领导，南京货运中心、新长车务段、南京铁发集团相关领导参加物流基地揭牌仪式及物流推介会。上海铁路局海安物流基地由海安县政府出资筹建的货场扩建项目，按照与上海铁路局的框架协议约定，由上海铁路局南京铁道

中亚班列首发 （商贸物流园 提供）

发展集团与海安商贸物流产业园共同组建的海安铁联物流有限公司负责经营。海安物流基地一期工程占地10公顷，共有两股道（货三道、货四道），总有效长700米，容车数52辆，集装箱堆场2.6万平方米，配有国内领先水平的40.5吨高压集装箱专用门吊1台，可同时办理整列集装箱、整车的装卸作业。海安物流基地的开通，有效带动长三角长江北翼铁路物流量的大幅度增加，加快铁路门户型城市建设步伐。

【中亚班列海安首发】 7月22日，甘肃国际陆港华东物流基地中亚班列满载40个标准集装箱，从物流园专用铁路1号线首发，将华东地区生产的服装、机械等产品，输向中亚5国。上海铁路局南京货运中心副主任黄海涛，上海铁路局南京铁路发展集团总经理江向阳，上海铁路局新长车务段段长王少锋，上海铁路局新长车务段党委书记孙革红，甘肃国际陆港集团副总裁、国际贸易事业部总经理蔡清松应邀出席活动，县委书记陆卫东致辞，县委副书记、县长顾国标主持仪式，县人大常委会主任孙进基，县政协主席周宗泉，县领导吉恒明、王锡林、严长江、吉传稳，以及国际铁路货代企业、通泰盐地区铁路适运货物发运内外贸企业、海安地方运输企业的230多人，县级相关部门、各区镇负责人参加活动。

【汽车班列首发】 8月28日，上海铁路局海安物流基地汽车班列首发仪式在江苏海安商贸物流园举行。上海铁路局海安物流基地汽车班列满载16个专用集装箱，从物流园专用铁路1号线首发，一路西去，将160辆轿车运往西安铁路局新筑站。此次上海铁路局海安物流基地汽车班列的成功首发，标志着中铁特货上海分公司与海安物流基地合作的新开始，也标志着海安物流基地进入纵深发展阶段。

【华东棉花仓储集散中心】 12月14日，新疆银隆农业国际合作股份有限公司与海安县商贸物流产业园就华东棉花仓储集散中心项目落户举行签约仪式。县领导陆卫东、顾国标、严长江，新疆银隆集团总裁冯刚，县相关部门负责人参加活动。华东棉花仓储集散中心项目建筑占地面积3.6万平方米，年棉花周转量15万吨。

【服务产业项目】 正盛塑料仓储物流、中恒粮食物流、荣杉国际木材城等大宗物资物流项目顺利开工，园区总开工建设面积10万平方米。续建的大运、联发等项目一期工程竣工。与新疆银隆农业国际合作股份有限公司签订中亚棉、新疆棉华东仓储物流基地。 （王存宝）

新疆银隆农业国际合作股份有限公司华东棉花仓储基地项目签约

（商贸物流园 提供）

沿海开发

Coastal Development

滨海新区　章　丽绘

◎ 责任编辑　崔广华

综　述

2015年,海安沿海开发全面落实省沿海开发"六大行动方案",积极策应"一带一路"和长江经济带建设国家战略,整合全县优质资源,着力加快推进沿海前沿地区开发建设。主动融入对接"一带一路"、长江经济带两大国家战略,多次进行专题研究,找准两大战略与海安发展的结合点,进一步拓展海安尤其是沿海前沿区域的开发开放新空间,更高水平"引进来",更大力度"走出去"。突出海安优势产业,深化与东盟、中南亚、非洲、中东欧等"一带一路"沿线国家地区合作,积极融入沪苏通联动发展,提高服务长江经济带发展能力,加强与长江中上游和中西部城市合作。全县沿海前沿区域完成一般公共财政预算收入18亿元,固定资产投资240.65亿元(其中西场街道、李堡镇和角斜镇74.51亿元),工业应税销售417.1亿元,全面完成市委、市政府下达海安的沿海前沿区域目标任务。省沿海地区发展领导小组办公室印发《沿海开发2015年重大项目投资计划》,海安有14个重大项目位列其中,总数列南通各县(市、区)第一。

基础设施建设

【概况】 全面实施新城区和产业园区市政道路、盐土绿化、河道整治等工程建设,完成三期道路、河道及配套工程建设,盐土绿化23万平方米,110千伏变电站竣工投运,污水、弱电、供水等管网建设序时推进。率先在全省全面完成部省合作农村土地整理重大工程项目,并获省市有关部门验收通过。按照"产城融合"发展思路,大力推进生活、生产性配套设施建设,完成生产、生活性配套项目23个。

【老坝港110千伏输变电工程投运】 历时一年的建设,位于海安老坝港滩涂综合开发试验区的老坝港110千伏输变电工程6月顺利投运送电。这一变电工程建成,有力支撑海安沿海前沿区域经济发展和保障当地的民生用电。这座智能变电站,本期投运一台容量50兆伏安的主变压器。与传统变电站相比较,由光缆及通信线路组成的数字化网络,取代了常规电缆,能够采集和实时处理海量状态监测数据,自动化程度更高,也更加绿色环保、节能降耗。

【353省道海安段路面工程顺利完工】 10月19日,随着最后一个平交道口施工完毕,353省道海安段路面工程宣告完工。

353省道海安段起点位于226省道李堡镇附近,终止于海安、姜堰交界处,全长约46.56公里,按双向四车道一级公路标准设计,总投资约17.3亿元。建成后将进一步完善海安县区域路网结构,推动沿线各镇城镇化进程,极大改善海安北部地区的交通状况。

【老坝港滨海新区污水处理厂一期工程开工建设】 该项目由上海电气南通国海水处理有限公司投资建设,计划总投资2亿元,占地面积8.47公顷,日处理污水能力4.8万吨,主要进行园区工业废水和城区生活污水处理,出水达到一级A标准,产生的污泥经脱水后外运。一期工程计划投资5000万元,用地1.93公顷,预计2016年8月竣工投产,达产达效后可日处理污水5000吨,为首批入驻园区企业提供保障。

项目建设

【概况】 加快推进在手项目,开展重大项目常态化管理,不定期召开县级层面协调推进会,及时协调解决项目推进过程中的难题。全年滨海新区新开工亿元项目31个,竣工投产项目11个,其中,符合全市"沿海开发项目推进年"认定标准的工业项目17个、服务业项目2个,列全市第一。强势推进海安31个重大项目及重要事项建设,取得阶段成效。

【中瑞蓝科纯电车辆生产基地项目】 1月29日下午,实联长宜中瑞蓝科纯电车辆系统及整车生产项目签约仪式在海安举行。中瑞蓝科纯电车辆系统及整车生产项目由实联长宜中国控股有限公司投资兴建,项目总投资3.5亿美元,全部投产后年销售额不低于100亿元。项目涵盖了纯电动汽车电源总成系统、电动驱动总成系统、整车控制总成系统及其关键零部件生产,纯电6.5米中巴整车制造等。

【启动海上风电项目建设】 省发改委以苏发改能源发〔2015〕466号文核准龙源海安风力发电有限公司(筹)江苏蒋家沙300兆瓦海上风电场项目。该项目位于海安东部蒋家沙海域,总投资53.2亿元,总装机规模300兆瓦,安装100台3兆瓦风力发电机组。是国内核准的单个容量最大的海上风电项目。8月8日开工建设。

【老坝港滨海新区举行项目集中开工仪式】 4月28日,海安老坝港滨海新区举行第一次项目集中开工仪式。此次集中开工的12个项目计划总投资15.55亿元,这些项目涉及石材、家具、生物、新能源等领域。其中单体投资最大的是江苏澳凡家具有限公司家具生产项目和海安策兰投资有限公司20兆瓦光伏发电项

滨海新区举办项目集中开工仪式　　(县滨海新区　提供)

目，这两个项目计划总投资均为3亿元，其中澳凡家具项目预计2017年12月竣工投产，达产达效后年产高端家具40万件；20兆瓦光伏发电项目6月投产。

【建海110千伏集中式光伏电站投运】 11月10日，南通首座110千伏集中式光伏电站——南通建海光伏电站在海安老坝港滨海新区建成投入运营。南通建海光伏电站设计项目150兆瓦，曾为省内最大单体太阳能发电站。本期装机容量47兆瓦，总投资4.7亿元。该电站系统铺设250瓦多晶硅电池组件18.8万块，年发电量约5800万千瓦时，每年节约标准煤2万余吨，减排二氧化碳约4.8万吨。该光伏电站所发的清洁电能通过110千伏升压站和海安110千伏老坝港变电站后与公共电网直接相连，所发电量上网并输送至南通电网实现消纳。

平台建设

【概况】 累计办理海域使用权证120.67公顷；引导家具、石材产业园推进标准厂房建设。按照市政府加快推进“一带一路”(江苏南通)建设集合债券发行工作要求，主动对接省发展改革委和长城证券，上报发债申报材料，初步确定10亿元发债规模。探索建立海安国际石材城产业发展基金——公明贷，即落户企业可以石材荒料质押借款。坚持把招工引劳与招商引资同步推进，分别在苏州、上海、四川等地设立招工引劳点，全年200多人与企业签订合同。

【滨海新区打造三大旅游线路】 2015年是老坝港滨海新区确定的“服务功能提升年”，整合全区优质旅游资源，加快打造一批重点旅游和配套的三产服务业项目。围绕“长江珍稀鱼类观赏和品尝”“渔家风情”“红旗精神”3大主题，聘请国内知名策划设计院就老坝港滨海新区旅游进行合理规划，提高景区吸引力和接待力。重点打造3大旅游线路，围绕“玩”的需求，打造集中洋河豚湖、中国民兵博览园的游玩线；围绕“吃”的需求，打造集老镇区海鲜餐馆、老坝港渔村、如来寺斋菜一条街、中洋河豚庄园养殖区的美食线；围绕“赏”的需求，打造集紫菜采

东部家具产业园邻里中心项目　　(滨海新区　提供)

摘旅游体验、海边日出观赏、玉龙湾公园、龙港河的自然风景线，精心打造成全国闻名、别具特色的南黄海旅游度假区。

【江苏沿海产业投资基金成立】 4月28日，省规模最大产业投资基金之一的江苏沿海产业基金成立。该基金由省政府引导，省沿海集团、苏豪集团、江苏高投集团等省属国有企业联合中国平安集团旗下平安创新资本共同发起设立。江苏沿海产业投资基金总规模100亿元，存续期十年，以组合投资、阶段持股、增值退出为投资理念，采用有限合伙企业形式，实行专业化管理和市场化运作。基金首期募集50.2亿元，并投入运作。

投资基金主动融入国家战略，主动服务转型升级工程和沿海地区发展，主动对接“中国制造2025”和“互联网+”行动计划，以沿海地区为重点，积极投资符合转型升级要求的战略性新兴产业、先进制造业、现代服务业、传统产业升级改造、企业重组和国企改革等项目。

【产业发展基金——公明贷】 6月18日，老坝港滨海新区建立产业发展基金——公明贷，即为落户滨海新区国际石材城的企业以石材荒料质押借款服务，解决落户企业生产经营所面临的融资难题。滨海新区国际石材城项目总投资60亿元，具有生产、加工、交易、仓储、保税等功能，规划入驻企业500家。至年底有26家企业入驻，8家企业投产。

【省级常熟高新区海安工业园挂牌】 5月28日，经省政府批准位于海安经济技术开发区的常安纺织科技园更名为常熟高新区海安工业园。该园为南通首家省级南北共建合作园区，获省政府下拨1500万元奖补资金。

2012年3月，海安与常熟在海安经济技术开发区纺织工业园内，规划3.3平方公里，投资120亿元，共建常安纺织科技园，承接常熟产业转移。海安先后投入20多亿元用于道路、水、电、天然气、污水处理、供热及绿化等基础设施建设。常熟高新区海安工业园落户企业26家。

招商引资

【概况】 坚持“以产兴城”的发展理念，围绕石材、家具、生物、综合“3+1+1”产业，加快项目招引、建设力度，在行业内迅速产生影响，提高园区知名度，渐渐成为上海、苏南、广东、福建等地区的石材、家具产业转移基地，产业集聚效应加速放大。县领导多次率队外出招商、进行产业推介，全年组织招商活动30多次，邀请到海安考察客商100多人次，成功签约亿元以上项目37个。

【段金廒到海安调研生物产业园】 4月12日，国家“973”项目首席科学家、中国沿海六省中药材资源普查小组组长、博士生导师、南京中医药大学副校长段金廒教授和南京中医药大学药学院院长吴启南博士一行到海安老坝港滨海新区调研考察。

在老坝港滨海新区来南村，段金廒一行到药农王资柏种植的药材田间，就线虫病的防治和贝母秆、花的综合利用提出指导意见。在药材收购点，段金廒详细了解

药材的品种、收购量和销售渠道,分析国际药材的发展方向,并对新发现的物种进行取样。段金廒一行还到滩涂,在听取滨海新区负责人的介绍后,充分肯定该区生物医药产业园定位准确,并对部省合作项目建设内容和建设盐生生物健康产业园提出建议。段金廒一行还对产学研合作、宣传推介和项目区具体合作开发建设等事宜与老坝港滨海新区进行深入交流。

【海安在京举行两次恳谈会】 3月27日下午,海安在北京举行"动车时代、节点城市"江苏海安—中央企业合作恳谈会,共商投资合作,探寻发展良策,谋求双赢发展。国家开发投资公司、中国节能集团、中丝集团、中国机械集团、中国五矿集团等36家央企高管应邀参加。海安县新能源、新材料等9个产业板块40多家企业负责人参加活动。与会央企高管与海安企业家进行深入交流,并对投资海安表现出浓厚兴趣。纷纷表示将到海安参观考察、洽谈项目,开展全方位、宽领域、多层次的合作。

9月10日,海安县假座北京国际会议中心举行"动车时代、节点城市"海安经济社会发展情况恳谈会。中科院院士、中科院地理科学与资源研究所副所长、博士生导师周成虎,意大利对外贸易委员会驻中国办事处副代表费立波,日中经济贸易中心中国总代表田渊真次,北京矿冶研究总院总会计师刘显清,中国长江三峡集团国际投资有限公司总经理陆国俊,以及在京工商界、政府机关、高等院校、科研机构、驻华领事馆、海外工商组织驻华代表处、国际知名律师事务所的领导、专家,共300多位嘉宾应邀出席。

【昆明、上海招商】 5月25日下午,海安县政府假座昆山市金陵大饭店举行"相聚鹿城、合作共赢"海安经济社会发展恳谈会。昆山台协会会长、副会长、监事长等300多位客商应邀参加。会上,物流自动化设备、音箱配件、数控机床等12个项目集中签约。

6月11日,海安县委县政府在沪举行"动车时代、节点城市"海安经济社会发展情况恳谈会。以色列驻上海领事馆总领事伯安伦,以色列驻上海领事馆商务参赞徐俊杰,中国烘焙协会会长、台湾逢甲大学校友会会长、台湾科麦股份有限公司董事长卢壮智,日中经济贸易中心上海事务所所长小林和晓,日本中国银行上海代表处首席代表石井寿和及上海市普陀区有关部门领导等嘉宾共360人参加活动。上海市普陀区商务委员会与海安商务局签订产业转移战略合作协议。活动现场,有30个项目集中签约,总投资超过70亿元,其中,外资项目6个,总投资1.85亿美元,民资项目24个,总投资66.1亿元,拟注册资本15.4亿元。

9月11日,海安县老坝港滨海新区在上海召开奉贤·海安家具产业融合发展恳谈会。近年来,海安在国家级经济技术开发区等4个区镇建设特色家具产业园。有300多家品牌家具生产型企业签约入驻,将有100多家规模生产企业竣工投产,其中老坝港滨海新区家具产业园有50家。恳谈会上,老坝港滨海新区对家具产业园区整体投资环境作推介说明;中国东部家具产业基地负责人分享了在海安创业的经验;与会企业家代表与老坝港滨海新区作了进一步沟通交流。

【10亿元旅游项目签约】 7月23日,海安老坝港滨海新区与内蒙古满州里联众集团在海安县行政中心举行海安了凡木屋温泉旅游度假休博园项目签约仪式。该项目落户老坝港滩涂综合开发试验区,总投资10亿元,投资方人员入驻海安开展前期准备工作,四季度项目开工。

【国药种业华东分公司落户海安】 国药种业有限公司与滨海新区成功签约。国药种业有限公司由中国医药集团总公司全资子公司中国中药公司与广西华夏本草集团合资组建,主要从事中药材种质资源研究保护和开发利用。国药种业华东分公司规划在海安滩涂建设66.67公顷种苗培育区、133.33公顷种植示范区、10万亩种植基地和用于观光旅游休闲的133.33公顷盐生药用植物(木科)园,同时建设医药中间体和植物萃取加工。

(丁　宇)

海洋渔业

【概况】 紫菜生产继续稳定发展,形成紫菜育苗、生产、加工、出口一条龙的产业链,全县14家紫菜企业,养殖面积16万亩,加工机械48台,养殖渔船46艘,全年实现产值20亿元,出口创汇超过1000万美元。年内,进行条斑紫菜与坛紫菜轮作,取得成功,全县轮作面积2000亩。华鎏公司和省淡水所合作,开展斑点叉尾鮰人工繁殖,繁育斑点叉尾鮰苗260万尾。华鎏公司斑点叉尾鮰养殖面积750亩,亩产量1100公斤,亩效益超万元。紫菜产业提档升级,一次加工产量12.6万箱,二次加工产量56万箱。与院校专家教授合作,紫菜养殖新品种收益良好,新试养坛紫菜2400亩。

【服务海洋大开发工作】 县委出台《关于深化海域管理制度改革的实施意见》,为进一步推进海安陆海统筹发展和建设海洋强县提出总体要求。积极服务沿海开发企业,争取建设用海指标。全年申请审核建设用海项目11宗,取得建设类海域使用指标3934.6亩。完成全县海洋功能区划修编工作。(县水产站)

【加强动管中心建设】 加强海域动管中心能力项目建设,提高海域动态监视监测能力。开展远程视频监控,通过业务系统报送海域使用确权数据与地面监视监测数据,加强对在建用海项目的地面监视监测,并及时上报监测数据。编制《2015年海域动态监视监测管理工作方案》,明确全年动管中心的工作目标和任务,开展监测25次,制作监视监测报告136份。通过省级考核验收。开展海洋环境监测站建设前期工作。形成用海企业调查报告、海洋经济运行监测分析报告和海洋经济评估报告。(贲秀林)

【海安县签订第一笔生态补偿协议】 12月24日,县海洋与渔业局与江苏海东光伏发电有限公司签订生态补偿协议,这是海安县签订的第一笔生态补偿协议,对全县海洋环境保护工作的开展具有重要意义。

【渔业安全生产】 渔业安全生产不断强化,率先在全省成立专业化海洋渔业安全管理服务有限公司。突出过程管控,出海渔船、养殖场安全生产防线巩固。加强伏季休渔管理,逐步实现大马力渔船升级改造。(周花荣)

农　业

Agriculture

江淮文化园　章　丽绘

◎ 责任编辑　李国良

综　述

【农业基本现代化进程监测】 围绕江北率先基本实现农业现代化目标，积极服务农业现代化建设，加强部门之间沟通联系，群策群力抓推进；科学编制农业现代化年度工作计划，提出发展思路和具体举措，排出2015—2017年三年重点发展的现代农业产业园8家、休闲观光带2条，提出项目建设意见和建议，督察项目推进情况，提供技术支撑和服务；狠抓重点攻难点，努力探索农业经营体制机制创新。加强农业现代化指标监测，认真开展6大类22项指标监测、调查、汇总、分析、总结工作。在2014年度江苏省农业基本现代化进程监测中，海安继续保持全省第一方阵。

【国家现代农业示范区建设】 自2012年被列入第二批国家现代农业示范区以后，海安县把"全市争一流、全省创特色、全国有影响"作为示范区发展定位，按照集中、集聚、集约和因地制宜发展的原则，科学编制《国家海安现代农业示范区2012—2020年发展规划》；着力构建现代农业产业体系，突出粮食生产主导地位，大力培育特色产业，打造茧丝绸业、现代畜牧业、现代渔业三大百亿级产业集群；积极搭建"一园三区六景"发展平台，打造现代农业示范典型；积极培育以全托管为重点的新型经营主体，大力发展农业适度规模经营；全力推进"绿色海安"建设，促进农业可持续发展，切实增强农业发展活力和综合生产能力，示范区建设呈现出快速持续发展的良好态势。

2015年3月2日，农业部发布的《2014国家现代农业示范区建设水平监测评价报告》显示，全国迈入基本实现农业现代化阶段的国家现代农业示范区数量达到20个，其中新增6个，海安县是新增的6个达标示范区之一。

2015年农业部、财政部扩大实施以奖代补范围，在全国前两批153个国家现代农业示范区内，经过评选确定100个示范区作为以奖代补项目承担单位，对实施以奖代补项目的示范区，中央财政连续3年每年安排奖励资金1000万元。8月中旬，农业部、财政部联合发文公布实施以奖代补国家现代农业示范区名单，海安县位列其中，并作为开展财政资金引导金融资本试点的27个示范区之一，2015—2017年连续三年获得中央财政每年1000万元的奖补资金支持。

【农业部督察组专题调研】 10月14日下午至15日上午，由农业部科教司副巡视员杨礼胜、技术推广处调研员郝先荣、产业技术处副处长魏锴、政策体系处副研究员张锋组成的农业部专题调研督察组，在省农委副主任李俊超、科教处处长姜雪忠、环能处处长李建农、科教处主任科员吴洁等陪同下，到海安重点围绕粮食等主要农产品供应、农产品质量安全、秸秆综合利用、新型经营主体培育、科技创新及有关政策落实情况等，开展专题调研和督察。

中国工程院院士陈学庚(右)到海安县指导水稻生产，县农委主任韦宝军陪同考察　　(县农委　提供)

督察组实地察看南通绿源生物能源公司、县农产品检测中心、大公镇农产品质量安全监管服务所、大公镇水稻高产创建万亩示范片，随机到农户王申萍家中了解情况，并与县农口部门、农业龙头企业、农民专业合作社、家庭农场、村干部代表进行面对面座谈，了解国家强农惠农政策落实和执行情况、创新举措和相关的意见建议，询问发展过程中存在的困难和问题。

(孙书云)

种 植 业

【概况】 2015年粮食生产遭遇低温冻害、春季连阴雨、夏季连阴低温寡照，县农委主动应对，优化调整技术对策，强化技术服务，开展高产增效创建活动，主推品种突出，落实抗灾技术预案及时，将灾害影响降到最低程度，实现连续增产。全年粮食播种面积118.05万亩，单产543.05公斤，总产64.11万吨。全县稻麦年单产连续8年(2008—2015年)过吨粮，稻麦年单产连续10年蝉联全省第一，2006—2015年全县稻麦年单产平均1061.1公斤，比南通市平均978.8公斤高出82.3公斤，比全省平均929.4公斤高出131.7公斤。在江苏非稻麦高产最佳区域，连续十年创造出全省最高产量。

【小麦单产全省八连冠】 全年小麦生产先后克服冬春低温冻害、春季连阴雨、病虫草害、后期多次强降雨等阶段性灾害影响，积极采取抗灾应变措施，强化技术到位率，全县54.9万亩小麦平均统计单产444.8公斤，比全省、全市平均单产分别高出58.3公斤、49.9公斤。小麦统计单产名列全省第一，2008年以后在江苏非小麦高产最佳区域连续8年创造出全省最高产量。

【水稻单产全省三连冠】 2015年，尽管经历长时间低温、阴雨、寡照，以及稻瘟病偏重发生，但因应对及时，组织有力，措施得当，以及后期温度、光照条件有利于水稻灌浆结实，全县水稻仍然实现了增产。全县55.26万亩水稻，单产661.29公斤，比上年增0.69公斤，比全省平均水稻单产高出93.27公斤，连续三年全省第一。

【惠农政策】 全县上下认真贯彻落实，精心组织，统筹安排，强化监督，组织核查，规范工作程序，及时解释、解决涉及惠农补贴的政策和问题，及时完成相关面积的登记、核查、汇总工作。全部采取“一折通”形式安全、准确、及时补贴到户,惠及全县近20万农户,农民种粮每亩最高可获127.8元补贴。资金使用没有发现截留和挪用的情况,确保国家补贴资金每一分钱都补贴到农民手上,全县未出现一起因工作不到位或失误引起的上访、信访事件。

全年,全县粮食直补面积54.28万亩,补贴资金1085.64万元;农资综合补贴面积62.02万亩,补贴资金5135.42万元;国家水稻良种补贴面积52.64万亩,补贴资金789.57万元;国家玉米良种补贴面积3.87万亩,补贴资金38.72万元;国家棉花良种补贴面积3亩,补贴资金45万元;国家小麦良种补贴面积52.49万亩,补贴资金524.94万元;油菜良种补贴4.44万亩,补贴资金44.38元。全年补贴资金7618.68万元。

【麦稻高产创建】 2015年,全县承担6个小麦、11个水稻万亩高产增效示范片创建任务,其中有7个万亩示范片被省专家组评为A级,占南通市一半,连续5年获评高产创建先进单位,受到省农委表彰。6个小麦示范片涉及曲塘、雅周、大公、城东、南莫、墩头6个镇43个行政村,2.84万多农户,面积8.38万亩。11个水稻高产示范片涉及10个镇70个行政村,4.82万多农户,面积13.24万亩,占全县水稻种植面积23.96%。

全县突出提升科技支撑水平、现代化装备水平、专业化服务水平、生产经营组织水平,加快推进麦稻生产规模化、标准化、机械化、信息化,整建制推进麦稻高产增效创建,通过建立专业化服务组织,努力从主要追求产量和依赖资源消耗的粗放经营转变到数量质量效益并重、注重提高竞争力、注重农业科技创新、注重可持续的集约发展上来。

6月4日,省小麦高产增效创建检查测产验收组先后对海安县雅周镇“扬麦23”“宁麦13”,大公镇“苏麦188”小麦攻关田进行实产验收,平均亩产549.1公斤,其中最高田块实收单产591.7公斤;10月25日,经省水稻高产创建专家组验收,南莫镇万亩示范片兴南村5组、沙岗村5组、黄陈村15组三个“南粳9108”“南粳52”百亩示范方,实收单产平均771.6公斤,最高田块840公斤,是2008年实施水稻高产创建以后省级验收最高产量。

【水稻商品化集中育供秧】 县农委强化宣传发动,召开相关会议,发展水稻机插秧,实施商品化集中育秧供秧;围绕水稻机插秧商品化集中育秧组织、育秧技术环节、插秧技术环节、病虫害防治,邀请水稻栽培、植保、农机专家开展技术讲座。通过政府采购,对433户水稻育秧大户进行物资补贴,全县采购育秧播种机57台、育秧软盘163.3万张、育秧硬盘14.4万张、壮秧剂11万包、基质6750袋。通过水稻集中育秧项目实施,推动新型主体培育及水稻全程托管,水稻集中育秧面积进一步扩大,全县水稻集中育秧面积16.2万亩,较上年增加4万亩。

【现代稻麦科技示范园】 2015年,雅周稻作园与农业院校深入开展合作,其中南京农业大学在园区设立专家工作站。园区示范应用标准化育秧技术、稻麦精确定量栽培、病虫绿色防控、秸秆全量还田、物联网等技术16个,新品种(系)示范120多个,形成技术成果10项。院士陈学庚、张洪程和国家稻麦产业技术体系专家组、国家粮丰工程专家组、农业部稻麦专家组、绿色增产模式攻关组专家教授多次到园区指导。特别是与院士张洪程深度合作应用的水稻钵苗机插高产栽培技术日臻成熟,达到全国一流水平。全年水稻钵苗机插110亩,平均单产806公斤,比全县大面积水稻产量高出近150公斤,最高田块水稻单产900公斤。园区全年先后接待部省市及兄弟省市县领导专家种粮大户58批次,1000多人次。

【全国水稻钵苗机插现场会代表考察海安现场】 6月16日上午,农业部水稻钵苗机插高产栽培现场观摩与会代表到海安考察。全国15个水稻主产省(区、市)农业技术推广站负责人及相关县(市)水稻生产技术人员、种植大户、水稻钵苗机插协作组成员等150多位代表参观海安县现代稻麦科技示范园水稻钵苗育秧及机插现场。全国农业技术推广服务中心主任陈生斗、农业部种植业司副司长潘文博、粮作处处长吕修涛、农机推广总站副处长张园等领导专家在省农委副主任张坚勇,县委副书记焦广琪,副县长彭为杰、贾留军陪同下考察海安县钵苗机插现场。农业部水稻专家组、绿色增产模式攻关专家组教授万建民、张洪程和研究员严光彬、方福平等专家参加活动。

【全托管新型农业经营主体培育】 围绕市《关于推进全托管新型农业经营主体建设的意见》精神,全县以粮食增产和农民增收为目标,坚持政府引导、农民主导、分类推进的原则,加强政策扶持,强化规范管理,量质并举推进农业生产全托管服务,农业生产全托管经营主体得到极大发展。2012—2015年,全县培育50亩规模以上农业生产全托管经营主体342个,服务总面积8.1万亩,基本实现村村全覆盖。2015年全县新增服务规模50亩以上全托管主体257个,服务面积4.42万亩,服务农户1.64万户。其中,服务规模200亩以上主体124个,服务面积3.59万亩,服务农户1.22万户。托管作物涉及粮食、蔬菜、蚕桑,服务类型主要为货币型全托管,少数为实物型全托管。（孙春来）

【加速培育家庭农场】 年底,全县拥有家庭农(渔)场539家,比上年净增128家。其中,粮食种植210户,经营规模4.02万亩,占比69.50%;畜牧养殖199户,经营规模1881.36亩,占比3.26%;水产养殖53户,经营规模6496.05亩,占比11.24%;园艺种植49户,经营规模5900.74亩,占比10.21%;种养结合28户,经营规模3347.79亩,占比5.79%。在工商部门登记注册的家庭农场321个,同比增加264个,其中以个体工商户注册的284个。

在发展家庭农场的同时,积极组织创建示范农场。从2014年开始,县委、县政府将创建示范家庭农场工作列入“农业现代化杯”竞赛重点工作,对各区镇进行考核。2015年,开路先锋家庭农场成功获批省级示范家庭农场,弘圣、俞万、源田、红梅、文霞、胜兰6个家庭农场和久盛、柳明、鱼翔、嘉宝4个家庭渔场被评为市级示范家庭农(渔)场,大兔子、国凤、春燕3个家庭农场被评为县级示范家庭农场。自此,全县拥有各级示范家庭农(渔)场25家,其中省级3家、市级14家、县级8家。文霞家庭农场主袁兵,参加江苏省农民科技培训中心、江苏农村经济杂志社联合举办的首届新型职业农民暨农民创业致富大赛,获得江苏省"十佳新型职业农民"称号。（丁小波）

【启动化肥零增长行动】 年初,农业部发布《到2020年化肥使用量零增长行动方案》,提出通过全面推进测土配方施肥、施肥方式转变、肥料新技术应用、有机肥资源利用等手段,实现到2020年化肥利用率40%;化肥用量零增长目标。省农委随后发布相应方案。海安县积极响应,启动相关工作。8月,江苏卫视"江苏新时空"节目在《我省大力推广化肥减量技术——土地减肥更增效,农业增产又增收》新闻中,对海安县"实施测土配方,对症下药,五年内实现化肥零增长"进行了报道。

【申报实施2015年高标准粮田建设项目】 "海安县2015年新增千亿斤粮食产能规划田间工程(高标准粮田)建设项目"8月获得国家立项,10月获省发改委、省农委批复。项目总投资1500万元,其中中央投资1200万元、地方配套300万元。计划在墩头镇毛庄、长垎、吉庆、双新4个村,配套建设灌溉站19座,防渗渠道31.78千米,渠系配套建筑物3012座,水泥路8.63千米,栽植防护林1万株,栽种高杆女贞、三杉1万株等田间工程,建成高标准农田1万亩。项目于12月完成工程、监理、第三方检测等招标,启动田间工程实施。

【耕地质量建设与管理】 4月24日上午,省农委召开全省耕地质量建设与管理工作视频会议,各市(区)县设立分会场。海安县以《加强农企对接,促进配方施肥技术推广》为题进行大会发言,为全省四家典型交流单位之一。

多年来,海安切实加强耕地质量建设与管理,积极实施测土配方施肥、有机质提升工程、耕地质量提升综合示范区、高标准粮田建设等项目,耕地综合生产能力稳步提升,为全县粮食单产在全省率先实现吨粮、连续九年位居全省第一夯实了基础。2015年累计推广配方施肥技术112万亩次,推广应用配方肥面积87.5万亩次,增产粮食3400多万公斤,减少不合理用肥总量(折纯)1200多吨,节本增收近1亿元。（丁华萍）

高效设施农业

【概况】 全年蔬菜播种面积32.3万亩,产量72万吨,产值8.5亿元。全县常年菜地面积8万亩,设施蔬菜栽培面积进一步拓展,雅周园区内1.3万平方米玻璃温室农业高新技术展示项目、2万平方米省标连栋温室葡萄种植项目、火龙果联合国等一批高档设施园艺项目基本建成;开发区的千亩玫瑰、花中花生态园、果之鲜采摘园等项目相继建成;滨海新区天成农业科技园二期工程2万平方米全自动化鸡场开工建设,1000亩南美白对虾养殖设施建成投产。李堡镇光明村300亩连片钢架大棚全部更新。墩头农业园气雾栽培、白甸祥瑞采摘园等项目陆续开始建设。年内组织指导雅周现代农业园区内的海安通泰果蔬专业合作社、海安大自然农业公司创建省级蔬菜标准示范种植园,创建面积500亩。

（陈爱山　王爱东）

【农业项目建设】 全年新开工千万元以上种养项目51个,其中亿元以上项目7个;新开工千万元以上农产品加工项目54个,其中亿元以上项目8个。共完成千万元以上农业项目105个,其中亿元项目15个,2015年完成投入9.9亿元。进入全县"一园三区六景"现代农业园区和农产品加工园区的项目38个。农产品加工项目规模越来越大。江苏三零面粉海安有限公司建设年产18万吨面粉(设计年加工小麦能力25万吨)的专用粉车间及与其相配套的仓储等设施;建设千吨内河码头等设施;建设5万吨仓储能力的标准房式仓。江苏富海生物科技有限公司新建厂房6.73万平方米;投资1500万元建设千吨内河码头一座;投入7500万元建设饲料专用生产线。

县农委组织到农业生产基地检查生产记录台账　(张小清　摄)

【休闲观光农业】 全年新增投入500万元以上休闲观光类农业项目7个,新增AAAA级景区、AAA级景区、三星级农家乐各一家,并有"里下河风情之旅""海滨休闲之旅"两条省级休闲农业与乡村旅游精品线路。里下河白甸水乡获"中国美丽田园"称号。洪家滩樱桃园、碧桂园、袁兵草莓园等一批休闲农业景点陆续建成。

【农业园区建设】 全县按照"一园三区六景"目标打造现代农业园区。雅周现代农业园区"三大中心"(高新技术展示中心、公共服务中心、农机服务中心)基本建成,入驻项目13个,其中设施栽培项目8个,休闲观光农业项目2个,50亩智能温室、1000多亩大棚蔬菜、300亩连栋果品等项目全面竣工,跻身为全省30个农业科研自主创新基地之一。农业高新技术展示中心位于"三大中心"西部,面积4928平方米,内部采用公园式园林景观设计,将园林景观与农业观光相结合,建设亭子、长廊、小桥等园林小品,将整个温室分为几个不同的区域,主要展示管道栽培、树型栽培、立柱栽培、墙面栽培等先进的设施栽培方式及特色园艺新品种,将设施园艺现代新品种和新技术与园林造景相结合进行展示。公共服务中心位于"三大中心"中部，面积 6272 平方米，拥有办公室、检测室、会议室、培训室、专家工作室、专家宿舍、生活服务区等设施，为园区企业提供生产生活服务。农机服务中心位于"三大中心"东部，面积 2016 平方米，主要为园区从耕作、开沟、定植、肥水一体化设备、机械化自动化植保、采收、运输等现代农业机械集中储放和展示，同时为园区机械化自动化管理提供服务。开发区城郊都市现代农业园形成以千亩玫瑰、千亩荷花、蓉和怡心园、花中花生态园等特色农业集聚区。　（王爱东）

畜 牧 业

【概况】 2015 年，全县生猪行情走出低谷，家禽生产稳中有升，山羊行情低位徘徊，畜牧生产形势总体平稳。全县能繁母猪存栏 2.81 万头，同比有明显下降；生猪年末存栏 45.5 万头，年内上市 74.42 万头，饲养量 119.92 万头；家禽年末存栏 1610 万羽，年内出栏 1853 万羽，饲养量 3463 万羽；山羊年末存栏 46.1 万只，年内上市 57.22 万只，饲养量 103.32 万只。全县肉蛋奶总产 31.03 万吨，其中：肉类产量 9.11 万吨、蛋类产量 21.66 万吨、牛奶产量 2616 吨。规模养殖占比保持持续增长，生猪 94.01%，其中大中型规模比重 56.2%；蛋禽 99.97%，肉禽 99.9%，奶牛 98.5%。全县新增 1 家农业部畜禽标准化示范场和 6 家省级畜牧生态健康养殖示范场。　（董　飞）

【畜牧业转型升级】 全年通过加强项目建设，大力推进畜牧生态健康养殖和标准化、规模化、设施化发展，新品种、新技术、新设施、新模式在生产实际中得到广泛推广和应用。江苏锡海禽业有限公司二期工程开工建设，规划总投资 800 万元，新建采用高架层叠式鸡笼、自动喂料、中央集蛋等设施设备的现代化产蛋鸡舍 3 幢。建成后，将达到30 万羽的年饲养能力。康德现代农业园正式动工，建设地点位于城东镇韩徐村，占地 200 亩，规划总投资 1 亿元，其中一期工程 5000 万元，建设产蛋鸡舍 8 幢及相关配套设施，建成后将形成存栏蛋鸡 80 万羽的饲养规模。江苏天成现代农业科技园二期工程项目规划新建孵化中心 1 座、种鸡舍 1 栋、商品蛋鸡舍 6 栋、育雏育成鸡舍 6 栋以及蛋粉加工厂。养殖设备全部采用意大利进口设备，总投资 2 亿元。建成后每年可饲养商品蛋鸡 250 万羽，成为华东地区最大的蛋鸡全产业链企业。　（丁　亮）

【生猪定点屠宰监管职能划入县农委】 1 月，根据《国务院机构改革和职能转变方案》以及省、市相关文件精神，海安县对畜禽屠宰行业监督管理有关职责和机构编制进行调整，将县商务局的生猪定点屠宰监督管理职能划入县农委，同时增加生猪以外其他畜禽屠宰监管职责。县农委增设畜禽屠宰管理科，与畜牧兽医科合署办公，县动物卫生监督所增加畜禽屠宰质量监督执法职责，各驻镇畜牧兽医站加挂"海安县动物卫生监督所 XX 分所"牌子，承担辖区内的畜禽屠宰监督执法工作。　（梅　进）

【科技课题研究】 2015 年，县、镇畜牧兽医站通过承担科技课题研究，先后获得第七届江苏省农业技术推广奖一、二、三等奖各 1 项，南通市农业技术推广奖二等奖 1 项、三等奖 3 项。其中，县畜牧兽医站与省家禽科学研究所共同承担的"江苏蛋鸡产业关键技术集成与应用"课题获第七届江苏省农业技术推广奖一等奖；牵头省内其他 7 家单位共同承担的"肉羊高效设施规模化养殖技术集成与推广"课题获第七届江苏省农业技术推广奖二等奖；参与实施的"猪标准化人工授精关键技术研究集成与推广"课题获第七届江苏省农业技术推广奖三等奖。　（黄荣斌）

【现代禽蛋产业园区公共平台建设】 现代禽蛋产业园区公共平台建设项目是省财政厅、省农委下达给海安县现代禽蛋产业园管委会的省级现代农业发展项目，总投资 200 万元，其中财政补助 200 万元，通过项目设计、公共招投标，2015 年建成信息化管理、技术培训、产品流通三个平台，实时监控海安县婷婷农副产品有限公司养殖场、南通康德生物制品有限公司、江苏天成科技集团等 18 个家禽养殖场、禽蛋加工企业、饲料生产企业，开展网上技术培训和专家会诊，园区产品网上推介、电商交易。　（许秀平）

【动物医院门诊规范化管理】 通过三年努力，2015 年完成动物医院门诊规范化管理工作。全县畜牧兽医系统改革后，组建 14 个民办非企业性质的镇动物医院，将改革前镇畜牧兽医站编外人员纳入其中管理，承担辖区内乡村兽医和畜禽用兽药、饲料销售等市场化服务工作。镇动物医院在全县 10 个镇及部分村设有 52 个门诊部，开展兽药经营服务。动物门诊部成立时，主要承接分流编外兽医人员，负责原区镇畜牧兽医站承担的技物服务功能，开展乡村兽药等畜牧业投入品供应，均没有达到《兽药经营质量管理规范》(GSP)的要求。动物医院门诊规范化管理工作开展后，县农委组织召开相关监管人员和全体动物医院门诊负责人及质量管理人员会议，将规范化管理工作列入年度目标考核。县动物卫生监督所安排专人逐户上门多次指导，驻镇畜牧兽医站积极配合，促使门诊部在机构人员、场所和设施、软件、档案等方面全部进行升级改造，达到 GSP 标准并通过验收，成立 54 家新的兽药经营单位。　（吉　峰）

【饲料质量安全管理】 《饲料质量安全管理规范》自7 月 1 日起实施。县农委制定下发《海安县全面推进饲料质量安全管理规范实施方案》，明确提出以保障饲料质量安全为核心，完善饲料生产企业内部管理制度，提高饲料管理部门日常监管能力，加强饲料企业全程质量管理。县动物卫生监督所和各分所通过指导、督促企业健全机构、制定方案、完善制度、规范生产、依法经营，推动企业提升质量，保证规范推进工作顺利实施。加大规范执行情况督察力度，督促企业查漏补缺。通过对照《饲料质量安全管理规范示范企业现场验收细目表》，听交流、查现场、看资料，对监督检查中发现的问题，及时通知企业整改，实行"痕迹化"检查制度，落实文字整改要求。9 月 21 日，在省动物卫生监督所《饲料质量安全管理规范》推进情况通报中，表扬海安县检查 100%全覆盖 40 家饲料生产企业，现场填写行政执法巡查记录 100 余份，填写《饲料和饲料添加剂生产企业检查记

录》18 份，送达《行政执法提示书》《整改告诫书》58 份。 (丁忠留)

【兽用处方药非处方药管理】 《兽用处方药非处方药管理办法》颁布实施后，作为江苏省首批兽用处方药和非处方药分类管理试点县区之一，全县通过宣传引导、典型示范、督察指导等多种举措，于2014 年年底达到省试点工作任务要求。2015 年，海安县进一步加大工作力度，通过全面开展兽药标签说明书以及动物诊疗专项整治行动，继续深入推进兽用处方药和非处方药管理工作，基本做到兽医在动物诊疗活动中规范开具兽医处方笺，诊疗单位规范使用兽用处方药，畜禽养殖场(户)凭兽医处方或有效证明购买和使用兽用处方药，兽药经营店凭兽医处方或有效证明规范销售兽用处方药。在实施过程中具体做到四个加强：即加强宣传引导、加强队伍建设、加强典型示范、加强督查指导。全面推进落实兽用处方药和非处方药分类管理，进一步保障畜产品质量安全，在全省起到示范作用。9 月 10—11 日，省农委在沭阳召开全省动物卫生监督管理工作现场会，海安县兽用处方药和非处方药分类管理工作在会上作经验交流。 (贲乾春)

渔 业

【概况】 全年，全县实现水产品总产量4.74 万吨，比上年增长 3%，渔业经济总产值 75.6 亿元，比上年增加 5.3 亿元，增长 7.5%。全县淡水养殖面积 7.72 万亩，淡水产品产量 3.77 万吨，其中淡水养殖产量 3.17 万吨，人工繁育鱼苗 22 亿尾；海水养殖面积 15.99 万亩，海水产品产量 9706 吨，其中海水养殖产量 1946 吨。高效设施渔业面积 6.11 万多亩，年内新增 9724.4 亩，占全部水产养殖面积的 25.08%。高附加值特种养殖规模明显扩大，全县特种养殖比重由上年的 38%提高到 40%以上，成为高效渔业的基础品种。 (县水产站)

【创建全国平安渔业示范县】 县农委继续深化海洋渔业安全生产“三化五覆盖”，7 月 26 日，将海安 7 家捕捞合作社整合为一家渔业捕捞公司——海安县裕丰渔业有限公司。8 月 10 日，省海洋与渔业局、江苏海事局在海安召开海洋渔业安全搜救研讨会，会上海安新时代艺术团将海洋渔业有关法律法规编排成文艺节目，以群众喜闻乐见的方式进行演出，收到良好的宣传效果，得到省市主管部门认可。9 月 23 日，省安监局、省海洋与渔业局组织对 2014—2015 年海安县创建全国平安渔业示范县工作考核，海安县通过考核并上报国家安监总局、农业部。 (贲秀林)

【渔业互助保险】 截至 12 月 31 日，全县完成渔业互助保险保费收入 403.36 万元，完成展业指标 350 万元的 15%。全县参保渔船 159 艘，完成保费收入 139.23 万元；参保渔民 1699 人，其中海洋捕捞渔民 886 人、养殖工人 611 人、内陆渔民 202 人，完成保费收入 264.13 万元。各级财政补贴 134.45 万元，其中，中央财政补贴 18.7 万元，省级财政补贴 100.84 万元，县级财政补贴 14.91 万元，保险覆盖率 100%。海安县办事处获省渔业互助保险先进集体称号。 (贲乾春)

【高效生态渔业建设】 年初，县政府下发《县政府关于加快推进农业基本现代化建设的若干政策意见》。在全县开展“农业现代化杯”竞赛活动，高效渔业工作被列入重点内容，出台新建高效设施渔业的补助政策。全县建有 1 个省级现代渔业园区、3 个市级现代渔业园区。省级园区以中洋、兰波等企业为主体，以发展长江珍稀鱼类和紫菜为主；市级园区以里下河 3 镇(白甸、南莫、墩头)渔业合作社为主体，根据各自特点，发展生态水产品养殖。渔业园区面积占全县养殖水面的 30%，载体建设充分发展，到年底，全县渔业企业有国家级农业龙头企业 1 家、省级农业龙头企业 1 家、市级农业龙头企业 12 家，县级农业龙头企业 4 家；1 个国家级水产原种场、1 个国家级水产良种场、2 个省级水产良种繁育场；企业销售额占全县渔业总销售额的 80%以上。中洋集团渔业生产形成“总部在海安、生产在全国、销售在上海”的新模式。

【全国多家考察团考察中洋现代渔业】 4 月 10 日，河南省农业厅副巡视员陈明孝、农业厅水产局长张西瑞率领河南省现代渔业考察团到海安县中洋集团现代渔业繁养基地考察交流，考察团参观中洋集团现代渔业养殖基地，对中洋集团现代渔业发展理念，以及现代渔业的建设十分赞赏，并表示中洋集团的成功经验对河南省现代渔业发展给予很好的启发，值得学习借鉴。

10 月 14 日，由四川省农业厅党组成员、水产局局长卿足平，副局长何川，以及四川省各市、区农业局领导组成的四川省水产考察团一行，到中洋现代渔业养殖基地参观考察。

10 月 22 日，辽宁省庄河市人大副主任乔安忱率领庄河市发展和改革局、海洋与渔业局及有关镇负责人、企业负责人一行 13 人，到海安考察中洋集团现代渔业发展情况。

11 月 11 日，上海市农委水产办公室原主任梁伟泉、上海水产研究所所长张根玉以及上海地产集团、上海赫达农副产品公司相关负责人一行专程造访中洋，参观考察中洋现代渔业工厂化养殖、产业化经营等情况。 (贲秀林)

林 业

【概况】 全县以率先基本实现农业现代化为目标，以“两沿三园”(即沿路、沿水、工业园区、农业园区、农村家园绿化)建设为主体，以“三增”(即林木覆盖率增长、森林蓄积量增加、林业综合效益增强)目标为核心，持续加大造林力度，巩固“全国绿化模范县”创建成果，稳定林木覆盖率，推进“大美海安”建设，结合海安实际，认真谋划、扎实推进，完成造林面积 1.35 万亩，占市下达任务的 135%，林木覆盖率 23.99%，建成 12 个省级绿化示范村。

【第九次森林资源一类调查】 森林资源调查是以林地、林木以及林区范围内生长的动、植物及其环境条件为对象的林业调查。按照省林业局要求，7 月中旬海安县启动森林资源一类资源调查，成立县森林资源一类调查领导小组，编制《海安县森林资源一类调查工作方案》，明确调查组织方案、人员分工、保障措施等，购置相应调查工具、进行人员培训。全县分两个小组开展外业调查工作，除了下雨等特殊天气外，调查人员在确保质量的前提下，抢时间、赶进度，9月上旬结束了全县93个固定样地的外业调查工作和内业各项数据进行整理汇总工作。9月18日通过国家华东院的检查。

【海洋铁路海安段绿色通道建设】 年初，海安启动海洋铁路海安段绿色通道建设工作。海洋铁路海安段绿化工程，全长17公里，涉及李堡镇、开发区(城东镇)，铁路两侧辅道边沟向外30米列入绿色通道建设范围，由县农委牵头，沿线区镇分5个标段招投标实施，总投资700多万元，树种为池杉、落羽杉、柳树，规格为米径3厘米，株行距3×2米。2月26日，县委副书记、县长顾国标，副县长彭为杰到海洋铁路绿化现场检查，确定树种配置方案、督察实施进度，县政府两次召开推进会，要求抓住有利时机，加强组织保障，并印发《关于实施海洋铁路海安段绿色通道建设工作的通知》，推进海洋铁路海安段绿色通道建设工程有序实施。3月底全面完成绿色通道建设工作。

(陈爱山　陆美蓉)

蚕　桑

【概况】 全年，全县遭遇早春桑树冻害、夏季长期阴雨、秋季桑树生长缓慢等不利因素影响，蚕桑生产仍然取得较好成绩。全县投产桑园8.92万亩，全年发种22.77万张，同比下降19.14%。其中春蚕10.81万张，夏蚕0.92万张，中秋蚕9.83万张，晚秋蚕1.21万张。生产鲜蚕茧9100吨，同比下降14.2%；蚕茧产值3.37亿元，同比下降20.5%。平均张产茧40公斤，张产值1480元，平均亩产茧101.99公斤，平均亩产值3777.2元。

【桑园管理】 4月8—9日，全县遭受1.7℃霜冻影响，对已发芽的桑树造成较大影响，桑树发芽迟、桑叶恢复生长缓慢。为确保春蚕叶蚕平衡，县农委布置加强桑园灾后管理工作：动员蚕农对受冻害桑树进行剪伐，促进枝条中下部潜伏芽萌发生长，形成新的顶端优势。适当增施速效肥料，受灾桑园每亩施入20公斤尿素，促进桑树生长。及时组织治虫，对所有桑园重点以桑尺蠖和桑象虫为主的害虫进行药剂防治，保证桑芽正常生长。及时进行桑园春耕除草，清除桑园不合理夹种物，保持桑园光照和通风，有利桑树生长；沟系配套，及时整修桑园沟系，做到三级沟系即墒沟、腰沟、中心沟，沟沟相通，级差分明，能灌能排。

夏季出现长期阴雨寡照天气，桑树长势较差，7月底桑树枝条长比正常年景短50厘米，叶片较薄，桑叶产量减少10%以上，为确保秋蚕用叶，全县通过多种形式广泛宣传，要求广大蚕农及时整修桑园沟系、抓好增叶管理措施，经过加大组织力度，桑园管理措施到位，桑树后期生长较快，桑叶产量和质量达到常年水平，同时适当推迟中、晚秋蚕发种时间，于9月5—7日发种，实现了秋季叶蚕平衡。

【新建11家蚕业农场】 全县在2014年试点的基础上开展蚕业农场建设，配套省力化蚕桑生产技术，提高劳动效率，形成规模效益，稳定全县桑园面积。2015年在全县新增建设11家蚕业农场，加上2014年建设的1家蚕业农场，全县建成12家蚕业农场，累计流转土地1050亩，其中桑园面积760亩(新栽桑园630亩、成林桑园130亩)，全年养蚕759张，生产优质蚕茧2.55万公斤，蚕茧产值103.01万元，平均张产茧33.6公斤，张产值1357.24元。

【局部地区发生不结茧现象】 春蚕进入上蔟期后，老坝港滨海新区(角斜镇)、南莫、雅周等区镇反映部分村组发生蚕上蔟不结茧现象。事情发生后，县、镇蚕桑技术部门先后多次赴相关区域调查情况、分析发生原因、开展技术指导。经与周边地区蚕业技术部门人员共同调查，如皋、东台等蚕桑重点地区也出现类似情况，不结茧蚕损失5%~10%，平均损失8%左右。

为准确掌握春蚕发病原因，县农委于6月3日向省蚕种质量技术鉴定委员会办公室报告，并提出鉴定申请。6月4日，省蚕种质量鉴定委员会委员沈中元教授等专家到海安，与县镇(区)村相关人员一起先后赴南莫镇邓庄村，雅周镇杭窑村、鸭湾村等地进行现场调查，对不结茧蚕抽样检验，经过认真讨论分析，形成鉴定意见，即海安县局部地区发生的蚕不结茧非微粒子病等传染性蚕病造成，与蚕种质量无关；出现的蚕不结茧现象是受多种因素影响所致，主要原因是环境中存在有毒有害物质在不利于清除、扩散的雾霾天气条件下，影响蚕体正常的发育变态，造成部分蚕不结茧，加之春季雨水偏多，光照偏少，桑叶偏嫩，蚕食雨水叶较多，造成蚕体质下降，加重不结茧现象的发生。

发病严重的，区镇蚕桑技术人员会同农业政策性保险理赔人员对受灾损失符合理赔标准的对象，逐个登门勘查受损情况，及时理赔到位，减轻蚕农受灾损失。县镇蚕桑技术部门通过媒体宣传以及走村入户指导蚕农在蚕期结束后立即进行回山消毒和桑园管理，加强病死蚕和废弃物处理，减少夏秋蚕生产环境病源。

秋蚕上蔟期间，全县12家农场，有2家农场出现上蔟不结茧，发现这一情况后，县镇蚕桑技术干部及时到现场帮助分析原因，同时邀请中蚕所蚕病专家沈中元教授现场进行调查分析，经过认真讨论分析，李堡农场可能与春季桑园套种大白菜用药污染桑树下部桑叶，造成微量农药累积性中毒，后来通过晚秋饲养，全部吃上部桑叶，蚕安全上蔟并丰产，讨论分析得到证实。曲塘农场也是由于微量农药积累导致不结茧，可能是由于土地流转前局部田块种植大棚西瓜残留的农药导致，为了进一步找到毒源，从农场桑园中不同的点分别取样土和采桑叶送县农检中心进行检测，结果显示样品中含有微量的乙酰甲胺磷农药。

【雅周精品蚕业园建设】 2015年，雅周精品蚕业园建设工作不断推进，大门、园内主干道等基础设施建设基本到位。建成18个2880平方米养蚕大棚、4个50立方米沼气池。500亩桑园投入生产，配套喷灌设施、杀虫灯等先进设备设施，秋蚕期饲养原种120克，生产合格蚕种2000多张；丝茧育26张，生产鲜蚕茧850公斤。

【“海安桑蚕茧”获地理标志产品保护】 12月2日，“海安桑蚕茧”地理标志产品保护审查会在北京召开,专家组认为“海安桑蚕茧”质量特色鲜明,具有较高知名度和较强地域特色,一致通过对“海安桑蚕茧”的地理标志技术审查。这是海安县继“南通长江河豚”后获得的第二个地理标志产品保护产品,为南通首家具有两个地理标志产品的县(市)区。“海安桑蚕茧”获得地理标志产品保护后,对“海安桑蚕茧”的知识产权保护,维护百姓利益,促进地方经济发展起到重要作用。

【省农业三新工程(蚕桑)项目中期交流会在海安召开】 为进一步做好省农业三新工程(蚕桑)项目实施工作,省农委蚕种所7月23—24日在海安王府大酒店召开项目中期交流工作会议,省农委蚕种所所长何金龙、副所长周成伟和各市县实施单位负责人以及项目负责人共40人参加会议。与会人员参观大公镇2个蚕业家庭农场建设情况,11个项目实施单位做了项目阶段性总结汇报,省农委蚕种所副所长周成伟在每个单位汇报实施情况的基础上,特别是对存在问题进行现场点评,要求存在问题的各实施单位立即整改到位,确保年底项目的顺利验收。何金龙所长对省农业三新工程(蚕桑)项目提出具体要求。

【对外交流合作】 9月22—25日,日本桑蚕、林果专家、日本善邻协会清水治到海安开展中日蚕桑技术交流。清水治听取海安县蚕桑发展情况介绍,到大公镇群益蚕桑专业村考察指导秋蚕生产,还到雅周现代农业园考察鑫缘精品蚕业园建设,探讨具体生产规划与发展方向,并到鑫缘集团考察茧丝绸产业精深加工现状,分析家庭农场建设中存在问题和解决方案;就如何优化海安县蚕桑产业特色优势,如何推动蚕桑产业发展等问题进行探讨。另外,清水治还到县蚕种场考察桑园建设、病虫害控制、原种生产,分析发展方向,研究改进措施,重点探讨夏秋季桑园病虫防控及丰产桑园建设等问题。

10月15—17日,接待商务部举办的援外培训项目发展中国家蚕桑生产与管理研修班亚洲、非洲、南美洲等6个发展中国家的23名官员到海安参观考察培训。 (黄俊明 王 军)

生态循环农业

【生态循环农业示范县建设】 根据省委、省政府关于推进生态文明建设的部署,加强农业生态环境建设,促进农业转型升级,2014年海安县对照省级生态循环农业示范县创建的具体指标要求,结合全县实际,上报了《海安县创建省级生态循环农业示范县建设实施方案》,着力实施好产业布局优化、循环典型示范、农业设施改造提升、肥药减量增效控害、优质农产品提升、农业废弃物资源化综合利用六大重点工程,主推高效设施栽培循环利用、大田种植循环利用、种植业与非农产业循环利用等技术模式。在2014年年底召开的全省生态循环农业示范县建设实施方案评审会议上,海安县上报的实施方案得到好评,为11个上报材料中最好的。2月,省农委下发《关于开展第一批生态循环农业示范县建设的通知》,择优选择11个县(市、区)开展生态循环农业示范县建设,海安县列入其中。

(张小青 储 亮)

【农户沼气池及管理利用】 2015年,海安县未实施上级财政补助的农村户用沼气项目,重点抓好以前年度实施项目的后续管理服务。正常使用的沼气池有5000多座。县农村能源服务站抓好全县沼气池的使用管理,提高使用率,发挥沼气的综合利用效益,推广猪(禽)—沼—粮(果、菜、鱼)等生态农业模式,实现农业资源的多级循环利用。2015年在有关项目村举办沼气安全使用培训10多次,参培人员500多人,沼气池使用率保持在80%以上。

【规模养殖场沼气治理工程】 2015年,实施省级规模畜禽场100立方米以上沼气治理工程3处,总池容500立方米,项目总投资75万元,其中省财政资金60万元。项目实施后,年处理畜禽粪便5000多吨,产沼气5万立方米。通过“三沼”综合利用,一年可带来直接经济效益10多万元,社会、经济、生态效益显著。

2015年,市委、市政府决定在存栏2000头以上的生猪养殖场发展沼气发电并网,努力提升畜禽生态化养殖和清洁能源开发利用水平。市农委、市发改委、市供电公司、市环保局四家单位专门制定《关于加快推进畜禽养殖企业沼气发电并网工作的意见》。全县有南通普泽畜牧有限公司、海安县向阳奶牛场、南通兴安牧业有限公司和海安县民生猪业有限公司四家养殖企业申请立项沼气发电并网,总装机容量640千瓦,年发电量可达150万千瓦时。

【农业可再生资源循环利用】 2015年,南通普泽畜牧有限公司在大公镇马舍村万亩生态农业园基地实施省级农业可再生资源大田循环利用项目。项目总投资52万元,其中省财政补助40万元。建有沼液储存池(3座×100立方米)300立方米、沼液利用池(18座×20立方米)360立方米、配备压力泵、沼液输送管网等。该项目的实施,解决了公司1200立方米沼气工程沼液无法充分利用污染环境的问题,还能满足生态示范园的用肥需求,可降低农业生产成本,改良土壤,促进作物生长,提高农产品质量,增加经济效益,达到促进农业节能减排与人居环境改善、提高农民生活质量的目的。 (李仁金)

【罗加法考察海安农业废弃物利用】 4月21日下午,新西兰皇家农业科学研究院高级科学家罗加法博士应县侨联和侨商会邀请,考察、交流海安农业废弃物综合利用情况。罗加法到县农委土肥站化验室,观摩测土配方施肥信息查询系统及其操作,与土肥站就农业废弃物资源化利用、农业面源污染防治、科学施肥等进行交流。罗加法重点介绍新西兰农牧业现状,肥料施用情况,以及奶牛场废水和养分管理。 (丁华萍)

农业机械化

【概况】 农机投入及农机总动力持续增长。全县农业机械原值6.8亿元,较上年增加0.46亿元,农机总动力64.6万千瓦,拥有农业机械7万台套,其中,联合收割机1417台、农用拖拉机7819台、插秧机2855台、高效植保机械12550台,农业综合机械化水平本级监测88.14%。海安县农业机械化水平位列南通各县(市、区)第一。3次省级农机会议活动在海安举行。

全年享受省级以上农机购置补贴资金1910.20万元，推广新增各类先进实用农机具2359台套，其中，联合收割机127台、插秧机188台、大中型拖拉机198台、大中型拖拉机配套秸秆还田机械312台、粮食烘干机85台、高效植保机械47台、渔业机械679台、特色农业机械和高效设施农业机械723台套，实现农机作业年收入4.45亿元。

全县机耕面积117.08万亩，机播面积113.13万亩(含机直播和机插)，机灌面积71.7万亩，机收面积111.96万亩，机植保面积108.3万亩，粮油生产综合机械化水平89%。

县农机经营总收入5.58亿元，比上年增加200万元。全年引导外出作业联合收割机2200台次，完成作业总面积147万亩；引导外出跨区机插765台次，完成跨区机插24.75万亩，全县农机跨区作业总收入1.2亿元。

【水稻种植机械化】　全年推广插秧机188台，其中高速插秧机110台，机插面积46.5万亩。加大政策扶持力度。将水稻种植机械化发展目标纳入区镇农业农村工作重点工作加以推进和考核。广泛宣传，加强培训。加强农机农艺有机融合，举办培训班11期，重点培训维修技术人员30人、插秧机操作手及机插秧育秧农户1400余人。抓好典型，扩大示范引导，在水稻高产创建区域机插率90%以上，示范方、核心方全面采用机插秧。搞好维修服务和管理协调，保障配件供应和“三包”服务及时到位。

【秸秆机械化还田】　全年稻麦秸秆还田面积47.55万亩，其中：夏季实现三麦秸秆还田面积33.75万亩，秋季还田13.8万亩。落实配套扶持政策，全年县财政安排100万元用于秸秆还田作业补助，重点用于新增加36.75千瓦以上大中型拖拉机及配套秸秆还田机械的作业补助。强化培训服务工作。制定适用全县农业生产实际的稻、麦秸秆机械化还田技术路线和操作要领，通过公开信等形式发送到秸秆还田作业的机手手中。明确重点示范区域，全县建立县、镇、村三级秸秆机械化还田示范方，同时明确城区周围、高速公路、国道、省道、铁路两侧、各镇丰产示范方、家庭农场和全托管服务项目实施区域为秸秆还田重点区域。

【农机服务项目建设】　县农机局会同县农委指导全县274家农机专业合作社、家庭农场承担“全托管”项目建设，托管面积4.8万亩，新增粮食烘干中心30家，配套烘干机80台套。建成省级农机合作社机库项目3个、省农机维修点项目1个。规范实施科技入户工程项目，加大水稻种植机械化、秸秆机械化还田、高效设施农业机械(蚕桑生产机械)推广力度，全年培育312户农机科技示范户，取得较好经济和社会效益。

【农机人员培训】　开展农机化教育培训，提高全县农机手操作和维修技术水平，结合职业技能培训，采取按机型分批到县集中培训、与各镇分片培训相结合的办法，重点培训维修技术人员、插秧机操作手及机插秧育秧大户、秸秆还田机械操作手。扎实抓好基层农机人员培训，规范实施农机职业技能获证奖补和职业农民培训工作，全年举办培训班44期，培训农机人员4580人次，604人通过农机职业技能鉴定。

省人大调研　　(县农委　提供)

【农灌车口维修改造】　加快农灌车口维修改造，提升农灌车口管理水平，有效改善全县农村灌溉车口基础设施和技术状况，进一步完善农灌车口运行模式和管理机制，充分发挥车口工程效益，更好地为农业增产、农民增收服务。出台《县政府办公室关于印发2015年海安县农村灌溉车口改造管理工作方案的通知》，启动新一轮农灌车口改造与管理工作，并将其列为为民办实事的一项重要举措。全县改造维修农灌车口303座，其中县农机局承担维修任务122座。

【农机安全监管】　紧紧围绕农机安全生产和全年工作目标，强化安全监管，细化安全责任，落实安全措施，认真开展新条例宣贯、农机集中检审、安全生产专项整治、“打非治违”等一系列活动，全力推进农机安全生产监管工作。全年检验各类拖拉机6845台、联合收割机659台，新注册拖拉机、联合收割机分别为216台、130台，考试发证49人。查处上道路拖拉机346台次，排除安全隐患16例，暂扣拖拉机4台，责令补办手续6起。

加强滩涂作业拖拉机安全管理。全年培训农机滩涂作业从业人员112人次，年检拖拉机60台，注销拖拉机4台，与养殖企业签订安全生产责任书14份，与驾驶人签订安全生产责任书60份，新培训拖拉机驾驶人12人。　(王德生)

农业综合开发

【概况】　县农业资源开发局牢固树立“精准开发”理念，坚持以“项目建设好、资金管理好、队伍打造好”为总体要求，围绕“争第一、创唯一”，做到服务指导在前，检查督查在前，自查自纠在前，抓规范，抓防范，自抬标杆，提升标准，促进全县农业综合开发工作再上新台阶。2015年度产业化经营财政补助项目全省154个，财政资金3.07亿元，海安争取到7个项目，占全省二十二分之一，争取财政资金1790万元，占全省十七分之一，其中龙洋公司的“一县一特”试点项目全省只有9个，全市只有1个。

9月，省农业资源开发局组织全省2014年度国家农业开发项目绩效评价，海安县代表南通参加综合考评，考评成绩名列全省第一。为此,省农业资源开发局于11月奖励海安农业综合开发项目资金1350万元。

12月,在南通市农业综合开发系统综合考核中得分第一,获市农业综合开发系统2015年度目标考核特等奖,被市委、市政府授予2013—2014年度南通市文明单位荣誉称号。

【项目建设】 截至5月,按期全面完成2014年度15个农业综合开发项目工程扫尾,累计投入财政资金5900万元。所有项目均顺利通过省、市级验收,并及时全额资金拨付到位。其中,滨海新区(角斜镇)国家农业综合开发高标准农田项目区新建或拆建电灌站3座,新建硬质路20.68公里,防渗渠35.48公里,桥梁4座,中沟级配套12座,小沟级配套3819座,配套蔬菜大棚滴灌系统120亩,开挖疏浚沟渠10公里,土方12.41万立方米,植树为5548株,实施科技推广四项。大公镇国家农业综合开发高标准农田项目区新建或拆建电灌站7座,新建硬质路13.91公里,防渗渠23.98公里,桥梁4座,小沟级配套2663座,开挖疏浚沟渠5.86公里,土方11.38万立方米,植树2860株,实施科技推广两项。雅周镇省级高沙土农业开发项目区累计动土15.81万立方米,新建电灌站4座,输变电线路0.3公里,防渗渠24.5公里,暗渠1.45公里,配套建筑物2311座,硬质路3.6公里,植树1340株。

【项目资金】 全县先后争取2015年度各类农业综合开发项目13个,财政资金6295万元。分别是:国家农业综合开发高标准农田项目1个,开发任务2万亩,其中墩头镇1万亩,涉及东湖、西湖、仇湖、禾庄4个村;南莫镇0.5万亩,涉及朱楼、林庙两个村;大公镇0.5万亩,涉及仲洋1个村。总投资2626万元,其中财政资金2600万元,村级自筹资金26万元。国家农业综合开发生态综合治理项目1个,开发任务0.5万亩,位于曲塘镇李庄、万杨两个村。总投资656.5万元,其中财政资金650万元,村级自筹资金6.5万元。省级高沙土农业综合开发项目1个,开发任务0.7万亩,其中曲塘镇崔母、胡庄村0.4万亩,海安镇连港、北景庄村0.3万亩。总投资707万元,其中财政资金700万元,村级自筹资金7万元。国家农业综合开发"一县一特"产业发展试点项目1个:南通龙洋水产有限公司"300吨长江珍稀鱼类食品加工新建项目",财政补助800万元。一般财政补助龙头企业项目2个:南通泰和食品有限公司"600吨米面制品加工扩建项目",财政补助240万元;江苏龙祥食品有限公司"6000吨鸭蛋制品加工扩建项目",财政补助240万元。一般财政补助合作社项目3个:海安县苏鹏禽业专业合作社(曲塘镇刘圩村)"100万羽蛋鸡全自动化育雏扩建项目",财政补助130万元;华辉蔬菜专业合作社(城东镇韩洋村12、13组)"1100吨蔬菜种植基地扩建项目",财政补助120万元;海安县婷婷禽蛋专业合作社(城东镇丰产村16组)"6万只蛋鸡养殖基地扩建项目",财政补助130万元。固定资产贷款贴息项目2个:鑫缘茧丝绸集团股份有限公司"4000吨桑蚕茧加工固定资产贷款贴息项目",财政贴息200万元;江苏天成科技集团有限公司"1000万羽商品蛋鸡雏苗繁育、150万羽青年蛋鸡、66万羽蛋鸡养殖基地贴息项目",财政贴息300万元。流动资金贷款贴息项目2个:南通金旺农业开发有限公司"9000吨猪肉加工收购原料流动资金贷款贴息项目",财政贴息141万元;南通市穗兴粮油收储有限公司"3万吨粮食加工收购原料流动资金贷款贴息项目",财政贴息44万元。

【项目管理】 委托第三方质量检验检测。为确保工程质量,从2014年度农业开发项目起,通过竞争性谈判,县农业资源开发局委托具有一级资质的专业机构"苏中检测中心",对桥梁、泵站、硬质路、箱涵、渡槽等骨干工程进行质量检验检测。实行跟踪审计。为化解往年委托中介审计时间滞后的弊端,从2015年度农业开发项目起,县农业资源开发局实行跟踪审计,即项目工程开工后,及时与县审计局对接,择优选取具有审计资质的单位提前介入,跟踪审计。试行信息化管理。县农业资源开发局与南京某软件公司合作,开发集"工程监管、数据分析、统计报表、信息查询、档案管理"为一体的农业综合开发信息化管理平台。

【项目入库】 年初着手筹划2015年度国家农业综合开发项目滚动计划编报工作。分期分批组织业务骨干深入镇村、企业,座谈调研,实地踏勘,择优选择入库项目。截至年底,入库2016年度国家土地治理项目6个(确定申报3个共1.5万亩),2016年度国家农业综合开发产业化经营财政贴息项目18个,产业化经营财政补助项目7个,均完成项目建议书编制。

【成功举办媒体见面会】 11月6日,县农业资源开发局联合市委宣传部、市农业资源开发局,举办"逐梦江海·农发强企富民"驻通媒体见面会,近30家国家、省、市、县级主流媒体记者30余人走进县康德蛋业有限公司、鑫缘茧丝绸集团、家惠油脂发展有限公司3家农业龙头企业,实地探访农业综合开发助推海安农业产业化发展历程。

【3次在全省农业综合开发工作会议上做经验介绍】 1月30日,县农业资源开发局局长顾维斌在全省农发局局长会议上作为县级唯一代表,作题为《正确处理为与不为的关系,全面推动质与效的提升》典型经验介绍。8月5日,在省农业资源开发局组织召开的全省防渗渠机械化施工推广工作会议上,王文池副局长作题为《顺势而为,勇于实践,全面推广运用防渗渠机械化施工技术》经验介绍。11月6日,在省农业资源开发局于海安组织召开的苏中、苏南片2014年度农业综合开发项目验收整改工作座谈会上,顾维斌局长作为县级唯一代表,做题为《超前谋划,务实奋进,全力打造精品工程》经验介绍。 (缪 云)

工　业

Industry

蓉和怡心园　章　丽绘

◎ 责任编辑　周宏文

综　述

【概况】 2015年,海安县在宏观环境趋紧、困难挑战增多、发展压力加大的客观形势下,积极适应经济“新常态”,不断放大“动车时代、节点城市”新优势,全力打造长三角北翼最具竞争力的新型工业化基地。全县工业经济呈现“稳中有进、稳中向好”的发展态势。获得南通市新型工业化考核第一名,实现“五连冠”。县政府被江苏省纺织工业协会授予“江苏纺织服装转型升级推动大奖”称号。全年新增一般纳税人企业84家,累计4988家;新增规模以上企业66家,累计865家。开票销售超亿元企业220家,比上年增加20家。主营业务收入亿元企业291家,比上年增加7家。全县完成应税销售1002.9亿元,在南通率先突破千亿大关,同比增长12.1%,增幅全市第二,高于全市平均水平7.5个百分点;实现“十一五”期末到“十二五”期末的倍增计划,总量全市第一,在苏中苏北领先。全年完成工业总产值(现价)3168.64亿元,增长8.0%,其中规模工业产值1984.94亿元,增长11.2%;规模以上工业增加值432.11亿元,增幅11.2%,规模工业产值和增加值总量、增幅均居南通九县(市、区)第二。全县规模以上高新技术产业产值945.49亿元,增长13.1%,增速高于全县规模工业产值1.9个百分点,占规模以上工业比重47.6%,比上年提升1个百分点。全县新兴产业产值715.44亿元,增长10.8%,占规模工业的比重为36.0%,比上年提升0.28个百分点。全县工业应税销售超亿元企业220家,规模以上企业865家,总数均在南通九县(市、区)中居于第一位。荣获2015年度全市新型工业化考核第一名,实现新型工业化“五连冠”。

【政策引导】 年初,出台《县政府加快新型工业化发展若干政策意见》和《海安县2015年“新型工业化”竞赛办法》。积极应对复杂严峻的宏观经济形势,营造宽松政策环境,坚定企业发展信心,研究出台《县政府关于2015年全县工业经济稳增长促发展若干补充意见》,鼓励企业提质增效、缓解企业融资困难、推动光伏链式发展,形成工业扶持政策体系和良好政策环境,为企业争先发展解压、鼓劲。分条线、多层次采取会议、座谈等多种形式宣传解读政策,确保将各项利好政策研究到位、传递到位、落实到位,营造良好发展氛围。加大政策兑现力度,条件具备的,按月、按季兑现相应奖励,为企业发展注入强心剂。

【培大扶强】 建立企业梯度培育体系,围绕全年培育目标,区镇、部门形成合力,明确培育目标、强化培育举措、加大服务扶持力度。对接指导全县亿元以上企业制定“十三五”发展规划,引领企业走科学发展、内涵发展之路。强化运行监测,分区镇调研降幅较大重点企业和1000万元以上新增长点项目,逐企剖析存在问题,明确增长举措与月度增长目标。全年应税销售超10亿元企业18家,净增5家,联发、鑫缘、文凤3家企业超50亿元。鹏飞、鑫缘获江苏省自主品牌50强称号。新增新三板挂牌企业8家,新增数全市第一,新增上市入轨企业1家。鼓励有条件、有实力的企业依托资本、技术、品牌等优势,瞄准央企、国企、跨国企业,主动跟进对接,发展混合所有制经济,实现借资、借智、借力发展。天楹、江海、明诺等6家企业与央企开展合作。铁锚集团与成飞集团开展合作,鹏飞、鹰球、亚太等企业与成飞集团深度对接,合作意向明显。组织企业赴意大利开展科技招商活动,形成合作意向18个,签约1个。

【技改投入】 掀起“技改投入新攻势”,逐区镇排查、逐企业对接技改项目,全县排出184个重点技改项目,总投资85.6亿元,其中设备投入31.1亿元。继续实行工业技改奖励政策,增强全县工业企业调整产业结构、加大有效投入、提升产品档次的信心和决心,工业技改项目数量、设备投入数额均有较大幅度提升。在重点技改项目推进上,县级层面筛选出50个当年设备投入1000万元以上的重大新建、续建技改项目,各区镇重点抓好设备投入100万元以上的技改项目,逐企建立台账资料,实行月度重点监测制度,全程跟踪推进。同时,建立技改项目推进协调机制,各区镇月初排出开工项目名单,围绕项目立项、规划选址、征地拆迁、办证注册、招标施工、经营管理等全方位开展协调服务,定期深入重点技改项目现场办公,对未按计划开工、未按序时建设、未按规划达产的项目及时查明原因,帮助企业解决投资过程中的各种困难和问题,定人、定时、定责落实推进举措,促其尽早达产达效。实施典型引路,全年举行4次技改项目集中开工暨现场观摩活动,通过“赛马”激发全县企业家“二次创业”激情,推进全县工业企业低端换高端、机械换数码、单台换成套、人工换智能的转型升级步伐,提高企业核心竞争力。全年完成工业技改设备投入23亿元,超额完成全年目标任务。

【管理创新】 引导企业以“转机制、抓管理、练内功、增效益”为核心,不断创新经营管理机制,强势推进两化深度融合,最大限度减少非生产性投入,降低企业运行成本,增强企业的市场应变能力和核心竞争力。一、二季度分别举办重点企业财务人员专题培训活动、企业管理现场观摩暨培训活动,积极推广和应用先进企业的管理模式,为企业搭建互相学习、交流、借鉴的平台。推动企业聘请国内外知名管理机构和专家开展管理咨询诊断,运用对标找差的方法,认真分析制约企业发展的关键因素,寻找企业管理的“短板”,量身定制改进方案。分行业组织全县服装、机械等企业赴苏南、上海等地,学习观摩行业领军企业生产经营、企业管理等方面的先进理念。组织开展管理创新品牌企业评选活动,全县评选出30家“海安县管理创新品牌企业”,通过典型示范带动,铸就海安“百年老店”。

【服务保障】 深入开展服务项目服务企业专项行动,建立健全重大工业问题协调机制,以问题为导向,破解资金、用工等要素瓶颈,梳理排查出481项企业运行存在的问题,协调解决问题395项,提交县专题办公会86项。精心谋划,带领企业拓展市场,先后组织80多家企业参加江苏产品万里行重庆、兰州展销会、中国(昆山)品牌产品进口交易会、江海博览会等,组织企业参加江苏省第十六届国际服装节,并被授予“中国纺织产业基地”称号。会同电视台开展“新型工业化优秀典型”系列宣传活动,表彰先进、推广经验、以点带面,大大激发企业创新创业、领先发展的积极性和创造力。

【星级企业家】 按照“三比二争”(三比:比应税销售、比入户税金、比设备投入,二争:争当先进工业企业、争当星级企业家)竞赛考评办法,年终评选出52位工业企业“星级企业家”,其中六星级企业家3人,五星级9人,四星级14人,三星级9人,二星级11人,一星级7人。县委、县政府分别给予表彰,颁发金牌。

2015年海安工业企业星级企业家光荣榜

表9

序号	星　级	企　业　名　称	区(镇)	姓　名	职　　务
1	六星级	江苏联发纺织股份有限公司	开发区	薛庆龙	董事长
2	六星级	鑫缘茧丝绸集团股份有限公司	高新区	储呈平	董事长、总经理
3	六星级	江苏文凤化纤集团有限公司	高新区	陈文凤	总经理
4	五星级	江苏天楹环保能源有限公司	高新区	严圣军	总经理
5	五星级	欧贝黎新能源科技股份有限公司	高新区	费建明	董事长
6	五星级	江苏海迅实业集团股份有限公司	开发区	仲跻和	董事长
7	五星级	江苏福克斯机械集团有限公司	开发区	袁　正	董事长
8	五星级	江苏省华强纺织有限公司	开发区	卞　童	董事长
9	五星级	南通市康桥油脂有限公司	开发区	陆建军	董事长
10	五星级	南通家惠油脂发展有限公司	高新区	徐　剑	总经理
11	五星级	西蒙电气(中国)有限公司	开发区	朱建国	总经理
12	五星级	江苏鹏飞集团股份有限公司	大公镇	王家安	董事长
13	四星级	江苏铁锚玻璃股份有限公司	高新区	吴贲华	董事长
14	四星级	江苏飞亚化学工业有限责任公司	高新区	曹宏生	总经理
15	四星级	江苏瑞安特机械集团有限公司	高新区	周建伟	董事长
16	四星级	亚太轻合金(南通)科技有限公司	开发区	周福海	总经理
17	四星级	江苏省海安石油化工厂	高新区	王加国	董事长
18	四星级	江苏兴华胶带股份有限公司	高新区	魏昌林	董事长
19	四星级	南通通洋机电制造有限公司	高新区	王应才	董事长
20	四星级	南通米兰特电气有限公司	高新区	王　杰	总经理
21	四星级	浚丰太阳能(江苏)有限公司	高新区	孙　杰	总经理
22	四星级	南通市通润汽车零部件有限公司	开发区	林来顺	总经理
23	四星级	江苏晨朗电子集团有限公司	开发区	陈　栋	总经理
24	四星级	江苏威尔曼科技股份有限公司	高新区	周经成	董事长
25	四星级	江苏天成科技集团有限公司	开发区	陈正荣	董事长
26	四星级	江苏弘盛新材料股份有限公司	高新区	倪利锋	总经理
27	三星级	江苏华艺时装集团股份有限公司	高新区	郃卫国	总经理
28	三星级	南通双弘纺织有限公司	曲塘镇	杨广泽	董事长
29	三星级	海安县鹰球粉末冶金有限公司	高新区	申承秀	总经理
30	三星级	海安县申菱电器制造有限公司	高新区	李春涛	董事长
31	三星级	江苏繁华玻璃股份有限公司	开发区	吉顺青	董事长
32	三星级	上海水星家纺海安有限公司	开发区	李裕杰	董事长
33	三星级	南通科达建材股份有限公司	高新区	朱　赋	总经理

续表 9

序号	星级	企业名称	区(镇)	姓名	职务
34	三星级	江苏双双布业有限公司	高新区	王勇	董事长
35	三星级	人民电器集团江苏斯诺成套设备工程有限公司	高新区	王小飞	总经理
36	二星级	南通中尧机电制造有限公司	高新区	曹忠	总经理
37	二星级	江苏万力机械股份有限公司	高新区	徐希才	董事长
38	二星级	南通中邦纺织有限公司	开发区	江斌	董事长
39	二星级	江苏铭安电气有限公司	高新区	曹洪新	董事长
40	二星级	海安远东新材料有限公司	开发区	徐晓东	总经理
41	二星级	南通华纶化纤有限公司	高新区	顾玲	总经理
42	二星级	南通晓星变压器有限公司	开发区	郑渊周	总经理
43	二星级	南通市亿力变压器有限公司	高新区	杨立稳	董事长
44	二星级	江苏海建股份有限公司	曲塘镇	周斌	总经理
45	二星级	南通佳景休闲洁具有限公司	开发区	贲向前	董事长
46	二星级	江苏骆氏减震件有限公司	开发区	骆联盟	董事长
47	一星级	南通昌荣机电有限公司	开发区	颜昌海	董事长
48	一星级	海安金锻工业有限公司	开发区	邱奕钧	董事长
49	一星级	南通盛大饲料有限公司	曲塘镇	罗强为	董事长
50	一星级	海安县中山合成纤维有限公司	墩头镇	杨中国	董事长
51	一星级	南通嘉纶食品有限公司	高新区	王厚江	总经理
52	一星级	卡姆丹克太阳能(江苏)有限公司	开发区	刘聪贤	总经理

【百强企业】 全县规模以上工业企业按应税销售和入库税金总量各占50%,综合排名得出全县前100强,给予表彰,颁发奖牌。

2015年海安县工业百强企业光荣榜

表 10

序号	企业名称	区(镇)	序号	企业名称	区(镇)
1	江苏联发纺织股份有限公司	开发区	13	江苏天成科技集团有限公司	开发区
2	鑫缘茧丝绸集团股份有限公司	高新区	14	江苏文凤化纤集团有限公司	高新区
3	江苏鹏飞集团股份有限公司	大公镇	15	南通市通润汽车零部件有限公司	开发区
4	江苏天楹环保能源有限公司	高新区	16	南通通洋机电制造有限公司	高新区
5	江苏海迅实业集团股份有限公司	开发区	17	江苏威尔曼科技股份有限公司	高新区
6	江苏省华强纺织有限公司	开发区	18	浚丰太阳能(江苏)有限公司	高新区
7	亚太轻合金(南通)科技有限公司	开发区	19	江苏兴华胶带股份有限公司	高新区
8	江苏铁锚玻璃股份有限公司	高新区	20	南通双弘纺织有限公司	曲塘镇
9	南通市康桥油脂有限公司	开发区	21	江苏晨朗电子集团有限公司	开发区
10	西蒙电气(中国)有限公司	开发区	22	南通米兰特电气有限公司	高新区
11	江苏省海安石油化工厂	高新区	23	海安县鹰球粉末冶金有限公司	高新区
12	江苏飞亚化学工业有限责任公司	高新区	24	人民电器集团江苏斯诺成套设备工程有限公司	高新区

续表 10

序号	企　业　名　称	区(镇)	序号	企　业　名　称	区(镇)
25	南通中尧机电制造有限公司	高新区	63	江苏恒炫电气有限公司	高新区
26	江苏福克斯机械集团有限公司	开发区	64	南通菲希尔测试仪器有限公司	开发区
27	海安县申菱电器制造有限公司	高新区	65	江苏通海线业有限公司	墩头镇
28	江苏华艺时装集团股份有限公司	高新区	66	南通容润汽车配件有限公司	李堡镇
29	江苏瑞安特机械集团有限公司	高新区	67	南通贝思特机械工程有限公司	白甸镇
30	江苏万力机械股份有限公司	高新区	68	海安华新热电有限公司	高新区
31	上海水星家纺海安有限公司	开发区	69	南通华银毛线制品有限公司	开发区
32	南通市亿力变压器有限公司	高新区	70	南通众润混凝土有限公司	高新区
33	南通家惠油脂发展有限公司	开发区	71	南通市苏中纺织有限公司	墩头镇
34	南通晓星变压器有限公司	开发区	72	南通亨特管业有限公司	高新区
35	南通中邦纺织有限公司	开发区	73	南通明诺机械有限公司	李堡镇
36	江苏海建股份有限公司	曲塘镇	74	江苏恩达通用设备有限公司	高新区
37	江苏铭安电气有限公司	高新区	75	南通中菱绝缘材料有限公司	雅周镇
38	江苏恒源丝绸集团有限公司	高新区	76	欧贝黎新能源科技股份有限公司	高新区
39	海安金锻工业有限公司	开发区	77	南通科星化工有限公司	白甸镇
40	南通江中光电有限公司	高新区	78	南通新业机电环保设备工程有限公司	大公镇
41	南通科达建材股份有限公司	高新区	79	江苏明江阀业有限公司	南莫镇
42	海安县联发张氏色织有限公司	开发区	80	海安鸿亿混凝土有限公司	大公镇
43	海安海太铸造有限公司	高新区	81	海安县通源纱线有限公司	墩头镇
44	南通新正大特钢有限公司	高新区	82	南通森马纺织实业有限公司	白甸镇
45	上海爱登堡电梯江苏有限公司	开发区	83	江苏瑞恩电气股份有限公司	高新区
46	南通联荣集团有限公司	曲塘镇	84	南通市华海铸造有限公司	南莫镇
47	南通鑫平制衣有限公司	开发区	85	江苏绿叶机械有限公司	白甸镇
48	江苏双双布业有限公司	高新区	86	南通市联缘染业有限公司	开发区
49	南通佳景休闲洁具有限公司	开发区	87	海安美亚热电有限公司	开发区
50	江苏融通阀门机械有限公司	高新区	88	南通亚威机械制造有限公司	白甸镇
51	江苏弘盛新材料股份有限公司	高新区	89	海安县中山合成纤维有限公司	墩头镇
52	江苏礼德铝业有限公司	高新区	90	海安远东新材料有限公司	开发区
53	江苏繁华玻璃股份有限公司	开发区	91	江苏中威重工机械有限公司	开发区
54	江苏广达医材集团有限公司	李堡镇	92	海安立泰服饰有限公司	李堡镇
55	南通昌荣机电有限公司	开发区	93	南通万宝实业有限公司	高新区
56	江苏奥马机械有限公司	开发区	94	海安县亚太助剂有限公司	开发区
57	江苏骆氏减震件有限公司	开发区	95	南通冠优达磁业有限公司	高新区
58	江苏鑫港企业有限公司	开发区	96	南通市苏东机械电气有限公司	高新区
59	海安汇珏网络通信设备有限公司	开发区	97	南通联兴色织有限公司	高新区
60	海安县国力化工有限公司	开发区	98	南通弘联服饰有限公司	曲塘镇
61	南通升辉建材科技有限公司	白甸镇	99	南通虹宇服饰有限公司	曲塘镇
62	江苏江海机床集团有限公司	李堡镇	100	南通宏顺厨具制品有限公司	开发区

2015年海安县主营业务收入亿元以上工业企业情况表

表 11 单位:万元

序号	企业名称	区(镇)	主营业务收入		利润		利税	
			2015年	2014年	2015年	2014年	2015年	2014年
1	欧贝黎新能源科技股份有限公司	高新区	623971	775662	51869	48511	85530	82023
2	江苏鹏飞集团股份有限公司	大公镇	505779	596388	26690	28105	51907	64442
3	江苏文凤化纤集团有限公司	高新区	418829	385973	38747	24646	58505	42454
4	鑫缘茧丝绸集团股份有限公司	高新区	408166	368095	9822	13225	19348	31778
5	江苏海建股份有限公司	曲塘镇	357510	390745	32978	33644	52924	51071
6	江苏万力机械股份有限公司	高新区	332668	287249	33704	28418	54473	44444
7	海安县申菱电器制造有限公司	高新区	331166	272130	26734	28337	45291	42889
8	南通新正大特钢有限公司	高新区	328068	453480	12623	19788	31844	43617
9	江苏天成科技集团有限公司	开发区	298073	332101	16220	26639	33806	41662
10	南通晓星变压器有限公司	开发区	294897	405329	26240	24917	43002	40770
11	江苏联发纺织股份有限公司	开发区	286131	515697	41302	42311	42880	66411
12	南通双弘纺织有限公司	曲塘镇	267109	239076	15698	14160	32320	27562
13	江苏海迅实业集团股份有限公司	开发区	266576	208179	24366	17474	40520	30634
14	江苏飞亚化学工业有限责任公司	高新区	233996	239305	27377	32196	41972	48262
15	南通市康桥油脂有限公司	开发区	223964	203413	11913	17237	24423	27551
16	中平神马江苏新材料科技有限公司	高新区	211117	158724	2067	13688	13591	21706
17	江苏铁锚玻璃股份有限公司	高新区	199713	176106	16435	30300	28977	40097
18	卡姆丹克太阳能(江苏)有限公司	开发区	198702	170426	14342	13829	25250	21144
19	江苏瑞安特机械集团有限公司	高新区	197061	132914	19304	12935	30819	20130
20	海安县鹰球粉末冶金有限公司	高新区	166440	149306	14899	15289	26228	23010
21	南通海迅特雷卡电梯产品有限公司	开发区	157460	104389	14027	8337	23409	11448
22	江苏福克斯新能源科技有限公司	开发区	156940	227788	14997	19234	24111	25525
23	江苏省华强纺织有限公司	开发区	156075	148885	6979	16168	11002	24009
24	江苏恒源丝绸集团有限公司	高新区	153918	131302	16035	12570	25815	19456
25	南通华强布业有限公司	开发区	152645	161716	8323	10174	15017	17941
26	江苏天成生化制品有限公司	开发区	152261	131079	10926	10587	19902	18074
27	江苏金洲粮油食品有限公司	高新区	150978	149654	1435	1062	2759	2116
28	南通永大管业股份有限公司	高新区	144451	109472	18210	13130	26639	19502
29	南通家惠油脂发展有限公司	开发区	142767	175208	13410	10499	21118	18503
30	江苏铭安电气有限公司	高新区	141695	133115	14353	14414	22076	21505
31	南通市金桥化工有限公司	开发区	141626	51341	17607	6290	25082	8204
32	江苏江海机床集团有限公司	李堡镇	139019	150561	6367	10655	13640	17208
33	海安县中山合成纤维有限公司	墩头镇	138431	132921	9360	13778	17615	19878
34	南通华纶化纤有限公司	高新区	132042	117381	13635	14628	20493	20267
35	上柴动力海安有限公司	开发区	124942	40222	4896	1952	11548	4153
36	江苏省海安石油化工厂	高新区	122711	115555	11844	14589	19160	21147

续表 11

序号	企 业 名 称	区(镇)	主营业务收入		利 润		利 税	
			2015 年	2014 年	2015 年	2014 年	2015 年	2014 年
37	江苏双双布业有限公司	高新区	121887	100955	10532	11716	17383	16498
38	南通天蓝环保能源成套设备有限公司	高新区	121388	100194	13321	11425	21105	16599
39	海安县威仕重型机械有限公司	开发区	120971	72019	15254	8366	23025	12155
40	江苏威尔曼科技股份有限公司	高新区	120550	103753	12146	12072	18763	17426
41	江苏永通新材料科技有限公司	高新区	115423	10151	9274	53	9274	53
42	江苏广达医材集团有限公司	李堡镇	114409	102699	3612	4157	9295	8319
43	人民电器集团江苏斯诺成套设备工程有限公司	高新区	111907	94814	12229	11196	18599	16110
44	南通市德心食品有限公司	曲塘镇	106949	84438	15203	11548	21122	14530
45	浚丰太阳能(江苏)有限公司	高新区	102184	64593	3102	3697	5383	5775
46	江苏晨朗电子集团有限公司	开发区	101914	23616	16533	4422	22397	5776
47	南通市苏中纺织有限公司	墩头镇	100407	83466	12494	8761	19185	13149
48	江苏福克斯机械集团有限公司	开发区	100315	27957	11902	2402	17522	4021
49	江苏文通管业有限公司	高新区	95206	72604	10395	7706	16196	10811
50	南通海迅电梯部件有限公司	开发区	93909	89629	233	5472	403	10006
51	江苏天成保健品有限公司	开发区	88462	40566	14288	5673	19965	7778
52	江苏海迅铁路器材集团股份有限公司	开发区	88098	50796	9680	4660	14913	8216
53	海安县兄弟合成纤维有限公司	墩头镇	87537	69612	13076	9177	19096	13325
54	南通联荣集团有限公司	曲塘镇	83780	68060	4522	3334	9393	7638
55	亚太轻合金(南通)科技有限公司	开发区	82709	71679	12681	7004	14223	9924
56	南通恒力重工机械有限公司	高新区	80795	83138	6608	7567	10939	12003
57	南通通洋机电制造有限公司	高新区	78716	58035	13044	8581	18108	11029
58	南通中尧机电制造有限公司	高新区	76043	63488	10857	9912	15598	13393
59	南通市龙顺粮油有限责任公司	白甸镇	75380	59445	6640	6359	11273	9396
60	海安远东新材料有限公司	开发区	75214	79134	−3838	675	−3838	675
61	南通联发印染有限公司	开发区	71274	66127	4574	3605	4795	3848
62	江苏天恒纳米科技股份有限公司	开发区	70335	10310	5777	559	9297	738
63	江苏奥马机械有限公司	开发区	69022	23324	2222	251	5179	315
64	南通连德铸造有限公司	高新区	67590	62460	10313	9241	14309	12452
65	西蒙电气(中国)有限公司	开发区	67308	64459	8591	8304	14164	15173
66	江苏兴华胶带股份有限公司	高新区	66849	52356	7014	9107	11217	12554
67	南通市苏东机械电气有限公司	高新区	65865	57881	7613	7580	11420	9420
68	南通飞日电子有限公司	开发区	65587	19220	11694	3650	15893	4645
69	南通万宝实业有限公司	高新区	65361	58512	10186	8027	14028	11258
70	南通特力锻压机床有限公司	开发区	62181	34441	4678	1823	8451	3445
71	海安县兰波实业有限公司	滨海新区	62071	58179	4102	4972	7897	8423
72	南通市亿力变压器有限公司	高新区	61747	50108	9304	6300	13135	9026
73	江苏合海集团股份有限公司	白甸镇	60151	8428	2655	363	6295	1127

续表 11

序号	企业名称	区(镇)	主营业务收入		利润		利税	
			2015 年	2014 年	2015 年	2014 年	2015 年	2014 年
74	南通市通润汽车零部件有限公司	开发区	60026	53490	8270	6953	8203	9594
75	海安县天星电工材料有限公司	曲塘镇	58226	36885	1186	1525	3954	1988
76	江苏鑫钻新材料科技有限公司	高新区	56132	53619	7170	5386	10542	7935
77	江苏东园电磁线有限公司	高新区	55718	55083	9018	8781	12795	10545
78	南通米兰特电气有限公司	高新区	55202	54476	8137	11071	11923	13790
79	南通特瑞思光电科技有限公司	高新区	55014	60541	5966	5027	9482	8816
80	江苏华艺服饰有限公司	高新区	54091	39112	8047	4820	11824	7222
81	南通市京山锦纶有限公司	墩头镇	53633	42573	7134	4752	10676	7142
82	南通市百威电气有限公司	开发区	53216	12538	2691	412	5632	550
83	海安县五马铁链有限公司	开发区	52296	13952	2257	1199	4974	1916
84	江苏华洋尼龙有限公司	墩头镇	52292	53245	5854	4828	8714	7712
85	江苏菱安光电科技有限公司	高新区	52291	42589	8755	6870	12042	9019
86	南通市亚威变压器厂	高新区	51606	42050	7913	5462	11365	7856
87	南通美铭锦纶有限公司	墩头镇	51422	41569	8179	6812	11583	9247
88	江苏融通阀门机械有限公司	高新区	51276	43564	8101	5767	11545	7966
89	海安海太铸造有限公司	高新区	50864	43254	7728	5781	11074	7829
90	南通盛大饲料有限公司	曲塘镇	50417	34400	7338	4324	10595	5993
91	南通奥普机械工程有限公司	曲塘镇	49907	35008	5756	3621	8792	4987
92	海安县通源纱线有限公司	墩头镇	49808	42705	6692	4876	9170	7064
93	江苏华威铜业有限公司	高新区	49649	36225	7134	6400	10349	8356
94	江苏骆氏减震件有限公司	开发区	48218	9454	1492	−117	3600	−107
95	南通江中光电有限公司	高新区	46422	42830	8151	7807	11005	9904
96	上海利安润滑设备制造海安有限公司	开发区	46190	15454	1792	450	3309	540
97	江苏礼德铝业有限公司	高新区	45675	35099	2678	1546	5222	1629
98	江苏瑞恩电气股份有限公司	高新区	45437	33976	1748	894	2141	989
99	海安县顺发合成纤维有限公司	墩头镇	45196	37328	6297	4181	9133	6847
100	海安县亚太助剂有限公司	开发区	44830	18043	1059	451	1248	790
101	南通嘉纶食品有限公司	高新区	44738	42729	5659	5287	8351	7032
102	南通菲希尔测试仪器有限公司	开发区	44417	26645	2900	1019	5180	1557
103	海安县中祥线业有限公司	墩头镇	44017	37682	3617	2529	6962	4954
104	江苏鑫港企业有限公司	开发区	41923	25861	7362	4025	10198	5614
105	海安县美佳卫生用品有限公司	滨海新区	41580	32357	1254	1464	4000	3387
106	海安县浦港棉业有限公司	滨海新区	41549	39800	3064	4421	5617	6699
107	南通万华机械设备有限公司	曲塘镇	41275	34590	1665	1691	3995	3244
108	南通游龙肠衣食品有限公司	开发区	38471	23374	563	439	848	588
109	江苏恒炫电气有限公司	高新区	38452	33621	2027	1458	3907	1502
110	南通奥特机械设备有限公司	曲塘镇	36636	35332	5672	4433	8200	5557

续表 11

序号	企　业　名　称	区(镇)	主营业务收入		利　润		利　税	
			2015 年	2014 年	2015 年	2014 年	2015 年	2014 年
111	海安县恒昌金属压延有限公司	曲塘镇	36465	29365	1054	1075	1410	1601
112	海安联发棉纺有限公司	开发区	36406	37406	1821	1483	2789	4005
113	南通鼎源铝业有限公司	李堡镇	36276	53332	526	845	2301	2768
114	海安县威仕锻造有限公司	开发区	36225	4813	1079	−47	2857	104
115	江苏亨特集团华特电气有限公司	高新区	36010	30049	2676	1866	4626	2013
116	江苏易和机械科技有限公司	开发区	35888	40294	315	2109	491	3538
117	海安宏腾特种精密铸造有限公司	高新区	35396	38369	503	710	538	774
118	海安县联发制衣有限公司	高新区	34393	34815	5529	3213	5772	5244
119	南通鼎晶有色金属铸造有限公司	高新区	33619	24626	1826	2090	3448	2131
120	江苏双双高新科技有限公司	高新区	33367	15775	144	250	−322	364
121	南通亨特管业有限公司	高新区	33157	35124	5324	6138	7278	8042
122	海安县嘉禾化纤有限公司	墩头镇	33102	20270	4886	3052	6838	4128
123	海安县恒业制丝有限公司	墩头镇	33060	26746	4719	4065	7200	5538
124	江苏品王酒业集团股份有限公司	高新区	32862	25073	4584	5196	7137	6899
125	南通亚纶化纤有限公司	高新区	32724	29868	3697	4825	5841	6363
126	上海水星家纺海安有限公司	开发区	32625	23629	4639	2769	5932	3758
127	南通高合新材料有限公司	开发区	31188	14270	25	70	168	183
128	南通兴华达高实业有限公司	开发区	31076	17968	−31	−287	1530	−2
129	海安海建机电设备制造有限公司	曲塘镇	30945	25372	2600	1560	4377	2976
130	海安县国力化工有限公司	开发区	30919	18417	505	374	906	594
131	江苏明宇石油机械有限公司	南莫镇	30738	15181	374	175	1028	649
132	南通市东方包装有限公司	滨海新区	30203	31754	3518	5243	5474	7091
133	江苏坚美塑业有限公司	曲塘镇	29986	34560	1744	2145	1845	2413
134	南通联兴色织有限公司	高新区	29947	25024	4921	4073	6807	5356
135	南通科力信机械有限公司	南莫镇	29781	10864	349	17	1549	601
136	海安县铜材厂	曲塘镇	29689	25301	792	784	970	1158
137	江苏华愉化工有限公司	南莫镇	29631	19588	−1281	−797	−908	−338
138	南通青森服装有限公司	滨海新区	29591	26131	2189	3004	4109	4517
139	南通华银毛绒制品有限公司	开发区	29156	12848	4011	2200	5905	2909
140	江苏康德蛋业有限公司	开发区	29004	16983	1436	909	1474	977
141	南通太和机械集团有限公司	高新区	28346	18649	4856	3419	6658	4407
142	南通铁军机械有限公司	开发区	28303	18032	1068	756	1144	888
143	江苏普乐工具有限公司	高新区	28259	46840	3517	9322	5367	11854
144	南通远东微特电机有限公司	高新区	27674	24619	828	841	984	1282
145	江苏恩达通用设备有限公司	高新区	27477	20821	832	675	932	981
146	江苏中威重工机械有限公司	开发区	27288	22549	1923	1077	3697	2382
147	江苏通海线业有限公司	墩头镇	27192	23585	3967	3501	5893	4921

续表 11

序号	企业名称	区(镇)	主营业务收入		利润		利税	
			2015 年	2014 年	2015 年	2014 年	2015 年	2014 年
148	江苏星鲨玻璃科技有限公司	高新区	27189	15961	891	792	1286	1310
149	海安县巨力磁材有限责任公司	滨海新区	26780	24292	1359	1378	3153	2800
150	南通市联邦化工有限公司	南莫镇	26706	17979	13	3	387	451
151	南通双弘制线有限公司	曲塘镇	26590	19782	3284	3364	4986	4412
152	江苏冠宇纺织有限公司	高新区	26532	23018	4954	4361	6574	5601
153	海安县晋全电工器材有限公司	大公镇	26210	24566	129	221	194	228
154	南通中菱绝缘材料有限公司	雅周镇	25980	22947	703	2123	1306	2647
155	南通海辰蛋白科技有限公司	高新区	25071	24626	−348	−247	−266	−147
156	上海爱登堡电梯江苏有限公司	开发区	24277	51033	204	1153	719	2954
157	江苏奎泽机械工业有限公司	曲塘镇	24197	20351	629	598	768	738
158	江苏德胜特纺织有限公司	高新区	24164	14323	4254	2509	5824	3315
159	江苏品合石业有限公司	滨海新区	23738	2099	637	34	2171	173
160	海安县锦荣化纤有限公司	高新区	23398	16910	3769	2346	5146	3209
161	南通家惠畜禽饲料有限公司	开发区	23300	16465	137	49	224	142
162	江苏恒泽安装工程股份有限公司	高新区	23239	20472	2309	2047	2324	2069
163	南通市时代食品有限公司	滨海新区	23065	23107	2416	2947	3812	4456
164	南通海迅机械制造有限公司	开发区	22643	29113	2002	4858	2919	5994
165	海安县通用粉末冶金厂	高新区	22076	20201	822	835	898	998
166	江苏亚威变压器有限公司	高新区	21953	18893	1804	1622	1918	2060
167	海安县华润食品有限公司	开发区	21511	29935	566	1693	708	2802
168	海安华盛化工有限公司	高新区	21490	13026	462	293	528	375
169	怡发粉体工程(江苏)有限公司	大公镇	21417	14573	−893	−546	−831	−466
170	海安县华泰纺织有限公司	开发区	21225	8647	476	108	1574	133
171	江苏派诺光电科技有限公司	开发区	21154	15589	462	407	596	455
172	南通新业机电环保设备工程有限公司	大公镇	20703	24553	81	202	266	466
173	南通生达化工有限公司	南莫镇	20105	8860	−15	13	295	183
174	江苏互邦变压器制造有限公司	开发区	20032	13483	1281	913	1479	1093
175	海安天一智控设备有限公司	开发区	20029	6310	1072	361	1168	516
176	海安金锻工业有限公司	开发区	19894	15047	2786	2134	3469	2134
177	海安县东华纺织印染有限公司	高新区	19894	16381	3695	4606	4960	5476
178	南通鑫平制衣有限公司	开发区	19845	19912	985	2941	1183	3904
179	南通中航波纹管有限公司	曲塘镇	19455	15244	1163	1081	1205	1199
180	南通四季安琦针织有限公司	墩头镇	19317	15525	1406	786	2654	1635
181	海安县宏发特种化纤有限公司	高新区	19195	14839	3567	2754	4782	3534
182	南通新源特种纤维有限公司	高新区	19039	19246	2713	2321	3874	3375
183	海安华强染整有限公司	滨海新区	18936	18945	1456	2029	2454	3029
184	海安鑫缘丝线有限公司	开发区	18874	46225	20	826	39	924

续表 11

序号	企业名称	区(镇)	主营业务收入		利润		利税	
			2015年	2014年	2015年	2014年	2015年	2014年
185	南通跃通数控设备有限公司	开发区	18512	14229	527	14	1572	127
186	南通威科电气有限公司	开发区	18491	14436	746	640	926	850
187	南通贝思特机械工程有限公司	白甸镇	18341	14757	1002	678	1566	1572
188	南通全旺农业开发有限公司	开发区	18246	21809	5	387	18	439
189	南通海奥机电科技有限公司	南莫镇	18125	8830	782	259	1075	396
190	海安新奥燃气有限公司	高新区	17956	10776	3135	301	3740	471
191	江苏俊启粮油股份有限公司	高新区	17948	8047	150	23	181	128
192	江苏联发领才织染有限公司	高新区	17933	12558	−1841	−1829	−1811	−1797
193	南通宏申化工有限公司	开发区	17858	13895	172	193	232	232
194	南通季和米业有限责任公司	开发区	17740	17613	44	17	63	25
195	江苏家惠生物科技有限公司	高新区	17557	9959	58	2	60	8
196	江苏大福生物科技有限公司	开发区	17557	6511	−56	−30	110	113
197	南通恒鼎重型机床有限公司	开发区	17449	15130	935	637	2178	990
198	江苏一言商品钢筋有限公司	大公镇	17411	2094	381	3	386	5
199	南通泰怡皮件有限公司	高新区	17256	15813	311	295	393	481
200	江苏绿叶环境工程集团有限公司	高新区	17189	11943	736	501	778	613
201	江苏天威变压器有限公司	高新区	17066	14060	841	828	885	874
202	桑达化工(南通)有限公司	开发区	17062	13471	723	633	915	826
203	南通明芯微电子有限公司	滨海新区	17047	17379	71	114	278	275
204	南通美龙饲料有限公司	墩头镇	16946	15401	−288	−199	−164	36
205	江苏纬洲化纤有限公司	墩头镇	16523	21542	1370	1331	2538	2715
206	江苏明江阀业有限公司	南莫镇	16380	14679	384	965	537	2195
207	南通中邦丝织有限公司	开发区	16361	11835	1370	1686	1417	2582
208	江苏诚超铝业有限公司	南莫镇	16213	20160	−208	−188	134	254
209	江苏鼎鑫电气有限公司	开发区	16137	12024	378	332	496	481
210	南通鑫源电器制造有限公司	高新区	15919	15132	1603	1387	1693	1630
211	南通众润混凝土有限公司	高新区	15882	46026	−1992	2509	−1677	5064
212	海安县鑫兴化纤有限公司	雅周镇	15858	13678	1068	652	2019	814
213	海安锦龙达光电有限公司	高新区	15855	10205	36	47	240	162
214	海安县能达电气有限公司	高新区	15834	16149	1469	1688	1681	2020
215	江苏中海重型机床有限公司	高新区	15791	12284	666	569	720	676
216	海安县华荣化纤有限公司	大公镇	15757	12634	1961	1012	3048	1707
217	海安创奇五金电器有限公司	南莫镇	15703	12316	650	304	919	469
218	南通盛德管业有限公司	滨海新区	15666	15487	−11	−139	349	295
219	中江机电科技江苏有限公司	开发区	15461	8408	130	106	257	197
220	南通九州化纤有限公司	白甸镇	15447	13880	−544	−567	30	−403
221	海安县苏豪制丝有限公司	高新区	15272	13857	1541	858	1745	1465

续表 11

序号	企业名称	区(镇)	主营业务收入		利润		利税	
			2015 年	2014 年	2015 年	2014 年	2015 年	2014 年
222	南通市鑫发实业有限公司	高新区	15241	11538	462	342	557	359
223	江苏菲尔普电气有限公司	开发区	15150	11243	748	592	852	837
224	南通华兴磁性材料有限公司	高新区	15071	15508	1807	2072	1823	2112
225	江苏福莱欧工业制带有限公司	曲塘镇	15056	11937	791	507	922	671
226	海安万众粉末冶金有限公司	高新区	15005	15021	44	163	298	358
227	南通飞滩粮业有限公司	滨海新区	14990	2025	45	25	214	56
228	江苏天恩食品有限公司	高新区	14963	15438	849	985	872	997
229	南通金海机械有限公司	高新区	14824	13958	663	571	723	627
230	海安鑫泽机电有限公司	雅周镇	14743	10691	685	661	787	757
231	海安县晋宏化纤有限公司	开发区	14732	16366	401	1176	448	1966
232	海安县飞跃电子器材有限公司	雅周镇	14674	14302	996	1331	1206	1565
233	江苏升辉装备集团股份有限公司	白甸镇	14503	11105	−789	46	−626	66
234	南通力源变压器有限公司	高新区	14460	13647	701	712	743	751
235	江苏奥斯德工业橡塑有限公司	高新区	14241	12161	166	292	200	354
236	海安添鑫丝绸有限公司	曲塘镇	14231	11996	1125	995	1318	1374
237	南通市海王电气有限公司	高新区	14144	10914	515	443	543	463
238	海安县顺太化纤有限公司	高新区	13928	13032	2003	1721	2900	2410
239	南通春光自控设备工程有限公司	曲塘镇	13927	11925	1129	1009	1360	1390
240	南通繁华玻璃金属制品有限公司	开发区	13862	16217	4290	68	5299	877
241	南通那芙尔服饰有限公司	开发区	13818	13016	1346	739	2416	1457
242	海安县伟业针织厂	滨海新区	13590	12412	1133	1333	2103	1920
243	南通第五机床有限公司	曲塘镇	13490	14627	1148	1995	1347	2504
244	南通恒昌混凝土有限公司	曲塘镇	13461	9026	753	541	846	935
245	南通金亿达门业有限公司	高新区	13460	14359	1113	1243	1130	1349
246	南通环宇丝绸有限公司	墩头镇	13459	11832	308	357	403	639
247	海安县清馨食品有限公司	滨海新区	13430	14764	562	1051	688	1399
248	南通明光电线有限公司	南莫镇	13216	16662	43	82	144	599
249	江苏富邦纺织有限公司	高新区	13188	13582	332	854	870	1347
250	南通龙翔电器设备有限公司	开发区	13145	11326	540	499	731	710
251	南通容润汽车配件有限公司	李堡镇	13084	10283	158	90	741	315
252	海安县万新水产品有限责任公司	滨海新区	13040	14981	31	29	145	165
253	江苏侨基生物化学有限公司	墩头镇	12995	12221	−433	−350	−369	−245
254	海丰米业海安有限公司	南莫镇	12937	18292	−11	5	63	118
255	南通佳景休闲洁具有限公司	开发区	12933	11352	3638	854	3740	1012
256	南通市恒达机械制造有限公司	高新区	12925	13363	961	1200	988	1231
257	江苏涞森环保设备有限公司	雅周镇	12726	12760	417	676	622	939
258	南通市奇香饼干食品厂	墩头镇	12638	9953	1938	1356	2754	1813

续表 11

序号	企业名称	区(镇)	主营业务收入		利润		利税	
			2015年	2014年	2015年	2014年	2015年	2014年
259	海安县吉程机械有限公司	高新区	12610	11528	734	718	821	830
260	南通茂溢机床有限公司	墩头镇	12421	10750	11	23	100	88
261	江苏海田电气股份有限公司	高新区	12364	11092	1255	1041	1341	1238
262	南通凯弘线业有限公司	墩头镇	12351	12929	335	1005	1002	1700
263	海安县区域供水有限公司	高新区	12331	15948	−3	2679	464	3518
264	南通恒通机械制造有限公司	白甸镇	12172	9542	−2468	−49	−2395	135
265	南通市万通钢管有限公司	开发区	12062	3609	222	135	335	226
266	江苏缘诺纺织有限公司	曲塘镇	11857	9657	659	570	722	745
267	南通喜悦海绵制品有限公司	开发区	11768	9554	119	−172	121	−172
268	海安县海兴水产食品有限公司	滨海新区	11704	12071	388	606	506	775
269	海安华新热电有限公司	高新区	11529	8689	1502	983	2127	1222
270	海安县东方特种建材有限公司	李堡镇	11526	14956	27	116	187	424
271	海安汇珏网络通信设备有限公司	开发区	11447	3989	274	321	673	386
272	江苏巨邦环境工程集团股份有限公司	白甸镇	11332	8081	450	154	767	338
273	南通冠优达磁业有限公司	高新区	11289	11635	258	202	684	676
274	海安县联发弘佳纺织有限公司	开发区	11156	5141	−232	−84	−186	−26
275	海安县宏成化工厂	高新区	11098	12010	539	423	659	441
276	江苏银利数控机床有限公司	开发区	11000	8198	17	8	91	143
277	南通盛洋电气有限公司	曲塘镇	10954	12471	176	250	272	433
278	海安县老坝港川港水产品加工厂	滨海新区	10840	10265	38	46	168	180
279	江苏绿叶机械有限公司	白甸镇	10836	8431	501	246	610	636
280	南通海诚辐条有限公司	雅周镇	10714	11393	248	433	409	644
281	江苏诵微电机科技有限公司	高新区	10595	10556	658	700	732	816
282	南通星宇电气有限公司	开发区	10581	6275	22	39	112	178
283	海安立泰服饰有限公司	李堡镇	10554	10071	219	644	441	1196
284	南通牵切纱业有限公司	雅周镇	10483	8883	427	643	464	729
285	南通盛利重工机械制造有限公司	高新区	10344	8027	270	244	307	307
286	南通格莉诗服饰有限公司	大公镇	10316	7287	−410	−257	−392	−213
287	南通昌荣机电有限公司	开发区	10262	11562	1284	−301	1863	−133
288	南通三洋电梯有限责任公司	高新区	10256	6360	628	−260	1219	−260
289	南通市泰力普电气有限公司	高新区	10199	9906	264	390	388	500
290	江苏海通电器有限公司	开发区	10115	6280	199	148	305	307
291	海安县荣海机械制造有限公司	高新区	10007	8360	113	132	131	153

信息技术与制造业融合

【信息化与工业化深度融合】 江苏海迅认定为省两化融合示范企业，骆氏减震件等16家企业认定为省两化融合试点单位，约占南通总量三分之一(全市53家)，全市第一；电商交易额超1000万元规模工业企业52家，占南通总量三分之一(全市156家)，全市第一；双弘纺织等5家企业成功开展融合创新示范培育。

【企业技术中心】 全年新增省级企业技术中心4家，市级8家，累计全县创建企业技术中心国家级1家、省级24家(其中建筑业企业4家)、市级44家；鑫缘集团获评江苏省创新示范企业，鹏飞集团、鑫缘集团入围江苏省“自主工业品牌五十强”，全市仅3家，全省48家；晨朗电子等4家企业产品进入省重点推广应用目录，铁锚玻璃等16家企业项目入选省重点技术创新导向计划，互邦变压器等2家企业通过省级新产品新技术鉴定。

【首台(套)装备推广应用】 南通天蓝环保能源公司单元模块化大型生活垃圾焚烧炉成套设备和南通超力卷板机公司的可变径柔性滚弯高精度数控二辊卷板机成套设备成功入选江苏省首台(套)重大装备及关键部件。江苏晨日环保科技有限公司“ZY-LX80型-新型连续式干粉砂浆生产线”和南通超力卷板机制造有限公司“高精度数控矫圆机”被列为市级首台套装备。

【智慧城市建设领先周边县市】 基础设施建设力度逐年加大，市内首个“公交wifi”成功运行，在100辆公交车和东洲公园等17个公共场所新增99个免费公共Wi-Fi点；移动通信实现4G网络100%全覆盖，电信、联通通信乡镇覆盖率90%以上；智慧交通、智慧卫生、智慧教育、智慧城管、智慧民生均定位高，起步早，在省内处于较高水平；国民经济和社会信息化总体水平显著提高。（史根生）

项目建设

【概况】 全县紧紧围绕“打造长三角北翼最具竞争力的新型工业化基地”奋斗目标，坚持以转型升级为导向，以设备投入为核心，以项目建设为载体，以推进制造业数字化、智能化、互联化发展为主线，通过实施项目预审核准制度、完善项目联合会办推进机制，开展“月月看、家家到”项目观摩等活动，坚持项目建设逐月考核评比等考核手段，大力推进项目建设。破解要素制约，确保项目顺利实施。通过陆海统筹、市级中心镇试点等途径争取用地指标，优先保障省、市级重大项目，积极向上争取土地点供指标，加快莫塔人造金刚石项目、大宗物资物流园等项目申报点供土地办理进程。全县范围内实施用地指标有偿交易，促进土地资源高效配置。深入开展“银政企携手攀新高”活动，确保新增贷款100亿元，制造业贷款占比30%以上，帮助永通新材料等企业拓宽项目融资渠道，积极争取国家和省相关配套资金支持。切实做好用工保障。完善“订单式”培养、校企合作、劳务基地建设等长效机制，引进高校毕业生、蓝领技能人才等各类人才1.5万人。持续提升项目质态。积极引导铁锚特种玻璃、威尔曼电梯等重大项目对接，加大科技研发投入，开展产学研合作等6个方面的“县级机关服务企业科技行”活动。全县完成增值税抵扣设备投资额34.5亿元，其中进口设备投资额4.83亿元，增幅4.43%。总量全市第二、增幅全市第三。千万元以上工业项目新开工263个(含技改)，其中亿元以上102个，10亿元以上2个；千万元以上工业项目新竣工222个(含技改)，其中亿元以上65个，10亿元以上项目2个。4个2015年度省重点项目，全年完成投资额57.2亿元，完成年度计划的108%。17个市级重点项目，全年完成投资额167.7亿元，完成年度计划的174.7%。全县综合客运枢纽、瑞祥佳苑棚户区改造、永通新材料、铁锚特种玻璃4个项目获批国家专项建设基金贷款2.97亿元，全市最多。

全年，海安组织2015年省工业和信息产业转型升级专项资金项目申报，2015年产业振兴和技术改造专项项目申报，2015年工业转型升级强基工程项目申报，2015年智能制造试点示范项目申报、省级战略性新兴产业发展专项资金项目申报。共有4个项目获批国家专项建设基金贷款2.97亿元。

铁锚特种玻璃、华诚中本碳纤维复合材料等5个项目列入省2016年重大项目，威尔曼电梯整机制造等17个项目列入2016年市级重大项目，项目数量省市第一。连续2年省重大项目数量在全省全市最多，获得的政策支持也最多。2015年省级重大项目中平神马、东部家具两个项目获省点供土地530亩。

【规范项目预审核准】 2015年，海安继续实行新增用地(海)开工项目预审核准制度。坚持凭预审意见办理立项、规划审批、审图、办理用地指标来源证明等项目建设前期手续。坚持项目单位完成前期工作的基础上，由所在区镇核查后申请项目开工，县行政服务中心和县发展改革委等部门组织核实预审意见整改到位和土地指标预配、占补平衡配置、挂钩拆旧进度等情况，重点核查项目设备订购合同和预付款凭证、外资项目资金到账凭证，符合条件的才可出具项目准予开工通知书。坚持凭项目准予开工通知书，确定施工单位，办理施工安全报监和工程质量监督先期介入手续后，开始项目建设。2015年预审工业项目124个，核准工业开工项目91个，设备订购金额17.86亿元，计划总建筑面积273.5万平方米。

【严格项目验收】 坚持把设备投入作为竣工项目的验收标准。设备投入达到项目总投资额30%的才可认定为竣工项目。设备投入一律以国税部门确认的增值税抵扣设备投资额为标准。严把竣工项目土地使用预登记证换发土地使用证的审核验收关口。坚持工业项目按供地面积，每亩累计设备投入不低于80万元，达产后亩均销售额不低于200万元的要求来审核，达不到标准的办理延期手续。凡是办理延期的，都要求企业对设备投入和产出做出承诺，并坚持对承诺内容实施跟踪督察，直至对投入等指标的承诺兑现到位。通过坚持严格换证标准，有效地形成促进项目投产达效的倒逼机制。2015年达到设备投入要求土地预登记证换发土地使用证的企业有64家，暂时未能达到要求办理延期手续的企业有201家，这些企业有投入的增长空间。

【完善项目推进机制】 强化组织推进。继续实行县负责人挂钩联系省市县三级重大项目制度，围绕年度目标，制订个性化"时间表"和"路径图"，落实工作责任，突出加快推进全年核准开工项目的建设进度。强化现场观摩推进。把重大项目列入"月月看、家家到"观摩内容，每月观摩督察，既看项目进度，又了解项目业主发展思路和存在的问题，帮企业出点子、压担子，并提出项目建设要求，全年组织"月月看、家家到"项目观摩活动11次，观摩新开工项目116个，新增设备项目185个。推行"五联"审验机制。在项目建设过程中，县项目办、行政服务中心会同相关部门，推行联合会办、预审、踏勘、审图、验收的"五联"机制，全面推进项目审批提速。设立登记"四证一体"平台。2015年行政服务中心设立综合窗口，推出企业营业执照、组织机构代码证、国税、地税登记证"四证一体"办证平台，力争实现"一窗办理、一表填报、一次收件、一网录入和一本发证"。实行项目推进"三专"帮促。即专人帮扶，推行"一对一"项目经理服务制，项目经理每天深入现场，做到一线发现问题、解决问题；专门服务，由相关部门组成项目服务小组，提供保姆式、集约化、专业化的服务，集中力量协助常安纺织园内大同宝富等重大项目完成环评、能评等审批；专题协调，实行市级重大项目月度办公会制度，集中解决建设过程中的阶段性问题，同时对政策性、交叉性较强的问题报县委、县政府召开办公会研究解决。

【化解项目疑难问题】 2015年，按照《海安县服务企业服务项目建设专项行动方案》要求，6月底开始对2011年以后开工项目进行回头看、大排查，梳理出87个重点项目存在的105个问题，主要问题是项目前期手续不完善，后期产权等手续难以办理。突出问题是项目房产证的办理、消防验收等工程建设手续办理问题。分别于7月28日和8月10日，两次召开由行政服务中心、住建局、国土局、消防大队、供电公司等相关职能部门参加的解决问题协调办公会，具体研究解决问题的办法。通过召开解决问题协调会，明确87个项目问题解决的责任部门、解决问题的办法和时间要求。按照解决问题协调办公会的要求，跟踪、督促相关部门加快问题的解决，做到一周一汇报，半月一盘点。问题基本得到解决，为项目投资扫清了障碍。

【加强投资方向引导】 海安坚持聘请专家指导全县开票销售在5000万元以上、产品有较强竞争优势的企业加强投资方向研究，精心谋划筛选一批符合国家产业政策、科技含量高、产业带动力强、投资规模大的项目，推进企业技术改造向自动化、集成化、智能化、生态化方向发展，推动工业生产方式由"工业制造"向"工业智造"转变，实现产业优化升级和经济增长。一二季度分行业聘请科研院所和国际、国内行业顶尖专家成立专家指导组，"点对点"为企业技术改造提供相关政策咨询、方案设计、技术指导等服务，帮助企业找准投入方向。三四季度根据专家指导意见，引导企业投资，培植项目源，并组织实施一批重大技改项目，重点聚焦"智能车间""智能仓库""智能工厂"建设，万力机械"发动机曲轴智能制造新模式"项目和威尔曼科技股份有限公司电子加工中心智能车间，其现代传感、网络、自动化、拟人化智能等技术达到示范智能车间的水平，分别评定为省2015年智能制造专项项目和省示范智能车间。东材、联发获批市示范智能车间。省示范智能车间数量全市最多。

【政策激励】 坚持2014年奖励技改设备投入政策，确保奖励的时效性，奖励分两期兑现，设备购置安装到位投产兑现50%，投产运行兑现50%。5月，又出台《关于支持锦纶新材料产业发展的实施意见》和《关于支持机器人产业发展的实施意见》，奖励比例最高8%。2015年有95家企业达到申报条件，符合奖励条件的生产性设备投资6.5亿元，奖励金额3500万元。全年组织向上申报省工业和信息产业转型升级专项资金项目、产业振兴和技术改造专项项目、工业转型升级强基工程项目、智能制造试点示范项目和省级战略性新兴产业发展专项资金项目49个，争取专项资金15272万元，拉动投资17.8亿元，专项资金争取的数额和项目数均为全市各县(市、区)第一，其中产业振兴和技术改造专项资金6027万元占全市70%、全省七分之一。

【项目建设逐月考核评比】 坚持工业设备投入逐月考核评比。在"项目建设杯"竞赛考核中设备投入分值占50%，"新型工业化杯"竞赛考核中有8%考核分值，同时，把设备投入作为区(镇)经济社会目标责任制经济建设五大核心考核指标之一，工业设备投入成为各区镇你追我赶的重要指标。坚持每月逐一核查开发区、高新区新增设备投入100万元、其他区镇30万元以上的企业。认定单独供地的开工项目严格坚持"五个必须"(规模必须达到：开发区、高新区1亿元以上，其中设备投入不低于2500万元，其他区镇5000万元以上，其中设备投入不低于1000万元，必须经县行政服务中心出具核准开工通知书，生产厂房按规划必须一次性开工建设，主体生产厂房施工必须达到±0，开发区、高新区设备投资额占项目总投资的比例必须不低于25%，其他区镇不低于20%)，确保项目工业投资强度的提高。 (周启玉　赵秋明)

现场指导项目建设　　　　(县发展改革委　提供)

2015年海安县超亿元工业项目情况表

表12　　　　单位:亿元

序号	企业名称	项目名称及主要内容	所属行业	项目建设性质	总投资	2014年止累计完成投资	2015年累计完成投资	项目形象进度
	海安县	129项			328.99	107.98	133.77	
	5亿元以上项目	26项			206.30	71.60	73.57	
1	南通大青节能科技有限公司	节能变频电机项目。建成后可年产变频电机1200万台,年销售额50亿元	机械	新建	20	6.65	2.50	厂房完工,设备安装,试生产
2	南通曙光新能源装备有限公司	核发电设备配件及其他专用设备项目。年产核发电设备配件200台套、船用设备100台套、标准件50吨、金属软管100吨、补偿器和风门1万套、支吊架5000套、阀门5000个	机械	新建	13	7.05	2	一期投产
3	欧贝黎新能源科技股份有限公司	太阳能电池组件项目。年产1000兆瓦太阳电池组件	新能源	新建	13	4.5	8.75	竣工投产
4	江苏鹏飞集团股份有限公司	固废资源利用关键装备。新增土地20公顷,建设装备车间12.3万平方米,设备投资6.6亿元,购置数控加工装备243台套	机械	技改	10.30	5.85	2.50	部分投产
5	斯可馨家具(海安)有限公司	家具生产项目。用地14.61公顷,规划建筑物建筑面积15.82万平方米,项目建成投产后可年产家具66万件,年销售4亿元	建材	新建	10	4.60	3.65	部分投产
6	上海美勒家具有限公司	家具生产。引进进口家具生产设备400台套。项目建成后,可年产各类中高档家居机办公家具30万件,年可实现销售收入25亿元	家具	新建	10	6	1.70	厂房完工,设备安装
7	江苏金洲粮油食品有限公司	农产品深加工项目。年加工300万箱食用油	轻工	新建	10	6.15	3.45	竣工投产
8	江苏永通新材料有限公司	锦纶6联合纺丝项目。年产差别化功能性锦纶长丝20万吨	纺织	新建	10	6	3.25	竣工投产
9	海安凯文纺织有限公司	纺织面料生产、整理及研发项目。购置定型机、喷水织机、喷气织机、压光整理机等设备317台套。项目建成后,年产纺织面料1万吨	纺织	新建	5	3.65	1.50	竣工投产
10	海安凯美纺织科技有限公司	纺织面料生产、整理项目。规划建筑面积5.8万平方米,拟购置国产设备62台套。项目建成后,可年产纺织面料8000吨	纺织	新建	5	2.80	2.15	竣工投产
11	神舟汽车设计开发有限公司	新能源特种车制造项目。拟打造出高效的真空吸尘车、节能的液压混合动力汽车、实用的汽车燃油计量仪及环保的超级电容快速充电公交车等高科技产品。项目建成后,可年产高效真空吸尘车1万辆、节能液压混合动力汽车、新能源环卫清洁车10万辆	新能源汽车	新建	5	4.70	1.01	3.8万平方米厂房完工,设备安装
12	艾丽森纺织科技有限公司	面料生产项目。新建生产用房等主要建筑面积8.25万平方米,购置砂浆设备、喷气织造、空压机等先进设备606台套。项目建成后,年产高档纺织品6000万米,可实现年销售10亿元	纺织服装业	新建	5	2.60	2.10	竣工投产
13	江苏艾玛斯电梯有限公司	电梯生产项目。规划建筑面积4.5万平方米。该项目建成后,主要从事载人载货电梯及其零配件生产,具有年产1万台整机的生产能力,可形成年销售6亿元以上	机械	新建	5	0.90	2.06	3.5万平方米厂房主体完工,设备安装

续表 12

序号	企业名称	项目名称及主要内容	所属行业	项目建设性质	总投资	2014 年止累计完成投资	2015 年累计完成投资	项目形象进度
14	江苏东材新材料有限责任公司	聚酯基膜项目。拟新建生产用房等主要建筑面积 23.89 万平方米，购置 BOPET 膜制造设备、T－模头 1790 毫米 2 套、铸片设备、牵引机和收卷机等国外先进设备。项目建成后，可年产 2 万吨特种聚酯薄膜材料、4 万吨光学聚酯薄膜材料、2500 万平方米 PVB 胶膜材料、1450 万平方米精密涂布材料，可实现年销售 25 亿元	轻工	新建	12	2.60	8.50	竣工投产
15	江苏铁锚玻璃股份有限公司	新型特种玻璃生产。规划建筑面积 14.3 万平方米。该项目由科研中心、大飞鸟撞实验室、特种玻璃生产区组成，项目全面建成后可大批量承接飞机玻璃及其他特种玻璃的测试及试验业务，特种玻璃年生产能力 300 万平方米以上，可形成年销售 15 亿元以上	轻工	技改	10	2.10	4.40	11 万平方米厂房在建，其中 5 万平方米厂房完工投产
16	江苏欣鑫纺织科技有限公司	毛绒布生产项目。新建厂房等主要建筑面积 9.48 万平方米，主要生产短毛绒、花点绒、起圈绒、松针绒、珊瑚绒、麒麟绒、富贵绒、印花染色布、网眼布等优质产品。项目建成后，可年产面料 2 万吨，实现年销售 6 亿元	纺织	新建	5	1.6	2.40	厂房完工，设备安装
17	江苏海美金属新材料有限公司	PVC 装饰膜、薄板覆膜生产项目。规划建筑面积 14.3 万平方米。项目建成后主要生产 PVC 装饰膜、薄板覆膜，产品广泛应用于家电、船舶装饰等行业，项目设计具有年产装饰膜 9500 万平方米、薄板覆盖钢板膜 850 万平方米生产能力，项目全面建成后可形成年销售 10 亿元以上	新材料	新建	5	0.8	2.05	设备安装，试产中
18	万洲胶粘制品（江苏）有限公司	胶粘制品项目。厂房建筑面积 12 万平方米，一期 6.34 万平方米。拟引进全自动制胶生产线、PVC 压延机、涂布机等进口生产设备 5 亿元，专业从胶粘制品的研发与生产。投产后，可年产 8160 万平方米 spuc 胶带和 3.2 万吨薄膜	轻工	新建	10	1.3	2.5	8 万平方米厂房及配套用房完工，设备安装调试
19	北京坤泰鎔创科技（海安）有限公司	SCS 金属层状结构复合材料项目。拟新建生产用房等主要建筑面积 16.63 万平方米，购置复合轧制机组 3 套，冷轧机组、连续退火机组、平整机组、纵剪机组、横剪机组、包装机组各 1 套等主要设备。项目建成后，年产量 40 万吨 SCS、SC 金属层状结构复合板，可实现年销售 45 亿元	冶金	新建	5	0.85	2	6.72 万平方米厂房封顶，设备订购
20	江苏澳轲莱印染有限公司	高档纺织面料项目。拟新建生产用房等主要建筑面积 3.31 万平方米。引进德国、意大利定型机、高温染缸、磨毛机等进口设备 70 台套，购置光电整纬仪、码布机、软化水处理设备等 86 台套。投产后可实现年销售 7.5 亿元	纺织	新建	5	0.90	2	7.5 万平方米厂房完工
21	莫塔超硬材料（南通）有限公司	高品质超硬晶体（立方氮化硼）项目（一期）。购置原绿山电子 3.93 万平方米生产厂房，购置方形横流式冷却塔、组合式空气处理机组等国产设备，引进真空系统人造晶体生长设备、电源组、激光切割机，主要设备共 540 台套，达产后可年生产高品质人工超硬晶体材料 150 万克拉	轻工	新建	10	0	5.50	设备安装调试

续表 12

序号	企业名称	项目名称及主要内容	所属行业	项目建设性质	总投资	2014 年止累计完成投资	2015 年累计完成投资	项目形象进度
22	南通永大管业股份有限公司	石油管材生产项目。新建厂房 4 万平方米，利用自主研发的高密封性油管的自适应螺纹结构技术，购置进口森精机高精密数控加工车床六台套、相关辅机一套、高压压力试验机一台、收口机两台、涂油测量系统一套等装备，建设两条特殊螺纹生产线，一个抗硫化氢实验室。项目建成后，技术指标相关高密封性油管的自适应螺纹结构技术可达国际同等水平；可达到年产 5 万吨	冶金	技改	5	0	2	4 万平方米厂房完工
23	上海圣德曼铸造海安有限公司	汽车零部件项目。厂房建筑面积 10.4 万平方米，建设三条垂直线生产线，两条水平线和一条壳型线生产线，项目建成后，可年产曲轴、支架壳体等汽车零部件 15 万吨	机械	新建	1	—	2.15	5 万平方米厂房主体完工，设备安装
24	合迪科技江苏有限公司	铝合金建材模板项目。新建厂房等主要建筑面积 12.95 万平方米，购置精密自动化生产线、E6 加工中心等国产设备 181 台套，项目建成后，年产铝合金建材模板 60 万平方米，可实现年销售 20 亿元	建材	新建	10	—	2	5.02 万平方米厂房完工
25	海安奥狮汽车制造有限公司	车厢厢体制造项目。新建厂房等主要建筑物建筑面积 7.44 万平方米。购置电动双梁桥式起重机、德国整装进口流水线等设备 92 台套。项目建成达产后，年产聚氨酯夹层玻璃钢复合板车厢厢体 2000 台，木板夹层玻璃钢复合板车厢厢体 2000 台，低平板运输车车厢厢体 2000 台	机械	新建	5	—	0.85	2.83 万平方米厂房一层施工
26	江苏澳凡家具有限公司家具生产	家具板材生产和销售项目。规划厂房建筑面积 8.17 万平方米，购置木板生产线、家具用木机床等设备。达产达效后年产高端家具 40 万件	轻工	新建	5	—	0.60	8.17 万平方米厂房在建
	1 亿~5 亿元之间项目	103 项			122.69	36.38	60.20	
27	江苏江山红化纤有限公司	尼龙 6 切片项目。新建厂房 8 万平方米，延伸化纤产业链，项目建成后年产尼龙 6 切片 6 万吨	纺织	新建	3.6	3.25	1	厂房主体完工，设备订购
28	冠益纺织科技有限公司	纺织项目。规划建筑面积 8 万平方米。项目建成后，年产纺织面料 2.5 万吨。可实现年销售收入 10 亿元	纺织服装业	新建	2.5	1.45	1	竣工投产
29	江苏华兴压力容器有限公司	压力容器项目。规划建筑面积 9.76 万平方米。主要从事各类碳钢、低合金钢、不锈钢、钛材、镍材、哈氏合金等材料容器设备的生产制造，产品广泛用于化肥、石油化工、精细化工、医药、食品、核电、新能源等行业。项目建成后，年产Ⅰ、Ⅱ、Ⅲ类压力容器 8000 台(件)	机械	技改	2.5	1.05	0.85	厂房完工
30	南通赛文机械制造有限公司	新型高端纺丝设备设计制造项目。规划建筑面积 2.6 万平方米。购置高低温试验机、专用生产设备、辅助生产设备等设备 230 台套。项目建成后，年产新型高端纺丝设备 2800 台(套)	机械	新建	1.5	1.10	0.40	竣工投产
31	南通诺博家具有限公司	家具生产项目。新建厂房建筑面积 2.5 万平方米。购置开料、排钻、封边、组装等先进设备 126 台套。项目建成后，年产高档布艺沙发 9 万套，可实现年销售 1.8 亿元	轻工	新建	1.2	0.80	0.40	竣工投产

续表 12

序号	企业名称	项目名称及主要内容	所属行业	项目建设性质	总投资	2014 年止累计完成投资	2015 年累计完成投资	项目形象进度
32	江苏中科亚美新材料有限公司	镁合金铸锭及型材生产项目。购置制氮机、挤压机等先进设备，规划新建厂房 1.57 万平方米	冶金	新建	1.1	0.80	0.30	竣工投产
33	上海台森家具南通有限公司	家具制造项目。厂房建筑面积 2.5 万平方米。新上推台锯、封边机、冷压机、自动喷漆机及输送机等设备 200 多台套。主要从事生产高档衣柜、鞋柜、书柜、床、装饰柜等系列家具	轻工	新建	1	0.75	0.30	竣工投产
34	南通火晶石电子科技有限公司	LED 电子显示屏及配件项目。规划建筑面积 2.16 万平方米，拟购置 LED 电子显示屏及配件和自动交通站台系统生产线。项目建成后，年产 LED 电子显示屏 1 万平方米，可年实现销售收入 2 亿元	电子信息	新建	1	0.70	0.31	竣工投产
35	南通文凯化纤有限公司	锦纶长丝生产项目。规划建筑面积 3.71 万平方米，从事合成纤维、棉纺纱生产加工、销售。项目建成后具有年产锦纶丝 1.5 万吨的生产能力	纺织服装业	新建	1	0.75	0.32	竣工投产
36	江苏美工场家具制造有限公司	家具生产项目。新建厂房建筑面积 1.5 万平方米。购置木加工设备 80 多台套，生产高档木质家具、木制品。竣工投产后，可新增开票销售 2 亿元	轻工	新建	1	0.65	0.28	竣工投产
37	大红鹰家具(海安)有限公司	家具制造项目。厂房建筑面积 1.5 万平方米。购置推台锯、封边机、冷压机、自动喷漆机及输送机等设备 100 多台套	轻工	新建	1	0.60	0.39	竣工投产
38	南通瑞恩包装有限公司	包装材料生产项目。厂房建筑面积 1.5 万平方米。新上推台锯、封边机、冷压机设备 56 台套	材料	技改	1	0.65	0.39	竣工投产
39	南通苏源化纤纺织有限公司	锦纶高速纺项目。新建厂房 3 万平方米，拟购置高速纺织机、加弹机、络筒机等设备 60 台套，可形成年产长丝 2 万吨	纺织	新建	2	1.05	0.90	竣工投产
40	南通盛佳机电有限公司	变压器生产项目。规划新建建筑面积 2 万平方米，购置剪切机、焊接机、感应调压器等先进设备 80 台套。项目建成后，可形成年产油浸式变压器 2000 台套和电梯变压器 3000 台的生产能力	机械	新建	1.18	0.60	0.50	竣工投产
41	南通木臣家具有限公司	家具生产项目。规划建筑面积 2.38 万平方米，主要生产餐桌、餐椅、圆桌、电动圆桌和酒店客房配套产品。新上开料机、推台锯、封边机、砂光机、干燥隧道、输送机及水帘除尘等设备 200 多台套，项目建成后，可实现销售收入 1.2 亿元，利税 400 万元	轻工	新建	1.10	0.55	0.50	竣工投产
42	江苏金博士电子科技有限公司	电控设备项目。规划建筑面积 3.5 万平方米。该项目建成后主要从事无线电切换器、电梯电器总成的生产制造，产品与中国移动公司和国内知名电梯生产厂家配套，具有年产近 10 万件套的生产能力，可形成年销售 2 亿元以上	电子	新建	1.08	0.55	0.50	竣工投产
43	江苏卡斯特桥梁构件有限公司	桥梁构件项目。规划厂房建筑面积 1.50 万平方米。拟购置自动焊接机、自动切割机、大型折弯机等大型生产设备，专业从事桥梁构件的研发与生产。项目建成后，年产桥梁构件 1 万多件套，可新增年开票销售 2 亿元	建材	新建	1.08	0.45	0.39	1.5 万平方米厂房完工

续表 12

序号	企业名称	项目名称及主要内容	所属行业	项目建设性质	总投资	2014 年止累计完成投资	2015 年累计完成投资	项目形象进度
44	南通乐达纺织科技有限公司	纺织生产项目。新建厂房等建筑面积 6.4 万平方米，生产短毛绒、花点绒、起圈绒、松针绒、珊瑚绒、麒麟绒、富贵绒、印花染色布、网眼布等优质产品。项目建成后，年产 1.5 万吨中高档纺织服装面料，可实现年销售 5 亿元	纺织	新建	2	0.75	0.88	设备安装，试生产
45	江苏泰美尔有限公司	电控成套设备项目。规划建筑面积 3.16 万平方米。建成后主要从事电控成套设备、电机保护器、电表的生产，具有年产电控设备 3000 台(套)、电机保护器、电表 10 万个的生产能力，可形成年销售 2.5 亿元以上	电力能源	新建	1.50	0.55	0.50	竣工投产
46	南通益民金属压延有限公司	金属压延项目。新建厂房 1.6 万平方米，购置滚压机、牵引机、日处理炉等设备 55 台套，可年产 1 万吨的金属压延制品	机械	新建	1	0.65	0.36	竣工投产
47	南通旭辰家具有限公司	家具生产项目。规划建筑面积 1.88 万平方米。主要从事高档儿童床、装饰柜等系列。新上推台锯、封边机、冷压机、车床、钻床、输送机及水帘除尘等设备 200 多台套	轻工	新建	1	0.55	0.45	竣工投产
48	南通锦森家具有限公司	家具生产项目。规划建筑面积 1.65 万平方米，生产高档实木家具系列。新上开料机、推台锯、封边机、冷压机、热压机及输送机水帘除尘等设备 200 多台套，项目建成后，可实现年销售收入 1.5 亿元，利税 450 万元	轻工	新建	1	0.55	0.46	竣工投产
49	南通巨丰家具有限公司	家具生产项目。规划建筑面积 1.97 万平方米。主要从事高档衣柜、鞋柜、书柜、床、装饰柜等系列。新上推台锯、封边机、冷压机、车床、钻床、输送机及水帘除尘等设备 200 多台套，项目建成后，可实现年销售收入 1 亿元，利税 300 万元	轻工	新建	1	0.55	0.45	竣工投产
50	江苏刘刘色织有限公司	色织布加工项目。新建厂房等主要建筑面积 6.4 万平方米，主要生产短毛绒、花点绒、起圈绒、松针绒、珊瑚绒、麒麟绒、富贵绒、印花染色布、网眼布等优质产品。项目建成后，年产 1.5 万吨中高档纺织服装面料，可实现年销售 5 亿元	纺织	技改	1	0.55	0.47	竣工投产
51	海安瑞恩变压器有限公司	变压器生产。规划建筑面积 4.1 万平方米。该项目建成后主要从事各种规格新型节能变压器生产，具有年产大型节能变压器 8000 台以上生产能力，项目全面建成后，可实现年销售 5 亿元	电力	技改	1.20	0.55	0.60	竣工投产
52	江苏海神振典机械有限公司	脱硫设备生产。规划建筑面积 2.7 万平方米。主要从事振动机械、输送机械、环保机械设备制造，具有年产振动机械 3000 台套、输送机械 400 台套、环保机械 500 台套的生产能力，项目全面建成后可形成年销售 2.5 亿元	机械	新建	1	0.60	0.40	竣工投产
53	江苏国瑞特环保工程技术有限公司	除尘设备项目。规划建筑面积 1.67 万平方米。项目建成后主要从事除尘设备、空气净化装置生产，项目建成后具有年产除尘设备 1000 台、双重烟气调质装置 800 台套的生产能力，可形成年销售近 2 亿元	机械	新建	1.08	0.60	0.45	竣工投产

续表 12

序号	企业名称	项目名称及主要内容	所属行业	项目建设性质	总投资	2014 年止累计完成投资	2015 年累计完成投资	项目形象进度
54	江苏锦航机械制造有限公司	钢辊生产项目。新建厂房等主要建筑面积 4.07 万平方米。主要为钢厂配套钢辊。引进德国数控磨床等进口设备 8 台套，购置车床、镗床、铣床、钻床等设备 60 台套。项目建成后，年产钢辊 5000 吨，可实现年销售 2.5 亿元	机械	新建	1	0.50	0.45	竣工投产
55	海安城南生物技术有限公司	核苷酸类产品生产项目。新建厂房等建筑面积 2.54 万平方米，购置三磷酸生产线 2 条，多聚核苷酸生产线 1 条，环磷腺苷环化生产线 1 条和脱氨生产线 1 条，建成后年产三磷酸腺苷二钠(ATP)54 吨、5′-尿苷酸二钠(UMP)20 吨、三磷酸肌苷二钠(ITP)3 吨，可实现年销售 2.5 亿元	化工	新建	1	0.60	0.43	竣工投产
56	江苏腾弘重工机械有限公司大型起重项目	大型起重机械项目。新建厂房等主要建筑面积 1.8 万平方米，购置起重机、剪折弯机、切割机、电焊机等设备 40 台。项目建成后，年产起重机械、船舶机械、钢结构件、电器部件等，可实现年销售 3 亿元	机械	新建	1	0.50	0.50	竣工投产
57	海安超越环保科技有限公司	环保机械生产项目。规划建筑面积 8420 平方米。项目建成后主要从事环保机械的生产，具有年产大型环保机械 80 台套的生产能力，可形成年销售 2 亿元以上	机械	新建	1	0.45	0.53	竣工投产
58	海安东恒磁材制品有限公司	磁性材料生产项目。规划建筑面积 1.53 万平方米。该项目建成后专业从事钕铁硼磁性材料生产，产品主要应用于微型电机制造行业。该项目设计具有年产磁性材料 2000 吨、元器件 10 亿件的生产能力，可形成年销售亿元以上	电子	新建	1	0.50	0.50	竣工投产
59	海安林家石业有限公司	石材加工项目。厂房建筑面积 2.3 万平方米，购置锯床、磨床等大型石材加工设备 25 台套。建成后可年产高端大理石板材 65 万平方米，高端装饰用石材 18 万平方米，新增开票销售 2.5 亿元	建材	新建	1	0.47	0.51	竣工投产
60	江苏盛大生物科技有限公司	饲料生产项目。利用原章郭砖瓦厂闲置土地，规划建筑总面积 3.12 万平方米。新上水产、畜禽料饲料设备建成 6 条生产线和仓储仓。项目投产达效后，可年产特种水产、畜禽料 20 万吨	轻工	技改	1	0.50	0.58	竣工投产
61	南通海卓数控设备有限公司	水下液压数控打桩锤生产项目。新建生产用房等建筑面积 1.81 万平方米，购置落地铣镗床、数控落地镗床、数控卧车、龙门加工中心、双梁行车等主要设备，主要用于 60-1800KJ 液压桩锤的研发、总装。项目建成后，年产 100 台数控液压打桩锤，可实现年销售 1.2 亿元	机械	新建	1	0.40	0.60	竣工投产
62	江苏大同宝富纺织科技有限公司	纺织项目。新建生产用房等建筑面积 3.53 万平方米，购置理和拉幅定型机、喷汽织机、染色设备等主要设备，主要生产高档服装内衬。项目建成后，年产 6000 万米内衬布，可实现年销售 3 亿元	纺织	新建	2	0.80	1.50	竣工投产
63	南通亚纶化纤有限公司	差别化纤维生产技术改造。新建厂房 2 万平方米，拟购置高速纺织机、加弹机、络筒机等设备 50 台套	纺织	技改	1	0.50	0.47	竣工投产

续表 12

序号	企业名称	项目名称及主要内容	所属行业	项目建设性质	总投资	2014 年止累计完成投资	2015 年累计完成投资	项目形象进度
64	江苏久通汽车零部件有限公司	汽车配件生产项目。规划建筑面积 2.66 万平方米。项目建成后,专业从事汽车总成、摩擦片等汽配零件生产产品与中国第一汽车总厂配套,具有年产汽车零部件 3 万件套的生产能力,可形成年销售 2 亿元	机械	新建	1	0.40	0.58	竣工投产
65	南通富荣德海洋装备有限公司	化纤制品生产。规划总建筑面积 1.8 万平方米。主要从事海洋网线、海洋装备工程配套件生产制造。项目建成后,可年实现销售收入 1.2 亿元,利税 1000 万元	纺织	新建	1	0.60	0.40	竣工投产
66	江苏都拉斯 (奥拉斯)石业有限公司	石材加工。厂房建筑面积 2 万平方米,年加工高中档进口大理石板材 55 万平方米,高档建筑工程装饰石材 18 万平方米,可年开票销售 1.1 亿元	建材	新建	1	0.60	0.36	竣工投产
67	江苏一言商品钢筋有限公司	商品钢筋数控智能化生产。总建筑面积 2.13 万平方米,购置数控多功能钢筋网片生产线等设备 35 台套。项目投产后年产各类钢筋网片 5 万吨,年销售额 1.5 亿元,利税 600 万元	建材	新建	1	0.85	0.28	竣工投产
68	江苏拓景机械有限公司	船舶机械。新建生产用房等建筑面积 1.51 万平方米,购置星火机床、落地镗铣床 y6920、龙门镗铣海天、卧式镗床等设备。项目建成后,年产船舶机械 600 台套、电梯配件 1 万件,可实现年销售 2 亿元	机械	新建	1	0.45	0.50	竣工投产
69	江苏星鲨玻璃科技有限公司(三期)	玻璃深加工。规划建筑面积 6.04 万平方米。项目全面建成后,具有年产低辐射镀膜玻璃 300 万平方米、中空玻璃 40 万平方米、防火及防弹玻璃 5 万平方米的生产能力,可形成年销售 3 亿元以上	轻工	技改	1	0.65	0.40	竣工投产
70	南通捷能电源有限公司	锂电池。规划建设面积 3.84 万平方米。主要专业从事各系列车用锂离子电池生产、销售,产品广泛应用于电动自动车、电动摩托车和电动汽车。项目设计具有年产 40 万套车用锂离子动力电池的生产能力,项目全面建成可新增年销售 2.5 亿元以上	电子	新建	1	0.40	0.55	竣工投产
71	南通碧辉石业有限公司	石材加工。厂房建筑面积 2 万平方米,年加工高中档进口大理石板材 65 万平方米,高档建筑工程装饰石材 20 万平方米,年开票销售 1.2 亿元	建材	新建	1	0.40	0.58	竣工投产
72	南通聚和石业有限公司	石材加工。厂房建筑面积 2.58 万平方米,购置锯床、磨床等大型石材加工设备 26 台套。投产达效后,年加工高中档进口大理石板材 70 万平方米,高档建筑工程装饰石材 25 万平方米,可年开票销售 1.6 亿元	建材	新建	1	0.40	0.58	竣工投产
73	南通成功装饰材料制造有限公司	玻璃幕墙项目。规划建筑面积 1.6 万平方米。项目建成后主要从事铝合金、塑钢门窗、玻璃幕墙生产和安装,项目设计具有年产各种规格门窗 25 万平方米、制作安装玻璃幕墙 10 万平方米的生产能力,可形成年销售 2 亿元以上	建材	新建	1	0.40	0.49	厂房完工,设备安装
74	南通日芝电力材料有限公司	汽车维保设备生产项目。新建厂房等主要建筑物建筑面积 1.77 万平方米。购置螺杆式空气压缩机、电动双梁桥式起重机等国产设备 130 台套。项目规模设计年产扒胎机、平衡机、举升机等 2 万台套,可新增年销售 2 亿元以上	机械	新建	1	0.40	0.51	竣工投产

续表 12

序号	企业名称	项目名称及主要内容	所属行业	项目建设性质	总投资	2014 年止累计完成投资	2015 年累计完成投资	项目形象进度
75	南通珏祺纺织有限公司	纺织项目。规划建筑面积 2.82 万平方米。项目建成后主要从事 FDY 高强化纤丝生产，具有年产 7500 吨以上的生产能力，可形成年销售 2 亿元以上	纺织	新建	1	0.40	0.60	竣工投产
76	南通冠优达磁业有限公司	磁性材料项目。规划建筑面积 2.52 万平方米。该项目全面建成后具有年产磁芯 7000 吨、磁粉 1.2 万吨的生产能力，可新增年销售 2.5 亿元以上	电子	技改	1	0.40	0.58	竣工投产
77	南通凤凰山门窗有限公司	石材、门窗生产项目。项目规划用地 173 亩，建筑面积 6.97 万平方米，项目投产后，年产大理石板材 80 万平方米、高端装饰石材 70 万平方米，高端门窗 50 万件，可实现新增开票销售 7 亿元	建材	新建	1	0.40	0.50	厂房完工，设备安装
78	江苏和创石业有限公司	石材加工项目。厂房建筑面积 1.56 万平方米，投产达效后，年加工高中档进口大理石板材 60 万平方米，高档建筑工程装饰石材 20 万平方米，可年开票销售 1.2 亿元	建材	新建	1	0.31	0.46	厂房完工
79	江苏伊洛家具有限公司	高端家具生产项目。新建厂房建筑面积 1.66 万平方米，购置家具生产设备，形成年产家具及配套板材 10 万件生产能力，可新增开票销售 1.5 亿元以上	建材	新建	1	0.30	0.46	厂房完工
80	瑞杰新材料南通有限公司	家具及家具用板材制造项目。新建厂房建筑面积 1.76 万平方米，购置木板生产线、家具用木机床等设备 25 台套。达产达效后可年产家具及家具用板材 10 万件，新增开票销售 1.5 亿元以上	建材	新建	1	0.30	0.46	厂房完工
81	江苏格颖纺织有限公司	纺织项目。规划建筑面积 1.51 万平方米。项目建成后主要从事纱线和色织布生产，先期工程引进日本喷气织机 40 台，形成年产色织布 220 万米、纱线 1000 吨的生产能力。项目全面建成后年销售可 2 亿元	纺织	新建	1.02	0.30	0.61	竣工投产
82	江苏超锐仪器科技有限公司	金属定位仪项目。规划建筑面积 2.35 万平方米，项目承接国家"十二五"水体污染控制与治理重大科技项目中供水管网漏损监控设备及产业化中金属管线定位仪的研发与生产。项目全面建成后，可实现产品年销售 1.5 亿元以上	电子	新建	1.02	0.30	0.47	厂房完工，设备安装
83	江苏奥德奥石业有限公司	石材加工项目。建筑面积 40.8 万平方米。达产达效后年加工高端大理石板材 60 万平方米，高端装饰用石材 15 万平方米。可新增开票销售 3.4 亿元以上	建材	新建	1	0.25	0.48	1.98 万平方米厂房完工
84	南通大明玉新材料科技有限公司	新型建材(微晶)技术研发及生产项目。总建筑面积 11.54 万平方米（一期 2.64 万平方米，二期 3.12 万平方米，三期 5.77 万平方米），计划总投资 5 亿元，其中设备投资 1.05 亿元。项目投产达效后，年产 5G 微晶玉石 50 万平方米，可年开票销售 8 亿元	建材	新建	1.05	0.25	0.73	竣工投产
85	南通奥珍家具有限公司	高端家具生产项目。规划厂房建筑面积 1.39 万平方米。达产达效后可年产家具及家具配套 8 万件	轻工	新建	1	0.25	0.48	厂房主体完工

续表 12

序号	企业名称	项目名称及主要内容	所属行业	项目建设性质	总投资	2014 年止累计完成投资	2015 年累计完成投资	项目形象进度
86	南通四方新材料科技有限公司	纤维联合纺丝项目。规划建筑面积 8.7 万平方米。采用加压前聚—常(减)压后聚的两段聚合工艺技术，利用部分进口设备与国产辅助设备相结合建成年产 12 万吨锦纶 6 聚合纺丝生产线及功能性改性纤维生产线。项目全面建成后可形成年销售 10 亿元以上	纺织	新建	2	0.25	0.55	3 万平方米厂房主体完工
87	海安奥中生物能源科技有限公司	生物质气化燃气成套设备生产项目。新建厂房等建筑面积 3360.75 平方米，购置数控车床、钻床、龙门刨、各种磨床等主要设备。项目建成后，年生产生物质气化燃气成套设备 5000 套，可实现年销售 2.5 亿元	机械	新建	1.10	0.25	0.46	厂房主体完工，设备订购 3235 万元，12 月竣工投产
88	江苏沃图机械有限公司	水泵生产项目。规划建筑面积 1.51 万平方米。项目建成后主要从事各类规格型号水泵的生产制造，产品广泛应用化工、染色、环保行业，具有年产各类大小水泵 1 万台套的生产能力	机械	新建	1.08	—	0.50	厂房完工，设备安装，试生产
89	江苏天利机电有限公司	超级铁芯项目。项目规划建筑面积 1.17 万平方米。生产智能变压器、风力发电和光伏发电变压器以及全自动洗碗机。项目建成后，可年产各类变压器 2600 台套，新增年销售 1.5 亿元以上	机械	新建	1	—	0.50	厂房完工，设备安装，试生产
90	江苏威尔曼科技股份有限公司	电梯部件项目。新建电气组装车间建筑面积 2.12 万平方米，添置大型生产线 2 条，组装车间建成后，将大幅度扩大公司生产能力，能有效满足市场需求	机械	技改	2	—	1.96	竣工投产
91	齐克庞德电子（江苏)有限公司	电子标签、天线及附件生产项目。新建生产用房等建筑面积 2.63 万平方米，拟引进蚀刻机、解码机等设备 23 台套，购置滚切机、柔印机等国产设备 173 台套。项目建成后，年产 EAS 软标签 32 亿件、EAS 硬标签 3 亿件、RFID 标签 3 亿件、防盗门禁系统 20 万件。可实现年销售 1.5 亿元	电子	新建	1	—	0.98	竣工投产
92	海安天福纺织科技有限公司	高档纺织面料项目。新建厂房等主要建筑面积 5.53 万平方米，一期开工面积 2.71 万平方米，购置整经机、经编机、圆网印花机、染色机系统等设备共 272 台套，项目建成后，年产 1.5 万吨高弹超柔绒类面料	纺织	新建	2	—	0.60	27136 平方米厂房完工
93	南通市通润汽车零部件有限公司	汽车手刹总成项目。拟新增生产用房等建筑面积 5.27 万平方米，购置自动总装线 4 条，电泳涂装线 1 条等，项目建成后，年产汽车手刹总成 100 万套，可实现年销售 2 亿元	机械	技改	2	—	0.61	2 万平方米厂房完工
94	南通奥龙家具有限公司	高端家具生产项目。项目厂房建筑面积 1.57 万平方米。购置木板生产线、家具用木机床等设备 30 台套。竣工达产达效后年产家具及家具用板材 10 万件	轻工	新建	1	—	0.50	1.57 万平方米厂房主体完工
95	江苏侨基生物科技有限公司	氨基寡糖素项目。厂房等建筑面积 1.32 万平方米。主要生产氨基寡糖素。竣工投产后，年产绿色新型农用生物制品 8000 吨，可新增开票销售 2 亿元	医药	新建	1	—	0.50	3000 平方米科研楼完工，1.2 万平方米厂房封顶
96	江苏振全家具有限公司家具生产	家具生产项目。厂房建筑面积 1.55 万平方米。购置木板生产线、家具用木机床等设备 25 台套。竣工达产达效后年产高端家具 15 万件	轻工	新建	1	—	0.50	1.55 万平方米厂房主体完工

续表 12

序号	企业名称	项目名称及主要内容	所属行业	项目建设性质	总投资	2014 年止累计完成投资	2015 年累计完成投资	项目形象进度
97	三昌家具江苏有限公司	家具生产项目用地。厂房建筑面积 1.41 万平方米。购置木板生产线、家具用木机床等设备 23 台套。竣工达产达效后可年产高端家具 12 万件	轻工	新建	1	—	0.49	1.41 万平方米厂房主体完工
98	江苏耀烨家具有限公司	家具生产项目。厂房建筑面积 1.58 万平方米。购置木板生产线、家具用木机床等设备 28 台套。达产达效后可年产高端家具 15 万件	轻工	新建	1	—	0.50	1.58 万平方米厂房主体完工
99	江苏周家工艺家具有限公司	家具生产项目。厂房建筑面积 1.79 万平方米。新上推台锯、封边机、冷压机、自动喷漆机及输送机等设备 85 多台套。达产达效后可年产高端家具 15 万件	轻工	新建	1	—	0.49	1.79 万平方米厂房已封顶
100	江苏博雅时代家具有限公司	家具生产项目。厂房建筑面积 1.47 万平方米。新上推台锯、封边机、冷压机、自动喷漆机及输送机等设备 36 多台套。达产达效后可年产高端家具 10 万件	轻工	新建	1	—	0.50	1.47 万平方米厂房已封顶
101	南通华飞家具有限公司	家具生产项目。厂房建筑面积 1.77 万平方米。新上推台锯、封边机、冷压机、自动喷漆机及输送机等设备 36 多台套。达产达效后可年产家具及配件 8 万件	轻工	新建	1	—	0.50	1.77 平方米厂房在建
102	江苏宏邦家具有限公司	家具生产项目。厂房建筑面积 1.59 万平方米。新上推台锯、封边机、冷压机、自动喷漆机及输送机等设备 32 多台套。达产达效后可年产高端家具 10 万件	轻工	新建	1	—	0.50	1.59 万平方米厂房封顶
103	江苏美霖家具有限公司	家具生产项目。厂房建筑面积 1.62 万平方米。新上推台锯、封边机、冷压机、自动喷漆机及输送机等设备 32 多台套。达产达效后年产高端家具 10 万件	轻工	新建	1	—	0.50	1.62 万平方米厂房封顶
104	江苏优达家具有限公司	家具生产项目。厂房建筑面积 1.85 万平方米。新上推台锯、封边机、冷压机、自动喷漆机及输送机等设备 40 多台套。达产达效后可年产高端家具 12 万件	轻工	新建	1	—	0.50	1.85 万平方米厂房在建
105	亿昕管业(海安)有限公司	不锈钢管生产项目。新建厂房等建筑面积 4.40 万平方米，购置喷砂机、浸滴线等相关设备 152 台套。项目建成后，可年产不锈钢焊管 4.8 万吨	机械	新建	1.8	—	0.60	1.5 万平方米厂房钢结构封顶
106	江苏昭华精密铸造科技有限公司	汽车配件项目。新建厂房等主要建筑面积 3.28 万平方米，购置精密冷室压铸机、集中熔炼等设备。项目建成后，年产汽车避震系统、汽车音响系统、安全带系统、车灯系统等铝铸件 1.51 万吨	机械	新建	1	—	0.53	3.28 万平方米厂房到顶
107	南通德瑞克自动化设备有限公司	电梯整机生产。新建厂房等主要建筑面积 3.14 万平方米，购置曳引机装配行车、数控机床等设备。项目建成后，可年产节能型电梯整机 5000 台套、立体车库 9000 个、自动扶梯 1000 台	机械	新建	1	—	0.51	0.96 万平方米厂房完工
108	南通海德新能源有限公司	屋顶光伏发电项目。利用亚太等公司厂房屋顶，安装 250 瓦多晶硅光伏组件 4.4 万块，建设 11 兆瓦功率太阳能光伏发电站	电力	新建	1	—	1.15	项目竣工，并网发电
109	南通凯米机械有限公司	木工机械生产项目。厂房建筑面积 1.12 平方米。达产达效后年产木工机械 800 台套	机械	新建	1	—	0.40	厂房在建

续表 12

序号	企业名称	项目名称及主要内容	所属行业	项目建设性质	总投资	2014 年止累计完成投资	2015 年累计完成投资	项目形象进度
110	上海大爱城数据服务有限公司	家具生产项目。厂房建筑面积 1.59 万平方米。达产达效后可年产高端家具 14 万件	轻工	新建	1	—	0.40	厂房在建
111	江苏泰瑞安家具有限公司	家具生产项目。厂房建筑面积 3.24 万平方米。达产达效后可年产高端家具 16 万件	轻工	新建	1	—	0.40	1.48 万平方米厂房在建
112	江苏昌吉家具有限公司	家具生产项目。厂房建筑面积 2.13 万平方米。达产达效后可年产高端家具 15 万件	轻工	新建	1	—	0.40	厂房在建
113	南通奥神家具有限公司	家具生产项目。厂房建筑面积 1.92 万平方米。达产达效后年产高端家具 10 万件	轻工	新建	1	—	0.39	厂房在建
114	江苏尊涵家居有限公司	尊涵家居生产项目。新建厂房建筑面积 3.46 万平方米。置大功率数控激光切割机、数控铜板校平剪切线等生产设备，专业从事金属工艺品研发与生产。项目建成后，可年产金属工艺品 3000 件套	轻工	新建	1	—	0.95	竣工投产
115	美嘉拉生物科研海安有限公司	高档化妆品项目。新建厂房等主要建筑面积 2.62 万平方米，购置乳化锅、精油分装机等设备。项目建成后，年产 9000 吨洁面乳、保湿水等高档化妆品，可实现年销售 2.5 亿元	轻工	新建	1	—	0.31	1.18 万平方米厂房在建
116	南通联发热电有限公司	热电改造项目。购置维修发电机、锅炉等设备及辅助设备和仪器，对热电系统进行升级改造	能源	技改	1	—	0.95	竣工运行
117	江苏东晔电气设备有限公司	变压器生产项目。规划新建建筑面积 1 万平方米，购置剪切机、焊接机、感应调压器等先进设备 40 台套。项目建成后，可形成年产油浸式变压器 1000 台套生产能力	机械	技改	1	—	0.35	1.08 万平方米厂房在建
118	江苏鹏飞海太机械有限公司	大型铸钢精加工项目。新建大型铸钢件配套机械加工车间，规划建筑面积 3.99 万平方米，新增国内先进的机加工设备，完成公司生产的铸钢件粗加工及精加工，具有年加工铸钢件 3 万吨以上的生产能力，可新增年销售 2 亿元以上	机械	技改	1	—	0.95	竣工投产
119	南通祥鹤石业股份有限公司	石材生产项目。规划厂房建筑面积 3.53 万平方米，购置石材加工设备 35 台套。竣工投产后年加工高端大理石板材 65 万平方米，高端装饰用石材 18 万平方米，可新增开票销售 2.5 亿元以上	建材	新建	1	—	0.29	设备安装
120	海安策兰投资有限公司	20 兆瓦光伏发电项目。购置安装光伏发电组件及配套设备，建成后，达产达效年发电量 2000 万度电	能源	新建	3	—	0.65	设备安装
121	南通大族石业有限公司	石材生产项目。规划厂房建筑面积 1.86 万平方米，购置石材加工设备 25 台套。投产后年加工高端大理石板材 40 万平方米，高端装饰用石材 10 万平方米	建材	新建	1	—	0.31	厂房在建
122	南通市康桥油脂有限公司	油脂生产项目。再上一条油脂生产线	轻工	技改	1	—	0.94	竣工投产
123	南通科达建材股份有限公司	全预制砼构件项目。规划建筑面积 8.82 万平方米。项目全面建成后具有年产全预制砼构件制造 250 万平方米的生产能力，可新增年销售 1.5 亿元以上	建材	技改	1	—	0.41	1.67 万平方米厂房在建

续表 12

序号	企业名称	项目名称及主要内容	所属行业	项目建设性质	总投资	2014 年止累计完成投资	2015 年累计完成投资	项目形象进度
124	江苏东盛宏伟家具制造有限公司	家具板材生产和销售项目。规划厂房建筑面积 1.61 万平方米，购置木板生产线、家具用木机床等设备。达产达效后年产高端家具 15 万件	轻工	新建	1	—	0.40	3.20 平方米厂房在建
125	美卡洛江苏家具有限公司家具生产	家具板材生产和销售项目。规划厂房建筑面积 1.56 万平方米，购置木板生产线、家具用木机床等设备。达产达效后年产高端家具 15 万件	轻工	新建	1	—	0.39	1.56 万平方米厂房基础设施在建
126	江苏福克斯电力工程有限公司	6 兆瓦光伏发电项目。利用公司空余地面，安装多晶硅光伏组件等设备，建设 6 兆瓦功率太阳能光伏发电站	能源	新建	1	—	1	项目竣工，并网发电
127	南通格莉诗服饰有限公司	数控针织扩产改造项目。购置电脑横机等设备 95 台套	纺织	改造	1	—	1	设备已安装投产
128	欧贝黎新能源科技股份有限公司（海安升旭新能源有限公司）	12 兆瓦光伏发电项目。利用大青、鹰球等公司厂房屋顶，安装多晶硅光伏组件等设备，建设 12 兆瓦功率太阳能光伏发电站	能源	新建	2	—	2	项目竣工，待并网发电
129	江苏文凤化纤集团有限公司	锦纶超细旦长丝技术改造项目。利用公司现有厂房和设备，购置改造锦纶超细旦纺丝机生产线 9 套及配套辅机 28 套，使锦纶 12-40D/5-48F 超细旦高档袜用长丝产业化，形成年产 2000 吨规模	纺织	改造	1	—	1	设备安装，投产运行
130	江苏联发集团股份有限公司	色织生产线技术改造项目。购置进口喷气织机等设备 180 台(套)	纺织服装业	技改	1	—	1	设备安装投产

产业集群

【概况】 2015 年海安县产业集群培育按照“稳中求进、改革创新”总基调，全面彰显、充分发挥“动车时代、节点城市”新优势，全年工作贯穿“六个一”总体要求，坚持针对性研究、实质性对接、融合性发展、专业性招商、个性化考核的工作思路，强化产业集群培育。全年 16 个培育部门开展产业招商活动 110 多次，获得重点招商项目信息 190 多条，25 个项目开工或注册。带领龙头企业继续走进高校，举办校企对接活动 80 多次，达成产学研合作协议 250 多项。举办国家、省级行业年会 8 次，带领 300 多家企业参加大型展会 66 次。聘请 260 多名专家组成专家库，开展企业咨询，指导行业发展。全县集群内企业实现开票销售 767.18 亿元，占全部工业开票销售的 76%，同比增长 13.67%。

【新能源产业】 海安县规模以上新能源企业 10 家，全年开票销售 92.17 亿元，同比增长 30.7%。新能源商会组织带领企业参加 2015 第九届 SNEC 上海国际太阳能光伏展、第七届中国（无锡）国际新能源大会暨展览会、广州国际太阳能光伏展览会等展会。3 月组织新能源企业参加在北京举行江苏海安—中央企业合作恳谈会。8 月利用行业年会的契机带领福克斯电力公司赴南京，与特变电工对接新疆、甘肃等地太阳能组件供货等有关事项。举办 2 场新能源产业专场招聘会，6 家新能源企业设摊招聘，150 多人报名。联系技工学校，招聘学校毕业实习生。帮企业引进蓝领技能人才、新兴服务业人才。成功帮助欧贝黎引进电力销售副总一人。

推进分布式发电推广，制定出台推动光伏链式发展政策意见，对提供屋顶资源和光伏发电项目实施主体分别给予每瓦 0.1 元、0.3 元的补贴。欧贝黎、福克斯等企业成立电力工程公司，与华强、鹏飞、爱登堡、申菱等企业及开发区、高新区、软件园等标准厂房集中区进行合作。邀请连云港市发展改革委、沭阳县经信委到海安光伏企业考察，带领企业去当地实地对接，拟在当地荒山、厂房屋顶、渔场等建设地面电站和分布式电站。

通过对接中科院有关专业院所、上海交通大学、哈尔滨工业大学等行业一流院校专家，举办新能源行业产学研对接活动 8 次。指导申报省科技支撑项目。带领欧贝黎、福克斯等对接中科院新能源所。编制、完善企业技术需求手册，积极组办好“创新创业在海安”“中科院专家走进海安”等系列活动，推动产学研紧密结合，通过上述活动的开展，新能源板块企业一批产学研合作项目得到实施。其中实施的项目主要有：(1)欧贝黎与中科院合作的“发射极环绕型太阳电池及其制备方法”项目，合作经费 70 万元已支付 34 万元；与南京航空航天大学合作的省科技支撑项目通过验收认定，新产品实现销售超亿元。(2)福克斯与常州工学院合作的大功率多晶硅片线锯切割技术研发，已付经费10万元；与南京师范大学合作的“复合修饰硅纳米线的开发及应用”项目已支付30万元。(3)浚丰太阳能与南京大学合作的高转化太阳能技术已支付10万元合作经费。(4)双能太阳能与常州大学合作的太阳能玻璃管内壁真空纳米电镀技术合作经费30万元全部支付。

通过紧密跟踪在手项目信息，保持与无锡台商协会联系，跟踪海安县企业与央企的对接，加强台湾地区产业转移项目招商。引进的总投资53亿元的江苏蒋家沙300兆瓦海上风电项目、投资1.6亿元的顺安20兆瓦光伏发电项目、投资2.5亿元的强生30兆瓦光伏发电项目都已开工建设。其中蒋家沙300兆瓦海上风电项目是国内核准的单个容量最大的海上风电项目。

参观学习先进企业　　(县发展改革委　提供)

【新材料产业】 海安县规模以上新材料产业企业31家，全年开票销售25.76亿元。通过与中南大学、北京科技大学、中科院金属研究院、浙江大学、西北工业大学等15所高校院所加强联系，汇集国内新材料研究前沿院所的最新科技成果，及时发布给新材料企业，让企业家第一时间接触到高校科研成果，了解行业最新动向，并且通过多种形式的产学研活动，全年新增产学研合作项目10个。

3月25日，组织万宝实业、保来利轴承、晨朗集团、华兴磁材等6家企业赴南京参加“新材料院士专家报告会”，企业与政府机构代表、高校科研院所代表、投融资机构代表就如何推进海安县新材料产业“产学研”深度融合、资本优化进行互动交流。3月27日，在北京举行“动车时代、节点城市”江苏海安—中央企业合作恳谈会，万宝、晨朗等5家新材料企业负责人参加活动，并与会央企高管进行了深入交流。31日，在上海举行海安有色金属产业投资环境推介活动，将海安有色金属产业发展情况及投资环境向上海有色金属行业协会的领导和成员单位进行汇报。5月12日，邀请南京大学都有为院士团队到海安走访调研磁性材料企业，面对面座谈，指导企业破解技术难题，同时筹划在高新区与企业共建南京大学海安技术研究中心。12月5日举办“第二届中科院专家走进海安”活动，通过积极搜集企业技术、人才需求，认真组织好新材料专场发布会，晨朗集团、华兴磁材与中科院宁波所达成初步合作意向。

4月28日，组织礼德、华兴磁材等企业参加第九届(2015)国际太阳能产业及光伏工程(上海)展览会；7月9日，组织晨朗、巨升非晶参加2015年中国国际机器人展览会；9月2日组织礼德铝业参加2015年日本大阪国际智能能源展；11月4日组织鹰球集团、冠优达磁业、普隆磁电等企业参加上海第17届中国国际工业博览会；11月12日组织晨朗、新旭、巨鑫等10家磁性材料企业参加上海光大会展中心的第十六届中国(国际)磁性材料技术展览会。

10月9日，赴上海开展点对点招商，重点拜访上海电气、上海普豪生物等企业，并邀请企业负责人到海安参加经洽会。16日上海鸣志集团负责人到海安考察。20日赴昆山开展产业招商活动，邀请昆山俐晟绝缘材料、昆山张浦台商协会等企业和部门参加洽谈。通过专业招商和点对点招商，成功招引4个项目，上海诚龙木业投资的江苏奥凡家具有限公司项目，利用绿色人造板、亚克力(有机玻璃)等新材料生产家具，总投资3亿元，一期开工面积4.5万平方米。江苏普道铝业有限公司已注册，销售铝锭，实现开票销售3亿元。上海峰融投资有限公司已投资海安县4家企业，总投资2亿元，为创投项目。苏州客商投资的电器新材料、保温材料项目，总投资1亿元，落户开发区。

【节能环保产业】 海安县规模以上节能环保产业企业20家，全年实现开票销售26.83亿元。

邀请高校教授、知名企业负责人到海安走访企业，为企业把脉支着儿。5月22—24日结合“双创在海安”专题活动，组织会员企业、参加节能环保成果专题发布会，中科院、浙江大学、上海交通大学、河北工业大学、天津工业大学等五所高等院校参与科技成果的发布。7月12日，邀请河北工业大学教授闵春华到海安走访曙光新能源、涞森环保等企业。7月22日邀请南京工业大学教授孙文全及博士朱明新到海安对恒发污水、永通新材料、鹰泰污水相关技术问题进行有针对性的现场调研并提出整改措施。10月24—25日，意大利米兰理工大学教授Alberto rovetta一行到海安实地考察海安县节能环保业商会的联振重工、中矿重工、海建集团、明诺机械等企业，详细了解了企业的发展情况及技术需求，达成14个项目技术及生产合作的意向。12月5日组织中科院专家成果发布会能源环保专场，116家企业参加活动；下午中科院专家成果现场对接会环保建材专场56家企业参加活动，收集合作意向10个。

组织企业参加国内各类节能环保展会。3月29—31日，组织巨邦、亘德、明诺等单位参加在上海举办的第十六届中国清洁博展会。10月14—16日，组织水处理行业企业负责人赴北京国家会议中心观摩2015 WaterEx北京水展、第六届中国国际水技术展览会、第十八届中国国际膜与水处理技术及装备展览会。11月10—12日，组织会员企业参加2015广州国际环保展与中国环博会创新大会。11月18日，组织砂浆行业企业参加2015第十一届中国（上海）国际砂浆技术与设备展览会，其中晨日环保董事长徐祥来在"2015国际全生命周期绿色建筑与砂浆技术高峰论坛"研讨会上发布"节能环保型连续式干粉砂浆生产线及机械化施工"专题演讲。

中国天楹股份有限公司在与比利时沃特鲁公司进行炉排炉技术合作的基础上，10月20日，中国天楹以400万欧元，一次性买断比利时沃特鲁公司垃圾焚烧炉排炉技术，已签订协议。

10月30日，组织15家会员企业参加海安县银政企携手攀新高活动，共提供企业新增贷款需求2.24亿元，瑞安特集团、恒泽水务、亘德科技、晨日环保4家企业与银行签约。

3月25—29日，组织10家重点企业赴澳门参加2015年度国际环保展、绿色论坛，开展环保产业招商推介会、绿色配对等活动。10家企业与德国、奥地利、法国等国家和我国香港、台湾地区的8家企业对接。5月7日在上海交通大学举办江苏·海安节能环保产业招商恳谈会。7月14日在同济大学举办江苏·海安节能环保产业招商恳谈会。9月20—28日，组织华工、天福、明诺、联发热电、海建、铁锚玻璃等11家企业赴意大利、德国考察学习，拜会意大利4个商会、考察米兰理工大学和布雷西亚大学两所高校、10家企业，经对接达成合作意向18个。12月1—3日，赴广州、中山两地开展产业招商活动，洽谈节能环保产业项目。

招引废旧资源再生利用项目，总投资5000万元；废旧混凝土再生资源利用项目，总投资5000万元。

【电子及机器人产业】 海安县规模以上电子及机器人产业企业22家，全年开票销售22.7亿元，同比增长2.6%。

海安出台机器人产业发展扶持政策、设立产业基金、制定首台（套）认定办法，重点支持研发机构建设、高层次人才引进、设备购置补贴、首台套奖励。编制《海安县机器人产业招商目录》，举办海安县机器人专业招商人员培训会。

电子车间一角　　（县发展改革委　提供）

多次根据企业需求组织企业赴上海交通大学、南京航空航天大学（简称南航）、江苏大学、南通大学等高校开展产学研活动，通过"创新创业在海安""中科院专家走进海安"等活动为企业牵线搭桥。通过活动促成板块内江苏晟利探测仪器与南航（新型地下检漏探测仪器，项目首期支付15万元）、西蒙与南通大学（RCU宾馆酒店控制系统，研发费用30万元左右）、华兴石油仪器与无锡石油地质研究所（研发超临界萃取，研发费用30万元）、威尔曼与江南大学（电梯物联网自检系统）、建中电子与中科院物联网研究中心进行产学研合作（自动盖章机物联网寻迹系统）。

帮助江苏派诺光电股份有限公司"新三板"上市服务对接工作，8月21日在北京新三板挂牌上市。协助双弘等3个驰名商标通过国家商标局初审，12家企业申报江苏省著名商标，28家企业申报市知名商标。组织板块企业威尔曼、派诺光电、华安超临界、海安石油仪器等10多家企业申报省、市名牌。

全年举办产业招商活动4次（6月在上海举办海安在外推介机器人产业的第一次推介会、10月在北京举办推介会、10月在东莞举办推介会、11月在厦门举办推介会），组织企业参加各类大型展会5次（昆山进口产品交易会、昆山智能自动化及机器人博览会、上海国际机器人博览会、北京世界机器人博览会、常州机器人及智能制造国际技术交流会）。通过活动形成有投资意向项目多个（厦门机器人和智能装备产业联盟到海安投资；欧洲商业联合促进中心与开发区、上海交大研究院三方合作，已帮天楹集团制作自动焊接机器人；意大利sipro西普若公司；本体制造商上海致源机器人有限公司等），落户开发区加速器机器人项目1个（上海天空机电控制有限公司）。

【电工电气产业】 海安县规模以上电工电气产业企业55家，全年开票销售49.72亿元，上年增长24.16%。

4月17日，组织能达、亚威、东园、华威等四家企业参与新能源板块与南京工业大学的对接活动；4月22日邀请上海交通大学国家能源智能电网（上海）研发中心专家教授到晓星等八家板块内企业进行考察指导，并对变压器新技术应用、智能电网设备研发等方面与企业进行交流讨论。

6月中旬江苏瑞恩电气新三板上市挂牌仪式在全国中小企业股份转让系统隆重举行。

7月28日海安县电工电气企业举办电工电气板块"银政企携手攀新高"活动。会上板块内近20家企业发布资金需求2亿多元，8家企业与银行签订贷款协议。

10月14日，组织41家电工电气企业赴上海，参加国际电力电工展（EP）。

12月下旬，沈阳变压器研究院海安技术中心正式对外试运行，该中心的运行可以满足110千伏变压器型式试验和效能检测需要，成为长三角地区服务功能最全的变压器共性技术服务平台。海安与沈阳变压器研究院开展合作，对加快发展变压器产业、提升自主创新能力、构建特色现代产业体系起到积极的推动作用。

引进南通王氏企业落户开发区城东镇投资配电柜的生产销售。6月19日完成企业注册，该项目注册资金1000万元，总投资额1亿元，已开工建设。

【电梯产业】 海安县规模以上电梯产业企业25家，全年开票销售71.14亿元，同比增长6.27%。

2015年组织电梯板块企业分别赴中科院、国家纳米中心、西安交通大学、西北工业大学、西安电子科技大学、无锡职业技术学院等十几所高校和科研院所开展产学研对接活动近20批次，新增产学研合作项目10个，支付合作经费215万元，其中支付30万元以上的4个，还有4家企业签订项目合作协议。其中，与中科院合作的项目3项。

9家电梯企业与专业市场签订租赁合同，大多数企业着手装修销售店铺，准备进驻(申菱电器、南阳机电、三菱苏北公司、中尧、中龙机电、米兰特等6家已动工装修，只剩兴华胶带、金勇达电器和华银电器)。“中国电梯零部件市场”宣传广告牌已安装到位，电梯市场形成雏形。

6月中旬组织赴常州、北京招引县外的安装维保公司、引导推动县内整机企业办维保企业等方式，不断加大安装维保队伍建设力度。安装维保队伍建设方面，2015年新增注册南通国力电梯有限公司和上海爱登堡电梯江苏有限公司2家A级维保公司，增加安装维保人员152人。截至年底，全县有安装维保公司6家，A级4家，B、C级各1家，安装维保人员计581人。专业人才培训方面，注重平台建设，4月2日投资125万元建立的海安电梯实训中心举行揭牌仪式，正式投入运行。促成技工学校与南通科技职业学院联合开设电梯安装维保培训班。全年有114多名学员经过电梯安装维保实习培训，并通过考核取得技术等级证书和学历证书。

11月向江苏省经信委申报江苏省电梯产业集群特色基地。12月申报创建江苏省电梯部件优质产品生产示范区。新增爱登堡、鸿图橡塑、迅达橡塑3家高企，新增高新技术产品8项，省级工程技术研究中心6家。

成功招引江苏意迪驱动设备有限公司，从事曳引机生产研发项目。已注册南通科钛机器人系统有限公司，从事电梯专用焊接机器人项目。

【建材机械产业】 海安县规模以上建材机械产业企业47家，全年开票销售30.06亿元，比上年略有下降。

3月1日，在人力资源市场举办建材机械专场招聘会；4月3日，组织江苏海建、南通奥普、江苏绿叶等企业赴南京工业大学、南京理工大学开展人才供需洽谈会，帮助企业招引职工137人，其中本科以上33人，博士生3名。

4月10日全国建材装备标准化技术委员会暨《水泥工业用回转窑》等两项国家标准审查会议在海安召开。引导海安县重点建材企业与标委会中知名度高、影响力大的企业开展全方位、宽领域、多层次的项目合作。

西蒙电气办公楼　　（县发展改革委　提供）

5月中旬海安县建材机械业商会举办“银政企携手攀新高”行动——建材机械板块银企合作项目现场对接会，南通恒达、海安联源等6家企业与银行现场签约，授信规模1650万元。

6月16日，江苏合海机械制造有限公司在全国中小企业股份转让系统挂牌，成为继南通科达建材股份有限公司、江苏瑞恩电气股份有限公司海安第三家在新三板挂牌上市的企业。

7月11日，由江苏鹏飞集团主办、海安县建材机械业商会承办的江苏省建材行业协会机械分会会长办公会召开。海安县建材机械业商会抢抓机遇，因势利导，向到会的知名建材企业推介海安建材产业，进一步扩大海安建材产业在全省的影响力和知名度。

招引海安久瑞新材料有限公司项目，投资5000万元，落户大公镇。

【锻压机械产业】 海安县规模以上锻压机械产业企业86家，实现开票销售45.73亿元。

1月10日，邀请机械科学总院副院长王德成、北京机电研究所所长梁丰收带领机电所主要负责人一行到海安考察，中机锻压江苏股份有限公司成功签约落户海安。

6月12日全国锻压学会2015年第二次工作会议在海安召开，6月13日，海安县锻压机械业商会召开第二次会员大会，会议选举第二届理事会会长、副会长。同时邀请全国锻压学会常务理事长谢谈、西安交通大学教授赵升吨围绕“锻压产业转型升级、先进锻压设备的特点和应用、各种液压机的关键技术及发展前景”等内容分别为海安县锻压机械业商会会员企业做了专题讲座。

4月上旬，分别赴上海和杭州等地区开展招商推介活动，7月13—21日组织江苏百协精锻机床有限公司、江苏一机有限公司、南通瑞安特集团等企业赴日本参加东京国际展览中心举行的日本锻造·冲压·钣金成形加工展。9月16—19日，组织中机锻压、恒鼎重工、创恒机械等企业参加在上海举办的2015中国国际金属成形展。9月16日，在上海世博展览馆举办“区域合作、携手共赢——

江苏海安锻压机械产业投资环境说明会”,40余家参展企业代表参加活动。

11月16—20日，组织企业与哈尔滨工业大学、沈阳工业大学开展产学研对接活动,重点与这两所高校在数字化、智能化(含机器人)机械制造方面的专家教授进行交流，并邀请他们到海安实地考察，与海安的锻压机械企业开展产学研对接,以提升海安整体机械制造档次，实现智能化发展。

通过带领宏程锻压与太原科技大学多次对接，联合建立“多项锻造研发中心”和“快速锻造研发中心”,宏程锻压向太原科技大学支付科研经费50万元。

【轨道交通产业】 2015年,海安县规模以上锻压机械产业企业4家，开票销售43.3亿元,同比增长17.58%。

4月1日,赴常州拜访今创集团等5家轨道交通生产企业，围绕产业对接与企业负责人进行交流和沟通;5月6—8日,带领企业赴中国铁道科学院、西北工业大学、太原科技大学,就海安县轨道交通产业发展方向、把握重点和定位,与院校专家教授进行深入的交流和对接,并就海安轨道交通产业如何招商听取专家教授的意见建议;8月27—29日，组织海安县轨道交通企业负责人赴成飞集团开展招商对接;10月19—21日,赴常州江苏轨道交通产业技术协会、苏州大学城市轨道学院等有关轨道交通企业、学院进行招商;10月22—24日,在武汉中铁四院专题招商推介，并签订战略合作协议;10月28日,在昆山举办专题招商推介活动，邀请苏州及昆山的部分轨道交通企业及科研单位。

5月23日,邀请西北工业大学和太原科技大学专家到海安参加“创新创业在海安”活动,并进行科技成果发布。11月21日，与江苏理工学院产学研对接。通过多次组织板块内企业与相关院校开展产学研对接并取得一定成效。海迅集团与江苏大学签订全面合作框架协议，重点围绕纳米新材料、自动圈驱测量、研发中心建设等项目合作研发，支付研发经费40万元；铁锚集团与韩国G2B公司进行的两项汽车天窗零件设计项目，支付研发经费600万元；繁华玻璃与以色列Dip-Tech Ltd合作进行的高温数码缺陷诊断、修复技术项目,支付产学研合作经费30万元。10月25日中国商飞上海飞机设计研究院试验基地在铁锚研究院挂牌。

引进剑宇新材料海安有限公司项目,落户大公镇,注册资本5000万元。

【汽车产业】 2015年,海安县规模以上汽车产业企业13家,开票销售33.76亿元,同比增长21.89%。

1月31日,“北美汽车人俱乐部走进海安”年会召开。4月22日组织企业赴上海国际车展参展。4月28日组织企业在海安电大等职业技术学校举办专题校园招聘会。5月23日组织汽车零部件业企业参加第二届“创新创业在海安”活动。6月4日邀请韩国客商走访汽车零部件企业鹰球、通润、骆氏、容润等企业,向韩国客商展示海安县汽车零部件企业的发展潜力。9月15日协助明诺机械赴澳大利亚国际清洁工业博览会参展。11月4日协助江苏铁锚玻璃赴美国参展“2015美国零部件展APPEX”。12月4日组织南通新源特种纤维、南通万达摩擦材料等企业参加在上海举办的法兰克福汽车配件展。12月6日,组织汽车零部件企业赴广西南宁参观“第八届东盟国际新能源车展”。

多次带领海安县汽车零部件业企业负责人到湖南大学、江南大学、清华大学苏州汽车研究院、同济大学、江苏理工学院等汽车类高校,对接产学研合作项目。2015年签订产学研合作协议19项。6月下旬中南大学与江苏鹰球集团联合新建的粉末冶金海安研究分院全部投入运行。

4月23日,组织明诺机械、东洋通达、品德环保等企业参加在北京中国国际展览中心举办的2015年中意、中以项目对接会并借此机会在北京开展产业招商活动。5月上旬组织汽车商会企业赴昆山与昆山台州商会会长蔡荣兵、台企昆山堤维西节能照明科技有限公司董事长吴俊佶洽谈。6月12日,组织汽车板块企业赴浙江产业招商。12月8日赴广西南宁、柳州等地产业招商。

成功招引海安柱强汽车零部件有限公司,投资1亿元,新上汽车零部件、机动车制动摩擦片、机械配件项目,落户高新区；通润汽车与英国迈高公司合作手刹总成项目,投资5000万美元,新上汽车手刹总成项目,落户开发区。

【农业机械产业】 2015年,海安县规模以上农业机械产业企业8家，开票销售6.6亿元,同比略有下降。

4月9—11日，组织万力、黄海药械、广益、宏大、丰产等企业参加第八届中国江苏国际农机展。4月15—19日，组织南通广益等企业赴广州参加春季广交会。5月23日,组织所有板块企业负责人参加第二届“创新创业在海安”活动。5月28日,组织万力、广益、黄海药械等企业赴常州参加江苏省农机工业协会第五次会员大会暨农机高层论坛。7月28—30日,组织相关企业负责人赴镇江参加全省现代农业装备产业中小企业协作配套对接会。10月26日,组织农机板块相关企业负责人参加青岛中国国际农机展。

组织农机板块企业分别与南京航空航天大学、南京农业大学、南京林业大学、江苏大学等高校合作,编制板块科技供需手册,通过校企产学研合作,企业加大技改投入，全年有多个产品进入国家和省补贴目录。海安“广益”“狼山”植保机械、“苏中”曲轴等农机产品在全省和全国林业植保领域形成一定的影响。5月29日在常州召开的江苏省农机工业协会第五次会员大会暨农机高层论坛会议上,万力、广益、黄海药械等三家企业负责人当选为协会理事。

围绕项目招引、新产品开发、产业延伸,多次组织板块企业到苏州、无锡、常州、南京、辽宁、安徽等地开展产业招商活动，成功招引南通苏益机械有限公司项目和南通山田农业装备有限公司项目,分别投资5000万元,落户高新区和曲塘镇。

【纺织产业】 2015年,海安县规模以上纺织产业企业118家，实现开票销售141.35亿元。

3月7—13日，带领联发集团董事长薛庆龙、双弘纺织总经理吉宜军随海安县经贸考察团赴意大利开展深度合作交流活动。3月18—20日,组织联发、华强、双弘等企业参加第二十三届“中国国际服装服饰博览会”。4月1—2日，赴海门叠石桥和常熟服装中心进行调研，学习指数发布中心相关工作。7月9日带领双双高新董事长王勇赴上海国家会展中心，参观2015年中国国际机器人展览会。9月10—13日，组织联发、华艺、双弘等纺织企业参加第17届江苏国际服装节，南通双弘纺织被评为“国家针织纱线研发生产基地”，华艺时装参加开幕式时装秀。10月13—14日，组织联发纺织、双弘纺织、缘诺纺织、弘夏纺织、联发弘佳、仙乐色织等企业参加在上海举行的中国国际面料及辅料(秋冬)博览会。11月13—18日，组织联发纺织参加在意大利举办的国际纺织机械博览会。

通过多次与东华大学、江南大学、苏州大学、南通大学等高校开展产学研合作，加强与中纺院、省纺工协会联系，请纺织专家指导海安县纺织产业发展。联发企业研究院与东华大学新增3个产学研合作项目:“全棉衬衫面料的耐久性阻燃整理工艺的研究”项目(15万元);“适用于棉织物汽蒸抗皱整理的新型碱性交联剂的设计开发”项目(30万元);“生物催化及原位氧化协同棉织物前处理技术”项目(30万元)。全年申报专利12个。双弘纺织研究院加强研发平台建设，推广改进的织机，加入中国纺织工程学会联盟。与苏州大学签订纺织节能项目产学研合作，全年申报省高新技术产品1个、专利11个，申报国家火炬项目、国家星火项目各1个。

南通双弘纺织有限公司的“双弘及图”商标、南通华强布业有限公司的“倍优特及图”商标、南通海林集团有限公司的“海林图形”商标被新认定为中国驰名商标。

3月27日，借助国家纺织产品开发基地“成员日”到海安、走进联发的契机，举行纺织产业招商推介会。6月13日，立信高档衬衣面料染整解决方案联发示范会在海安召开，成功举行纺织招商推介会。另外分别在北京、上海、南京举办板块招商活动。

招引海安恒宝纺织有限公司项目，投资1亿元，用地30亩，设备投资额3000万元，落户常安现代纺织科技园。海安通宇物流有限公司项目，投资5000万元落户墩头镇。

【化纤产业】 2015年，海安县规模以上化纤产业企业56家，开票销售110.72亿元，同比增长31.82%。

4月11日组织相关重点企业与天津工业大学产学研对接交流活动。5月8日带领相关企业参加与湖南师范大学的产学研活动。5月22日邀请北京服装学院院长王锐到海安，与华荣化纤现场交流产学研合作。

3月18日组织文凤、中山、华纶、弘丰、中祥等6家参加2015中国春季纺织化纤展销会并进行产业推介。4月2日，组织文凤等重点企业参加中国化纤协会召开的亚洲化纤会议。6月10日组织文凤、中山参加中国化纤协会举办的2015年锦纶年会。7月9日，组织文凤、中山参加由中纤网组织的第十二届中国国际聚酯论坛。9月7日组织文凤、中山等20多家重点企业参加第21届中国国际化纤会议。

6月6日，县化纤总商会举行第二次会员大会，选举产生县化纤业总商会第二届理事会，杨忠国当选第二届理事会会长。9月7日文凤化纤、龙马绿色纤维当选为中国化纤协会理事单位。9月16日，海安县被中国化学纤维工业协会批准为“国家锦纶差别化生产示范基地”。10月27日组织文凤、中山等4家企业技术副总参加中国纺织联合会、中国化纤协会组织的全国纺织产品加工贸易单耗标准审定会议。

1月27日在浙江嘉兴举办“嘉海联动 合作共赢”化纤织造专题招商活动。3月12日在福建长乐开展化纤专题招商活动。5月8日组织文凤、华纶等企业考察岳阳石化、巴陵石化，洽谈己内酰胺项目。7月8日赴浙江宁波考察化纤花边市场，进行产业专题推介。7月24日，浙江诸暨市召开化纤产业招商恳谈会。9月22日赴福建长乐开展招商推介活动。11月5日组织九州、苏源化纤等企业负责人赴泰州海阳化纤有限公司考察学习。

招引江苏铭磊化纤有限公司加弹、包覆纱项目，总投资1亿元，设备投入6000万元，用地90亩。

【现代家具产业】 2015年，海安县规模以上现代家具产业企业12家，开票销售3.37亿元，同比增长11.43%。

3月，组织东部家具负责人参观上海国际酒店用品博览会。4月，邀请行业专家在东部家具产业基地举办“全民创业、万众创新、东部家具创业人才培训会”。6月，邀请南京工业职业技术学院校长孙爱武到海安考察，就开展校企合作进行交流。9月16日组织20家家具企业与苏州大学机器人项目团队进行机器人产学研项目对接活动。

10月1日，东部全球家具博览中心开业，CBD、左右、顾家、圣奥、斯可馨、迪高乐等上百家知名品牌入住。培育家具全产业链作为县委统战部直接服务经济发展的工作平台，家具全产业链培育工作取得重大进展，中心创下7天销售额近6000万元的业绩。招商团队先后到上海、东莞、深圳等地招商上百批次，接待河南、四川、上海等地客商近80批次，首批签约入住近200个知名家具品牌。中央电视台、新华网、新浪、搜狐、江苏卫视、《中国体育报》等国内知名媒体报道东部全球家具博览中心10·1盛大开业暨城市产业联盟启动新闻发布会暨动员大会、2015年东部家具杯中国·海安环滨海新区自行车公路大赛等活动情况。

3月上旬组织家具产业企业参观考察意大利家具企业，对接意大利家具协会;3月中旬在海安召开南通家具协会第四届年会，并进行招商推介。5月赴上海、苏州对接家具工业园产业转移企业。7月接待江苏家具协会沙发专委会30多名企业家。东部家具招商团队赴苏州拜访名耀酒店家具、洪丰家具、爱蒙家私等企业，推介滨海产业园孵化器项目，同时赴上海奉贤奉城镇对接政府领导，商讨奉贤家具企业集体转移合作。9月组织企业参加上海国际家具展和中国家具协会举办的全国家具产业集群论坛。10月邀请意大利企业联合会负责人到海安，赴成都开展招商工作，拜访浙联科技，与成都新繁家具产业园进行对接。

招引爵士芭家具海安有限公司家具生产项目，总投资1亿元，已投产运行。

【现代建筑产业】 江苏省建筑行业协会第六届五次会长办公会在海安召开。建成全县首家预制混凝土构件工厂。苏中集团甲级设计院获批。科达公司进入高新技术企业行列。

2月22日,组织海安县建筑企业赴德国、意大利、奥地利三国考察建筑工业化。4月23日,组织10多家建筑企业负责人赴浙江调研考察建筑产业现代化。6月18日,赴天津参观远大住工和天津建科机械,开展产业招商活动。

江苏晨日环保科技有限公司与上海交大、太原理工大学、南通大学联合开发的国际国内最新型的连续式干粉砂浆生产线荣获江苏省优秀发明专利二等奖。众润公司与江苏省建筑科学研究院达成产学研合作意向,拟新投资商品砂浆和干粉砂浆项目,并开展相关新材料的研发。组织企业参加第十七届防水技术交流大会,睿睿防水被授予"中国建筑防水行业最具影响力品牌企业"称号,并与参会专家进行沟通洽谈寻求技术合作。

制定并出台《县政府关于加快推进建筑产业现代化促进建筑业转型升级的实施意见》,引导企业适应建筑产业发展新要求,苏中集团和科达公司围绕建筑产业现代化积极申报省级示范基地。科达公司规划投资1.2亿元建设全县首家预制构件部品工厂,一期设备投入1500万元,年生产能力10万立方米。厂房年内竣工,并开始设备调试。

5月8日,江苏省建筑行业协会第六届五次会长办公会在海安召开。邀请住建部科技委副主任王铁宏作关于建筑产业化的辅导讲座。邀请东南大学建设与房地产系、建筑与房地产研究所所长、主任李启明作"建筑产业现代化战略思考与发展路径"讲座;土木工程学院副院长王景全讲解《江苏省建筑产业现代化技术发展导则》。

召开海安县建筑行业协会第六届四次会员代表大会,并邀请江苏省住宅产业化中心主任徐盛发作"推进建筑产业现代化发展,促进建筑业转型升级"的讲座,帮助企业统一思想认识,推动全县建筑产业现代化工作。

招引南通科智住宅工业有限公司项目,总投资1亿元,设备已订购,落户开发区。

丝绸产业

【概况】 2015年,海安县规模以上丝绸产业企业16家,开票销售63.95亿元,同比增长31.56%。

5月上旬,组织鑫缘、恒源、中邦等6家企业负责人赴苏州大学开展产学研交流对接。参观苏州大学现代丝绸国家工程实验室。听取苏州大学教授王祥荣介绍丝绸行业发展动态、流形趋势、学科研究方向及合作情况介绍。6月中旬,组织鑫缘、中邦、苏豪等3家企业负责人到南通苏州大学纺织研究院开展产学研合作交流。6月下旬,由鑫缘集团承担、苏州大学参加的江苏省科技成果转化"多功能生态型高档蚕丝家纺产品研发及产业化"项目,经省科技厅专家组质询和讨论及现场考察,一致同意通过验收。7月16日,鑫缘集团与江苏科技大学实习实践就业创业基地揭牌以及"服务蚕桑·共筑丝路"主题社会实践活动启动,江苏科技大学每年组织博士生、研究生和本科生参加实习。8月中旬,组织鑫缘集团等企业负责人到江苏科技大学开展产学研对接活动。10上旬,组织苏豪、中邦等企业负责人赴浙江理工大学材料与纺织学院开展交流合作。10月19日,鑫缘集团与江苏大学财经学院协商决定建立"江苏大学财政学院实践教学基地",双方就人才培养、实习教学等事宜签订协议书。5月上旬,组织鑫缘、恒源、中邦、苏豪等行业内骨干企业负责人参加丝绸产业链国家级高级研修班。

3月上旬,邀请中国丝绸协会会长杨永元调研海安茧丝绸产业。5月26日全省蚕茧收购工作座谈会在海安县王府酒店召开,省蚕种所和南通、盐城、宿迁等蚕桑主产区的行业主管部门、企业、蚕桑站负责人40余人参加会议。鑫缘集团代表在会上详细介绍蚕业农场创建进程及建设新型蚕业农场的创新做法。4月30日,举办蚕桑科技入户培训班。邀请中国农科院蚕业研究所副所长李龙、国家蚕业体系苏中站站长周家华,分别就现代蚕业内涵及其发展方向、江苏省沿海地区蚕桑产业转型升级进行专题培训。5月12日,举办蚕业农场蚕桑生产技术培训班,邀请海安县蚕桑站专家就丰产桑园培管技术、小蚕共育标准化饲养技术、桑树病虫害防治技术、大蚕省力化饲育及上蔟技术等进行讲座。5月下旬,商务部市场运行和消费促进司特殊商品处处长张以民带领商务部调研组一行到海安调研茧丝绸产业发展状况,指导产业发展。

1月下旬,鑫缘集团成为中国纺织商业协会丝绸专业委员会副会长单位,公司董事长储呈平当选全国丝绸标准化技术委员会副主任委员。先后组织鑫缘、恒源、中邦等企业参加2015中国丝绸春季交易会(香港)、中国丝绸交易会(上海)、中国国际纺织面料及辅料博览会(上海)、中国苏州文化创意设计产业交易博览会及"苏州丝绸产业(国际)创新发展峰会"、第17届江苏国际服装博览会和中国农业产业化交易会 (合肥)、中国国际丝绸博览会暨中国国际女装展览会等。3月12日,在上海新国际展览中心举行招商推介活动。鑫缘、恒源等企业负责人参加活动。4月11日,赴苏州吴绫丝绸精品、辑里丝绸、鼎盛丝绸等企业考察并与企业负责人对接交流,开展招商推介。5月15日组织中邦参加2015年美国纽约国际面料展。5月19日组织中邦、环宇、富有、都邦等在杭州、德清考察学习,开展招商对接活动。10月23日,组织苏豪、中邦、恒源等企业在浙江杭州世贸国际展览中心举办产业招商推介活动。11月25日,组织鑫缘、苏豪、中邦等10多家企业赴安徽同业开展专题招商推介活动。成功引进绣品、服装、服装面料、花边生产项目,注册项目落户海安工业园区,项目投资额5000万元。

(尤慧军)

【鑫缘集团经济稳增长】 2015年,鑫缘茧丝绸集团股份有限公司(简称:鑫缘集团)深化蚕茧生产收烘管理体制改革,实施蚕业农场建设,以建场、组社、联农为关键点,积极培育蚕业农场,发展蚕业合作社,加快构建"国家级农业龙头企业+蚕业农场+蚕业合作社+蚕农"的蚕茧生产经营模式,努力形成海安更具活力的蚕茧生产收烘新体制。在海安、广西、安徽等地建立桑园产业基地,带动20多万户蚕农增收和几十家丝绸企业发展。全年收购蚕茧6500吨，自营蚕茧全部出售。海安蚕种场蚕种生产没有出现微毒超标，全年生产原种8个批次，毛种4800张，生产普通种16.6万张。2015年鑫缘集团主营业务收入40.8亿元，其中外贸出口6724万美元，比上年增长21.1%。集团所属骨干企业健康发展，南通那芙尔服饰公司开发推出新型蚕丝交织系列产品，"梦缘""贵族""铂金"系列产品投放市场，迎合广大顾客各档消费层次的要求。利用微信营销开拓年轻人喜闻乐见的平台。"鑫缘"牌系列产品在省、市质量技术监督局及国家丝绸质量监督检验中心组织的检查、检测中均为一等品。南通鑫来丝绸制衣有限公司推出商务衬衫，增加营销网点，参加各类展会，并在央视品质栏目中推广"鑫缘"牌产品。海陵绢纺有限公司开发新产品，无产品积压，资金及时回笼。南通缘生堂生物科技有限公司化妆品包装升级换代，在原有绿茶基础上，开发出桑红茶。海安鑫缘制丝有限责任公司在安徽省潜山县建设基地新办企业。

鑫缘集团建立以品牌为中心、市场为导向、产学研相结合的创新体系，导入品牌培育、品牌评价、知识产权、放心消费等管理体系，强化品牌定位、品牌设计、品牌技术创新、品牌更新和延伸、品牌保护、品牌文化、运营管理等环节。参加多项国家行业标准修订。12月，鑫缘集团通过中国第二届质量奖提名奖公示，成为全国丝绸行业标杆。开展全国重点服装家纺品牌企业的监测报告，围绕蚕业农场建设注册6个商标，组织参加丝绸美丽中国启动和中国丝绸十大品牌展销活动、商务部茧丝办品牌座谈会、第十七届中国江苏服装博览会。鑫缘品牌获2015年江苏产业领军品牌。集团公司成为江苏省纺织服装优秀品牌企业、省自主品牌50强、省服装品牌50强。"鑫缘"牌桑叶茶、护肤用品等4个产品分别获南通市名牌产品和市知名商标。建立品牌规划营销体系，通过专卖店、加盟、代理及网上平台，鑫缘产品畅销20个国家和地区。

【鑫缘集团获多项荣誉】 鑫缘集团建立与江苏科技大学、苏州大学等院校产学研合作机制。2015年苏州大学与海安环贸数码科技有限公司联合成功申请江苏省研究生工作站，江苏科技大学与集团公司建立创业就业基础和江苏省研究生工作站，通过建立科技平台，从事桑蚕茧丝绸及资源等研发与推广。"家蚕天然彩色茧研发及产品产业化"被农业部推选为2015年度农产品加工业十大科技创新推广成果，集团产业化经营管理成果荣获全国企业管理创新成果二等奖、江苏省一等奖。鑫缘集团荣膺2015年度国家知识产权优势企业、中国纺织技术创新示范企业、江苏省技术创新示范企业、江苏省青少年农业科普示范基地等。获首届海安县长质量奖，获得江苏省工业企业质量信用AAA级企业称号。鑫缘集团首次获得管理创新成果领域国家级奖项。全国企业管理现代化创新成果审定委员会公布"第21届全国企业管理现代化创新成果"，鑫缘集团"茧丝绸企业提升核心竞争力的产业化经营管理"项目荣获第21届全国企业管理现代化创新成果二等奖。之前，该成果业摘得第21届江苏省企业管理创新成果一等奖。鑫缘集团为全国茧丝绸行业、也是南通市年度唯一获此殊荣企业。3月12—14日，由商务部茧丝办指导，中国纺织品商业协会承办的"丝绸·美丽中国"茧丝绸产业公共服务平台，在上海国际博览中心启动，期间专题举办中国丝绸优秀品牌颁奖授牌仪式，"鑫缘"品牌以评选最高分荣获"中国十大丝绸品牌"，现场公布和宣传展示出"鑫缘"等中国丝绸十大品牌。7月，中国服装协会发布"2014年服装行业百强企业"名单，鑫缘集团入围2014年全国服装行业"产品销售收入"百强企业，名列榜单第29位。同时鑫缘集团被江苏省服装协会表彰为"江苏省服装行业五十强企业"，销售收入和利润总额分别荣列江苏省服装行业五十强企业第10名和第15名。7月，江苏省政府新闻办、江苏省经信委公布48家2014年度江苏省"自主工业品牌五十强"宣传企业名单。鑫缘茧丝绸集团股份有限公司名列其中。8月，被江苏省农业委员会、共青团江苏省委联合列为省青少年农业科普示范基地。9月，江苏省纺织工业协会授予鑫缘集团等18家企业"2014年度江苏省纺织行业优秀出口企业"和"江苏省服装（家纺）优秀品牌企业"称号。10月，国家知识产权局公布2015年度国家知识产权优势企业审批名单，鑫缘集团凭借在知识产权创造、运用、管理与保护上的集中优势，成功跻身"2015年度国家知识产权优势企业"行列。11月，在中国纺织工业联合会组织召开的2015"纺织之光"科技教育奖励大会上，鑫缘集团被评定为"2015纺织技术创新示范企业"。同月，国家农业部农产品加工局发布2015年度农产品加工十大科技创新推广成果，鑫缘集团主持的"家蚕天然彩色茧研发及产品产业化"成果入选。12月19日，由江苏省商标协会、省广告协会共同举办的第二届江苏品牌紫金奖评选活动揭晓，鑫缘集团为2015年"江苏产业领军品牌"企业10家之一。

（陈忠立）

建筑业

Construction Industry

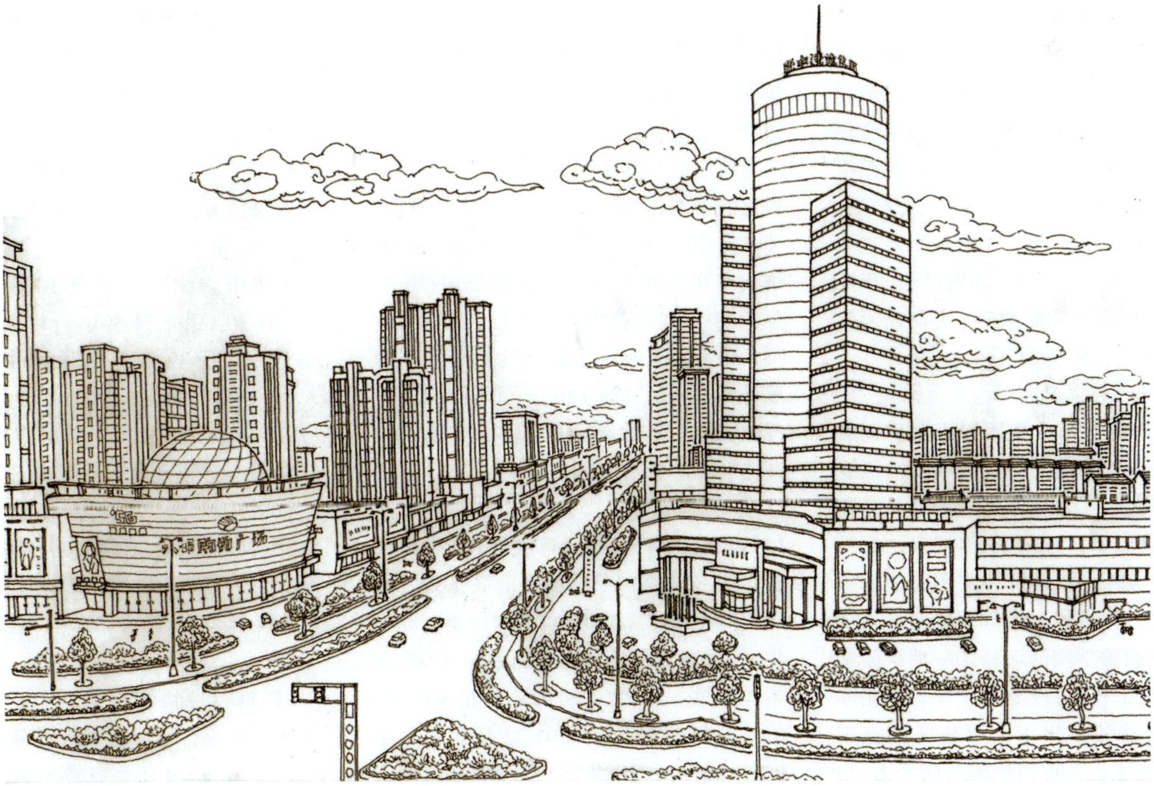

锦龙大酒店 章 丽绘

◎ 责任编辑 董玉龙

综　述

【概况】 2015年,全县建筑业坚持改革创新,抢抓"一带一路"战略机遇,加快"走出去"步伐,扎实推进建筑产业现代化,有力推动转型升级。完成建筑业总产值1025亿元,实现建筑业增加值215亿元,利税38亿元。年施工产值超亿元建筑企业46家,超30亿元企业7家,超50亿元企业5家。1家企业跻身南通市地方税收50强,7家企业跻身全县税收基金50强。

2015年度国优金奖中国石油独山子石化分公司改扩建炼油及新建乙烯工程（江苏省苏中建设集团股份有限公司承建）　（县建管局　提供）

【副省长张雷视察苏中集团施工现场】 5月17日,在河北省出席"中国·廊坊中东欧经贸洽谈会"的江苏省副省长张雷专程到苏中集团总承包的固安汇园、环秀园项目工地视察,慰问施工一线职工。省政府副秘书长方伟,省住房和城乡建设厅党组书记、副厅长顾小平,省住房和城乡建设厅副巡视员杨洪海等领导全程参加活动。苏中集团总经理陈永明汇报集团公司基本概况、思路举措以及发展愿景等。张雷要求苏中建设集团要进一步深化改革,加快发展,抢抓机遇,积极对接"一带一路"战略机遇,使企业迈向更高的台阶。

【宁夏领导视察苏中集团银川滨河新区项目】 9月28日,宁夏回族自治区党委书记李建华、自治区主席刘慧及自治区、各地市领导150余人组成自治区县域经济观摩团,莅临苏中集团承建的中兴通讯银川智慧城市大数据机房建设项目和银川能源学院滨河校区一期学生宿舍、创研港工程项目。这两个项目均是苏中集团承建的银川市滨河新区重点工程,经过参建各方近两年的共同努力,均顺利交付使用,用一流的速度、过硬的质量,赢得宁夏回族自治区、地、市各级领导的赞誉。

【苏中集团连续13年入围中国企业500强】 8月22日,中国企业联合会、中国企业家协会在南宁发布2015中国企业500强榜单,苏中集团再次入围,这是苏中集团连续13年进入中国企业500强,列第314位。

省经信委、省工商联联合揭晓2014年度全省百强民企榜单,苏中集团位列第18位。

【海安县五家企业入围2014年度中国建筑业双百强】 中国建筑业双百强企业评价分为"中国建筑业竞争力百强"和"中国建筑业成长性百强"。中国建筑业协会评比的中国建筑业竞争力百强企业有:江苏省苏中建设集团股份有限公司(第21位)、南通华新建工集团有限公司(第59位)。中国建筑业协会评比的中国建筑业最具成长性企业百强有:南通市达欣工程股份有限公司(第4位)、江苏信拓建设(集团)股份有限公司(第15位)、南通海洲建设集团有限公司(第59位)。

【苏中集团、华新集团再次入围"中国民营企业500强"】 全国工商联正式发布"2015中国民营企业500强"榜单。苏中集团、华新集团入围,分别列第87位和第412位。此次"中国民营企业500强"的入围门槛由上年的91.22亿元提升至95.09亿元。苏中集团连续第四次、华新集团第二次入围500强行列,与上年相比,位次分别提升31位、9位。

【苏中集团、华新集团、达欣公司入围"江苏省百强"】 6月11日,全省建筑业创新发展暨2014年度百强企业发布会在南京召开,省住建厅、省统计局、省商务厅联合发布2014年度江苏省建筑业百强企业,海安建筑业三家企业入围,苏中集团列第2位、华新集团列第10位,分别比上年度提升1位、4位;达欣公司首次入围,列第50位。

【11家企业入选省"双百强企业"】 5月29日,江苏省建筑行业协会第六届四次会员代表大会在南京召开。会议发布2014年度江苏省建筑业"双百强企业"及"三优"评价结果,海安建筑业有7家企业进入江苏建筑业竞争力百强企业,分别是:苏中集团(第3位,上升1位);华新集团(第17位,上升10位);达欣公司(第26位,上升9位);信拓集团(第56位,上升32位);南通苏中(首次进入,第70位);海洲集团(第79位,上升11位);新龙兴公司(首次进入,第92位)。另有4家企业进入江苏建筑业成长性百强企业,分别是:润宇公司(第31位,上升51位);工泰公司(第40位,上升32位);江苏国恒(第48位,上升20位);隆辉公司(首次进入,第100位)。

【县建筑行业协会获奖】 12月15日,海安县建筑行业协会被江苏省建筑行业协会评为"2014年度江苏省建筑行业先进协会"。县建筑行业协会网站在第五届全国建筑行业信息传媒信息工作竞赛中被评为"全国建筑业行业精品网站"。

建筑管理

【概况】 2015年开展以构建"管理服务型总公司——生产经营利润型子公司"为主要模式的经营管理体制改革,培育出一大批产权明晰、管理精细、机制灵活的市场竞争主体。新增建筑业子公司56家。苏中集团积极调整组织架构，将原11个分公司调整为13个分公司，原6个工程公司设置为15个工程公司，并启动新一轮竞争上岗。南通苏中公司完成6个子公司的筹建准备工作，为建立“南通苏中建设集团”奠定基础。积极优化内部承包经营责任制，推广以“项目模拟股份制”等为特征的项目公司化管理模式，充分调动各级管理人员的积极性。

引导有实力的企业在突出主业的同时，延伸产业链条，向上下游行业拓展。全年9家企业资质升级，其中，两家升为一级市政公用工程总承包，1家升为一级钢结构专业承包。8家企业新增资质，4家获得资质。全县210家企业分批进行新资质换证，完成80多家。有序推进苏中建设集团上市进程。以推进建筑产业现代化工作为重点，制定出台《关于加快推进建筑产业现代化，促进建筑业转型升级的实施意见》，引导龙头企业积极布局产业现代化，苏中集团获批甲级设计院资质，华新集团预制装配式构件项目开工建设，成为南通市三大产业化基地之一。

3月24—25日，省住建厅计划财务处处长范信芳率领省厅相关部门组成的调研组到海安县调研建筑产业现代化推进工作进展情况。3月31日，省财政厅与省住房和城乡建设厅组成联合调研组到苏中集团了解江苏建筑业企业应对营改增的情况。5月8日，江苏省建筑行业协会第六届五次会长办公会在海安召开。6月6日，海安县建筑行业协会第六届四次会员代表大会在锦龙酒店召开，省住建厅住宅与房地产业促进中心主任徐盛发做“推进建筑产业现代化发展，促进建筑业转型升级”的专题讲座。7月15日，建管局举办劳务资质企业换证培训班，全县150多家企业参加培训。

【全县建筑业工作会议暨第五个“海安建工节”庆祝大会】 2月28日，县委、县政府在王府邦瑞大酒店召开全县建筑业工作会议暨第五个“海安建工节”庆祝大会。省住建厅副巡视员纪迅，省造价管理总站站长曹良春，省建筑管理总站副站长李震，市城乡建设局党组副书记、副局长、建工局局长沈卫星应邀出席会议。县委书记陆卫东、县长顾国标和纪迅先后作重要讲话，县委副书记焦广琪宣读表彰决定，对荣获国家“鲁班奖”的总承包项目施工单位，获得“新生代建筑企业培育奖”的区镇、企业和“建管工作先进个人”“新生代创业明星”“优秀岗位操作能手”现场颁奖。县委常委、常务副县长张亚曦主持会议。

【县领导带队赴浙江调研考察】 4月23日，县委副书记、县长顾国标，县委常委、常务副县长张亚曦带领有关部门和12家建筑业重点企业负责人赴浙江杭州、绍兴等地调研考察，借鉴浙江建筑业发展先进经验，学习新常态下建筑业改革发展与风险防控以及建筑产业现代化发展举措。

【两次策应“一带一路”座谈会】 7月7日，县委书记陆卫东主持召开策应“一带一路”暨建筑产业现代化座谈会，专题听取全县部分建筑业企业策应“一带一路”暨建筑产业现代化发展的思路、举措。陆卫东指出，推进建筑产业现代化是建筑业发展的必然方向，建筑企业要占领科技制高点，加强与高校、科研院所的顶尖专家合作，在技术上谋求突破。坚持高点定位，稳扎稳打，推动建筑产业现代化实践步入快车道。县委副书记、县长顾国标，县委常委、常务副县长张亚曦，副县长卢忠平，县委办、政府办、发改委、建管局、商务局等部门负责人，以及12家建筑企业和11家工业企业负责人参加会议。

10月14日，海安县在北京国际会议中心举行“中国建筑之乡海安策应‘一带一路’战略座谈会”。县委书记陆卫东致辞，县委副书记、县长顾国标主持座谈会。县领导孙进基、周宗泉、李春旺、张亚曦、吉恒明等与中国对外工程承包商会会长房秋晨以及建筑业协会和部分央企、国企和知名建筑企业的老总沟通交流、共商合作，共话发展。建管局与县总工会、发改委、财政局、商务局等相关部门和建筑业重点企业负责人参加活动。

【省住建厅领导带队检查指导银川金域蓝湾项目】 7月26日，省住房和城乡建设厅党组书记顾小平和省住建厅驻西北办事处主任韩劲松等莅临苏中集团银川金域蓝湾项目检查指导，西北分公司经理沈新鹏、第七工程公司经理王义宏、第十七工程公司经理部宝国等陪同检查。

【促进企业资质就位】 6月26日，县建管局组织110多家总承包、专业承包企业参加南通市召开的《建筑业企业资质管理规定》和《建筑业企业资质标准》宣传贯彻会议。8月19日，建管局又召开企业资质就位工作推进会，帮助企业做好企业资质就位的各项准备工作，确保企业2016年9月30日之前顺利完成申请、换发新资质证书。

生产经营

【概况】 2015年全县建筑业围绕“主攻大市场、紧盯大业主、瞄准大项目”的经营理念，及时调整市场布局，提高市场占有率。紧跟投资热点，调整市场布局。在南宁、西宁、郑州、武汉等省会城市市场

10月14日，中国建筑之乡海安策应“一带一路”座谈会　　（县建管局　提供）

获 2015 年度鲁班奖的内蒙古广播影视数字传媒中心　　（县建管局　提供）

取得新的突破，在河南新承接项目超过100万平方米，新签合同额41亿元，在兰州承接高度216米的兰州第一高楼。参与南海三沙基础设施项目的建设。在全国形成超20亿元市场14个，超50亿元市场6个，超100亿元市场2个。

积极策应“一带一路”战略，制定出台《关于鼓励建筑业企业策应“一带一路”发展的激励政策》。全年有10多批50多人次建筑业企业家赴“一带一路”沿线考察。苏中集团与新疆特变电工签订战略合作协议，与巴基斯坦拉沃尔公司组建联合体，一批项目信息正在跟踪落实。华新集团与新疆建设兵团加强合作，在沙特和哈萨克斯坦设立分公司，在亚美尼亚以EPC模式承接水厂项目。南通苏中公司继续加强与中石油的合作，中标巴基斯坦核电站、南苏丹北方公司营地和苏丹喀土穆医药公司药品库房与培训中心等项目，全年完成施工产值1.5亿元，再次被南通市商务局表彰为“外经先进企业”。

【中国贸促会贸易推广交流中心领导莅临华新集团考察】 3月9日，中国贸促会贸易推广交流中心主任杨晓东、秘书长杨复强莅临华新集团考察。昌达集团董事局主席陶昌银、华新集团董事长陶宝华等参加接待。双方就今后如何开展合作共赢签订战略合作框架协议。

【战略合作】 3月19日，苏中集团与美的地产集团签订战略合作框架协议，成为美的地产集团的战略合作单位。

3月27日，昌达集团董事局主席陶昌银与哈萨克斯坦“Keleshek”LLP公司代表签订双方框架合作协议。双方决定以股份制形式共同成立中哈合资公司，充分发挥双方的资源优势，全力开拓哈萨克斯坦市场，联合承接哈国的道路、房建、房地产开发项目。此次战略合作协议的签订，标志着华新集团在优化市场结构中迈出实质性的步伐，为集团走向海外市场蓄势助力。

7月20—26日，苏中集团陈永明、张宝成、刘稳山率团前往巴基斯坦国考察洽谈项目。考察团先后拜会巴基斯坦联邦政府投资管理委员会董事局、旁遮普省拉瓦尔屏第市、拉合尔市政府、旁遮普省投资管理局、规划及发展局等多个政府部门及机构，还考察巴基斯坦国知名承包商DINSONS公司总部、拉合尔市分部及其施工现场和设备材料仓储维修工厂。考察团与巴方签署《战略合作框架协议》和《项目联合体协议》。

10月23日，华新集团与哈萨克斯坦Agroholding Soyz Plodoovosh公司签订战略合作协议。县委常委、高新区党工委书记丁峰，昌达集团董事局主席陶昌银、华新集团董事长陶宝华、副董事长王清等参加签约仪式。

【苏中建设集团承接兰州第一高楼】 苏中建设集团第十七工程公司、第六工程公司通力合作，承接地处兰州市核心地段城关区的欧洲阳光城项目。该工程由1幢超高层综合楼及4幢超高层住宅楼组成，地上45-56层，框剪结构，最高216米，建筑面积27万平方米，合同总造价7亿元。该工程落成之后，将成为兰州市乃至甘肃省全境第一高楼，成为黄河北岸写字楼地标性建筑和兰州最高人居标准的住宅楼。

工程质量

【概况】 2015年县建管局层层落实创优任务，鼓励、推动企业提升质态、争创品牌，以品牌争市场、保安全、创效益、求发展。全县建筑企业持续加强施工质量管理，建筑工程质量不断提高，创优夺杯取得可喜成绩。获国家级优质工程奖7项，其中鲁班奖3项、国优2项、詹天佑奖2项。

【苏中集团获2014年度南通市市长质量奖】 1月5日，在经过资格审查、材料评价、现场评审、演讲陈述和社会公示等一整套评审流程后，苏中集团荣获南通市人民政府颁发的2014年度南通市市长质量奖。

【南通华新、江苏信拓、江苏润宇获“全国优秀施工企业”称号】 4月23—25日，中国施工企业管理协会第七届会员代表大会暨第30次年会在北京会议中心召开。江苏信拓、南通华新、江苏润宇3家单位被中国施工企业管理协会表彰为2014年度“全国优秀施工企业”。

【3项工程获鲁班奖】 10月17日，“2014—2015年中国建设工程鲁班奖（国家优质工程）表彰大会”在北京钓鱼台国宾馆隆重举行，苏中集团承建的内蒙古广播电视传媒中心、华新集团参建的上海森兰国际大厦、达欣公司参建的中洋公寓1-5、10号楼及地下室工程获国家工程鲁班奖。

【两项工程获国家优质工程奖】 11月24日，中国施工企业管理协会公布“2014—2015年度国家优质工程奖”表彰名单，苏中集团承建的中国石油独山子石化分公司改扩建炼油及新建乙烯工程荣获“国家优质工程金质奖”，华新集团投资建设的华新一品项目获得“国家优质工程奖”。苏中集团首次获该项荣誉。

【两项工程获詹天佑奖】 华新集团施工总承包的华凯·江海庭工程、远洋香奈城（一期）工程获荣获2015年中国土木工程詹天佑奖优秀住宅小区金奖。

【8个工程被评为“紫琅杯”优质工程】 苏中集团承建的南通弘阳上城二期工程

8# 楼工程、11# 楼工程、南通市达欣工程股份有限公司承建的江海·清水园 8# 楼工程、9# 楼工程、10# 楼工程、江苏润宇建设有限公司承建的江海·清水园 6 号楼工程、南通市达欣工程股份有限公司承建的中洋豪生大酒店工程、南通海洲建设集团有限公司承建的南通海事规划综合业务大楼工程被评为2015 年度南通市"紫琅杯"优质工程。

科技教育

【概况】 建立健全以企业为主体的技术创新体系，引导建筑企业加大工法、成果、新技术应用示范工程的申报力度。5 月 30 日，邵宝贵获全县职工职业技能行吊工大赛三等奖。2015 年获全国工程建设质量管理优秀成果奖 18 项、全国行业优秀 QC 小组活动成果 48 项、国家级工法 4 项。加强人才培育、引进工作，引进大、中专毕业生 500 多人。在连云港、徐州建立 2 个劳务基地。

【苏中集团北京分公司获首届中国建设工程 BIM 大赛二等奖】 12 月 28 日，首届中国建设工程 BIM（应用于工程设计、建造管理的数据化工具）大赛成果交流会在海口星海湾万豪宾馆隆重举行，"北京市高米店公租房项目住宅装修产业化 BIM 应用"成果获得首届中国建设工程 BIM 大赛全国二等奖。该成果全部由苏中集团北京分公司独立完成，成果主要完成人张延龙代表北京分公司上台领奖。

中国建设工程 BIM 大赛由中国建筑业协会首次主办。中建、中铁各局等全国 532 家公司参加，最终评出一等奖 33 项，二等奖 77 项，三等奖 186 项。

苏中集团北京分公司高度重视 BIM 技术应用工作，积极开展合作、培训、探索实践等活动，积极部署，大力推进 BIM 技术应用。2014 年 6 月，公司与鲁班公司合作，在北京奥体南区项目上从场地布置，碰撞检测，安全防护等十一个应用点上进行探索应用。10 月，在奥体项目上，召开奥体南区项目汇报了 BIM 技术应用情况。2015 年，以北京市高米店公租房项目的住宅装修产业化为背景，尝试建筑产业化与 BIM 技术结合的探索应用，包括装配安装定位，模板拼合统计，现场施工指导等应用点，积极总结成果。12 月 29 日，该成果在南通市土木工程学会进行了经验交流。

【获国家级施工工法 4 项】 南通市达欣工程股份有限公司研发的混凝土小型空心砌块砌体结构钢筋机械连接施工工法、装配式不锈钢泳池池衬系统施工工法、工厂化预拼装大型 GRC 板复杂曲面幕墙施工工法，南通海洲建设集团有限公司研发的高位型钢转换桁架自承式分块安装施工工法 4 项施工工法被评为国家级工法。

【获 QC 成果 66 项】 中国建筑业协会表彰的全国工程建设优秀 QC 小组有：江苏省苏中建设集团股份有限公司海澜财富中心项目部 QC 小组、新疆第三 QC 小组、银川分公司第一 QC 小组、银川分公司第二 QC 小组、银川分公司第三 QC 小组、SZBJ–第十二 QC 小组、西安分公司沈新鹏第二 QC 小组、西安分公司蔡培第二 QC 小组、西安分公司沈新鹏 QC 小组、天津分公司第六 QC 小组、东台广电文化艺术中心项目 QC 小组、求索 QC 小组、山西分公司第三 QC 小组、石家庄分公司第十 QC 小组、石家庄分公司第十二 QC 小组、石家庄分公司第四 QC 小组、苏忠 QC 小组、闫元元 QC 小组、杨俊QC 小组、苏中建设沈阳第二 QC 小组、苏中建设沈阳第三 QC 小组、天津分公司第二 QC 小组、苏中建设沈阳第四 QC 小组、苏中建设沈阳第 QC 小组、恒大帝景二期工程 QC 小组、102 季丛翔 QC 小组、银川分公司恒大名都 QC 小组、新疆第二 QC 小组；南通华新建工集团有限公司张钰锋 QC 小组、丹凤花苑四期杨正丽 QC 小组、第二工程公司卓越 QC 小组、鄂尔多斯龙湾项目 QC 小组、海安县文化艺术中心沙峰峰 QC 小组、钱秀纯 QC 小组、新疆刘来 QC 小组、中城商务广场项目部 QC 小组；南通市达欣工程股份有限公司 403QC 小组、502QC 小组、603QC 小组、达欣 101QC 小组、达欣 102QC 小组、第 301QC 小组、景国甫 QC 小组、达欣 103QC 小组、达欣 703QC 小组；江苏信拓建设(集团)股份有限公司韩良军第一 QC 小组；南通海洲建设集团有限公司内蒙古巴彦淖尔华海尚都商住楼 QC 小组、武警新疆总队后勤部经济适用房 QC 小组。

国家工程建设质量奖审定委员会表彰的全国工程建设质量管理小组有：江苏省苏中建设集团股份有限公司天津分公司第十一 QC 小组、石家庄分公司第一 QC 小组、闫元元 QC 小组、杨俊 QC 小组、徐海平 QC 小组、懿理 QC 小组、庞烨 QC 小组、新疆新纪元广场第一 QC 小组、石家庄分公司第八 QC 小组、恒大绿洲 QC 小组、七台河市人民医院外科综合楼 QC 小组、石家庄分公司第三 QC 小组、BHC 中环中心 QC 小组；南通市第七建筑安装工程有限公司河北分公司第二 QC 小组；南通华新建工集团有限公司海安恒盛佳苑项目 QC 小组、605QC 小组；南通市达欣工程股份有限公司达欣 108QC 小组；南通海洲建设集团有限公司新疆分公司第一 QC 小组。

【举办劳动保护监督检查员培训班】 6 月 13—14 日，县建筑工会邀请市总、县总、县红十字会相关专家在县农干校报告厅举办为期 2 天的 2015 年南通市总工会(海安建筑行业)劳动保护监督检查

获 2015 年度詹天佑奖的海口华凯·江海庭　　（县建管局　提供）

员培训班。19家施工企业的276名从事工会劳动保护监督工作的相关人员和工会干部参加培训。

【苏中大讲堂与苏中商学院】 4月23日是世界图书日，苏中集团的文化重头戏——"苏中大讲堂"启动,公司特邀住房与城乡建设部科技委副主任王铁宏作开堂第一讲。海安县委常委、常务副县长张亚曦,建管局领导,各大金融单位及集团成员企业代表，公司高管及总部全体员工现场聆听讲座。各分公司、工程公司、子公司通过视频会议系统,实时收看讲座直播。

6月26日,苏中集团在海安盈拓生态园隆重举行"苏中商学院揭牌仪式暨2015年第一期开学典礼",全体高管、各分公司、工程公司、子公司负责人以及总部各部室主要负责参加活动。

【全县建工系统第十二届职工职业技能竞赛】 7月25—27日，海安县第九届职工职业技能大赛(抹灰工)暨海安县建工系统第十二届职工职业技能竞赛决赛在金石翡丽郡工地举行，经各企业选拔评比,共有来自全县6家建筑企业的32名选手进入决赛。最终苏中集团胡兴国获第一名,苏中集团、达欣公司、华新集团选手分别获第二名至第六名。

【建工系统劳动者大舞台专题演出】 11月6日，县建筑行业工会举行海安县建工系统劳动者大舞台专题演出。此次展演的节目是从各企业上报的节目中遴选产生,是奋斗在一线的员工自己创作、自己演出,传播着"劳动光荣"的正能量,共有12个节目参与此次演出。他们结合自身岗位实际,通过歌舞、武术、朗诵等形式,集中展示职工才艺,讴歌新时期建筑职工精神风貌，激发全县广大建筑职工积极投身海安经济建设主战场的热情。

【产学研合作】 6月16日,苏中集团与江苏科技大学合作签约暨实习基地揭牌仪式在公司总部举行。12月16日,华新集团与东南大学签订产学研合作协议。建管局局长贾伯根，华新集团董事局主席陶昌银、董事长陶宝华与东南大学土木工程学院副院长王景全、教学委员会主任、博导李启明等人参加签约仪式。

安全生产

【概况】 县建管局强化安全监管，加大安全生产许可证管理力度，实行分片监管,层层落实责任,定期开展拉网检查及专项检查，切实抓好特种作业人员考核换证，建筑安全监督管理水平进一步提高。深入开展文明标准化工地创建活动，2015年获全国"AAA级安全文明标准化工地"20个。深入开展"安康杯"竞赛活动，县建管局被评为省住建系统"安康杯"竞赛优胜单位，苏中集团荣获全国"安康杯"竞赛示范单位、省住建系统"安康杯"竞赛组织工作优秀单位。

【安全生产专项检查】 7月22日起,县安监局、建管局联合成立检查组,对全县在建项目进行安全联合专项检查。联合执法检查采取提前通知、企业自查、检查组抽查的方式进行，抽查范围覆盖全县所有区镇的在建项目。

9月7—10日,为迎接省优秀管理城市检查,配合完成优秀管理城市创建,县建管局安监站组织专人对城区在建工程进行巡查，处理城管信息化交办平台批转案件63件,签发交办单33份。

【切实抓好建筑安全生产工作】 8月13日,县建管局在达欣公司四楼会议室召开安全生产工作推进会。会前,全体与会人员观摩达欣公司第一工程公司承建的达欣总部大厦,良好的场容场貌、定型化的防护设施、绿色的环保措施、人性化的宣传布置给参会人员留下深刻印象。各区(镇)建管工作牵头人、县内承建工程的三级以上总承包企业安全负责人(安全科长)、县外建筑企业在海施工的项目经理112人参加会议。

8月17日,县建管局召开机关全体人员会议，部署全县建筑施工现场安全生产大检查的前期工作,传达全国、省、市、县安全生产电视电话会议精神,全文学习总书记习近平、总理李克强关于天津港"8·12"瑞海公司危险品仓库特别重大安全生产事故的重要指示批示，进一步增强与会人员对于抓好建筑安全生产工作的责任感和使命感。

8月20日,组织县内在建工程塔机司机安全培训,邀请专家授课,有223人参加培训。

10月20日,县建管局组织建工系统职工安全生产法律知识考试。强化安全生产的责任意识，切实提高职工的安全防范技能和意识，转变县建工系统职工的安全观念，为全县建工系统各项安全生产工作提供有力保障。

【全国"安康杯"竞赛示范单位】 11月底,全国"安康杯"竞赛组委会下发通知,中华全国总工会、国家安全生产监督管理总局授予苏中集团"全国'安康杯'竞赛优胜单位、示范单位"荣誉称号。

2002年起，苏中集团连续13年荣获全国"安康杯"竞赛优胜企业及连胜杯,"安康杯"竞赛示范单位是全国"安康杯"竞赛活动的最高荣誉,江苏省建筑企业获此殊荣的仅有两家。

【20个全国"AAA级安全文明标准化工地"】 苏中建设集团施工总承包的石家庄众美绿都二标段1-3#楼工程项目,邯郸美的城三期22-26#楼工程项目，沈阳市南二马路北地块商业(财道大厦)工程项目，沈阳市其仕盛和祥住宅楼工程项目,河北衡水市格雷服装创业产业园金域华府住宅楼工程项目,七台河市人民医院外科综合楼工程项目,银川市市民大厅及规划展示馆工程2标段工程项目,内蒙古包头市盛世中心工程项目,宁夏吴忠市恒大名都二期主体及配套工程项目,上海市阳明花园广场二期一阶段工程项目,乌鲁木齐"山水雅苑"小区公租房B区5#楼工程项目,北京EB01-A学生宿舍(中国科学院研究生院园区),EB01-A学生宿舍等5项工程项目；南通七建公司施工总承包的乌鲁木齐"山水雅苑"小区公租房A-1#楼工程项目;华新建工集团施工总承包的成都新都区容垚北尚城一期1-4、8号楼工程项目,昆山中城商务广场CD楼工程项目;达欣工程公司施工总承包的邯郸远洋·香格里拉·新兴公馆工程项目,石家庄众美绿都二标段1-4/1-5/1-6/1-7#住宅工程项目,泰来县公安局业务用房及人民法院审判法庭工程项目,盐城高力金色果缘一期工程项目，长沙旭辉澜悦湾1#-4#栋、9#栋、A区地下室、B区地下室建安工程项目获全国安全文明施工最高奖"AAA级安全文明标准化工地"。（何小燕）

商贸服务

Commerce and Trade Services

中大街　章　丽绘

◎ 责任编辑　赵蓉蓉

综 述

全县实现社会消费品零售总额247.39亿元，增长11.5%，增幅全市第一。其中，限额以上零售额72.16亿元，增长12.7%，限额以下零售额175.23亿元，增长10.9%；城镇零售额163.69亿元，增长11.5%；农村零售额83.7亿元，增长11.3%。

实现市场成交额270.78亿元，增长8.03%。办理酒类流通备案登记15件；城市商业业态规划管理12件，粮食收购变更许可证事项18件，粮食收购资格核查133件，电子口岸备案163件，成品油年检58件，办件量同比增长18%，及时办结率和群众满意率均100%。

县城区居民消费价格总水平比上年上涨1.2%。其中：食品类上涨3.0%，烟酒类上涨2.0%，衣着类上涨5.0%，家庭设备用品及维修服务上涨1.3%，医疗保健和个人用品类上涨10.2%，交通和通信下降5.9%，娱乐教育文化用品及服务上涨2.3%，居住类下降3.5%。另外，服务项目价格上涨1.8%，商品零售价格上涨0.1%，农业生产资料价格下降3.4%。

10月1日，全球家具博览中心正式运营　　(县商务局　提供)

商贸流通

【消费促进活动】 全年组织县汽车流通协会、家用电器行业协会、装饰装修行业协会等开展各类促销活动20多批次。汽车流通行业协会以“腾宇祺盛·广汽传祺”杯五一车展活动为契机，组织15家汽车经销商近30个品牌156款车型参展，现场成交490辆，成交额7963.14万元，同比增加7.17%。餐饮协会组织开展“大众美食节”“春季品鲜美食节”活动，实现销售额1314.53万元。装饰装修行业协会先后组织“家居装修大讲堂”“五一家居团购会”活动，28家企业参加促销活动，成交额3173.78万元，同比增加20.36%；大型家电业、零售业促销活动实现销售额4032.56万元，同比增加4.93%。

【商贸流通秩序监管】 严格审批商业网点申报，确保规划科学合理。定期开展全县成品油、粮食、肉类、有形市场、商场超市等重点行业的安全监管督察，确保全县流通市场安全有序。牵头全县“双打”专项行动。全年由行政执法延伸而进一步以刑事司法立案的案件10起。加强单用途预付卡日常监管，组织单用途预付卡专项检查，加强10家企业的日常监管，对未认真落实国家相关规定的1家企业，下达责令改正违法行为通知书，并限期整改到位。

(李　玮)

五一汽车展开幕式　　(县商务局　提供)

服务业项目建设

【概况】 2015年，全县服务业应税销售758.3亿元，同比增长47%；完成服务业税收45.2亿元，同比增长24.8%，其中重点服务业企业税收25.8亿元，同比增长71.4%；实现服务业增加值303.5亿元，同比增长10.6%，占GDP比重由2014年的43.1%提升到44.6%；完成服务业规模以上投入191.3亿元，同比增长20.8%；实现服务业设备抵扣款3804万元，同比增加895万元；新增生产性、新兴服务业重点企业36家。30多个专业市场中年成交额亿元以上的有17个。新注册科技服务、数字文化企业30余家，集聚各类新兴服务业人才2600余人。

【集聚区建设】 随着家具、有色金属、棉花、棉纱、五金机电、不锈钢铝型材、粮食、木材等物资交易集散中心的建成运营，海安现代商贸物流集聚区的区域辐射能力不断增强。2015年，集聚区实现主营业务收入211.2亿元，同比增长66.6%；实现服务业税收9.9亿元，同比增长21.5%；大运物流、粮食仓储周转交易中心、棉花集散基地等8个亿元重点项目开工建设,润安仓储、华润冷链、联发纺织材料等7个项目竣工运营;集聚区核心区基础设施及重点项目全年完成投资50.6亿元;集聚区新注册企业、商户417家,其中各级总代理、总经销107家;集聚区新增应税销售超千万元企业34家。

【推进重点项目建设】 全县9个市级重大项目完成投资56.6亿元,完成年度投资计划的102.9%。东部全球家具展销中心A馆(博览中心)10月1日正式运营,当年实现市场成交额3亿元。全年新开工亿元重点项目17个,海安大宗物资物流园、长三角东部家具产业基地两个项目入选省政府重点项目,联发纺织材料物流中心、腾龙现代物流产业园两个项目入选省现代服务业"十百千"行动计划重点项目。

【城市经济稳步发展】 中洋豪生金砖酒店、王府邦瑞国际酒店展示海安城市经济发展新形象,形成城市新地标。星湖001、中央商场等城市综合体建设加快推进。星巴克、舌尚、致新生健身等品牌连锁优质城市经济项目20多个入驻海安,居民消费环境更加改善。(县服务业办)

供销合作

【概况】 全年供销系统实现销售248.8亿元,同比增长19.9%,其中消费品零售55.69亿元,农资销售37.42亿元,与上年持平;农副产品收购167.69亿元,同比上升29.16%;农副产品市场交易26.71亿元,同比上升7.6%;完成连锁销售60.56亿元,同比上升50.68%;再生资源回收6.34亿元,同比上升0.63%。

2015年,供销系统新增15家农民专业合作社,共106家,其中创建省级示范社4家;为农服务社248家,提档升级省级为农服务社15家,创建省级为农服务社样板社两家,实施为农服务社提升工程,争取上级项目扶持资金380万元。

【海安县惠民农资有限公司】 全年销售化肥5.95万吨,同比增长0.8%;销售农药3950吨,同比增长1%;销售种子

海安惠民农资德琴经营部辅导农资电商知识 (县供销总社 提供)

1120吨,同比增长3.7%;实现网络销售1.93亿元,同比增长0.26%。有村级经营网点216个,基本覆盖全县行政村。有配送农资的汽车20辆,80%的化肥、农药送到村。全年发放《惠民农情》期刊88期、86万份,适时提供科学施肥、用药、播种等信息。

8月,与金正大集团合作,开设"农商一号"网站,在县境内依托惠民农资实体店,开设10家农资电子商务体验店(即村级服务站),形成农资电子商务O2O模式(离线商务模式)。至年底,有会员8000户,成交额240万元。

【海安华江粮食专业合作社】 合作社有成员528人,其中农民524人,年增加合作社成员收入280万元。全年收购粮食3万吨、小麦1200吨,生产大米1.8万吨,销售7200万元。

与上海千家惠总部签订长期销售协议,其分部有上海沪东、南通城市广场、通州、海门、如东、射阳、泰州、如皋、姜堰、海安吉庆、如皋长江、如皋白蒲等13家,年销售大米4000吨。合作社为福建加工"鑫老乡"大米2100吨。

海安汇益食品有限公司生产的有机米生产基地注册"玉金香"商标,委托海安华江粮食专业合作社加工并联合销售。

【海安县泓寿食用菌专业合作社】 合作社有农民274户,总资产2715万元,销售3887万元,盈余635万元,实行二次返利460万元。专业合作社设有工厂化厂房,有员工12人,其中高级工程师2人。全年生产各类鲜菇1200吨,干制品110吨,销售3887万元。

在东北长白山区建立黑木耳、灵芝生产基地;在福建建立香菇生产基地,在安徽大别山建立灵芝生产基地。合作社成为江苏省农学院高效农业示范项目基地,南京师范大学生命科学院实验基地,上海市农科院、中国农科院蚕业研究所,浙江清华长三角研究院微环境控制技术研究中心食用菌产业化基地。

【海安陈庄为农服务社】 地处李堡丁所东南角,有营业和生产用房70间,建筑面积5000平方米,员工15人,全年代收水电费60万元,小额兑款120万元,销售优良种子5万元,收购蚕茧5万公斤,为民办酒席1600户。

【海安县汇鑫再生资源有限责任公司】 建有2个分拣加工中心,乡镇分公司10个,村级回收点10个,社区回收亭4个。

全年收购废钢铁5.6万吨;收购废有色金属1.35万吨,其中:废铜1.1万吨、废铝1800吨;收购废塑料1520吨、废纸2100吨,其他4000吨,累计收购7.61万吨,回收额6亿元,加工销售2亿元。

鼎晶金属铸造有限公司投资730万元建设2幢厂房,6500平方米。新增有色金属铸造铜管生产线,投入320万元购置低频感应炉、反向挤压机,年加工能

力从原生产6000吨提高到1.2万吨。

【南屏基层供销社】 领办县南屏生猪专业合作社,由38人组成,其中农民成员35人,投资41.38万元,以收购生猪屠宰为主要项目,收购价每50公斤比市场价高出5~10元。全年屠宰生猪3.6万头,收购价4320万元,合作社收益36万元。

【南通汇益食品有限公司】 丰源食品城入驻商家68户,自有运输汽车7辆100吨,租用车辆20辆以上,投资建设南通康卫士食品科技有限公司,在天猫、淘宝、京东、1号店开设销售窗口,网络销售5000万元。

冷链物流年储运量15万吨,流通成交3.8亿元,实现利税1400万元。

在墩头镇建鸿泰畜禽专业合作社饲养鸡、鸭10万羽以上。建设汇益玉金香有机大米生产基地300亩,带动农户6600户,为农民增加收入1848万元。玉金香有机大米被评为省农产品市场首选优质品牌大米、省绿色放心食品。

【海安农副产品批发市场有限责任公司】 年成交38万吨,成交26亿元。投资350万元,更新改造3号、4号大棚,市场电路设施投入。冷链系统建设5000平方米,市场内设水产品、海产品、家禽、鲜肉、副食品、豆制品、水果、蔬菜、卤菜、冷冻食品等10个区,市场销售摊位360个,流动摊位100个。

投入500万元,在海安镇拥徐村建立市场直营蔬菜基地,建立种植基地1.89万亩,养殖基地1500亩,带动3242户农民增收5000万元;与13家专业合作社签订合同,带动农户增收8000万元,培育农产品经纪人60人。

市场检验检测中心年检测蔬菜500多批次,检测售肉点2000多批次,设立流动检测车,推动农产品标准化生产、加工。 (吴建华 范 平 陈克成)

粮食流通管理

【概况】 健全完善储备粮管理制度,加强监管,确保县级储备粮数量真实、质量良好和储存安全。根据县国有粮库实际,做好2015年产业发展第二批项目预申报、申报工作。完成南通家惠油脂发展有限公司仓储4.5万吨项目,争取上级项目资金450万元。

【夏、秋粮收购】 组织开展全县小麦、粳稻最低收购价收购工作,严格执行国家政策,规范库点收购行为。全县累计收购最低价小麦19314吨,累计收购最低价粳稻8772吨。

【"五放心"粮油店创建】 根据省粮食局"打造半小时放心消费圈"要求,县"五放心"粮油销售店(点、柜)申报、收理、审核和批准发证等评审办法和程序按《南通市"五放心"粮油销售店(点、柜)申报评审办法》执行。8月底完成创建任务。9月,完成10家参加复审的"五放心"粮油店及3家新创建单位县级初审工作。

【粮食全产业链联盟】 县粮食全产业链联盟有订单式和自营式两种运行模式。国有企业仇湖粮库、章郭粮库与村经济合作社签订土地流转订单3100亩,海丰米业海安有限公司签订订单9000亩。完成自营土地流转3100亩,订单服务面积9000亩。

【粮食流通执法检查】 在夏、秋两季粮食收购期间,组织粮食收购专项检查。查获海安县志旺面粉厂、海安县杨二粮油经营部、海安县大生米业加工厂未依照规定报送粮食经营基本数据,分别给予行政处罚。 (李 玮)

盐 业

【概况】 食盐结构调整实现既定目标,市场监管力度不断加大。全年销售盐品1.79万吨,完成年计划的102%;实现销售收入2322万元,完成年计划的101%;市盐务局、县卫生部门检查评估县碘盐批发合格率100%,城乡居民灶台碘盐覆盖率和合格碘盐食用率持续达标。

抓好小包装盐销售,保证市场销售的总体平稳,确保普通盐市场需求供应。规范大包装盐销售,加强大包装盐供应链管理。拓宽非盐商品销售,消化库存非盐商品近80万元,同时做好苏盐生活家等自主品牌商品的销售。

2月底,海安县食盐战略储备库暨南通盐化物流中心项目工程全面竣工,10月底通过竣工验收。

【盐业市场监管】 开展"元旦""春节"两节期间保障食盐安全专项执法行动、"五一""端午"两节期间保障食盐安全专项执法行动、"护航中高考、保障食盐安全"专项执法行动、"净化食盐市场,保证食盐安全"联合执法专项行动、边界市场联合执法行动等,防止工业盐、工业副产盐等流入食盐市场。检查农村集贸市场、大中型超市卖场、农副产品批发市场等地食盐经销情况。重点监管餐饮行业用盐、季节性香肠制作用盐、腌制行业用盐及各类食品加工作坊用盐,确保用盐安全。全年查处盐业违规案件70多起,查获假冒碘盐及劣质盐产品2150公斤,罚款5240元。 (王 虹)

海安烟草组织道德讲堂活动,一线员工自编自导自演情景剧获得好评
(县烟草专卖局 提供)

烟草专卖

【概况】 统筹处理“销量与结构、成本与费用、投资与资产、增长与责任”八大要素，全年销售卷烟2.97万箱，实现税利2.7亿元，同比增幅28.19%；实现利润2.2亿元，同比增幅28.16%；卷烟单条均价136.59元，同比增幅15.47%。细支烟销量304箱，同比增长42倍。

落实安全标准化贯标工作，全年无安全责任事故发生。推进法治烟草创建，拍摄专卖执法宣传片《烟草专卖不容侵犯》。

【烟草执法】 查获涉烟违法案件74起，先行登记保存涉案卷烟9601.9条，上缴罚没、变价款161.52万元。成功破获符合国标的网络案件1起，共刑拘5人、逮捕1人、判刑3人。（陈莉莉 郁 帅）

石油经营

【概况】 2015年完成零售销量11.76万吨，其中，汽油完成6.65万吨，计划完成率106%；柴油完成5.11万吨，计划完成率93.7%；销售非油品2144万元，计划完成率142%。完成灌桶8634吨，灌桶量占零售总量的7.3%，占柴油总量的16.9%。全县有在营加油加气站28座，其中11座24小时营业。

8月，城区中心站海安站率先销售98号汽油；10月，在海石、巾帼、长江三座站新增98号汽油销售，全县月均销售98号汽油120吨。

完成营溪、南莫加油站房产证和新生加油站土地证办理工作，完成圆通、新生、大里加油站建设施工前相关手续办理工作，新生、大里加油站进场施工。墩东加气站各项手续办理完成。（韦 星）

【成品油市场管理】 围绕安全专项治理活动，强化全县加油站（点）管理，先后召开2次专题会议，部署加油站安全专项治理工作。开展易燃易爆物品专项整治工作，组织所有加油站、点油罐调查摸底防渗漏、排查隐患和整改提升。

编制完成全县成品油零售体系“十三五”发展规划上报省市批准。坚持每月对全县加油站（点）安全监管督察不少于1次。申报2015年全县加油站（点）发展设置计划，获批加油站2家、加油点2家。组织2015年加油站发展计划报名工作，其中报名参加临海加油站建设的企业12家，参加中桥加油站建设的4家。

（李 玮）

电子商务

【概况】 全年新注册电子商务企业540家。开发区电商产业园、天赋力电商大厦、商贸物流产业园电商中心等专业电商园区投入运营。创建电子商务示范，鑫缘茧丝绸集团股份有限公司成功获批省级电子商务示范企业，实现县电子商务示范创建零的突破。开展“千人电商培训”，累计培训700人。

阿里巴巴·海安产业带上线运行，入驻企业402家。苏宁2015年电子商务进农村工程在海安县启动，南通首家苏宁易购服务站于3月落户曲塘且运营情况良好，8月李堡店开始运营。

【跨境贸易电子商务培训】 组织250家重点企业负责人开展为期3天的跨境贸易电子商务培训。联合县贸促会和阿里巴巴国际事业部南通分部，组织50家外经贸企业电商负责人赴阿里巴巴杭州总部参观并进行相关培训。

软件和服务外包

【概况】 加快产业集聚，紧盯软件和服务外包发达地区，积极参加各类展会，2015年先后在上海、南京、无锡等地组织开展产业招商推介活动6次。开展软件园、科创园、523文化产业园等重点服务外包企业走访调研，向企业宣传国家、省、市、县有关服务外包产业的激励政策，及时帮助企业协调解决生产经营中的难题。

【园区平台建设】 围绕高新技术企业培育与发展，重点做好产业公共平台建设，推进科技成果落地转化，提高园区自主创新能力。建立完善的产学研合作平台，整合政府、院校、企业三方资源建立科技产业联盟，实现产业、教学、科研一体化。软件园21层软件研发大楼全面建成。（李 玮）

物 流

【概况】 全县AAA级以上物流企业22家，省重点物流企业5家、省重点物流基地1个。3个综合物流园区开通物流专线360多条，覆盖全国所有省、直辖市、自治区。以“物流周”活动为抓手，全年先后在上海、杭州、宁波等地举办12次“物流周”活动，共集中签约亿元商贸物流项目24个，计划总投资76亿元。

【物流功能日趋完善】 美的厨电华东电商仓储基地、速尔快递、申通快递、圆通快递等快递物流企业相继入驻。甘肃国际陆港华东物流基地、上海铁路局海安物流基地正式投入运营，中亚集装箱班列、悦达起亚轿铁汽车班列海安首发。百金汇成为上海期货交易所在江苏设立的第二家、长江以北第一家有色金属期货交割库，核定库容为铝2万吨、锌1万吨，运营后实现8万吨铝在海安中转。正元、润安2个保税物流仓库实现棉花周转量18.2万吨。商贸物流园核心区8条区间道路全面竣工；铁路1号线（有色金属集散中心）投入运营，2号线（棉花集散中心）主体工程竣工；凤山内河港口码头建设扫尾，“公铁水”联运体系初步形成。（县服务业办）

海安软件科技园外景 （县商务局 提供）

旅　游

【概况】 全县国家等级旅游景区(点)15家,其中AAAA级1家,AAA级6家;全国休闲农业与乡村旅游示范点1家;江苏省四星级乡村旅游区2家;江苏省三星级乡村旅游区5家;有旅行社14家。

全年接待县内外游客277.37万人次,实现旅游总收入43.27亿元,完成旅游项目投入33.54亿元,分别增长4.8%、3.0%、39.4%。江苏惠海旅游发展有限公司融资1.5亿元,债务综合成本下降15%。

新增AAA级景区1家,三星级饭店1家,创建银叶级绿色旅游饭店1家;创建省四星级乡村旅游区和省级工业旅游点各1家,创建省三星级乡村旅游区3家。西泊乡村旅游集聚区一期工程完工;七战七捷纪念馆重新布展;新四军联抗纪念馆新增海安人民抗日展览馆;中洋河豚庄园和金砖酒店完善旅游功能;了凡国际木屋休博园、大马士革玫瑰庄园、火龙果联合国等项目落户并开工建设;重新修订星级农家乐评定标准,组织申报一批星级农家乐。海安县蓉和怡心园、盈拓生态园、百岁农庄等11家单位入选中国乡村旅游金牌农家乐,另有6人入选中国乡村旅游致富带头人。争取省旅游局支持,在G15高速西场出口设立旅游标识牌两块。

发挥旅游协会和旅游行业工会的作用,举办全县旅游行业安全生产、导游员(讲解员)、餐厅服务员、客房服务员培训4次。成功举办第六届县旅游行业综合技能大赛。

【旅游节庆活动与旅游宣传】 成功举办以"畅游江苏　寻味海安"为主题的第五届中国海安河豚节、首届曲塘羊肉节、江淮文化节、第五届大公梨花节、老坝港"赶海季"、李堡百叶文化节等10个旅游节庆活动,承办南通江海国际旅游节。其中第五届中国海安河豚节吸引上海、南京、苏州等地的旅行社负责人,自驾游团队千余人参加活动,人民网、新华网、《现代快报》、百度新闻、《中国日报》、东方网等媒体竞相报道。在上海、杭州、南京、北京举办4次旅游宣传与招商推介会。举办"文化旅游进上海社区"以及"南京莫愁湖公园旅游推广季"活动。与江苏卫视《旅游真好》、浙江《索游》等旅游栏目达成合作协议。海安旅游集散中心运行良好,与上海春秋国旅、杭州西子国旅、途牛网、杭州品质联盟、省自驾游协会等达成战略合作,首次年接待过夜游游客突破1万人次。

【召开旅游协会二届二次会议】 7月6日,海安县旅游协会二届二次会议在锦龙国际大酒店召开。会议听取县旅游协会工作报告,表彰先进个人,增补县旅游协会第二届理事,并改选会长。此外,海安旅游行业发出读书倡议书,县旅游行业读书会成立并启动。

【廉政文化旅游专线验收成功】 10月13日,由江苏省旅游局、南通市旅游局联合组成的验收组验收县"海陵清风"廉政文化旅游线路,此旅游线路申报省级廉政文化旅游专线。专线涵盖七战七捷纪念馆、新四军联抗纪念馆、七星湖廉洁法治文化园等特色人文景点。

(周　娴)

餐　饮

【概况】 2015年新增星级饭店1家(都市家园),新增绿色饭店1家(海霸皇大酒店)。全县有星级饭店22家,其中四星级2家,三星级8家,有绿色旅游饭店8家。加强星级饭店准退入机制建设,全年退出四星级饭店1家、二星级饭店4家,其中海安县美景良辰大酒店(原金海安大酒店)2014年申请退出四星级饭店,2015年批复。

2015年海安县星级饭店一览表

表13

星级饭店名称	星　级	地　　址
海安锦龙国际大酒店	★★★★	海安县城长江中路99-1号
海安县王府大酒店	★★★★	海安县城通榆中路98号
海安县海安宾馆	★★★	海安县城海陵路8号
海安县东海大酒店	★★★	海安县城宁海南路179号
海安贤友正通假日酒店	★★★	海安县城通榆中路78号
海安乐家假日酒店	★★★	海安县城长江西路69号(海陵中学西侧)
海安县王府宾馆	★★★	海安县城通榆中路98号
海安县李堡天乐大酒店	★★★	李堡镇包场北路10号
海安县海霸皇大酒店	★★★	海安县城通榆中路35号
海安北国风光大酒店	★★★	海安县城黄河路8号
海安县都市花园酒店	★★	海安县长江东路38
海安县河北大酒店	★★	海安县城新华西路11号
海安县时代大酒店	★★	老坝港镇区
海安县红旗大酒店	★★	角斜镇民兵训练基地
海安金鹰大酒店	★★	海安县城江海东路56号
莫泰168海安客运站店	★★	海安县城长江中路1号
尚庭快捷酒店	★★	海安县城宁海南路207号
锦江之星人民西路店	★★	海安县城人民西路7号
海安黄山宾馆	★★	海安县通榆中路38号
海安县玖捌柒商务酒店	★★	海安县城长江东路1号
海安碧云天大酒店	★★	海安县城东海大道东56号
海安县久益旺角宾馆	★★	海安县城人民东路32号

【河豚名店、大师、名师、名菜认定】 餐饮行业协会借助"河豚美食节"平台，举办餐饮行业河豚名店、大师、名师、名菜认定，共评定6家河豚名宴、26家河豚名店、6名河豚大师、28名河豚名师和35道河豚名菜。 （周 娴）

信 息 业

【概况】 全县电信业务收入6.05亿元。年末电话用户24.41万户，国际互联网用户79.34万户(含手机上网用户53.87万户)，光纤互联网宽带用户数24.28万户，移动电话用户93.90万户。实现邮政业务总收入1.57亿元，增长7%，代理金融板块实现收入1.24亿元，邮政业务板块实现收入3224万元。

【电信海安分公司】 按照中国电信集团公司"百年电信，百兆中国"活动要求，实施提速路径精确推送、网(掌)上营业厅一键提速、线下派单、实体渠道加载、服务前置，以及网络能力配套、不达标问题监控处理等宽带提速相关工作，实现全流程端到端提速。根据宽带客户在网年限、套餐类型、价值分档、付费方式等，区分不同类型目标客户，制定差异化提速方案，实现有感知提速。引入民资，社会化合作建设，降低投资压力。依托电信有线和无线双百兆宽带网络和高清智能电视等优势，深入机关企事业单位以及普通家庭开展上门服务。

采用宏站、外打、室分等多种方法，提升4G网络质量。建设80W基站，实现农村4G网络快速覆盖。启动载波聚合建设，扩大4G+品牌宣传效果。

（县电信局）

推进光纤入户改造 (县电信局 提供)

【移动通信集团海安分公司】 在网客户超过50万户；建有营业服务网点390余家，遍布各镇村组；全年开通241个宏站、65个室分（室内分布系统）以及15个小基站，覆盖延伸系统62个，交付驻地网有线覆盖用户52046户。新建管道54管程公里，新建杆路28公里，新放光缆358皮长公里。率先采用先进的光纤技术，加大家庭互联网宽带建设力度，光纤宽带基本覆盖城区各个小区，在农村乡镇初具规模。

推进无线智慧城市建设，全区率先成功拓展手机对讲、蓝天卫士等业务；集团WLAN、建筑工地人员定位和视频监控数量全区领先。国土卫士、掌上就业等民生项目方便快捷。 （陆星宇）

【联通海安县分公司】 发展移网用户45215户，固网业务4560线；通服收入完成5029万元，完成率87.2%，通服收入同比下降8.4%；利润完成2415万元，完成率93.2%；用户保有率67.34%；收入保有率81.12%，列全区第1。VIP维系保有客户保有率81.5%，收入保有率85.4%，均位列全区第一。

按序时进度顺利完成年初基站建设计划，全面落实4G基站的所有设备安装开通。与其他运营商共同推进基站和小区以及城区管道共建共享建设。

（杭德荣）

邮 政

【概况】 2015年5月1日，根据中国邮政集团公司要求，"海安县邮政局"更名为"中国邮政集团公司江苏省海安县分公司"，7月14日举行挂牌仪式。海安县邮政分公司实现邮政业务总收入1.57亿元，完成市公司计划的102.62%，同比增长15.99%。全县邮政行业有营业网点44处，其中城市网点6个、农村网点38个。投递班组14个，比上年末增加1个；全县有邮政信筒信箱232个，比上年末减少98个；有邮政报刊亭20处，比上年末减少3处。全县邮政行业有各类汽车25辆，比上年末增加1辆，其中快递服务汽车15辆；有邮路98条，投递总里程5847公里。

开办国内、国际函件、包裹、速递(EMS)等普遍服务业务；邮政金融业务；报刊发行、集邮等传统业务以及函件、电子商务等新兴业务。代理金融板块实现收入1.24亿元，较上年增加1958万元，完成计划的104.77%，同比增幅18.79%。实现集邮业务收入443万元，完成计划的104.88%；同比增幅24.22%。实现报刊发行业务收入770万元，完成计划的100.20%；同比增幅2.79%。实现函件业务收入624万元，完成计划的94.01%；同比增幅2.55%。实现电子商务业务收入736万元，完成计划的96.54%；同比增幅30.57%。实现分销业务收入169万元，完成计划的100.86%；同比增幅6.43%。

恢复出版集邮协会会刊《海安集邮》，创建"海安潮生活"微信平台。

放大"爱心邮路"品牌内涵，做实"预防邮路""军邮一家人"特色邮路，打造"邮你真好"惠民党建品牌和"常回家看看"志愿服务品牌。

【集邮活动】 1月24日，海安县邮政分公司举办"中邮相伴·生肖集藏"品鉴暨赵启明先生签售会，180余名客户代表参加品鉴。此次品鉴会是江苏省内首场融合中邮人寿保险和生肖集藏文化的创新尝试。活动邀请中华人民共和国第五套人民币中10元纸币的设计者赵启明进行现场签售。

10月21日，海安县分公司举办南通专题邮学会海安专题集邮小组成立1周年暨周忠东集邮文献室成立仪式，省集邮协会副会长葛建亚、市集邮协会副会长丁仪及南通、常州专题邮学会的领导和邮友相聚海安，进行专题集邮成果交流。陈卫的邮集《护士》获江苏省第十届集邮展览一框类镀金奖，周忠东被评

8月8日,举行"预防职务犯罪邮路"启动仪式
(县邮政局　提供)

为南通集邮先进个人，活动现场进行颁奖仪式。

【创建"预防职务犯罪邮路"】 海安县邮政分公司联合县检察院创建"预防职务犯罪邮路"，由126名投递员担任志愿者,深入城乡开展预防宣传。8月8日,在新世纪广场举行启动仪式,县委常委、政法委书记盛慧琴，南通邮政分公司副总经理陈玉冬,县委宣传部副部长、文明办主任王东升，县检察院和邮政系统工作人员和40名预防邮路志愿者代表参加。

【全区邮政代理金融网点产能提升管控体系三期辅导】 8月13日、9月25—26日、11月26—27日,全区邮政代理金融网点产能提升管控体系三轮辅导相继在海安召开，深圳卓越公司总经理卞维林授课。南通市公司市场部、金融业务局负责人及相关人员,各县(市、区)分公司总经理、分管金融副总经理、市场经营部主任、金融业务局长和转型网点支局长,全区转型大使及海安分公司全体支局长共百余人参加会议。

(张贤生　蒋婷婷)

对外贸易

【概况】 全县进出口总值16.15亿美元,其中,出口13.64亿美元;进口2.51亿美元。调研全县10个区镇和近100家外贸重点企业,形成2015年全县及重点外贸企业进出口情况预测报告。编发月度"对外贸易情况简报",报送全县外贸信息。

【外贸扶持资金】 邀请海关、国检、中信保、电子口岸等部门的专家,召开近300人的政策宣讲会。组织申报2014年下半年、2015年上半年中小企业国际市场开拓资金项目104个,申报金额近250万元。组织铁锚玻璃、启弘纺织等5家企业申报2014年度进口贴息和重大装备项目,贴息进口额2015万美元。组织42家小微统保平台企业续保。全年拨付海安县的市级外贸稳增长奖励、中信保保费补贴、中小企业国际市场开拓资金等各类扶持资金超过2000万元。

【组展参展】 引导企业开拓国际市场,做好各类展会的宣传推介。先后组织华银毛绒等7家企业参展25届华交会、鹏飞集团等25家企业参展117届和118届广交会，组织相关企业参加俄罗斯国际机床展、美国拉斯维加斯国际家纺展、南非国际贸易博览会等国际知名展会。组织近30家企业对口参观昆山品牌商品进口交易会,组织11家企业参加南通一带一路国际合作交流展。　(李　玮)

招商引资

【概况】 全年新批外资项目35个,其中超千万美元项目23个,3000万美元项目10个,1亿美元项目3个；新增工商注册外资5.59亿美元;外资到账3.45亿美。全县专业招商人员220人左右,每两个月组织一次专业招商人员业务培训。

聚焦北京、上海、浙江、苏南、广东、福建等项目富集地区，采取大型招商活动与小型招商推介、项目对接相结合的方式,高频次举办专题招商活动,先后在深圳、昆山、上海、北京举办大型专题招商活动。开展以企引商,着力招引企业配套项目。拓宽项目信息来源渠道,探索网络招商、科技招商等新方式。

【境外及中国港台地区招商】 聚焦日韩、欧美等国家和中国港台地区,聘请海外有一定人脉资源和影响力的人员作为招商顾问、招商大使,开展委托招商。全年搜集到美国善能精密机械、德国瑞曼迪斯新材料、意大利意迪电梯曳引机、中国台湾骅升科技汽车电子组件、日本TPS万能加工机、韩国荣民汽车配件等一批项目信息,其中曳引机、汽车电子组件项目进入开工建设阶段，汽车配件项目进入注册阶段。

【经洽盛会】 11月12日,"动车时代、节点城市"第九届青墩文化艺术节暨中国·海安2015金秋经贸洽谈会在王府邦瑞大酒店举行。400多名中外客商,《人民日报》《经济日报》《新华日报》等媒体记者,县四套班子负责人出席。会议表彰"十佳来海投资企业家"和"十佳新海安人"。

活动现场举行项目签约仪式。现场签约50个项目，总投资额逾250亿元。其中外资项目13个,包括投资1亿美元的农业科技项目,投资6000万美元的节能机电设备制造项目；其他项目37个，包括投资20亿元的硒铜合金及触摸屏项目，投资15亿元的电动汽车生产项目。

(杨明生)

外经合作

【概况】 全县新批境外投资项目17个,新增中方协议投资额1.89亿美元;新签对外承包劳务合同额1.44亿美元,完成对外承包劳务营业额1.29亿美元;新派劳务1509人。新增服务外包企业27家,完成年计划的112.5%;实现服务外包执行额11.5亿元，完成年度计划的104.5%。

【外经经营主体壮大】 县兴达信息服务有限公司获得对外劳务经营权资格,江苏信拓、达欣、工泰三家建筑企业申报对外承包工程经营权资格，县对外承包劳务合作经营权资格企业共有15家。

(李　玮)

金融业

Financial Industry

圆通寺　章　丽绘

◎ 责任编辑　崔广华

金融管理

【概况】 2015年12月末，全县金融机构各项存款余额1113.7亿元，比年初增加130.9亿元，增长13.32%。各项贷款余额754.8亿元，比年初增加69.4亿元，存贷比67.78%，海安银行贷款总量、存贷比等指标继续保持全市第一。贷款余额在全市县域中占比达19.82%；存贷比比全市县域平均水平高9个百分点。全年争取政策性银行贷款89亿元，取得重大突破。金融体系不断完善。年末，全县有银行机构18家、担保机构3家、保险机构36家、证券业机构2家、小额贷款公司6家、农民资金互助社和典当行各1家，建成168个农村金融综合服务站，全县初步形成银行、保险、担保、小额贷款公司等多种金融机构并存的体系。

【银政企合作】 搭建银企合作平台，化解企业融资瓶颈，由县金融办牵头的每月一次的银政企对接步入常态化。年末，累计成功举办区镇、服务业、建筑业及板块等银企对接会35场，975家企业现场发布资金需求243.5亿元，17家银行与288家企业累计签约金额40.4亿元。

人行海安县支行每月分片、分板块定期举办“银政企携手攀新高”现场对接活动，集中发布企业资金需求，进行金融产品推介，现场组织银企双方签约，解决银企信息不对称和小微企业融资难题。全年成功举办12次“银政企携手攀新高”行动现场对接活动，有279家企业现场发布资金需求46.81亿元，9家银行与74家企业达成信贷支持意向8.29亿元。同时，金融支持实体经济力度不降，制造业贷款占比保持30%以上。

12月末，在全市制造业贷款减少62.05亿元的情况下，海安制造业贷款余额241.7亿元，比2014年年末增加8.1亿元，占各项贷款的33.18%，比全市平均水平高13.97个百分点，居全市六县(市、区)第一。

【和信科贷挂牌“新三板”】 9月22日由中信证券推荐的南通和信科技小额贷款股份有限公司成功登陆“新三板”(股份代码:833709)，该公司成为全国首家在“新三板”挂牌的科贷公司，也成为海安挂牌“新三板”的第六家企业。南通和信科技小额贷款股份有限公司成立于2011年10月22日，是一家经江苏省金融办批准设立的主要面向科技型中小企业经营小额贷款和创业投资业务的股份有限公司，公司注册资本2.3亿元。该公司成立以来发挥小贷公司快捷方便特点，立足规范经营、稳健发展，全力支持科技型中小微企业的发展，经营业绩在江苏省小贷行业中名列前茅，为南通市唯一经省金融办监管评级为AAA的科贷公司。

【浦发银行入住海安】 12月16日，上海浦东发展银行股份有限公司海安支行正式开业，实现上海浦东发展银行在南通六县(市、区)分支机构的全覆盖。经营地址位于海安县海安镇中坝南路86号。该行的成功入住和顺利运营，对优化地区金融结构、完善服务体系、促进产业活跃发展均起到积极的促进作用。2014年来海安强化金融机构招引工作，每年均有1~2家银行分支机构入住，浦发银行入住后全县银行机构增至18家，数量居全市前列。

全县“银政企携手攀新高”行动—电工电气板块银企合作对接会 (县人行　提供)

【金融生态环境进一步优化】 坚持组织保障与行政推动、诚信建设与市场监管并重，全力打造金融生态优秀区。开展金融生态宣传月活动，将金融生态与社会征信、爱护人民币、反洗钱等有机结合起来。举办金融生态知识大赛，提高社会公众金融生态建设的参与度和认知度。县域金融生态稳定，经济金融良性互动发展。企业信贷风险和担保链、担保圈风险，信贷风险总体可控，2015年省金融稳定协调小组反馈的2014年年度金融生态环境评估结果，海安在全省69个县(市、区)位居第三，比2013年提升了三个名次。

【“打非”宣传教育活动】 9月1日至12月31日，根据县委县政府的统一部署，全县各部门积极协调、紧密配合，开展全方位、广覆盖的打击非法集资宣传工作。《海安日报》开设专栏，宣传非法集资的特征及危害；县广播电视台滚动播放防范和打击非法集资公益广告语；以海安发布、海安公安等官方微信平台为载体，对投资理财容易误入非法集资陷阱等进行宣传；在全县银行机构、保险机构、农村金融服务站、社区、村民委员会、学校、医院、超市等人员密集区张贴非法集资风险提示公告1万份；印制发放打非宣传册10万册，风险提示公告10万份，发放到全县每一名在校学生；县金融办、公安局等部门在广场、超市等人员密集场所通过摆放展板、发放防范手册、现场咨询等方式，开展集中宣传活动，以形象、简洁的语言文字和紧贴地气、图文并茂的形式吸引公众，形成宣传的规模和声势，引导社会公众培养正确的投资理念，做到理性理财、合法理财。 (许幼虔)

资本运作

【概况】 2015年，以企业上市挂牌为主的直接融资工作，围绕年度目标任务，通过抓发动、促对接、挖资源、解难题、强服务、保进度,不断完善工作机制,各项工作取得有效进展。

企业上市方面,新增创业板上市入轨企业1家,4家在手企业上市工作有序推进,重新确定19家重点培育上市企业。新三板挂牌方面,新增挂牌企业7家、申报企业9家,年底在审企业4家,年内挂牌企业数、申报企业数全市第一;新增签约入轨企业15家,保持新三板后备企业30家以上。区域性市场方面,新增区域市场挂牌企业5家。股权融资方面,新登记设立注册资本3000万元以上的创投股投公司18家,增量在全市排第一;天楹环保定增9亿元融资方案报证监会审批;科达建材定向增发融资2000万元,实现新三板挂牌企业首单融资;全年拟上市挂牌企业股权融资协议总额3.22亿元,实际到账2.88亿元。债券发行方面,动迁公司发行企业债券融资11.5亿元,发行3只中小企业私募债融资7.1亿元,开发区总公司10亿元债券发行申请获国家发展改革委受理。年终考核直接融资工作全市第一。

【企业上市工作有效推进】 2015年,企业上市工作开局良好,但随着年中IPO短期内的又一次暂停,推进工作再次面临严峻形势。确定上市重点培育企业。根据形势变化和县实际情况,重新筛选确定19家重点培育上市企业。4月18日召开重点培育上市企业座谈会,部署领导挂钩推进工作,19家企业由11位县领导和5个部门负责人分别挂钩,分成3个梯队开展一系列推进工作。4家入轨企业稳步推进。威尔曼完成规范整改工作,在准备报会之时选择并购重组方式被上市公司收购。铁锚玻璃经过一年多时间的沟通协调,成功化解与私募投资者的合作分歧,原私募投资者退出,引入新的战略投资者,1.64亿元资金到位;同时,着手招聘董事会秘书,加强人员力量推进上市工作。苏中建设业务规范、劳务规范、财务规范工作持续推进,对外担保余额逐步减少,配股及增资工作(1.1亿股、5.3亿元)已缴款4.9亿元,有效降低公司负债率;募投项目——BOT/PPP、建筑产业化、集中采购/信息化分头推进。繁华玻璃积极实施技改或新上项目建设,着力解决业绩下滑问题。新增入轨企业1家。明诺机械5月与3大中介机构签约,运作创业板上市,相关工作有序推进,计划2016年上半年完成股份制改制并申报辅导备案。推进两家企业入轨。金洲粮油有较为明确的上市意向,协调多家券商进行商讨,东方花旗开展立项前深度对接、尽职调查;协调南京证券等机构与飞亚化工进行对接。同时,协调相关机构与部分重点培育企业进行对接。

【"新三板"挂牌成绩突出】 2015年,县挂牌企业总数8家,跃居全市领先位置。新增9家申报企业:合海集团、跃通机械、派诺光电、三和生物、联科汽配、三盛鑫生物、欧贝黎电力工程、嘉宇特种装备、联源机电;新增7家挂牌企业:瑞恩电气、合海集团、跃通机械、派诺光电、和信科贷、三和生物、联科汽配;年底在审企业4家:三盛鑫生物、欧贝黎、嘉宇特种装备、联源机电;确认15家企业与三大中介机构签订挂牌合作协议;在手企业中,有1家企业完成股改,有4家企业推进股份制改制。此外,在年初初排63家企业的基础上,通过机构对接,4月底确定43家后备企业名单。

挂牌推进机制更趋完善。全年组织、开展不同层次的"新三板"专题培训活动13场,累计培训近600人次,培训企业200多家,有效促进企业及相关人员对"新三板"的认识不断提升。更加注重问题解决,及时跟踪了解、掌握企业进展情况,发现企业存在问题,召开协调会,协调相关部门、中介机构帮助企业落实解决方案,年内累计帮助企业12家,协调解决问题30多个。更加注重考核推进,调整、完善对区镇的"新三板"考核办法,进一步细化考核内容,注重过程考核;强化服务导向,增加考核"组织推进",促进"新三板"挂牌推进工作落到实处。

政策扶持力度不断强化。及时调整扶持政策,根据企业上市挂牌推进工作情况,及时出台《县政府鼓励和扶持企业上市挂牌的补充意见》,进一步加大对企业上市挂牌的扶持力度。用足用好扶持政策,及时指导企业申报并帮助转报申请各级扶持政策的材料。全年帮助相关企业申请获得省、市上市挂牌奖励(补贴)到账总计380万元,兑现县本级"新三板"挂牌补贴(奖励)609万元(税后实际拨付585万元)。

中介机构作用进一步增强。高密度协调机构对接,全年先后联系协调30多家券商机构对接走访100多家企业。通过对接走访,不断转变、提升企业认识,有效加快企业入轨进程,并推动部分已中止、暂停运作的企业重新进入"新三板"轨道。形成约见券商机制,针对与县有"新三板"合作项目的券商,开展一对一的约谈活动,沟通交流企业挂牌推进事项,强化机构职能作用,督促机构注重工作效率,加快在手项目进程。继续落实机构淘汰管理制度。

挂牌企业融资有效推进。6月,结合"南通创业融资服务平台"推介活动,动员近80家已挂牌及后备企业参会,开展创投知识培训,促进企业增强对创投股投知识的了解。8月,组织部分挂牌企业赴苏州开展融资路演活动,推动企业开展股权融资工作。9月,组织12家挂牌和拟挂牌企业参加市金融办举办的路演培训,有效增强企业融资策略、设计融资方案的能力;10月,科达建材定向增发1000万股,融资2000万元,实现县挂牌企业首单融资;11月,再次组织15家企业参加市路演培训及股权融资对接活动;12月,组织召开"新三板"企业融资与发展座谈会,21家企业与7家中介机构参加座谈对接。

【区域性市场挂牌】 在全面推进新三板挂牌工作的同时,继续推动相关企业对接区域性市场,全年新增5家企业挂牌,区域性市场挂牌企业数达到10家。丝乡丝绸旗下3家公司于2月初在上海股交中心Q版挂牌;慧源文化传播有限公司旗下企业慧源影视传媒有限公司于5月在上海股交中心Q版挂牌,洛伊克巴德生物工程(江苏)有限公司于10月挂牌前海股权交易中心。3月上海股交中心在县开发区设立"上海股权交易托管中心海安孵化基地",进一步强化后备企业规范培育。

【债券发行融资】 动迁公司债券获批发行。经过多次沟通协调和申报材料的修改完善,海安县城市动迁改造有限公司发行11.5亿元企业债券的申请,8月通过省级预审并转报国家发展改革委,11月取得发行批文正式发行,资金到账。3只中小企业私募债发行。5月,县区域供水有限公司和高新区新农村发展有限公司中小企业私募债发行，分别融资 2.6 亿元和 2 亿元。7 月，广播电视信息网络有限公司 2.5 亿元中小企业私募债发行，3 只债券合计融资 7.1 亿元。开发区总公司发行债券申请成功申报。开发区经济技术开发总公司拟发行 10 亿元企业债券，申请材料经县发展改革委本级预审、省发展改革委初审，转报国家发展改革委获准受理。到期债券本息及时偿还。2015 年，县到期需偿还本息的债券有 3 只："12 海安债""14 海安债""14 海安经开债"，共需偿还本金 3.75 亿元、利息 2.89 亿元，所需还本付息资金于 3 月底全部按时到位，未发生偿债风险。

【创投股投】 新设创投公司。积极吸引县外优质创投股投专业机构，并推动县内有实力的企业，在海安设立风投、创投机构。2015 年全县新登记设立注册资本 3000 万元以上的创投股投公司 18 家，增量全市第一。推进载体建设。由大公镇政府牵头，与南京持赢投资公司合作，总投资 5 亿元，规划建设"水乡华尔街——基金公司集聚区"，在多次考察、协商的基础上，项目投资建设方案初步形成。发布融资信息。6 月 17 日，配合南通市发展改革委、金融办到海安举办"南通创业融资服务平台"专场推介活动，及时下达企业融资信息发布任务。全年在南通创业融资服务平台登记发布融资信息企业 12 家，超额完成市下达的目标任务。实现股权融资。积极协调融资对接，推动创投股权机构拓展业务。上海峰融海安投资有限公司与县内初创期、成长型企业开展股权融资合作，投资安恒化纤 2000 万元、三和生物 200 万元、嘉宇气体 770 万元，资金全部到位；同时，与铁锚玻璃的投资合作进入实质性操作对接。此外，安恒化纤于 11 月引入上海、南通两家创投机构，融资 3350 万元。 （刘邦祥）

银 行 业

中国人民银行海安县支行

【土地承包经营权抵押贷款】 积极推动辖区银行做好金融支持新型农业经营主体试点工作，建立家庭农场贷款管理台账，对发放的贷款逐笔进行登记，明确管理责任人。8 月 25 日，组织召开海安县新型农业经营主体座谈会，推动海安农商行与 34 家经营主体现场达成授信意向 3470 万元。全年海安农商行向 215 户家庭农场、种养大户、农民专业合作社和农业龙头企业等新型农业经营主体发放贷款 10.96 亿元；农村土地承包经营权抵押贷款业务稳妥推进，县支行认真贯彻落实中央和上级行有关农村土地承包经营权抵押贷款相关政策精神，积极推进涉农金融机构发放土地承包经营权抵押贷款。海安县农村产权交易中心挂牌成立后，加强与涉农金融机构对接，组织收集家庭农场、农民专业合作组织等新型农业经营主体融资需求，了解有贷款意向的借款人土地流转情况。11 月 27 日，海安农商行向海安县西场镇家庭农场主顾昌银发放了一笔金额为 10 万元的土地承包经营权抵押贷款，这是海安县成功发放的首笔土地承包经营权抵押贷款。至 12 月末，海安县土地承包经营权抵押贷款余额 2190 万元。

海安县 2015 年第一次银政联席会 （县人行 提供）

【金融生态建设知识宣传】 6 月，组织全县银行业金融机构开展金融生态宣传月活动，采取"集中式""阵地式""辅导式""流动式"的方式开展进政府、进工厂、进商场、进村服务中心、进农村金融综合服务站、进校园、进社区、进车站、进市场、进公园"十进"特色宣传，广泛宣传"金融生态建设""存款保险制度""社会征信"和"爱护人民币"知识。宣传活动覆盖全县 169 家基层银行网点和 172 家农村金融综合服务站。9 月 18 日，举办 2015 年"招商银行杯"金融生态建设知识大赛。9 月 29 日，组织金融机构参加县委宣传部和社科联主办的第四届社会科学普及周启动仪式，向参加现场活动的群众开展征信、国债、金融消费者权益保护等金融知识宣传，发放宣传资料 2000 余份。10 月 18 日，人行海安县支行在贵都广场组织开展以"远离非法集资、拒绝高利诱惑"为主题的防范和打击非法集资宣传活动，通过悬挂宣传标语、摆放宣传展板、发放宣传资料等形式，增强大众自我保护意识，引导公众自觉远离和抵制非法集资。

【征信管理】 树立管理与服务并重的理念，认真完成征信各项基础工作，做到有计划、有组织、有部署、有落实。做好机构信用代码证发放核准工作，发放机构信用代码证 3414 份；做好"机构信用代码管理系统"存量客户信息更新工作，确保"金融信用信息基础数据库"信息主体基础信息的日常更新和正常维护，满足跨平台信息共享要求，完成机构用户信息变更 452 户次；做好信用信息查询工作，做到严密手续、严肃程序，注意保密协调和备案工作，企业用户信用报告查询 537 户次，个人用户信用报告查询 3847 人次；做好异议受理、处置工作，帮助客户正确解读信用报告，热情解答客户的疑问，协助分析异议形成的原因，提请客户增强合规经营意识，注重信用财富的积累；珍爱信用记录，享受幸福人生（有效异议申请为0,征信投诉为0);做好中小企业建档入库工作,利用机构信用代码核发采集企业基础性信息,与中小企业子系统进行比对,录入未入库企业信息,生成中征码供金融机构办理信贷业务使用;做好农户和农村经济合作组织信息采集和录入工作,通过对涉农金融机构进行业务培训和操作指导,有效解决数据导入成功率偏低的问题,提高信息录入工作效率,年末,录入有贷农户信息8909条、无贷农户信息780户,有贷农村经济合作组织15条。积极做好"中征应收账款融资服务平台"推广应用工作,推动海安农发行成功办理首笔超大额中长期应收账款质押融资业务;接受南通中支委托,做好辖内3家融资性担保公司、6家小额贷款公司外部评级现场监测工作,做到现场跟踪监测,力求客观真实;组织辖内金融机构参加南通中支组织的征信案例征集活动,组稿8篇,获奖3篇。

【现金收付管理】 规范辖区金融机构相关取现操作步骤和方法;强化报送管理,相关取现报送一律通过"江苏省人民币流通管理信息系统",明确报送内容与要求,全年相互取现约20笔计4亿元。对5家银行业金融机构10个基层网点继续开展人民币收付业务、假币收缴以及点钞机具管理等现场检查,对辖区16家银行业金融机构"全额清分和冠字号码联网查询"工作进行现场督查,进一步规范辖区柜面现金收付行为。认真做好新版人民币发行前的准备工作,督促16家金融机构对现金机具及时进行升级并按期完成测试工作,组织农行完成抗战币、航天币(钞)预约兑换工作,并组织工行、中行、建行、邮储银行、农商行5家单位完成航天币(钞)现场兑换工作。强化残损币的回笼管理,回笼50元残币1.2亿元、10元残币0.4亿元、5元残币0.2亿元。推行小面额现金供应长效机制建设,利用人民币流通状况监测预警系统,建立现金券别组合供应机制,完善"小面额现金备付制度、主办网点和主办银行制度",推动辖区16家金融机构20台自助设备开通小面额现金取款功能,拓宽小面额现金自助投放渠道。加强全额清分和冠字号码查询管理,规范柜台现金清分操作流程,明确冠字号码查询系统建成时间和记录要素调整内容。推进"农村金融综合服务站"创建活动,联手国会股对172个"金融综合服务站"基础工作开展专项治理。

【外汇专项核查】 抓好出口不收汇专项核查。2015年对辖内2014年之前发现的16家出口不收汇企业进行现场核查,国家外汇管理局海安县支局先后采取召开有政府部门人员参加的联合座谈会、现场走访、核实企业人民币结算账户收支和贸易融资、发放风险提示函、实施分类管理、加强对新办理电子口岸卡的企业名录管理、向国税等部门通报的方式,提高核查的有效性。抓好购付汇专项核查。先后开展5个专题核查:境外投资外汇登记及资金汇出专项核查,核查2个境外投资外汇登记,7家有资金汇出的境外投资企业,核查面100%;货物贸易重点企业专项核查,共核查"贸易多付汇企业"两家、"购汇异常企业"1家;现场核查2015年新出现的两家出口不收汇企业,按要求注销名录;按月开展服务贸易专项核查,先后对海安新奥燃气有限公司、南通通洋机电制造有限公司、西蒙电气(中国)有限公司3家企业对外支付外方股东利润,南通天蓝环保能源成套设备有限公司支付技术转让费进行真实性核查,未发现异常迹象;按月开展个人大额购付汇专项核查,发现异常情况及时上报。认真开展货物贸易外汇收支口常核查。在做好专项核查和日常工作的同时,现场核查12家贸易企业,进一步提高企业执行外汇政策的准确性和主动性。按季开展银行外汇业务的检查。先后现场检查建设银行、江苏银行、农业银行和工商银行4家县支行2014年1月至2015年9月经办的外汇业务。

【优化农村支付服务环境】 2015年,人行海安县支行根据人行南京分行《关于进一步做好农村金融综合服务站建设相关工作的通知》精神,与海安县委农办联合印发《关于进一步加强海安县农村金融综合服务站建设工作的通知》,要求相关金融机构严格按通知精神,安排专人排查每一个综合服务站,按要求公示相关内容,张贴"不吸储、不放贷、不非法集资"等警示语,同时要求涉农金融机构建立定期巡查制度,对不规范的行为及时发现、制止、处理。建立淘汰机制提升服务站质量。与县委农办、农商行一起排查全县为民服务中心综合服务站,建立综合服务站淘汰机制,淘汰长期业务量较低或每月低于10笔、且发展前景不佳的服务站,采取"退一进一"方式,筛选质量高、服务意识强的银行卡助农取款服务点升级建立综合服务站,确保服务站覆盖面,淘汰28家综合服务站,新建服务站加强人员培训、牌匾到位、制度上墙等工作,新设的28家综合服务站工作热情高、服务质量优,部分综合服务站被评为星级综合服务站。召开支付结算工作会议,组织学习总行《部分助农取款服务点从事民间借贷业务存在风险隐患》的风险提示,部署辖内涉农金融机构安排专人对805家助农取款服务站和172家综合服务站进行风险排查,未发现类似问题。开展星级综合服务站评比活动,通过推荐、打分、评选等程序,在全县172个综合服务站中评选产生15个星级服务站,分别授予一星级、二星级、三星级农村金融综合服务站称号。现场检查部分农村金融综合服务站,督促整改登记簿登记不认真等问题;召开主办银行负责人会议,部署综合服务站自查整改工作,进一步落实硬件设施配备,规范服务站管理。积极引导辖内金融机构落实总行《关于全面推进深化农村支付服务环境建设的指导意见》,县农商行稳步推进自助银行亭建设,丰富综合服务站服务形式,制定自助银亭建设3年规划,在全辖农村地区推广自助银亭和农村自助银行建设,引进VTM远程柜员机,方便农户随时办理银行卡。推进手机支付、电子商业汇票等业务的发展。推进市民卡建设,与县交通局等部门沟通联系,搭建融金融、交通服务为一体的市民卡服务平台。

(陈爱军)

中国农业发展银行海安县支行

【概况】 农发行海安县支行年末在职干部职工15人,其中行长室2人,信贷部5人、会计出纳部4人、办公室4人。全年累放贷款17.95亿元,年末各项贷款余额37.59亿元，比年初净增9.27亿元。其中：购销储贷款余额1.34亿元，短期流动资金贷款余额3.13亿元，中长期贷款余额33.12亿元。企事业存款余额10.55亿元。年末无不良贷款，全年账面盈利6698万元。连续第8年荣获省行"精品行"荣誉称号。

【支持政府民生工程】 围绕促进城乡发展一体化，大力支持农业开发和农村基础设施建设。明确支持重点，县农发行重点支持农民集中居住建设项目，全年发放贷款13.51亿元；围绕新农村建设，主动对接政府，了解政府的发展意图和资金需求，选择信誉较好、自身实力较强，政府支持力度较大的政府平台积极开展营销，重点营销农民集中居住项目2个，贷款金额22亿元，其中南莫镇兴南花苑农民集中安置房建设项目投放0.6亿元，海安镇光华农民集中安置房建设项目投放9亿元；营销海安水体综合治理项目1个，贷款金额35亿元，获总行批复待放；营销龙洋现代农业水产示范基地项目1个，贷款金额2亿元，获省行批复待放。营销过程以风险防范为前提，严格落实以土地转让收入为主的第一还款来源、资本金比例和以土地抵押为主的第二还款来源、严格设定押品折率。并创新贷款担保方式，全年办理应收账款质押22亿元。做好第四批农发重点基金项目调查评审，海安火车站综合客运枢纽建设0.5亿元基金项目和海安县永通新材料年产20万吨差别化功能性锦纶6联合纺丝0.97亿元基金项目获省行批复。

【创新应收账款质押登记业务】 6月，县农发行获批总行19.5亿元海安镇光华花苑农民集中居住区建设项目贷款。根据总行批复要求，该行与借款人海安高新区城镇化建设管理有限公司签订本项目委托代建款项下应收账款质押合同。县农发行积极引导借款人海安高新区城镇化建设管理有限公司在中征应收账款融资服务平台中质押登记项目委托代建款项下应收账款：质押合同金额19.5亿元，质押财产价值23.4亿元，质押期限8年。并审核确认登记信息在平台中，取得中征动产权属统一登记公示确权文书，筑牢该项目贷款风险防范底线。此笔业务也是县农发行认真贯彻人民银行文件精神，在中征应收账款融资服务平台中办理应收账款质押登记的首笔成功范例。 (仲明华)

中国工商银行股份有限公司海安支行

【概况】 工商银行海安支行全面贯彻落实省市分行的工作部署，紧紧围绕"经营模式转型、提升存款竞争力、拓宽融资渠道、网点结构优化、人员效率提高"等工作目标，经营效益稳步增长。做好旺季期间批量代发工资，增量求突破，存量求提升，实现代发留存最大化。抓企业奖金分红。对有贷户、无贷户、私银客户逐户梳理，明确责任，公私联动。拜访建筑安装企业，认真组织建工分配，科室、网点通力协作，努力提高建工存款留存率。旺季期间网点增设存款窗口，强化服务意识，做好柜面服务，努力提高网点对柜面基础作用的认识。把握春节期间宾朋返乡的契机，做好客户拜访和感情联络等客户维护工作。至12月末：人民币存款余额73亿元。其中：储蓄存款余额30.98亿元，新增6.01亿元；对公存款余额33.6亿元，新增6.07亿元。贷款余额79.82亿元，新增10.83亿元。实现拨备前利润2.5亿元。

【中间业务收入同业和系统居首】 积极推广国际业务新产品，大力发展资本金以及结售汇、外汇结算等业务实现中间业务的增加。围绕特定的客户群体、服务需求、消费领域、增值服务和文化内涵，大力拓展中高端客户。大力拓展个人理财业务、代理保险业务、银行卡分期付款业务。加快电子银行等分销渠道的建设，围绕热点市场和重点客户需求，进一步加快重点产品、特色产品、创收产品的应用推广和宣传力度，坚持把客户的覆盖面和动户率作为评价标准，切实抓好优质客户的维护和拓展。加快机构业务发展，积极开展贵金属集中营销活动，大力发展对公理财业务、同业代理业务，提高机构业务对增加中间业务收入的贡献度。实现中间业务收入1.45亿元，完成目标任务的109.36%。

【表内贷款新增9亿元】 海安支行积极争取表内信贷规模，创新运用金融产品，多方拓展融资渠道，通过委托放款、理财委托、行外银团、供应链融资、银票贴现等方式，为企业筹措资金，全年表内新增公司贷款9亿元。实现对海安县洪恩新农村建设投资有限公司城东镇"北片"万顷良田工程建设项目投放4.3亿元；江苏海安商贸物流发展有限公司"海安县站铁路货场改扩建工程(一期)"项目银团投放3.98亿元，其中县工行2.48亿元；海安高新区城镇化建设管理有限公司"新华河北侧区域产城一体化一期"投放1.05亿元，"朝阳路南延及两侧区域产城一体化工程"实现投放1.2亿元；城市动迁改造有限公司"海安万星路西侧B区地块低价位商品房"项目贷款新增1.75亿元。

【网点运营标准化建设】 根据省、市行《中国工商银行江苏省分行网点运营标准化管理改革指导意见》的要求，支行营运负责人对网点进行多次培训、辅导，详细讲解低柜业务可分流率、高低柜配比偏离值、全窗口叫号率、工作量标准差偏离度、柜员当班率、人均工作量等指标，以此为突破口，全面落实网点运营标准化改革。针对各网点之间的差异，认真分析网点在标准化改革中存在的问题，采取一网点一策略。县工行还利用业务运营平台跟踪所辖网点，开展网点运营监测分析，通过网点间相互比较，提出针对性的改进措施，推进岗位整合、人员和柜口结构优化，确保网点营运标准化落到实处。 (马　华)

中国农业银行海安县支行

【概况】 中国农业银行海安县支行秉承"面向三农、服务城乡、回报股东、成就员工"的使命，积极探索适合海安特点的独特经营管理模式，将推动地方经济建设与自身经营效益的提高有机结合，全力支持和推动县域经济发展。2015年，全行本外币存款总量突破100亿元，其中，个人存款余额68.54亿元，比年初增加5.79亿元；人民币对公存款余额31.58亿元，比年初增加3.48亿元，时点增量列系统内第一；存款日均余额97.73亿元，跃居四行第一，较年初增加 8.87 亿元，任务完成率 91.14%，日均增量列四行第一。

【营销服务体系建设】 绘制金融生态图谱。结合网点软转型，组织 16 家网点全面梳理辖内客户，绘制金融生态图谱，并建立由支行一把手负责，分管行长、部门经理、网点负责人组成的营销团队，对名单制客户主动上门，深入了解客户需求，积极寻找合作契机。落实营销维护责任。在对公客户方面，每月收集海安县新注册企业客户信息并下发，明确营销责任人，强化新开户考核。在个人客户方面，实施“四大营销”，分层落实维护责任，实现贵宾客户有人管、有效管、管到位。

【转型创新体系建设】 渠道转型有序推进。全年建成自助银行、社区便利店 4 家；布放惠农通服务点 232 个。与此同时，物理网点转型有序推进，实现角斜分理处网点迁址升级，全行所有网点实行 6S 管理，并完成重点网点的对公转型导入。平台创新成效明显。开通“E 商管家”电商平台，支持地方种养殖大户做大做强，服务上下游 120 多户客户；与海安中学、海安实验中学等教育机构合作，完善“校园一卡通”项目，有效改善学校师生的用卡环境，方便师生的学习和生活。业务创新范围扩大，率先在全省发放“富渔贷”贷款 100 万元。 （谢朝晖）

中国银行股份有限公司海安支行

【概况】 2015 年，中国银行海安支行以上级行发展战略为指引，围绕省行“质效提升年”定位，积极应对各种挑战，努力实现支行的争先进位。年末，支行本外币存款 101.4 亿元，较年初新增 13.4 亿元，市辖、同业四大行均排名第一；本外币贷款余额 73.65 亿元，较年初新增 5.22 亿元，市辖、同业四大行排名第三；完成国际结算业务量 7.79 亿美元，国际结算市场份额 47.83%，市场份额位居当地及辖内系统第一；实现拨备前利润 2.43 亿元，辖内排名第一；2015 年支行绩效考核列辖内 10 家支行第五。支行被江苏省总工会评为“职工书屋”示范点。海安贵都支行获市行级合规先进网点，海安太平支行获省行级合规先进网点。支行社会捐助资物约 2 万余元。王琳获“2015 年南通市十佳巾帼志愿者”称号。支行未出现有效投诉，奚玉平被评为“2015 年省行级最美一线青年员工”，王军被评为“2015 年度江苏省分行二十佳中后台员工”，卜宪玲入选 2015 年南通分行“最美大堂经理”。

【首笔福农分期业务落地】 支行针对海安县是农业大县，养殖业较为发达，对照支行福农分期产品的特点，对南通科盛海辰饲料有限公司成功授信 1000 万元额度。该笔业务的成功发放，为支行后期福农分期业务的发展积累了经验，为支持当地农业发展做出积极贡献。

【独家签订拥军卡合作协议】 6 月 9 日，支行与县人武部、民政局签订拥军卡合作协议。9 月 7 日，支行成功发放拥军卡 397 张，标志着支行拥军卡项目完美落地。海安支行特设“拥军卡激活”服务点，为“拥军卡”开设绿色通道。

【技能训练】 根据上级行业务技能测评方案，支行制定相应考核办法，将技能成绩与职业生涯发展、年度绩效挂钩，以业务技能为抓手，不断提升员工自身素质和厅堂服务水平。高度重视，狠抓训练。支行一把手多次在会议上强调业务技能的重要性，要求将员工业务技能水平作为部分岗位竞聘的先决条件。分管领导严格把关每次训练计划、考核方案，经常亲临技能教室进行检查指导，鼓励员工刻苦训练、争创佳绩。各网点、部门负责人重视技能培训工作，督促员工勤练习、苦钻研。工会对新入行员工进行统一指导与培训，促进他们养成训练习惯、学会训练技巧、夯实技能基础，尽快提高适岗能力。在员工平时自主练习的基础上，每年在 4 月、5 月、7 月、8 月举办业务技能强化训练班，每天安排专人负责考勤和辅导，次日在内部网站上公布前一天训练成绩；严格按上级行测试标准组织模拟测试，定期对技能情况进行点评。多方齐抓共管，促进业务技能的提升。培养骨干，以点带面。2015 年，营业部李欣代表江苏省中行参加中国银行总行业务技能竞赛，获得对私项目第一名。以技能标兵作引领，在全行大力开展老带新、师带徒和“一对一”帮扶活动，进一步发掘新手、培养技能后备人才，同时对六项全能、高等级能手获得者给予适当奖励，支行技能整体水平得到有效提升。2015 年，全行参测率、综合能手率、机测项目能手率 100%，点钞合格率 94%，一级能手 15 人次，含 2014 年在内共有 10 人达到技能免测标准。李欣获“中国银行业务技能标兵”“2015 年度江苏省分行二十佳柜员”称号，被中国金融工会授予“全国金融五一劳动奖章”。

【基础建设】 完善各网点派驻业务经理队伍，支行 10 家营业网点每家营业网点均配备一名专职派驻业务经理。业务管

“3·15”消费者权益日宣传活动 （县中行 提供）

理部配有两名代职派驻业务经理，有效管控基层网点风险。完成两家网点智能化改造试点，完成曲塘支行的搬迁工作，支行网点布局得到进一步优化。大力推动手机银行网上银行业务和智能网点建设，先后开展用“中行手机银行送百兆流量”及手机银行网点汇款免手续费的相关活动，网点的柜台业务占比明显下降，电子迁移率75%，中行的金融服务更加贴近客户、更加便捷顺畅。

【金融知识普及】 开展金融宣传普及活动。支行多措并举，充分利用各种渠道进行宣传，通过内部网站播放活动的口号，发布金融信息；全行10家营业网点统一使用LED电子显示屏循环播放宣传标语；营业网点设立宣传专柜，摆放宣传牌和宣传资料，大堂经理负责发放宣传手册，为客户提供疑惑解答、受理举报等服务。支行各部门联合开展金融知识微巡展，在人流量较大的汽车站、网点门前摆放宣传展板，通过发放宣传折页、提供现场咨询解答等方式，向广大群众讲解存贷款、征信、人民币、国债、外汇、存款保险等金融知识。活动发放宣传资料1000余份，接受现场咨询约300人次。加深社会公众关注自身信用、爱护人民币、保护金融消费者合法权益的理念，营造出抵制假币、打击非法外汇交易、打击洗钱犯罪的社会氛围，引导消费者合理使用金融新业务，受到客户好评。（张　进）

中国建设银行股份有限公司海安支行

【概况】 2015年，中国建设银行海安支行全面贯彻落实总分行综合性、多功能、集约化、创新、智慧的转型发展战略，以提升价值创造能力、同业竞争能力和风险控制能力为目标，着力提高发展质量和效率，各项业务取得长足发展。各项存款稳步增长。一般性存款余额102.4亿元，其中：企业存款余额55.3亿元，储蓄存款余额47.1亿元。一般性存款比年初新增11.2亿元，增长率12.25%，系统内排名第一。其中企业存款比年初新增8.1亿元，增长率17.18%，系统内排名第一；对公存款年日均余额同业第一，新增同业第一。支持实体经济力度加大。贷款余额67.7亿元，其中：对公贷款余额48.2亿元，个人贷款余额19.5亿元。贷款年日均余额同业第二。全行不良资产1105万元，信贷资产不良率0.16%，为系统内和同业最佳水平。通过股权收益型理财产品和债权收益型理财产品为县两家骨干企业分别募集资金2亿元和1亿元。2月8日，建设银行大公分理处开业。

【17.65亿元政府存量债务置换项目】 抓住政策窗口期，成功申报17.65亿元政府存量债务置换项目。该项目是当年全省建行系统县域范围单体规模最大的项目，也是建设银行海安支行有史以来获批落地的最大项目。

【化解中小企业融资难题】 加强创新产品运用，进一步满足中小企业客户融资需求，缓释中小企业融资担保难的压力。积极拓展“助保贷”“税易贷”业务，助保贷贷款获批3户，授信金额1900万元，当年投放1户，金额300万元，获批客户数和金额在南通县（市）支行中位居第一。“税易贷”获批1户，金额48万元。

【特色业务】 针对建筑工人群体，创新开发鲁班龙卡，实施该卡全国范围内的取款和汇款的免费优惠政策，全年鲁班龙卡发卡7万多张，在南通全市名列前茅。独家承办全县居民的社保卡业务，发卡量超70万张，县建行员工利用双休日、节假日组织员工走进社区、走进乡镇为居民激活卡内功能，加大社保卡行业应用，逐步将社保卡打造成海安居民的“第二张身份证”。积极创新某集团股权质押贷款业务，在系统内率先落地，当年新增额系统内第一，方便了股东个人盘活资金。推出交通龙卡信用卡，为车主提供获赠OBU免费赠送、高速公路收费站ETC通道免等待绿色畅行、车辆维修、年检等服务，受到广大车主青睐，当年发卡量突破1万张。（徐劲柏）

江苏海安农村商业银行股份有限公司

【概况】 2015年全行上下积极推进市场化、制度化、民主化“三化”经营导向深度融合，围绕年度工作目标和10项重点工作，狠抓业务发展，加快转型升级，强化风险管控，不断提升经营管理水平，各项业务实现预期发展目标。年末，存款余额374.52亿元，比年初净增50.57亿元，增幅15.61%，存款市场份额33.44%；贷款余额248.9亿元，比年初净增20.35亿元，增幅8.9%；贷款市场份额32.52%，不良贷款比例1.08%，保持全省农商行系统最低；实现收入27.28亿元，净利润5.15亿元。监管评级晋升二B级，主体信用评级升为AA级，省联社等级管理考核连续三年AAAAA级，2014年省联社等级管理考核第一名，在2015年9月英国《银行家年鉴》杂志公布的国内银行排名中，该行位列国内银行第135位，上榜

建筑工人徐劲柏喜用鲁班龙卡　（县建行　提供）

农商行第26位,县(区)农商行第10位。

【上海资金人才中心】 12月10日,海安农商行上海资金人才专营中心成功运营。上海资金人才专营中心是海安农商行金融市场业务和高端人才孵化的前沿,标志着海安农商行成为南通地区首家入住上海浦东陆家嘴金融圈的农商行,是经营战略转型又一重大突破。中心的设立,是海安农商行加快金融市场业务发展步伐、积极应对利率市场化改革的有益探索。借助上海资金人才专营中心的平台,依托陆家嘴核心金融集中区优越地理位置,与上海金融同业开展广泛深入的交流与合作,推进海安农商行金融市场业务创新发展。

【新业务开办】 海安农商行顺利通过合格审慎评估,成为全省首批利率定价自律机制成员,成功发行同业存单14期,累计发行金额42.1亿元,成功发行4期大额存单,发行金额2亿元,是全省首批发行大额存单的农商行。顺利取得信贷资产证券化业务资格,率先成功发行首期信贷资产证券化产品,发行金额3.12亿元。外汇业务不断做大,2015年,全行实现国际结算量16791万美元,同比增长5396万美元,实现外汇收入311.74万元,同比增长130.31万元;顺利取得合作办理远期结售汇业务资格,累计办理22笔,金额1330万美元。

【支农支小】 围绕涉农贷款"两个不低于"、小微企业贷款"三个不低于"目标,海安农商行不断加大实体经济支持,有效带动县域经济发展。全面开展"增户扩面"工程,以"增户扩面"为重点,加强走访营销,筛选目标客户,挖掘有效信贷需求,拓宽信贷客户覆盖面。2015年,全行客户15352户,其中自然人客户13800户,对公客户1552户,信贷客户总数较年初增加2948户。全年走访重点企业106家,现场签约48家,签约授信金额2.38亿元,先后举办全县服务物流产业项目对接会和支持新型农业经营主体产品发布会等系列专场营销,现场签约授信1亿元。

【金融产品创新】 以客户为中心,积极推进信贷产品要素差异化,实行标准化产品差异化管理,适应"三农"发展需要;针对新兴产业发展需求,先后推出"组合贷""科技贷"、农村土地承包经营权抵押贷款等多款信贷产品,推出"创易贷",有效满足青年创业需求,围绕居民消费信贷需求,开发"信易贷""亲情贷""精英贷"等信用贷款产品。12月末,全行信贷新产品应用802笔,累计贷款金额6.92亿元。加强存款产品创新,提升存款利率定价能力,先后推出"聚惠宝""定活通"等特色存款产品,进一步丰富客户理财渠道,增加客户黏度。先后开办代收水电费、有线电视费等,全年办理10228笔,金额14440.34万元。

【拓宽电子渠道】 深耕"普惠金融",以客户需求为中心,不断丰富完善电子银行功能,继续加大金融IC卡推广力度,累计发行IC卡95122张,与县总工会合作开办工会会员联名卡,并承担会员卡的制作和开发工作。加大移动银行推广力度,正式上线省联社微信银行和易信银行,不断丰富微信银行使用功能,强化营销手段,全行微信银行客户突破22万户。进一步调整优化农村金融综合服务站布局,共发展"易捷通"特约商户499户,分布在全县210个行政村,行政村覆盖率100%。继续推进自助银行、自助银亭建设,先后建设开通自助银亭10个,自助银行1个。 (陈 菲)

中国邮政储蓄银行股份有限公司海安县支行

【概况】 邮储银行海安县支行积极开拓新业务、加大营销力度,加快转型发展,加强风险防控管理,强化员工队伍建设,各项工作取得较好发展。截至12月底,实现收入9011.59万元,利润4872.8万元,个人存款余额17.56亿元,公司存款余额14.22亿元,代理销售保险9361万元,信贷总余额96168万元。

【支持海安国家现代农业示范区建设】 积极开拓农村市场,全面支持海安国家现代农业示范区建设。在支持种养大户、家庭农场、农民专业合作社、农业龙头企业等新型农业经营主体方面,县邮储银行利用政府支持三农的政策,积极宣传推广惠农产品,为新型农业经营主体提供全方位的金融产品服务。年底,县邮储银行对农民专业合作社、家庭农场、种养大户等新型经营主体累计发放惠农贷款近2000万元。在支持涉农小企业贷款方面,县邮储银行充分利用政策性担保公司大力发展涉农小企业贷款,重点支持家惠油脂、华润食品、婷婷食品等农业龙头企业,涉及粮油加工、家禽养殖、饲料生产、粮食加工等多项农业项目,年底,对涉农小企业累计投放4100万元。在支持农业科技转化方面,县邮储银行大力支持种养殖专业户以及农民专业合作社,推进农业科技推广进程。在县邮储银行100万元"富农贷"的支持下,海安县仲洋羊业专业合作社,直接拉动周边10多个村委会200多个农户同步发展,推广高架养羊技术。在支持海安县各级农业产业园区方面,县邮储银行积极响应政府推行的土地流转政策,对雅周现代农业园、海安现代渔业产业园、大公山羊产业园、海安镇优质水稻产业园园区范围中的优质种养殖大户、水产养殖户、渔业捕捞户进行重点资金支持,加快实现农业结构调整,提高土地产出效益。

【贸易金融业务】 县邮储银行积极向上级行争取融资规模,探索通过资产买卖实现融资投放的途径。2015年通过贸易金融业务的推动,以福费廷业务产品为主要抓手,买入辖内同业的国内信用证等信贷资产计12.8亿元,并持有到期,将县邮储银行资金充足的比较优势与他行信贷规模偏紧的现状有机结合,实现向县中小企业和政府融资平台等客户间接投放信贷资金。同时积极探索国内信用证项下其他产品,实现1.67亿元国内信用证议付,并办理全省首笔自营福费廷业务,实现南通市邮储银行系统国内信用证产品的全种类突破。被省分行推荐为总行级贸易金融业务特色支行。

2015年县邮储银行为59家小微企业累计直投贷款2.83亿元,涉及养殖、建筑、机械等行业,被评为省行级小微企业金融业务特色支行。同时为解决实体企业融资难的问题,实现银行承兑汇票贴现15.54亿元。 (郭洪伟)

保 险 业

综 述

【概况】 2015年保险主体较快增长。全县保险主体增加到38家，同比增加3家。其中财产险机构14家,人身险机构22家,中介机构2家。以上保险主体入会的35家,其中财产险机构14家,人身险机构20家,中介机构1家。业绩规模持续攀升。35家会员单位年度实现保费收入15.76亿元,同比增长9.65%;其中:财产险机构5.53亿元，同比增长10.39%;人身险机构10.16亿元,同比增长9.23%;中介机构0.07亿元,同比增长12.55%。纳税贡献同步增长。有26家保险机构在海安纳税7403.42万元，占全县纳税额的1.41%。其中营业税2897.93万元,占1.68%;个人所得税1056.37万元，占1.89%。车船税3227.12万元,占100%。全县保险业人均纳税额24678.08元。中国人寿海安支公司被评为省市县文明单位，人保财险和国寿财险海安支公司被评为市县文明单位。年内保险机构获全国系统先进集体奖6个，先进个人奖6人次；省级系统先进集体奖14个,先进个人奖11人次。

【服务实体经济发展】 人保财险海安支公司与县政府联办共保政策性农业保险,持续扩大高效规模农业险种。全年保费规模7596.90万元，同比增长7.68%,并新增蛋鸭、南美白对虾、螃蟹等险种,累计承保高效规模农业险种15个,占保费收入的66.93%,再创历史新高。太保财险海安支公司与人保财险共保部分高效规模农业险种,实现零的突破。

以人保财险海安支公司首席承保，太保财险、阳光财险、紫金保险、平安财险等保险机构共保环境污染责任险49家企业,签单保费94.2万元,提供风险保障5600万元。

人保财险海安支公司积极承保产品责任、安全生产、出口信用、专利执行、从业人员意外伤害、诉讼财产保全、食品安全等责任保险,服务企业198家,签单保费294.64万元，提供风险保障16.48亿元,为经济发展提供了有力支撑。

【服务民生与社会】 中国人寿、人保财险、太保财险和太保人寿等保险机构继续承保农村小额人身保险，参保农民11.54万人次,保费收入476.09万元;到2015年年底(6个月保险期)赔偿256.39万元，其中死亡赔偿45人次、112.82万元。中国人寿、人保财险和太保人寿分别承保老年人意外伤害险、计划生育“全家福”保险、“惠民一卡通”家庭财产人身意外组合险等险种，填补农民意外伤害险的空白。

人保财险海安支公司继续承保全县城乡居民大病保险，参保人数84.1万人,签单保费5431.18万元;截至12月累计赔付8223人次、3036.32万元,最高赔案27.2万元。人保财险海安支公司组织专业团队,开发理赔系统,为群众提供“一站式”服务,基层组织和参保群众反映良好,年终县医保中心测评为优秀。县城乡居民大病保险管理工作省内领先,经验在全国管理系统推广，年内接受国家审计署、保监会专项检查并获好评。

人保财险海安支公司承保校园方责任和女性特定疾病等责任保险，签单保费30.3万元，提供风险保障5亿多元。中国人寿、太平洋人寿、人保寿险、友邦保险等许多保险机构推出重大疾病、意外伤害和集教育、养老及资产保全的家庭综合险,针对成年人和儿童的重疾险,针对老年人的重疾、失能、防癌和长期护理险等。一些保险机构承保电梯责任、雇主责任、公众责任、物业管理企业责任、医疗机构执业责任、旅行社责任等责任险种10多个,保费收入927.56万元,保额57.49亿元，增强社会和家庭防范风险的意识和能力。

【接待处理信访投诉】 协会重视信访投诉的接待与处理,落实会员单位责任制,季度有通报,年度有报告。督促保险机构建立总经理接待日制度，店堂显著位置公示接访事项，公司经理轮流值守接访岗位，做到事事有交代，件件有落实。2015年协会接待处理信访、投诉31件次,同比减少6件次。继续做好因投连险收益问题引发的上访。从有效投诉角度分析,开展“零信访投诉”保险机构创建工作,“零信访投诉”保险机构达到32家,比2014年增加5家,占会员单位的94.12%,实现“年度零信访保险机构达到三分之二”的目标。

【保险纠纷调处】 县保险协会在法院设立窗口,安排专人值守,配合涉保案件调解,促进诉调对接工作。2015年配合法院调解保险合同纠纷28件,案值174.28万元。组织各财产险机构派驻县城交通事故联调快处中心，配合公安交警对轻微交通事故开展联调快处，为群众提供方便快捷的“一站式”估损、理赔服务。共调处案件6934件,案值2821.8万元。国寿财险海安支公司依靠县物价局的支持,建立保险理赔绿色服务站,邀请物价部门入驻，正常开展保险理赔价格评估服务。

【开展公益宣传】 持续开展保险公益宣传,正常通过报纸、电视宣传,组织712人次参加全省保险知识竞赛。与公安交警合作,每周三在电台开播“交通生活”特别节目,全年播出44档,听取听众意见建议,开展互动交流。重视网络舆情。协会通过“海安石板街”“海安漫思”等“百姓沙龙”网站发帖、回帖,接收群众投诉,实施社会监督,加强沟通交流。就防范非法集资、交强险承保、节假日高速公路轻微事故快速理赔等问题主动发帖,对网民批评、咨询、求助及时回帖,全年发帖4个,回帖7个。参与“3·15消费者权益日”活动。协会印发《保险消费者维权基础知识》5000份，参与政府组织的广场宣传活动。参加县委宣传部、县社科联组织的“第四届社会科学普及周活动”,宣传保险知识,开展现场互动,发放消保维权材料。

【组织“7·8全国保险公众宣传日”活动】“7·8全国保险公众宣传日”，县保险协会组织20多家保险机构的100多名干部职工,在县城新世纪广场开展宣传,发放公益宣传材料,在“海安石板街”和“海安漫思”等网站发帖,各会员单位张贴主题海报105张,13家保险机构组织96名员工进入社区设立咨询展台，发放宣传手册近1500份，接待咨询群众4500余人。15家保险机构安排总经理接待日活动，12家保险机构邀请消费者代表、社会公众走进公司，了解承保、理赔流程，沟通交流情况，参加群众320人次。

【开展消保维权和放心消费创建活动】 贯彻保监局消保维权工作要点，组织会员单位扎实开展放心消费创建活动。年内保险行业协会被评为江苏省和南通市放心消费创建活动先进行业协会。

5月，协会编制《海安县保险业放心消费创建实务指南》，发至会员单位，并对各保险机构经理和专职人员进行创建实务培训。10月，协会通过县市场监管局，组织基层干群对申报“诚信保险示范单位”的保险机构开展测评，共发出、收回测评表190份。

会同县文明办、放心消费创建办和消协发出《关于印发海安县“诚信保险示范单位”考核评选办法的通知》，组织开展“诚信保险示范单位”考核评选活动，从经营资格规范、组织体系健全、开展公益活动、公众宣传制度、信访投诉和纠纷调处、诚信自律等方面对保险机构进行综合考评。年终经自愿申报、考核打分、消费者测评和媒体公示等程序，评出“诚信保险示范单位”4家，由放心消费创建办公开表彰，发给证书和奖牌，并在媒体公开宣传。 （罗 骏）

中国人民财产保险股份有限公司海安支公司

【概况】 2015年，人保海安支公司在总公司“深化以客户为中心的转型”战略指导下，认真领会省、市分公司“超越、转型、幸福”的新内涵、新要求，以“双超、双优”为目标，坚持“聚焦三大产品，实现市场超越；聚焦内部管理，实现持续发展”的经营管理思路，持续提升销售、管理、服务“三大能力”，为地方经济建设、社会大众和民生事业提供优质保险服务。公司实现保费收入2.41亿元，同比增长12.86%。荣获总公司“学习先锋团队”、南通市分公司“农业保险综合管理先进单位”“理赔质量管理先进单位”“优质服务窗口”等荣誉称号；荣获南通市“2013-2014年度文明单位”“放心消费创建先进企业”、海安县2015年度“安全生产先进单位”等，获海安县保险行业2015年创新争优活动一等奖，受到县政府金融办和保险行业协会的表彰奖励。

【服务民生】 公司以“发挥保险功能，服务和谐海安”为己任，充分发挥保险经济补偿、社会稳定等功能。2015年，公司继续服务海安县城乡居民大病保险业务，全年赔付10825人次，赔款金额4961.7万元。接受国家审计署的专项检查并获得好评，海安大病保险模式在全国范围推广。同时，公司围绕海安经济发展和民生建设大局，进一步扎实做好责任保险、信用、意外保险等工作，开展保险补偿。2015年主承保环境污染责任保险，提供风险保障5600万元；承保安全生产责任保险，提供风险保障5600万元；承保出口信用保险，提供风险保障2.8亿元；承保商务厅财政补贴境外工作人员意外伤害保险，提供风险保障1.1亿元；承保南通市超过法定退休年龄从业人员从业伤害保险，提供风险保障11.36亿元。此外，公司还积极开拓新险种，拓宽服务保障范围。新开办食品安全责任保险，提供风险保障1000万元；开办专利执行保险，提供风险保障50万元；开办女性特定疾病保险，提供风险保障32.9万元；开办诉讼财产保全责任保险，提供风险保障500万元。

【网点建设】 9月28日、10月27日，公司南莫营销服务部、城东营销服务部相继开业，营销网点涵盖李堡、城东、曲塘、南莫、墩头五大中心乡镇。同时，公司进一步推进营销服务部向二级支公司“裂变”，各营销服务部实现网点现场出单、涉农业务查勘定损、车险理赔查勘咨询、交叉销售等功能的落地，为广大农村居民提供“家门口”的保险服务。

【农业保险】 2015年，公司农险工作继续保持全辖领先，新承办螃蟹、南美白对虾保险，政策性农险累计开办险种15个，实现高效规模农业保险占比66.93%，位居全市第一。为全县52.89万户（次）农户提供种植业、养殖业风险保障15.77亿元，当年赔款2878.12万元，受惠农户13.23万户（次）。成功与县农险办续签海安政策性农业保险五年期合作协议。 （吴彬冰）

中国人寿保险股份有限公司海安支公司

【概况】 2015年，中国人寿海安支公司积极应对经济发展新常态，全面做好调结构、增效益、防风险、稳增长各项工作，多项业务指标取得较好成效。全年实现保费收入4.12亿元，比上年增长22.16%。其中，新单保费收入1.71亿元，十年期及以上首年期缴保费收入3901.12万元，短险保费收入2297.04万元。

学雷锋日活动 （县保险协会 提供）

太平洋产险海安支公司　　（县保险协会　提供）

【保险业务结构调整】 2015年，海安支公司在业务总量增长的同时，个险、银保、团险三大渠道业务结构进一步优化。全年实现期缴保费7501.58万元。其中，十年期及以上首年期缴保费3901.12万元，比上年增长31.64%。短险保费2297.04万元，比上年增长8.46%。新单创费率、新单创佣率、短险赔付率、综合退保率、费用控制率等关键指标持续优化。

【优化管理】 公司以全面风险管理为核心，以监管法规为依据，健全内控与风险管控体系，不断提升公司依法合规经营水平，保障公司健康可持续发展。监察工作方面，从源头上防范经营风险，深入开展效能监察，推进反腐倡廉建设工作，抓好惩防机制建设，抓好案件信访工作，提高案件查访管控水平。销售督察方面，持续开展诚信销售教育工作，让诚信理念走进职场、走进社区，着力加强对违规销售行为的防范、监督和查处，有效控制经营风险。内控合规方面，加强对关键人、关键岗、关键风险领域的重点防范。财务管理方面，强化财务预算管控的严肃性，严格执行财税政策，保证财务数据真实性。客户服务工作上，公司持续抓好柜员素质提升工程，加大培训力度，规范双核（核保、核赔）双调（生调、理调）队伍管理，加强契约初审人员队伍建设。宣传工作上，公司有多篇信息报道在《中国保险报》《中国人寿》《江苏保险》等报刊上发表。公司“国寿爱行社”组织的公益活动受到社会的广泛好评。被江苏省放心消费创建办公室评为2015年度省放心消费先进单位，连续15年获得南通市、海安县文明单位。（程太和）

其他保险企业概况

【太平洋产险海安支公司】 2015年，中国太平洋财产保险股份有限公司海安支公司实现保费收入9718.15万元，其中车险8302.99万元；非车险1415.17万元；简单赔付率58.04%。保费规模位列海安县保险机构第2位，市场份额18.66%，全年简单赔付率58.04%，综合成本率91.13%。综合成本率与2014年同比有较大的下降，取得较好的经营效益。成功与县政府签订联办共保协议，并与人保公司成立共保体，共同开办政策性内塘螃蟹水文指数、南美白对虾养殖保险，成为南通市太保辖内唯一一家与政府合作开办政策性农险业务的机构，实现农险业务零的突破。公司完成税收572.5万元，积极参与社会公益活动，为地方三个文明建设做出一定贡献。再度荣获太保产险江苏分公司“先进集体”“十佳服务门店”称号，被评为全辖“最美门店”。（曹海斌）

【太平洋人寿海安支公司】 2015年太平洋人寿保险股份有限公司海安支公司拥有外勤代理人队伍189人，内勤管理层员工20余人。公司各项工作得到快速发展。年底，实现保费收入9771.02万元。公司在追求业务增长的同时，加强与政府部门合作，积极开拓小额农村人身保险和独生子女保险业务。其中小额农村人身保险主要服务于高新区和南莫镇，年内参保人数16403人，保费收入53.38万元。截至12月31日，理赔金额26万元。

公司各条线遍地开花，法人渠道条线获省公司“十佳县支”称号，服务营销条线获省公司渠道客经海豚银奖、“十佳诚信典范”称号、获市公司“机构贡献奖”，个险条线、法人渠道被评为市公司先进经营单位。（袁春燕）

【平安产险海安支公司】 2015年，中国平安财产保险股份有限公司海安支公司遵循“专业·价值”的经营理念，在实现公司价值的同时为客户创造价值。稳抓互联网快速发展的机遇主动作为，持续探索创新车险理赔服务模式，通过从销售到理赔的全过程客户服务建立良好的市场口碑。实现保费收入5550万元，同比增长40.9%，超市场增速29.78%，已报告赔款2383.20万元。

通过客户需求挖掘和细分目标市场，开发出多款市场反应较好的创新型产品，如“碎屏险”“航班延误险”等。同时，平安产险连续8年升级服务标准，通过大数据挖掘客户需求，在业内首次推出赔款即时到账、零查勘简易理赔、电话直赔、微信理赔等服务举措，持续引领行业服务水平提升。（刘华峰）

【平安人寿海安营销服务部】 2015年平安人寿海安营销服务部拥有5个营业网点，8个营业部，外勤代理人队伍552人，内勤管理层员工30余人。年内新增首期保费4260万元，续期保费4亿元，累计保费4.5亿元，为客户提供保障12亿元。在保险业务方面，积极推进“一个客户、一个账户、多个产品、一站式服务”的模式，通过互联网将服务融入客户的“医、食、住、行、玩”等各项生活场景，使海安县5万多名客户足不出户就可以享受平安人寿APP的贴心服务。

在保险理赔服务方面，平安人寿海安营销服务部在行内首推“标准案件，资料齐全，三天赔付”的服务承诺，两个工作日理赔结案率98%。对特殊事件开辟理赔绿色通道，采取提前赔付，后期主动上门收集理赔资料，将“客户至上”的服务理念落实到实际行动上。2015年给付客户最大赔案为218.65万元。

平安创新推出平安人寿APP、平安好医生，通过参加平安人寿各项活动，享受平安提供的各项抽奖回馈；享受一年免费的“一对一”线上副主任医生服务；同时推出线上意外保障产品“百万任我行”，低保费高保额解决客户意外保障问题。全年举行保单年检活动400场，帮助客户进行家庭保障需求分析，完善保障缺口。（祝建华）

【国寿财险海安县支公司】 2015年，国寿财险海安县支公司有员工42人，实现保费收入6250万元，列南通全辖县支公司第一位；市场份额11.43%，居全县财产险公司第三位；保费收入同比增长21.44%，增加1101万元。结案7100件，立案6894件，车险结案率89.8%，列全辖县区经营单位第二。7月获江苏省分公司“全省系统2014—2015年度先进基层党组织”；8月荣获国寿财险总公司“保险业学雷锋活动先进集体奖”；12月，公司荣获“2013—2014年度南通市文明单位”称号。（张志林）

【天安财保海安支公司】 2015年天安财产保险股份有限公司海安支公司有正式员工9人，聘用员工2人，代理员工10人。圆满完成年初既定的各项目标任务，实现保费收入1288.48万元，同比增长5.5%。其中车险保费828.34万元，较上年增长11.94%。险种结构分析，非车险占比35.72%，车险占比64.28%。全年赔款支出768.45万元，已决赔付率68.54%。10月，公司承保的江苏海宏建设工程有限公司船舶险，保费收入35万元。扬州市金秋有限公司两工人意外受伤抢救无效死亡，公司赔款100万元。

公司在2014年设立专门网销渠道，新成立专门银保“保赢一号”部门基础上，又开发新的车险承保平台“创盈平台”，整合既有资源，建设薪酬分配体系，设置业绩评价考核兑现的原则，尤其是以银保“保赢一号”业务为契合点与各家银行合作模式，营造“双赢”的局面；网销、创盈平台通过公司周密部署、积极协调，业务人员积极配合，保费业绩在南通全辖名列前茅。

8月，公司开展安全生产大检查，针对存在的问题和薄弱环节按照定人员、定时间、定措施的原则制定整改计划，落实整改措施，严防事故发生。公司由领导带队帮助客户企业排查风险隐患，对有风险隐患的企业下达整改通知书，规定整改时限。（洪　月）

【安邦财保海安营销服务部】 安邦财产保险股份有限公司江苏分公司海安营销服务部是一家经营财产保险、意外伤害保险和短期健康险等业务的财产险公司。全年实现财产险类保费收入455万元，银保业务过亿元。（刘雪梅）

【农银人寿海安营销服务部】 农银人寿保险股份有限公司江苏分公司海安营销服务部是设在海安县的分支机构。原为嘉禾人寿保险股份有限公司海安营销服务部，位于海安县长江中路93号2-701室（海安贵都大厦B座7楼），内勤员工6人，外勤员工58人。农银人寿2015年海安营销服务部遵循“以信立业、以实求健、以新创绩、以效争优”的经营理念，“诚实立业，稳健行远”的公司司训，立足海安为客户提供高品质的保险保障和财富规划服务。实现保费收入2586.68万元。（邓宝兰）

【友邦保险海安营销服务部】 2015年，友邦保险有限公司江苏分公司南通市海安营销服务部大力推行“易计划”，构建“以服务为驱动力”的企业文化，通过优化内部流程，改进客户体验，提升服务意识和专业能力，不断创新增效，以提升核心竞争力。年底，公司拥有内勤员工2人，其中本科及以上学历占比100%；营销员31人，持证率100%。（朱　奇）

【人保寿险海安县营销服务部】 2015年中国人民人寿保险股份有限公司南通中心支公司海安县营销服务部在总公司全面转型发展的九字方针（稳增长、重价值、强基础）指引下，积极推进机构转型，扎实工作，很好地完成了各渠道业务。年内实现保费收入2.61亿元，同比增长13.5%；其中个险渠道实现规模保费收入9196.26万元，期交保费收入576.08万元；银保渠道实现规模保费收入1.65亿元，期交保费收入234.2万元；团险渠道实现规模保费收入147.03万元，完成2015年全年度任务。个险团队新增人力132人，银保渠道综合理财团队建立，新增20人。（吴贵阳）

【信达财保海安支公司】 2015年信达财产保险股份有限公司海安支公司有正式员工7人。公司主要经营机动车险、企业财产险、雇主责任险、人身意外险、工程保险、家庭财产保险等险种。年内实现保费收入800万元。公司网销渠道完善，客户在网上可以直接自己下单，方便快捷。（李昕蔚）

【合众人寿海安营销服务部】 2015年合众人寿保险股份有限公司江苏分公司海安营销服务部实现总保费1184.08万元，同比上涨6.96%，其中，新单业务保费267万元，同比增长84.14%；续期业务保费917.08万元，同比下降4.7%。其中个人代理渠道保费267万元，同比增长84.14%。从险种结构来看，寿险业务保费223.9万元，同比增长63%；健康险业务保费42.3万元，同比增长522%；意外险业务保费0.8万元。（陈　宸）

【阳光财险海安支公司】 2015年，阳光财产保险股份有限公司海安支公司不断升级以“闪赔”“直赔”为特色的理赔服务，推出小额人伤协商快赔服务，同时升级非道路事故救援项目，免费为客户换胎、送水、送电及送油服务，得到客户的高度认可。继续入围海安县公务车定点保险机构和海安县环境污染责任险共保体。公司承保车险、财产险、短期意外、健康险，险种保费结构合理，全年完成保费1339.08万元。（马　卫）

【中华联合财险海安支公司】 中华联合财产保险股份有限公司海安支公司保费收入1603.52万元，较上年增长16.61%，赔付率54.24%。2015年度作为公务用车中标单位之一，成功与工商局、法院、公安局等单位合作。

公司积极参加放心消费创建，被评为“诚信保险示范单位”，并获县保险协会年度争先创优三等奖。实行全方面理赔指引咨询，让客户省心更安心。1000元以下私家车非人伤案件，零单证一个工作日赔付；赔款金额在1000元以下人伤案件，伤者对定损金额事故无异议，无须提供医疗手续，查勘人员现场收集相关资料及影像齐全，无须客户提供更多单证并在一个工作日内完成理赔；10000元以下非人伤案件，手续齐全一个工作日赔付；对于较大的人伤案件，公司查勘人员提供人伤事故调解和法律咨询，协助客户与第三者达成有效赔偿协议，避免客户不必要的损失和事故处理纠纷烦扰。（王美芹）

【紫金保险海安县营业部】 2015年，海安紫金保险实现保费收入725万元。成功中标省、市内一些重点建设工程运营期的环境污染责任险、物业责任险和财产一切险项目，积极为承保单位提供风险保障。海安紫金保险的"南通海安路救办"积极承担政府道路救助及社会公共事业义务，全年垫付救助基金51笔、152万元，用于道路交通事故抢救费用垫付；全年为肇事逃逸案件受害者垫付5件、103万元。（翟海燕）

信用担保

【概况】 2015年，海安各担保机构走访调查企业2000家以上，实际为1191家企业提供融资担保服务。在保企业中有95%的是全县中小微企业，众多企业在县担保机构的倾力支持下，化解了融资担保难题，走上县重点企业的行列。县担保公司通过财政资金引导，社会资本投入，实收资本从680万元增加到3.10亿元，员工从当初的3人增至28人，运营能力、担保能力日益增强。担保总额59.24亿元，其中县担保公司为387家企业提供36.28亿元担保贷款，累计为全县4100家企业提供169.08亿元融资担保；海陵担保公司为辖区企业提供17.96亿元担保贷款；开发区担保公司为辖区企业提供5亿元担保贷款。县担保公司连续多年被南通市评为先进担保机构，担保业绩在全市遥遥领先，在全省名列前茅，多次受到国家、省财政资金奖励，被评为江苏省中小微企业融资服务十佳明星单位，被评为市先进担保机构、省担保行业30强。

【担保创新】 县担保公司充分挖掘企业内外资源，在资金效率、资产利用、生产管理和营销运行上下功夫，帮助企业把有限资金充分利用，提高效率效益。县担保公司将企业有形资产充分放大，开辟的新上项目"预登记"、存量资产增值、库存产品协约等担保措施，为114家企业取得10.08亿元贷款支持；企业无形资金充分利用，通过全信用直保、品牌、专利、股权、应收账款质押，为45家企业取得9.52亿元贷款支持；企业外部资源充分发挥，开辟的第三人反保、互助联保、政保合作、再担保等，为228家企业取得16.68亿元贷款支持。在2015年全县"银政企携手攀新高"活动中，县担保公司与金融机构共同上门服务，相互提供信息，让众多中小企业在最困难时取得银行贷款。与21家银行合作，银保合作量质并举，县农商行、江苏银行合作担保额成倍增长，其中江苏银行在保余额6.88亿元，农商银行8.76亿元，中行、兴业、浦发、建行等合作提速加快。县担保公司与省再担保的合作获得省市主管部门好评，成为全省最优秀再担保主办机构。

【担保管理】 县各担保机构建立和完善风险管理制度。其中县担保公司从源头把关，明确禁令规定，明确人员职责、操作细则、保前受理、尽职调查、审核审批、第一责任人、保后督查、业务质量考核、业务台账管理、日常管理等风险管理制度。通过监督和考核，海安担保机构业务质量意识、风险意识、专业意识大大增强。县担保公司2015年走访企业1400多家，存量担保率92%，新增客户43家，新增担保额2.37亿元。企业申报项目成功率90%以上，在保客户回馈率90%以上，银保合作成功率98%以上。每季回访服务满意度100%。对符合条件的担保申请快速办理，对符合条件但资料不全的企业协助办理，使担保应急迅速到位；对不符合条件的申保企业，不简单回避，而是耐心解释，并提供咨询和其他服务，真正做到有求必应，得到全县企业、金融机构和各级主管部门较高评价。（周和春）

应急基金

【概况】 为积极应对复杂的经济形势，帮助会员企业渡难关、促发展，县应急基金管理中心再次增员扩资，全年应急基金增至7100万元，会员企业增加到132家，规模扩大，应急能力增强。县应急基金管理中心累计为全县2278家企业提供142.12亿元应急基金服务，其中2015年应急基金为382家企业提供24.63亿元应急服务，成功化解众多会员企业资金链断裂风险。

【应急服务】 应急基金管理中心一切从会员企业利益出发，2015年应急基金会员回访率100%，申请使用当日办结率100%，贴息到位率100%。全年应急的382家企业中超过28%的企业因有应急基金而得以渡过困境，有42%以上的因应急基金而得以正常生产和发展，有30%的企业由于没有资金还贷压力，发展速度加快。

全县应急资金规模小，需求量大，县应急基金管理中心内调外借，想方设法帮助企业，确保企业资金不断链，以7100多万元资金帮助会员企业还贷款24.63亿元，其中为重点企业应急超过60%。应急基金需求最高峰时，日需资金超过5000万元，前10家应急大户使用最多的一年超过亿元。文风集团等企业因资金回笼紧张等原因，还贷压力加大，县应急基金管理中心高效、多频率提供应急，使企业渡过难关。"海安应急基金"受到众多企业高度评价，得到上级领导好评，各级媒体多次进行报道。

（周和春）

政党　政权　政协

Political Party　Political Power　The Chinese People's Political Consultative Conference

政府广场　章　丽绘

◎ 责任编辑　季陈娟

中共海安县委

重要会议

【县委十二届八次全体会议】 7月29日在县行政中心东附四楼报告厅召开。县委书记陆卫东代表县委常委会作《抢抓"一带一路"战略机遇，全面推进重点领域改革，奋力推动海安经济社会发展迈上新台阶》的报告。

会议学习贯彻党的十八届三中、四中全会和中央、省委、市委一系列重要会议精神，总结上半年工作，部署下半年任务，动员全县上下抢抓"一带一路"战略机遇，全面推进重点领域改革，奋力推动海安经济社会发展迈上新台阶。会议提出，下半年要重点抓好更大力度保持经济平稳较快增长、坚持不懈推进科技创新、扎实做好"三农"工作、全面提升新型城镇化水平、着力提升民生保障水平等五个方面工作。会议指出，要准确把握"一带一路"战略的丰富内涵，找准"一带一路"战略与海安发展的结合点；要加大对优质项目的招引力度；要加快建筑业、优势产品、资金和技术"走出去"步伐；要提升商贸物流产业园建设水平，强化商贸物流辐射能力。

【县委十二届九次全体会议】 12月31日在县行政中心东附四楼报告厅召开。县委书记陆卫东代表县委常委会作《践行五大发展理念，弘扬创新争先精神，为全面建成小康社会而努力奋斗》的报告。

会议学习贯彻党的十八届三中、四中、五中全会和习总书记系列重要讲话特别是视察江苏重要讲话精神，贯彻落实省、市全委会和中央、省、市经济工作会议精神，总结2015年工作，部署2016年任务，谋划"十三五"发展，动员全县上下解放思想，开拓进取，凝心聚力，攻坚克难，为建设"强富美高"新海安、全面建成小康社会、积极探索开启基本实现现代化新征程而努力奋斗。会议高度评价"十二五"时期海安经济社会发展取得的重大成就。审议通过《海安县国民经济和社会发展第十三个五年规划纲要》(讨论稿)。会议强调，实现"十三五"美好蓝图，必须把创新、协调、绿色、开放、共享"五大发展理念"作为贯穿"十三五"乃至未来相当一段时期的行动指南。会议提出，2016年要坚持工业强县不动摇，提高产业支撑力；坚持创新驱动不动摇，提升核心竞争力；坚持特色发展不动摇，提升现代服务业发展水平；坚持开放开发不动摇，提升开放型经济发展水平；坚持富民强村不动摇，加快农业现代化步伐；坚持城乡统筹不动摇，加快新型城镇化进程；坚持惠及民生不动摇，提升群众幸福指数。

【党的建设、精神文明建设、机关作风建设大会】 3月3日在县行政中心东附四楼报告厅召开。会议总结2014年全县党的建设、精神文明建设、机关作风建设工作，表彰三大建设工作取得显著成绩的76个先进单位和84名先进个人，部署2015年三大建设工作任务。

重大活动与决策

【开展"三严三实"专题教育】 从严从实抓好"四专题一强化"关键动作，坚持以上率下抓教育、知行合一抓学习、触及灵魂抓剖析、聚焦问题抓整改，专题教育推进有力有序。设立县处级领导干部专题教育个人档案，人人制定个人学习计划，示范带动全县党员干部按照"三严三实"要求加强学习、改进作风。县委先后组织10次集中学习、6次专题研讨，创新召开"四个对照"专题自我剖析会，44名县处级领导干部和746名科级干部撰写自我剖析材料。围绕做好专题调研"六个一"的规定动作，组织领导干部深入基层面对面听取群众意见建议，县处级领导干部查找不严不实问题327条，即知即改近200条，党员干部作风进一步优化。

【党建季度巡查】 每季度由县委书记带领党务线常委、区镇书记和党务干部，逐区镇开展一次党建专项巡查，全年集中观摩60家不同领域党的建设、党风廉政建设、精神文明建设典型，党建基层基础进一步夯实，县委作为唯一县级单位在全省组织部长会议上交流农村党建工作经验。

县委办公室工作

【概况】 贯彻落实中央和省市县一系列规定要求，精简各类会议文件、部门简报资料，带头规范公务、商务接待标准，加强机关内务、档案、文印等管理工作。全年起草各类重要文稿130余篇；发文279件，较上年减少20%；请示、报告等收文35件；流转电报和上级党委政府文件3000余份；编印《昨日要情》249期，《一周工作安排》51期。牵头组织县委全委会、县委常委会、全县总结表彰大会、"创新创业在海安"主题活动、经济贸易洽谈会、"中科院专家走进海安" 主题活动、县党政代表团赴外考察等重要活动。

重点做好县委全委会、常委会、县委工作会议等县委重要会议精神贯彻落实情况和县重大工程、重点工作推进情况

5月31日，召开全县"三严三实"专题党课暨专题教育部署会　(县委办　提供)

的督察工作。全年交办督察事项 197 项，参与制定完善规章制度 21 项；解决基层各类问题 372 件；办理县领导信件 447 件、县领导批示 412 件；督办运转“省委书记信箱”、市领导交办信件 28 件，“县委书记信箱”24 件，办结率 100%。建立调研制度，下发专门信息工作办法。全年编印《海办通报》《调研与信息》10 期，报送信息 400 余条，被上级录用 100 余条，其中《企业团组织的“庸懒散”现象需引起重视》等信息被省委办公厅《快报》内刊录用。

加强法规制度建设，建立存档备查、目录报送、备案工作年度考评、备案通报、备案联合审查机制和备案工作保密等制度。组织召开全县党内规范性文件制定、报备工作培训会，设计并启用全县党内规范性文件报备系统，实现县级党内规范性文件“前置审核”全覆盖，全年向市委报备党内规范性文件 33 件，完成全县新中国成立至 1978 年所有党内规范性文件清理工作。

【机要(保密)】 先后制定应急通信系统使用管理制度、市县党委视频会议系统管理制度等规范，新增应急通信系统设备一套，完成上级机要部门组织的应急通信演练任务 4 次。做好 LRA 中心系统改造建设工作，通过省 CA 中心验收，实现证书算法升级。完成全县数字证书根证书延期工作，新制发证书 180 多张，提供延期、重签等服务近 1000 次。完成 2014 年保密普查数据收集工作。全年，收发电报 359 份，传输办理上级党委政府文件 3500 余份，传输办理县内公文、通知等 1800 余份；运用手机信号屏蔽仪为全县重大会议提供服务 23 次。加强高考、小高考等考试保密检查和涉密网络检查，专项检查全县 69 家国有企业、金融机构保密管理工作，为县 5 家军工企业申请保密资格认证提供咨询服务。参加南通市保密检查大队活动，检查市发展改革委、统计局、信息中心和人社局安全保密工作。

【政务信息】 组织改版全县 35 个老旧网站，将县政府门户网站(含 WAP、APP 版)、党政部门网站、区镇网站 64 个站点全部纳入全县网站群统一管理平台。先后制作消防防火、“两会”、学习贯彻县委十二届七次全会精神、2014 年县政府民生实事工程实施情况、第二届“创新创业在海安”主题活动、中国海安第九届青墩文化艺术节暨 2015 金秋经贸洽谈会等专题网站，及时报道全县重点活动，并被市政府网站录用。县政府门户网站全年发布信息 2.06 万多条，同比增长 128%，其中，信息公开 8400 多条，综合新闻 9200 多条，视频新闻 270 多条；全年安排新闻采访报道 220 多次，发布图片新闻 220 多条。做好“领导信箱”运转处理工作，全年处理领导信箱 85 份，呈送领导批示处理 56 份。做好上级政府网站内容保障工作，全年向市政府网站报送信息 1689 条，录用 582 条，同比增长 268%；向省政府网站报送信息 260 条，录用 10 条。

完成县人大代表建议政协委员提案系统升级改造、县政府实时数据采集分析系统升级等业务系统建设。参与纪委综合电子监察系统、行权系统升级、政令督办系统、全县房屋监管系统、网上公安、平安海安智能交通等信息化系统建设工作。参与全县村级便民服务中心软件系统、全县卫生信息化系统、全县教育信息化系统等建设方案论证以及相关建设工作。 (县委办)

组　织

【概况】 2015 年，海安干部实绩考评机制入选《全省组织工作创新创优案例》，县级层面全市唯一、全省仅 8 家。“事务代理构建服务下沉型基层党建新模式”荣获第三届全国党建创新最佳案例。流动党员“风筝”工作法创新做法在央视新闻频道报道。全县有 8 名双创人才、1 个双创团队成功入选省“双创计划”，位列南通市 9 个县(市)区第一。

【区镇、部门领导班子建设】 调整配强大公镇、曲塘镇和县农委、审计局、公管办等区镇、部门主要负责人，优化微调高新区、城东镇和县委统战部、研究室、县编办、人民医院等区镇、部门领导班子，对海安经济技术开发区(城东镇)、老坝港滨海新区(角斜镇)按新“三定”方案进行人事调整和安排。全年提交常委会讨论干部人事调整 5 批次，涉及干部 168 人次，提拔 22 人，其中，提拔正科 10 人，副科 12 人。常态化开展谈心谈话活动，年内“谈优谈差” 活动找谈 44 个单位领导干部 126 人次，其中，谈优 95 人次，谈差 31 人次。

【实施“成绩单+综合评定”干部实绩考评机制】 完善“成绩单+综合评定”干部实绩考核评价机制，实行经济社会责任制考核、领导班子和干部年度考核、党风廉政责任制考核“三考同步、结果通用”，实施底线考察、一线考察、分线考察和换届考察相结合，实时掌握科级班子运转情况和干部现实表现。

【年轻干部培养选拔】 从县级机关部门选派 10 名年轻干部到软件园、523 文化

8 月 31 日，县委书记陆卫东与青干班学员座谈　　(县委组织部　提供)

产业园、商贸物流产业园挂职锻炼,16名镇科技产业园管委会副主任改挂镇长助理或招商局局长助理,26名选派干部均带队驻外独立招商。面向社会公开招聘优秀青年后备人才19名,补充6名驻村第一书记,做好选调生、大学生村官培养管理工作。继续实施“育苗工程”,为52名新录用公务员和19名优秀青年后备人才配备“导师”。

【干部教育培训】 2015年,举办主体班13期,培训干部830人次;举办其他各类培训班143期,培训干部1.23万多人次;举办各类讲座161场,培训干部1.62万多人次;完成市以上干部调训289人次,其中科级以上领导干部96名。741名科级领导干部参加网上在线学习,人均80学时以上。

【干部管理监督】 指导各单位加强日常考核和过程管理,组织实施公务员年度考核。会同人社部门推进公务员职务与职级并行制度实施、完成公务员招录等工作。继续实行“双考积分、竞争选岗”,阳光安置11名军队转业干部。指导县公安局完成53名执法勤务机构警员晋升工作,审批县法院、县检察院21名司法警察警员职务套改。加强对区镇、部门中层干部任免的业务指导,配合县法院、统计局开展中层干部竞争上岗。开展干部人事档案专项审核,核查干部“三龄两历一身份”信息。组织开展违规办理和持有因私出国(境)证件专项治理,做好新提拔干部登记备案和证件集中保管工作。

制定实施《海安县新提任领导干部个人有关事项公开制度试点实施办法》,组织732名科级领导干部集中报告个人有关事项,核查39名拟提拔与重用的县管领导干部个人事项。与县纪委、县审计局联合出台《海安县区镇部门(单位)街道村(居)主要负责人经济责任审计制度》《海安县领导干部任期经济责任审计结果公告办法》,联审18家单位21名党政主要负责人。

【基层党组织建设】 以项目建设理念推进基层党建工作,建立季度巡查+月度观摩的“1+1”基层党建工作查评机制,全年开展季度巡查4次、月度观摩10次,推动落实年初确定的20项基层组织建设重点工作,《江苏组工信息》推介海安做法。开展学习宣传“吴仁宝式优秀村书记”活动,做好在服务中教育引导群众工作。出台《关于全面推行村(社区)党群议事会制度的实施意见》,全县234个村(社区)均建立党群议事会。210家村级为民服务中心全部按照“七室四站二超市二栏一学校一场所”标准升级改造到位,第四轮面向优秀村(社区)党组织书记招聘事业人员13名。推进非公党建“贯标行动”,新建非公企业党组织21家、基层商会党组织22家,78家非公企业党组织通过示范级验收。

【党员发展和教育管理】 开展《中国共产党发展党员工作细则》专题培训,并组织基层党务干部271人进行集中闭卷测试。制定出台《海安县入党积极分子积分制管理办法》,对419名2015年拟发展对象进行“双学”封闭式培训考试。联合相关区镇、部门,考察政审56名在外建筑施工、企业主和垂直管理部门、中学生发展对象。严格控减发展计划,新发展党员380名。在全县党员中开展组织关系排查工作,实施党员统一活动日制度,经验做法被《党的生活》等媒体刊载推广。

【领导干部“帮村帮户”大行动】 全县90个县级机关部门与136个村(居)2322名被帮扶对象结对。将低收入农户、计生特困家庭、贫困母亲、县级优抚对象、三峡移民、孤儿、特困职工等不同类型对象,由对应机关部门统一扎口帮扶。年内,全县帮扶资金323万余元,所有被帮扶的低收入农户家庭实现人均纯收入超5000元,所有村村营收入30万元以上。

【深化常任制试点工作】 制定下发《全县2015年党代会常任制工作意见》,指导各镇召开党代会年会,举办48名基层一线县党代表培训班。组织开展党代表集中约见活动,全县各级党代表开展约见活动310多场,接待党员群众约1.45万人次,汇总梳理意见建议3140多条,协调解决各类困难1900多件。

【远教富民工程】 制定下发《关于促进远程教育教学实践示范基地开展学用工作的通知》,选培婷婷家禽生态养殖基地等10家县级远教教学实践示范基地。定期更新远程电教设备,推行远程教育“固定学习日”制度,开展“科技致富技能课件”集中播放月活动,全年举办集中学习活动2106场,参加人数20万人次。相关做法被省组工信息刊用推广。

【组工信息调研宣传】 组建16个调研组赴234个村(社区)调研,30篇调研成果汇编成《为有源头活水来》。定期举办信息会商活动,全年被省组工信息录用6篇、市组工信息录用13篇,在报刊发表理论调研文章200余篇。编发海安组织工作手机报49期,其中区镇特刊2期。

(吉清海)

9月24日,组工干部到新四军联抗纪念馆接受革命传统教育

(县委组织部 提供)

【机关党群组织建设】 建立完善机关党群组织基本情况信息库,22个机关党组织、8个机关工会组织、2个机关团组织按期换届,新组建江苏有线海安分公司、江苏瑞海集团公司等党支部,建立并推行机关党建电子台账。12月4日,县级机关工委在全省县(市、区)工委书记培训班上介绍经验。

【机关党课宣讲】 年初,选拔117名机关党课讲师,组建"机关党课百人讲师团",深入开展"送党课下基层"活动,年内,讲课260多场,听课群众超过2.3万人次。开设机关党课季度大讲坛,先后邀请县委宣传部副部长刘万春宣讲十八届四中全会精神,县纪委副书记王启涛主讲"5·10"思廉日活动,县委宣传部副部长、史志工委主任董玉龙宣讲海安人民抗日斗争史,县检察院副检察长秦建军主讲"算账教育月"活动。

【机关创先争优活动】 开展民主评议党员工作,组织撰写优秀党员个性化事迹材料,宣传表彰在双招双引、重点工程和项目建设中涌现出来的优秀共产党员。联合县新闻信息中心在《海安日报》开辟专栏,宣传"城市保姆"徐相林、"国土卫士"徐小俊等身边优秀共产党员事迹。精选部分事迹材料,汇编形成《机关党员风采》。"七一"期间,县委办、政府办、组织部、国税局、地税局、财政局、科技局、总工会、公管办、检察院10个机关党组织和陈昕、岳加华、赵广洪、韦圣霞、徐斌、吴文中、徐相林、储慧文、葛志华、贾恩林10名优秀共产党员受到县委表彰。县人大机关、政协机关等34个机关党组织和188名优秀共产党员受到县级机关工委表彰。汇编2014年7月至2015年6月创先争优成果,部门(单位)获得国家级奖项35个、省级207个、市级408个,党员干部个人获得国家级奖项29个、省级147个、市级306个。

【机关作风效能建设】 组织开展"党建惠民随手拍"作品征集评选活动,征集作品69幅,蒋婷婷《我就是您的"干儿子"》、李宜东《临时搬运工》等10幅作品荣获优秀奖。1月16—23日,组织市、县人大代表、政协委员、党代表,县级机关、区镇、街道、社区代表和基层群众代表893人,年度评议市级机关作风建设。7月23—31日,组织机关和区镇参评代表200人,年中评议市级机关作风建设情况。 (景圣余)

宣　传

【学习型党组织建设】 突出学习习近平总书记系列重要讲话精神,结合"三严三实"专题教育,县委中心组先后开展10多次集体学习研讨,县四套班子负责人走上讲台,为基层干部群众上专题党课。指导督察基层党委(党组)中心组学习,联合县委组织部、县级机关党工委、县委党校旁听基层党委(党组)中心组学习,评选表彰一批先进。组织开展"十佳学习型党组织""十佳学习型党员"评选活动,发挥先进典型的示范引领作用。

【形势任务教育】 以"组建百名理论宣讲志愿者队伍、百场宣讲进基层、刊播百篇理论文章"为载体,开展"干部讲政策、专家讲理论、典型讲事迹、群众讲感受"宣讲活动。先后邀请多名专家学者到海安围绕"四个全面"战略布局、中央经济工作会议精神、"一带一路"国家战略等作专题讲座。组织开展2014—2015年基层党员干部冬训工作,得到省冬训督察指导小组肯定,海安县获评全省基层党员冬训工作示范县,"讲好用活四种语言冬训高起来动起来"被评为全省冬训工作创新项目。借助《海安日报》等传统媒体和县委宣传部官方微信"海安发布"传播党的创新理论。 (周德进)

【紧扣中心宣传】 围绕县委全委会精神,宣传海安坚持"枢纽海安、物流天下"战略取向,发挥"动车时代、节点城市"新优势;宣传海安培育创新创业型城市的发展理念、举措、成效等;宣传县全面深化改革,建设法治海安,新常态下新作为;宣传县策应"一带一路"战略,推动经济发展。组织各新闻单位围绕项目建设、科技创新、招工引劳、清水工程、法治海安建设等重点工作,开设专题专栏,固定时间集中报道各项工作推进情况及涌现出来的先进典型。

【强化主题宣传】 组织媒体聚焦清水工程、安置房建设等民生工程,5月11日,《人民日报》以《河网如何重现活水清流》为题,专题报道县清水工程成果。在新闻媒体上开设"创新创业在海安"专栏,宣传一批创新创业典型和创新科技核心型企业;开设"法治海安建设"专栏,报道县依法治县、依法行政、法治文化建设等方面的经验;开设"践行核心价值观,争做最美海安人"专栏,围绕"向上、法治、诚信、勤奋、创业"等海安人优秀特质,宣传一批先进典型。《人民日报》《新华日报》《扬子晚报》《现代快报》等10多家媒体报道县村民陈群冰水中救人的事迹。

【注重民生宣传】 办好《法治热线》《民生热线》《政风行风热线》等民生类栏目,褒扬真善美、鞭挞假恶丑,引导良好的社会风尚。组织媒体及时跟踪报道县城市重点工程建设、城建交通工程、民生实事工程等百姓关注的重点工程,坚持正面引导与舆论监督相结合,成为县委、县政府联系、沟通群众的桥梁与纽带。

【创新对外宣传】 在市级以上各类主流媒体上有序推出一批宣传海安、展示海安的重点报道。《人民日报》欧洲刊网以《江苏海安筑好生态巢引来大批金凤凰》为题,宣传海安生态环境日新月异,专家教授献"智",一批生态环保项目脱颖而出。《新华日报》头版以《专家教授海安收割"创新庄稼"》为题,报道县以科技创新促经济发展的做法。《现代快报》以《40项产学研合作项目花落海安》为题,报道县科技创新工作成果。借助河豚节、"创新创业在海安"、经洽会等活动,邀请中央和省、市级媒体到县采访,《人民日报》欧洲刊网、《新华政务通》《中国县域经济报》《新华日报》《文汇报》《新民晚报》及人民网等40多家媒体报道相关活动,叫响"动车时代、节点城市""河豚之乡、休闲海安""创新创业型城市"等城市名片。组织县内媒体主动向上级媒体发片发稿,全年,市级以上媒体录用稿件1020篇(条)以上,《南通日报》刊用新闻稿件339篇,《新华日报》刊用稿件57篇。

【健全相关宣传机制】 年初,研究出台《关于开展新闻发布工作的通知》,要求各区镇、部门明确新闻发言人,定期按规范做好新闻发布工作。年内,全县各相关部门召开新闻发布会40多场,其中县主要负责人出席"创新创业在海安"活动新闻发布会。每月召开一次例会,向新闻媒体发布每月宣传重点,同时汇总分析当月社会热点问题,并邀请相关部门参会,研究部署舆情引导方案。(吴秋月)

【新时期海安精神表述语征集活动】 组织全县社会各界广泛讨论,《海安日报》开辟专栏,从80篇来稿中初选36篇刊载,"海安发布"从200多条表述语中精选60条予以发布,经过网络互动、专家评审、领导审定,最终确定"海纳百川,创新争先"为新时期海安精神表述语。

【开展三大教育活动】 在全县广泛开展爱国主义教育、国防教育和改革创新教育活动,推进三大基地建设管理利用,深入开展征兵宣传,组织开展抗日战争胜利70周年系列纪念活动,组织实施国庆期间两条国旗街建设,组织挖掘整理角斜红旗民兵团故事432篇,出刊《角斜红旗民兵团故事选》。(史礼根　徐　勇)

【网络宣传】 以"海安发布"平台为龙头,有计划有步骤地推动微博群建设,建成县公安、工商、城管、旅游、教育、团县委等40多个部门参加的微博群,解决民生诉求700多条。"海安发布"与县司法局联合开展"小司说法"专题宣传活动,宣传政策法规;围绕"三严三实"主题教育活动、创新创业在海安等主题活动,广泛开展网络宣传。

【开展线上线下活动】 "海安发布"编辑部组织50多名网友,举办以"快乐五一绿色出行"为主题的海安网友公共自行车比赛。"海安发布"政务微信开展"助力海安——图解数说海安2014有奖互动活动",吸引121万名网友参与。组织"大美海安、爱在身边"有奖征集和"清水工程"随手拍等宣传活动。10月,举行"慧源杯"海安最美女创客网络宣传活动,历时1个月,参与投票人数8.7万人,选出前10名最美女创客和20名最热心网友奖,得到社会各界关注。

【网络文化建设】 12月1日,举办第五届县领导网友见面会,7位县领导和20多个区镇部门负责人,与10多位网友面对面交流,听取网友意见,回应网友关切,得到社会各界好评,海安民间网站媒体全程参加报道。县网络文化协会组织网民围绕全县经济社会文化建设等主题,开展各种征文比赛、相亲会、足球比赛和摄影比赛等活动。定期组织网站站长、版主、网友视察民生工程、旅游工程,并注重听取网友对重点工程方案建议。主动组织摄影爱好者,到区镇拍摄幸存抗日老兵,出版《海安抗战老兵》画册,举办海安老兵展览。组织微友会、摄友团、畅聊群等网友300多名,开展10多场活动。(景圣红)

文明创建

【文明城市创建】 年初,制定下发《2015年县级机关党组织精神文明建设考核办法》《2015年海安县文明城市创建工作考核办法》,将各区镇、单位文明城市创建重点工作纳入年度县级机关目标绩效考核。4月17日,县委常委会专题传达学习全市文明城市长效机制建设现场推进会暨表彰大会精神,并部署下一阶段文明城市创建工作,拟定《2015—2020年文明城市创建工作规划》,明确创建全国文明城市的工作目标及步骤。根据《江苏省文明城市测评体系》要求,督促指导各责任单位围绕城区所有社区、网吧、学校周边等长效管理项目,制定管理办法。从省、市级文明单位中招募62名志愿者,组建市民巡访团,参与每月一次的文明城市长效管理情况测评。4月起,围绕各类长效管理项目每月开展一次测评,每月落实一次通报,每月组织一次约谈,每月推进一次整改,每季度召开一次观摩讲评会。在《海安日报》、海安文明网等媒体上公布测评结果排名,县领导约谈测评结果排名落后、存在问题较多的责任单位负责人。(涂开生)

【开展系列文明创建活动】 开展"践行核心价值观,争做最美海安人"主题实践活动,围绕主题实施百块大型公益广告宣传、百场送戏下乡演出、百幅书画摄影作品展、百名最美人物评选和采访报道、百块最美人物展板展示、百场示范道德讲堂、百场好人故事会、百项优秀志愿服务、百个积德实践活动及百篇学习心得体会刊播"十百行动",相关经验做法在《南通宣传》上刊发,并获市宣传思想文化工作改革创新奖。

建立海安县诚信"红黑榜"发布制度,各责任单位根据职能、政策、法律、法规等常态化发布"红黑榜"。按照《海安县推进诚信建设制度化实施意见》部署,开展群众性创建活动。

在各区(镇)组织"十佳最美乡村""百家美丽农户"和"十星文明户""五好家庭""百名好媳妇""百名好婆婆"等特色评选活动。曲塘镇胡庄村、罗町村试行凡获评"十星文明户"家庭,实施"一桶油"(五斤)激励机制。按照《海安县乡风文明指数测评标准》,组织测评各区(镇)公共场所、街区环境、村民素质等方面,督促各区(镇)对照测评结果整改落实。在第三届江苏最美乡村评选中,白甸镇白甸村获提名。

(史礼根　徐　勇　涂开生)

【选树宣传道德模范】 在全县10个区镇、235个村每季度设立一次"善行义举"榜,各行业每季度开展一次最美人物评选并张榜公布。每季度开展一次海安好人评选,全年评选出20名海安好人。年内,6人入围中国好人榜,陈群、蒋龙生、陈怀路当选中国好人,张玉华当选江苏好人,许树银当选市十佳孝星。1月10日,"托举大叔"陈群因勇救落水老人而不幸牺牲,《人民日报》、人民网、《新华日报》《现代快报》等全国数十家媒体报道其事迹。1月26日,县委、县政府做出《关于追授陈群见义勇为好市民荣誉称号并在全县开展向陈群学习活动的决定》。《海安日报》、海安电视台、海安人民广播电台等县主要媒体均开设、开辟好人宣传专题、专栏,弘扬助人为乐、见义勇为、诚实守信、敬业奉献、孝老爱亲的社会正气。1月,经网络投票、纸质投票、各界推选,在2014年20名海安好人及各条线先进典型中评选出10名"最美海安人"、10名"最美海安人"提名奖获得者。2月7日,县委、县政府举行颁奖典礼。

将2015年前评选产生的90名海安

好人事迹制成展板，在县城新世纪广场展出。从90名海安好人中遴选出20位先进典型，编印《海安好人故事》，下发至全县各区镇、单位，供学习、交流；同时，成立由20人组成的道德典型宣讲志愿服务队，在全县宣讲近百场，受教育群众近2万人。

组织推广使用“梦江苏·逢善必扬”客户端，全年海安被客户端录用信息近1.5万条，约占全省录用信息的三分之一。

【未成年人思想道德教育】 以第十届未成年人读书节、“我们的节日”等活动为抓手，开展“网上祭英烈”“慎终追远、缅怀先人”未成年人经典诵读比赛、“向国旗敬礼”未成年人演讲比赛、手绘社会主义核心价值观公益广告等活动。开展“一校一礼”品牌创建活动，通过召开“一校一礼”品牌创建座谈会和举行“一校一礼”观摩活动、“亲子共读，传承礼仪”亲子读书比赛、在《海安日报》刊登“一校一礼”专版等活动，推广示范学校的成功经验和特色做法，打造文明礼仪养成教育海安特色。与县教育局联合开展第四届“十佳美德少年”评选活动，在海安微教育平台进行事迹、视频展播及网络公示投票。

年内，未成年人成长指导中心、家长学校组织县级及以上家庭教育讲座42场次，培训家长学员1万多人次；接听热线电话537人次，通话时长8126分钟；面询94人次；网络咨询126人次；涉及典型案例21个。暑假期间，开展“非遗科普进社区”“携手困境儿童”两场夏令营，120多位孩子参加。结合非遗进校园活动，引导各乡村学校、少年宫重点推进一项非遗项目，海师附小的千人花鼓、西场小学的全校连厢等全县放样。在海安镇中大街社区、城东镇洋蛮河社区试点建立未成年人快乐驿站，配备才艺活动室、图书阅览室、心理辅导室等功能室，经常性开展未成年人文体和道德实践活动。

建立未成年人思想道德建设联席会议制度，开展首届未成年人思想道德建设“十大品牌”评选，县文明办通过海安发布进行公示投票，一周微信点击量1.67万次，7630人参与投票。（涂开生）

统　战

【举办党外代表人士培训班】 党外干部教育培训纳入全县干部培训主体班次。12月2—6日，在江西干部学院举办全县第三期党外代表人士培训班，党外知识分子代表、新的社会阶层人士中的骨干成员以及部分统战干部37人参加。通过专题讲座、互动访谈和现场教学等方式，学习中国共产党统一战线和多党合作理论、民族宗教政策等内容，解读中共十八届四中、五中全会及中央统战工作会议内涵。健全党外代表人士管理制度，建档立制，将每位学员培训情况、调研文章等综合情况，作为考核、任用及政治安排的重要指标，实行动态管理，优中选优。

【推进党外政协委员届中考察】 全面届中考察党外184名政协委员，通过座谈交流、实地走访、资料查阅等形式，全面掌握委员的思想情况、本职工作、履职情况等。在前期考察基础上，完善档案资料，健全动态管理，淘汰不履职、不作为的政协委员，以正常进出机制，推动党外政协委员尽职尽责。

【引导新媒体代表人士参政议政】 定期召开新媒体代表人士座谈会，加强联谊交友，听取意见建议。加强对新媒体代表人士教育培养，将优秀代表人士纳入全县党外代表人士培训班。开展“我为海安发展献一计”活动，逐步推进新媒体从业人员参与全县经济社会重点活动。

【深化“走·送·助”主题活动】 继续推进与农工党江苏省委合作，推动服务沿海开发“十村万卷”送书活动到海安，开发区（城东镇）洋蛮河村、大公镇群益村和雅周镇周机村获赠书籍5000多册，价值15万余元。“走·送·助”活动走进南莫中学，开展文艺演出、书画讲座、影视评论、捐书捐画等文化活动，惠及1000多名农村学子，《南通日报》报道活动情况。

（王俊哲）

【对台经济工作成效显著】 2015年，县新批台资项目15个，总投资3.4亿美元，到账台资1.2亿美元，各项指标继续领跑全市。

5月和9月，县委、县政府主要领导带队到台湾进行专题招商活动，跟踪推进中瑞蓝科汽车项目、骅升电子项目落户事宜。县委常委、宣传部长王炜，县委常委、高新区党工委书记丁锋，副县长翁晓云、严长江分别带队到台湾进行新兴服务业、高新区技术产业、现代服务业招商活动，取得显著成效。县开发区、高新区、滨海新区、曲塘镇、李堡镇、南莫镇、墩头镇也分别到台湾开展招商活动。

做好大陆台资密集区的招商活动。县政府与上海市台湾同胞投资企业协会开展深度战略合作，签署双方战略合作协议文本。县高新区、曲塘镇、南莫镇与昆山台协部分分会达成一对一合作协议，部分项目落户海安。上海市台协会长叶惠德、李政宏及昆山市台协会长李邦欣分别带领上海市台协会、昆山市台协会台商代表团到县考察投资环境。参加南通台商产业转型峰会的台商考察团专程到县经济开发区考察投资环境。全年有10多批次台商团组到海安考察洽谈，达成近20个投资意向。

【对台交流量质并举】 加大赴台团组工作力度，推动全县各行业、团体、单位赴台开展经贸、文化、教育等考察交流。适时邀请相关协会、行业公会会员厂商到海安参观考察。探索建立长效交流机制，打造的服务台商“502”举措逐步在台商中叫响品牌。利用各种机会向台湾同胞宣传海安投资环境、配套政策、合作项目、资源及产业优势，提高海安在台湾地区及大陆台资密集区的知名度和影响力。江苏省台协会长联谊会2015年例会在海安召开，省委台办主任杨峰、江苏省台协会长联谊会会长林伯实参加。会议期间，省委台办主任杨峰听取海安经济社会发展情况和对台工作情况汇报，肯定海安对台招商工作取得的成绩。

【提升为台服务水平】 贯彻执行《中华人民共和国台湾同胞投资保护法》及其实施细则，深入台资企业宣传、讲解《江苏省保护和促进台湾同胞投资条例》，严格落实《关于对来海安投资台商实行有关优待的意见》，认真受理台商和台企的投诉,做好政策咨询服务工作,帮助妥善处理好生产经营中遇到的困难。建立与台资企业正常联系制度和重大事项报告制度,涉台重大事项主动及时向县委、县政府和上级台办报告。充分发挥市台资企业协会海安联络委员会作用,做好业务指导和日常工作。由分管副县长带队,县政府办、台办、商务局等部门负责人组成调研组,走访了解全县所有台资企业。现场解决台资企业在发展过程中遇到的问题。省台办"三解三促"调研组到海安调研时,对县服务台商、服务台企的举措给予较高评价,认为海安经验值得总结和推广。（张　明）

农村工作

【夯实农业发展基础】 2015年,全县粮食总产量64.6万吨,稻麦年单产实现全省"十连冠"、十二年增。年发蚕种22.8万张,产茧0.9万吨,总产值3.4亿元。畜禽养殖规模和供给总量继续保持平稳增长,生猪、家禽规模养殖占比94%和99%以上,高效设施渔业面积占比24.7%。海安再次被表彰为全国平安渔业示范县。常年蔬菜播种面积32.3万亩,总产72万吨。1.2万亩省级"菜篮子"工程蔬菜基地加快建设。

【加快现代农业发展】 全年农业项目投入1.2亿元。农业现代化、水利现代化水平继续稳居全省第一方阵。国家现代农业示范区建设位列全国前20强。全县新开工千万元以上种养项目41个。雅周现代农业园"三大中心"全面建成,南农大果树研究院、火龙果联合国等项目相继开工建设。全县农机总动力64.6万千瓦,农机化水平81.5%,位居全市第一。农田水利等重点工程总投入3.7亿元,现代化水利综合保障体系基本建成。新增高标准农田2.3万亩,累计占比63%,继续位居苏中苏北第一。成功获批全国河湖管护体制机制创新试点县、全省首批生态循环农业示范县。

【增强农业发展活力】 完成117个村土地承包经营权确权颁证试点。县农村产权交易中心建成运行。已建、在建蚕业农场51家,新增家庭农场171家,12家家庭农场通过市级示范家庭农（渔）场初验。培育50亩以上全托管服务组织274个,服务面积4.7万亩,涉及农户1.7万户,实现全托管服务组织农业村全覆盖。在全省率先开展涉农贷款保证保险工作。

【加强城乡环境保护】 一二级河道市场化保洁、三四级河道"以河养河"生态保洁模式在全省推介、全市推广。全县96.6%河道达到整洁河标准,90%村通过达标村验收。创新畜禽粪便收储运组织体系建设,畜禽粪便资源化利用实现常态化,畜禽粪便综合治理取得阶段性实效。一二级河道清障及拆坝建桥涵工作全市放样。4家企业沼气发电项目成功并网运行。新增成片林1.3万亩,林木覆盖率24.7%。获评"水美乡镇"1个、"水美村庄"17个。

【富民强村】 严格落实各项惠农富农政策,不断拓宽农民增收渠道,农村居民人均可支配收入1.66万元,增长9.8%。开展职业农民培训和农业实用技术培训近5000人次,持证农业劳动力占比35.1%。深入挖掘村级集体经济组织"三资"增值潜力,52个经济薄弱村标准厂房建设项目全面完成。实现村营总收入超2亿元,增长12.8%。全县村级"四有一责"实现全覆盖。

【扶贫开发】 全县"十二五"建档立卡的2.06万户、3.85万人农村低收入群体,全部达到省确定的5000元收入标准,如期实现脱贫目标。年内,5000元以下的低收入家庭,全部被安排到县、镇两级机关部门,实现"一对一"帮扶。全县136个村以及街道的被帮扶对象,分别落实到90个县级机关部门,其他74个村的被帮扶对象分别落实到10个区镇帮扶;每个低收入家庭帮扶现金不低于1000元,政策性帮扶对象的帮扶标准达到职能部门规定的标准,全年为结对帮扶的农村家庭捐助资金、物资312.8万元;根据农户家庭实际需要,有针对性地落实帮扶举措,确保因病、因灾、因缺劳动力、因无资金等各类贫困对象,均有具体帮扶举措。组织完成省、市扶贫办分别实施的农村收入情况抽样调查、农村低收入人口抽样调查工作。同时,对省安排的130万元黄桥老区专项扶贫资金,按计划安排到黄桥老区三个区(镇)52个村的1061户老军烈属、低收入家庭中。

【涉农信访处理】 建立完善群众举报投诉信访工作制度,继续执行领导干部信访接待日及下访制度。县委农办明确1名分管领导负责信访工作,综合科牵头各科室对口接待群众来信来访。实行群众举报投诉信访会商工作机制,对涉及农民负担、土地承包纠纷、农村财务管理、政策性农业保险等职能工作范围内的信访件,明确相关科室具体负责,及时受理、查处和答复,在规定时间内办结。1—11月,县农办受理土地承包纠纷案件8件,全部办结。其中,裁决1件,调解7件。

【农村产权制度改革】 按照市政府年初工作要求,海安开展农村集体经济组织产权制度改革工作新一轮试点,下发《关于推进我县农村集体组织产权制度改革试点意见》和《农村集体经济组织成员界定办法》。在县高新区和开发区选择有较好经济基础、村级班子战斗力强的5个村先行开展,涉及农户6902户、人口2.28万人、资产1.37亿元。

【农村集体"三资"管理】 健全和完善年度收入支出预(决)算制度、村组集体资金交镇代管制度、现金管理制度、票据使用管理制度等。建成县、镇、村三级联网的农村集体"三资"监管平台,具备简便易行、实时监控、远程查询、在线分析指导和上级汇总、门户网站信息发布等功能。自主开发的农村集体"三资"票据管理软件投入使用,实行县、镇、村三级联网,随时掌握村级收入到账情况,堵住资金管理漏洞。抓好新上岗人员岗前培训和村级财会人员常年培训,提高业务水平。加强日常监管,细化农村集体财务资产管理的年度任务,通过赛账、观摩、现场推进会、参观学习、审计等多种形式,纠正错误、解决问题、推广经验、督促整改。全县210个村实现村营收入超2亿元,比上年增长12.8%。全县所有村村营收入达30万元,172个村超过50万元,60个村超过100万元,2个村超过500

万元。至年底,全县村级资产总额22.27亿元。　　（吴　近）

党校教育

【干部培训】 全年，举办青年干部培训班、优秀青年人才培训班、公务员初任培训班、领导干部能力提升班等培训班十期,培训干部800人次。突出政治理论教学,把中共十八大和十八届三中、四中、五中全会精神、习近平总书记系列重要讲话特别是视察江苏重要讲话精神、“四个全面”“五大发展理念”、党章党规、党性教育等内容作为培训重点。充分利用社会培训资源,聘请高校、上级党校、有关企业的专家、学者、领导干部,作为兼职客座教授或辅导教师。加大合作办学力度,建立定点培训基地,加强与上海复旦大学、江西干部学院等院校和机构合作，选送科级领导干部接受高级研修训练;加强与省、市委党校教学联系,提高办学水平。根据部门工作特点,结合干部培训需求,采取“菜单式”自主选学与“点题式”组织轮训相结合设计培训。综合运用案例教学、情景模拟、体验教学、拓展训练等教学方法,开展个性化培训。围绕社会关注的热点、难点问题,组织开展调查研究、交流研讨活动,邀请县有关部门领导参与现场互动。

【教学研讨】 优化“每周一课”学习品牌,班子负责人、科室负责人以及专兼职教员围绕马克思主义基本理论、时政热点和经济社会工作各个专题，结合自身研究课题，每周作1小时左右讲座。年内,开讲的“每周一课”有《十八届四中全会精神解读》《“三严三实”讲座》《再读西方历史观》《传统道德与法治中国》《五大发展观与新时期海安建设》《“条例”与“准则”解读》《PPP模式中政府主导作用》等40多个专题。全体专兼职教员先后参加在中央党校举办的南通市党校系统教学与行政骨干理论培训、在江阴市委党校举办的基层党校学习贯彻全国党校工作会议精神培训。

【理论宣讲】 县委党校被省委党校表彰为全省党校行政学院系统优秀通讯员单位。常务副校长徐进被焦裕禄干部学院聘为兼职教授，被市社科联表彰为南通市优秀社会科学普及工作者。教员朱栋参加全县“服务群众展形象、先锋引领树标杆”主题党课竞赛获第一名。多名教员先后到区镇、部门(单位)、企业开展以十八届四中、五中全会、习总书记系列重要讲话精神、“三严三实”、社会主义核心价值观、群众路线、依法行政、职业道德、网络舆情、公务礼仪、心理调适、沟通协调能力等为主要内容的宣讲。全年,为基层干部群众进行理论宣讲逾百场，听众超2万人。县委党校《打通理论与实践对接的“最后一公里”》在《江苏党校报》刊发。

【科研调研】 年内,县委党校十多篇科研调研文章,在《江苏党校报》《江苏法制报》《南通论坛》等报刊上发表。徐进、朱栋等教员参与编写省委宣传部《传播好声音——理论可以这么讲》，在市内外产生一定影响。撰写论文参加2015年法治江苏建设高层论坛、2015年度江苏省第九届学术大会苏中片区专场、江苏省第九届学术大会法治建设专场、南通市江海文化研究和新时期海安精神等专题研讨。由朱栋主持的调研课题“农村空巢老人养老问题研究”获评省委党校系统2015年度重点优秀调研课题,为海安党校科研史上第一次,该研究成果入编市人口学会《2015南通市人口发展研究成果汇编》,并获省人口学会年会三等奖。“关于机关负责人行政诉讼出庭应诉的思考”等多个课题获省党校系统课题立项。“海安特色旅游产业发展调查分析”等多项课题在南通、海安年度经济与社会发展重点热点难点课题研究评比中获奖。　　（葛晓梅　杨红梅）

老干部工作

【概况】 全县有离休干部455人，比上年减少37人;退休干部7900多人。县委老干部局被市委组织部、老干部局等5家单位联合表彰为全市老干部“共筑中国梦,再展夕阳红”主题实践活动典型集体。老干部党组织与“两新”组织党组织结对共建工作得到上级肯定，并在全市老干部局局长会议上进行专题交流。

【落实老干部政治待遇】 县委、县政府主要负责人全年两次向县四套班子老领导、住县城离休干部和副科职以上退休干部500多人次通报全县经济社会发展情况和未来工作目标。县委、县政府全年两次组织县四套班子老领导和享受地市级政治生活待遇的离休干部参观考察雅周镇、白甸镇经济社会事业发展情况。春节期间，县领导分别带队登门慰问全县离休干部、县四套班子老领导、县四套班子已故负责人遗孀、老干部党支部书记和生病住院的老干部。在纪念抗战胜利70周年之际,县委书记陆卫东登门慰问抗战老干部，县委老干部局登门慰问全

9月2日,县委书记陆卫东为抗战老战士戴上纪念抗战胜利70周年纪念章
（县委老干部局　提供）

县73名抗战离休干部。4月,县委老干部局分两组到上海、南京、杭州等地慰问长期住外的12名离休干部。《中国老年报》以《海安慰问长期居外离休干部》为题介绍海安的做法。高温期间以及重阳节期间,县委老干部局多次慰问生病住院的离退休干部、年满90周岁的离休干部,全年走访慰问老干部1225人次。10月,县委老干部局组织县四套班子老领导和享受地市级政治生活待遇的离休干部43人体检,并及时汇总分析,提醒老干部采取对策。同时各镇、各单位也组织老干部考察工农业生产建设情况,各镇和县直各单位党政负责人坚持老年节和春节向离退休干部通报单位情况。

县和各单位召开的重要会议特别是县党代会、县委全委会、县人代会和县政协会以及县领导民主生活会都邀请老干部代表参加,主动征询并虚心听取老干部的意见和建议。

【创新离退休干部党建工作】 打破常规学习模式,由单一的室内理论学习,拓展为室内教学与现场观摩教学相结合,全年分三次组织离退休干部到如皋红十四军纪念馆、省离退休干部党性教育基地——盐城新四军纪念馆和县廉政文化基地进行现场观摩教学。不断拓宽离退休干部党组织与“两新”党组织结对共建渠道,开发区南屏老干部支部把党员冬训和老干部学习相结合,根据老干部的爱好和特长,成立学习、宣讲、文艺、调解志愿服务四个小组,积极传递正能量,省冬训工作巡查组和市、县领导给予肯定。

【高质量运行“三个保障机制”】 全县离休干部离休金按时、足额发放,政策规定范围内的医疗费实报实销,各项专项经费不拖欠、按时发放。年初,县委老干部局与县人社局社保中心续签2015年专项经费委托发放协议。及时将县市场监督管理局的12名离休干部纳入县离休干部医疗统筹范围,派人上门为离休干部和老干部工作人员讲解县离休干部医疗政策。与全县48家定点医疗机构签订医疗服务协议书,确保离休干部医疗统筹服务管理机制平稳健康运行。另外,加强监督管理医疗统筹金使用情况,强化对定点医疗服务单位和结报员的考核,加大对48家定点医疗服务单位履行服务协议情况的督察力度,严格执行违规举报奖励制度。

【退休干部服务管理】 全年举办全县科职退休干部培训班两次,全县200多名科职退休干部参加,邀请县纪委相关负责人作党的十八大以后党风廉政建设和反腐败斗争形势专题辅导,邀请部分退休干部代表畅谈党的十八大以后农村新形势、新变化,介绍如何健康快乐地过好退休生活。同时,还组织科职退休干部瞻仰新四军联抗纪念馆、参观县里下河地区新农村建设情况。

【做好特殊困难老干部帮扶工作】 完善“政府救助为主导、老干部互助为基础、社会捐助作补充”的“三位一体”特困老干部帮扶长效机制,争取县财政安排特困老干部帮扶专项经费20万元,救助有特殊困难的离休干部、副科职以上的退休干部以及离休干部遗孀183人。另外,救助医疗费自费过多的离休干部,救助金额近80万元。

【发挥老干部正能量】 继续在全县离退休干部中组织开展“共筑中国梦,再展夕阳红”主题实践活动,《中国老年报》以《海安因人制宜发挥老同志正能量》为题介绍海安的做法。开展“进基层讲演谈”活动,组织老干部宣讲团和文体协会深入学校、社区、企业、敬老院围绕十八大精神、“学法立德、放飞梦想”、适应“新常态”,遵守“新规矩”等主题进行宣讲。县老干部青松艺术团和京剧协会排练反映改革发展变化的节目,进学校、进社区、进企业等演出。全年各级老干部宣讲团(队)、文艺演出团(队)利用各类场合宣讲、演出260多场次,听众、观众8万多人次。

继续开展百名老干部“老骥创新业,红心助和谐”调解志愿者活动,县委老干部局会同县委组织部在全县建立120名老干部参与的“民情信息联络员”队伍,广泛听取老干部的心声心愿和社情民意。

开展“最美夕阳”评比活动。顾平德等10人被表彰为海安县2014年“最美夕阳”,离休干部邢佩琪当选2014年十佳最美海安人,卢玉林、周克悦被表彰为全省离退休干部先进个人。县委党校离休干部、老党员何达志去世后将遗体无偿捐献给医学研究事业,成为海安遗体捐献第一人。

开展“网站好声音”活动。在县老干部大学开设5个电脑班,150多名学员参加学习,聘请专职老师讲解上网注册、发帖评论等专业知识,教育引导老干部在各大网站跟帖,发表正面评论,传递正能量。

【老干部活动丰富多彩】 组织全县离退休干部开展以“铭记抗战历史、激发爱国热情”为主题的“十个一”(一场歌咏会、一次知识竞赛、一场文艺演出、一系列电视专题访谈、一次书画摄影展、一次诗词吟诵活动、一次征文比赛、一堂专题党课、一次走访慰问活动、一次瞻仰活动)系列活动,《中国老年报》进行报道。举办全县第二届“海安农商行杯”老干部棋牌球大奖赛,比赛历时15天,66个单位的974名离退休干部(1150人次)参加。老干部青松艺术团、京剧协会参加县“有我不再寂寞　情系空巢老人”大型公益活动,在敬老院、街道、医院等地开展慰问活动10余场次。县老干部活动中心全年举办较大活动42场次,2万多人次到县老干部活动中心参加活动。县委老干部局获苏中片区老干部歌咏比赛优秀表演奖、全县第三届广场舞大赛二等奖、海安县群众文艺创作节(剧)目会演组织奖。县老干部门球队获得南通市第三届县(市)级门球比赛第三名。

【老干部大学教学成果丰硕】 县老干部大学开设政治、文学、诗词、书画、英语、电脑、保健、花卉、家电、太极拳、音乐、戏剧、舞蹈等14个专业,36个教学班,在校学员822人,1645人次参加学习。交谊舞班师生参加省电视台“2015幸福一生”晚会、戏曲班师生参加市群艺馆在市信工学社举办的海安县戏曲专场演出均受好评。书法班学员春节前举办义务送春联活动,为社区居民、乡镇村民现场书写春联上百副;音乐班开展“情暖小书包”捐款活动,49名学员捐款1160元购买学习用品送给特困学生;家电班学员两次义务为社区群众修理家电30多件。

县老干部大学程奎连被评为省老年大学优秀教师，苏宏勋、顾秦麒、沈霞被评为市老年大学优秀教师。 （盛宝稳）

机构编制管理

【行政审批制度改革】 成立县政府推进职能转变协调小组，制定《2015年行政审批制度改革相关重点工作方案》，明确阶段工作重点，细化工作任务。出台《海安县推进简政放权放管结合转变政府职能工作方案》和《县政府关于深化行政审批制度改革加强事中事后监管的意见》，推进简政放权、强化监管责任。

以“五张清单”为基础，建立严格的准入制度和动态调整机制。按照《关于清理国务院部门非行政许可审批事项的通知》要求，结合海安实际，制定清理工作方案，及时完成所涉行政审批事项和权力清单调整的审核工作，全面梳理上级取消、下放的行政审批事项，承接上级下放权力34项。加强对保留、取消和下放的行政审批事项的有效监管，将纳入清单管理的行政权力事项通过行政权力网上公开透明运行系统管理和运行。开展部门责任清单编制工作，落实“法定职责必须为”。开展相对集中行政许可权改革试点。摸底海安市场准入和项目建设两大领域行政审批涉及的部门、职权、人员、办件量等情况，拟定《海安县相对集中行政许可权试点方案》，并上报南通市政府批准同意。10月31日，县行政审批局挂牌成立。

搬迁改造县级政务服务中心。牵头梳理进驻区镇、村便民服务平台办理事项的指导目录，编制事项办理流程，按季召开区镇便民服务平台建设观摩会。整合“12345”政府公共服务平台，研究出台《海安县“12345”政府公共服务平台建设实施方案》，将96个热线电话整合到县“12345”政府公共服务平台。稳步推进综合行政执法体制改革试点，结合实际，研究提出环境保护领域综合行政执法体制改革方案。

【体制机制改革】 市级中心镇进行行政管理体制改革。出台试点镇“三定”方案，指导中心镇调整管理体制，做好定员定岗工作；在总结曲塘、李堡改革试点经验的基础上，研究出台墩头、白甸中心镇行政体制改革方案。做好政府机构改革工作。以市场监管体制改革为重点，明确市场监管局和相关部门的职责分工，建立协调配合机制；签订交接书，完成生猪屠宰监管和食品安全监管职责以及人员划转。推进重点行业重点领域改革。整合原质监、药监、农委、商务（粮食）等部门的检验检测职能和相关机构，成立县综合检验检测中心，承担全县检验检测职能，为各职能部门监管、执法提供专业技术支撑；整合国土、住建、农委等部门的不动产登记职能，设立县不动产登记中心；合理设置学校布局，在事业编制总量控制下，科学核定中小学、幼儿园编制数；建成县文化艺术中心，完善区镇文化站机构设置。

8月26日，省编办主任俞军到海安调研指导工作 （县编办 提供）

【机构编制管理】 研究制定《控编减编工作方案》，建立控编减编长效管理机制。深化机构编制实名制管理，及时更新、维护机构编制信息库。会同县财政局开展机构编制管理证和政府购买服务管理证验证工作，规范全县机关事业单位人员流动、职数使用和工资发放。保障重点行业重点领域机构编制，深入开展调研，及时解决各区镇、部门在机构编制方面存在的矛盾和问题。根据政府机构改革、行政审批制度改革、行政综合执法改革、中心镇行政管理体制改革以及事业单位改革等内容，及时调整有关机构编制事项。实施编制使用年度预算制度，管住、用好有限的编制资源。落实省、市关于领导职数预审的文件精神，建立健全中层干部职数使用办法，梳理建立中层职数目录库。建立机关事业单位人员流动预审机制，编制、组织、人社部门各司其职、联动配合、共同把关。做好机构编制责任审核工作，年内集中对18个区镇、部门和事业单位的20名主要负责人开展机构编制责任审核，形成机构编制责任审核报告。县编办获全市机构编制创新成果一等奖、全市机构编制调研成果一等奖，被表彰为全市机构编制信息宣传先进单位。

【事业单位登记管理】 至3月31日，完成474家事业单位法人年度报告的网上受理和审核工作，并按照要求在网上公示，接受社会监督。落实市编办《南通市事业单位法人治理准则》和《关于支持事业单位法人治理结构建设试点工作的若干意见》，研究推进试点工作的优惠政策。12月，在全县开展事业单位登记事项专项核查工作，通过核查，督促办理设立登记18家、变更登记232项、注销登记65家，确保事业单位登记情况与实际情况一致。至年底，全县115家机关事业单位完成中文域名注册任务，自建网站的单位完成网站挂标工作，全县党政群机关和事业单位中文域名注册率、网站挂标率均100%。县编办被表彰为全市事业单位登记管理工作先进单位。

（嵇桂荣）

海安县人大

重要会议

【概况】 年初召开海安县第十五届人民代表大会第四次会议。会议回顾2014年全县政治、经济和社会事业取得的成就,确定2015年全县政治、经济和各项社会事业发展目标。闭会期间,县人大常委会围绕既定工作目标,依法行使各项职权。2015年,举行常委会会议10次,听取和审议县政府专项工作报告、执法检查报告20项,开展专题询问1次,审议任命人员履职情况报告14项,作出决议、决定11项,形成审议意见8项;举行主任会议26次,听取“一府两院”(县政府、法院、检察院)工作汇报11项。

【县十五届人大四次会议】 1月13—17日,县第十五届人民代表大会第四次会议在海安中学体艺馆举行。大会以举手表决的方式,通过关于县人民政府工作报告的决议、关于2014年国民经济和社会发展计划执行情况与2015年国民经济和社会发展计划的决议、关于2014年财政预算执行情况和2015年财政预算的决议、关于县人大常委会工作报告的决议、关于县人民法院工作报告的决议、关于县人民检察院工作报告的决议。大会通报县十五届人大四次会议议案立案情况,建议将王时明等15位代表提出的《关于加快推进教育现代化的议案》交县人大常委会在闭会后审议并立案;其余21件议案作为重点建议,会后由县人大常委会交县人民政府及有关机关和组织在大会闭会后6个月内办理并答复代表。

【县十五届人大常委会会议】 2015年,县十五届人大常委会召开10次常委会会议,即县十五届人大常委会第二十五次会议至第三十四次会议。

第二十五次会议 1月6日,在行政中心东附楼三楼第四会议室举行。县人大副主任孙进基,张佳生、肖正明、王锡林、章曙东及委员32人出席会议。代县长顾国标、副县长张亚曦,县法院、县检察院、县政府办公室及有关部门负责人列席会议。会议听取和审议副县长张亚曦代表县政府作《海安县人民政府关于调整2014年县本级财政预算的报告》,做出关于同意调整2015年县本级财政预算的决定。听取和初审县发展和改革委副主任仲伟平受县政府委托作《海安县2014年国民经济和社会发展计划执行情况与2015年国民经济和社会发展计划草案的报告》和县财政局局长张忠宏受县政府委托作《海安县2014年财政预算执行情况和2015年财政预算草案的报告》,听取县人大财经委主任花桂平作相关调查报告。做出关于任命贾韶军、高斌为副县长的决定;做出关于接受吴麟麟辞去副县长职务的请求的决定;做出关于接受王健、严国和、许金龙、陈兴俊、段仁贵等辞去县人大常委会委员职务的请求的决定。决定任命陈兴俊为县政府办主任;任命夏卫军为县发展和改革委主任;任命卢忠平为县市场监管局局长(兼);任命吴志梅为县卫生和计划生育委主任,免去其县卫生局局长职务;任命沈宏华为县安全监管局局长;免去其县食品药品监管局局长职务。任命许明全为县民族宗教局局长;免去张元春县政府办主任职务;免去屈祖平县发展改革委主任职务;免去童明昆县安全监管局局长职务。免去罗长松、陈祥官、赵日华等人县检察院检察员职务。任命童明昆为县人大环境资源城乡建设委主任;任命储祥兰为县人大人事代表工作委员会副主任;免去许应军县人大人事代表工作委员会副主任职务。做出关于召开县十五届人大四次会议的决定。讨论《海安县人大常委会工作报告》。讨论县十五届人大四次会议的有关事项,通过《海安县第十五届人大常委会代表资格审查委员会关于代表变动情况的报告》和《海安县第十五届人民代表大会第四次会议列席人员名单》。

第二十六次会议 1月28日,在行政中心东附楼三楼第四会议室召开。县人大主任孙进基,副主任张佳生、肖正明、王锡林、章曙东及委员29人出席会议;副县长高斌,县法院、县检察院、县政府办负责人列席会议。会议做出关于接受郑华辞去市十四届人大代表职务请求的决定。审议通过《海安县人大常委会2015年度工作要点》。

第二十七次会议 3月27日,在行政中心东附楼三楼第四会议室召开。县人大主任孙进基,副主任张佳生、肖正明、王锡林、章曙东及委员25人出席会议;副县长翁晓云,县法院、县检察院、县政府办及有关部门负责人和部分镇人大主席,两名人大代表列席会议。会议听取和审议县人大常委会教科文卫工作委员会主任崔世平代表议案处理小组作《关于加快推进教育现代化建设议案》的调查报告,做出《关于加快推进教育现代化建设议案》的立案决定。听取和审议县人大常委会内务司法工作委员会主任卢克龙代表执法检查组作《关于检查〈中华人民共和国残疾人保障法〉〈江苏省残疾人保障条例〉实施情况的报告》,形成《关于检查〈中华人民共和国残疾人保障法〉〈江苏省残疾人保障条例〉实施情况的报告》的审议意见。通报2015年人大代表评议工作的部门为法院、检察院、公安局、司法局。听取全国人大代表孙秀芳出席十二届全国人大三次会议有关情况的介绍。决定免去郑华县农委主任职务。

第二十八次会议 4月10日,在行政中心东附楼三楼第四会议室召开。县人大主任孙进基,副主任张佳生、肖正明、王锡林及委员24人出席会议;副县长贾韶军,县法院、县检察院、县政府办负责人列席会议。会议做出关于接受张军辞去市十四届人大代表职务请求的决定。

第二十九次会议 4月29日,在行政中心东附楼三楼第四会议室召开。县人大主任孙进基,副主任肖正明、王锡林、章曙东及委员27人出席会议;副县长张亚曦,县法院、县检察院、县政府办负责人列席会议。会议决定任命韦宝军为县农委主任;任命杭亚军为县审计局局长;免去吴玲县审计局局长职务。

第三十次会议 5月29日,在行政中心东附楼三楼第四会议室召开。县人大主任孙进基,副主任张佳生、肖正明、王锡林、章曙东及委员28人出席会议;副县长张亚曦、杨同标,县法院、县检察院、县政府办及有关部门负责人和部分镇人大主席、三名县人大代表列席会议。会议听取副县长杨同标代表县政府作《关于办理〈关于加快推进教育现代化的议案〉的实施方案情况的报告》。听取和审议副县长杨同标代表县政府作《关于人大代表评议人社局工作整改落实情况的报告》和县人大财经工委主任花桂平作相关调查报告。听取和审议副县长张亚曦代表县政府作《关于2014年度县人大常委会决议、决定和审议意见执行办理情况的报告》和县人大办主任吴俊刚作相关调查报告。会议分别对听取和审议的各项报告进行电子表决。

第三十一次会议　7月28日,在行政中心东附楼三楼第四会议室召开。县人大主任孙进基，副主任张佳生、王锡林、章曙东及委员27人出席会议;副县长张亚曦,县法院、县检察院、县政府办及有关部门负责人和部分镇人大主席列席会议。会议听取和审议县发展和改革委主任夏卫军受县政府委托作《关于海安县2015年上半年国民经济和社会发展计划执行情况的报告》和县人大财经委主任花桂平作相关调查报告,形成《关于2015年上半年国民经济和社会发展计划执行情况的审议意见》。听取和审议县财政局局长张忠宏受县政府委托作《关于2015年海安县上半年财政预算执行情况的报告》和县人大财经委主任花桂平作相关调查报告，形成《关于2015年上半年财政预算执行情况的审议意见》。听取和审议县审计局局长杭亚军受县政府委托作《关于2014年度县本级预算执行和其他财政收支情况的审计工作报告》和县人大财经委主任花桂平作相关调查报告,形成《关于2014年县本级预算执行和其他财政收支情况审计报告审议意见》。听取县财政局局长张忠宏受县政府委托作《县政府关于请求批准2014年度县本级财政收支决算草案的报告》和《县政府关于请求将2015年地方政府债券置换存量债务额度纳入预算管理的报告》,做出《关于批准2014年县本级财政收支决算的决定》和《关于同意2015年地方政府债券置换存量债务额度纳入预算管理的决定》。通过《关于县人大常委会任命“一府两院”工作人员报告履职情况的暂行办法》。决定任命丁培培为县法院高新区法庭庭长；任命毛中海为县法院墩头法庭庭长；任命曹震宇为县法院李堡法庭庭长；任命李晓萍为县法院审判员、开发区法庭副庭长;任命翟仁华、万流兵、潘宗秀、周红占、杨朋涛、毛蓉、杨云霞、王蕾、孙洁为县法院审判员;任命万流兵为县法院审判员;免去徐宏林县法院审判委员会委员、审判员职务;免去王建华、丁剑县法院审判员职务;免去芦霞县法院人民陪审员职务;任命朱敏、吕广锋、陆枫、崔恒伟、周庆兰、刘益舟为县检察院检察员。会议分别对听取和审议的各项报告进行电子表决。

第三十二次会议　8月4日，在行政中心东附楼三楼第四会议室召开。县人大主任孙进基，副主任张佳生、王锡林、章曙东及委员28人出席会议;副县长贾留军,县法院、县检察院、县政府办负责人列席会议。会议决定任命周锋为县人大办副主任。

第三十三次会议　9月29日,在行政中心东附楼三楼第四会议室召开。县人大主任孙进基，副主任张佳生、肖正明、王锡林、章曙东及委员32人出席会议;副县长张亚曦、彭为杰,县法院、县检察院、县政府办及有关部门负责人和部分镇人大主席列席会议。会议听取和审议副县长张亚曦代表县政府作《关于加快推进城镇化建设情况的报告》和县人大环境资源城乡建设工作委员会主任童明昆作相关调查报告,形成《关于加快推进城镇化建设情况报告的审议意见》。听取和审议副县长彭为杰代表县人民政府作《关于加强农村灌溉车口改造与管理的情况报告》和县人大农业农村工作委员会主任陈名作相关调查报告,形成《关于全县农灌车口改造与管理情况的审议意见》。听取和审议副县长彭为杰代表县政府作《关于加快推进养老服务体系建设情况的报告》和县人大内务司法工作委员会主任卢克龙作相关调查报告,形成《关于加快推进养老服务体系建设情况报告的审议意见》。通报《海安县相对集中行政许可权试点方案》。听取县财政局局长张忠宏、县水利局局长徐泷、县监察局局长朱斌、县民政局局长周小平、县环保局局长丁国祥、县住建局局长周道、县文广新局局长陈琳、县统计局局长马善华、县信访局局长陆尔宁、县教育局局长汪宁和县法院副院长章智敏、秦晓东，县检察院副检察长王骅、刘伟峦等任命人员履职情况报告,并进行满意度测评。做出关于接受王锡林辞去县十五届人大副主任职务请求的决定。会议分别对听取和审议的各项报告进行电子表决。

第三十四次会议　12月1日,分别在行政中心东附楼三楼第四会议室和东附四楼报告厅召开。县人大主任孙进基,副主任张佳生、肖正明、章曙东及委员29人出席会议;副县长张亚曦,县法院、县检察院、县政府办及有关部门负责人和各镇人大主席、60名县人大代表列席会议。会议听取县审计局局长杭亚军受县政府委托作《关于2014年度县本级预算执行和其他财政收支审计整改情况的报告》和县人大财经委主任花桂平作相关调查报告。听取副县长张亚曦代表县政府作《关于县十五届人大四次会议代表建议、批评和意见办理情况的报告》和县人大人事代表工作委员主任仲向阳作相关调查报告。听取副县长张亚曦代表县政府作《关于2015年县政府民生实事项目实施情况的报告》和县人大办主任吴俊刚作相关调查报告。专题询问2015年部分县政府民生实事项目实施情况,通过《关于2015年民生实事项目实施情况的审议意见》。听取7名市人大代表履职情况的报告。会议对听取和审议的报告进行表决并均获通过。

人大监督

【法定议题监督】 围绕县十五届人大四次会议通过的各项目标，开展上半年及全年计划预算执行情况监督，听取和审议2014年度县本级预算执行和其他财政收支审计情况的报告，审查和批准2014年县本级财政决算,跟踪督察审计整改情况，做好下年度计划预算草案审查工作。组织调研“十二五”规划执行及“十三五”规划编制情况。跟踪监督2014年度常委会决议、决定、审议意见和评议意见执行办理情况。

【经济领域重点工作监督】 加强对计划预算和规划纲要审查监督。年中、年末,专题听取和审议计划、预算执行情况汇报。就人代会通过的全年计划执行情况,深入走访调研，建议全力扶持实体经济发展,着力培育经济新增长点,大力推动产业转型升级。分季度调研财税收支情况,提出保持收入稳定增长、提升资金使用效益等建议。做出关于同意调整2015年县本级预算的决定。听取2014年县本级预算执行和其他财政收支情况的审计工作报告,批准2014年县本级财政决算。提出要运用审计成果纠正违纪违规问题,加强预算管理,提高科学理财水平和资金使用绩效。11月底,专题听取审计整改情况的报告。在广泛调研基础上,做好海安"十三五"规划初审,认真分析规划的体系、内容和实现的可行性。

推进重点项目、滨海新区建设和侨港企业发展。主任会议听取全县产业重点项目建设情况的汇报,提出将招引项目与放大资源相结合、广普招商与打造特色相结合的建议。常委会持续关注老坝港滨海新区建设,开展相关视察活动,提出要在提高规划执行力、项目贡献率、设施配套率、服务保障力上下功夫。人大常委会三名组成人员参与全县锦纶板块培育,常态化进行政策研究、板块招商和项目推进工作。主任会议听取全县新华侨和侨港资企业发展情况的汇报,提出相关建议。

重视推动农村基础设施建设和农业产业化发展。常委会开展调研农村灌溉车口建设管理,听取和审议县政府专项工作报告,提出完善体制机制,加大改造投入力度,合理调整配置,创新管理方式的建议。关注蚕桑生产转型升级,建议规划引领,多元发力,科技创新,政策激励,建设蚕业农场,促进产业化发展,打造全国一流优质茧丝绸生产基地。

【生态和环境保护工作监督】 听取和审议新型城镇化建设情况的报告,提出要加大城镇公共基础设施建设力度,健全城镇建设投融资机制,降低重点工程融资成本,推进城乡统筹和产城融合,加快城镇管理和美丽乡村建设步伐。跟踪督察《实施生态文明建设清水工程议案》办理情况,组织视察防汛防洪工程,要求加强畜禽粪便污染防治、工业污染源处置,集中开展中小河流疏浚,切实做好河道长效管理工作。

【社会管理和民生工作监督】 关注教育卫生文化等社会事业发展。认真办理《关于加快推进教育现代化建设的议案》,提升教育现代化建设水平。主任会议听取全县卫生信息化建设工作汇报,强调要从便民惠民的高度,增强对这项工作重要性的认识,加强技术培训,建立健全协调联动机制,提升信息化应用水平。视察公共文化示范区创建工作,推动县公共文化服务设施网络建设,提高服务供给能力,促进公共文化全民共建共享。

6月25日,县人大领导视察公共文化示范区创建工作　　(县人大办　提供)

持续推进公共服务水平提升。高度重视推进养老服务体系建设,组织人员到外地学习考察,视察县内养老服务机构建设情况,听取和审议养老服务体系建设情况报告。针对存在问题,要求县政府统筹规划,完善和落实政策,创新机制平台,提高社会化服务的组织水平。跟踪督察2014年代表评议人社局工作整改情况,代表提出的民生问题得到较好落实。关注幸福家庭创建工作情况,深入失独家庭、圆梦养老机构实地调研,提出相关建议。主任会议听取城市公交运行体系情况,要求增加人口高密度区域的公交线路,推进城市公交信息智能化。

专题听取和审议实事工程实施情况报告,并专题询问城乡管理、农村交通建设、停车场建设、农贸市场升级改造等实事项目。在前期听取汇报、召开座谈会、实地视察基础上,常委会委员提出12个方面的问题,6名县政府组成人员现场回答询问,接受监督。同时要求县政府以老百姓满意度为评判标准,跟踪督察项目质量,确保必要的后续管理和经费投入。

【群众信访接待和督办工作】 全年受理群众来信55件,接待群众来访35批53人(次),对一些涉法涉诉案件和群众反映强烈的问题,督促"一府两院"依法妥善处理,及时化解社会矛盾。加强跟踪和反馈办理结果,强化督办效果。

代表工作

【完善代表服务保障工作】 继续开展"大美海安,人大代表在行动"主题实践活动,并与联系选民、专项监督、执法检查、评议部门工作等协调推进。扩大代表对常委会工作的参与度,邀请代表参加执法检查、视察调研、专题询问等活动,列席常委会会议,旁听法庭庭审。加强"人大代表之家"建设,海安镇永安街道和城东镇新生街道代表之家,进入市"人大代表之家"十面红旗行列。定期向代表寄送省、市人大刊物和内部资料,保障代表知情权。上海、浙江、南京等地的县(市)区人大多次到海安学习考察县人大代表工作。

【发挥镇人大及代表作用】 召开全县镇人大工作会议,总结交流工作经验,对镇人大年度工作提出指导意见。指导镇人大对照年度考评办法,从制度完善、代表活动、专项监督等方面提升人大工作水平。组织各镇人大主席参加全国人大组织的培训,通过各种县镇联动活动,做到工作指导到位、督促检查到位。全国人大

5月14日，县人大领导视察教育现代化创建工作　　（县人大办　提供）

《联络动态》内刊介绍角斜镇人大创新专项监督工作的做法和成效。

【代表议案】 县十五届人大四次会议期间，王时明等15名人大代表提出的《关于加快推进教育现代化建设的议案》(以下简称"议案")，经大会主席团决定，交由县人大常委会在大会闭会后研究处理。县十五届人大常委会第二十七次会议，对"议案"及议案处理小组的调查报告进行专题审议，并做出《关于加快推进教育现代化建设议案的立案决定》。

议案：《关于加快推进教育现代化建设的议案》。案由：加快推进教育现代化建设。案据：加快推进教育现代化是推进经济社会又好又快发展的需要；是回应群众期盼，解决民生突出问题的重要举措；是促进县教育持续健康发展，进一步做亮海安教育品牌的需要。议案办理建议：强化规划引领，把创建教育现代化纳入经济社会发展规划和年度计划；加快调整完善教育布局结构和人才培养结构，周密制定建设规划和年度实施计划，配套完善土地利用规划、建设用地规划、城市(城镇)建设规划等专项规划。强化财力保障，完善教育经费保障机制；根据县镇所能承受的财力负担水平，完善创建过程中资金拨付办法；重视并研究解决经济薄弱区镇财力保障能力不足问题；加强对教育经费使用的审批和监管。强化队伍建设，完善教职工编制管理办法，加大考试招聘和定向委培等人才招引力度；着力提高教师综合素质，加快建成省级标准的教师发展中心，完善名师工作室、名教师评选办法，提高特殊人才津贴标准。强化组织协调，建立和完善联席会议制度，及时研究解决创建过程中的重大问题；将创建教育现代化工作列为效能建设考核重要内容，县级机关相关部门和各区镇密切配合，推进创建工作如期达标；建立创建教育现代化工作绿色通道，提高办事效率；强化监测结果分析使用，加强教育现代化创建工作项目管理。

【代表建议】 县十五届人大四次会议期间，县人大代表提出建议、批评和意见(以下简称建议)280件。其中，工业经济、基础设施建设等方面22件，城建、交通、环保等方面84件，农业、农村工作和水利、国土资源等方面60件，科技、教育、文化、卫生、广电、计划生育等方面32件，财贸金融工作等方面23件，人事、劳动和社会保障等方面34件，公安、司法和社会稳定等方面8件，人大工作方面1件，其他方面16件。县十五届人大四次会议后，县人大常委会交办280件代表建议。8月31日，县人大常委会召开建议办理工作督办会，并组织部分委员和有关人大代表视察建议办理情况。此外，县人大机关相关委室在常委会副主任带领下，常态化督办联系部门办理建议情况。至7月底，59家承办单位均逐一答复代表。280件代表建议中，已经解决或基本解决的（A类）建议193件，占68.93%，比十五届三次会议A类建议占比提高21.67%；解决中或列入计划逐步解决的（B类）建议66件，占23.57%，比十五届三次会议B类建议占比下降21.81%；因条件限制，无法解决的21件，占7.5%；代表反馈意见表示满意的272件，占97.14%；基本满意的8件，占2.86%；满意、基本满意率100%。首次推进跨年度B类建议办理，十五届人大三次会议B类建议123件，跟踪答复122件，跟踪答复率99.2%。

海安县第十五届人民代表大会第四次会议代表建议表

表14

编号	建议人	标　　题	分　　类	主办单位	协办单位
001	曹爱根	关于减少农村道路建设矛盾的建议	城建、交通、环保等方面	交运局 财政局	—
002	韩文英	关于加强社区社会建设和管理的建议	其他	民政局	财政局 组织部 农办
003	邓兴平	关于设立专门岗位成立社区居民委员会且使其法律化、规范化的建议	农业、农村工作、水利、国土资源等方面	民政局	—
004	时章永	关于帮助解决为民服务中心建设资金缺口问题的建议	财贸金融工作方面	雅周镇	—

续表 14

编号	建议人	标　　题	分　类	主办单位	协办单位
005	蔡晓冬	关于增加园区内公交线路及调整公交班次时间的建议	城建、交通、环保等方面	交运局	—
006	顾倩华	关于安排年轻民警到村定职的建议	公安、司法和社会稳定等方面	公安局	—
007	季拥军	关于加强物业管理的建议	城建、交通、环保等方面	城管局	—
008	瞿联霞	关于加强宠物狗管理的建议	公安、司法和社会稳定等方面	公安局	农委 城管局
009	刘德旺	关于加强县城区车辆管理实施分级分段管控的建议	城建、交通、环保等方面	公安局	住建局 城管局 开发区 高新区
010	王建军	关于进一步加大劳动监察力度、保障职工合法权益、切实维护社会稳定的建议	人事、劳动和社会保障等方面	人社局	总工会 司法局
011	王时明	关于迅速解决明道小学、海师附小生均占地面积严重不足的建议	科技、教育、文化、卫生、广电、计划生育等方面	教育局	住建局 国土局 财政局 高新区
012	严国和	关于重视并切实有效解决农业技术推广体系中队伍建设和职称评聘问题的建议	人事、劳动和社会保障等方面	编办 人社局	农委
013	于宽兰	关于相关部门加大对城区非机动车道和非机动车的管理力度，打造和谐、文明、畅通海安的建议	城建、交通、环保等方面	公安局	宣传部 城管局
014	许应军 章荣春 盛庆怀 刘小芳 陆道云	关于加强里下河低洼区域防洪排涝工程建设的建议	农业、农村工作、水利、国土资源等方面	水利局	财政局
015	郭永安 陈　焱 杨宏旺 邰俊琴	关于加快市级中心镇建设的建议	农业、农村工作、水利、国土资源等方面	农办	国土局 财政局 编办 行政服务中心
016	邓正如	关于完善被征地农民社会保障的实施办法的建议	人事、劳动和社会保障等方面	人社局	农办 国土局
017	高传耀	关于在有条件的城镇推进管道天然气进入社区、城镇居住点的建议	城建、交通、环保等方面	住建局	财政局
018	王卫东 朱银富	关于加大政府对中小企业资金扶持协调力度的建议	财贸金融工作方面	发展改革委	人行
019	吴　萍	关于加大对白甸镇教育基础建设财政资金扶持力度的建议	财贸金融工作方面	财政局	—
020	刘广建	关于解决海安城区以及乡镇镇区停车难问题的建议	城建、交通、环保等方面	住建局 各区镇	公安局 城管局
021	邰健民	关于清水工程的建议	农业、农村工作、水利、国土资源等方面	南莫镇	—
022	方占旺	关于规范农村土地规模流转价格进一步规范土地流转的建议	农业、农村工作、水利、国土资源等方面	农办	—
023	刘秀红	关于每年招聘一些厨师充实农村学校食堂的建议	科技、教育、文化、卫生、广电、计划生育等方面	教育局	—
024	储祥兰 邰俊琴 陆道云	关于坚决制止装棺重葬现象的建议	人事、劳动和社会保障等方面	民政局	宣传部 市场监管局
025	张英来	关于解决私营企业融资难问题的建议	财贸金融工作方面	发展改革委	人行
026	王卫东	关于解决江曲线与东台时堰镇（原后港镇）连接的建议	城建、交通、环保等方面	交运局	白甸镇

续表 14

编号	建议人	标　　题	分　类	主办单位	协办单位
027	周怀明	关于将雅周镇打造为重点生态旅游名镇的建议	科技、教育、文化、卫生、广电、计划生育等方面	旅游局	农委 雅周镇
028	韩　斌	关于增加“村村通”公交车行车路线建议	城建、交通、环保等方面	交运局	雅周镇
029	梅广稳	关于恢复202省道立发中学段公交路线的建议	城建、交通、环保等方面	交运局	—
030	郁　江	关于加快226省道建设的建议	城建、交通、环保等方面	交运局	—
031	许金龙	关于强化海安东部区镇间道路网络整体规划的建议	城建、交通、环保等方面	交运局	—
032	王加明	关于加强农村道路建设，特别是政策向偏远地区倾斜的建议	城建、交通、环保等方面	交运局	—
033	杨立稳	对于交通问题的建议	城建、交通、环保等方面	公安局	城管局 住建局
034	顾倩华	关于将村民禁烧禁抛与直补费用挂钩的建议	农业、农村工作、水利、国土资源等方面	农委	环保局 财政局
035	季拥军	关于加强老旧小区改造的建议	城建、交通、环保等方面	城管局	开发区 高新区
036	季拥军	关于加强社区文化建设的建议	科技、教育、文化、卫生、广电、计划生育等方面	文广新局 住建局	—
037	瞿联霞	关于解决中大街市容管理存在问题的建议	城建、交通、环保等方面	城管局	住建局 公安局
038	李存根	关于河道清淤整洁的建议	农业、农村工作、水利、国土资源等方面	水利局	—
039	刘立华	关于提高对现有企业发展支持力度的建议	工业经济、基础设施建设等方面	发展改革委	人社局 司法局 财政局 国税局 地税局
040	陆惠玲	关于清水工程长效管理的建议	财贸金融工作方面	环保局	财政局 水利局
041	梅从森	关于加强、规范政府招标工程售后服务的建议	其他	公管办	—
042	梅从森	关于街居聘用人员工资标准与国民收入接轨的建议	人事、劳动和社会保障等方面	开发区 高新区	—
043	申承秀	关于城区企业货车进出经常被定为违规的建议	城建、交通、环保等方面	公安局	—
044	孙进业	关于新奥燃气配备售后服务人员建议	其他	住建局	物价局
045	王德雨	关于城郊村村级创收建议	农业、农村工作、水利、国土资源等方面	国土局 农办	—
046	王希成	关于环境整治长效治理的建议	城建、交通、环保等方面	环保局	财政局 水利局
047	徐培生	关于秸秆双禁工作的建议	农业、农村工作、水利、国土资源等方面	环保局	公安局 农委 水利局
048	严俊元	关于原有宁启铁路复垦还田的建议	农业、农村工作、水利、国土资源等方面	交运局	国土局 开发区 高新区 南莫镇
049	于宽兰	关于将交通违法行为与个人诚信档案挂钩的建议	城建、交通、环保等方面	发展改革委	公安局 人社局 人行 住建局
050	张建平	关于规划建设城市公共停车配套设施的建议	城建、交通、环保等方面	住建局	公安局
051	周海冰	关于建设海安艺术碑林的建议	科技、教育、文化、卫生、广电、计划生育等方面	住建局	文广新局

续表 14

编号	建议人	标　　题	分　类	主办单位	协办单位
052	周海冰	关于加强"预付费消费"管理的建议	财贸金融工作方面	商务局	市场监管局
053	周海冰	关于建立大数据平台的建议	其他	发展改革委	—
054	周龙法	关于进一步加大海陵中学硬件投入，不能过度抽调优秀教师，保证海陵品牌不倒的建议	科技、教育、文化、卫生、广电、计划生育等方面	教育局	财政局 住建局 国土局
055	高广喜	关于政府职能部门向外来人员提供IC卡居住证待遇的建议	其他	教育局 卫计委 交运局 住建局 人社局 民政局	—
056	刘长明	关于对海安经济发展的建议	其他	住建局 高新区	财政局 国税局 地税局 商贸物流中心
057	王武安	关于提高农保人员退休工资的建议	人事、劳动和社会保障等方面	人社局	财政局
058	王武安	关于海光东路向西延伸的建议	城建、交通、环保等方面	住建局	高新区
059	张晓春	关于对具有社会公益性质的农贸市场由政府主办管理的建议	其他	商务局	—
060	张梅华	关于统一制作全县网格员服务证的建议	其他	民政局	财政局
061	张梅华	关于加大对牛皮癣、户外小广告查处力度的建议	城建、交通、环保等方面	城管局	市场监管局 开发区 高新区
062	邓忠健	关于加大对违法用地监管力度的建议	农业、农村工作、水利、国土资源等方面	国土局	市场监管局
063	邓忠健	关于对老通扬河等城区河道彻底清理淤泥、杂物的建议	农业、农村工作、水利、国土资源等方面	住建局	水利局 城管局
064	刘广建	关于帮助企业引进人才、解决普遍招工难、缓解用工难问题的建议	人事、劳动和社会保障等方面	人社局 组织部	职教园区
065	丁凤喜	关于全员人口信息资源共享的建议	公安、司法和社会稳定等方面	公安局	卫计委 人社局 民政局
066	金雪松	关于提高环境整治设施设备使用率的建议	城建、交通、环保等方面	环保局	各区镇
067	刘秀红	关于在创建县城现代化时，县财政向农村经济薄弱区镇投入倾斜的建议	财贸金融工作方面	教育局	财政局
068	宋国平	关于调整镇村公交线路、运行时间的建议	城建、交通、环保等方面	交运局	—
069	郁健民	关于增加敬老院硬件投入的建议	人事、劳动和社会保障等方面	民政局	财政局
070	田砚华	关于进一步丰富群众文化娱乐生活的建议	科技、教育、文化、卫生、广电、计划生育等方面	文广新局 江苏有线网络发展有限责任公司海安分公司 广播电视台	—
071	周　平	关于秸秆综合利用的建议	农业、农村工作、水利、国土资源等方面	农机局	—
072	周　平	关于做好镇村健身娱乐设施维护的建议	科技、教育、文化、卫生、广电、计划生育等方面	教育局	各区镇
073	吉　锋	关于加大闲置空闲土地处置力度的建议	农业、农村工作、水利、国土资源等方面	高新区	国土局 发展改革委 农办

续表 14

编号	建议人	标题	分类	主办单位	协办单位
074	张 明	关于弘扬紫石精神，进一步发展紫石文化的建议	科技、教育、文化、卫生、广电、计划生育等方面	文广新局	宣传部 财政局
075	卢礼华	关于加强雅周镇兴雅社区建设管理的建议	城建、交通、环保等方面	雅周镇	城管局
076	卢丽云	关于因“清水”工程村级负担增加的建议	农业、农村工作、水利、国土资源等方面	环保局	财政局
077	丁冬和	关于加大对基层医院的财政投入，建设“送养结合型”养老机构的建议	人事、劳动和社会保障等方面	民政局	财政局
078	陶永红	关于多措并举，着力解决中小企业融资难的建议	财贸金融工作方面	发展改革委	人行 财政局 科技局 国税局 地税局
079	汪如成	关于加强农村车口维修资金保障的建议	财贸金融工作方面	财政局	
080	韩良荣	关于规范给水施工市场行为 促进企业竞争公平有序的建议	城建、交通、环保等方面	住建局	建管局 物价局 市场监管局
081	孙秀芳	关于对小学生加强安全救护知识教育，增强小学生自我保护能力的建议	科技、教育、文化、卫生、广电、计划生育等方面	教育局	—
082	王希成	关于加大原老乡镇小集镇建设力度的建议	城建、交通、环保等方面	各区镇	—
083	王希成	关于在公共场所增设公厕的建议	工业经济、基础设施建设等方面	城管局	住建局
084	许 宁	关于对农村部分学校增派“警察护学岗”的建议	公安、司法和社会稳定等方面	公安局	教育局
085	袁加根	关于县政府要加强全县物业管理工作的建议	城建、交通、环保等方面	城管局	住建局
086	吴 萍	关于推进教育现代化建设的建议	科技、教育、文化、卫生、广电、计划生育等方面	教育局	财政局 人社局
087	施 成	建立健全外来务工人员服务体系，确保招得进，用得好，留得住，突破用工要素瓶颈制约	人事、劳动和社会保障等方面	人社局	总工会 教育局 卫计委 住建局 公安局
088	徐发明	关于建立农村“土地银行”的建议	农业、农村工作、水利、国土资源等方面	国土局	—
089	朱兴来	建议县公交车能开到七星湖游乐园	城建、交通、环保等方面	交运局	城管局
090	邓井江	建议新328国道与迎宾路交叉口增设隔离带	城建、交通、环保等方面	公安局	交运局
091	顾延铁	建议加强对工业企业运行重量分析、监控与服务，增强企业的抗风险能力	工业经济、基础设施建设等方面	发展改革委	科技局
092	丁金凤	关于秸秆禁烧禁抛的建议	农业、农村工作、水利、国土资源等方面	农机局	—
093	董桂香	关于解决中小企业融资难问题的建议	财贸金融工作方面	发展改革委	人行 公安局
094	冯铁山	关于建议停建所谓的“居民集中居住点”的建议	城建、交通、环保等方面	住建局	各区镇
095	高凤兰	关于对农村“禁烧禁抛”建议	农业、农村工作、水利、国土资源等方面	环保局	农委 农机局
096	孙锦坤	关于海安开发区与商贸物流园管理服务体制不顺畅一事	其他	开发区	商贸物流中心

续表 14

编号	建议人	标　　题	分　类	主办单位	协办单位
097	孙锦坤	关于失地农民能否享受自留地等补偿	农业、农村工作、水利、国土资源等方面	国土局	农办
098	孙锦坤	关于城东镇圆通街道无正常运行体制一事	其他	开发区	—
099	张怀栋	农村交通基础建设需平衡发展于纯农业村	城建、交通、环保等方面	交运局	财政局
100	韩文英	建议在社区建老年房、临租房	工业经济、基础设施建设等方面	开发区 高新区	住建局
101	张怀栋	消防管道的安全隐患等	工业经济、基础设施建设等方面	开发区	消防大队 安监局
102	施　成	建立长效机制，加强对代表建议意见被作为正在解决或列入计划类的建议的跟踪督办并予以答复的建议	人大工作方面	(县人大) 人大办	—
103	范存生	建议环境保护各单位、各部门要齐抓共管，相关部门涉及的环保职责不能由环保部门一家承担	城建、交通、环保等方面	环保局	住建局 城管局 交运局 公安局 农办 农委 水利局 农机局 发展改革委
104	范存生	环保部门履职难到位	城建、交通、环保等方面	环保局	编办
105	范存生	建议政府进一步加大对工业污染企业治理和畜禽粪便处理的力度，确保海安水更清、天更蓝、环境更好	城建、交通、环保等方面	环保局	农办 水利局 住建局
106	韩拥军	关于加强农村住宅路的维护管理或改造的建议	农业、农村工作、水利、国土资源等方面	开发区	—
107	陈冬明	关于提高环卫员工福利及工资待遇的建议	城建、交通、环保等方面	城管局	财政局 人社局 宣传部
108	江培泽	开发较早的硬质渠、车口维修费承担问题	农业、农村工作、水利、国土资源等方面	农机局	农业资源局 财政局
109	范存生	建议政府有关部门不要把商业保险作为硬性任务下交到村考核村干部	农业、农村工作、水利、国土资源等方面	农办 卫计委 民政局	—
110	刘金国	多策并举，加快老年关爱之家建设	人事、劳动和社会保障等方面	民政局	财政局
111	曹永山	关于法院领导加强基层人员职业道德教育的建议	公安、司法和社会稳定等方面	法院	—
112	刘燕斌	关于在农村成立农药防治专业合作组织的建议	农业、农村工作、水利、国土资源等方面	农委	—
113	束长青	内招外引，提升师资素质，推进学前教育现代化	科技、教育、文化、卫生、广电、计划生育等方面	编办 教育局 人社局	—
114	孙长青	增加教育投入 努力率先实现县域教育现代化	科技、教育、文化、卫生、广电、计划生育等方面	财政局	教育局
115	杨广泽	加强野生动物保护，促进生态文明建设	农业、农村工作、水利、国土资源等方面	农委	市场监管局
116	于永进	关于加快建立公民诚信系统的建议	其他	发展改革委	公安局 人行 市场监管局 国税局 地税局
117	周宝云	关于农作物秸秆禁烧禁抛工作	农业、农村工作、水利、国土资源等方面	环保局	农办 农委 水利局 农机局
118	周长禄	关于加强对农村农药使用后废弃物的管理	农业、农村工作、水利、国土资源等方面	农委	环保局

续表 14

编号	建议人	标　　题	分　类	主办单位	协办单位
119	朱正发	关于秸秆还田的建议	农业、农村工作、水利、国土资源等方面	农办	农委 农机局 人社局 财政局
120	邓忠健	关于结合实际情况适度控制社区人口规模的建议	其他	高新区	民政局
121	臧　忠	关于"两区"大力发展城郊观光农业项目和园区的建议	农业、农村工作、水利、国土资源等方面	农委	财政局 开发区 高新区
122	杜开松	关于秸秆焚烧的建议	城建、交通、环保等方面	农机局	—
123	杜开松	关于提高村村通公交车利用率的建议	城建、交通、环保等方面	交运局	各区镇
124	吉　锋	关于尽快对千禧大桥以西原328国道交通安全隐患进行整改的建议	城建、交通、环保等方面	公安局	交运局 安监局 高新区
125	王希桂	关于高度重视交通重点工程被征(用)地农民接轨社会保障建议	人事、劳动和社会保障等方面	人社局	信访局 交运局 农办 国土局 高新区
126	李　军	关于帮助中小企业发展的建议	工业经济、基础设施建设等方面	发展改革委	行政服务中心 人社局
127	印丽琳	关于重视培育大企业集团的建议	工业经济、基础设施建设等方面	发展改革委	科技局 组织部 财政局 人社局
128	印丽琳	关于依法加强全县小区物业管理的建议	城建、交通、环保等方面	城管局	各区镇
129	丁邦林	要求南屏农民安置小区增设公交停靠点	城建、交通、环保等方面	交运局	开发区
130	俞贵群	建议政府对过去支边的村民回来以后的户口问题要多关心落实	其他	公安局	民政局
131	沙子余	建议县政府对村民小组长按村规模大小配备并增加报酬	农业、农村工作、水利、国土资源等方面	民政局	—
132	沙子余	建议县政府对边远村、区位优势较差村、工作满15年以上的农村党支部书记、村长从工作上、生活上多给予关心照顾,尽可能转事业人员	人事、劳动和社会保障等方面	组织部	农办
133	吴晓琴	关于"飞地"收回的建议	农业、农村工作、水利、国土资源等方面	国土局	滨海新区 农办 民政局
134	杨宏旺	关于"古仇东路"尽快实施公交通车的建议	城建、交通、环保等方面	交运局	墩头镇
135	陆道云	关于加大墩头镇旅游事业发展扶持力度的建议	科技、教育、文化、卫生、广电、计划生育等方面	旅游局	财政局 水利局 环保局
136	陈　焱	关于加大农村农四路维修资金投入的建议	城建、交通、环保等方面	交运局	财政局
137	陈　焱	关于加大土地流转,培育种粮大户、家庭农场的政策扶持力度的建议	农业、农村工作、水利、国土资源等方面	农委	农办 财政局 农机局
138	陈　焱	关于加大一、二级河道集中整治投入的建议	农业、农村工作、水利、国土资源等方面	水利局	—
139	陈　焱	关于加快建设水韵里下河湿地公园连接线的建议	城建、交通、环保等方面	交运局	墩头镇
140	黄立勇	关于进一步规范新办企业接水费用的建议	城建、交通、环保等方面	住建局	—
141	郭永安	关于进一步提高项目预审工作效率的建议	财贸金融工作方面	行政服务中心	纪委(监察局)
142	杨忠国	关于进一步支持墩头镇锦纶产业园工业项目用地指标的建议	农业、农村工作、水利、国土资源等方面	国土局	—

续表 14

编号	建议人	标题	分类	主办单位	协办单位
143	邰俊琴	关于设立里下河金三角旅游示范区发展规划的建议	科技、教育、文化、卫生、广电、计划生育等方面	旅游局	白甸镇 南莫镇 墩头镇
144	陈　焱	关于统一区镇农民安置房物业管理的建议	城建、交通、环保等方面	城管局	各区镇
145	丁燕梅	关于行政服务中心增强服务职能的建议	人事、劳动和社会保障等方面	行政服务中心	—
146	何小进	建议加强农村广播线路、设施维修管理	科技、教育、文化、卫生、广电、计划生育等方面	广播电视台	—
147	陈月斌	建议科学合理地开发、管理好七星湖生态园	科技、教育、文化、卫生、广电、计划生育等方面	开发区	—
148	陈月斌	关于交通标志线请不要那么任性的建议	城建、交通、环保等方面	公安局	交运局 住建局 城管局
149	陈月斌	关于合理规划、设置公用自行车停放的位置的建议	城建、交通、环保等方面	城管局	—
150	陈月斌	关于请为七星湖亮灯的建议	工业经济、基础设施建设等方面	开发区	—
151	杨忠国	关于完善工业用天然气、蒸汽定价机制的建议	工业经济、基础设施建设等方面	物价局	—
152	章荣春	关于治理畜禽粪便直排应纳入法治的轨道的建议	城建、交通、环保等方面	环保局	农委 财政局
153	程金平	关于尊重企业发展自主权的建议	工业经济、基础设施建设等方面	发展改革委	—
154	范存生	关于县人社局联合相关部门出台政策吸引学子回乡的建议	人事、劳动和社会保障等方面	人社局	—
155	邓兴平	关于县人社局进一步完善报批程序、手续、标准等的建议	人事、劳动和社会保障等方面	人社局	—
156	于永进	关于为企业补办房产证的建议	城建、交通、环保等方面	行政服务中心	住建局
157	杨云根	关于省道 221 西延与省道 403 同步实施的建议	城建、交通、环保等方面	交运局	—
158	张先怀	关于加强市场监管的建议	科技、教育、文化、卫生、广电、计划生育等方面	市场监管局	农委
159	张先怀	关于切实支持实体经济发展，减轻企业负担的建议	工业经济、基础设施建设等方面	财政局	—
160	张先怀	关于提高企业退休职工养老金、医疗金标准的建议	人事、劳动和社会保障等方面	人社局	—
161	张先怀	关于增加县城和乡镇公交线路和运营时间的建议	城建、交通、环保等方面	交运局	—
162	杨余芳	关于进一步整合特色旅游资源，加快启动实施水上旅游项目的建议	科技、教育、文化、卫生、广电、计划生育等方面	旅游局	—
163	蒋万仁	关于进一步加强社保协理员队伍的管理和相关办公用品添置的建议	人事、劳动和社会保障等方面	人社局	—
164	邓井江	关于进一步健全用工平台、建立相应机构的建议	人事、劳动和社会保障等方面	人社局	—
165	缪昌平	关于老坝港滨海新区通海北路立项建设的请求的建议	城建、交通、环保等方面	发展改革委	—

续表 14

编号	建议人	标题	分类	主办单位	协办单位
166	徐爱军	关于将已一次性拿安置费的失地农民重新接轨社会保障的建议	人事、劳动和社会保障等方面	高新区	人社局
167	徐爱军	关于加快城市社区服务中心建设的建议	其他	开发区 高新区	—
168	徐爱军	关于将万星路南北贯通的建议	城建、交通、环保等方面	住建局	公安局
169	范加来	关于巩固合作医疗成果，认真做好大病医疗保险工作的建议	人事、劳动和社会保障等方面	人社局	卫计委
170	张红旗	关于人社局加强机关工作作风转变的建议	人事、劳动和社会保障等方面	人社局	—
171	王建军	关于对学生进行国家公祭日相关知识重点教育的建议	科技、教育、文化、卫生、广电、计划生育等方面	教育局	—
172	梅从森	关于对221省道增设公交站亭的建议	城建、交通、环保等方面	交运局	—
173	梅从森	关于增加社区干部编制人数的建议	人事、劳动和社会保障等方面	高新区	—
174	张英根	关于县内汽车城合二为一的建议	工业经济、基础设施建设等方面	发展改革委	开发区 高新区
175	曹永山	关于政府在抓发展的同时不忘集体资产清收的建议	农业、农村工作、水利、国土资源等方面	各区镇	—
176	严国和	关于尽快启动实施闸东路拓宽改造工程的建议	城建、交通、环保等方面	住建局	高新区
177	杨余芳	关于完善县城区公共自行车网点的建议	城建、交通、环保等方面	城管局	财政局
178	顾倩华	关于在中小学开设"素质教育"课程的建议	科技、教育、文化、卫生、广电、计划生育等方面	教育局	—
179	张海燕	关于适度提升教师住房公积金标准的建议	科技、教育、文化、卫生、广电、计划生育等方面	财政局	教育局
180	孙建群	关于将小焦港河南段列入景观整治的建议	城建、交通、环保等方面	住建局	高新区 水利局
181	陈锦璜	关于原乡镇卫生院装备管理等较为落后亟待提升的建议	科技、教育、文化、卫生、广电、计划生育等方面	卫计委	财政局
182	陈锦璜	关于激发我县部分企业家创业激情的建议	工业经济、基础设施建设等方面	发展改革委	—
183	秦广荣	关于加大青年创业扶持力度的建议	工业经济、基础设施建设等方面	农办	财政局 团委
184	丁忠健	关于下调退休职工退休时缴纳医疗保险年限、缴费标准的建议	人事、劳动和社会保障等方面	人社局	—
185	范加来	关于海安县清水工程的建议	财贸金融工作方面	环保局	财政局 水利局 农委 各区镇
186	范加来	关于失地农民补偿的建议	人事、劳动和社会保障等方面	人社局	财政局 各区镇
187	范加来	关于基层老干部生活补助的建议	农业、农村工作、水利、国土资源等方面	组织部	财政局 农办
188	吴贵华	关于保障职工居民不因病致穷的建议	人事、劳动和社会保障等方面	人社局	民政局 财政局

续表 14

编号	建议人	标　　题	分　类	主办单位	协办单位
189	费建明	关于在黄海西路与钟庄路十字路口加强交通安全设施的建议	城建、交通、环保等方面	公安局	住建局 高新区
190	章士忠	关于扶持中小企业发展的建议	财贸金融工作方面	发展改革委	人行
191	陈文凤	关于政府有关部门对企业员工工伤和职业危害认定的建议	人事、劳动和社会保障等方面	人社局	—
192	夏友华	关于上调失地农民保险增幅的建议	人事、劳动和社会保障等方面	人社局	—
193	李友良 杨忠国 周国银 黄立勇 盛庆怀	关于加快化纤企业转型升级的建议	工业经济、基础设施建设等方面	发展改革委	科技局 财政局 墩头镇
194	朱银富	关于加大市级中心镇创建支持力度的建议	工业经济、基础设施建设等方面	农办	财政局
195	章荣春 刘小芳 陆道云 邰俊琴	关于合理拨付清水工程河道管护经费的建议	城建、交通、环保等方面	环保局	水利局 财政局
196	陈　莲	关于农村合作医疗保险与城镇居民医疗保险、职工医疗保险进行对接的建议	人事、劳动和社会保障等方面	人社局	—
197	陈　杰	加强监管,规范秩序,努力巩固金融生态县品牌	人事、劳动和社会保障等方面	发展改革委	人行 公安局 法院
198	陈宝林	迅速加大一、二级河道岸坡的修复力度	农业、农村工作、水利、国土资源等方面	水利局	—
199	何　凤	一、二级河道塌方严重,希有具体措施	农业、农村工作、水利、国土资源等方面	水利局	—
200	何　凤	减少农村商业保险的征收	农业、农村工作、水利、国土资源等方面	卫计委 民政局 农委	—
201	李来芳	加大秸秆综合利用力度	财贸金融工作方面	农机局	—
202	林金生	进一步加大两大工程资金投入	财贸金融工作方面	财政局	—
203	罗志宏	项目、工程资金应及时下拨到村	财贸金融工作方面	环保局	财政局
204	罗志宏	关于提高土地流转优惠政策的建议	农业、农村工作、水利、国土资源等方面	农办	—
205	罗志宏	秸秆还田的奖补	农业、农村工作、水利、国土资源等方面	农机局 财政局	—
206	缪云秀	关于提高农村基层村级社区服务站医生年龄层次的建议	科技、教育、文化、卫生、广电、计划生育等方面	卫计委	—
207	缪云秀	关于加强整顿农贸市场，保护生态平衡的建议	财贸金融工作方面	农委	市场监管局
208	沈海萍	关于修建海安县老坝港滨海新区新闸的意见	农业、农村工作、水利、国土资源等方面	滨海新区	—
209	吴晓琴	关于加强医疗卫生人员管理的建议	科技、教育、文化、卫生、广电、计划生育等方面	卫计委	—
210	张　兵	加大经济薄弱村扶持力度	农业、农村工作、水利、国土资源等方面	农办	财政局
211	陈　杰	高举依法治理大旗，打造文明有序的交通环境	城建、交通、环保等方面	公安局	住建局 城管局

续表 14

编号	建议人	标题	分类	主办单位	协办单位
212	王兴建	关于县人社局服务大厅服务质量的建议	人事、劳动和社会保障等方面	人社局	—
213	万年年	大力提升市民素质,提高城市文明程度	其他	宣传部	公安局
214	李　平	关于加强农村专项资金专家评审管理的建议	农业、农村工作、水利、国土资源等方面	财政局	农办 农委 农机局 水利局 农业资源局
215	卢宏银 马永来 袁骏鹏	关于加大里下河地区桥梁建设力度的建议	城建、交通、环保等方面	财政局 交运局	—
216	王蓓蕾	关于河道倒坡建议立项修复，村级资金缺口大需加大扶持的建议	财贸金融工作方面	水利局	—
217	张先怀	关于尽快修复丁所东大桥的建议	城建、交通、环保等方面	交运局	李堡镇
218	徐福明	关于清水工程验收后将每条河落实给承包户，每年拨出一部分钱扶持承包户对河道进行长效管理的建议	农业、农村工作、水利、国土资源等方面	环保局	—
219	康宜培	关于加大对村居卫生服务站建设力度的建议	科技、教育、文化、卫生、广电、计划生育等方面	卫计委	—
220	王良平 陈礼荣 储绍清	关于进一步加强对农村卫生网络投入和管理的建议	科技、教育、文化、卫生、广电、计划生育等方面	卫计委	—
221	王小白	关于加大对镇区餐饮业的排污整治力度的建议	城建、交通、环保等方面	环保局	—
222	储祥华	关于对全县村干部医疗保险统一标准的建议	农业、农村工作、水利、国土资源等方面	农办	人社局
223	蒋万宏	政府创优金融工作环境，金融助力地方经济发展	财贸金融工作方面	发展改革委	人行
224	吴宗屏	关于对村级干部办理职工医疗保险的建议	农业、农村工作、水利、国土资源等方面	农办	人社局
225	储兴圣	关于农村商业银行要严格执行银监会规定的建议	财贸金融工作方面	农商行	—
226	王孝元	建议村干部退休之后增加工龄工资,保障村干部待遇	农业、农村工作、水利、国土资源等方面	农办	组织部
227	曹许平	李堡镇李西村光明村一段的北凌河河岸塌方,建议对其进行驳坡	农业、农村工作、水利、国土资源等方面	水利局	李堡镇
228	何　莲	界址河两岸被占,影响了河流出水,建议对其进行整治和疏浚	农业、农村工作、水利、国土资源等方面	水利局	李堡镇
229	周　祥	关于采取有效措施，切实加强电瓶车管理的建议	公安、司法和社会稳定等方面	公安局	市场监管局
230	周　祥	关于原古贲和老大公之间直通公交的建议	城建、交通、环保等方面	交运局	大公镇
231	陈礼荣	关于对金融和担保机构放大宽松政策和激励政策的建议	财贸金融工作方面	发展改革委	人行
232	程瑞琴	大力支持北部新城建设，打造节点城市的新名片	城建、交通、环保等方面	住建局 交运局	国土局 财政局
233	储绍清	关于公示中小企业应缴规费的建议	财贸金融工作方面	物价局	—
234	潘德富	关于在农村出台农灌车口回购的政策建议	农业、农村工作、水利、国土资源等方面	农机局	农办

续表 14

编号	建议人	标　　题	分　类	主办单位	协办单位
235	沈　军	建议在通榆路安装路灯	城建、交通、环保等方面	大公镇	交运局
236	吴海梅	农业用电和经营性用电的区别	工业经济、基础设施建设等方面	供电公司	—
237	程瑞琴 周　祥 沈　军	关于请求县政府加大创建县域教育现代化的经费投入,减轻区镇财政负担的建议	财贸金融工作方面	财政局	—
238	金雪松	关于治理好农村垃圾污染问题的建议	城建、交通、环保等方面	环保局	—
239	彭　红	关于解决农村秸秆禁烧,加强环境整治的建议	农业、农村工作、水利、国土资源等方面	环保局	农办 农委 水利局 农机局
240	卢克龙	关于规划建设城市共同沟的建议	城建、交通、环保等方面	住建局	—
241	卢克龙	关于解决城区人行道严重破损问题的建议	城建、交通、环保等方面	住建局	—
242	卢克龙	关于建立政府信息共享平台的建议	人事、劳动和社会保障等方面	发展改革委	民政局 公安局 教育局 卫计委 人社局
243	卢克龙	关于加强修车洗车场所规范管理的建议	城建、交通、环保等方面	环保局 城管局	市场监管局
244	王永才	关于重修白甸村10组大桥的建议	农业、农村工作、水利、国土资源等方面	财政局	白甸镇 交运局
245	吴龙铁	关于卫生计生机构改革中人员合理流动及基层基础管理的建议	科技、教育、文化、卫生、广电、计划生育等方面	卫计委	—
246	冯玉红	关于解决担保企业陷入困境的建议	工业经济、基础设施建设等方面	发展改革委	—
247	刘建华	关于解决农村耕地“非农化”“非粮化”“闲置化”的建议	农业、农村工作、水利、国土资源等方面	国土局	农委
248	朱正发	关于被征地农民的社会保障一事	人事、劳动和社会保障等方面	人社局	—
249	冯铁山	安置房建设和商品房开发须统筹规划	城建、交通、环保等方面	住建局	—
250	冯铁山	关于保留曲塘至海安5路公交专线的建议	城建、交通、环保等方面	交运局	—
251	冯铁山	加快实施曲塘“东桥”“西桥”的改造和相关道路的建设	城建、交通、环保等方面	曲塘镇	交运局
252	景圣忠	解决农村干部养老保险和医疗保险的建议	农业、农村工作、水利、国土资源等方面	农办	人社局
253	刘金国	建设大美海安应更加注重公共绿化带绿化管护	城建、交通、环保等方面	农委	住建局 交运局
254	袁九胜	为征兵工作提供政策和法律保障	其他	民政局	人武部
255	吴忠林	关于适当提高农村70岁以上参保人员养老金标准的建议	人事、劳动和社会保障等方面	人社局	—
256	卢　锋	关于发展以人为主要生产要素的新兴服务业的建议	工业经济、基础设施建设等方面	发展改革委	—
257	卢　锋	加大老城区绿化工作力度的建议	城建、交通、环保等方面	住建局	城管局
258	任本善	关于落实秸秆禁烧长效管理机制的建议	农业、农村工作、水利、国土资源等方面	环保局	农办 农委 农机局
259	陈伯平	关于加大村居、河道环境综合整治的建议	城建、交通、环保等方面	环保局	水利局

续表 14

编号	建议人	标　　题	分　类	主办单位	协办单位
260	丁凤喜 方占旺 田砚华 刘广建 刘秀红 许剑波 宋国平 郃健民 周　平 周宝林 金雪松 陶永红	关于加快建立青墩遗址博物馆的议案	科技、教育、文化、卫生、广电、计划生育等方面	文广新局	旅游局
261	邓正如 周长禄 朱正发 景圣忠 周宝云 丁金凤 秦章彬 江培泽 高凤兰 陈红玲	有效推进农作物秸秆“禁烧禁抛”和综合利用	农业、农村工作、水利、国土资源等方面	环保局	农委 农机局
262	施　成 朱兴来 邓井江 黄海军 丁邦林 沙子余 葛坤如 邓兴平 蒋万仁 刘海建 王资来	关于加强对地下车位权属工作管理，切实保护业主合法权益的建议	城建、交通、环保等方面	人防办	物价局 住建局 城管局
263	施　成 邓井江 朱兴来 徐发明 黄海军 葛仁楼 孙传芳 俞贵群 邓兴平 韩拥军	关于加大对闲置、低效用地处置力度，探索存量建设用地二次开发机制的建议	农业、农村工作、水利、国土资源等方面	国土局	—
264	施　成 朱兴来 邓井江 徐发明 沙子余 丁邦林 潘智勇 王建年 徐培根 韩文英	关于建立健全外来务工人员服务优惠政策，突破用工要素瓶颈制约的建议	工业经济、基础设施建设等方面	人社局	教育局 卫计委 公安局
265	施　成 朱兴来 邓井江 徐发明 黄海军 张怀栋 邓兴平 俞贵群 李友平 吴夕来 夏友华	关于取消交通道口红绿灯框架上方LED显示屏的建议	城建、交通、环保等方面	公安局	—
266	林金生 曹　平 张秀芳 吴晓琴 罗志宏 缪云秀 彭　红 李来芳 何　凤 沈海萍	关于尽快实施原角斜镇区221省道连接线工程的议案	城建、交通、环保等方面	交运局	滨海新区
267	梅广稳 韩拥军 徐培根 陈　杰 葛仁楼 孙锦坤 沙子余 丁邦林 蒋万仁 李友平 王建年	关于加大支持力度，推进立发中学加快发展的议案	科技、教育、文化、卫生、广电、计划生育等方面	教育局	财政局
268	张怀栋 沙子余 俞贵群 孙传芳 王资来 韩文英 韩拥军 吴夕来 徐发明 施　成 范存生 杭　芳	关于实施大西线改造的议案	城建、交通、环保等方面	交运局	—
269	袁加根 吴忠林 任本善 李加平 周小军 夏卫军 陈崇进 陈伯平 吴志国 于　华 申振铎	关于将住宅专项维修资金转存到商业银行存储的议案	城建、交通、环保等方面	财政局	城管局
270	赵怀平 吴广汉 周克林 黄文山 吴海梅 林先明 潘德富 崔素梅 马永来 王良平 陈礼荣	关于在全县开展“四水同治”的议案	农业、农村工作、水利、国土资源等方面	环保局	住建局 水利局
271	王　怀 申承群 林金生 罗志宏 沈海萍 张　兵 缪云秀 何　凤 彭　红 李来芳 吴晓琴	解放思想，增强创新，助推银企高效稳健运行	工业经济、基础设施建设等方面	发展改革委	住建局 农办 人行 国土局 市场监管局 公安局

续表 14

编号	建议人	标题	分类	主办单位	协办单位
272	夏卫军 郁　江 许金龙 王小白 王加明 王蓓蕾 何　莲 吴宗屏 吴祥余 张先怀 陈　莲 陈友华 徐福明 康宜培 曹许平 章广裕 储开如 储兴圣 储祥华 蒋万宏 韩增安	关于请求将李堡中心小学设为海安县实验小学东部分校的议案	科技、教育、文化、卫生、广电、计划生育等方面	教育局	—
273	王怀 申承群 林金生 罗志宏 沈海萍 张　兵 何　凤 彭　红 张秀芳 缪云秀 李来芳 吴晓琴	找准对策,从根本上解决农村秸秆"出路"	农业、农村工作、水利、国土资源等方面	环保局	财政局 国税局 地税局 环保局 供电公司 农委 人行
274	梅广稳 夏友华 韩文英 黄海军 杨国华 张怀栋 范存生 徐发明 孙锦坤 葛仁楼 储绍清	关于完善城市公交运行体系的议案	城建、交通、环保等方面	交运局	财政局 住建局 公安局 城管局
275	施　成 丁成进 卞童 仲跻和 刘佩云 孙秀芳 陈　敏 陈荣根 黄海军 薛庆龙	关于"科技创新 转型升级"的议案	工业经济、基础设施建设等方面	组织部	科技局 人社局
276	焦广琪 储开泉 陈　鸣 周小军 刘建华 冯玉红 于　华 吴龙铁 王卫东 王永才 朱银富 吴　萍	关于统筹发展里下河乡村旅游的议案	科技、教育、文化、卫生、广电、计划生育等方面	旅游局	发展改革委 财政局 文广新局 国土局 交运局 农委
277	成　刚 凌　勇 卢礼华 卢丽云 时章永 曹爱根 周怀明 汪如成 张　明 章士忠 韩　斌 周宝林	关于新204国道雅周连接线向泰州延伸对接的议案	城建、交通、环保等方面	交运局	雅周镇
278	史友来 严长军 陈　焱 许应军 何小进 杨忠国 杨宏旺 章荣春 储祥兰 邰俊琴 郭永安	深化法治宣传教育,扎实推进依法治理	公安、司法和社会稳定等方面	司法局	—
279	于　华 王建年 徐利远 高广喜 梅从森 瞿联霞 申振铎 徐爱军 周龙法 徐培根	关于加强政法基层组织基础设施建设的议案	公安、司法和社会稳定等方面	各区镇	财政局
280	方占旺 周宝林 金雪松 陶永红 丁凤喜 许剑波 宋国平 邰健民 周　平 刘秀红 田砚华 刘广建	关于进一步做好圩堤绿化工作的议案	农业、农村工作、水利、国土资源等方面	水利局	农委 南莫镇 白甸镇 墩头镇

2015年海安县人大代表优秀议案和建议

表 15

编号	建议人	优秀议案
1	王时明等代表	关于加快推进教育现代化的议案

编号	建议人	优秀建议
1	王建军	关于进一步加大劳动监察力度、保障职工合法权益、切实维护社会稳定的建议
2	王卫东、朱银富等代表	关于加大政府对中小企业资金扶持协调力度的建议

续表 15

编号	建议人	优秀建议
3	刘广建	关于解决海安城区以及乡镇镇区停车难问题的建议
4	周海冰	关于加强“预付费消费”管理的建议
5	张　明	关于弘扬紫石精神，进一步发展紫石文化的建议
6	孙秀芳	关于对小学生加强安全救护知识教育，增强小学生自我保护能力的建议
7	顾延铁	关于加强对工业企业运行质量分析、监控与服务，增强企业抗风险能力的建议
8	刘金国	关于多策并举，加快老年关爱之家建设的建议
9	束长青	关于内招外引，提升师资素质，推进学前教育现代化的建议
10	印丽琳	关于依法加强全县小区物业管理的建议
11	孙建群	关于将小焦港河南段列入景观整治的建议
12	李友良	关于加快化纤企业转型升级的建议
13	陈　杰	关于加强监管　规范秩序　努力巩固金融生态县的建议
14	潘德富	关于出台回购农灌车口政策的建议
15	王良平等代表	关于进一步加强对农村卫生网络投入和管理的建议
16	施成等代表	关于加大对闲置　低效用地处置力度　探索存量建设用地二次开发机制的建议
17	卢克龙	关于建立政府信息共享平台的建议
18	王怀等代表	关于找准对策，从根本上解决农村秸秆“出路”的议案
19	梅广稳等代表	关于完善城市公交运行体系的议案
20	史友来等代表	关于深化法治宣传教育，扎实推进依法治理的议案

县人大常委会自身建设

【学习贯彻中央《关于加强和改进县乡人大工作和建设的若干意见》】 2015年，中共中央下发《关于加强和改进县乡人大工作和建设的若干意见》，省、市委先后下发文件，提出具体要求。县人大常委会迅速传达学习，强化机遇意识和责任担当；并向县委常委会会议进行专题汇报，就文件中一些刚性要求提出建议，得到县委重视。同时，根据文件新要求，从实际出发，坚持问题导向，进行梳理罗列，逐条分解落实。在工作方面，强化决定权的行使，改进监督方式，创新代表活动，增强监督工作和代表工作实效。在组织建设方面，提出人大专门委员会、专职委员设置和镇人大、开发区及街道人大机构建设等方案，推动县乡人大形成完善的工作机制。

【海安人大工作突出】 年内，全省人大农业和农村工作座谈会在海安召开，省人大副主任蒋宏坤率队参加，并观摩现场。全省人大工作理论研讨会在海安举行，省人大副主任张卫国出席会议并作指示。海安被省人大党组定为13个基层联系点之一，省人大副主任史和平专题到海安调研并给予充分肯定。

【改进人大工作作风】 调查研究注重学法依法、掌握实情，对新修订的预算法、有关监督议题的法律法规，组织大规模的法律知识讲座，邀请省相关部门专家到海安授课。对各项议题，深入基层调查研究，力求了解实情、找准问题，提出具有针对性、可操作性的建议。全年组织调研活动30多次，形成调查报告20多篇。监督工作注重完善机制、力求实效，完善评议、专题询问、规范性文件备案审查等工作机制，专题听取和审议2014年度决议决定、审议意见落实情况报告。

【人大宣传和理论研讨工作】 依托会报、《海安人大》内刊、网站和县各新闻媒体，加强宣传报道。策划和改进在“两台一报”开设的《人大代表之声》和《人大代表访谈》栏目，举办17期，采访代表32名。组织人大工作通讯员参加上级人大组织的业务培训。在市以上报刊媒体发表有关人大工作的文章100篇次，其中《人大代表也要有规矩》被《求是内参》刊用。组织人大机关和镇人大开展两次人大工作理论研讨活动，交流论文33篇。

（周时兰）

海安县人民政府

重要会议

【县政府全体会议】 2015年，县十五届人民政府召开3次全体(扩大)会议。

第八次全体会议　1月8日，县第十五届人民政府第八次全体会议召开。会议就《政府工作报告》征求各区镇、部门、单位意见。县委常委、常务副县长张亚曦就《政府工作报告》起草情况作汇报说明，各区镇、部门、单位负责人提出修改意见。县长顾国标要求起草组认真研究、采纳建议意见,修改完善《政府工作报告》。张亚曦、彭为杰、翁晓云、卢忠平、葛志祥、严长江、高斌、杨同标参加会议。

第九次全体(扩大)会议　4月12日,县第十五届人民政府第九次全体(扩大)会议召开。会议主要任务是贯彻中央、省、市关于做好全年工作的部署和县委十二届七次全会、县"两会"精神,回顾总结一季度工作,研究部署二季度工作,动员全县各区镇、部门全力破解经济发展中遇到的难点问题,保持经济平稳增长。会上,开发区、高新区、李堡镇、发展改革委、商务局、财政局作表态发言。县委书记陆卫东到会讲话,县委副书记、县长顾国标做工作报告。县领导周宗泉、张亚曦、张佳生、彭为杰、翁晓云、卢忠平、葛志祥、严长江、高斌、贾韶军参加会议。

第十次全体(扩大)会议　10月11日,县第十五届人民政府第十次全体(扩大)会议召开。会议主要任务是贯彻中央、省、市最新工作要求和县委十二届八次全会精神,总结前三季度工作,分析经济形势,研究部署第四季度工作,动员全县政府系统狠抓发展、真抓实干,全面完成全年和"十二五"目标任务,保持经济社会平稳健康发展。会上,县政府各位副县长分别点评前三季度各项工作推进情况。县委书记陆卫东到会讲话,县委副书记、县长顾国标做工作报告。县领导孙进基、周宗泉、张亚曦、彭为杰、翁晓云、卢忠平、葛志祥、严长江、高斌、杨同标参加会议。

【县政府常务会议】　2015年,县十五届人民政府召开11次常务会议。

1月8日,召开县十五届人民政府第29次政府常务会议。主要议题:征求各区镇、部门、单位对《政府工作报告》(征求意见稿)的意见。

2月16日,召开县十五届人民政府第30次政府常务会议。主要议题:海安县公共租赁住房管理暂行办法;海安县推广运用政府和社会资本合作(PPP)模式试点工作方案;海安县高毒农药定点经营实施意见;海安县瓶装液化气换瓶点设置工作实施意见;海安县社会保险监督委员会章程;海安县食品药品安全工作考核办法;关于海安县农业科学研究所拆迁安置和人员分流相关问题的请示;关于海安县园林绿化公司运营思路建议方案;关于县保安服务公司、海陵机动车检测有限公司改制工作的方案;关于开发区政企联合消防站建设工作的请示及相关政策意见;关于进一步做好政府信息公开有关工作的通知;关于开除吉顺平公职的决定。

3月21日,召开县十五届人民政府第31次政府常务会议。主要议题:关于促进外贸发展若干政策意见;2015年开放型经济考核补充意见;海安县促进电子商务发展的若干政策意见;关于加快旅游业发展的补充政策意见;海安县广电网络整合人员划转工作实施办法;关于组建海安广电传媒等发展有限公司的请示;关于海启高速公路工程建设征地拆迁安置和服务保障的实施意见;学习贯彻张雷副省长《关于加强安全生产监管工作的调研报告》。

4月24日,召开县十五届人民政府第32次政府常务会议。主要议题:关于修订县财政性存款与金融机构信贷投放挂钩管理办法的请示;2015年全县工业经济稳增长促发展若干补充意见;关于鼓励和扶持企业上市挂牌的补充意见;关于支持机器人产业发展的政策意见;关于支持锦纶产业发展的政策意见;2015年"新型工业化杯""现代服务业杯"考核调整办法;关于进一步建立健全突发事件应急反应机制的若干意见;关于废止《海安县外来农民工综合保险暂行办法》、提高县城乡居民基本养老金标准、调整企业退休人员基本养老金、适当提高县退职乡村医生养老保障待遇的请示;关于进一步深化价格改革切实加强价格监管的意见;关于设立海安县供销投资发展有限公司的请示;关于推进公共体育服务体系示范区的实施意见;关于县机关幼儿园交政府管理的建议方案;关于开发区(城东镇)相关学校布局调整的方案;关于开除储祥柏公职的决定。

6月5日,召开县十五届人民政府第33次政府常务会议。主要议题:关于支持机器人产业发展的实施意见;关于加快推进建筑产业现代化促进建筑业转型升级的实施意见;关于完善区镇2015年"财税增收杯"竞赛办法和融资平台等一次性税收分成结算办法;2015年海安县农贸市场升级改造实施方案和扶持政策;关于扶持海安县站新货场拓展运输业务的政策意见;关于组建江苏海储保税物流中心有限公司的意见;海安县商品房预售资金监督管理暂行办法;关于开展"助保贷"合作业务的意见;"智慧海安"(免费公共Wi-Fi)工作实施方案、海安县免费公共Wi-Fi管理暂行办法;关于调整非居民用天然气价格的意见;关于第一批三级重大隐患挂牌督办整改的请示。

6月13日,召开县十五届人民政府第34次政府常务会议。主要议题:关于加强行政审批中介服务机构监督管理工作的意见;县政务中心"三集中三到位"安排方案;海安县国有企业负责人履职待遇、业务支出管理暂行办法;国有企业2014年经营目标绩效考核兑现和2015年经营目标绩效考核方案;海安县县长质量奖管理办法;关于进一步加强涉企收费管理减轻企业负担的通知;海安县供水突发事件应急预案;关于县商务系统原改制、破产企业闲置未售资产处置的请示;关于飞鹤公交公司"黄标车"城区限行及限期报废等有关情况的请示;关于提高"两参"等退役人员抚恤补助金标准的请示;关于民政定补对象提标扩保方案的请示;海安县城区"现代、精致、增绿、便民"工程实施方案。

8月5日,召开县十五届人民政府第35次政府常务会议。主要议题:关于调整县机关事业单位职工住房公积金缴费基数的意见;海安县商品房交付使用管理办法;海安县保障性住房专项资金管理办法;海安县城市河道环境综合整治工作方案;海安县畜禽粪便收运组织设施设备购置及运行奖补暂行办法;关于实施城乡基准地价更新成果的请示;关于实行生态安葬补助的办法;关于调整(核定)海安镇海北幼儿园等6所公办幼儿园保育教育费收费标准的请示;关于给获评首届"海安最美警察"的10人记个人三等功奖励的请示;关于县人民医院更新购置救护车的请示。

9月12日,召开县十五届人民政府第36次政府常务会议。主要议题:关于深入推进依法行政加快建设法治政府的意见;关于建立海安县农村产权交易平台的请示；关于进一步推进社会养老服务体系建设加快养老服务业发展的实施意见；关于加强留守儿童社会关爱工作落实困境儿童分类保障制度的实施意见；关于调整社会保险缴费基数的请示；关于第二批三级重大隐患挂牌督办整改的请示；关于为“公正执法、忠诚为民”主题教育活动中表现突出的9名优秀干警记功的请示；海安县执法和专用车辆更换(添置)申请(市场监管局、法院、水利局)。

10月23日，召开县十五届人民政府第37次政府常务会议。主要议题：海安县“12345”政府公共服务平台建设实施方案；海安县农村小额投资工程建设项目管理意见；海安县财政专项转移支付整合资金管理暂行办法；海安县市政公用基础设施建设审批管理暂行办法；关于调整海安县住房补贴标准的请示；关于调整2016年城镇居民医疗保险筹资标准的请示；海安县执法和专用车辆更换(添置)申请(公安局、交运局、城管局)。

12月4日，召开县十五届人民政府第38次政府常务会议。主要议题：2016年城建、交通、城管重点工程安排和工作意见；关于深化医药卫生体制改革建设现代医疗卫生体系的实施意见；关于推动文化建设迈上新台阶的实施意见；海安县政府购买公共服务管理暂行办法；关于发行县本级第四期企业债券有关问题的请示；关于提高城乡困难群众医疗救助水平和重度残疾人护理标准的实施意见；海安县涉农贷款保证保险工作意见；海安县财政支农项目和资金管理办法；海安县财政支农项目论证评审专家库管理办法；海安县道路交通信号设施及配套电子监控设备建设、使用管理意见。

12月27日，召开县十五届人民政府第39次政府常务会议。主要议题：海安县国民经济和社会发展第十三个五年规划纲要；海安县公务用车制度改革方案；关于进一步推进户籍制度改革的意见；关于进一步完善城乡居民基本养老保险制度的意见；关于进一步做好全县自备水源污水处理费征收管理工作的通知；关于做好2014年冬季退役士兵接收安置工作的通知；研究落实《关于做好县部分行政区划调整实施工作的意见》；关于滨海新区(角斜镇)部分行政区划调整的请示；关于发布海安县2015年度企业工资增长指导线的请示。　(张志刚)

县政府办公室工作

【综合协调】 突出抓好领导公务活动协调和日常事务协调，对重要公务活动超前协调，对领导临时交办的任务及时协调，对多项活动安排统一协调。全年，召集召开协调会360余次，协调解决问题340多项，有力推进政府工作的落实。

【办文办会】 全年，制发县政府和县政府办公室文件205件，编发会议纪要38期，下发交办单91件；办理基层请示1200余件、上级发文460余件，转办领导批示200余件，无一疏漏、遗漏、误时、误事现象。全力做好政府常务会和县长办公会各项准备工作，全年召开17次县长办公会、8次政府常务会、2次县政府组成人员会议和13次县政府财政性资金审批小组会议。

【信息调研】 开展信息采集和跟踪调研，组织文稿起草人员学习领会党的路线、方针、政策，定期开展业务培训和学习沙龙活动。全年，上报政务信息460多条，被省政府办公厅《信息摘报》《信息简报》和市委办、市政府办《昨日要情》《南通信息》录用148条；完成《政府工作报告》、政府全体(扩大)会议工作报告、各类工作汇报、专题会议讲话500多篇，在市级以上报刊发表或会议上交流文章60多篇。

【政府信息公开】 修订完善政府信息公开目录，召开5次政府信息公开座谈会、培训会、民生事业重点信息公开推进会、重点部门依申请公开工作座谈会。修订《海安县政府信息发布协调制度》《海安县政府信息公开过错责任追究制度》《海安县政府信息公开保密审查制度》，完善《政府信息公开工作考核办法》。将政府门户网站打造成政府信息公开第一平台，完善网上申请流程，整合各区镇、部门及公共服务行业热线服务电话和信息资源，建立信息库。2015年，全县县级及区镇、部门主动公开政府信息3.56万余条，通过县政府门户网站公开信息近8800余条，依申请公开信息101件，均依法依规办结。

【督察督办】 将县政府重大决策和重点工作量化、细化，逐一分解到责任部门和单位，明确牵头单位和协同单位，实行考核和激励奖惩。与县行政效能监察中心等部门联合开展督察，全年督察170项重点工作、472个重点建设工程项目和15件为民办实事项目，并及时交办存在问题的127个事项。凡领导批示的请示文件一周内答复到位，所有交办件随到随办，及时转交相关职能部门办理，无一拖延。全力做好市政府重点经济工作指标任务进展情况跟踪督察，推动全年各项工作任务完成，在市重点经济工作综合考核中连续四年位列九县(市、区)第一。抓好“两会”建议提案办理工作，办理人大代表建议280件，政协提案213件，满意率分别为100%、98%。　(顾宏俊)

外事侨务

【因公出国(境)管理】 全年，办理因公出国(境)团组49批，208人次，其中，县政府自组团组15批60人次；企业团组22批126人次；双跨团组12批22人次。出访批次和人次列南通各县(市、区)首位。科学安排出国计划，因公出国(境)团组计划向经贸团组和国家级、省级园区倾斜，国家级、省级园区全年出访31人次，并向上争取计划外指标19人次。

【强化外事为民服务】 为股份制上市公司办理因公出国(境)团组报批手续，为民营企业经营管理者新申办APEC商务旅行卡9张。全年，办理邀请外国人到中国手续58人次，外国人到海安零滞留。发生2起劳务人员境外意外死亡事件，及时做好死亡人员家属安抚工作，并指导家属办理相关手续，处理后事。

【做好“一带一路”战略服务】 翻印《中国领事保护和协助指南》，发给有需要的企业；编印《“一带一路”沿线国家驻上海使领馆联系名册》，方便企业咨询相关事项。支持和帮助企业申办APEC商务旅行卡；推荐康桥油脂有限公司董事长陆进军，入选第二届南通市海外创业风云人物。组织企业参加“一带一路”沿线国家驻上海使领馆举办的投资说明会，8月、11月，分别组织县开发区、高新区招商局人员及相关企业参加“投资印度”和“投资南非”说明会，海安组织企业参会人数列南通各县(市、区)榜首，受到市外侨办表扬。加强与“一带一路”沿线国家人文交流，配合市外侨办和市委外宣办共同组织“丝路”友人江海文化寻访之旅活动，10月17日，德国、瑞士、韩国等13个国家近40名外国友人到海安参观。

【利用外事侨务资源服务地方经济】 4月1日，邀请毛里求斯瓦瓜—菲尼克斯市市长苏尼尔杜斯·帕布提一行访问海安，重点考察海安欧贝黎新能源科技有限公司，双方洽谈光伏产业投资与合作，瓦瓜一菲尼克斯市有意采购欧贝黎太阳能发电设备。5月27日，利用“海外知名侨商南通行”平台，组织县开发区和高新区招商局人员现场对接。12月，通过武进侨商会牵线，常州电站辅机总厂有限公司委托县江苏艾瑞流体控制有限公司每年加工数百套量气动执行器气缸缸体。

【海外联谊】 引导旅外海安老乡，通过同乡会、海外商会互相帮助、共同发展，同时推进其所在国与海安加强经贸合作和人文交流。在传统节日清明、中秋、春节期间，做好海外华侨华人回海安的接待联谊交友工作。9月，会同市外侨办成立以海安人为主的马达加斯加南通商会，会长朱文杰系海安人。

【依法护侨】 一季度，组织对全县侨资企业专题调研，摸清全县侨资企业情况；召开座谈会，听取侨资企业的意见和建议；县人大常委会主任会议专题听取侨资企业发展和新华侨情况的报告。4月，县人大常委会主任会议专题听取依法护侨，促进侨资企业健康发展和发挥新华侨资源为家乡经济建设服务的报告，对全县促进侨资企业健康发展和新华侨工作给予肯定。撰写调研材料《围绕五个“着力”促进侨港资企业健康发展》，先后被国务院侨办《侨务工作研究》(2015年第3期)和江苏省侨办《江苏侨务通讯》(2015年第8期)采用。认真处理涉侨信访，与城东镇协调解决海外华人捐赠克信职业中学的名人题碑遗失一事。为8名“三侨生”办理中高考加分证明。逢传统佳节走访慰问重点归侨侨眷和困难侨眷。 (于 萍)

政务服务

【概况】 8月初，县行政中心迁址办公，并更名为县政务服务中心。搬迁后的中心办公面积1万平方米，窗口从52个增加到214个；进驻行政部门35家，公共服务(中介)机构22个；进驻行政服务事项599项，进驻其他类型权力事项、中介服务和公共服务事项615项；进驻人员由108名增加到220名；初步形成政务服务、公共服务、中介服务三大服务平台。至年底，新政务服务中心接受咨询1.9万余件，日均办件量2000多件；推出上门服务、导办服务、预约服务等16项便民惠企服务举措，为300多人提供特色服务。2015年，县政务服务中心办理事项28.9万件，收缴税费9.1亿元。

【便民服务体系建设】 建立健全制度体系，拟订《全县县镇村三级便民服务体系建设实施意见》，制定下发《海安县进驻区镇便民服务中心事项指导目录》《区镇便民服务中心窗口设置参照办法》。组织召开加强区镇、村居两级便民服务体系建设工作会议和全县村居服务事项梳理专题培训会，部署2015年建设任务、制定和梳理村便民服务室进驻事项清单。研发三级政务服务电子平台，实现三级政务服务电子平台与县行权系统事项同源、办件共享，平台一期功能上网运行。年内，曲塘镇便民服务中心启动，并成立公安出入境曲塘分理点；完成90个村便民服务室建设，至此全县所有村均建立便民服务室。

【完善项目审核制度】 年初，组织国土、住建、环保等部门完善项目审核工作暂行办法，后提出补充意见，并以县政府名义下发。补充意见中增加项目预审范围，在原预审新增用地二、三产项目基础上，增加设施农业项目，安置房、村级公共服务中心等公益性项目，港口码头、路面宽度≥6米的道路等公共设施项目的审核。全年，组织项目预审16次，通过预审项目125个，核准开工项目84个。

【实施项目服务“五联”工作机制】 组织相关部门完善项目并联审批制度，优化登记审批流程，在项目审批服务过程中推行“联合会办、联合审核、联合踏勘、联合审图、联合验收”五联工作机制。全年，组织联合会办东部家具1号馆、鸿润达钢材市场等30多个项目。

【强化项目代理代办服务】 年初，重新组织筛选、落实全县各区镇二、三产重点项目代理员108名，并推行代理人员与项目“一对一”挂钩服务，明确项目服务责任。全年，组织县市场监管局、国土局、环保局、发展改革委等部门对代理员进行专题培训200人次。 (陈晓兰)

公共资源交易

【概况】 2015年，县公共资源交易中心进场交易项目1846项(宗)，其中，工程建设624项，政府采购713项，产权交易116宗，土地交易393宗；进场交易项目累计预算金额 (不含直接发包)54.67亿元，累计交易额45.55亿元，其中，工程建设(不含直接发包)、政府采购项目节约资金9.35亿元，土地使用权出让、产权交易项目增值2218.05万元。

【强化标后监管】 联合县监察局、检察院、财政局、审计局、住建局、建管局等部门成立县标后监管工作领导小组，建立日常监督、定期检查和不定期抽查联动机制。牵头组织各部门、各单位对全县政府投资工程建设项目开展建中大检查、专项检查、“回头看”、不定期抽查等活动，标后检查常态化。将原来分散在各区镇、各部门的交通、水利、房建、市政等项目统一由县公管办录入建筑业企业信用平台，实施监管。对重大工程建设项目实施电子化标后监管，在施工现场安装高清摄像头及面部考勤机，数据实时传输到诚信管理平台。向各建设单位通报标后检查结果，同时录入县建筑市场诚信平台，在网站上公示，县纪委和各级纪检监察机构组织人员负责跟踪督察。2015年，集中检查全县82项政府投资的房建、市政、交通、水利项目，发现40多个问题。

【推进信用分评标】 加强施工单位诚信建设，对如海运河景观大道建设工程道路、雨水管道、桥梁及附属工程施工等127个项目实施“三合一”评标法，即在重大工程项目招投标评标时引入信用分，将企业日常现场施工行为跟招投标挂钩，信用分推广到价格单因素的工程施工项目中。

【规范政府采购】 根据《政府采购竞争性磋商采购方式管理暂行办法》，探索和试行竞争性磋商采购。细化单一来源采购的适用条件、申报和办理程序；提高单一来源采购管理透明度，对需要公示项目全部进行公示，强化社会监督。创新政府采购验收方式，按照县政府采购项目合同履约监督管理办法的要求，创新标后监管方式，对关系民生的项目，引入社会监督员、现场代表参与验收；对复杂或技术性很强的政府采购项目，首次引入专业权威质量检测机构参与验收。

【预选承包商、中介机构、专家及专家库管理】 新征集预选承包商38家，历年累计征集预选承包商62家，资质专业量1114个；组织召开预选承包商考核标准工作会议，根据《海安县政府投资工程建筑业企业信用管理办法(试行)》，做好预选承包商考核工作。集中培训招标代理工作8次；开展“一标一评”工作，考核结果纳入下一年度入库审核依据；完善土地产权拍卖代理机构会员库，引进南通紫琅拍卖有限公司和南通聚源拍卖有限公司，对进入平台从事产权交易活动的中介机构引入竞争机制。利用县公共资源交易网，常年公布征集流程，便捷专家资格申请；主动到专家比较集中的高等院校、医院等部门征集专家；对于评审工作需求量大、库内专家较少的采购品目，特别是服务类品目和新增品目重点征集专家；及时吸纳已参加县政府采购咨询或评审、但尚未入库的特殊行业专家入库，新增专家5名；规范评标专家抽取事宜，实行动态考核管理制度；制定《海安县公共资源交易评标后评估管理办法》，加强后评估试点工作；开展业务培训工作，宣传贯彻《江苏省房屋建筑和市政基础设施工程评标专家管理办法》等规范性文件。

【创新服务举措】 县公共资源交易中心综合部集中优化办理公共资源交易业务咨询、报件、初审、备案、交费等事务，全年集中受理、服务135宗公开招标项目、238宗竞争性谈判项目、186宗询价项目、25宗磋商项目、40宗单一来源采购项目。工程建设初审637个标段，其中，公开招标479个标段，邀请招标11个标段，直接发包147宗。受理特殊项目149件，诚信库审核4700人次，办结率100%。保证金退款9053笔，退款金额10.99亿元。工程中标服务费收入987笔，408.84万元。

为“五大中心”(职教中心、广电中心、文化艺术中心、体育中心、公共卫生中心)以及县水利局、交通局等组织实施的海安县内河港口建设项目、403省道海安段等工程项目招投标提供“清单式”预约服务，避免发生招标人标段遗漏、分项重复招标等现象，排除规避和虚假招标情形，便于招标人在工程项目首次发包前及早筹划整个项目发包方案。出台《海安县PPP项目政府采购操作规程》，创新采购方式、采购程序等，对接、配合县财政局、文广新局、滨海新区等相关部门和区镇做好30个PPP项目招标采购服务、政策咨询等相关工作。为南莫镇353省道取土坑回填、雅周玉果农庄、水韵里下河等项目开辟“程序最简、时限最短、特事特办、即报即批”绿色通道，主动与采购单位沟通衔接，优先安排时间、人员、场地，招投标工作进一步提速提效。

【招投标投诉处理与违法查处】 规范招投标投诉举报处理程序，加快投诉举报处理工作，协调相关行业主管部门并协助招标人做好异议处置工作，完善投诉资料整理和归档工作。建立完善违法违规信息平台，将相关违法违规信息资料及时上传至网站。2015年，受理并处理6宗投诉案件。因投标人涉嫌串通投标，根据《招标投标法》《保证金处理会议纪要》及投标文件承诺函要求，查处县文化艺术中心工程室内装修施工、县广电中心三期工程声学装修和演播室灯光工程等14个项目，暂扣保证金519.8万元，向县住建局执法大队移送4个项目9家单位的投标保证金。

【打造公共资源交易特色廉政文化】 组织拍摄一部15分钟的微电影《中标》，展现规范、公正的招投标工作。新建廉政教育展厅，展厅由前言、制度篇、警示篇、勤廉篇等八个部分组成，图文并茂地展示公共资源交易违纪违法典型案例以及县公管办推进惩治和预防腐败工作的情况。　（储开峰　工　古）

11月4日，省级机关工委副书记、机关党委书记李新平率队到县公共资源交易平台调研　（县公管办　提供）

县政府投资项目工程建设

【概况】 2015年，县建设中心承接政府投资工程建设项目56项，总投资约40.3亿元，竣工交付32项；组织工程招标101项、政府采购12项，签订合同125份。

【质量管理规范】 县建设中心按照有关工程质量规范要求，认真落实责任制，现场工程师和各专业工程师联系各项工程，做到区镇一般工程每周检查不少于两次，重点工程每天必到；其他科室在招投标、工程变更、材料设备、标后管理等方面相互配合，形成科室整体联动。2015年，组织检查全县重点工程24次、面上其他代建工程12次、暑期校安工程3次；现场工程师下发整改通知单105份；组织监理、施工、建设单位召开进度、质量安全专题会议71次；依据合同约定，对违约施工单位、监理单位实施处罚20项，处违约金近9万元。

【安全生产有序】 严把建设工程开工条件，手续办理齐全、通过审查方可开工，并在招标文件中明确总包单位、监理单位对分包单位的管理等，落实总包单位、监理单位、分包单位之间的安全生产责任。严格按照《建筑施工安全检查标准》要求做好施工现场安全文明建设工作，加强安全隐患排查和施工单位安全管理人员到位情况检查，落实安全专项措施。健全和完善工程建设安全生产预案，恶劣天气情况下以安全施工为前提，加强对重要设备、重点部位监控，落实安全防范措施。

【重点工程推进有力】 县建设中心负责人分别挂钩联系各重点工程，及时协调解决工程中出现的相关问题，保证现场正常推进。招标前进行现场踏勘，坚持多部门会商确定招标文件，项目中标公示期满后，及时组织中标单位签订合同，尽快组织进场。已招标进场施工项目，对照合同工期细化施工计划并落实相应施工力量和各项具体措施，及时对照检查做出调整。做好与各建设单位所涉及各项工程的设计、审图、招标工作衔接。每周一晨会对照检查各个工程建设进度，发现问题及时解决；每月对照进度计划，考核并通报各重点工程进度情况。

【政府投资可控】 严格控制项目建设施工过程中的造价调整变更，坚持“变更必须、功能合理、造价经济、运作规范”，全年审核报批变更申请243份，其中，报财审备案129份，联系会讨论114份，核减申报费用1166.34多万元。及时盘点项目资金使用情况，配合审计部门做好完工项目结算报审工作，全年送审计项目(标段)94个，配合审计部门现场审计核对90次，向施工单位下发送审通知单135份。全面掌握工程付款进度，并建立起决算预审制度，把关送审项目，协助做好资料报审审核工作。调整、优化文化艺术中心剧院大厅石材装饰、主入口荷花造型、笔筒芦苇效果和体育中心内装设计游泳馆铝板吊顶、人民医院桩基工程等方案，节省项目投资约633万元。

【建立廉政风险防控长效机制】 县建设中心重点排查核心业务、重点部位和关键岗位，更新权力清单，明确不同岗位的职权和责任，完善工作流程图，针对风险源点制定防控措施。出台《县建设中心公务用车及自备车管理制度》《县建设中心工程变更管理办法》《县建设中心工程变更监督管理实施办法(试行)》《海安县政府投资项目代建工程招标代理机构考核管理办法(试行)》《海安县政府投资项目工程建设中心小型项目监理单位选定办法》。做好监理和招标代理工作考核，考核结果与工作报酬、业务工作选用挂钩，提高中介机构工作质量和服务水平。

(唐莹莹)

机关事务管理

【规范机关事务管理】 根据国务院《机关事务管理条例》以及《江苏省机关事务管理办法》，将机关事务管理工作纳入2015年全县目标绩效考核，从运行经费管理、资产管理、车辆管理、节能管理、政府采购及招投标管理五个方面进行考核。考核不设基本分，分区镇和部门两个类型排名打分，并根据县总体考核办法折算倒扣总分，考核结果与绩效考核奖惩兑现相结合。《江苏省机关事务管理》刊登此做法。8月30日，《新华日报》8版以《锐意进取，平凡事务写华章》为题专题报道县机关事务局管理经验。牵头组织装修改造老海安商城，作为县政务服务中心，8月，完成装修改造工程。

【新一轮公务用车改革】 按照省、市公务用车改革领导小组部署，推进公务用车制度改革，完善公务用车管理使用制度。探索公务用车一体化消费平台管理办法，推行公务用车申请网上运行制度。深入全县各区镇、各部门进行公务用车

6月10日，县委书记陆卫东视察政务中心改造工程　　(县机关事务局　提供)

改革调查摸底工作，反复核对人员、车辆信息以及2012—2014年公务用车支出，并到广州等地学习考察外地车改经验和做法。在此基础上，多次召集县车改办成员单位会议，讨论研究公务用车改革方案，在政府常务会、县委常委扩大会讨论通过后，12月30日召开全县公务用车改革部署会，31日完成186辆公务车辆封存，新一轮公务用车改革工作全面完成，南通市公务用车改革现场会在县机关事务管理局召开。同时，会同县纪委督察和明察暗访各部门、各区镇执行公务用车制度情况。加强对公务用车管理中心用车管理，全年安全行驶150多万公里。车管中心被团市委授予“青年文明号”称号。

【清理党政机关办公用房】 1月5日，下发《关于进一步做好办公用房清理整改落实工作的通知》，就贯彻落实2014年《党政机关办公用房建设标准》(以下简称“2014年标准”)作具体安排，提出明确要求。在机构改革中，将“2014年标准”作为机构撤并、安排办公用房依据，从紧安排县市场监管局、卫生与计划生育委员会等拆迁部门的办公用房，解决部分单位办公用房紧张问题。对“2014年标准”实行台账式管理，实行办公用房“一图一表”网上监管，同时，建立办公用房整改达标申报制度，明确工作责任。全县先后组织5次检查验收，下发整改通知书6份，清理办公用房284间，面积7699平方米；全县1243名科级干部实有办公用房使用面积1.66万平方米，人均13.34平方米，达上级要求。

【提升机关后勤服务保障水平】 2015年，集中县机关事务管理局会计记账中心记账单位82个，会计记账中心被省评为巾帼文明岗。在财务服务上严格坚持财务制度和规定，认真审核和监督，保证各类会计凭证手续齐、规范合理；完善内部审计工作制度，定期进行内审和互审，各项业务和核算资金全年无差错；协助各部门做好“三公经费”申报，并协助县审计局核查相关单位“三公经费”；为各部门(单位)做好2016年部门预算编制和申报工作，同时做好公积金、保险调整和人员工资接轨等工作。完成日常会议服务2464场次，做好县初七表彰会、三大建设表彰会议、全省春季农业生产现场会等重大会议后勤服务工作。加强管理、监督物业管理公司及机关食堂，每月进行测评，并将测评结果报县负责人审阅，及时整改存在问题，将日常检查和每月满意度测评结果直接与承包考核费挂钩；加强管理食堂卫生及物品采购，每天对所购菜和油等有专人检查，确保饮食安全；全年做好20万多人次餐饮服务，日常机电维修1360次，季测评满意率分别在85%和95%以上。

【打造节约型机关】 牵头做好全县公共机构节能管理工作，投入10多万元对行政中心周边路灯进行节能改造和增补；组织开展“节能宣传周”活动，向全县各公共机构发放节能倡议书；牵头组织统计全县公共机构节能；组织开展能源资源消耗统计培训，围绕水、电、气、油等公共资源节约工作加强研究和指导，督促各公共机构建章立制，积极在全县推广应用新能源、新材料及节能产品，水电能耗下降率达年初目标。县行政中心运行费用节约支出近9.5%，行政中心楼顶光伏发电量年均9万多千瓦时。

【机关安全保卫】 完善后勤服务保障各类突发事件应急体系，在消防监控、安全保卫、设备维护、食品卫生等方面，全方位建立起机关后勤服务保障安全预警机制，完善行政中心各类应急预案，并及时召开驻行政中心各部门消防责任人和办公室主任会议，落实安全防范工作责任，签订安全责任书；采用每日一条短信提醒、悬挂宣传标语、电子显示屏滚动宣传等方式，开展安全教育月活动，并联系消防大队组织驻行政中心各部门、各服务单位开展消防实战演练。加强安全防范管理，规范行政中心进出入登记制度，全年接待外来办事人员3万余人次；协助县信访局、公安局全力维护上访秩序，协助县信访局接访673批、3170余人次，其中集访150批、2329余人次。强化安全制度落实，对214个监控点实行24小时监控，每夜巡逻至少5次，及时发现门窗未关800余次、钥匙未拔26次、电瓶车钥匙未拔80余次，两次发现遗失现金都及时与当事人取得联系。

【机关小区及国有资产管理】 定期组织召开机关小区业主委员会改选，及时为小区居民和驻行政中心外其他部门提供上门服务、限时服务，帮助代收水电费、物业管理费、房租等，同时配合做好星海社区创建省先进社区工作。全年管道疏通80次，楼顶防水施工1200多平方米，水电维修1080多人次，清理楼顶26幢，屋顶维修20户，拾、换瓦240多平方米，修补地面、绿化池580多平方米。协助国资办加强国有资产管理，配合做好办公用房权属管理、出租房管理等工作，对到期国有房产进行公开招租、拍租，及时签订租赁合同，收缴年度租金。全年收缴国有资产房租105万元，收缴物业费、水电费10.94万元。

【机关事务服务人员教育培训】 组织干部职工报名参加相关部门组织的会计人员继续教育、内审工作业务、固定资产管理知识、档案管理知识、人员及工资管理网上操作、消防演练、烹饪礼仪等一系列业务培训，会计记账中心1人获高级职称评定，县机关事务管理局被评为市机关事务系统信息宣传工作先进集体。组织会计记账中心中级岗位竞聘，2人被聘用到上一级工作岗位。

(吴信林)

政协海安县委员会

重要会议

【政协海安县第十三届委员会第四次会议】 1月12—16日，召开政协海安县第十三届委员会第四次会议。县委书记陆卫东出席会议并作《同心同德，汇聚起全面建成更高水平小康社会的智慧和力量》讲话。全体委员列席县第十五届人民代表大会第四次会议，赞同代县长顾国标作的政府工作报告和其他有关报告。会议同意朱春和蔡祝平代表县政协十三届常委会分别作的常委会工作报告和提案工作情况报告。对县政协2014年工作表示满意,赞同常委会提出的2015年工作安排。补选周宗泉为政协海安县第十三届委员会主席,增选陆雪峰、周小军为县政协十三届委员会常务委员。专门召开建言献策会,8位委员代表各自界别作发言。表彰2014年度政协工作先进集体、优秀政协委员以及优秀提案、社情民意信息。会议还组织委员视察全县经济建设、社会事业重点建设工程,专题培训委员。

【县政协常务委员会议】 2015年,政协海安县十三届常委会召开5次会议,即政协海安县十三届常委会第十三次至第十七次会议。

十三届十三次常委会 1月6日,县政协召开十三届常委会第十三次会议。政协各委负责人向常委会报告2014年工作。与会人员协商讨论政协常委会工作报告和十三届三次会议以后提案工作情况的报告(讨论稿),并对政府工作报告(讨论稿)提出修改意见。会议审议通过《关于召开政协海安县第十三届委员会第四次会议的决定》以及政协海安县第十三届委员会第四次会议议程(草案)、日程(草案),秘书长、副秘书长名单(草案),秘书处各工作机构负责人名单(草案)。副县长张亚曦代表县政府通报2014年政协建议案、提案、社情民意办理情况。会议协商通过有关人事事项。

十三届十四次常委会 1月15日,政协海安县第十三届常委会第十四次会议在行政大楼举行。县委书记陆卫东到会提名1名县政协主席和2名常务委员候选人。会议协商讨论政协海安县第十三届委员会第四次全体会议选举办法(草案)。

十三届十五次常委会 1月15日,政协海安县第十三届常委会第十五次会议在行政大楼举行。会议听取关于中共海安县委书记陆卫东讲话讨论情况的汇报;听取关于县人民政府工作报告和其他报告讨论情况的汇报;听取关于县政协常委会工作报告和提案工作情况报告讨论情况的汇报;听取关于酝酿、协商候选人的情况汇报,并确定正式候选人名单;听取提案委员会关于提案征集情况的汇报;审议县政协十三届四次会议决议(草案);审议选举办法(草案),推荐选举工作人员。

十三届十六次常委会 6月26日,县政协召开第十三届常委会第十六次会议。会议围绕"提升全民法治素养,推进法治海安建设"专题协商讨论,并通过县政协常委会建议案。会议对民主评议城市建设与管理进行工作动员。住建局、城管局主要负责人作表态发言。会议协商通过有关人事事项。

十三届十七次常委会 9月29日,县政协召开第十三届常委会第十七次会议。政协副主席吉传稳代表评议工作组通报民主评议城市建设与管理情况。住建局、城管局主要负责人分别就民主评议反馈意见作落实整改的表态发言。副县长、县公安局局长葛志祥对被评议单位下一阶段工作提出要求。政协主席周宗泉对前期评议工作表示肯定,并就县政协四季度主要工作作简要布置,传达有关人事事项文件精神。

重要工作

【协商公共资源交易平台建设】 一季度,县政协首次参照全国政协"双周协商会"形式,就推动公共资源交易平台建设,促进公共资源中心管理制度化、程序规范化、工作阳光化、监督电子化、建设标准化等方面工作开展协商。分别召开业主单位和监管部门座谈会,与会人员就相互间协调、运作、交易监管及需要完善的问题提出意见和建议;及时与资源交易中心负责人沟通协商,召开情况通报会,了解和掌握其工作的主要做法、取得的成绩、存在问题及想法;召开招标代理人座谈会,收集正反两方面意见;面向全社会征集对资源交易中心建设的意见建议;到丹阳、南京、合肥等公共资源交易工作先进地区参观学习。通过大量前期准备工作,形成标前管理、评标工作、标后管理、监督管理、行政手续规范化、交易服务规范标准化建设等六个方面协商内容报主席会议通过。会后,形成会议纪要,及时报送县委、县政府主要领导,县委书记陆卫东作重要批示。10月12日,县委常委、常务副县长张亚曦召开2015年第一次公共资源交易联席会议,专门督察《县政协关于"加强公共资源交易平台建设"协商纪要》中指出的问题整改落实情况,18条整改建议有14条整改到位。

【"提升全民法治素养,推进法治海安建设"专题调研】 二季度,县政协常委会围绕"提升全民法治素养,推进法治海安建设"开展专题视察调研。4月24日,县政协主席周宗泉率领政协主席会议成员开展专题视察。5月13—15日,县政协党组副书记、副主席吉传稳带领调研课题组人员到江苏太仓、宜兴和浙江萧山学习考察,学习其在推进法治社会建设方面的成功做法。5月中旬,县政协机关四个工作小组在分管主席率领下,分别深入所联系区镇,与委员、基层法治工作者和基层代表座谈交流。后形成《关于"提升全民法治素养,推进法治海安建设"的调研报告》和建议案,提交县委、县政府。县委书记陆卫东要求相关部门认真研究建议案,并在工作中给予落实。

【协商培育新型农业经营主体】 县政协将"积极培育新型农业经营主体"作为二季度协商议题。先后召开5次座谈会,走访6个家庭农场、5个农民专业合作社、6家农业龙头企业。组织部分政协委员、农业龙头企业负责人、家庭农场经营者赴安徽、浙江等地考察学习。6月4日,视察部分新型农业经营主体,召开专题协商会议,县委副书记焦广琪,县领导丁锋、彭为杰参加活动。县委农办汇报新型农业经营主体培育情况,与会的政协委员和新型农业经营主体带头人就"积极培育新型农业经营主体"建言献策。会后形成《会议纪要》,供县委、县政府参考。

【民主评议城市建设与管理】 三季度,县政协对城市建设与管理工作开展民主评议活动。先后召开座谈会19次,发放调查问卷312份,收集各类意见300余条,形成《关于民主评议城市建设与管理工作的情况报告》,提出完善城市规划、增加城市绿化覆盖率、加快城市品位提升、切实解决交通畅通及停车难题、延伸城管工作触角、打造物业管理全新模式等建议。县政府分管负责人作专门批示,要求相关部门抓好评议意见落实整改。县住建局、城管局高度重视政协民主评

7月16日，县政协主席周宗泉带队视察城市管理工作　　(赵丽丽　提供)

议意见，加大停车场建设工程、店招店牌提档升级、队伍建设、"精致、现代、增绿、便民"工程等推进力度。

【编纂《海安抗日斗争史料》】 历经大半年走访、阅读、选编、审稿、排版，县政协编纂完成《海安抗日斗争史料》，纪念抗战胜利70周年。编辑人员遍访周边县市，征集数十本珍贵史料和百十篇回忆文章，阅读文字以千万计。该书收录八年抗战期间与海安有关的抗战史料90余篇，全面反映这一时期海安军事斗争、政权建设、财税保障、文化教育、人物事迹等方面的史实。后向史志工委、博物馆、档案馆、老年大学、教育局、海陵中学、城南实验小学、雅周农家书屋、图书馆等单位赠阅1000余本。此外，县政协积极配合宣传部、文联等单位，收集、采编抗日历史图片70余幅，为海安抗日斗争史迹展、海安抗战老兵提供大量素材。

建言献策

【概况】 2015年，县政协委员提交提案289件，集体及联名提案31件，个人提案258件。经审查，立案213件，转相关部门参考76件。

委员们围绕"枢纽海安、物流天下"战略取向，充分发挥"动车时代、节点城市"的新优势，实现新常态下新发展等方面问题提出提案66件，占31%。围绕城市规划设计、功能提升、城市美化，推进"现代、精致、增绿、便民"工程，提高城管工作精细化和规范化管理水平，打造整洁城市等方面问题提出提案56件，占26%。围绕民生改善，提出提案63件，占30%。围绕法治海安建设，提出提案28件，占13%。其他提出建议，均得到相关部门重视和采纳。

72家承办单位在规定的时间内，提案办结率100%；落实或基本落实的提案145件，占提案总数的68%；落实中或列入计划逐步落实的提案58件，占提案总数的27%；因客观条件限制或其他原因暂不能落实的提案10件，占提案总数的5%。承办单位面办率85%，委员反馈率97%，委员对提案办理满意率98.6%(其中，表示满意的189人次，基本满意的21人次，不满意的3人次)。

全年编印27期社情民意信息，其中，"关于加强快递行业监管的建议""关于加强农村'流动饭店'的管理""加快县城垃圾分类处理的建议""加强河道长效管护"等10期信息，县政府分管负责人做出专门批示，反映的意见建议大部分被采纳落实。

【引导委员精准提出提案】 政协全会召开之前，向全体委员印发提案征集通知，提出撰写提案的重点内容和基本要求，引导委员围绕县委、县政府中心工作和群众关注的热点、难点开展调研。采取发放资料、知识讲座、网络交流等方式，使政协委员熟悉、掌握提案写作基本要领。充分利用委员参加委组活动等有利时机，及时向委员通报县情和重点工作部署。政协组织的考察学习、调研视察、提案办理现场会、研讨交流等活动，尽可能邀请委员参加，让委员知情明政。按照《提案工作条例》要求从严立案，坚持提案数量服从质量。对于委员多次提出的、政府解决中的、一时解决不了的、涉及自身单位和个人利益的不予立案；对于内容相近或提出的问题大同小异的进行合并；对于时效性比较强、必须及时解决的，建议转为社情民意办理。

10月29日，县政协主席会议成员围绕特色旅游业发展开展调研　(赵丽丽　提供)

【用制度保障办实委员提案】 健全提案考评制度，完善《县政协提案办理考评办法》，把政协提案办理的组织领导、制度建设、工作机制等列入考核内容。建立提案办理预警制度，凡是承办单位未及时确认承办、承办后未及时办结，县电子监察系统自动报警提示。完善提案交办制度，县政协十三届四次会议提案审查立案期间，对30多件自提自办的提案，妥善确定承办单位。抓好跟踪落实制度，实行提案办结销号制。建立提案公开制度，联合县政府办在海安门户网站、海安政协网站上公开提案办理意见、办结时间、办理等级、委员满意度，在《海安日报》上公开提案办理效果较突出的20件提案内容和答复意见。

【多层督办强化提案办理实效】 领导督办，针对5件重点提案，领导带案视察，有针对性地指导办理工作。现场督办，组织提案人通过现场查看、听取汇报、评议座谈等形式促进提案办理，先后督办县住建局、人社局、交通局、财政局、水利局、商务局等多个部门，及时发现和协调办理过程中遇到的矛盾和问题。联合督办，对于涉及多个职能部门承办的提案，积极与县委办、县政府办协商，牵头组织相关职能部门共同研究提案办理推进工作。反馈督办，认真审查提案办理答复意见，对于答非所问、避重就轻、套话连篇、敷衍了事、相互推诿的答复，退回重新办理，先后督促承办单位二次办理3件委员不满意提案，对办理中存在问题的23件提案的12个承办单位及时提出意见建议，促使办理部门采取措施改进。

海安县政协十三届四次会议委员提案办理情况

表16

编号	提案人	案由	主办	办理情况		
				办结时间	办理等级	是否满意
001	经济组	抢抓动车时代新机遇　打造商贸物流新高地	发展改革委	6.20	A	满意
002	农业组	关于稳定我县茧丝绸产业的建议	农　委	6.15	A	满意
003	科技组	关于进一步加强我县科技孵化器建设的建议	科技局	6.19	A	满意
004	共青团界别	加大青年创业扶持力度　助力有志青年成功创业	团　委	7.30	B	满意
005	王世荣	打造智慧海安　加快4G无线网络覆盖建设	发展改革委	6.30	A	满意
006	冒朝阳	关于在中小学增设《弟子规》等传统文化阅读课程的建议	教育局	6.12	A	基本满意
007	陈　杰	加强监管　规范秩序　努力巩固金融生态县品牌	发展改革委	6.2	A	满意
008	秦延昆	关于加强无偿献血的建议	卫计委	6.23	A	满意
009	政协提案委	关于兴建青墩文化博物馆的建议	文广新局	6.10	C	满意
010	陈存宏	关于规避中小企业经营风险的建议	发展改革委	6.17	A	满意
011	曲塘镇政协工委	关于加强中心镇建设的建议	国土局	7.15	A	满意
012	雅周镇政协工委	关于完善农民集中安置区社区服务的建议	民政局	5.18	A	满意
013	季瑜等	促进医养融合，建立县中医院养护康复分院的建议	卫计委	6.23	A	满意
014	张家华	加强基层为农服务体系建设的建议	农　委	6.15	A	满意
015	赵武前	青墩遗址公园建设	旅游局	5.26	B	基本满意
016	秦延昆	关于普及医务知识宣传的建议	卫计委	6.23	A	满意
017	徐　春	关于加大政府对中小型企业发展支持力度的建议	发展改革委	6.3	A	满意
018	许立群等	关于加强媒体力量参与法治宣传工作的建议	司法局	6.20	A	满意
019	于爱均	尊重企业选择纳税渠道　完善市场经济运行环境	国税局	7.10	A	满意
020	陈　琳	加强劳动保障监察，切实维护劳动者权益	人社局	4.20	A	满意
021	任　镇	关于推行我县垃圾分类工作的相关建议	城管局	7.14	B	满意
022	孙中翔	关于加强对台服务业交流与招商的建议	发展改革委	6.22	A	满意
023	丁兴育	关于规范快递物流业投递的建议	市场监管局	7.8	A	满意
024	王春蕙	关于进一步规范护工市场管理的建议	卫计委	6.23	A	满意
025	朱秀英	关于进一步加强村级后备干部队伍建设的建议	组织部	7.20	A	满意
026	卢荣翔 吴剑英	开展部门联动，加强非公企业党建及群团工作	组织部	7.20	A	满意

续表 16

编号	提案人	案由	主办	办理情况		
				办结时间	办理等级	是否满意
027	华志刚	关于加快互联网经济发展的建议	发展改革委	6.30	A	满意
028	张羽翼	关于积极引导群众用理性方式和法定途径表达诉求的建议	司法局	7.20	A	满意
029	刘向东	关于增加我县公厕密度与完善管理的建议	城管局	7.14	B	满意
030	尤正海	加强国有企业考核和监督 确保国有资产保值和增值	财政局	5.12	A	满意
031	尤正海	合理设置村级为民服务中心 依法全面提升社会管理能力	农 办	6.16	B	基本满意
032	吴田玉	做好做实青墩遗址的保护、利用和旅游开发工作	文广新局	6.10	B	满意
033	徐永宏	规范民间金融市场秩序 促进经济稳定发展	发展改革委	6.15	A	满意
034	冒朝阳	合理分配广告资源，积极打造和谐海安	城管局	7.14	B	满意
035	卢 森	关于解决现代农业及园区发展融资难的建议	农委	6.15	A	满意
036	唐忠年 徐晓军	关于组建资产管理公司的建议	财政局	5.12	A	满意
037	唐仕俊	关于企业用工难的建议	人社局	7.2	A	满意
038	王成硕	关于完善县城“四河八岸”整治工程的建议	住建局	7.10	A	满意
039	顾仁军	借力生态载体，打造乡村旅游特色镇的建议	旅游局	7.3	B	满意
040	史建军	关于加强我县中学生心理健康教育的建议	教育局	6.12	A	满意
041	许才铨	关于在县城区建设停车场的建议	住建局	7.10	A	满意
042	海安镇政协工委	抢抓战略机遇 瞄准新兴业态 推进现代服务业发展	高新区	4.22	B	满意
043	孙亚萍	关于企业抱团出海 借船前行的建议	商务局	7.15	B	满意
044	张振梅	关于引导企业对接资本市场的建议	发展改革委	7.7	A	满意
045	唐忠年	适应新常态 助推新发展 为海安中小型企业良性发展保驾护航	发展改革委	6.2	A	满意
046	徐 春	完善质量强县工作机制 助推产业结构转型升级	市场监管局	6.9	B	满意
047	薛海骏	抓住“营改增”机遇 助推我县建筑业持续发展	建管局	7.21	B	满意
048	石高祥	关于海安县建筑业税收的思考	建管局	7.21	B	满意
049	教育体育界别	县域校企合作的现状分析和对策建议	教育局	5.20	B	满意
050	周 平 许立群	强化法治权威 不断提升司法公信力	政法委	5.25	B	满意
051	仲四清	加快推进医联体建设 有效缓解百姓看病矛盾	卫计委	6.23	A	满意
052	尤正海	公务人员理应成为法治海安建设的先行者	人社局	7.8	A	基本满意
053	陈蓉蓉	做亮点 创特色 打造海安宗教旅游观光新品牌	旅游局	7.6	B	满意
054	田 旻	关于家庭法治文化建设的建议	司法局	6.20	A	满意
055	白甸镇政协工委	关于加快西泊旅游度假区开发的建议	旅游局	7.3	B	满意
056	文艺界别	关于促进公共文化服务均等化的建议	文广新局	6.10	A	满意
057	白甸镇政协工委	在实施清水工程中加强对主干河道的管护	环保局	7.1	B	满意
058	大公镇政协工委	关于在县城加快修建立体停车场的建议	住建局	7.10	A	满意
059	唐仁惠	海安企业劳动用工的现状及其对策建议	人社局	7.2	A	满意
060	徐 斌	关于依法促进残疾人就业的建议	人社局	7.2	A	满意
061	高金珠	关于进一步加强殡葬管理的建议	民政局	6.20	A	满意
062	许卫华	关于做好我县企事业单位体育场所向社会开放工作的建议	教育局	5.22	A	满意
063	徐 翔	关于加强全民健身设施使用与维护的建议	教育局	5.22	A	满意
064	顾万盛	关于进一步规范物业管理建议	城管局	7.14	A	满意

续表 16

编号	提案人	案　　由	主　办	办理情况		
				办结时间	办理等级	是否满意
065	周建春	关于各区镇加强对业委会的组建和监管的建议	城管局	7.14	A	满意
066	周建春	关于规范全县农村居民集中居住区招投标工作的建议	公管办	5.4	A	基本满意
067	袁良元	关于加强企业安全监管的建议	安监局	7.15	A	满意
068	顾仁军	秸秆"双禁"工作中存在的问题与建议	农委等	6.10	A	满意
069	吴忠义	关于解决高校毕业生就业难和中小企业招工难的建议	人社局	7.2	A	满意
070	许才铨	建议加大县城老旧小区的整治力度	城管局	7.14	A	满意
071	郑红武	关于县城长江路学友文体城路口交通监控优化的建议	公安局	7.20	A	满意
072	苏建华	关于对全县建设用地成本再核算的建议	各区镇	6.10	A	满意
073	苏建华	关于推行被征地农民社会保障维护农民的权益的建议	人社局等	6.24	A	不满意
074	刘才进	海安电器装备产业亟须做大做强	发展改革委	6.3	A	满意
075	陈蓉蓉	关于规范保姆市场　保障群众利益的建议	商务局	7.23	B	满意
076	常　琦	关于建立企事业单位立体绿化考核补偿机制的建议	住建局	7.10	C	基本满意
077	夏长华	关于加快我县食品工业发展的建议	发展改革委	7.3	A	满意
078	钱亚洲	关于加强农村社区公共服务规范化的建议	民政局	6.20	A	满意
079	钱亚洲	关于海安东大门交通畅通问题的建议	公安局等	7.20	A	满意
080	刘万美	关于加强我县精神病人的监管与救治的建议	卫计委	6.23	A	满意
081	吴　晶	关于在县城加快修建停车场的建议	住建局	7.10	A	基本满意
082	崔　健	建议建立社区义工组织　弘扬友善博爱精神	民政局	6.20	A	基本满意
083	石高祥	加强物业管理单位税收征管的建议	地税局	5.13	B	满意
084	陆模珍	关于人民法院应允许诉讼保全申请人提供合适担保方式的建议	法　院	6.4	A	满意
085	徐　春	关于加强我县企业诚信建设的几点建议	发展改革委	7.3	B	满意
086	徐　春	关于用好留住引进人才的建议	组织部	7.20	B	满意
087	樊海燕	调整思路,吸引优秀人才来海安从事幼教工作	教育局	6.11	A	满意
088	樊海燕	关于尽快启动第二实验幼儿园西扩工程的建议	教育局	6.15	A	满意
089	徐向东	关于加强农民拆迁安置小区规范管理的建议	民政局	6.20	A	满意
090	濮小平等	关注海中校园环境和学生活动场地的建设	教育局	6.15	A	基本满意
091	濮小平等	切实关注在校学生身心健康	教育局	6.12	A	满意
092	薛青明	关于有效遏制电瓶车违章行驶,维护交通安全的建议	公安局	7.20	A	满意
093	唐翠芳	县政府应加大对小微企业的帮扶力度	发展改革委	6.3	A	满意
094	顾　玲	中小企业投资难的原因及对策分析	发展改革委	6.12	A	满意
095	界　清	关于丁沿路沿口段河床保护工作的建议	水利局	7.10	A	基本满意
096	林在市	合理安置庙会集市,保障市民交通安全	城管局	7.14	A	满意
097	王宏彬	淡化高考状元宣传　加强职业基础教育	教育局	5.20	A	满意
098	曹晓斌	关于切实解决我县基层高级卫技人员职称聘任困难的建议	卫计委	6.23	A	满意
099	许根山	关于取消新奥燃气公司设定居民单次充气限制的建议	住建局	7.10	A	基本满意
100	张金宏	关于设立秸秆综合利用专项扶持资金的建议	农委等	6.10	A	满意
101	吴海嫣	关于加强联合执法促进交通现场监管的建议	公安局	7.6	A	基本满意
102	范秀芬	不能让淳朴的农民误入邪教组织的泥潭	公安局	7.6	B	满意

续表 16

编号	提案人	案　由	主　办	办理情况		
				办结时间	办理等级	是否满意
103	陈晓红	关于进一步加强我县电动自行车道路交通安全长效动态管理的建议	公安局	7.20	A	满意
104	王　涵	创建文明，让校服回归校园	教育局	7.10	A	满意
105	李永琴	加强工程建后管护，确保长期发挥效益的建议	农业资等	4.27	A	满意
106	朱　玲	关于修葺韩国钧墓的建议	文广新局	6.10	B	基本满意
107	陈　飞	关于加强化工园区非化企业及车辆管理的建议	公安局等	7.1	B	满意
108	唐仁惠	加强企业职工宿舍安全管理的建议	消防大队	3.19	B	满意
109	任德善	加强道路及小区通道车辆停放管理，防范安全隐患	公安局	7.20	A	满意
110	贲友兰	加强公众视野中文化平台建设	文广新局	6.10	A	满意
111	时金春	关于进一步丰富文化惠民形式　拓展文化惠民空间的建议	文广新局	6.10	A	满意
112	夏野萍	关于适度发展杂粮生产提高土地种植效益的建议	农　委	6.15	A	满意
113	夏野萍	关于进一步促进休闲农业持续健康发展的建议	旅游局	7.3	B	满意
114	张志坚	关于解决市区停车难的问题的建议	住建局	7.10	A	满意
115	夏野萍	建议加强土地流转后用途管制的力度	农　办	6.3	B	满意
116	卢荣翔 吴剑英	尽快确定海安基督教堂建设用地	宗教局	6.15	B	满意
117	张志坚	关于加强中小学心理健康教育的建议	教育局	6.12	A	满意
118	杨吟东	建议保险公司切实履行保险合同理赔义务	农　办	4.22	B	满意
119	祝和娟	关于加强行政审批中介服务规范管理的建议	纪委等	7.20	A	满意
120	祝和娟	关于高度关注乡镇债务化解的建议	财政局	5.12	A	满意
121	高　红 吴　兵	多管齐下，化解噪音扰民矛盾	文广新局	6.10	A	满意
122	吴先明	关于为加快推进我县农村旅游发展提供政策支撑的建议	旅游局	7.3	B	满意
123	顾建春	离退休人员年度验证办法有待改进	财政局	5.12	A	满意
124	蔡　军	关于缓解停车压力，修建城市立体停车场的建议	住建局	7.10	A	满意
125	周　平	关于加强预付费消费管理的建议	商务局	7.15	B	满意
126	角斜镇政协工委	解放思想，增强创新，助推银企高效稳健运行	发展改革委	6.20	A	满意
127	薛海骏	关于加强社区养老服务的建议	民政局	6.20	A	满意
128	吴先明	关于新型城镇化建设要注重保持乡土田园风光和地方特色的建议	住建局	7.10	A	满意
129	丁维春	关于调整完善我县城乡公共交通路线的建议	交运局	7.10	B	基本满意
130	周余庆	手机网络营运商应对手机扣费陷阱负责	电信局	8.10	C	基本满意
131	徐祥稳	关于避免或减少我县工程挂靠的建议	公管办	5.7	A	满意
132	许习白	结合城市建设，进一步外显海安底蕴	住建局	7.10	A	满意
133	杨得智	关于开展评选市树市花活动的建议	住建局	7.10	C	满意
134	徐　剑	关于加强连申线航道安全通航整治的建议	交运局	7.10	B	满意
135	海安镇政协工委	对我县农民安置房建设有关问题的建议	住建局等	7.14	B	满意
136	苏海涛	关于改进和规范我县公立医院相关管理机制的建议	卫计委	6.23	A	满意
137	孙　力	关于加强城区环境长效管理的建议	城管局	7.14	A	满意
138	钟志生	加强宠物管理　保障群众的安全与健康	公安局	7.6	A	满意
139	常　融	如何衔接好海安大交通大旅游的切合点	旅游局	7.3	B	满意
140	常　融	关于规范管理宗教活动的有关建议	宗教局	6.15	C	满意

续表 16

编号	提案人	案　　由	主　办	办理情况		
				办结时间	办理等级	是否满意
141	李　申	关于化解企业用工难的矛盾	人社局	7.2	A	基本满意
142	丁维春	积极为我县板块企业发展培育稳定繁荣的劳动力市场	教育局等	5.20	B	基本满意
143	郭文山	关于控制上市土地时序及加强园区建设的有关建议	国土局	7.15	A	满意
144	韩家荪	人民法院要切实履职　全面受理物业费诉讼案件	法院	6.5	A	满意
145	刘晓峰	关于强化基层公立医疗卫生机构建设,保障公益性的建议	卫计委	6.23	A	满意
146	田　尧	在农村集中居住地建居家养老式住房	住建局	7.10	A	基本满意
147	韦安华	关于增加我县公交线路、缩短发车间隔时间的建议	交运局	7.10	C	满意
148	王奇寅	关于给县书画院设置编制的建议	编办	7.28	B	不满意
149	吴志梅	关于规划建设城市公共停车配套设施的建议	住建局	7.10	A	满意
150	陈伯强	关于加强特色市场发展的建议	发展改革委	6.30	A	满意
151	马善华	关于建设我县"基础数据库"的建议	发展改革委	6.30	B	满意
152	景世泽	关于在县级"两代表一委员"中适当扩大老年代表比例的建议	组织部等	7.20	B	满意
153	周　道 钱义华	关于有偿使用公共资源、强化公共停车收费、缓解城区停车难的建议	物价局等	7.14	B	满意
154	陆爱红	培育新型农业经营主体　推进土地适度规模经营	农委	6.15	A	满意
155	苏中潜	关于加大城乡教师交流进一步促进我县义务教育均衡发展的建议	教育局	5.21	A	满意
156	杨金水	关于加大里下河地区农四路安保工程投入的建议	交运局	7.10	A	满意
157	姚本林	关于进一步加强我县消防安全工作的建议	消防大队	3.19	B	满意
158	崔建军	关于拓宽安平路宁海路交叉口至安平路翠竹园路面的建议	开发区	6.10	C	满意
159	张贤荣	对进一步规范校外教育辅导机构的建议	教育局	5.20	B	满意
160	石高祥	关于现金交易税务治理的建议	财政局	5.18	A	满意
161	陈玉琨	关于有效解决停车难的问题	住建局等	7.10	B	满意
162	张　政	关于适应人口老龄化进程,大力扶持养老机构建议的建议	民政局	5.6	A	满意
163	常　融	发挥宗教界力量　推动养老服务事业迈上新台阶	宗教局	6.15	D	满意
164	周余庆	关于解决学校门口上、放学时间段交通拥堵问题的建议	公安局	7.20	A	满意
165	张　娟	关于解决外来务工人员子女在海安入学问题的建议	教育局	6.1	A	满意
166	蔡红卫	关于在县城区建设大型停车场的建议	住建局	7.10	A	满意
167	韩家荪	为住宅小区出入口设置交通标志的建议	公安局	7.20	A	满意
168	刘成亮	关于秸秆还田的建议	农办等	6.10	A	满意
169	韦安华	关于加强对我县小区物业管理的建议	城管局	7.14	A	满意
170	张建君	关于解决草坝路北段交通问题的建议	住建局	7.10	C	不满意
171	周　烈	关于进一步加强农村河道管理工作的建议	环保局	7.1	A	满意
172	陈宏峰	关于尽快落实全县完职中校园保安经费的建议	财政局	5.20	A	满意
173	徐晓军	关于政府回购商品房转作为安置房的建议	住建局	7.10	C	基本满意
174	钱国华	构建大美海安,改造闸东路道	住建局	7.10	B	满意
175	谢爱珠	关于农作物秸秆处理问题的建议	环保局	7.1	B	满意
176	王德树	关于大力支持家具产业发展的建议	发展改革委	7.2	A	满意
177	卢兆华	加快社区配套服务业项目的推进	开发区	6.10	A	满意
178	许明全	关于加快推进少数民族贫困家庭脱贫奔小康的建议	农　办	5.28	A	满意

续表 16

编号	提案人	案　　由	主　办	办理情况		
				办结时间	办理等级	是否满意
179	仲四清	加强烧烤食品业监管　减少 PM2.5 排放量	城管局	7.14	B	基本满意
180	袁　锋	关于清查企业的地下排污行为的建议	环保局	7.1	B	基本满意
181	石高祥	建好火车站平台　放大海安交通优势	交运局	7.10	B	满意
182	石高祥	建议尽快规划建设海安汽车东站	交运局	7.10	A	满意
183	董留彬	关于加强义务献血宣传的建议	卫计委	6.23	A	满意
184	刘亦红等	关于科学制定植树造林指标的建议	农委	6.15	A	满意
185	姜朝亭	创新管理理念,进一步提高服务水平	公安局	7.20	A	满意
186	姜　宏	关于进一步加强禁烟管理监督　创建文明办公环境的建议	卫计委	6.23	A	满意
187	唐海荣	关于统一解决村干部“五险一金”的建议	农办	6.17	B	满意
188	吴　晶	秸秆利用政府要加大扶持奖励力度	农委等	6.10	A	满意
189	黄立彬	规范物业管理　创建和谐社区	城管局	7.14	A	满意
190	陈伯强	丰富农民体育,叫响体育名片	教育局	5.22	A	满意
191	林克文	加大非机动车道管理力度,打造文明畅通海安的建议	公安局	7.20	A	满意
192	朱　丽	打造海安职职业教育品牌　提升服务经济发展能力	教育局	5.20	B	满意
193	周　烈	关于扶持我县制造业经济健康发展的建议	发展改革委	5.10	A	满意
194	吕兴盛	关于科学处理秸秆的建议	农委等	6.10	A	满意
195	李建国	关于治理商业噪声污染的建议	环保局	7.1	B	满意
196	朱朝书等	关于进一步我县提升公交服务水平的几点建议	交运局	7.10	B	满意
197	景圣红 刘万春	关于关心农村留守老人的建议	民政局	5.11	A	满意
198	王一欣	关于强化交通秩序管理、改善海安城市形象的建议	公安局	7.20	A	满意
199	陈　飞	关于创新校企合作新模式的建议	教育局	5.20	B	满意
200	林桂芳	关于健全、发展海安旧货交易市场的建议	发展改革委	6.30	A	满意
201	陈宏峰	优化职教体系　打造职教品牌　培养更多蓝领人才	教育局	5.20	B	满意
202	王孟俊	解决外来务工子女教育	教育局	6.1	A	满意
203	龚　诚	关于缓解中小型企业融资难的建议	发展改革委	6.8	A	满意
204	王巧凤	关于河道整治常态化的建议	水利局	7.10	A	基本满意
205	钱义华 周　道	关于整治城市规划区违章建筑的建议	城管局	7.14	B	满意
206	奚益来 于爱均	规范给水施工市场行为　促进企业竞争公平有序	住建局	7.10	A	满意
207	吉　剑	关于加强城乡电动车管理的建议	公安局	7.20	A	满意
208	于爱均	贴心听取回迁户和公众意见　提升回迁人满意度和政府形象	住建局	7.10	A	满意
209	章智敏	关于进一步完善未成年犯社区矫正的建议	司法局	6.20	A	满意
210	孙永珍	加大对种粮土地流转,培育种粮大户、家庭农场的政策扶持的建议	农　委	6.15	A	满意
211	石高祥	把海陵公园建设成为海安的文明之窗	住建局	7.10	B	满意
212	学习文史委	关于关注高龄失能老人生活困难的建议	民政局	5.6	A	满意
213	谢　静	关于建立海安名人馆的建议	文广新局	6.10	B	满意

（朱昌军）

县政协自身建设

【畅通协商民主渠道】 县政协通过多种形式,广泛征求意见,认真筛选课题,积极开展协商活动。全会期间,委员们围绕政协常委会工作报告、提案工作报告、政府工作报告等,开展协商讨论,取得积极效果。学习全国政协双周协商座谈会方式,创新实施季度协商座谈会方式,进行协商议政。组织开展"提升全民法治素养,推进法治海安建设""促进海安特色旅游业发展""集约利用土地,增加亩产税收贡献率"等8次专题调研协商活动。各镇政协工委、工作组组织委员视察调研、撰写提案、收集社情民意,开展比学赶超,进一步增强协商能力。

【搭建联络联谊交流平台】 采集到海安工作的知名"新海安人"和海安在外人才信息,形成完备的基础资料库。加强与县外海安籍工商人士联系,参与筹建南京、深圳、昆山等异地海安商会。组织书画联谊会、老委员联谊会到友好政协开展交流。加强政协组织间沟通交流,接待上级政协和省内外兄弟政协单位40余批(次)到海安考察。实施县政协主席会议、党组成员联系常委,常委联系委员制度和主席接待委员日制度,及时了解委员工作、履职、生活等情况,以人性化、亲情化服务,调动委员履职积极性。结合"三严三实"专题教育活动要求,主席会议成员、党组成员走访调研全县115家委员企业,帮助企业排忧解难。 (缪爱莲)

纪检 监察

重要会议

2月14日,召开中国共产党海安县第十二届纪律检查委员会第五次全体会议
(县纪委 提供)

【县纪委十二届五次全体会议】 2月14日,召开中国共产党海安县第十二届纪律检查委员会第五次全体会议。县委书记、县长陆卫东出席会议并讲话,他充分肯定2014年全县反腐倡廉建设取得的成绩,强调2015年全县各级党政组织要深入学习贯彻习近平总书记重要讲话精神,把思想和行动统一到中央和省市委的决策部署上来;要落实全面从严治党要求,深入推进党风廉政建设和反腐败斗争;要严明政治纪律、严守政治规矩,让守纪律讲规矩成为党员干部自觉行动;要强化制度建设与执行,不断提高依规从严治党水平。县委常委、纪委书记李春旺代表县纪委常委会作《全面从严治党,强化责任担当,推动党风廉政建设和反腐败工作迈上新台阶》工作报告。会议审议通过《中国共产党海安县第十二届纪律检查委员会第五次全体会议决议》。

【全县广电系统警示教育大会】 3月20日,召开全县广电系统警示教育大会。县委常委、纪委书记李春旺通报张小卫、郑华、崔恒正、陆刚等人违纪违法案件情况,分析广电系统人员发生违纪违法问题的原因,要求广电系统全体人员从中吸取教训,甩掉包袱,轻装上阵,振奋精神,扎实工作,为全县广电事业再上新台阶做出贡献。会后,35人主动向县纪委说明情况,上缴违纪款73.35万元。

【县委反腐败协调小组工作会议】 6月17日,县委反腐败协调小组会议在县行政中心东附四楼第一会议室召开。县委常委、纪委书记李春旺,县委常委、组织部部长成宾,副县长、公安局局长葛志祥,县法院院长王平,县检察院检察长李平等参加会议。会议组织学习中办发〔2015〕10号文件,并修改完善海反腐办〔2014〕1号文件。协调小组各成员单位负责人分别汇报交流2014年后反腐败协调工作开展情况,并提出相关建议和意见。

【全县基层落实"两个责任"暨主要领导"四个不直接分管"工作推进会】 7月17日,县纪委监察局在老坝港滨海新区组织召开全县基层落实"两个责任"暨主要领导"四个不直接分管"工作推进会。县委常委、纪委书记李春旺出席会议并讲话。与会人员现场观摩试点单位工作开展情况。老坝港滨海新区、县地税局、县公安局在会上作试点经验介绍。各区镇政工书记、纪委书记,设有下属基层单位的县级机关部门党组织负责人、纪检组长,部分村党组织书记代表参加会议。

【"三清"示范县建设推进会】 10月9日,在县行政中心19楼西会议室召开"三清"示范县建设推进会。县委常委、纪委书记李春旺出席会议并讲话。会议通报2014年后县"三清"示范县建设过程中涌现出的"三重一大"事项集体决策、主要领导"四个不直接分管"、公务消费一体化监管等10个特色亮点工作。开发区、高新区、县财政局、县纪委监察局党风政风监督室在会上作交流发言。县惩治和预防腐败体系暨争创"三清"示范县领导小组成员,各区镇纪(工)委书记、副书记,县纪委监察局各派驻(出)纪检组长、纪工委书记,"三清"示范县建设工作项目牵头单位、协办单位分管负责人等参加会议。

【"三严三实"专题学习暨党风廉政警示教育大会】 12月12日，召开"三严三实"专题学习暨党风廉政警示教育大会。县委书记陆卫东出席会议并讲话，他围绕读懂指导思想、坚定三个自信、筑牢"三严三实"根基主题，畅谈自身学习体会，并就加强全县党风廉政建设和反腐败工作提出具体要求。与会人员观看警示教育片《陨落》。县四套班子负责人，各区镇、县级机关各部门主要负责人及部分副科级以上领导干部代表参加活动。

纪律监督检查

【监督检查党纪执行】 坚持抓早抓小，强化信访监督，健全早发现、早处置机制，避免小问题酿成大错误。全年对12名副科级以上干部和35名热点岗位股职干部实施提醒谈话或诫勉谈话。对信访举报、明察暗访、督导巡查中发现的问题线索，实行集中管理，严格按照中央纪委规定的五类方式逐一处置。全年，县纪检监察系统收接纪检监察范围内信访举报347件，按期办结298件，办结率85.9%，实名举报办结回访满意率100%。海安在全市纪检监察信访举报年度绩效考评中位居前列。

【作风效能建设】 加强监督检查中央"八项规定"和省市县委"十项规定"执行情况、执纪问责。全年开展监督检查300余次，问责91人次，发现并纠正问题50多个。先后立案查处违反作风建设规定案件7件7人，17名机关人员受到责任追究。推动公务消费一体化监管工作，严格执行《海安县推行公务消费一体化监管实施意见》《海安县公务接待申报备案制度》《海安县公务消费违纪违规行为责任追究暂行办法》等制度规定，严控公务经费支出与管理，全县公务消费同比下降50%。牵头组织开展"三治三促"机关作风效能建设主题教育活动。健全完善部门权力清单、责任清单、负面清单制度，推进行政权力网上公开透明运行标准化管理。深化县镇村三级政务服务体系建设，进一步深化简政放权。强化明察暗访和直查快处，实施作风效能季度通报曝光制度，全年组织开展明察暗访210批次，先后实名通报曝光各类违规问题76个，实施问责116人次。

【纪检监察体制改革】 制定《海安县纪检监察体制改革实施方案》，抓好6大类40条改革措施的推进落实。完成第二轮县纪委监察局内设机构调整及干部调配工作，调整后承担监督执纪问责职能的内设机构数和人员编制数均超过70%。强化对重点职能部门履行工作和管理责任的再监督再检查，全年组织对9个部门11个方面的履职情况实施再监督再检查，发现存在问题和漏洞22个，提出建议18条，实施行政问责15人。推行县直机关派驻机构"4+1"工作机制常态化运行，《党的生活》杂志"特别策划"栏目给予专题报道。

纪律审查

【案件查办】 2015年，全县各级纪检监察组织查办违纪案件312件，其中，查处乡科级案件27件，违反"八项规定"类案件20件，群众身边"四风"及腐败问题案件165件。其中，给予党纪轻处分286人，占比91.67%；重处分26人，占比8.33%；移送司法机关8人。收缴违纪款351.2万元，挽回直接经济损失655.2万元。县纪委严肃查处张小卫、郑华、张军、魏德平、狄汉林等一批有影响的案件，重点查办县广播电视台、农机局系统性违纪违法案件。

【案件监督管理】 坚持依纪依法安全文明办案，升级改造办案指挥监控系统，加强监督检查纪律审查，全年办案安全无事故。狠抓案件质量建设，在全市案件质量年度检查评比中获第一名。坚持"一案五报告"制度，组织召开县广电系统、农口系统、新闻信息中心警示教育大会，先后向案发单位发出纪律检查建议书7份，提出整改建议21条。

党风廉政建设

【严格"两个责任"考评问责】 细化分解2015年度全县党风廉政建设重点工作任务，5大类36项重点工作得到较好落实。出台落实"两个责任"考评办法、问责暂行办法、考评工作规则以及考评系统管理办法四项制度，开发建设责任制网上考评系统，形成具有海安特色的党风廉政建设责任制考评体系。组织对10个区镇和8个县级机关部门2015年度落实党风廉政建设责任制开展检查考核；牵头组织对2014年年度责任制检查考核排名靠后的两家单位党政主要负责人实施提醒谈话；坚持"一案双查"，对发生系统性违纪违法案件的县广播电视台、农机局等单位5名责任人实施问责。

【推进"三清"示范县建设】 落实"三清"示范县建设实施意见，坚持分层分类指导，168项工作任务按序时进度推进。加强典型培育，强化制度创新和品牌创建，总结推广10个特色亮点项目，其中"创新考评体系强化'两个责任'落实"被《南通市"三清示范区"建设品牌集锦》收录。

【反腐倡廉教育和廉政文化建设】 在全县党员干部中开展"守纪律、讲规矩"专

8月18日，县报送的廉政微电影《情义》获市一等奖并获省二等奖

（县纪委　提供）

题教育活动,举办党章、廉洁自律准则、纪律处分条例等专题辅导会、培训会、廉政党课100余场次,受教育党员干部4.5万余人次。先后组织600多名重点岗位中层干部廉洁从政教育轮训活动,党员干部主动上缴礼金、礼券、购物卡321.6万元;县报送的廉政微电影《情义》获市一等奖并获省二等奖、《中标》获市二等奖,警示教育片《迷航悲歌》在全市警示教育片评比中获一等奖。

【选拔任用干部廉政审核】 制定出台《县纪委监察局对县委拟选拔任用干部廉政审核的办法》,严格执行《海安县纪委监察局派驻纪检监察室对镇党委拟选拔任用的干部实施廉政审核暂行办法》,分级对拟选拔任用的干部实施廉政审查,全年廉政审核30名县委拟选拔任用、132名区镇党(工)委拟选拔任用的干部。

【农村基层党风廉政建设】 推动落实"两个责任"、主要领导"四个不直接分管"工作在全县210个村(居)、256个基层站全覆盖。坚持直查快办,加大损害群众利益案件的查处力度,全年查处损害群众利益案件145件。

【县纪检监察队伍自身建设】 2015年,县纪委监察局机关和个人多批次获得各项表彰和奖励,其中获得县级以上荣誉18项、23人次受到省、市、县表彰。扎实开展"三严三实"专题教育活动和纪检监察工作创先争优活动,组织全县纪检监察组织申报创先争优项目67个。强化业务培训,组织开展案件主办人任职资格考试、提升挖掘案件线索能力研讨、"一专多能"岗位练兵等活动。加强纪检监察机关内控机制建设,严格执行《海安县纪检监察干部请销假制度》《海安县纪委监察局干部借用制度》等,加强内部教育、管理和监督,接受外部监督。

(姜小兵　王小伟)

和谐　　(陈顺源　摄)

社会组织

Social Organizations

海陵公园　章　丽绘

◎ 责任编辑　贲柠华

县工商业联合会

【概况】 截至12月,全县工商联系统会员总数为2444个。全县下辖10家镇级商会,42家行业商会,3家异地商会。2015年,县工商联被江苏省工商联表彰为全省县(市、区)工商联先进集体,被市工商联表彰为“全市工商联系统信息工作先进单位”,在县级机关年度绩效考核中位列优良单位。

【调查研究】 组织工商联界别政协委员围绕经济发展、社会进步等方面的议题深入基层,广泛调研,认真听取基层意见,收集社情民意,撰写集体提案1件,个人提案9件,社情民意1件,在政协全会专题发言2次。

县工商联会同有关部门、行业商会形成《海安县民营经济发展报告》《新常态下海安民营经济转型升级的思考》《海安县化纤锦纶产业发展调研报告》《海安县建筑业发展调研报告》等一批有价值的研究成果,并入选《南通民营经济发展报告》;其中,《新常态下海安民营经济转型升级的思考》作为南通市优秀调研成果上报省工商联,并获三等奖。

【组织建设】 4月23日,海安县工商联(总商会)召开第十届执行委员会第三次会议。县政协副主席、工商联主席蔡祝平作题为《紧扣中心 积极作为 不断开创工商联商会工作新局面》工作报告,会议审议通过会费使用情况,增补陈杰、陈敏、徐晓军、周和春4人为县工商联副主席(副会长)。

3月,县委办公室转发《县工商联关于区镇商会换届工作的意见》,明确镇商会换届工作的指导思想、主要任务和时间要求,明确有关政策。8月29日,县工商联在雅周镇召开镇商会换届工作推进会暨雅周镇商会第五次会员大会。截至12月底,南莫镇、曲塘镇、老坝港滨海新区、大公镇、海安开发区(城东镇)、墩头镇、白甸镇、李堡镇分别召开商会会员(代表)大会,顺利换届。

5月20日、6月10日、6月23日、10月17日、12月26日,县化纤业总商会、县锻压机械业商会、县色织业商会、县纺纱业商会、县茧丝绸业商会分别召开会员大会,顺利换届。

【成立两家新商会】 6月28日,海安县“创业二代”企业家商会召开成立大会,江苏天成科技集团有限公司总经理陈敏当选为会长。8月8日,南京海安商会召开成立大会,江苏华瑞国际实业集团董事长康宜华当选为会长。

【行业商会规范化建设与考核】 县工商联在全县重点产业行业商会中开展“行业商会规范化建设”达标评估工作,县化纤业总商会成为海安首家AAAAA级社团组织,县锻压机械业商会等3家行业商会被评为AAAA级社团组织。年底,海安AAAA级以上行业商会总数7家,分别为县化纤业总商会、县节能环保业商会、县新材料业商会、县锻压机械业商会、县茧丝绸业商会、县汽车零部件业商会、县色织业商会,在全省各县(市、区)处于领先位次。根据南通市工商联工作目标考核意见和海安县两办2015年产业集群考核办法要求,制定并下发《2015年县重点行业商会考核细则》,明确奖惩措施,加大考核力度。经过县培育办综合考核,年终评出产业集群培育工作先进商会7家,分别为县纺织业商会、县化纤业总商会、县节能环保业商会、县新材料业商会、县汽车零部件业商会、南通市电梯商会、县锻压机械业商会、县新能源业商会。

【总商会联合党委成立】 8月13日,县工商联召开海安县总商会联合党委成立大会,市委统战部副部长、市工商联党组书记姚国钧,县政协副主席、县委统战部部长储开泉,县委组织部副部长周小军出席会议。总商会联合党委下辖区镇商会党组织10个,行业商会党组织29个,异地商会党组织1个,综合商会党组织2个。

【服务会员】 截至10月,县有服务品牌51个,总量位居全市各县(市、区)之首。其中,有13个商会服务品牌得到广大会员企业和社会各界的充分认可。市电梯商会与技工学校共建海安电梯实训中心,市工商联主席徐守铭参加中心揭牌仪式;县节能环保业商会开展会员再教育过程,商会协同扬州大学在县职教中心设立教学点,提高会员从业人员的素质,38家会员企业参加再教育培训。

县工商联、县“创业二代”企业家商会和县农业银行三方磋商,签订战略合作协议,建立长期稳定、合作共赢的新型战略合作关系,共同为“创业二代”企业家商会的会员企业搭建一个融资服务平台,县农业银行为商会授信10亿元。

【成立县非公企业法律服务团】 县工商联联合县司法局,成立海安县非公企业法律服务团,由县司法局、县工商联以及全县10个律师事务所的相关负责人、知名律师组成,主要为进一步贯彻落实依法治国战略,充分发挥律师服务经济社会发展的职能作用,为行业商会和中小企业发展破解难题、防范风险提供服务。同时组织非公经济人士开展签名承诺、现场宣誓等活动,在非公企业中积极营造法治文化氛围。邀请县人民法院副院长许金海为非公经济人士从企业之间借贷合同效力之争及纠纷应付、保证人连带责任之追偿、除权判决后合法持票人的救济路径、融资租赁合同欠租纠纷解决方式、让与担保及其效力探讨等六方面做专题讲座。

【理想信念与诚信教育】 4月,县工商联专门举办非公经济人士理想信念大讲堂,特邀全国工商联副主席、无锡市工商联主席、红豆集团党委书记、总裁周海江作题为《积极探索中国特色现代企业制度》的专题报告。

6月25日,县工商联组织召开全县非公经济人士“诚信经营 与法同行”教育实践活动动员会,工商联全体常执委,各镇商会、各行业商会部分会员代表、秘书长近200人参加活动。与会企业家围绕“守法诚信”签名承诺、集体宣誓。

(陆晓静)

总 工 会

【概况】 全县基层工会组织数2489个,会员268431人。县总工会通过全国文明单位复检,获省模范职工之家等20多项市级以上荣誉。

在全县职工中深入开展“践行核心价值观，争做最美海安人”主题教育活动，通过选树劳模、金牌员工、技术能手、十佳外来务工人员、十佳文明职工标兵等先进典型，在《海安日报》、海安电视台等媒体开设“我劳动 我光荣”专题栏目宣传典型事迹，弘扬劳模精神，发挥劳模示范引领作用；组织开展文明城市创建、志愿者服务等活动，引导职工爱岗敬业，勤奋工作。

以县第九届职工职业技能大赛为抓手，开展技能大比武、大培训活动，不断提升职工技能素质。全县组织开展电焊工、起重机、喷气织机挡车工、金融业务等 14 项赛事，14 名选手被县政府授予“金牌员工”称号，28 名选手被授予“海安县技术能手”称号。

开展职工科技创新成果奖评选、创业培训、典型培育活动，增强职工创新意识，培养职工创新思维，提高企业自主创新能力。指导基层工会组织职工开展“六小”竞赛活动，收到职工发明成果、先进操作法和“六小”竞赛成果参评项目 136 个，江苏鹏飞集团股份有限公司“回粉式节能球磨机”等 10 项职工发明成果，开发区上海神州汽车节能环保海安有限公司“公交车发动机自动启停技术”等 8 项职工先进操作法，高新区海安申菱电器制造有限公司“一种电梯称量装置”等 10 项“六小”竞赛成果获表彰。

强化过程创建，实施动态管理，提升和谐企业创建的质量和实效。全县 838 家规模以上企业参与创建和谐企业，参创率 95%，25 家企业被命名为“海安县和谐企业”，百人以上企业创建合格率 91.7%，百人以下企业创建合格率 75.7%。

开展普法宣传，增强职工法律意识，以“法律进企业”活动为载体，精心组织法治宣传活动月、“12·4”宪法日、农民工学法周、知识竞赛等活动，设立 10 个咨询点，咨询 800 多人次，发放宣传资料 5200 多份。开展工会劳动法律监督活动，发出工会劳动法律监督意见书 48 份，建议书 4 份，企业整改书 44 份，整改率 92%。

健全职代会、工资集体协商制度，保障职工合法权益。全县单独签订工资集体协商协议 667 份，区域性工资集体协商协议 45 份，行业性工资集体协商协议 6 份，实现工资集体协商全覆盖。南莫镇金山纺织有限公司、李堡镇南通容润汽车配件有限公司等 52 家企业被南通市总工会认定为工资集体协商三星级企业，143 家企业被命名为工资集体协商二星级企业。创新企业民主管理方式，增强职工凝聚力，雅周镇凯思特保温制品有限公司探索职工参与企业民主管理新路子，建章立制，减少劳资矛盾纠纷。加大职工维权保障力度，强化县、镇、企三级劳动争议调解网络建设，基层工会化解劳资纠纷 170 多件。强化职工法律援助，做到劳动争议案件快立、快调、快裁，提升维权质效。法律援助工作站接待职工来访 1600 多人次，办理援助案 420 多件，调处集体争议 6 件。

推广发行工会会员卡。开展帮扶慰问活动。全县各基层工会相继开展“元旦、春节——两节慰问”“高温慰问”“困难职工慰问”等各类关爱活动，做到“四季常温、节日升温”，全县县、区镇两级工会共慰问 1500 多名职工，发放慰问金 210 多万元，县总工会在节日期间走访慰问困难职工家庭 487 户；资助 190 名特困职工、困难职工子女就学；大病救助 367 名职工，全年享受会员爱心救助服务 206 人。创建爱心互助基金。全县百人以上规模企业中有 94 家建立职工爱心互助基金，规范建制率 62.3%。总工会负责人多次走访帮扶新舍村。

以“劳动者大舞台”为载体，组织全县职工开展各类文体活动，做到“月月有活动、季季有展演”，活跃职工文化生活。开发区、滨海新区、白甸、雅周等区镇结合自身实际，相继举行“大舞台”文艺展演活动，职工自编自演、自娱自乐、丰富多彩。县总工会联合县机关党工委、体育局等相关部门举办象棋、拔河、长跑、球类比赛等活动，调动职工的参与积极性，丰富其文化生活。

以创建“职工满意食堂”为抓手，提高职工生活质量。县总工会联合县市场监督管理局等相关部门，在全县非公企业中开展“职工满意食堂”创建活动。墩头镇在创建“职工满意食堂”的基础上，拓展创建领域，开展“职工文明宿舍(区)”创建活动，把关爱职工生活做实、做细。全县近百家规模企业参与创建，61 家企业合格，40 家企业被授予“职工满意食堂”称号。创建工作得到县领导充分肯定，职工群众一致好评。

抓好“两新”组织工会组建及职工入会工作，工会组建率和职工入会率均超过 96%。新建基层工会组织 285 家，发展会员 14000 多人，196 家基层工会依法换届选举。滨海新区总工会创新组建模式，组建紫菜行业工会，起到示范作用。

结合基层工会组建和换届选举，配齐配强工会干部队伍。县总工会机关选调、招考 3 名工作人员，区镇工会替补 3 名工会专职副主席，2 名工会干事。提升素质，以开展“三严三实”专题教育活动为契机，组织开展工会干部学习研究交流活动。组织 50 多名基层工会干部到省总工会干校参加业务培训，选送工会干

10 月 21 日，由县委宣传部、县总工会、县文广新局联合主办的劳动者大舞台专题演出在新世纪广场举办
(丁海进 摄)

部20多人次到浙江大学等地学习，拓宽工会干部视野。继续开展职工事务代理活动，组织基层工会为职工代理各类事务8000多件，涉及职工15000多人次。

与海安日报社、海安电视台等媒体合作，深入挖掘和宣传一批典型经验和典型人物，专版、专题宣传相结合，弘扬“劳动光荣”正能量；积极向各级媒体投稿，宣传工会先进工作经验、特色亮点工作，近300篇稿件刊载《工人日报》、中国工会网、江苏职工之家等全国、省、市媒体，中国工会网、《新华日报》《江苏工人报》等媒体拍摄、采写“工会主席访谈”“辉煌十二五，工会显作为”“海安县总工会创新服务品牌点击”等专题栏目，工会工作全省有影响、全国有声音。10月13日，县总工会主席周于红做客中国工会网“工会主席访谈”节目，介绍海安县大力建设“工会主席工作室”的总体思路。

培植模范职工之家示范点24家，进行观摩交流，推进“建家”工作再上新台阶。江苏省苏中建设集团股份有限公司等18家单位获市级以上“模范职工之家”“模范职工小家”称号，其中江苏联发纺织股份有限公司获“全国模范职工之家”“南通市十佳模范职工之家”称号，墩头镇苏中纺织有限公司少数民族工会小组、白甸镇绿叶机械有限公司装配二车间工会分会等单位获“江苏省模范职工小家”称号。南通金亿达门业有限公司等4家企业为江苏省“四统筹一创争”党工共建示范点，推进非公企业创先争优活动深入开展。雅周镇工会副主席周怀明等8人获评“南通市优秀工会工作者”，南通双弘纺织有限公司工会主席王瑞根获评“南通市十佳优秀工会工作者”，建筑工会主席徐培鸿、开发区总工会副主席景宝银获评“江苏省优秀工会工作者”，高新区总工会副主席张娟获评“全国优秀工会工作者”。组织基层工会会员开展“评议工会工作，评议工会干部”活动，以评知不足，以评促整改，提升工会工作整体水平。高新区在全区开展“万人评议工会干部，争当职工娘家人”活动，有效提升工会干部素质，促进工会建家工作的深入开展。全县基层工会、工会干部测评满意率均在95%以上。以开展创新成果评审发布活动为载体，抓好县、镇(系统)、企三级工会工作创新成果评选活动，指导基层工会通过总结提炼工作经验，形成创新成果，推进面上创新工作开展，全面提升工会工作创新水平。28项创先创优成果参加发布评审，评出一、二、三等奖12个。其中县总工会开展的“职工满意食堂创建工作”以及高新区开展的“万人评议工会干部，争当职工娘家人”、开发区开展的“创建劳动保护监督检查员片区服务站”、滨海新区开展的“工会大讲堂”等特色工作在全省有影响，全国有声音，有力提升海安工会的知名度。

制定细化财务、经审工作规范程序，督促基层工会按制度要求规范管理使用工会经费，严格管理工会资产。2015年，县总工会获评全国财务工作先进单位。县总工会实施的“对海安高新区总工会年度经费收支情况的审计”项目获评全国工会优秀审计项目。

【发行工会会员卡】 1月22日，县总工会召开工会会员卡发行工作业务培训会。县总工会发出《关于做好海安工会会员卡发行工作的通知》，在全县开展工会会员卡试点和推行工作。总工会党组书记、副主席黄志平就会员卡的发行宗旨、主要功能、办理与使用、实施步骤、日常管理以及《海安工会会员爱心救助计划(试行)》等进行业务辅导。会员卡首批办理对象为上年度县特困职工，本年度县特困职工、困难职工，本年度春节前大病救助、意外伤害救助对象以及各区镇、系统、行业、直属工会干部。

2月6日，海安工会会员卡发放暨2015年度春节送温暖启动仪式举行。市总工会主席、党组书记葛玉琴，县委常委、宣传部部长王炜出席活动，县总工会党组书记、副主席黄志平主持启动仪式。县总工会主席周于红讲话，要求各区镇、系统、行业、直属工会在会员卡的推广中，结合企业实际，用活用好工会会员卡，避免流于形式，真正使其成为服务会员的载体。启动仪式上为10家特约商户代表授牌，为20位首批会员发放代表卡。各区镇、系统、行业、直属工会干部，部分企业工会干部代表，首批工会会员卡特约商户代表，首批会员卡发放对象代表近300人出席启动仪式。

【海安工会新闻发布会】 2月5日，县总工会举行“海安工会服务职工”新闻发布会，海安电视台、海安电台、海安日报社、海安发布、海安播报、海安网、海安零距离、掌上海安、海安漫思、四季海安等传统媒体、新媒体参加活动。主席周于红介绍，为进一步做实“服务职工手牵手、和谐海安心连心”特色服务品牌，县总工会将积极探索转变服务方式，不断深化服务内涵，着重做到“六个一”：建好一个职工素质提升平台，构建一个新型和谐劳动关系，推行一张工会会员卡，畅通一条职工维权“绿色通道”，做亮一个职工文化品牌，建好一个“职工之家”。周于红还就记者们提出的工会如何维护职工权

2月6日，海安工会会员卡发放暨2015年度春节送温暖启动仪式正式举行

(陆义军　摄)

益、工会会员卡如何申请和使用等话题做解答。县总工会机关全体人员参加发布活动。

3月26日,海安工会官方微信公众平台开通运行,截至2015年年底,海安工会发布各类工会动态信息一万余条。

【县工会十四届二次会员代表大会】 2月6日,县工会召开十四届三次会员代表大会。会议听取审议县工会十四届三次会员代表大会、经费审查委员会和女职工委员会的工作报告。县总工会主席周于红代表县工会作题为《务实服务促发展,普惠职工写新篇,团结带领全县职工为海安经济社会又好又快发展再立新功》的工作报告。

县总工会副主席唐仁惠通报2014年度全县工会组织受上级表彰情况。会上还为县和谐企业、县十大文明职工标兵、省职工书屋等一批先进集体和个人颁奖。县委常委、宣传部部长王炜讲话。县工会委员、经审委员、女工委员、受表彰人员、县总工会机关全体工作人员270人出席会议。

【走访慰问企业职工】 2月9日,市政协主席王德忠、副市长朱晋率队走访慰问海安品王酒厂特困职工王萍。市总工会党组副书记瞿刚陪同走访。县委书记陆卫东,县政协主席、海安经济技术开发区党工委副书记周宗泉,县领导丁锋、彭为杰等参加活动。县总工会主席周于红陪同慰问。2月11日,县委常委、高新区党工委书记丁锋走访慰问"中国好人"赵顺秋、"海安好人"于代昌家,并慰问省劳模朱元甲、万力集团困难职工许惠如、瑞安特集团特困职工戴文忠等,县总工会党组书记、副主席黄志平,高新区罗晓冬等参加。2月12日,县政协主席、海安经济技术开发区党工委副书记周宗泉率队走访慰问中洋集团朱德勇、联发纺织杨碧英、文凤化纤严晓燕等特困职工和1988年省劳模、人和集团退休职工赉丽珠,县总工会副主席唐仁惠参加活动。

2月15日,县委书记陆卫东在县总工会主席周于红的陪同下走访慰问困难劳模林德明、特困职工徐勇凤。5月1日,县委副书记、县长顾国标带领公安、安监、消防、工会等部门负责人看望坚守岗位的干部职工并督查安全生产工作。县委常委、高新区党工委书记、海安镇党委书记丁锋,副县长卢忠平,副县长、县公安局局长葛志祥、县总工会主席周于红等参加活动。顾国标强调,企业要高度重视安全生产,要强化环保工作,不断提升整体管理水平;供电工作事关全县经济发展和人民群众生产生活,要确保其安全有序运行。

7月31日上午,县委书记陆卫东一行冒着酷暑专程慰问江苏通润汽车零部件有限公司、海安火车站工程、江苏晨朗电子集团等企业坚守高温一线的职工、工程建设者等。副县长彭为杰、县总工会主席周于红等相关部门负责人参加活动。8月3日上午,县人大常委会主任孙进基,县委常委、常务副县长张亚曦,副县长翁晓云等到县环卫处、海安邮政投递班闸西转运中心、老通扬运河西园大道桥梁工程,走访慰问高温下坚守岗位的一线职工,传递关怀,表达敬意。海安县总工会主席周于红、副主席王宏来等参加活动。当天,县政协主席周宗泉,副县长、县公安局局长葛志祥,副县长严长江及县总工会副主席唐仁惠,经审委主任陆威生等到县吉祥花苑工程、县公安局县城中队岗亭、县环保监察大队,亲切慰问高温坚守岗位的一线职工。8月7日上午,县委副书记、县长顾国标,县委常委、宣传部部长王炜等到江苏金洲粮油食品有限公司、南通米兰特电气有限公司、镇南路改造工程等处走访慰问高温坚守岗位的一线职工。接着,高新区党工委副书记、管委会主任张勇华,县总工会党组书记、副主席黄志平等走访慰问铁锚玻璃股份有限公司一线职工。

【主办道德讲堂】 9月30日,由海安县总工会主办的以"践行核心价值观,争做最美劳动者"为主题的道德讲堂在南通海洲建设集团有限公司举办。县文明办,县总工会,省文明单位观摩代表,高新区、开发区工会基层工会主席、工会干事代表,劳模代表,十佳外来务工人员代表,十佳文明职工标兵代表等参加活动。与会人员"看一部短片、诵一个经典、讲一个故事、谈一个感悟、发一个倡议、唱一首歌曲",观看《我劳动我光荣》优秀劳动者风采展示短片,聆听以蒋龙生、朱月红等为代表的一批优秀职工爱岗敬业、无私奉献的故事,诵读《庄子》《进学解》经典名句,合唱歌曲《咱们工人有力量》,并分享感悟。

【助学活动】 8月19日下午,县总工会负责人周于红、王宏来、陆威生分两路走访慰问4户特困职工、困难职工家庭,送上助学关爱。全年县总工会对189名2015年度特困职工、困难职工子女发放金秋助学金30.94万元,直接通过职工的工会会员卡发放。

对学前教育以后的特困职工子女,分别给予800~3000元的资助,困难职工子女就读高中以上,给予600~1500元的资助。同时,进一步推动"立体式"帮扶模式,对未纳入县总工会助学范围的,区镇、系统、企业工会分别给予相关资助,部分有条件的企业进行配套资助。县总工会还为省内有需求的大学生联系高校勤工俭学岗位。

【关心各级劳模】 4月25-28日,县总工会组织170余名教育、卫生、交通、供电等单位的省部级劳动模范,在人民医院免费体检。县总工会主席周于红,党组书记、副主席黄志平看望和慰问参加体检的劳动模范。他们当中既有六七十年代的老劳模,又有近几年新评选的劳模,年龄最大的82岁。体检项目包括放射科、B超、血常规、尿常规、乙肝表面抗体等。从2005年开始,此项活动已为2000多人次的各级劳模体检。

4月26日,在县公安局举行欢送会,欢送县2015年全国先进工作者蒋龙生赴京参加全国劳模和先进工作者表彰大会。县委常委、宣传部部长王炜指出,在经济发展的新常态下,要向劳动模范和先进工作者学习,学习其立志创业、奋发进取的精神,学习其顾全大局、无私奉献的精神。同时,各级党委和政府要关心、爱护劳动模范和先进工作者,在全社会形成劳动光荣的时代风尚。

8月13—22日,海安县总工会先后组织2批100名工作在一线的劳动模范和优秀员工,赴江苏省工人汤山疗养院免费休养5天。此次休养活动作为关爱劳模、普惠职工的重点工作之一列入年度工作计划,费用列入全年经费预算。参加此次休养的有车间工作的劳动模范、岗位成才的创新能手、技能竞赛的操作能手、外来务工的优秀员工、岗位奉献的先进个人。安排有骨密度、肺功能、碳13等专项体检项目,也有理疗、健康知识讲座、健康咨询、联谊等活动。

【职工文体活动】 1月24—25日,由县总工会、县级机关工委主办,海安华宸房地产开发有限公司承办的县"星湖天地杯"迎新春象棋大赛在星湖天地售楼部举行。全县机关事业单位172名选手参加,采用国家体育总局的中国象棋规则。经过2天博弈,县住建局的顾建明、县职教园区的殷永宜和曲塘镇教育工会的吉永才分别获冠亚季军。

3月是"女职工关爱月"。3月2日,县总工会组织区镇、系统、行业、直属工会及规模企业女工干部、女职工代表60余人,开展"庆三八·享成果·立新功"女职工干部参观学习活动。女工干部们先后参观中洋豪生大酒店、江淮文化园,白甸洪家滩樱桃园、雅周农业生态园、雅周玉果生态庄园、胡集盈拓生态园。县总工会还开展女职工就业再就业专场招聘会、女企业家座谈会等活动,组织女职工参加市总工会开展的"点赞女工"专题摄影展、"健康女性、幸福中国"读书征文等三八节系列活动,并指导各区镇、系统、行业、直属及基层工会女职委开展丰富多彩的活动。

4月30日,由县总工会、县委宣传部、县文广新局共同举办的"海安县纪念五一国际劳动节暨五一歌声走进晓星"慰问演出活动精彩上演。节目历时一个多小时,现场一片欢乐的海洋。县委常委、宣传部部长王炜致辞,为获全国先进工作者、江苏省工人先锋号、江苏省五一劳动奖状、南通市工人先锋号、海安县十佳外来务工人员等集体和个人颁奖。

9月26日,县总工会、县级机关工委联合举办"瑞海杯"海安县机关"迎中秋·庆国庆"拔河比赛。县委常委、组织部部长成宾出席开幕式。10个区镇47个部门64支队伍参赛,参赛总人数640人,是近年参加机关最多、覆盖面最广的一次文体活动。决出一等奖2名、二等奖6名、三等奖8名、优秀奖8名。李堡镇、城管局代表队获一等奖。

【职工技能大赛】 4月10日,由县政府主办,县总工会等承办的海安县第九届职工职业技能大赛在县技工学校开幕。省总工会副主席王爱平,县委常委、宣传部部长王炜出席开幕仪式。技能竞赛由电焊工、起重工、喷气织机挡车工、变压器铁芯片插片、抹灰工等15个项目组成,按国家颁布的中级工技术等级标准进行理论考试和操作竞赛,县政府授予每个项目第一名选手"金牌员工"称号。市总工会相关人员、县劳动竞赛委员会组成人员,各区镇和企事业单位代表,选手代表,大赛工作人员300多人参加开幕式。当日,焊工技能大赛在县技工学校举办,各区镇、建工系统的70多名选手参加比赛。江苏天楹环保能源公司丁林根获一等奖。

5月30日,由县总工会、县市场监督管理局、县人力资源和社会保障局联合主办,海安经济技术开发区总工会、县个体私营经济协会承办的职工职业技能行吊工大赛在海安纺织机械有限公司举行,全县各企业的62名选手参加。海安远东新材料有限公司的狄月龙获一等奖。

6月19日,县安监局、总工会、人社局联合举办第九届化工企业事故隐患排查技能大赛。全县60多家企业的专职安全干部参加。大赛分为理论和实践两部分。7月2日,由县总工会、县人社局、县城管局主办,县环境卫生管理处承办的海安县第九届职工职业环卫作业车辆操作技能大赛在城北垃圾处理中心举行。

9月8日,由县总工会、人社局主办,县纺织商会、开发区总工会承办的海安县第九届职工职业喷气织机挡车工技能竞赛在江苏联发集团举行。经过企业培训比武,区镇选拔预赛,10家纺织企业的40多名优秀挡车工参加比赛。江苏联发纺织股份有限公司的许晶玉获一等奖。9月18日,由人行海安支行、县总工会等单位主办的2015年"招商银行杯"金融生态建设知识大赛在县农商行大楼举行,人民银行南京分行金融稳定处副处长李军,副县长贾韶军,县总工会主席周于红等参加活动。昆山农商行严燕获知识测试个人单项奖第一名;海安农商行黄晶晶获个人综合奖第一名;海安农商行代表队获团体知识测试单项奖、团体现场决赛单项奖和团体综合奖第一名。9月19日,县总工会、卫计委、人社局等单位联合举办县首届传染病防控技能竞赛,大公镇、疾控中心等6支代表队参加必答题、风险题、抢答题等环节的激烈角逐。李堡镇代表队、城东镇代表队的史孝红分获团体、个人第一名。9月22日,由县教育局、总工会、职教园区等单位联合主办的海安县职业学校技能大赛暨教育系统教学信息化大赛在县职教园区举行开幕式。大赛以各职业学校为单位组队参赛,分为技能大赛和教学信息化大赛,其中技能大赛设农林渔牧类等11个大类71个项目和教学信息化大赛1个项目,海安县第二实验幼儿园崔晓蕾获得信息化教学项目第一名。9月29日,县总工会、县人力资源和社会保障局、县农业委员会联合举办海安县蔬菜农药残留检测技能竞赛。全县各区农村工作局、各镇农业服务中心、全县主要蔬菜生产基地、县农副产品批发市场等从事农产品质量安全监管及检测工作的人员参加竞赛。各区镇通过组织培训、岗位练兵及预赛选拔,34名选手脱颖而出,参加最终角逐。杨增山获第一名。

10月15日下午,由海安县总工会、海安县人力资源和社会保障局、海安县交通运输局联合举办的第九届职工职业汽车维修工技能竞赛在海安车行天下汽车销售有限公司落下帷幕。参赛队员经过应知应会两大课题的激烈角逐,美时洁选手吉峰获第一名。海安运管所的组织工作得到充分肯定。

10月26日,县总工会、县安监局联合举办海安县职工安全生产法律知识竞赛,笔试内容包括新《安全生产法》《职业病防治法》《工伤保险条例》等,全县各区镇、系统的17支队伍的51名参赛选手参赛。南通双弘纺织有限公司的3名选手以总分280分的成绩获团体第一名,公司副总经理、工会主席王瑞根以96分名列参赛选手第一。7月起,海安县总工会、县安监局在全县范围内广泛动员,开展安全生产法律法规的学习活动。截至10月20日,海安10万名职工参与由南通市总工会、南通市安监局开展的网络职工安全生产法律知识答题,参与人数列南通市第一。

11月1日，变压器操作技能大赛在江苏亚威变压器有限公司举行 (涂加勤 摄)

11月1日，由县总工会、县人力资源和社会保障局、南通市变压器业商会主办，海安高新区总工会、江苏省电力公司海安县供电公司承办的县第九届职工职业变压器上铁轭叠装工技能竞赛在江苏亚威变压器有限公司举行。江苏铭安电气有限公司职工周时彬获第一名。12月11日，由县总工会、县人力资源和社会保障局、县旅游局主办，县旅游协会和县旅游行业工会承办的海安县第九届职工职业技能大赛暨旅游行业第六届综合(客房)技能大赛在锦龙国际大酒店举行。锦龙国际大酒店的员工生香风获一等奖。

【工会法律工作】 4月24日，县总工会发放《关于开展海安县"五一劳动法律宣传服务月"活动的通知》，联合司法、人社等部门在全县开展"五一劳动法律宣传服务月"活动，主题为"职工在我心中阳光与你同行"。通过送法进企业、开展劳动法律咨询服务、举办法治征文和六五普法成果展、举办劳动法律知识培训讲座、维权律师挂钩服务区镇等形式，集中宣传劳动法、劳动合同法、劳动争议调解仲裁法、安全生产法和江苏省"一办法七条例"等法律法规；宣传构建和谐劳动关系的重大意义；宣传企业关爱职工和职工奉献企业的先进典型；宣传用人单位依法诚信用工的基本常识和违法用工的法律风险以及劳动者依法维权的基本途径和方法。

5月14日，县总工会启动"弘扬法治精神，构建和谐社会"主题征文活动，8月结束。征文围绕法治故事、维权案例、学法心得、和谐典型、普法经验、调处技巧六方面内容，紧扣身边人和事，诠释法律精神、畅谈学法感想、总结经验做法、宣传先进典型。活动是县总工会贯彻落实党的十八届四中全会精神，展示"六五普法"实施成果的重要举措，同时也是劳动法律宣传月活动的内容之一。

6月4日，海安职工法律援助工作暨维权律师与区镇工会挂钩服务座谈会在县总工会二楼会议室召开，县司法局、人社局、总工会负责人、职工法律援助律师团律师、区镇工会主席等16人参加会议，县总工会主席周于红出席并讲话。县职工法律援助工作站主任冯香琪总结回顾上年度开展援助工作情况，分析县劳动关系状况以及援助工作中出现的新情况新问题。三部门研究协调职工法律援助工作中出现的问题。援助律师与区镇工会主席交流如何开展挂钩服务工作。周于红认为，县职工法律援助工作站为职工提供法律咨询、调解、普及法律知识等法律服务，打造一站式零距离服务站点。

10月15日，县总工会联合人社、安监部门先后到南莫、大公等镇开展工会劳动法律监督，此次专项检查活动，作为工会劳动法律监督"清风行动"之"亮剑行动"的重要内容，主要通过查阅劳动合同、社会保险缴纳、工资支付、劳动安全卫生等基础管理台账资料，重点就用人单位是否及时足额支付劳动者报酬、缴纳社会保险、劳保用品发放以及职工工作时间等情况进行监督。监督检查组深入车间查看企业生产环境、职工安全生产情况，并指导和帮助用人单位整改劳动用工中存在的不规范情形，及时排查安全生产隐患。专项监督检查活动到10月底结束，发出《工会劳动法律监督检查表》16份，工会劳动法律意见书5份，纠正违法用工行为3例。

10月27日，县总工会在雅周召开援助律师与区镇挂钩联系工作座谈会，分析当前企业劳动关系状况和职工稳定情况，交流工会如何开展劳动争议调解，化解劳资矛盾，依法维护职工合法权益，对律师与工会挂钩联系工作提出建议。会后县总工会到相关企业开展劳动法律监督活动。12月4日，海安县总工会与各区镇、系统工会在10个区镇开展"12·4"宪法日普法宣传。

【交流学习活动】 3月20日，扬州市总工会副主席陈维权一行到海安调研工会会员卡推进工作。4月8日，盐城市总工会党组成员、副调研员、法律与保障工作部部长花鲁宁一行9人到海安考察工会会员卡发行工作。4月15日，鄂尔多斯总工会主席李强一行50多人到海安考察交流。

5月6日，连云港市总工会组织部部长刘玉环，赣榆区总工会党组书记、副主席王永光一行7人到海安，学习交流基层工会阵地建设等方面的工作。7日，山东省东营市河口区人大常委会副主任、总工会主席郭存三一行10人到海安考察学习非公有制企业"党建带工建"工作经验。

5月21—22日，县总工会一行8人赴常州武进区、溧阳市学习交流"职工之家"创建、职工书屋建设等工作。

6月25日，省总工会信息中心副主任陈树根、句容市总工会主席颜利平一行12人到海安学习交流。11月5日，新疆维吾尔自治区伊宁县人大常委会副主任、总工会主席哈秀丽率队到海安县交流学习基层工会工作。12月18日，安徽明光市副市长江家海，政协副主席、市总工会主席张艳一行到海安调研交流。

(王千竹)

共青团海安县委员会

【概况】 团县委有基层团(工)委62家,14周岁至35周岁青年244598人,团员45597人。全年先后获第十届江苏省少年儿童书信文化活动优秀组织奖、2014年度江苏省少先队工作优秀项目奖、2015年度南通共青团工作优秀创新创优项目一等奖、海安县首届未成年人思想道德建设“十大品牌”提名奖,被评为2015年度全省团属报刊宣传工作先进单位、2015年度南通共青团工作优秀单位、海安县2014年度部门服务企业科技行先进单位、海安县2015年度未成年人思想道德建设工作先进集体。

县委办出台《关于进一步加强全县少先队工作的意见》,开展常态化、多样化研修活动,“微队会联盟实施社会主义核心价值观教育”被省少工委评为2015年度少先队创新项目。组织参加团省委“少先队活动课优秀案例分享”资源建设,在全省最终开放的68个优秀案例中占据17个。加强辅导员培训,组织120名骨干辅导员赴苏州大学进行3天专业提升培训。南通市少先队活动课程建设现场推进会在海安召开。中学共青团工作不断科学化、规范化、特色化,省海中团委被评为2014年度江苏省十佳中学共青团组织。以中学中职领域的团员发展和教育管理工作改革为重点抓好基础团务,作为全市县市(区)两个代表之一参加全省基础团务评比。

全年创建8个市级青少年维权岗,1个国家级青少年维权岗,全县92%以上的社区(村)实现未成年人零犯罪。实施重点青少年群体成长护航工程,加强重点闲散青少年排查管教和失足青少年帮教工作。

【青少年思想文化教育】 开展“我的中国梦”主题教育实践活动26次、“诵读学传”活动10次,引导青少年践行社会主义核心价值观。评选表彰县十大杰出青年和十大优秀青年,发挥典型示范带动作用。继续开展共青团联系服务农村青年月活动,举办主题活动77场,覆盖青年2785人。发挥全县200名网宣员的作用,组建4182人的青年网络文明志愿者队伍,积极发出“青年好声音”。以保护母亲河行动为牵动,以县“清水工程”为契机,引导基层团组织开展青少年生态环保主题宣传实践活动50余场,覆盖青少年2万余人,3名青年、1个集体被评为2015年南通市青少年“绿色卫士”“绿色团队”。

【基层团组织建设】 围绕“基层服务型团组织建设”,依托党建带团建,以服务团员青年为根本、服务大局为主线、服务团干部自身成长为基础,创新建立青少年事务团干部代理制,引导全县各级团干及28周岁以下具有团员身份的青年干部主动走到青少年儿童中,提供诉求代言、事务代办、爱心代送、权益维护等代理服务。全县800余团员干部参与,形成工作网格400余个,走访15000余名青少年儿童,发放代理联系卡20000余张,办理代理事务2000余件。依托“百县千乡”创建夯实基层团建,新建合作社团组织100个、直属团组织31个,1个乡镇被评为2015年江苏省农村基层团建示范乡镇,1个乡镇创建江苏省青少年之家,3个乡镇创建南通市青少年之家。

【青年创业服务】 3月底,团县委联合海安农商行印发《海安县“创易贷”青年创业贷款管理办法(试行)》。对符合放贷条件的青创项目,按海安农商行同类利率浮动标准优惠30%、最低按基准利率执行;首次授信时保证担保最高50万元、抵质押担保最高100万元;优惠利率执行期最长三年。五四大会上举行首批集中授信,为8位创业青年授信390万元,4—12月为38名青年授信1109万元。联合天赋力、淘金等举办2期青年电商培训班,近200名青年参加培训;联合淘金集团成立“海安青年‘互联网+’创业基地”,5名成功入驻并注册;联合县人社局举办第四届创新创业项目设计大赛,41名青年参加。 (刘 浩)

5月4日,召开海安县纪念五四运动96周年暨庆祝建团93周年表彰大会
(刘 浩 摄)

县妇女联合会

【概况】 县妇联下属10个区(镇)妇女联合会,228个村(居)妇代会,25个机关、(企)事业单位妇委会。全县各级妇女组织积极履行组织妇女、发展妇女、服务妇女和维护妇女儿童合法权益的职责,建成党开展妇女工作的“坚强阵地”和妇女信赖的“温暖之家”。春节前夕,慰问全县在中华人民共和国成立后受表彰的省以上“三八”红旗手50人。节约办公经费支持村公共服务中心建设6万元,用于挂钩村的办公环境优化。5月,邀请市妇联办公室朱嵩,对全县妇联机关人员、区镇妇联主席、信息员代表60多人,进行信息工作培训。热心接待来信来访93批135人次,件件有落实。县妇联获市妇联目标考核综合工作特等奖、创新奖,被评为市妇女维权工作先进集体、县2014年度信访稳定工作先进集体、社会管理创新先进集体等。3月8日,由县妇联、女企业家协会牵头,县女企业家协会会员与农行开展“农行情 巾帼梦”银企对接

活动。县妇联服务的“科技行”企业是江苏鹰球集团和南通爱利特机电制造有限公司，帮助企业寻找合作高校和科研院所。江苏鹰球集团继续与中南大学、南京大学推进合作。持续打造“爱心助孤”品牌，全县孤儿由县四套班子领导及相关部门一一帮扶对接。逢年过节时，县四套班子领导登门看望孤儿，有些领导在寒暑假把孤儿接到家中，同吃同住。继续实施“心灵滋养”工程。邀请县心理协会专家有针对性地结对交流，让承受家庭变故、亲情缺失的幼小心灵逐步得到滋养，切实感受社会的关怀和人间的温情。

【妇女创新创业行动】 出台《关于加快推进妇女创业促进行动的实施意见》，明确各区镇妇女创业的目标任务、工作重点和考核措施。实行一周一提醒、一月一公示，一季一考核，全年四个季度按 2:3:3:2 比例对完成情况予以结分。对完成妇女创业目标任务前 3 名的区镇分别奖励 2000 元、1000 元、500 元。将妇女创业纳入对区镇年度党建工作中妇女工作考核的内容，设基本分 1.5 分。凡不能完成目标任务的区镇及所属行政村妇女组织和个人不得参加评先评优。全年新增妇女创业项目 450 个、典型培育 7 个、妇女创业典型 54 个、妇女创业项目信息1008 个，超额完成任务。

在海安妇女网开辟女性创业专栏，宣传创业政策、发布创业信息。11 月 6 日，县妇联、女企业家协会邀请南通市工业领域的专家、市发展改革委主任杨扬全面解读《中国制造2025 南通实施纲要》，全县女企业家、妇女干部 140 多人参加活动。杨扬从《中国制造 2025 年南通实施纲要》的编制背景、主要内容、问题探讨三方面，全面解读纲要，并具体分析国内外经济形势和海安企业发展状况。经县妇联推荐，省、市专家评审和实地验收，海安县泓寿食用菌专业合作社、海安县澄鑫草制品专业合作社分别被评为省级巾帼示范专业合作组织、省巾帼来料加工示范基地；海安县婷婷禽蛋专业合作社暨江苏婷婷食品有限公司顺利通过全国巾帼农业科技示范基地验收。

县妇联全年举办两期电商创业培训班，全县各区镇的妇女主任、女大学生村官、女经纪人、女能手、单亲贫困母亲120 多人参加培训。

坚持协调为先、服务为主、宣传到位、确保安全的原则，用足用好小额贷款优惠政策，扶持想创业、创成业、信用好的妇女。全年全县40 多名创业妇女享受到贴息贷款，发放贷款 578 万元。9 月，分别为泓寿食用菌专业合作社、澄鑫草制品专业合作社各争取 2 万元的省妇联扶持资金，为婷婷禽蛋专业合作社争取 5 万元的全国基地扶持资金。

【大型女性专场招聘活动】 3 月 7 日，县妇联在县劳动力市场举办“春风送岗位真情助姐妹”大型专场招聘会。招聘会前期，各区镇妇联对下岗失业妇女的岗位需求进行排摸调研，并筛选招聘岗位，降低限制条件，让就业困难妇女“有岗可选”。近 80 家企业进场招聘，提供女性就业岗位 1500 多个，近 2000 名女性求职者应聘，720 多人签订意向性协议。后期做好跟踪，跟踪应聘成功人员，帮助其适应新岗位。招聘会现场还提供培训报名、就业维权、社保咨询、创业宣传等服务，积极帮助各类求职困难人员解决在就业、创业过程中可能遇到的问题，提供政策服务和法律保障。

【举办“好苏嫂”培训班】 5 月、12 月，县妇联邀请省妇联“好苏嫂”门店老师，分别举办第四、五、六期江苏“好苏嫂”海安月嫂培训班，256 名学员系统学习到母婴护理的相关技能，169 名学员顺利通过理论考试和实践操作考核，由江苏省妇联就业服务中心和江苏好苏嫂职业培训学校联合发放岗位培训证书。

【实施妇女儿童发展规划】 10 月 13 日下午，县妇儿委牵头召开妇女儿童发展规划终期评估工作推进会。县妇儿工委主任、副县长翁晓云出席会议并讲话，县妇儿工委副主任李仁平主持会议，各区镇妇儿工委及成员单位负责人等 60 多人参加会议。县妇儿工委副主任、县妇联主席李广珍回顾总结全县“两规”实施情况；县妇儿工委办主任田旻详细解读评估迎查方案，明确迎查、评估具体要求；县统计局副局长邓木林为与会人员培训相关业务。翁晓云要求各区镇、各部门强化责任意识，对照方案、查缺补漏，高标准严要求做好“两纲”“两规”的迎查和评估工作。

【建立健全女企业家联系制度】 以女企业家协会为平台，协会成员联系创业女性，提供一对一的帮带辅导，开展牵手结对活动。全县 28 位女企业家与女大学生和有创业意愿的女性进行对接。15 家女企业家企业与高校、科研院所实施产学研合作项目，开发省高新技术产品，增强企业的自主创新能力和市场竞争力。

【宣讲男女平等基本国策】 组织专家学者、妇女工作者等深入宣讲基本国策的丰富内涵和基本理念。在全县村（居）妇代会主任培训班上特邀市妇联主席钱锁梅，为全县区镇妇联主席、各村（区）妇代会主任做题为“贯彻男女平等基本国策，促进社会和谐发展”的专题讲座。9 月，县滨海新区妇联在滨海新区五虎村举办纪念男女平等基本国策实施20 周年庆祝活动，举办综合性文艺汇演，以滩河村、五虎村群众自编自演的节目为主体，让村民参与，节目有广场舞、花旦说唱、小品等，充分展现新时期女性的风采。全县各地以贯彻男女平等基本国策为主题，通过悬挂标语、现场咨询、发放宣传资料等形式，宣传国策。

【寻访“最美家庭”活动】 在全县 238 个妇女儿童之家积极开展“寻访最美家庭”活动，800 多户家庭参与“晒、议、讲、展、秀”活动，晒出 400 多幅家庭照片，举办最美家庭故事会 60 多场次，在《海安日报》定期登载“最美家庭”事迹 18 篇。全县妇女儿童之家展示近 200 个 “最美家庭”“好家风好家训”等。陈茂荣、谢孝文家庭被省妇联表彰为江苏省最美家庭，同时被市委宣传部、市妇联授予“江海最美家庭”称号。

【妇女权益法律法规宣传】 在法律讲堂进村、进企业、进社区、进学校等传统法制宣传的基础上，创新宣传方式，寓教于乐。3 月 3 日，县妇联副主席田旻走进县电台“法治热线”栏目的直播间，介绍婚姻法及妇女权益保障相关法律法规及典型案例，接听妇女群众关于赡养、离婚等方面的热线咨询电话，通过“空中电波”

与听众直接交流。3月5日,县妇联联合司法、法院、团委、公安等部门在县城永安广场开展维权咨询活动,为妇女群众提供维权法律法规、"平安家庭"创建、婚姻家庭等相关知识的宣传和咨询服务;现场发放婚姻法、妇女权益保障法、平安家庭等宣传资料1300多份,400多人次接受咨询服务。为推动"平安家庭"创建活动深入开展,以家庭平安促进社会和谐,地处革命老区的雅周镇妇联举办"法律在身边,平安进我家"家庭知识竞赛,经过全镇各中、小学校初赛选拔,雅周中心小学、王垛小学、倪庄小学、雅周中学的6支家庭代表队晋级决赛。决赛内容涉及《未成年人保护法》《妇女权益保障法》《道路交通安全法》《消防安全法》、"六防六无"等多方面法律知识。经过必答题、抢答题、风险题、加赛环节的激烈角逐,雅周中心小学五(1)班范群杰家庭获决赛的一等奖。

1月,慰问滨海新区贫困母亲 (杭辉国 摄)

【"老舅妈"婚姻家庭纠纷调解】 3月,邀请全国人民调解能手、南通市十佳法制人物、南通市信访局副局长丁华斌,到滨海新区为镇村女干部、各村(居)金牌老舅妈、巾帼志愿者等300多人做题为《和谐家庭与小康社会》的专题讲座。通过培训引导大家如何用法、用心做好群众婚姻家庭纠纷的调解工作,化解矛盾,促进社会和谐与稳定。4月7日全县村(居)妇代会主任培训班上,邀请北京大成(南通)律师事务所律师张晓梅做专题讲座。县各级妇联组织、"老舅妈"调解机构排查、化解矛盾纠纷301余件,与法院联动化解婚姻家庭纠纷50余件。与县大调解中心联合,跟踪走访110接处警3次以上的妇女及家庭,避免激化矛盾。

【召开县"三八"节总结表彰大会】 3月6日下午,县妇联在海安宾馆召开"三八"节纪念大会,全县各区镇村、县直各单位妇女干部、受表彰代表400多人参加会议。会议表彰海安县十大女杰、城乡岗位建功先进集体和个人,优秀巾帼志愿服务队和巾帼志愿者,文明家庭、平安家庭,县妇联作纪念讲话,县委常委、宣传部部长王炜、县政府副县长翁晓云出席会议,王炜要求发动全县广大妇女加强学习、提高素质,创业创新、建功立业,弘扬新风、促进和谐。会后,南通大学教授潘晴雯做题为《职场幸福女性》讲座。

【开展社会慰问活动】 走访慰问从基层妇代会主任岗位上退休、因重病致困的10名妇女干部,送上慰问金。5月,县妇联分组走访慰问有自救能力的单亲贫困母亲24名,送上种羊等,鼓励其自立自强,早日脱贫。组织发动各级妇联组织开展各类关爱空巢老人活动,引导群众弘扬传统美德。

【关爱"两癌"贫困母亲】 年初,深入摸查"两癌"农村贫困母亲,严格把关,整理资料,向上级申报133人。年初,15名宫颈癌、乳腺癌贫困母亲患者获"两癌"救助专项基金15万元。

【实施单亲贫困母亲救助工程】 组织人员走村入户,逐个调研全县单亲贫困母亲,建立信息库,一人一档,加强跟踪调研,实施动态管理。联合慈善会,协同民政、人社等部门及女企业家协会等,制定送资金、送岗位、送生产资料等救助方案,使救助活动常态化、制度化、规范化、实效化。春节前,县妇联分组走访、慰问全县170名贫困母亲,送上慰问金5万多元。同时慰问191名单亲贫困母亲,慰问金额近8万元。

【"春蕾班"建设】 2015年,全县新增10个春蕾班,10个区镇已办41个春蕾班,累计募集到春蕾资助款450多万元,1000多名孤困儿童得到长期、稳定的资助直到完成义务教育阶段的学业。"春蕾计划"成为许多单位和个人参与社会公益活动,向社会奉献爱心的平台。5月30日,县妇联开展少年儿童拓展营活动,60多名春蕾儿童、留守儿童参加乒乓球龙行千里游戏、真人CS、单脚跳猜拳追逐等活动。5月31日,农商行志愿者举行一场别开生面的"欢乐'六一'节,共筑童年梦"关爱留守儿童活动,100多名留守儿童和志愿者代表参加活动。活动现场,志愿者们为留守儿童系上鲜艳的红领巾,赠送书包、笔袋等文具用品,并送上节日祝福。随后,志愿者们带孩子们参观苏中七战七捷纪念馆。

【关爱留守流动儿童】 利用"妇女儿童之家"阵地,对留守流动儿童进行信息登记动态管理。推动建立跨部门合作机制,因地制宜开展安全知识、心理健康、关爱生命等教育活动,鼓励留守流动儿童以绘画、书信等形式与父母亲情互动,丰富其课外生活。发动各区镇组织"五老"、巾帼志愿者等热心人士与留守儿童结成帮扶对子,进行心灵沟通,给予学习辅导、生活帮助,形成有效的家庭、学校、社会三位一体关爱网络。南莫镇妇联建立"留守儿童朝霞之家",海安镇丹凤村一对老教师夫妇建立留守儿童活动室,让留守儿童在家庭和学校之外又有温馨的

“家”。与县法院继续开展“周末我有约”活动，组织孩子们观看视频教育片、海安半日游、参观法院、旁听庭审、举行模拟法庭等，让孩子学法、懂法。牵头与邮政局继续开展“让心不再留守，让爱传递温情”儿童安全守护公益活动，为留守儿童送上礼物——“平安四季盒”。（杭辉国）

县归侨侨眷联合会

【概况】 县侨联有县侨商总会、县华侨医疗保健中心、县新华侨留学生眷属联谊会、华侨武术文化社、海外同乡会等社团和组织。各社团机构健全，经常开展活动，香港海安同乡会是全市第一家香港同乡会，受到省市领导高度评价。加拿大同乡会活动正常，帮助家乡引进人才，招商引资，发挥积极作用。美国同乡会的各州同乡分会进行酝酿组建工作。侨商会组织工作全省有影响，全市领先。侨谊会积极做好海外四有人才的联系，全年接待海外团体及侨领等50多人次。海安华侨武术文化社活动频繁，先后参加省内外各种比赛20多次，获荣誉20多项。海安华侨医疗保健中心完成会员核发工作，侨眷就医得到一定实惠。

县侨联先后深入侨界群众和挂钩服务的贫困村征求意见和建议，累计60余人次，征集梳理出涉及侨联班子及成员的意见和建议10余条，全部整改落实到位。

专题宣传侨法2场次，发放宣传材料1500余份。接待处理答复侨界来信来访30余人次。组织市县侨界人大代表、政协委员开展评议活动、视察侨资企业及新海安人创业等专题调研活动4次，完成调研课题1个；为经济建设建言献策，提交委员提案18条，社情民意6个，人大议案2个，被政协列为重点提案1条，在县政协全会上，侨联组做经验介绍；年内，组织部分侨界代表委员赴北京、昆山、兴化等地考察交流。

3月27日，县侨联在江苏瑞恩集团召开六届五次全委扩大会，县侨联委员、市县侨界人大代表、政协委员30余人参会。会议传达省侨联全委会议和市侨联全委扩大会议精神，通报2014年度省市侨联系统先进单位和先进个人的表彰决定。

全年，县侨联3篇《侨情专报》被省委办公厅录用，在《中国侨联》《江苏侨联》等省级刊物发布信息、调研文章6篇，被市级以上系统网站录用宣传信息、理论文章等60余条，在海安发布、政务内网等平台宣传侨联工作20多篇次。

【搭建海内外沟通平台】 4月协助开发区邀请意大利曼托瓦华人华侨总会常务副会长叶永旭、摩德纳华商会会长王勇弟为首的意大利侨领侨商考察团一行10人到海安参观考察。9月底，组织县侨商会部分会员企业赴印尼参加第十三届世界华商大会，与海外华商、华侨社团的组织开展交流，为促进县侨商企业外延发展搭建海外平台。10月初，在新加坡举办海安情况推介会（旅游、教育），与新加坡厦门公会开展交流，推介海安。11月，新加坡厦门公会会长林璒利应邀率金航集团高层及部分公会会员专程到海安参加青墩文化艺术节，与县旅游局就具体合作深入洽谈，并提出在新加坡推介海安具体办法。11月初邀请安哥拉海安侨商回乡考察团一行4人回家乡考察，为海安企业到非洲发展寻找商机。

年内先后邀请加拿大格乐博集团中国区总经理王建华、加中贸易促进会会长马骥、美国明尼苏达州政府项目开发司司长吉英泉博士、阿联酋侨联常委吕波、新西兰皇家科学院院士罗加法、加拿大同乡会常务副会长张明、香港福建罗溪同乡会会长赖建国等侨领、海归回海安考察。

【服务侨界群众】 完善推进县华侨医疗保健中心的建设，重新换发侨联个人会员证，侨界群众凭会员证在华侨医疗保健中心（县中医院）看病就诊享受“三优三免”服务。即优先设立专门为侨服务的窗口，归侨侨眷就诊挂号、检查治疗、住院手术优先；优质即门诊接诊安排具有较高水平的医生和专家教授；优惠即归侨侨眷就诊检查住院手术等，均按照医疗收费标准给予20%的优惠，特殊检查给予20%~30%的优惠。三免：华侨、归侨、侨眷就诊凭会员证或护照免收挂号费；医生、护士上门服务，在县城免收出诊费；常年为归侨侨眷提供免费义务健康咨询和体格检查。

在全县开展侨界空巢老人关爱行动，继2014年由县侨谊会会长、南通金石置业公司董事长周杰祥带头捐赠20万元建立侨界空巢老人关爱基金后，县农行与侨联结对，要求全县农行营业网点开展辖区侨界空巢老人关爱帮扶行动。10月，在县开发区召开“全县开展侨界空巢老人关爱行动”成果展示会，市侨联党组书记陆军、县政协副主席、统战部部长储开泉等参加活动。为侨企瑞恩电气、亚威机械等人才引进、专利申报、产学研合作牵线搭桥，提供服务。

（丁小震）

11月28日，县侨联主席丁维春和海安农行行长吴海勇共同揭牌　（景爱喜　摄）

县残疾人联合会

【概况】 全县残疾人工作围绕实现残疾人全面小康、实施残疾人幸福生活推进计划总体目标，加强残疾人社会保障和服务体系建设，县残联三次受到省表彰，南通市残联通报“2015年度市县互通评议结果”海安县残联在9个县(市、区)名列第一。8月10日，县残联负责的“中华人民共和国残疾人证核发(初审)”“残疾人就业保障金征收”两项行政审批事项首次进驻县政务服务中心办理。县聋人姑娘陈正雨在全国第九届残疾人运动会暨第六届特殊奥林匹克运动会4×100米接力赛中获金牌，在1500米比赛中获银牌。12月2日，在第五次全省自强模范暨残联系统先进工作者表彰大会上，海安县残疾人托养服务中心被省政府残工委表彰为“残疾人之家”，全省6家残疾人托养机构受表彰，南通市仅海安1家。

【残疾人专项调查】 根据国务院残工委、中国残联及省、市残联的统一部署，海安县贯彻落实省政府残工委等11个部门单位转发的《关于开展全国残疾人基本服务状况和需求专项调查的通知》文件精神，出台专项调查方案，成立以县残联理事长为组长的专项调查领导小组，明确工作职责，按省、市残联要求和部署，历时3个月，圆满完成辖区11个区镇(场)、237个村(社区)17654名调查对象的调查任务。县专项调查办公室受市级表彰，海安镇专项调查队被省残工委表彰为省级先进调查队。

【“一法一条例”执法检查】 2月3日，县人大常委会召开《中华人民共和国残疾人保障法》《江苏省残疾人保障条例》(简称“一法一条例”)执法检查组第一次全体会议，专题部署执法检查县人民政府贯彻实施情况。县人大常委会主任孙进基，副主任肖正明、王锡林、章曙东，副县长彭为杰，省残联组织联络处处长杜潘宗，市残联副理事长陶建华，县残联理事会全体成员等参加活动。部分县人大常委会委员及人大代表视察检查县特殊教育学校、县残疾人托养服务中心(阳光家园)、幸福盲人按摩推拿院、四维康复中心、家庭无障碍建设等残疾人参与社会生活、共享经济社会发展成果的现场。2月27日，县人大召开“一法一条例”执法检查座谈会，县残联理事会成员、部分专门协会负责人和镇残联理事长、残疾人专职委员18人参加，县人大常委会内务司法工委等5委(室)主任等参加座谈会。3月4日县人大常委会召开执法检查组第二次全体会议，听取县政府残疾人工作委员会各成员单位关于贯彻落实的情况汇报，县政府残工委31个组成部门向执法检查组提供贯彻实施情况书面汇报材料，县人大常委会副主任章曙东出席会议并讲话。3月27日，县十五届人大常委会举行第二十七次会议，审议通过县人大常委会执法检查组提交的《关于检查〈中华人民共和国残疾人保障法〉〈江苏省残疾人保障条例〉实施情况的报告》。

【关爱残疾儿童】 5月10日，由县文明办、卫计委、慈善会、体育局、残联、妇联、经济技术开发区主办，中国平安、海安零距离、天仙儿童康复中心协办，海安义工联承办的海安首届为爱行走大型公益户外徒步走活动在七星湖广场举行，海安941爱心车队、中国平安志愿者、海安残联志愿者、大公中心幼儿园志愿者、四季海安公益联盟、海安行政中心志愿者等数十支志愿者服务队，以及近30户自闭症儿童家庭共1000余人参加活动。5月17日，县残联、海安义工联联合举办“‘爱星’计划——将爱进行到底”活动，走访全县各区镇26个孤独症儿童家庭，为孩子们送上水果、牛奶、饼干等慰问品。6月1日，县残联与海安幸福蓝海国际影城联合举办“相约六一　与你同影”——邀请残疾儿童看电影活动，天仙儿童康复中心、四维康复中心的20多名孤独症、智障、脑瘫儿童，在康复老师和家长的陪同下，免费观看3D动画片《哆啦A梦:伴我同行》，感受节日的快乐。

【重残补贴提标】 11月28日，海安县第十五届人民政府第38次常务会，审议通过县残联、县财政局《关于重度残疾人护理补贴提标的请示》。从2015年1月1日起，县重度残疾人护理补贴发放标准由城镇每人每月100元、农村每人每月50元，分别提高到每人每月120元和80元。一至三季度调增的重残护理补贴在发放第四季度补贴时一并补发。

【举办残疾人事业好新闻评奖活动】 6月19日，县举办2014年度残疾人事业好新闻奖评选活动。海安县广播电视台选送的广播专题《张磊:我有一双隐形的翅膀》，电视消息《海安盲女张磊捧回“小金马”　盲女摘取金马奖背后的感人故事》、海安县新闻信息中心选送的报刊类作品《黑暗中我驾着梦想飞翔——记第二届李四光少年儿童科技奖获得者、盲生李赢》、海安镇残联选送的《我县14岁以下残疾儿童康复服务将实现全覆盖》等9件作品分别获一、二、三等奖。

【专门协会活动】 5月9日，县委宣传部、县残联联合举办“助你看世界·游园”公益活动，20多名志愿者陪护30多名盲人朋友前往南通特殊教育中心和南通园艺博览园参观。7月27日，由县残联、县盲人协会主办，县义工联承办的第二届盲人文化艺术节活动在盛世家和酒店举行。艺术节以“爱心光明行”为主题，全县30多名盲人朋友在此集聚一堂，展示才艺。8月12日，县残联、县肢残人协会围绕第六个全国“肢残人活动日”活动“养成健身习惯，享受健康生活”主题，组织各镇40多名肢体残疾人代表游览周庄古镇。9月25日，县残联、县聋人协会围绕“消除沟通障碍，促进参与共享”主题，组织全县30多名聋人代表参加“爱心助残一日游”活动。

【残疾人油画作品参展】 12月3日是国际残疾人日，南通市残联在南通市中心美术馆举办以“我的中国梦”为主题的残疾人书画艺术展。县选送10幅残疾人油画作品参加展览，其中吕庆军(听力言语残)4幅、陈贞树(肢残)5幅、王萍(肢残)1幅，受到与会嘉宾一致好评。

(陈　赟)

县文学艺术界联合会

【概况】 4月上旬，文联班子调整。文联下属作协、剧协、书协、美协、音协、舞协、摄协、民协、曲协、收藏家协会、江海印社、群文协会、县诗联书画研究会、县老干部诗书画研究会、网络文化协会、影评协会16个协会。组织参加省作协青年作家培训班，先后7次组织会员聆听尚长荣、叶辛、范小青、黄豆豆、丁捷等各个门类艺术家讲座。组织各艺术门类文艺家参加市文联沿江、沿海、沿河、沿桥创作采风活动。组织举办"五月风"文艺展示暨海安籍画家还乡作品展系列活动。策划组织举办韦茜油画个人作品上海展。组织召开作品研讨会，以及《三角洲·青墩》特刊发展研讨会。11月5日，焦宝林扎染《水浒108人物图》再获中国民间文艺最高奖"山花奖"。12月，扎染壁挂《湖光山色》获2015第二届"紫金奖"文化创意设计大赛迎春花奖。参与组织第三届青墩文艺奖申报评选工作，126件作品获奖。

与有关部门联合举办文艺会演、"我的海安我的家"征文摄影大赛、"尊医重生"摄影大赛等展演赛事。

【"五月风"文艺展示活动】 5月21日，南通市文联第十届"五月风"文艺展示暨"江海意韵·海安籍画家还乡作品展"开幕式在523文化产业园隆重举行。经过一个多月联络、沟通，15位在外海安籍画家的60幅作品展出，以"还乡"为题的艺术画册印制发放。展览持续一个月，吸引众多的艺术爱好者，不少市民带着孩子观展。相关媒体给予充分报道。

6月3日，非遗项目焦宝林扎染艺术走进明道小学 （谭承燕 摄）

【文学作品出版及研讨活动】 蒋琏的长篇报告文学《支教：在小凉山的28年》由江苏文艺出版社出版。组织召开李宝玺长篇小说《求索者》、仲跻和散文集《随风起舞》作品研讨会，以及《三角洲·青墩》特刊发展研讨会。

【全县文艺创作节（剧）目会演】 由县委宣传部、县文广新局、县文联联合主办的一年一度的全县文艺创作节（剧）目会演，于2月8日举行决赛。18件决赛作品是从近50件预赛作品中遴选出来的，节目涵盖舞蹈、小品、音乐剧等多种形式。获奖作品均参加2015年送戏下乡活动。

【书画艺术成果展】 县文联与上海M50创意园沟通协商，7月17日举办"源来之象——韦茜油画个人作品展"，为期1个月。此次展出的是韦茜2012年创作的《小妇人》系列以及2015年创作的《我是谁？我要到哪里去》《寂灭》等40多幅作品。其油画作品相继参加南通市女性艺术家作品展、中国当代女子画会邀请展。张贤华山水画作品《坐看云起时》入选由中国美术家协会主办的"丝绸之路，绚丽甘肃"第九届中国西部大地情中国画、油画展。徐亚东篆书作品《兰亭序》入选全国第十一届书法篆刻作品展。

5月21日，南通市文联第十届"五月风"文艺展示暨"江海意韵·海安籍画家还乡作品展"开幕式在523文化产业园隆重举行 （姜 明 摄）

【非遗进校园】 6月3日，焦宝林扎染艺术走进明道小学，4000多师生在其辅导下，现场扎染并展示自己的作品，场面热烈壮观。这是焦宝林第三次将扎染技艺送校园。6月13日，"十年传承十年情"——海安非遗传承发展成果在县文化剧场深情展示。活动由县民协主席崔世莹主持，非遗传承人和挖掘人现场展示介绍。活动充满新意，形式感强，展示介绍卢辉荣与海安民间音乐、杨培杰与"海安花鼓"、焦宝林与海安扎染技艺、谭薇薇与海安钩针技艺、顾如铭与海安剪纸技艺、王金龙与海安扎制技艺、家乡的味道——海安糯米陈酒冰雪酒免费品尝等7个项目。6月14日，海安高级中学举办"海安龙舞与青墩文化"专题讲座，由崔世莹主讲。

全年全县组织扎染技艺、民间舞蹈等民间文艺进校园100场。

【《三角洲·青墩》特刊】 2015年，采编发行4期1万册《三角洲·青墩》特刊，70篇稿件，介绍人物7人，推介中青年文艺家6人，组织采写文艺特稿4篇，何永康、汪政、夏坚勇、刘旭东、丁捷、陈歆耕等11位海安籍文化名人赐稿特刊。特刊成为本土文艺工作者自我展示的阵地、对外文艺交流的窗口、在外海安籍文化人与家乡沟通联络的桥梁，图文并茂，影响逐渐凸显。

【多次举办摄影大赛】 全年，县摄影家协会先后举办四新杯“中国美丽田园——白甸”摄影大赛；第二届润宇杯“大美海安”艺术摄影大赛；苏中天澜湾“快乐童年，精彩瞬间”暑期少儿捕鱼抓拍摄影大赛；“中国人寿杯”尊医重生摄影大赛；“千年古镇，大美曲塘”摄影大赛；奥体杯“时光留影在奥体”摄影大赛；“大美海安，百姓城管”有奖摄影大赛等多场赛事。近百人在上述赛事中分获各类奖项。

在南通市首届摄影艺术展中，姜海的《断臂绘人生》(组照)、吴海涛的《快乐一刻》获纪录类优秀作品奖；王兆广的《春雨》、陈顺源的《光明无悔》《绿原仙踪》、吴海涛的《开幕之前》、周皖芹的《水墨滩涂》获艺术类优秀作品奖，海安县获奖人数和作品数量均位于南通市前列；周皖芹和陈顺源的作品在“发现南通之美·国际摄影大赛”中获二等奖；陈顺源有120多幅艺术作品发表于市级以上报刊；新闻信息中心摄影记者姜明在《新华日报》《南通日报》《江海晚报》上发表新闻图片数十幅，协会多名摄影家在市级以上展赛中获奖数十次，报刊发表百余幅。 (谭承燕)

县慈善基金会(慈善会)

【概况】 2015年，县慈善基金会（慈善会)接受捐赠2577.8万元，由县慈善基金会直接救助支出1396.6万元。4月24日，召开一届四次理事会，听取理事长王秀和的工作报告和副秘书长于俊卿的财务预决算报告，通报县审计局对县慈善会2014年度的审计报告，讨论通过2015年救助项目安排计划。5月和8月，先后接待灌云县、海门市慈善会学习调研。

【村(居)慈善工作站建设】 县慈善基金会根据省市要求和县委文件精神，稳步推进村(居)慈善工作站建设。年初选择李堡镇李灶村、中凌村作为全县村(居)慈善工作站试点村，取得成功。李灶村募集资金40多万元，中凌村募集资金36万多元。4月2日，在李堡镇召开全县村(居)慈善工作站建设现场会，副县长彭为杰主持会议，县委副书记焦广琪讲话。李堡镇党委书记郁江和两村支书在会上作经验介绍，各镇又按经济条件选择三种类型的村进行面上试点。

10月24日，南通市政府在海安县召开基层慈善组织建设推进会，各市(区)县分管负责人、民政局长和分管局长参加。12月12日，县委召开村(居)慈善工作站建设推进会，各镇党委书记和分管负责人参加，县委副书记成宾要求全县各村(居)慈善工作站在春节前后普遍建好。到年末，面上试点村建站结束。

【第三届慈善日】 为组织好第三届海安慈善日活动，5月7日，召开第三届慈善日组委会会议，布置第三届慈善日活动实施方案。县委副书记焦广琪发表电视讲话，全面动员。5月12日晚，卫计委、红十字会、民政局、县慈善基金会在新世纪广场举行“第三届慈善日暨博爱在海安”文艺晚会，卫计委系统干部职工现场募捐56万元。慈善日期间全县行政事业单位干部职工捐款330万元，企业履行协议捐赠695万元。

【慈善宣传】 全年慈善宣传主要围绕募捐、救助和慈善基层组织建设开展。4月11日召开慈善宣传工作会议，布置全年慈善宣传任务，评比表彰3个先进集体和6个先进个人，县委宣传部副部长刘万春到会讲话。县慈善会获省慈善总会第二届“福彩杯”慈善宣传先进集体奖，《慈因善果》《海安慈善·奏一曲发展交响乐》两篇文章获优秀作品奖。

【发放救助款、慰问物资】 2月4日上午，在七战七捷纪念馆举行百户爱心助困款发放仪式，上年底研究确定的108户困难家庭受助，每户一万元。县长顾国标到会讲话。2015年增加爱心助困资助对象人数，原则上按每村1户下达计划，由镇统筹，全年受助对象240户。

2月4日下午，在七战七捷纪念馆举行“阳光之肾”低保家庭尿毒症患者救助款发放仪式，上年确定的187名患者受助，县委副书记焦广琪到会讲话。针对困难家庭尿毒症患者报销比例低、经济难以承受的实际，慈善基金会研究确定，2015年起将“阳光之肾”救助对象扩大到困难家庭尿毒症患者。全县300多名患者列入。

继续实施“千户阳光·情暖海安”春节慰问困难群众项目，慈善基金会筹备1100份物资，每份有被子、被套和春节食品礼包，价值300元，发放1100份。2月6日上午，在县福利院举行发放仪式，副县长彭为杰到会参与发放并讲话。

【发放“情暖学子”助学款】 全年继续对低保家庭的在校大学生、高中生、初中生实施慈善资助，大学生每人每年3000元、高中生每人每年2000元、初中生每人每年1000元。对因突发原因致家庭困难的大学生，实施一次性救助，每人3000元。由慈善基金会直接发款救助大学生412人，高中生154人，初中生140人。8月24日下午，在海中体艺馆举行2015年“情暖学子”助学款发放仪式，县长顾国标参加并讲话。354名大学生、144名高中生参加并领款。

【爱心人士定向捐赠】 爱心人士定向捐助以助学为主。德荣置业公司董事长蔡进资助困难大学生50名，每人3500元，由县慈善基金会协助实施。上海德池企业发展集团资助14名困难大学生，每人5000元。企业负责人龚伟资助两名大学生，每人5000元。侨办退休干部谭卫华资助5名初中女生，每人4000元。上海吴良材眼镜海安连锁店负责人沈晓红捐赠学生眼镜1000副，捐赠老年人眼镜1600副，由县慈善基金会组织实施。南通开元装饰公司负责人王祥兵通过县慈善基金会捐赠床具60套给全县5家居家养老服务机构。 (海 慈)

县关心下一代工作委员会

【概况】 县关工委在“老少携手千站万人走访抗日老英雄”活动中，获省关工委优秀组织奖；网吧义务监督获市文广新局、市关工委优秀组织奖；全县征订《中国火炬》647份,《关心下一代周报》50078份,双超历史,分别获国家、省关工委先进集体奖;《海安关工》全年出刊10期,及时刊登上级领导指示精神、县重大关工活动、基层关工委工作动态和经验,受到基层党政领导、关工组织和广大"五老"的欢迎。关工宣传工作获市先进集体奖。

教育系统关工委全部达标验收,民营经济关工委南通市一枝独秀。农委关工委培育青年农民创业示范基地228个,创业之星63个。政法委关工委及时对青年进行法制教育。

【全县关心下一代宣传工作会议】 9月22日,召开全县关心下一代宣传工作会议,认真传达学习全国关心下一代工作会议精神,并作出部署。省、市召开学习习总书记重要指示专题会后,县委书记陆卫东和县长顾国标对学习贯彻习总书记重要指示作批示。11月18日,县关工委召开全县学习贯彻习总书记重要指示专题会议,县委副书记成宾到会作重要讲话。会后,多数区(镇)局召开专题会,将习总书记的重要指示精神及时传达到基层党政领导、关工委成员和广大"五老"。

【关心教育下一代】 3月25日,在曲塘镇中心小学召开"学法立德,践行梦想"主题教育现场推进会。会后,主题教育活动在全县蓬勃开展。全县主题教育宣讲团及法制教育报告团91个,成员589人,宣讲870场,受教育青少年13.22万人次。5月,县关工委搜集编写宣传材料,印发《纪念中国人民抗日战争暨世界反法西斯战争胜利70周年宣传资料选编》500册,发至村和学校。暑期,组织"五老"主讲上千场次,组织青少年学生走访抗日老英雄,老战士及祭扫烈士墓、参观德育基地521次,中小学生写教育活动心得体会文章3773篇。全县评出校级三好标兵7100名,区(镇)级三好标兵720名,县级三好标兵100名。推荐市级三好标兵14名。

【校外辅导站建设】 全县有6台以上电脑的电子阅览室193个。普遍制订规章制度。大部分电子阅览室都配备专职辅导员,正常开放。暑假,全县339名在职教师参加辅导工作,228名大学生村官担任辅导站副站长和电子阅览室辅导员,各村中心辅导站认真上好纪念抗日战争和世界反法西斯战争胜利70周年专题教育课,同时办好兴趣小组,开展社会实践活动。6月27日,举办100多人参加的校外辅导站骨干培训会议。各区镇均结合现场等多种形式进行辅导员培训。全县参加辅导的辅导员3132人,到村中心站活动的中小学生24662人,活动3539次,建立兴趣小组641个。

【为青少年做实事】 组织以"五老"为主的帮教小组176个,328人参加帮教。年底,被帮教对象转化率98.2%。各区(镇)关工委多方筹集助学助困资金58.3万元,扶助贫困学生895人,帮助孤残弃青少年342人。一些"五老"志愿者当起代理家长,办起留守流动儿童之家、四点半学校,辅导站办留守、流动儿童班等,使孩子们深感家的温暖。全县有"五老"网吧义务监督员110多人,有效遏制未成年人进入营业性网吧的现象。10人受市表彰。 (李晓星)

县老区开发促进会(扶贫开发协会)

【概况】 县老区开发促进会、扶贫开发协会(简称"两会")突出抓"扶贫济困、老区宣传、走访调研、自身建设"重点。1月4日,县委副书记、县长顾国标在《海安县"两会一处"2014年工作总结及2015年工作要点》上批示"县'两会一处'2014年的工作很有成绩,值得充分肯定。其所提建议意见应吸收到政府及相关部门、区镇的工作中去。"3月3日,副县长彭为杰在县"两会一处"2015年市"三会"贷款贴息扶贫项目申报汇总表上批示,要求县农办和各区镇全力支持实施项目。12月7日,县委副书记、县长顾国标在《关于省"三会"换届合署大会主要精神的报告》上再次批示、鼓励。

县老促会老领导调研产业扶贫项目 (顾兴余 摄)

与开发区(城东镇)联合举行纪念抗战胜利70周年主题活动,《海安老区》开辟《纪念抗战胜利70周年》栏目或增刊,刊登8篇县纪念抗战活动动态,6篇抗日战争回忆文章。《海安老区》开辟《创新创业》栏目,宣传6名创业不忘帮扶贫困户的典型事迹。全年在县外老促会系统刊物、网站刊用稿件38篇,其中《中国老区建设》3篇、中国红色思源网1篇、《大江南北》10篇、《江苏老区》4篇、南通老区网20篇。全年编发《海安老区》19期,其中增刊七期。2015年度征订《中国老区建设》1096份、《大江南北》1563份、《铁军》118份。《大江南北》杂志海安联络站被表彰为先进联络站,获一等奖。县委组织部,县老促会,城东、墩头、大公、南莫、海安镇老促会和双楼中专受到《中国老区建设》杂志社表彰。

全年实施市县老促会、扶贫开发协会、扶贫基金会(以下简称"三会")贷款贴息扶贫项目22个,实现净利润198万元,新增职工198人,人均年工资1.6万元,带动1740户4794名农民增产增收,其中贫困户305户733人,人均年增收入0.65万元。

走访服务省市"三会"产业扶贫项目实施单位,在项目申报前考察认定,实施中走访跟踪指导,验收后指导总结完善。

【助学扶贫】 落实省"三会"无息借款2个项目实施单位帮扶贫困学生5人,资助6000元。对黄桥老区人才培训中心(双楼中专)2015年秋季计划内招生的贫困生,除按国家有关规定经济资助外,市县“三会”每人增加资助1500元。与教育局共同选送3名家庭贫困、学习成绩优秀、身体素质好的应届初中毕业生,参加全国唯一一所纯慈善、全免费的广东佛山顺德区国华纪念中学文化考试,2名学生被该校录取;没有录取的1名学生,享受省市扶贫“三会”3000元资助。市县扶贫“三会”资助黄桥老区人才培训中心及贫困生27.9万元;市台资企业协会继续资助县10名贫困大中学生2.2万元。

【慰问老人】 元旦春节期间,县“两会”参与市“三会”组织市台资企业协会会长刘璟芳率领部分台资企业家到县麻风残老院慰问老人活动,为71名老人送上每人300元慰问金。慰问雅周、花庄、邓庄、韩洋、曹园敬老院,每院2000元慰问金。委托各区镇“两会”慰问老区困难群众100户,慰问总额2万元。 (顾兴余)

社会志愿服务

【概况】 加强志愿服务项目建设。项目建设以各志愿服务组织为主体,以空巢老人、留守儿童、残疾人为重点服务对象,围绕社区家政、便民利民、心理疏导、医疗保健、法律援助等内容设计志愿服务项目,全年在各志愿服务组织中培育“欢乐暖万家”“点亮微心愿”“我是你的眼”“情暖小书包”等近百个优秀志愿服务项目。为切实推动志愿服务活动常态化,建立和完善志愿服务项目定期发布制度,每月月底各区镇、单位、志愿服务组织将下月要开展的志愿服务项目、内容、地点及时间上报县文明办,县文明办汇总后于下月初统一在《海安日报》发布,方便市民接受服务或加入到志愿服务队伍中去。全年全县各区镇、单位发布志愿服务项目1500多个,参与志愿者3万多人次。探索建立由各志愿服务组织发起、各类媒体宣传发布、全县各志愿服务大队积极参与、爱心企业提供赞助、相关部门参与服务保障的“五位一体”志愿服务联盟。5月10日,海安首届“为爱行走”大型公益户外徒步活动圆满举行,志愿者现场为自闭症儿童捐款2万多元。切实加强志愿服务基地建设,组织指导26个省级文明单位在结对的社区或所在社区内按“六有”(有特色鲜明的站点名称、有特定的服务对象、有一支招募的志愿者队伍、有常态化的服务内容、有翔实的服务措施、有具体的保障和激励办法)要求建立一个志愿服务工作站(工作室),搭建阵地化、规范化、常态化的志愿服务平台,各区(镇)同样按“六有”要求建立1~3个便民志愿服务点。以志愿服务基地为阵地,各志愿服务组织根据基地需求有针对性地定期组织形式多样的志愿服务活动。全年全县组织开展“邻里守望、情暖海安”“学习雷锋好榜样、践行核心价值观”“名师名家进社区”等志愿服务集中行动,全县120多家单位及志愿服务组织的6000多名志愿者参与200多项志愿服务活动。组织县城区65家文明单位参与“学雷锋文明交通志愿服务周周行”活动。继续牵头公安局、交运局组织开展“新训驾驶人文明交通志愿服务”活动,全年近万名新训驾驶员参与志愿服务活动。组织全县26家省级以上文明单位常态化开展网络文明志愿者活动,四个季度考核成绩均在全市名列前茅。根据《海陵志愿者礼遇十条》,2015年对上年底认定的19名三星级以上志愿者组织集中礼遇活动:县人民医院组织一次免费体检,县新闻信息中心赠送一份全年《海安日报》,新华健身会所赠送一张全年健身卡,移动公司免费充值200元手机话费,县永乐影城组织观看专场电影等,营造“存好心、做好事、当好人、有好报”的浓厚氛围。 (涂开生)

【总工会志愿者活动】 5月15日,县总工会阳光法律援助志愿者服务队走进南通明诺机械有限公司,为企业和职工送法律、送咨询、送服务。援助律师对企业和职工比较关心的劳资关系、劳动用工合同、违约责任等问题进行法律知识讲解和答疑,用真实的案例就职工如何遵守厂纪厂规、理性合法表达诉求以及职工维权的途径与方法等方面和职工交流,使企业职工对《劳动合同法》等法律法规有更具体的了解。在开展法律服务的同时,志愿者们为职工发放《劳动合同法》《江苏省一办法七条例》《企业民主管理知识一百问》等法律知识读本200多本。

8月5日,县总工会副主席王宏来一行5人到开发区南屏社区开展志愿服务活动,慰问困难职工张金凤。张金凤和丈夫都是聋哑人,家境困难。王宏来一行送上生活用品予以勉励。 (王千竹)

【青少年志愿服务队伍】 开通志愿者打卡器,建立统一的服务认证和考评体系,实现公益组织、服务对象、服务资源的有效对接。开展青年志愿者助残“阳光行动”,76个志愿者团队结对300余名残疾青少年。组织参加公益创投大赛,1个项目获团市委1.4万元经费支持。组织100余人次青年志愿者参与县多项重点活动,引导青少年积极参与和谐海安建设。发动全县27个青年文明号在“青春暖冬”行动中将34份爱心礼包捐赠34个贫困家庭,深化结对共建效果。联合县国税局开展的“125”爱心志愿服务项目获南通市十佳志愿服务项目奖。探索建立20人的海安县青少年志愿维权队伍,为青少年提供维权、法律、心理、自护等方面的咨询服务。 (刘 浩)

【巾帼志愿服务】 完善巾帼志愿服务组织网络,壮大注册巾帼志愿者队伍,建立完善巾帼志愿者、巾帼志愿服务组织和实践区等巾帼志愿服务典型信息库。“三八”节期间,积极联合相关部门在县城永安广场举行“学雷锋 见行动 树新风”志愿服务大行动启动仪式,全县15个志愿服务大队及志愿者代表约1000人参加活动,县委常委、宣传部部长王炜作动员讲话并宣布活动开始。300多名巾帼志愿者现场为群众提供服务。 (杭辉国)

【文化志愿者文艺惠民全面覆盖】 全年,海安文化志愿者服务队走遍全县10个区镇,为台湾归乡老人、敬老院老人、麻风病患者、三峡移民、留守儿童、伤残军人、残疾少年、特困职工、海上渔民、少数民族打工群体等群体演出50场,让他们感受到温暖和快乐。 (谭承燕)

【组建统一战线志愿服务队】 志愿者团队由社会中介组织代表人士及农业、医疗、文化等领域党外知识分子组成,设计海安统战志愿服务logo和旗帜。5月21日在“知识产权服务企业行”志愿者活动日,南通智博知识产权代理公司负责人就企业知识产权申请、保护等内容，对全县100多家企业进行专题辅导。志愿者服务队定期到社区、街道进行卫生环境整治和送医疗、送文化活动。（王俊哲）

【省优秀志愿者服务组织】 福缘志愿者服务大队2015年新增阳光·珍爱、爱心园、荣春爱心等3个志愿服务小分队，5个志愿者工作站，新增志愿者600余名。全年组织开展30次丰富多彩的志愿活动，队伍进一步扩大，由62人增加到1261人，服务孤儿、空巢老人等困难群体3326人次。12月，福缘大队被江苏省民政厅评为“文明江苏.和谐社区”优秀社区志愿服务组织奖、福缘家的孩子——“福娃”被评为优秀社区志愿服务项目奖、吴志元被评为省优秀社区志愿者。

5月31日，“迎六一牵手福娃 助你星愿”公益活动　（吴志元　摄）

【福缘品牌活动】 以“暖心行动”为切入点，以打造内涵深刻、形式多样、意义深远的品牌活动为平台，凝聚志愿者力量，重点打造“阳光·珍爱”慰藉戒毒者、“福缘家的孩子——福娃”“有我不再寂寞”情系空巢老人等品牌活动。

“阳光·珍爱”慰藉戒毒者　在县民政局党委的指导下，福缘志愿者在对戒毒者帮教挽救工作上进行探索，建立“生理脱毒、身心康复、融入社会”的戒毒模式。心理咨询师利用专业特点，与村(居)民警、社会工作者，以及一名戒毒人员组成“3+1”工作组，引导南莫镇马某、海安镇陈某重拾人格，回归正常行为，发展正常社会关系。

福缘家的孩子——福娃　结合近四年的志愿服务经历，福缘志愿大队队长吴志元感到，孤儿不仅物质匮乏，也缺失亲情，几个月一次的物质救助，根本起不了作用。他效仿副队长曹红梅与孤儿童刘佳结对的方式，开辟“爱心妈妈与孤儿结对帮扶”专题活动，起名为“福缘家的孩子—福娃”。采用一位企业家、一位爱心妈妈两人共同帮扶一名孤儿的模式。企业家每年资助孤儿一万元，爱心妈妈负责陪伴、教育引导孤儿。为了账目清晰，福缘大队设置专门账户，由企业家打款，志愿大队的财务小组根据实情定期拨付给爱心妈妈使用。10名“福娃”与企业家、爱心“妈妈”成功结对。还有不少“福娃”没有成功结对，志愿者们在留心牵线搭桥的同时，定期组织丰富多彩的活动，愉悦孩子们的身心。5月31日，“迎六一牵手福娃　助你心愿”活动，志愿者上午带着小福娃们在七星湖尽情玩耍，下午陪他们看动漫电影，度过难忘的儿童节。

有我不再寂寞　每个月志愿者们给村(居)的空巢老人送温暖，海安镇苏建花苑的空巢老人吉恪珍、旺池社区的吉老爹，李堡镇红旗村的李奶奶等空巢老人已经把福缘志愿者当作自己的亲人。2月、4月、10月、12月，志愿者们在隆政敬老院、雅周敬老院、海安敬老院给老人们送温暖，带上吃的用的，而且为他们义诊，表演节目。

【福缘对接社区建和谐】 福缘志愿者利用自身优势，积极与社区志愿组织共建，共创和谐。高新区中大街社区、平桥村、田庄社区、旺池社区、李堡镇红旗村、东台市富安镇与福缘大队结为友好单位。福缘志愿大队与各友好单位形成资源共享、优势互补的良好关系，合作举办“七彩的夏日”科普夏令营、“相约在冬季”大型捐赠棉衣等主题活动。（志　元）

【义工联概况】 义工联经过积累，拥有一批业务能力强，责任心重的骨干，通过换届选举，安排到管理岗位，并成立曲塘分会，扩大义工联规模。组织架构基本完善。全年义工活动分为常态活动和主题活动，活动分工到人，每一次每一个环节都有人组织、有人负责，各项活动顺利开展。义工联被南通市委宣传部评为十佳“巾帼志愿者组织”，会长周丽在三季度被评为“海安好人”。

助老项目在城镇敬老院开展，新开辟曲塘、双楼、海北敬老院。在原有的常规陪护的基础上，更多的义工学会理发等手艺，不断创新，增加服务项目，让传统项目常做常新。

【义工联主题活动】 义工联开展的主题活动多姿多彩，有很强的社会影响力。由义工联发起的为尿毒症患者王月红捐款的爱心救助活动，感染海安民众伸出援手，很短时间筹集到手术所需要的大部分费用，海安爱心群众也因此作为“大爱海安人”群体被评为海安首届“最美海安人”。

3月8日暖心助学活动，义工联带着一些贫困儿童参观省海中，鼓励孩子们好好学习，用知识改变命运。接着参观博物馆，了解海安的人文历史。3月29日是“世界孤独症日”，为让更多的人了解、接纳并尊重“孤独症儿童”，义工们骑着自行车带着宣传旗帜在城区里骑行宣传，并参观专业的康复中心。在5月9日“世界助残日”，义工联又和县文明办、体育局、残联携手，在七星湖举行“为爱行走”千人大型户外徒步走活动，社会反响强烈，不少爱心人士伸出援手，有些孤独症儿童的父母抛开顾忌，送孩子到专业的康复机构训练。

4月18日，义工们到海安人民医院的献血屋进行互助献血活动。6月5日，在七星湖“点亮心灯”为东方之星(6月1日“东方之星”客轮翻沉)祈福。6月6日，“静音助高考”。6月14日，海安首届“户外清洁日”。7月19日，“零废弃”环保活动。7月27日，义工和盲人朋友在一起载歌载舞，第二届盲人艺术节圆满成功。7月31日，义工们“寻找全城最高温”，通过亲身体验，感受高温下工作的不易，呼吁大家互相理解，互相尊重，共建和谐社会。8月20日在县残联的支持下开展“举手间、心无间”手语培训活动。8月23日，经过一个暑假的走访、调研，海安义工联“鲁冰花关爱留守儿童”系列活动拉开序幕。通过学习辅导、互动游戏、家访等形式，让留守儿童切实感受到社会的关爱。9月20日，2015中国海安环滨海新区自行车公路赛举行，海安义工联经过充分准备和培训，20余位义工专业高效协助大赛组委会完成志愿者服务，受到组委会以及运动员教练员的一致肯定。10月17日，重阳节前夕，义工联带着20多位空巢老人到狼山登高，老人们感动不已。 (周　丽)

【海安惠心志愿服务社概况】 4月成立，在县民政局登记注册为社会团体。因工作关系，徐颖有机会接触不少问题孩子，大部分来自特殊家庭。自2014年，她先后为16名犯罪未成年人其中12名孩子来自单亲家庭，有一名孩子父亲服过刑做过心理评估和疏导。5月9日，开展第一期活动——“助你看世界·游园”，18名志愿者带33名盲人参观南通市特殊教育学校和园博园，开创海安公益组织带受助对象外出游玩的先河。此后与南通义工联共同举办“相约重阳·通海两地一家亲”助老活动，帮扶南通来的老人游览苏中七战七捷纪念馆；应团市委邀请，组团赴南通参加由市妇联和团市委举办的“重走张謇路，我为公益跑”活动；“点亮心灯行动”项目等，举办各类公益活动24期，参与人数325人，1023人次。

12月13日，惠心社举行“点亮心灯行动”第十期活动 (徐　颖　摄)

人民网、网易新闻中心分别报道2次；海安电视台报道5次；《海安日报》报道8次；中国南通网、海安文明网、政府信息网站等媒体报道数次。

【惠心社“点亮心灯行动”项目获评省三等奖】 5月初，惠心社参加共青团南通市委发起的公益项目创投大赛，申报的“点亮心灯行动——携手困境儿童共成长”从146个项目中脱颖而出，获B类项目资助——两万元的资金援助(海安唯一中标项目)。该项目的受助群体为单亲特困家庭、吸毒或在押服刑人员的未成年子女等“困境儿童”。

惠心社发动心理工作者、亲子志愿者、受助儿童的老师，以及其他爱心人士等社会力量，组成帮扶团队，与受助儿童及其家庭结对；团队成员提供不同的帮助，心理咨询师的专业援助、老师在校的关注、亲子志愿者中的同伴互助、爱心爸妈的亲情陪护；坚持开展“四个一”活动，即“一周电话联系，一月上门服务，一季度集中活动，一年总结表彰一次”。5月30日项目启动，惠心社围绕“让受助儿童有尊严地健康成长”主线，在为受助儿童提供“个性化援助”的同时，精心策划一期期团体活动，活动中淡化受助者与助人者角色，尊重每个孩子，平等公正对待每个孩子，有效保护受助儿童的尊严。开展亲子活动、夏令营、冬令营、心理志愿者成长小组等活动21次。在助人的同时，团队成员也得到相应的成长。

此项目被共青团江苏省委表彰为江苏省青年公益项目大赛三等奖；被共青团南通市委表彰为优秀青年公益项目。 (徐　颖)

社会组织管理

全年新增社会团体(简称社团)28个，注册民办非企业单位(简称民非)198个，全县注册社会组织总数892个。社区民间组织2460个，平均每个社区超过10个。社团和民非年检率分别是92%和96%。广泛开展社会组织评估，188家社会组织通过1A-5A评估验收，其中5A级社会组织2家，4A级4家，3A级6家，全县所有社团、民非在规范化建设方面，均迈新台阶。 (夏宏年)

法治　军事

Rule of Law　Military

逸峰阁　章　丽绘

◎ 责任编辑　李国良

法 治

人大法律监督

【执法监督】 2015年县人大常委会扎实开展普法、执法和司法等各方面的工作监督和法律监督，不断强化对政法机关工作的监督，推动全县法治建设进程。改变过去评议一个部门为一个系统，采取县镇联动的方式，组织各级代表对法院、检察院、公安局、司法局的工作开展评议。代表们在充分肯定成绩的基础上，提出各类意见建议1072条，其中不少建议操作性很强。常委会据此形成综合评议意见，连同每条代表建议一并进行交办。四家政法机关针对交办意见，逐条制定和落实整改措施。如公安局实施“六大专项整治”、法院加大“老赖”曝光力度、检察院强化预防职务犯罪向基层的延伸，等等。

突出法治建设，推进法治海安建设。不断强化对政法机关工作的监督。组织视察法治宣传教育工作情况，提升普法效果。在开展评议的同时，常委会还对四家政法机关的相关重点热点问题予以关注。督促政府夯实普法基础，提升普法效果，再创全国先进。主任会议先后听取法院人民陪审、检察院预防职务犯罪、公安局网络安全管理工作情况汇报，建议加强人民陪审员队伍建设，突出人民陪审员管理的自主性，完善预防职务犯罪工作的制度机制，形成预防的整体合力，创新网络安全工作手段和措施，快捷有效地打击犯罪。

【法律法规执行情况监督】 依法保障全县7万多残疾人利益，县人大常委会开展《中华人民共和国残疾人保障法》《江苏省残疾人保障条例》执法检查。要求县政府完善工作机制、加大财政投入，确保残疾人事业与全县经济社会同步协调发展。检查安全生产法贯彻执行情况，督促政府强化企业主体责任，夯实安全生产基础，狠抓安全隐患排查，不断提升安全管理水平。配合省市人大开展《江苏省保护和促进台湾同胞投资条例》执法检查。加强规范性文件备案审查，严格审查程序，做到有件必备、有备必审，共备案审查涉及工业经济政策、养老服务、商品房预售交付等规范性文件16件，切实维护法制统一，促进依法行政。

【依法行使干部任免和监督权】 按照法定程序，任免国家机关工作人员28人次。加强任后监督，促进领导干部依法履职，制定《关于县人大常委会任命的“一府两院”工作人员报告履职情况的暂行办法》。9月，在充分调研基础上，听取14名任命人员履职情况报告，进行满意度测评，将测评结果和履职情况综合意见反馈给报告人所在单位并报送县委。报告履职情况人员提交整改方案，报告整改情况。（周时兰）

法治政府建设

【概况】 全年收到向县政府提起的行政复议申请27件，受理19件；审核政府各类文件、协议、合同52件，其中规范性文件16件，按规定分别向市政府、县人大常委会报备，准予备案率100%；办理县政府一审行政应诉案件20件，二审行政应诉案件6件，再审案件1件，民事案件3件，败诉率、变更率为0。县政府及各单位负责人出庭应诉率继续保持100%。

【组建行政复议委员会】 为深入推进依法行政，加快建设法治政府，充分发挥行政复议在解决行政争议、化解社会矛盾中的主渠道作用，县政府组建行政复议委员会。县政府行政复议委员会由主任委员、副主任委员、委员组成，主任委员由常务副县长担任，副主任委员由县政府法制办主任担任，委员从法制办、律师、人大代表、政协委员及相关专业人员中聘任。

【调整政府法律顾问团成员】 县政府调整聘请包括律师、相关领域专业人士等13人担任政府法律顾问，为政府重大行政决策、规范性文件制定、国有土地上房屋征收等工作提供法律意见；各区镇、行政部门实现法律顾问全覆盖。

【行政执法培训】 为全面提升行政执法人员依法行政水平和能力，县法制办积极举办行政复议应诉、规范性文件制定、政府信息公开、重大行政决策程序等法制业务培训班，全年组织行政执法部门负责人、法制科长参加法律业务知识培训2次、信息公开培训2次，组织行政机关负责人和行政执法人员旁听行政审判活动。

【规范性文件制定和清理】 完善规范性文件公众参与、专家论证、风险评估、合法性审查和集体讨论决定等程序，实现规范性文件先行论证机制，规范性文件出台前均在政务网站、《海安日报》等媒体上公开征求意见。组织清理2013年以前制定的规范性文件，清理结果向社会公开。（吴先泉）

【法制宣传】 深化法治宣传教育，严格落实普法责任制，出台《海安县落实“谁

“公正执法、忠诚为民”主题教育活动—全县政法干警先进事迹报告会

（县政法委　提供）

执法谁普法”工作意见》，将重点执法部门普法任务分解，建立法制宣传“一月一主题”和“案例发布”制度，结合执法司法实践编写法制宣传案例，下发全县所有机关、村居和重点企业，明确区镇和部门法制宣传属地管理责任，有效提升法制宣传覆盖面。在全省率先将法治教育纳入国民教育体系，全县79所中小学实行法治教育“8+2”模式，围绕课时、计划、师资、教材、考核“五落实”，编写《海安县中小学法治教育指导纲要》和覆盖中小学的本土法治教材，全面推进青少年法治教育进课堂。务实开展法治宣传活动，遴选50名法律服务志愿者，选拔组建80人的普法讲师团，开展法律“进机关、进乡村、进社区、进学校、进企业、进单位”六进活动200余场次，有针对性宣传相关法律法规。创新网络化普法宣传手段，推动传统媒体与新媒体深度融合，开通“海安司法微博”“海安普法微信”，开发上线海安“12348”APP手机客户端等新媒体，新增微信“小司说法”，改版扩容“12348”公共法律服务网站平台，深度整合“法治海安”“法治热线”等栏目，全力打造信息化法制宣传阵地。

【法治政府建设】 推进法治政府建设，提升规范执法水平。健全依法决策机制，严格执行《海安县重大行政决策程序规定》和《海安县重大行政决策后评估实施办法》，把公众参与、专家论证、风险评估、合法性审查、集体讨论决定作为必经程序。审查16项重大事项公众听证、风险评估、专家论证和合法性。完善政府法律顾问架构，实现区镇、部门法律顾问制度全覆盖，68名律师和法律从业人员入选政府法律顾问团，为重大具体行政行为提供法律意见200多次、参与政府规范性文件合法性审查12件次、为政府机关的重大行政决策提供法律风险评估并提供咨询、论证意见19次。强化对行政权力的监督制约，严格按照行政审批“三集中三到位”要求，建成覆盖全县、上下联动、功能完备、便捷高效的县、镇、村政务服务体系，42个部门累计清理11类6880项权力，精简73个行政审批事项，取消或精简申报材料78种，行政审批事项办理时限压缩为5个工作日，当场即办件占35%。

【构建阳光司法机制】 践行司法为民宗旨，提升公正司法能力。坚持以公开促公正、以公正树公信，构建开放、动态、透明、便民的阳光司法机制。实行案件处理、违法处罚、事故责任认定和复核等公开制度。强化审判流程公开、裁判文书公开、执行信息公开三大平台建设，当事人通过申请，可网上查询案件办理情况，庭审过程全程摄像并刻录交付当事人。推进执行办理全程公开，广泛接受监督，对“老赖”等失信人员公开曝光。扎实推进人民陪审方式改革，吸纳120名人民陪审员参与庭审，在裁判文书中公开表述陪审员对案件事实认定的意见，有效杜绝陪而不审现象。全面施行立案登记制，对依法应当受理的案件，做到有案必立、有诉必理，切实保障人民群众的合理诉求。实行网上受案立案，进一步畅通公民诉讼渠道。建立司法机关内部人员过问案件记录制度和责任追究制度。

【法治惠民工程】 推动社会治理法治化，提升法治引领作用。用法治思维引领社会治理实践。以“法治型机关”“法治镇”“民主法治示范村”“依法治校示范校”“诚信守法企业”和“平安法治医院”创建为抓手，通过培植典型、以点带面，让理性方式和法定途径成为群众维护自身权益的首选。统筹推进城乡公共法律服务均等化，建成9家镇级公共法律服务中心。全县238个村建成法治工作室、公共法律服务窗口，“15分钟公共法律服务圈”初步形成。围绕衣食住行及就业、入学、医疗、社保等领域开展法治实践活动，实施“安居工程”等法治惠民项目32个，让百姓切实感受到法治获得感。加强政务、司法、商务等重点领域的诚信法治建设，推进征信系统建设，提高政府和司法部门的公信力，规范企业和社会组织的诚信行为，增强广大公民诚实守信的道德意识和行为自觉。

（温淑平）

社会管理综合治理

【概况】 2015年，全县“六五”普法通过省终期考核验收；公众安全感98.5%，连续两年位居全省第一；政法队伍满意率93.85%，位居全省第三，连续两年保持全市第一；法治建设满意度持续位居全市前列。

2—9月，全县政法系统开展“公正执法、忠诚为民”主题教育活动，分为动员部署、学习教育、查摆问题和整改落实四个阶段。通过强化理想信念、为民情怀、法治理念、廉洁意识等“四项教育”，夯实“公正执法、忠诚为民”思想基础；列好问题清单、负面清单、责任清单等“三份清单”，转变作风、提升形象；推进执法司法阳光工程、千警入社区共建工程、政法民生工程、化解涉法涉诉信访问题攻坚工程、岗位技能提升工程等“五大工程”系列举措，推动执法为民、服务于民取得实效，全县政法队伍整体素质明显提升。队伍建设经验在全省推广，并在中央政法委座谈会上做经验介绍。

【综合治理和长安建设】 构筑立体化治安防控新体系。加快“平安海安”技防五期工程建设，推进技防外延工程，升级加密高清探头，提升公交站台、农民集中居住区等重点区域、重点路段的现代技防水平，重组优化三道闭合安防圈，全县建设视频监控点位3300个、高清监控点位1800个，县际接边农村地区全部达到“技防村”建设标准。强化城乡接合部、城中村、出租房屋、黄赌毒等影响治安秩序突出问题的排查整治，集中力量整治省级挂牌重点地区，消除治安隐患26个，查处治安案件53起，化解矛盾纠纷32件。开展寄递物流清理整顿专项行动，完成13家快递公司、283家物流企业的排查摸底，全面加强寄递物流企业监管力度。推进网格化等级勤务巡防，发展壮大群防群治队伍，通过巡逻防控抓获违法犯罪嫌疑人605名。

实现社会矛盾纠纷调处新作为。在排查化解上下功夫，5892名网格员与533名专职调解员全部下沉到网格，延伸矛盾排查触角，每日收集矛盾纠纷、群众诉求等信息，及时上报村（居）一站式平台录入信息系统。对网格员报送的重要动态信息实行一事一奖，评选“十佳百优”网格员并给予物质奖励，充分调动网格员积极性。发挥综治信息系统作用，由综治部门牵头、大调解中心扎口，每天汇总、每周梳理、每半月分析研判矛盾纠纷信息，及时掌握动态趋势、规律特点、高发类型及多发领域，为强化针对性措施提供信息支撑。全县受理调解矛盾纠纷3746件,成功调处3726件,防止民转刑2件,防止越级上访6件77人次。

拓展综治信息化发展新优势。全县开通综治信息系统专线270条、PC账号302个、移动终端338个,实现专线专网、联通共享的综治信息网络县镇村全覆盖,采集并录入机构队伍、实有人口、特殊人群等基础信息近100万条。突出加强特殊人群管理,组织开展易肇事肇祸精神病人排查摸底,筛查登记3级以上重度精神患者544名；对在矫重点社区服刑人员和安置帮教对象,开展谈话教育全面走访;摸清辖区2014年回归社会刑满释放人员基本情况；全面排摸闲散青少年底数,落实帮教措施,依托综治信息系统动态掌握日常随访情况，确保责任到位。定期分析研判各类数据信息,梳理可能影响社会稳定的不安定因素,有效防止群体性事件17起。

探索基层社会治理新途径。全面推进城区社区管理体制改革，城市社区按每300户选配一名社区干部的标准,增配103名社区管理人员，为基层社会治理提供组织保证。推行村级、社区、街道分类管理小区,明确属地管理责任。深入推进农民集中居住区治理,全县68个农民集中居住区，全部建立社区管理服务中心、社区卫生服务站和居家养老服务站。健全服务网络,试点推行“党支部+居委会+物业公司”三位一体的社区管理服务模式。按每50户左右设置村(居)民小组,选配网格员和楼栋长,落实网格管理责任。全面推进村级公共服务中心提档升级,各行政村均建成为民服务中心。一站式服务平台、警务室、调解室、卫生服务站视频监控纳入县纪检效能监察平台,并联网运行。

【国家安全工作】 强化社情收集研判。按照重大社情周报制度要求，主动与综治、维稳等部门沟通,收集全县一周发生的群体性事件、重大矛盾纠纷、特殊群体活动、重要网络舆情等涉稳信息。加强日常研判,全面排查“民办保养”“双代”人员情况和因企业集资、拆迁安置引发的群体事件、个人极端苗头性事件;摸查重点人员信息,及时掌握其动向,圆满完成全国“两会”、抗战胜利70周年庆典、十八届五中全会等重大活动和重要时期的社会稳定工作。

深入开展专项调研。结合海安实际,对小微企业信贷融资难、融资贵的问题,从金融机构、企业自身等方面深入调查与分析。持续关注海安民间涌动的赴以色列打工潮,并在《海安日报》、海安广播电视台等媒体上发布预警信息。开展“一带一路”专题调研,实地走访外资企业、境外投资企业、境外投资或承接分包项目的建筑企业,深挖海安“一带一路”投资潜力及目标规划。

加强国家安全宣传教育。依托全县普法宣传优质平台，广泛开展国家安全形势、敌情观念和国家安全法律法规宣传教育。将国家安全宣传教育融入“第十一届法治文化节”宣传活动。开展《中华人民共和国反间谍法》颁布一周年宣传活动,制作20块“国家安全知识及反间谍法”内容展板,在高新区、开发区两个主城区4个中心社区及县行政中心开展为期10天的集中宣传活动。

【印发《平安惠民手册》】 9月24日,海安县举行《平安惠民手册》集中发放仪式。《平安惠民手册》系统介绍防盗防抢、防骗防拐、防暴反恐、防邪反毒、食品药品安全、生活安全、交通安全、消防安全、法律服务等9个方面常识，集中汇总“110”“119”等4种应急电话及28种公共服务热线。在全县范围内免费发放35.5万册,确保每户一册,全面提高群众自我防范意识和能力。

【第十一届法治文化节】 10月12日,“海安县第十一届法治文化节”在城南实验中学开幕。该届法治文化节以“德法同行·快乐成长”为主题,开展青少年法治系列活动;开幕式上举行“《青少年法治教育读本》首发式”活动和法治说课比赛颁奖仪式。法治文化节期间,海安在全县范围内开展青少年法治教育电子课件征集、“关爱明天”志愿者征集暨志愿活动章程等10项系列活动,为推进青少年法治教育提供新探索、新经验,为青少年健康成长营造良好环境。

(温淑平)

公　安

【概况】 2015年,全县公安机关以立体化现代化社会治安防控体系建设为核心，以做好中共十八届五中全会、“9·3”阅兵仪式等系列安保维稳工作为抓手,全力推进维护稳定、立体防控、信息警务、公共服务、执法管理、生态警营六大体系建设，取得公众安全感蝉联全省第一,队伍满意度再获全市第一,创新创优考评全市第一的优异成绩，先后有534个集体和个人受到各级表彰奖励，先后涌现出“全国巾帼文明岗”指挥中心110报警服务台，全国先进工作者蒋龙生,“南通最美警察”“南通市五一劳动奖章”获得者张松斌等一批先进集体、个人,看

防电话诈骗主题警务室　　(县公安局　提供)

守所连续13年被评定为“一级看守所”，通过举办首届“海安最美警察”评选活动，涌现出白明和、刘太法、彭爱洲等一批先进典型，公安队伍满意度继续领跑全市。在省公安厅“四项建设”考核竞赛中，2名民警获得条线第一名并荣立个人二等功，2名民警荣立个人三等功；在市局组织的22个竞赛项目中，县公安局荣获8个第一、3个第二、3个第三，4名民警荣立个人三等功。开展警员职务晋升和职务职级并行，解决了282名民警的职务职级和工资待遇。完善全员绩效考核体系，推行“两个责任”向基层所队延伸，大力推进网上智能督察中心建设，有效提升队伍运行质态。

示范操作“警务自助服务一体机”　　（县公安局　提供）

【维护稳定】 大力开展人力情报建设，进一步深化公调对接、庭所共建，规范“集中式”研判工作机制，情报指挥一体化效能凸显。全年进京、赴宁上访人数全市最低，连续7年未发生涉法涉诉进京上访事件。进一步完善应急处置预案，做强处突队伍，配齐实战装备，超前防范涉稳事端156起，有效控制处置群体性事件39起。升级网络舆情监测处置系统，及时发现处置敏感舆情300余起，工作做法全省交流。

【打击犯罪】 建立起职权相统一的责任机制，落实所队捆绑责任，实现派出所与业务警种在打击犯罪领域协同互补，通过开展“打黄赌·铲源头”专项行动社会风气得到进一步净化，通过集中整治互联网涉毒违法犯罪专项行动，全县涉毒违法犯罪明显下降，通过开展道路交通安全隐患大排查大整治百日行动全县道路交通秩序持续良好，通过开展打击侵财犯罪质效提升年活动，全县侵财案件破案率持续上升，全年破获刑事案件1200余起，抓获刑事作案成员1075人，为群众挽回经济损失6000余万元。

【警务实战】 进一步加强实战型指挥中心建设，推进350兆数字化改造、技防五期工程建设，指挥调度智能化、可视化水平进一步提升。强化落实警力跟着警情走的科学布警格局，建立巡特警大队、派出所、机关部门巡逻力量常态巡逻与武装巡逻相结合的三级巡防体系，加大城区主次干道、治安复杂部位、重点敏感区域巡防密度，扩大警力辐射面，通过巡逻防控抓获违法犯罪嫌疑人605名。同时，进一步规范重大警情处置处警民警、所队负责人、值班局领导、局主要负责人四级到场制度，畅通与指挥中心的信息传递，确保各类事件处置依法规范有序开展。

【立体防控】 制定建立社会治安防控体系建设三年规划，同步推进火车站、雅周农业园、滨海园区、西泊旅游度假区以及“五大”中心技防建设，并推动社会单位监控系统拓展延伸，形成对公安监控资源的交叉互补。同时，开展平安校园、平安医院、平安社区等系列平安创建活动，引导广大群众参与平安建设。此外，不断优化全县查报站、治安卡口布局，主城区4个中心岗亭坚持全天候值守，提升见警率、管事率，国、省道治安卡口持续加大违法犯罪盘查力度。

【信息警务】 组织开展“工作即采集”基础会战，配齐警用平板电脑、外接二代证读卡器、手机全数据采集仪等设备，采集内部数据7300多万条，同比上升5.8%。主动与社会单位沟通协调，实现与人社数据在线交换，物流寄递业数据采集逐步规范，计生、房产、广电等十八项数据定期采集形成机制。在苏中率先建成县级公安机关数据中心，汇聚各类数据资源1亿余条，并初步开展实战应用，直接比中在逃人员13名，挖掘破案线索17条，支撑破案34起。

【公共服务】 制定推出全县公安机关深化为民实践五十项承诺、交警为民服务二十项措施、户政便民十六条等一系列惠民举措。创新警务服务中心建设，得到市委常委、政法委书记曹斌，市政府党组成员、公安局长陈旭充分肯定，放样全市。优化所队勤务运行机制，在城西派出所、交警高新区中队推行“所队合一”勤务模式。在全市率先实施社区警务前移战略，深化新型社区管理，创新推行接处警先期到场机制，大力推进情报收集、治安防范等“八进社区”工作模式。打造交通、消防、技防、防诈骗、微服务等特色“主题警务室”，城东派出所西场警务站建设得到市委政法委主要领导批示肯定。

【安全监管】 全面应用智能交通管理系统，加强车辆和驾驶人源头管理，建立常态化交通安全隐患排查整改机制，推进劳动密集型企业消防安全专项治理和夏季消防安全大检查，深化危险物品安全达标创建活动，全县交通、火灾事故稳中有降，涉危安全事故继续保持“零纪录”，“春运”专项行动全市第一、道路交通安全隐患大排查大整治百日行动全市第二，重大交通事故数、死亡人数同比分别下降15.6%、14.4%，实现道路交通安全管理重大交通事故双降10%目标。

【综合治理】 主动研究行业场所管理出现的新情况、新问题，落实行业场所责任人责任，通过物建信息员，行业场所控制能力进一步加强。与此同时，突出老小区改造，强化与街道、社区等主管单位进行协作，形成业委会、物委会、居委会各司其职、齐抓共管的工作格局。此外，建立健全治安乱点滚动排查和常态整治机制，每月组织开展集中清查行动，对城中村、外来人口聚居区、中小旅馆等易发案区域，最大限度地消除治安隐患和盲点，先后对市政法委和综治办挂牌整治的治安重点区域进行专项整治。

【执法管理】 案件管理中心、所队案件管理室全面建成，形成全流程、闭环式执法监督管理体系。大力推行执法办案积分制，实行民警网上学法考试积分、每月应知应会法律知识集中考试、职务晋升必考制度，民警中、高级执法资格考试通过率分别为86%、13%，为全市第一。升级网上公安局建设，开通海安公安微信公众平台和手机APP，拓展执法公开和便民服务渠道，微信公众号获评“2015江苏十大公安微信”。 （席国栋）

检 察

【概况】 全年，县人民检察院紧密围绕全县改革发展大局，始终突出“强化法律监督，维护公平正义”主题，各项检察工作取得新进展。被最高人民检察院表彰为“减刑假释暂予监外执行专项活动先进集体”，并荣获“全国检察宣传先进集体”荣誉称号；作为全省唯一基层检察院、全市唯一公务员单位，被省委、省政府表彰为“江苏省人民满意的公务员集体”；被省检察院荣记集体二等功，并作为重大先进典型在全省宣传推介；连续11年被评为“全市先进检察院”，连续4年被评为“全县综合绩效考评优秀单位”。

深入开展“三严三实”专题教育、市检察机关“四严”教育整顿以及全县政法系统“公正执法、忠诚为民”主题教育活动，进一步提升干警党性修养和为民宗旨意识。持续深化岗位练兵，在市第十三届检察业务技能大赛中获团体第二名，2名干警入选“南通市十佳公诉人”。1名干警被省检察院记个人三等功，2名干警被授予“全省检察机关优秀侦查员”称号，2名干警被表彰为“海安县优秀政法干警”，1名干警被评为“海安县第七届十佳文明职工标兵”，全院累计60人次获得各类奖项。主动适应“作风建设永远在路上”的新常态，出台《兼职纪检监察员工作制度》，在全院新聘15名兼职纪检监察员，增强监督合力。建立检察机关内部人员干预司法活动、插手具体案件处理记录、通报和责任追究制度，真正让铁规发力，让禁令生威，让制度成为带电的“高压线”。

【经济检察】 县检察院通过制度廉洁性审查、行贿犯罪档案查询，严把准入关口，深化重大工程建设监督预防。围绕“经济强”，妥善办理涉企案件9件16人，实行涉企案件全程跟踪监督，确保企业合法权益不受侵犯。围绕“百姓富”，严厉打击非法集资等群众反映强烈的涉众型经济犯罪，开展“拒绝高利诱惑，远离非法集资”普法宣传活动，提醒百姓正确理财，看紧“钱袋子”。围绕“环境美”，依托环保检务站，定期与环保部门召开联席会议，结合办理的11件外县污染环境案件，深入分析发案特点和原因，并提出对策建议，帮助环保部门加强环境整治，扎紧制度“篱笆”。

【行政检察】 全年立案侦查职务犯罪案件16件23人，其中科级干部7人（县外1人），100万元以上案件3件，为国家挽回经济损失600余万元。契合最高人民检察院部署的惠农扶贫领域职务犯罪惩治和预防工作，广泛开展“村（社区）干部职务犯罪预防”宣传专题活动。不断健全工作机制，联合邮政公司组建“预防邮路”志愿者服务队，通过邮政投递将廉洁守法理念传递到千家万户。积极开展涉农“小额工程”专项预防调查，助推县政府出台相关文件，工作经验被省检察院转发。创新预防宣传载体，参与出品的廉政微电影《情义》在南通市微电影创作大赛中获得一等奖。

【刑事检察】 依法履行捕诉职能，全年受理公安机关提请批准逮捕案件156件201人，批准逮捕118件148人；受理移送审查起诉563件745人，提起公诉519件723人。严厉打击故意杀人、抢劫、强奸、贩卖毒品等严重刑事犯罪，批捕19人，起诉19人。严格落实宽严相济刑事政策，对主观恶性较小、犯罪情节轻微的犯罪嫌疑人依法从宽处理，不批捕42人，不起诉10人。进一步深化严打暴恐活动专项行动和立体化社会治安防控体系建设，办理非法买卖枪支弹药、聚众斗殴、贩卖毒品等妨害社会管理秩序犯罪64件140人。切实维护广大群众生命健康安全，办理危害食品药品安全案件5件6人、制售假药案件7件8人，针对部分医生退休后在农村地区非法行医的现象，及时向卫生部门发出检察建议，推动开展专项整治。积极开展刑事和解工作，受理刑事和解案件89件89人，促成和解80件80人，和解成功率89%，涉及民事赔偿金额2500余万元。

【诉讼监督】 县检察院坚持实体与程序并重，通过发出纠正违法通知书、检察建议等形式，加强对侦查活动和审判活动的监督，一起侦查监督案件被评为全省优秀侦查监督案例。严厉打击虚假诉讼，办理涉及51名受害人的23件出国劳务系列虚假诉讼监督案件，为出国劳务人员挽回经济损失100余万元。成功办理南通地区首例虚构欠发职工工资，申请劳动争议仲裁并申请法院执行的虚假仲裁监督案件，涉案职工41人，金额100余万元。一起民事监督案件被评为全国民事虚假诉讼监督典型案例。扎实开展刑罚执行监督，针对部分社区矫正人员因吸食毒品被收监执行的问题，专门召开集中警示教育大会和社区矫正执法人员风险防范培训，取得良好效果。

【规范司法行为】 坚持问题导向，认真查摆不规范司法行为，深入剖析原因，明确整改措施，确保问题查改“见人见事见案件”。坚持开门纳谏，邀请律师、人民监

启动"预防职务犯罪邮路" (县检察局 提供)

督员、特约检察员等召开座谈会3次，并通过发放征求意见函向社会征集相关意见建议15条。突出自查自纠，围绕指定居所监视居住、律师执业权利保障、涉案款物处置、同步录音录像、讯问犯罪嫌疑人等方面，对2013年年底以来办理的案件开展专项检查。针对排查出的问题，认真开展"一案一剖析"活动，深刻总结反思，对相关问题进行即知即改。建立健全规范司法行为的常态工作机制，探索建立《不规范司法行为备案问责制》，提升干警司法规范化意识，增强检察公信力和群众满意度。

【检务公开】 全年公开案件程序性信息891件、法律文书496份、重要案件信息35件。积极运用微博、微信、手机报打造"指尖上的检察院"，"海安预防"微信公众平台被评为县级机关"十佳惠民服务品牌"。不断深化代表委员联络，为500余名人大代表、政协委员订阅《检察日报》等报刊，进一步提高工作透明度和群众知晓率。在全县"人大代表评议政法机关"活动中，自觉接受986名各级人大代表的监督评议，测评满意率94.9%，在政法各部门中名列第一。认真落实"千警进社区"共建工程，选派68名干警每人挂钩联系一个村庄或社区，以检察官以案说法、检察职能图解、征求意见表等形式，将法治理念送下乡，把问题建议收上来，切实保障群众的知情权和建议权。

（刘合臻）

审 判

【概况】 县法院全年新收案件11126件，审执结10334件，未结案件1530件，同比分别上升23.87%、12.96%和103.19%。县法院出台《廉政监督员工作暂行规定》，重新选配廉政监督员21名，明确"一岗双责"，被市中级人民法院确定为第一批"法官清正、法院清廉、司法清明"创建活动示范单位。先后被省综治委表彰为"全省预防青少年违法犯罪工作先进集体"，被市委市政府表彰为"南通市文明单位"；少年庭被评为省"巾帼文明岗"，法警大队被表彰为"全省法院司法警察先进集体"，档案室被评为省AAAA级数字档案室，立案庭被市中院记集体三等功。全院52人次受到县级以上表彰。

【刑事审判】 审结刑事案件520件，判处罪犯687人。依法严惩强奸、抢劫、聚众斗殴、寻衅滋事等严重扰乱社会秩序的暴力犯罪，全年审结此类案件25件，判处罪犯54人。打击严重损害群众经济利益的非法吸收公众存款和组织、领导传销活动等经济犯罪，审结此类案件15件，判处罪犯37人。坚决惩处销售假药等危害群众生命安全的刑事犯罪，审结此类案件9件，判处罪犯13人。积极推动刑事案件办理过程中的以审判为中心诉讼制度改革，认真贯彻落实《中华人民共和国刑法修正案（九）》，严格遵循无罪推定原则和疑罪从无原则，绝不降格做出"留有余地"的判决。重大疑难复杂案件启动庭前会议程序，增加案件信息透明度，提高庭审效率，维护被告人合法权益。进一步明确关键证人出庭作证程序，完善证人保护措施和补偿具体操作细则，有效维护出庭证人相关权利。

【民商事审判】 审结民商事案件6751件，其中，普通民事案件5176件，商事案件1575件。强化与大调解中心合作对接，加强庭所共建，积极运用诉调对接"212"网络，完善矛盾共同化解制度。将坚持6年的片区法官工作与"千警入社区共建工程"有机融合，组织121名干警深入村居，第一时间妥善化解网恋引发的坠楼死亡纠纷、争办"第三者"丧事纠纷等多起突发性事件。持续加大巡回审判力度，妥善处理好南莫镇砖桥村266户村民土地流转纠纷，对九旬老人状告7子女赡养纠纷、张某和范某10余年邻里纠纷等案件实行调查、调解、开庭"三进村"，审理一案，教育一片。按照新民事诉讼法规定积极适用小额诉讼程序，实行一审终审，部分追索劳动报酬、机动车交通事故、民间借贷案件得以快速解决。以"保民生"为中心，妥善处理企业破产清算案件，规范市场退出机制，兼顾各方利益、保障社会稳定。精选典型案例，编印发放500余份《商事案例选评》，加强企业经营者预防风险意识。

【行政审判】 审结行政诉讼案件134件，非诉行政审查案件715件。认真学习新行政诉讼法及其司法解释，及时掌握立法精神，不断提高行政审判业务能力。增强司法与行政良性互动，连续5年发布《行政审判白皮书》，深入剖析行政机关败诉原因和行政执法中存在的突出问题，提出对策建议。注重业务指导，派员到高新区、曲塘镇政府等单位培训党政干部及执法人员300余名；参与县住建局、国土局等单位重大行政行为法律风险评估工作，帮助行政机关从源头上预防和减少行政纠纷，促进依法行政。持续开展资源环境纠纷案件"三审合一"集中审判，涉民生案件不机械坐堂问案，第一时间深入现场勘验、调查走访，审理各类环保案件17件。

【执行机制创新】 执结案件2643件，到位标的额8.29亿元。落实县人大关于执行工作的审议意见，建立与县国土局、住建局、公安局、住房公积金管理机构人、财、物查控网上联动。与相关银行、金融机构建立统一查询平台，实行网上查询单位或个人存款。与县农商行建立联网系统，实现网上查询、冻结、扣划等工作。充分利用全国“总对总”、江苏省“点对点”司法查控系统，全年通过该系统冻结、扣划3017.83万元。规范执行案件程序终结，建立程序终结案件个案登记制度，单列管理、全程监控。加强执行款物管理，简化内部审批流程，确保当事人合法权益及时实现。尽最大努力为企业追偿欠款，辗转贵州、云南、安徽等地为江苏鸿明达机械有限公司、南通昌鑫电线电缆有限公司、江苏铭安电气有限公司等企业成功执行584万余元。充分运用司法强制措施打击规避执行行为，拘留187名被执行人，促使其履行债务874万元。全面推行网上司法拍卖，启动“E拍贷”融资服务平台，全年公开拍卖房屋、汽车等27件标的物，成交12件，成交金额1650.1万元。

【应对经济新常态】 在城市化进程加快、物业纠纷普遍井喷式增长的情况下，县法院结合海安实际出台审理意见，统一裁判尺度，确立规制物业服务行为与保障业主权益并重的审判理念，率先突破物业纠纷应对难题。出台《关于服务融资担保行业健康发展的实施意见》，做出16项司法举措，更好发挥融资担保支持实体经济发展的作用。审慎采取保全措施，允许提供保险、保函、信用额度等诉讼保全担保方式，降低企业诉讼成本。依法支持金融机构清收贷款，执行相关案件119件1.34亿元；妥善解决南通鼎泰时装有限公司、奥斯机械有限公司群体性欠薪案件，有效维护社会稳定。

【知识产权保护】 审结知识产权案件27件。严厉打击知识产权刑事犯罪，以庭审为中心，以证据定罪量刑，切实做到惩罚与教育相结合。及时更新裁判理念，广东中顺洁柔公司诉南通濠景纸品厂商标侵权案件判决首次引入专家著述，得到市中院充分肯定。坚持审判精品战略，一类案件一宣传，“张裕”葡萄酒、衣念等驰名商标遭遇侵权案件被媒体广泛报道。妥善审理音集协大面积诉讼县域内多家KTV侵害著作权系列案件，力促许可使用，最大化实现知识产权市场价值。院长带队走访奥华国际装饰城、江苏华洁纸业公司等21家市场和企业，“4·26”知识产权日现场答疑解惑，发放宣传资料，提升全民尊崇、保护知识产权氛围，助推海安成为江苏知识产权强省建设区域示范县。

【青少年法治教育】 坚持未成年人案件审判与帮教相结合的工作理念，审结涉少案件96件，其中未成年人犯罪案件12件17人。指导十余所中小学参加模拟法庭21场，南通广播电视大学海安分校、城南实验中学、立发中学等多所学校法治教育在省、市获奖。实施“法治教育进家庭”工程，以社区为依托，每两个月组织家长和儿童开展法治小品、亲子互动游戏、家庭和谐大家谈活动，普及法律知识。在全县中小学进行法治巡回宣讲，2000余人次参加。引入未成年人心理干预机制，设立心理疏导室，邀请专业心理咨询师，对5名未成年被害人进行心理辅导，减轻心灵创伤。

【社会信用体系建设】 诉讼服务大厅设立禁止虚假诉讼警示牌，立案时签署诚信诉讼保证书，对缠诉、滥诉或者有其他政治企图等情形不予登记立案，并列入负面清单。坚决打击妨碍交易秩序、损害司法权威的虚假诉讼，严格审查民间借贷、房屋权属争议、离婚析产、资不抵债企业财产纠纷等虚假诉讼多发案件类型，10名虚假诉讼当事人被列入“黑名单”。按季度梳理失信企业及“老赖”，在执行大厅、中洋广场、县农商行52个分行网点、海安发布等平台发布失信被执行人名单2期141人，重点人员报至最高人民法院，限制高消费和贷款。

【率先实施立案登记制】 作为全省三家试点法院之一，自1月1日起，县法院院部和法庭整体联动，率先实施立案登记制。推行立案“双轨制”，民商事案件当事人可就近向人民法庭或立案大厅提交诉状，避免来回奔波。自行设计相关格式文本，确保收、退、转有根有据；制定立案登记负面清单，防止滥用诉权；邀请保险行业协会、妇联驻诉讼服务中心参与调解，促进矛盾纠纷多元化解。实行“诉讼服务中心、诉讼服务网、12368热线”三位一体诉讼服务模式，建立网上立案窗口，成功接受网上立案30件。首创的“庭长接待站”常态化运行，被最高人民法院推广为全国法院诉讼服务中心必设项目。

【司法人文关怀】 积极实施司法救助，减、缓、免13起民事案件29名当事人诉讼费45.27万元，发放60起执行案件

开展“法治宣讲进课程”活动　　（县法院　提供）

111名当事人执行救助款27.14万元，救助3名刑事被害人3万元。院领导集体蹲点帮扶县经济薄弱村，定点联系16名贫困农户，实地走访了解家庭情况，因户制宜实施救助。2012年成立“法院春蕾班”以来，“法官妈妈”与高新区仁桥小学、初中30名贫困学生“一对一”牵手结对，除给予资金扶持外，还提供每人每天一杯鲜牛奶，每年一套御寒冬服和一双运动鞋，真正让孩子体会到社会的关怀与温暖。

【审判环境建设】 设立诉讼参与人休息室，配齐饮用水、老花镜、电脑和打印机，添置法制宣传片播放系统，为上班前到法院的当事人、诉讼参与人提供临时休息地点。设立网络庭审直播区和便民书写区，安检处引入访客机，减少登记手续，执行大厅常态化接待执行事项查询，诉讼服务大厅和人民法庭增设银联POS机和手机充电站，建成省AAAA级数字档案室，最大限度方便办事群众。加强人民法庭基础设施建设，曲塘法庭新建项目完成土建工程，李堡法庭审判及诉讼服务用房扩建工程顺利推进，墩头法庭建成一体化诉讼服务站。

【弘扬法治精神】 县人民法院修缮司法文化广场法治长廊，定期更换宣传内容，让群众在潜移默化中接受法律熏陶，理解和支持法院工作。借助在中大街社区建立的“天平志愿者服务站”平台，辐射镇南、海北、新陵等8个街道，定期送法进社区、送法到楼道，为群众提供法律服务，推动和谐社区建设。迅速适应新媒体环境和公众参与方式新变化，全面开通法院官方微博、微信，累计推送法律新规、典型案例、司法动态等信息1866条，回应和解答群众疑问26次。

【深化司法公开】 加大科技投入，在庭审“三同步”全覆盖基础上，全面提质，实现从标清向高清转变。每庭必录，庭审录像长期保存，并将其列入庭审质量考核重要内容。以公开促公正，是全省唯一一家将符合条件的民商事案件庭审全过程录制给当事人的法院。增加庭审直播法庭数量，实现法院本部全覆盖，每个人民法庭确保一个庭审直播审判法庭，全年通过互联网、微博等方式直播庭审实况101件。拍摄普法微电影《小明打官司》，完整展现立案登记、志愿者服务、开庭审理、快速执行、法律援助全过程。以“上网为原则，不上网为例外”，通过中国裁判网向社会公众公布裁判文书4488份。

【创新陪审五项制度】 推行“合议制陪审方式”，以多人合议替代单人意见，解决个体陪审难以体现社会主流道德评价的问题；将陪审意见写入裁判文书，说明与陪审意见分歧的理由，破解“陪而不审”痼疾；以“听庭”方式将人民陪审引入简易程序案件，有效解决因陪审案件适用范围过窄而影响价值体现的问题；让人民陪审员自主选择陪审案件，解决以往人民陪审员个体优势及兴趣与陪审案件不相对应问题；建立日常管理制度，明确职责界限，解决有任用而无制约的问题。组织人民陪审员讲述、撰写陪审故事《聆听司法民主好声音》，最高院党组成员、政治部主任徐家新作序，人民法院出版社出版发行，《人民法院报》《江苏法制报》专版连载，宣传人民陪审员无私奉献、热心法治、公道正派、化解矛盾的高尚精神境界。

【审判权运行机制改革】 高新区人民法庭被确定为全省法院首批审判权运行改革试点法庭之一，按照实施方案稳步推进试点工作，努力实现“让审理者裁判、由裁判者负责”。组建两个“1(主审法官)+1(法官助理)+1(书记员)”审判组合，法官助理和书记员共同完成审判辅助工作，主审法官集中精力庭审和裁判，审判组合全年结案数均超过280件。落实主审法官办案责任制，主审法官自行定案和签发裁判文书，并对承办案件终身负责，工作责任心和职业尊荣感明显加强。有效改进院、庭长监督指导方式，院、庭长不再签发非自己参与审理案件的裁判文书，而是通过亲自审理重大复杂案件、加强审判流程管理、解答疑难问题等方式进行业务指导，实现从直接定案把关向宏观指导转变。

【推动涉诉信访法治化进程】 联合县司法局出台实施意见，建立以律师代理申诉及引入律师化解涉诉信访工作机制。在全县遴选资深律师作为独立的第三方，就申诉信访事项进行法律解读或者发表独立法律意见，引导当事人对诉求合理性、合法性进行论证。委托律师参与4件涉诉信访纠纷化解，成功化解2件，推动了涉诉信访化解工作法治化的有效开展。设立律师志愿者服务窗口，海安10家律师事务所安排专人进驻诉讼服务中心轮值，提供法律帮助。调整信访审读小组，对2起疑难复杂信访案件审读，形成审读意见。启动与上级法院远程视频接访工作，全年接访4人次，2起案件最高人民法院给予明确答复。

【加强能力建设】 推进院长、庭长直接办案，班子成员带头示范开庭，提高庭审能力。案例编报工作获得新突破，孙某诉南通百川面粉有限公司不当得利纠纷一案被《最高人民法院公报》采用，是县法院历史上第二个公报案例。刑庭庭长陈家定撰写的刑事判决书获评全省法院优秀裁判文书一等奖，南通地区法院仅此一篇。3篇案例入选《中国法院2015年度案例》。每位班子成员为青年干警授一堂课，图书馆常态化运行青年干警轮值制度，自主申报个人年度学习项目，引导青年干警快速成长。持续推进书记员专业化、职业化管理体制改革，先后有30名聘用制书记员通过省高院定岗考试，取得初级书记员资格。

【主动接受监督】 始终坚持重大部署、重点工作、重要事项向人大报告制度，以人大代表评议政法机关活动为契机，深入区镇、单位广泛听取意见，共梳理12个方面118条建议，逐个制定、落实整改措施。完善人大代表、政协委员联络机制，邀请代表、委员参与庭审观摩、摇号鉴定等工作，累计寄送法院工作季报1500余册。依法接受检察机关法律监督，支持检察机关履行法律监督职责，落实检察长列席审委会制度。真诚听取社会各界对法院工作的意见和建议，主动到上级法院听取意见，召开全县十大律师事务所主任座谈会，委托县统计局进行第三方调查，随机发放1000份问卷，围绕老百姓反映强烈的“六难三案”问题展开调查，社会公众满意率94.2%、案件当事人及相关人员满意率82%、法律工

作者满意率 100%。（芦 霞）

司法行政

【概况】 2015 年，县司法局在全省 97 个县、市、区司法局综合绩效考评中成绩名列第一，获全省绩效考评优秀单位称号，被省司法厅表彰为 2014—2015 年度全省优秀司法局，被市委市政府表彰为南通市文明单位，县级机关形象测评进入全县前十名。

县司法局党建工作经验在全省司法行政系统党建工作会议上交流，被县委县政府作为落实党风廉政责任制示范单位推荐接受市纪委检查。强化绩效考核，严格执行科室工作差别化考核和司法所工作月度绩效考核，推行行政权力网上公开透明运行和绩效对账制度，加强规范化管理，全面提高工作质效。将基层法律工作者纳入全面依法治国教育，通过“便民措施”制定、“正反典型”对照等“十个一”活动丰富全面依法治国教育内涵。开展法律服务人员“道德纪律”评查、“入行谈话”“诚信执业” 回访等活动强化法律服务人员执业全过程监督，有效提升法律服务行业形象，涌现出全县优秀政法干警章海洋、吉祖祥，市五一劳动奖章获得者刘海春，全国模范司法所所长唐忠军，优秀法律援助律师傅大燕等一批先进典型人物。

【法治宣传教育】 全力争创“六五”普法全国先进县，顺利通过省级考核验收，并被推荐全国表彰。强化青少年法治教育，在全国率先将法治教育纳入国民教育体系，推进“法治教育进课程”，全县 79 所中小学统一使用县司法局和教育局联合编写的《海安县中小学生法治教育读本》。建立政法干警结对学校开展法治讲座制度，为青少年普及法律常识。打造法治文化品牌，围绕青少年法治教育成功举办“德法同行 快乐成长”为主题的第十一届法治文化节，活动期间开展《海安县中小学生法治教育读本》首发、青少年法治微课比赛、青少年法治教育成果暨青少年法治书画摄影作品展等活动，丰富校园法治文化载体，构建学校、家庭、社会“三位一体”青少年法治教育模式。新媒体普法向纵深推进，海安 12348 手机客户端、《法治小秘书》手机报、海安发布 @“小司说法”、海安手机报“法治在线”、@ 海安司法微博关注率和好评率稳步上升，其中“@ 海安司法”微博被《人民日报》和新浪微博评为江苏省十大司法系统微博。

【公共法律服务体系建设】 把服务发展作为根本方向，强化三级公共法律服务中心建设，加快推进县公共法律服务中心建设，依托司法所区镇公共法律服务中心全部建成，依托村级为民服务中心村级法律服务平台建成率 100%。顺利完成基层法律服务队伍和司法鉴定“三化”建设试点工作，鼓励有条件的法律服务所整体入住镇级公共法律服务中心，将法律服务所参与公共法律服务纳入考核，并向下延伸推动基层法律工作者担任村居法律顾问。重点打造曲塘、海安、胡集等一批规范化司法所和法律服务所。创新基层法律服务“五统一”模式，该做法得到省司法厅厅长柳玉祥批示肯定，全市司法鉴定“三化”建设现场会在海安召开。律师、法律服务人员办理案件 5366 件，新增法律顾问单位 146 家。拓展法律服务领域，认真开展法律援助积案化解、法律服务 12348 集中宣传等专项行动。将法律服务窗口向重点部门和领域延伸，在县法院设立法律援助工作站和法律志愿者服务窗口，在县工商联(总商会) 设立中小企业法律服务工作站，积极引导律师参与化解涉诉涉法案件。在省法律援助质量考评中获得省司法厅领导和专家的好评，全年受理法律援助案件 2002 件，接待咨询 7768 人次。优化公证服务窗口建设，创新预约、延时、绿色服务等制度，成功缓解涉外出国劳务办证井喷压力，全年办理公证 12395 件。

【矛盾纠纷排查调处】 开展省级规范化人民调解委员会建设，10 个区镇人民调解委员会全部达到省级规范化人民调解委员会标准。开展矛盾纠纷排查化解“百日会战”活动，结合“千警入社区共建工程”，有针对性地指导基层强化治安防范、调处民间纠纷、化解信访问题、管控特殊人群等工作，及时捕捉群众诉求，解决矛盾隐患，消除社会不稳定因素。活动期间调处矛盾纠纷 368 件，调处成功率 99.1%。举办“司法行政开放日”暨人民调解工作新闻发布会，向社会公众介绍《江苏省人民调解条例》产生的背景意义和基本情况，以及近三年来全县人民调解工作开展情况，扩大人民调解工作的社会影响。完善调解联动机制，实现全县调解资源共享。认真组织开展基层矛盾纠纷调解现场指导、观摩活动，先后在区镇组织开展调解现场观摩活动 24 场次。按照专业化的要求，分层次，多方式开展专职调解员培训活动，200 余名调解员参加培训。对培训合格、业务技能过硬的调解员颁发调解员资格等级证书。充实稳定调解员队伍，全面摸底全县调解员队伍，调整部分不适合调解员岗位的人员，争取财政资金适当提高调解员待遇。继续推行调解个案补贴制度，提高重点难点案件补贴标准。全年，各级调解组织受理纠纷 4429 件，调解成功 4409 件，调解成功率 99.5%，其中县中心受理 48 件，全部调解成功。

【特殊人群服务管理】 加强社区矫正规范化建设，强化基层执法工作装备保障，建立执法装备清单制度，投入 40 余万元为基层司法所配备警用电动自行车，人脸识别考勤仪、执法记录仪、扫描仪、矫务通、手提电脑、便携式打印机等执法装备。创新社区矫正教育模式，依托“互帮共建”工作机制，制定并推行“集中宣誓、知识复习、学习规定、违纪通报、现场检查、菜单选学、好人好事、随堂测试、集体朗读、课后作业”等“十板块”社区矫正教育工作方法。先后组织服刑人员开展“远离毒品，珍惜缓刑机会”、学“海安好人”等主题教育活动。不断提升社区矫正执法管理人员素质，开展社区矫正执法管理人员常态化业务技能、法律法规等培训考核，先后邀请县检察院、法院工作人员为社区矫正执法管理人员开展职业风险防范知识培训。不断提升管理质效，社区矫正执法质量考核全省第一，安置帮教工作考核全市第一。在全省“法网杯”技能比武中，海安司法所社工周玲玲获一等奖，全市社区矫正技能比赛中海安代表队获团体一等奖。全年新接纳社区矫正对象 382 人，接收刑释人员 444 人，重新犯罪率低于省控指标。（李海建）

军 事

人民武装

【概况】 县人武部紧紧围绕学习贯彻军委主席习近平一系列重要指示和全军、军区政工会精神，扎实开展“三严三实”教育整顿活动，持续推进八项整治，用创新理论统思想带班子，按作战要求抓准备带基层，以科学管理促安全保稳定，努力推动各项工作落实，人武部和民兵预备役全面建设呈现良好发展态势。5月，被省海防委员会表彰为“海防工作先进单位”；年底，被南通军分区表彰为“军事训练先进单位”“新闻宣传先进单位”。积极开展帮村帮户和“双百双建”活动，从紧张的经费中拿出8万多元慰问困难群众、老党员和帮扶挂钩单位。

【思想政治建设】 坚持用党的创新理论武装干部职工，认真贯彻全军、军区政治工作会议和军队改革会议精神，围绕习近平主席在全军政工会上提出的10个方面问题、军区党委明确的8种问题倾向，从党委机关严起，从领导干部做起，带头整风整改，逐人深刻剖析，查摆问题，做到较真碰硬、不走过场，一个环节、一个步骤有序推进，深入查找八项整治工作存在的不足。针对上级检查组反馈的6个类型13个方面问题，再次逐项分析原因，逐项制定整改措施，逐项落实责任科室和整改时限，坚持挂账销账，确保问题归零。严密组织涉及郭伯雄、徐才厚信息清查清理，认真进行社团专项清理整治，干部职工个个签订承诺书，做出不参加社团的承诺，确保绝对忠诚、绝对纯洁、绝对可靠。积极开展民兵思想政治教育，组织全县基干民兵开展战斗精神、形势战备和根本职能教育，充分发挥县广播电视台、报纸、流动宣传车等新闻媒介的舆论宣传作用，利用民兵春节返乡、民兵整组、集训比武、夏季征兵等多种时机，集中开展专题教育。全年制作国防宣传展板50张，悬挂条幅40多条，印发各类《宣传手册》1.2万余份。新闻宣传在各类媒体用稿180余篇，其中有多篇宣传稿件在《中国民兵》《人民前线》《东海民兵》等主要版面刊载。认真筹划角斜“红旗民兵团”命名50周年纪念活动，完成“红旗民兵团”编制调整、经验材料初稿、故事集500篇。

【战备训练】 围绕以提高应对多种安全威胁、完成多样化军事行动任务能力为标准，以年底前形成大规模作战能力为目标，不断提高民兵完成多样化军事任务能力，注重抓好重大节日、敏感时期的战备执勤，着眼实战化要求，修订完善作战方案和反恐维稳、抗洪抢险、军警民联防等6类方案。10月至11月上旬，先后3次对接修改作战方案，高标准做好迎接省军区大规模作战能力检验评估。按照军分区日常战备综合整治要求，进一步加强机关战备库室配套设施建设和改造，投资20多万元更换密集架和购置相关器材物资。高标准完成兵器室建设，得到省军区检查验收组高度肯定。着力抓好上级组织的大项活动，努力提高部机关和民兵预备役队伍能力素质。3月和11月，参加“三实”训练考核和人武部机关军事训练考核，总体成绩排名靠前；4月，参加军分区组织的装备干部和保管员集训，取得理论考核第一；5月，参加高机战术演习，52人长途机动至射阳靶场，安全圆满完成演习任务；8月，专武干部和民兵营(连)长集训取得团体第三名；9月，民兵营(连)长、专武干部“四会”教练员集训，2人被评为优秀“四会”教练员；10月、11月，参加军分区统一组织的“通防—2015”和“通防—2015A”实兵对抗演练，得到军分区首长的高度肯定；11月，在军分区组织的民兵实战化应急连比武考核竞赛中取得团体第二名。

【征兵工作】 以完成征兵任务、提高兵员质量、杜绝退换兵为目标，积极探索，创新发展，海安作为全市3家体检信息化试点单位之一，在时间紧、任务重、要求高的情况下，不等不靠，主动作为，做到组织机构到位、宣传发动到位、工作落实到位、兵员管理到位。协调海安中专30台电脑，按要求架设征兵体检系统局域网，征集新兵100%高中以上学历，大专以上学历占新兵总数的58.2%，连续7年输送新兵100%高中以上学历，连续3年实现无退兵。

【安全管理】 认真贯彻各级关于安全工作的一系列指示要求，深入开展“学、训、整”活动和安全隐患排查整治，每月定期召开安全形势分析会，深入查找、分析和整改存在问题，每周一全体干部职工大交班，讲评部署工作，每季度不打招呼组织安全隐患检查整治，坚持把“三防四反”作为安全管理工作的重中之重来抓，搞好安全教育，不断强化安全意识。严格责任制，部、科、个人层层签订责任书，做到职责明确、责任到人。严格车辆管理，加强对军车和私家车驾驶员的经常性教育，严格落实派车手续和“两证一匙”集

7月16日，江苏省委常委、省军区政委曹德信视察海安县角斜“红旗民兵团”
(张志荣 摄)

3月13日,江苏省军区司令员李大清视察海安县角斜“红旗民兵团”
(张志荣 摄)

中保管制度，强化法规知识学习和行车技能训练。配套完善重点部位安全设施和管理，严格安保人员政审工作；针对人武部与民兵武器库距离较远的实际，坚持24小时干部值班，依托军警民联防机制，加强与地方110、消防的联系，加装红外高清探头和指纹识别系统，架设高压智能报警电网，10月初，安全圆满完成416件报废轻武器移送上交，民兵武器装备仓库37年安全无事故。抓好经常性安全教育管理，全年先后6次对涉密资料进行清查整理，3次邀请军分区专业人员到部现场办公，逐台电脑安装保密和标签水印系统，逐个硬盘登记信息、拍照粘贴标签，建立“全寿命”管理台账。

【学生军训】 按照年度计划安排和南通市中学生军训工作军地联席会议精神，克服学生军训与征兵工作时间相重的矛盾，从退伍战士和专武干部中考核选调优秀人员经短期集训，佩戴制式教员资格胸牌持证上岗。为减轻学生负担，协调县政府将往年由学生分摊的教员工资、交通、住宿、医疗、防暑降温和学生服装洗涤等费用由县财政支付。军训工作从8月9日开始至9月26日结束，实行封闭式管理、人性化施训，圆满完成全县10所高(职)中5500名学生军训任务，获得学校师生和地方各级好评，海安中专和双楼中专参加南通市大中专院校学生军训会操，获两个一等奖，取得历年来最好成绩。

【李大清、曹德信到海安调研】 3月13日，省军区司令员李大清带工作组在南通军分区司令员徐国安陪同下到县人武部调研。省军区政委曹德信分别于7月16日、12月21日两次带工作组，在南通军分区司令员徐国安、政委苏西群陪同下到海安调研。李大清、曹德信视察县人武部和角斜“红旗民兵团”建设和发展情况，对“红旗民兵团”建设及50周年纪念活动筹划进行指导，对海安前期所做工作给予充分肯定和赞赏，对民兵团建设今后的发展、经验总结、事迹宣扬和纪念活动时间、规模等都分别做了重要指示。

(葛坤山)

人民防空

【人防工程建设】 积极推进人防工程建设，结合民用建筑修建防空地下室工作取得新成绩。严格不能结合民用建筑修建防空地下室事项的审批，继续加大人防易地建设费收缴力度，按照法定要求，对人防工程易地建设费不减不缓。全年易地建设费筹集718万元，完成年度目标任务。完成人防工程新立项2个，新开工人防工程8个，竣工工程5个。

人防工程结构不断优化。严格落实《关于进一步加强人防工程维护管理工作的意见》规定，按照上级部门要求，县政府办公室出台《关于人民防空建设经费筹集及工程建设管理的通知》，9月1日起，全县对人防工程结建、审批、施工监督检查、验收等都做了明确规定。对已办理竣工工程，获得开发利用人防工程的单位，均要签订《人防工程平战使用合同》《人防工程使用、维护管理责任书》等相关责任书，民防工程完好率95%以上，平战结合开发利用率90%，为社会提供地下停车泊位4000余个。11月，开展人防工程使用安全巡查工作，发现问题及时责令整改，确保人防工程使用无安全事故发生。

【组织指挥体系建设】 人防基本指挥所土建工程完工，主体结构验收过关，正在实施装修和指挥通信信息化建设招投标工作；地面指挥所全年为县委、县政府召开电视电话会议以及防灾抗旱、应急管理等各类培训提供服务保障百余次，建成后的地下、地面、机动指挥所，将与海安县防空防灾、经济社会和谐发展相适应，并融入城市应急管理体系，真正实现“战时应战、急时应急、平时服务”的建设目标。

积极做好人防军事斗争常态化准备工作。认真落实国家、省、市关于加强民防(人防)建设的意见，切实抓好指挥信息系统、预警报知、专业队训练、演练工作。根据南京军区人防办、省民防局的统一部署，开展《城市防空袭方案》实案化修订。完成专业队整组工作，下发专业队整组工作意见和计划，全年安排训练总人数470人。组织专人巡查维管全县18台警报网点，确保“九一八”警报试鸣成功。

应急疏散基地标准化建设初步形成。县人防办充分利用盈拓生态园既有的社会资源创新发展，投入20万元左右对生态园内进行功能区规划、标识标牌设置、接收安置指挥所改造等建设，战时能容纳安置1.5万人的盈拓人口疏散基地基本框架成型，疏散基地内标识牌、指示牌及宣传图片资料等基本设施落实到位。拟定党政首脑机关疏散基地、疏散地域对接落实工作，人口疏散的区域位置、疏散路线、疏散组织和保障措施明确，形成疏散地域、疏散基地、疏散点“三位一体”的人口疏散体系。

【人防宣传】 以社区、学校、企业、人口疏散基地人防宣传为重点，营造人防建设的良好法制环境，全年印发宣传材料2000多份，组织社区群众现场咨询活动一次；与地震、民政等部门在星海社区开展防灾防震演练活动一次，300余人参加，增强社区群众应对灾害的自救互救能力；为城区初中学生免费提供人防教材3000余册，小学人防教材2000余册，宣传图片资料100余套，组织初二年级学生参加民防知识考试，参考率和合格率均100%；举办房地产企业、人防工程建设单位、物管单位等企业法人代表培训班1次，宣传人防法律法规、新修编的物业管理条例，下发《关于加强人防工程开发利用和维护管理的通知》《人防工程安全使用年检制度》等文件资料，督促人防工程建设、使用单位切实履行人防法定义务，落实人防工程维护、管理、使用相关法律责任。利用国家、省、市人防网站以及《人防科技》《人防信息》等报刊和新闻媒体报送县人防建设动态各种稿件10多篇，为建设法制人防打下良好基础。　（陈希韩）

武装警察

【武警中队概况】 武警海安县中队主要担负县看守所外围武装警戒任务，具体职责分为六大类：固定勤务、临时勤务、处置突发事件、防范和处置恐怖事件、抢险救灾和防卫作战。利用"雷锋日"和春节等传统节日，组织官兵到驻地孤寡老人家进行卫生清理义务劳动和看望慰问；大力开展各种文体活动，不断丰富警营文化生活，陶冶官兵情操。中队武警委员会推动党务、队务、警务、财务"四公开"，加强对中队党务、伙食、财务的民主监督，提升官兵对骨干培训、考学、入党、学技术等敏感事务的知情度。中队重点进行"学习践行强军目标、做新一代革命军人"主题教育。开展多项文体娱乐活动，做到每月体育有比赛，利用周末、节假日时间组织官兵开展篮球、乒乓球、羽毛球、军棋、象棋比赛、电子竞技，以及卡拉OK演唱活动。全年购进更新图书150余册，给官兵再学习、再深造提供平台。严格落实勤务制度，形成哨兵互控、监控员监控、干部查控的良好机制，有效杜绝执勤中的"常见病""多发病"。积极开展"三共"活动和联席会议，加强中队与看守所、中队与公安局的联系和协调，并与目标单位签订执勤目标安全责任书，明确责任区分，使勤务指挥通讯更加便利，确保目标单位全年安全无事故。升级执勤信息化系统，安装哨位集成箱，加强硬件设施建设，维护和更换损坏或到期的对讲机、电话、探照灯、报警器等设施，刷新"三区一线"标识和所有警示牌，让官兵对执勤更有信心。在完成以执勤处突为中心的各项任务中，涌现出一批先进个人和先进集体，中队先后11次被武警江苏总队评为"基层建设先进中队"；中队班集体先后6次因工作成绩突出被支队记集体三等功；先后多人荣立三等功。2015年，武警海安县中队在总队、支队组织的各项评比中因"成绩突出、进步明显、基础扎实、全面过硬"，再一次被武警江苏总队评为"基层建设先进中队"；中队班长颜海因工作成绩突出，被支队记三等功一次。

中队依据《军事训练考核大纲》，大力加强军事训练，完成训练场地扩建，完善反恐应急装备，成立反恐应急班，加大追捕、搜索、逮捕等专业训练。按照"规范化建设、标准化供应、精细化管理、精确化保障"的要求，进一步打牢后勤保障基础。认真筹划、加强学习宣传力度，扎实开展"伙食管理年"活动，狠抓专业兵队伍建设，大力抓好"六类专业兵"的培养和训练，开展岗位练兵、业务竞赛和经验交流等活动。中队建立安全工作领导小组，对官兵进行安全教育，实施安全检查，实行安全工作责任制。加强枪弹管理，严格落实各项规定制度，加强对闭路电视、查勤网络的管理和保密教育，防止各类问题的发生。6月，中队联合县公安局、交警大队、目标单位等多个单位，以海安县发生恐怖事件为背景进行联合反恐方案演练，提高友邻之间的协同配合能力，进一步强化官兵反恐处突能力。全年，中队出动兵力30余人次，完成15起武装押解勤务。

【消防大队概况】 海安县消防大队重点工作序时责任推进；严格落实"党委议教""党委议训"等制度，全面落实党务公开，凡涉及大队重大决策部署和官兵切身利益之事，必定征求大队全体官兵意见，保证党委议事决策的民主性、科学性。大队执勤训练工作紧紧围绕上级统一部署，以打牢灭火救援业务基础为重点，深入开展以体能、技能、器材装备操作使用，以及围绕四项建设考核相关内容开展练兵活动。5月，协助支队圆满完成总队四项建设考核场地保障和大跨度大空间厂房实战化考核工作。深入开展研讨式熟悉和互动式演练，相继组织开展人员密集场所、大跨度厂房、石油化工单位研讨式熟悉、互动式演练和人员密集场所夜间无预案实战拉动演练，部队

7月23日，武警海安县中队组织防暴队进行训练　　（县武警中队　提供）

县委副书记、县长顾国标慰问大队官兵　(县武警中队　提供)

战斗力、社会单位消防安全主体责任和自防自救能力得到检验和有效落实,取得良好的社会宣传效果。进一步推进专职队、保消队规范化训练管理工作,成效明显在支队组织的比武竞赛中,取得专职队第一、第五、第九,保消队第一、第三、第七的好成绩。大队深入扎实开展条令条例学习活动,采取集中授课与个人自学相结合的方式,组织全体官兵认真学习共同条令和《公安消防部队正规化管理规定(试行)》等相关内容,进一步增强官兵条令意识;开展常态化警容风纪和内务卫生检查和自查自纠活动,督促官兵养成良好的工作、生活习惯;坚持每月开展队列训练,培养广大官兵令行禁止、雷厉风行的过硬作风。同时大队狠抓部队正规化建设工作,大队组织中队干部、班长骨干和专职队负责人到兄弟单位参观学习正规化建设工作,学习借鉴兄弟单位先进经验和做法,同时立足实际,为官兵统一配发个人物品整理箱和迷彩箱包,全面提升内务建设标准要求。

【边防武警概况】 海安县公安局老坝港边防派出所,接受武警南通公安边防支队和海安县公安局的双重领导,主要负责海安县沿海地区海上、滩涂、港口、陆上的边防治安管理和反偷渡反走私工作。辖区海岸线长7.8公里,出海船舶220条,渔民2100人,管辖沿海边防管理区面积60多平方公里,常住人口3800人。全年接处警250起,立刑事案件23起,受理治安案件17起,调处纠纷120起,化解群体性事件8起。

双拥共建

【拥军卡】 根据省征兵办、省民政厅、省教育厅文件精神,海安县为2015年新征入伍的士兵,统一办理拥军卡,并享受中国银行海安支行优惠待遇。在县人武部、财政局、民政局和中国银行海安支行的共同努力下,为全县新兵全部办理"拥军卡",将优待金打入其"拥军卡"中。

【社区双拥】 认真贯彻《关于深入开展"双拥在基层"活动的实施意见》和《关于进一步加强基层社区拥军优属工作的实施意见》精神,积极开展"双拥在基层"活动,将双拥工作引向深入,进一步夯实双拥工作基础。把推进社区双拥工作作为全年的重点工作,制定下发《海安县加强社区双拥工作的实施意见》,要求在全县普遍建立社区双拥工作站,建立健全社区双拥服务体系,着力抓好社区双拥服务网点建设,为社区内优抚对象提供更为便利、快捷的服务,同时充分发挥优抚对象的积极性,在参政议政,为社区居民服务等方面有所突破。分批组织各镇负责双拥工作的相关人员到大公镇和海安镇社区双拥工作示范点参观学习。年底,大部分村居按照要求成立社区双拥工作领导小组,配备专门办公场所和专(兼)职工作人员,整理完善相关档案资料,建立以社区工作人员为主、以人民群众为基础、以志愿者队伍为依托的社区双拥工作服务队伍,为做好优抚对象服务工作奠定了良好基础。

【军民共建】 县政府、公安局、民政局、拥军办领导经常到县武警中队慰问官兵,企业单位、学校和中队签订双拥共建协议,在物质、教育等各方面给中队莫大的支持。每逢八一建军节,民政局安排地方电影放映公司,到中队为官兵放映电影,丰富节日氛围;中队也通过走访慰问驻地困难群众、到广场小区义务劳动等方式回馈驻地群众,共筑"军民鱼水情深、共建和谐社会"的良好局面。加强双拥示范基地建设,着重培植双拥典型,丰富双拥示范基地工作内容,提升双拥工作水平,推进全县双拥工作整体水平的提高,2015年角斜红旗民兵团被省授予"双拥示范基地"称号。　(夏宏年)

经济事务管理

Administration of Economic Affairs

东洲公园 章 丽绘

◎ 责任编辑 周宏文

固定资产投资

【概况】 全县完成固定资产投资510亿元，增幅13.6%，总量居五县(市)第三，增幅为五县(市)第二。其中，第一产业投资1.23亿元；第二产业投资317.44亿元，增长10.8%，总量居五县(市)第三，增幅为五县（市）第一。第三产业投资191.33亿元，增长20.8%，一、二、三产投资比例为0.2:62.2:37.6。全年完成高新技术产业投资195.92亿元，增长18.4%，占工业投资的61.7%。完成新兴产业投资104.04亿元，增长12.4%，占工业投资的32.8%。全年完成房地产投资额54.76亿元，增长4.3%；商品房施工面积591.34万平方米，增长0.2%。

【项目审批】 县发展改革委行政服务窗口始终把“廉洁、规范、高效、便民”的服务准则贯穿于平时工作之中，按照“转变职能、简政放权、优化流程、提高效率”新要求，不断创新服务举措，优化审批环节，积极推进行政审批服务工作，拓宽项目服务绿色通道，营造良好的投资环境。2015年，全县审批、核准、备案固定资产投资项目503件，其中工业项目252件，三产服务业项目48件，政府投资项目134件，办理企业技术改造项目69件，即办率98%，群众满意率100%。

【优化政务服务环境】 根据省、市、县有关文件精神，把县级权限范围内的企业投资项目备案和内资企业投资项目核准两个权力事项下放至曲塘镇、李堡镇。按照“依据不明确的申报材料坚决取消，能压缩的时限坚决压缩”的原则，对办理事项的申报材料、办理流程、审批时限等环节进行“回头看”，精简申报材料4项，优化流程19项，审批时限从法定的20个工作日压缩至5个工作日内。为方便服务对象办事，归并行政服务事项，统一向县政务服务中心集中，事项办理都在“阳光发改”系统公开透明运行，做到事项进驻到位、充分授权到位、电子监察到位，确保“一窗口”受理，“一站式”服务。

【推进固定资产投资项目建设】 为确保重大项目尽快获得审批，及早落户建设，发展改革委窗口对初审转报项目，从材料编制、向上转报到项目确认，做到一线跟踪指导，零距离服务，确保项目转报及时，申报材料准确无误。在项目推进过程中，窗口定期主动联系各区(镇)，及时了解、分类整理区镇重点工业项目在建设中遇到的亟待解决的难点问题，主动协调对接，协助政务服务中心组织相关部门及时召开项目联办会议，逐一协调、落实相关问题。2015年，先后为常安纺织园、东部家具产业基地、圣德曼、石材产业园等14家企业协调解决涉及项目立项、规划、审图、房产证办理、用地规划许可、消防审查、用电、用水等方面的问题76项。按照《省政府办公厅关于推进企业投资建设项目并联审批规范中介服务的意见》的要求，窗口主动协调相关部门在校安工程、城市道路、景观绿化等民生工程以及核准类项目的审批上采取并联审批，推动项目各项前置审批手续同步办理，加快审批进程，缩短审批周期，为工程尽快开工、尽早建成投入使用提供有力保障。 (陈阳春　王　晟)

财　　政

【概况】 2015年，全县财政总收入140.7亿元，一般公共预算收入总量62.06亿元，跃居全省46个县(市)第15位；一般公共预算收入增长14.7%，增幅居南通五县(市)第2位，全省第10位，较上年同期前移2位。税收占比86.2%。列全市第1位，全省第9位，较上年同期前移1位。实现增值税23.66亿元、营业税14.77亿元、个人所得税5.60亿元、企业所得税11.73亿元。财政总支出135.49亿元，增长12.4%。公共财政预算支出84.22亿元，增长19.3%，主要投向农林水利、教育、社会保障和就业、医疗卫生、城乡社区服务等民生工程。

【支持实体经济发展】 县政府出台促进新型工业化建设等18项促进实体经济稳增长、促转型的政策意见；争取上级补助资金超过23亿元，当年兑现工业、服务业等各项奖励1.2亿元；为127家次中小科技型企业发放“苏科贷”“科技型中小企业贷款风险补偿资金池”“小微企业创业贷”等项目贷款3.1亿元；引导峰融创业投资基金投资4家企业6810万元，其中南通市三和生物有限公司成功在新三板上市；注资2000万元充实担保公司注册资本金，担保公司年底在保余额33亿元。

【财政投入向农村、民生、教育倾斜】 海安持续加大农业农村投入。投入资金2.5亿元，疏浚河道267.7公里，完成土方126.9万立方米，拆坝建涵(桥)214处，新建防渗渠道136公里、拆建灌溉泵站95座、圩口闸及排涝站等26座；投入资金2730万元，开发建设高标准农田1.7万亩，改造中低产田0.6万亩；投入资金1.4亿元，改造农桥140座，建成“一事一议”奖补路130公里，拆建改造农村灌溉车口117座，维修186座；筹集资金3000万元，用于畜禽养殖污染防治设施建设补助和农村环境长效管理；全年完

财政宣传　　　　(县财政局　提供)

成政策性农业保险保费7678万元，累计15.7万户农民获得2878万元赔付金；通过“一折通”发放各项涉农补贴2.9亿元，惠及29.6万农户。

社会保障投入。全县拨付城乡居民社会养老保险财政补助资金3亿元，农村五保及城乡低保经费7325.7万元；拨付民政优抚事业经费6749.5万元，重残补助1578.5万元；拨付2014年度义务兵家庭优待金1857.3万元，复员军人定补提标资金296.9万元；安排基本药物制度补助资金7338.4万元，拨付基本公共卫生经费4287.2万元、重大公共卫生经费615.3万元，投入450万元支持全县公立医院改革；安排城镇居民医疗保险4649.6万元及新型农村医疗保险财政补助资金1.8亿元，拨付城乡居民大病保险配套资金299.3万元。

教育投入优先。编制教育现代化创建预算方案，明确县镇两级财政合理分担保障机制。投入4595万元进行义务教育学校24片塑胶化运动场工程建设，安排7257.4万元稳步推进中小学校安工程建设，安排义务教育学校教育信息化经费2918万元、实验室及图书装备经费1800万元；拨付义务教育学校公用经费4486.1万元，中职免学费及国家助学金1894.1万元，学前困难儿童、义务教育困难家庭资助及高中助学金等825.6万元，安排公办幼儿园补助经费3511.9万元。

【科学精细理财】 海安县加强预算编制工作，提高年初预算到位率，落实支出管理责任制，构建财政、预算单位齐抓共管的长效机制。强化预算支出分类管理，制定基本支出月度均衡用款计划，按月通报各预算单位支出进度，公务消费一体化监管，从源头上促进公务消费严格、规范、透明。做好财政资金整合与盘活工作。海安入选省对市县财政专项转移支付资金整合试点县，出台专项管理办法，清理核实财政存量资金，盘活存量资金用于保民生、促发展。国有资产监管完成县瑞海集团、区域供水有限公司等4家直管国有企业、县蚕种场等授权管理企业和事业单位投资办企业的2014年经营目标绩效兑现及租赁承包经营的租金收取工作，制定2015年国有企业经营目标绩效考核方案；出台国有企业负责人履职待遇、业务支出的管理办法，明确企业负责人公务用车、办公用房、培训、业务招待等方面的规定；派驻纪检组全过程监督管理直管国有企业。强势推进PPP合作项目(公私合作模式，公共基础设施中的一项融资模式)试点。城北污水处理厂等10个项目成功申报入选省PPP项目库，入库数为南通市第一，其中上湖健康城、海安体育中心项目列为省示范项目，上湖健康城项目与建设银行江苏分行签订省级PPP融资支持基金出资意向协议书；年内做成曲塘镇沼气发电工程项目、建筑垃圾处置和餐厨垃圾处置资源化利用等5个项目。

【政府性债务精准化管理】 海安按照“抓有效投入、控债务增长、盘新增收入、调债务结构、双保险落实”的工作要求，建立财政性资金投资项目审核机制，规范政府投资项目审核管理；实施政府性债务精准化管控机制，甄别锁定存量债务规模，加大国家政策性银行融资力度，全面压降债务综合成本，全力盘活化解债务资金，有效控制政府性债务风险。全年争取国家政策性银行批准贷款89.1亿元，其中棚户区(危旧房)改造一期工程18亿元贷款项目，成为国开行总行批准的江苏省首单以政府购买方式实施的项目。盘活化解债务资金5.7亿元，全年政府性债务平均年化综合成本下降13.1%。

2015年海安县一般公共预算收入完成情况表

表17 单位：万元

项目	总预算数	执行数	完成预算(%)	增减(%)
财政总收入合计	1400000	1407050	100.5	10.0
一般公共预算收入合计	606000	620566	102.4	14.7
(一)税收收入	527000	535126	101.5	15.8
1.增值税(25%)	63800	59146	92.7	8.4
2.改征增值税	13200	9635	73.0	-1.8
3.所得税(40%)	70100	69321	98.9	21.5
4.其他地方税收	379900	397024	104.5	16.5
(二)非税收入	79000	85440	108.2	8.5
1.专项收入	54186	54604	100.8	354.7
2.行政性收费收入	16794	17125	102.0	19.2
3.罚没及其他收入	8020	13711	171.0	-73.8

2015年海安县县本级一般公共预算收入完成情况表

表18 单位:万元

项目	总预算数	执行数	完成预算(%)	增减(%)
财政总收入合计	651500	662504	101.7	4.7
一般公共预算收入合计	134000	139090	103.8	10.0
(一)税收收入	55000	53650	97.5	12.6
1.增值税(25%)	2738	2695	98.4	7.3
2.改征增值税	1411	—	—	—
3.所得税(40%)	7891	6844	86.7	2.3
4.其他地方税收	42960	44112	102.7	18.1
(二)非税收入	79000	85440	108.2	8.5
1.专项收入	54186	54604	100.8	354.7
2.行政性收费收入	16794	17125	102.0	19.2
3.罚没及其他收入	8020	13711	171.0	-73.8

2015年海安县一般公共预算支出完成情况表

表19 单位:万元

项目	上年决算数	总预算数	执行数	完成预算%	可比口径增减%
一般公共预算支出合计	705844	916040	843989	92.1	19.6
1.一般公共服务	74408	89492	80952	90.5	8.8
2.公共安全	33763	46262	40352	87.2	19.5
3.教育	179067	214425	200786	93.6	12.1
4.科学技术	28873	35531	33284	93.7	15.3
5.文化体育与传媒	12469	16745	15107	90.2	21.2
6.社会保障和就业	47119	80513	71956	89.4	52.7
7.医疗卫生	51791	67392	58569	86.9	13.1
8.节能环保	11928	12924	9134	70.7	32.4
9.城乡社区事务	42324	104402	98951	94.8	133.8
10.农林水事务	134289	165164	159285	96.4	18.6
11.交通运输	10467	11413	10498	92.0	0.3
12.资源勘探、电力信息等事务	6456	21801	21072	96.7	226.4
13.商业服务业等事务	4240	7280	6900	94.8	62.7
14.援助其他地区支出	1109	1199	1199	100.0	8.1
15.国土资源气象等事务	13237	6681	5746	86.0	7.6
16.住房保障支出	12166	26401	24234	91.8	99.2
17.粮油物资储备支出		1949	452	23.2	—
18.国债还本付息支出	872	1379	1379	100.0	58.1
19.其他支出	41266	5087	4133	81.2	-90.0

2015年海安县县本级一般公共预算支出完成情况表

表20 单位:万元

项　　目	上年决算数	总预算数	执行数	完成预算%	可比口径增减%
一般公共预算支出合计	533461	678712	614941	90.6	15.3
1.一般公共服务	36500	58527	52174	89.1	42.9
2.公共安全	31127	43267	37357	86.3	20.0
3.教育	151183	205227	191589	93.4	26.7
4.科学技术	17421	17925	15679	87.5	16.9
5.文化体育与传媒	8296	8366	6727	80.4	13.3
6.社会保障和就业	33488	60523	54436	89.9	62.6
7.医疗卫生	49455	65850	57027	86.6	15.3
8.节能环保	11622	12245	8455	69.0	30.0
9.城乡社区事务	11533	23954	21353	89.1	85.1
10.农林水事务	94172	112042	106833	95.4	13.4
11.交通运输	10424	11413	10498	92.0	0.7
12.资源勘探、电力信息等事务	5446	19544	18866	96.5	246.4
13.商业服务业等事务	4240	7230	6900	95.4	62.7
14.援助其他地区支出	1109	1199	1199	100.0	8.1
15.国土资源气象等事务	13237	6681	5746	86.0	7.2
16.住房保障支出	12166	16401	14234	86.8	17.0
17.粮油物资储备支出	—	1949	452	23.2	—
18.国债还本付息支出	872	1379	1379	100.0	58.1
19.其他支出	41170	4991	4037	80.9	−45.7

【国家政策性银行贷款取得重大突破】 全年争取国家政策性银行贷款89.1亿元。抢抓国家政策性贷款重大机遇,精心包装项目,加大向上争取力度,成功获得国家开发银行31亿元、中国农业发展银行58.1亿元政策性贷款,总量位居省内县级城市前列,政府债务年化综合成本下降13.1%,政府债务结构得到改善。

（海　财）

国　税

【概况】 年末,海安县国家税务局有干部职工219人,全局设7个内设机构、7个派出机构、1个直属机构和1个事业单位。其中第一税务分局为专职纳税服务机构,其余分局为专业应对机构,第七税务分局同时还承担大企业和国际税收管理职能。3月5日,海安县国税局“125”爱心志愿服务项目荣获共青团南通市委授予的2014年度“南通市十佳志愿服务项目”称号。县国税系统继续保持县文明行业称号,县国税局和7个基层分局荣获市文明单位,“125”爱心志愿服务项目获得全市十佳志愿服务项目。多人分获江苏省青年岗位能手、南通市优秀志愿者、海安县十大杰出青年、十大法治人物、十大女杰等荣誉称号。截至2015年12月底,全县由国税部门负责征管的纳税人24832户,其中企业12007户(增值税一般纳税人6836户),个体纳税人12825户(个体增值税一般纳税人272户,达点户1498户)。

全县累计组织全口径国税收入35.33亿元,同比增长15.04%。完成地方公共财政预算收入9.7亿元,同比增长15.43%,总量居五县(市)第2位,全省46个县(市)第12位,比上年前移2位,增幅第8位,比上年前移4位,实现历史性突破。增值税(不含营改增)增幅8.44%,高出全省平均增幅2.36个百分点。全口径国税收入增幅、地方公共财政预算收入增幅、直接征收增值税增幅、县级企业所得税增幅等7项主要指标均位列全市第一。策应国家调结构、促发展、惠民生、扶持创新创业、促进节能减排等系列举措,稳妥实施有增有减的税收政策,全年办理税收优惠16亿元。从税收走势看,国税收入增幅较上年提高3.52个百分点,季度直接收入呈V形趋势,四个季度全县国税直接收入增幅分别为35.6%、0.86%、8.02%和18.03%。从分级次收入占比看,中央级收入占比进一步下降,国税部门贡献的一般公共预算收入占比提高。2015年中央级收入占比在上年下降0.94个百分点的基础上又下降0.4个百分点。国税一般公共预算收入占全县一般公共预算收入(620566万元)的15.64%,比2014年(15.54%)提高0.1个百分点,比2013年(15.45%)提高

0.19个百分点。从区(镇)比较看,高新区和开发区、四大中心镇(曲塘镇、李堡镇、白甸镇和墩头镇)和其他区(镇)分别完成国税收入 21.89 亿元、4.34 亿元和 3.43 亿元,分别增长 10.3%、9.9%和 12.34%。与 2014 年相比,高新区、开发区国税收入占比下滑 0.12 个百分点,四大中心镇下降 0.08 个百分点,其他区(镇)提升 0.19 个百分点。国税收入超亿元的区(镇)有开发区(11.26 亿元)、高新区(10.64 亿元)、曲塘镇(1.48 亿元)、大公镇(1.26 亿元)和李堡镇(1.25 亿元)。从主要税种看,国内"两税"收入份额略有下滑,企业所得税占比止跌回升。全县入库国内"两税"(增值税、消费税)248533.47 万元,比上年增长 8.12%,占国税收入的比重为 74.84%,下滑 4.5 个百分点。2015 年企业所得税 86809.24 万元,比上年增长 45.63%,占国税收入的比重为 24.57%,提高 5.16 个百分点。从经济类型看,内资企业税收占比较高,占八成以上份额。内资企业入库税收 27.3 亿元,同比增长 17.19%,占三大税种比为 91.41%,比 2014 年提升 0.93 个百分点。从户均纳税情况看,涉外企业和国有集体企业户均纳税能力有所提高,全县涉外企业户均纳税258.7 万元,比2014 年提高 34.4 万元,为内资企业的 6.46 倍。内资企业中国有集体企业纳税能力较强,2015 年户均税收267.19 万元,比 2014 年提高 37.67 万元。从产业结构看,二产税收份额接近四分之三,服务业税收比重有所提升。全县第二产业入库国税收入 246637.78 万元,同比增长 9.89%,比 2014 年下降 3.98 个百分点。二产中,制造业入库国税收入 231731.47 万元,同比增长 9.65%,比 2014 年下降 3.9 个百分点。第三产业入库国税收入 88656.64 万元,同比增长 36.41%,占国税收入的 26.44%,比 2014 年提高 3.99 个百分点。从重点企业看,重点税源企业增幅低于整体税收增幅,税收占比略降。全县 52 户重点税源企业实现国税收入 136938.54 万元,同比增收 15783.68 万元,增长 13.03%,重点税源企业税收增幅低于全县国税收入增幅 2.01 个百分点,税收占比由上年的 39.46%下滑到 38.76%,下降 0.69 个百分点。

【国税风险管理】 全县国税系统主动适应和服务经济发展新常态,紧扣组织收入中心,大力推动风险管理方式转型,"前台办理、后台支撑、风险指引、分类应对、过程控制"的税收管理新模式初步到位。先后制定《风险应对示范单位建设方案(试行)》《风险应对任务分配规则》《风险应对竞标管理办法》《应对案卷评审标准》和《应对分局城区集中办公方案》。原税源管理分局全部转型为专业应对部门,直接参与应对人员占分局总人数的 95%。规范"模板""指引"应用,先后举办 6 期风险应对培训班,累计受训 300 余人次,培训对象覆盖全体应对人员和业务科室骨干。利用现有办公设施,全面规范设置"约谈室""查账室"和"集体审议室",统一采购视听、书证等记录设备,规范各环节文书使用,细化证据归集等工作标准,应对分局全部集中到城区办公,初步实现分局管理科室化和风险应对规范化。适应省国税局"1+3"的任务整合推送规则,打破属地限制,按行业、规模等进行动态任务分配,对 97 户应对任务开展 2 次竞标活动,竞标比率 36%。组建 17 个风险应对团队和 6 个项目团队,分管局领导、应对分局班子成员和业务科室骨干全面融入风险管理,形成"统一规划、集中参与、团队合作、分项落实"的一体化运行机制,有效解决了单兵作战评不深、评不透的问题。全年完成风险应对 588 户,占纳税人总数的 2.4%,应对完成户数居全市第一,应对总成效全市第二。与 2014 年相比,应对户数下降 61.44%,户均成效由 13.05 万元上升到 21.84 万元,增长 67.36%,风险应对整体质效得到显著提升。

【国税服务体系】 作为省国税局确定的"全国管理服务公开示范点"建设单位,海安国税局贯彻落实国家税务总局"便民办税春风行动"和《全国税务机关纳税服务规范》,以纳税服务分局为主体,全面实现纳税服务一体化、规范化运行。办税服务厅整体进驻县政务中心,原李堡、曲塘办税延伸点分别进驻两地便民服务中心,"三证合一""一照一码"改革全面实施,国、地税深度合作全面铺开,联合宣传、联合办税、信息交换成为常态。按月组织新办纳税人学堂,加快建设"实体+网上"纳税人学堂,认真开展培训辅导活动。1 月 1 日起,新认定的增值税一般纳税人和新办小规模纳税人推行增值税发票系统升级版,对增值税防伪税控系统、货物运输业增值税专用发票税控系统、稽核系统以及税务数字证书系统等整合升级完善。实现纳税人经过税务数字证书安全认证、加密开具的发票数据,通过互联网实时上传税务机关,生成增值税发票电子底账,作为纳税申报、发票数据查验以及税源管理、数据分析利用的依据。全年完成增值税发票升级版和新版企业所得税申报表推广应用工作。

8 月 10 日,全县首台车辆购置税自助终端在海安众达汽车销售公司投入运行。该终端集车购税税额计算、POS 机刷卡缴税、凭证打印、档案扫描留存等功能于一体,纳税人可通过电子触摸屏和语音提示,在较短时间内自行完成车购税纳税申报并打印完税证明,实现买车、缴税的一次性到位。

10 月 1 日起,根据苏国税函〔2015〕226 号文件要求,全面推行"三证合一、一照一码"登记改革。对新设立企业、农民专业合作社领取由工商行政管理部门核发加载法人和其他组织统一社会信用代码(以下称统一代码)的营业执照后,无须再次进行税务登记,国税机关根据企业办理营业执照的信息导入征管系统,并在企业首次办理涉税事宜时,补充采集相关信息。企业凭加载统一代码的营业执照可代替税务登记证使用。

拓展办税事项网上申请功能,加强自助办税系统的巡查维护,保障全天候满足纳税人办税需求。在原有 10 套自助设备基础上,率先设置 2 台增值税专用发票自助代开设备和 3 台车购税自助缴税设备,纳税人自助购票 3.97 万份,发票验旧 2.23 万份,自助代开 789 户次 2521 份,车购税自助缴税 2407 辆,非接触式服务比重进一步提升。构建税企联系新机制,承担全省国税系统邮递送达涉税文书试点任务,健全完善"统一受理、全程录音、事后质检"的特服号运行机制,累计邮寄送达文书 3823 户次,接听特服号咨询电话 1.01 万个。成立纳税人满意度提升项目组,认真开展"深化机关作风建设,不断提高纳税人满意度"主题活动,对拟上市企业、重点企业、"走出去”企业实施个性化服务，纳税人满意度调查为全省第三名。

【国税稽查】 海安加强税收执法及业务事项日常管理，采取短信提醒、实地调查、机内数据提取核查、审核把关等方式，全年审核审批退税、注销、处罚事项5355户次，发起应对跟踪质疑146户次。严格落实江苏省国税局《税收检查任务管理办法》，加强税收检查任务的整合，严格实地检查审批，从根源上解决任意下户、随意执法的问题，实地检查下户38户次，占比6.3%，未发生一例二次实地检查情况。结合“模板”“指引”的应用，制定风险应对报告集体审议规则和配套的6项具体工作制度，修订一般稽查案件审理办法和重大税务案件审理工作规程，全面推行稽查案件查处使用说理式执法文书。累计对578户应对任务按规定进行集体审议，56户发现问题并进行补正，审理审结稽查案件19件，准期审结率100%，其中大要案9件，移送公安机关4件，稽查直接查补入库733.93万元。 （王　磊）

2015年海安县国税收入情况表

表21

项　　目	2015年实绩	2014年同期实绩	增减率(%)
一、税收收入合计(含调库)	353329.80	307136.63	15.04
税收收入合计(不含调库)	309429.80	268136.63	15.40
1.增值税(含调库)	247438.84	228529.62	8.27
①直接征收	203538.84	189529.62	7.39
其中：营改增	10854.31	10366.89	4.70
A县属营改增	9634.93	9814.93	−1.83
B省属营改增	0.00	551.96	
C中央营改增	1219.38	0.00	
②免抵调库	43900.00	39000.00	12.56
2.消费税	1094.63	1343.68	−18.53
3.企业所得税	86809.24	59609.55	45.63
其中：①内资企业所得税	57868.60	38790.20	49.18
A内资县属企业所得税	41857.63	28574.43	46.49
B内资省属企业所得税	15998.67	10208.15	56.72
C内资跨省总机构预缴税款	11.39	5.10	123.33
D内资跨省总机构汇缴税款	0.91	2.52	63.89
②外资企业所得税	28940.64	20819.35	39.01
A外资县属企业所得税	28637.70	20595.37	39.05
B外资跨省总机构预缴税款	302.71	223.87	35.22
C外资跨省总机构汇缴税款	0.23	0.11	109.09
4.个人所得税	1.59	2.30	−30.87
5.车辆购置税	17985.50	17651.48	1.89
二、出口退税	89522.51	71488.04	25.23
三、免抵调库	43900.00	39000.00	12.56
四、提退税金	8350.42	13370.17	−37.54
其中：①增值税退税	7015.89	5313.75	32.03
其中：营改增	6.03	87.17	−93.08
②企业所得税退税(县属)	1334.53	8056.42	−83.44

2015 年海安县国税县级收入情况表

表 22

项　　目	2015 年县级收入	2014 年同期收入	增减率(%)
国内增值税(含免抵调,含营改增)	68781.06	64355.61	6.88
国内增值税(含免抵调,不含营改增)	59146.13	54540.68	8.44
①直接征收	57806.06	54605.61	5.86
其中:县属营改增	9634.93	9814.93	-1.83
②免抵调库	10975.00	9750.00	12.56
企业所得税	28261.18	19713.83	43.36
①内资县属企业所得税	16743.05	11429.77	46.49
②内资跨省总机构预缴税款	2.28	1.02	123.33
③内资跨省总机构汇缴税款	0.18	0.10	78.43
④外资县属企业所得税	11455.08	8238.15	39.05
⑤外资跨省总机构预缴税款	60.54	44.77	35.22
⑥外资跨省总机构汇缴税款	0.05	0.01	228.57
合　　计	97042.24	84069.44	15.43

地　　税

【概况】 2015 年,海安地税局内设 8 个科室,分别为办公室、税政法规科、规划财务科、征管科技发展科、数据管理科(同时挂第七分局、税收风险评估分局的牌子)、人事教育科、监察室、机关党委(总支);下设海安地税稽查局 1 个直属行政机构和 8 个派出机构,分别为第一至第七税务分局和南通地税局稽查局二分局检查执行三科。海安县地税系统有税务工作者 194 人,其中研究生 11 人,本科学历 159 人,“三师”职称 38 人,中级职称 131 人。2015 年,组织征收税收收入 52.57 亿元,同比增收 6.84 亿元,增长 14.96%,其中:完成地方公共财政预算收入 43.81 亿元,同比增收 5.98 亿元,增长 15.83%,增幅全市第二。组织入库各项基金费 26.06 亿元,同比增收 2.64 亿元,增长 11.28%,其中:组织入库社保费 23.48 亿元,同比增收 3.41 亿元,增长 16.97%,位列全市前列。

【税务管理】 全县开展“税源基础管理质量年”活动,夯实基础管理,落实征管规范,建立良性征管秩序,优化流程节点,分事项制订“多头注册”“股权转让”“欠税管控”“案头分析”等作业指导书,确保推进有序、文书规范、环节衔接、责任落实。加强指标监控,建立税源管理措施。强化“防、控、改”过程管控,按月、分事项进行税源状况通报,摸准指标反映征管实质,实行跟踪问效报告,采取针对性办法,特别是对新增“欠税、欠社保费”,借助分类介入、社保代申报、定期巡查等制度,将欠缴风险化解在源头。推行税源清单制,建立科学推送机制。强化任务统筹,合理界定税源管理事项职责范畴,有序推进两个所得税汇缴、年所得 12 万元申报、税收优惠政策落实与核查等,注重部门间的沟通协调,建立“征、评、管、查”协作机制。如对风险应对中发现房土两税税源不准确的,由风险应对部门制发《税务事项通知书》,督促纳税人提升税源登记质量。分析征管薄弱环节,推行专项整治措施。通过“点面结合”方式,针对特定事项和特定行业推行专项整治,如重点针对驾培行业、餐饮业、旅馆业、物业、社区租赁、拆迁补偿等行业和事项,采取解剖应对,集中分析,统一标准,专项整治,实现税款 2000 余万元,餐饮、住宿等行业定额调整同比增长近 30%。

活力地税·绿色出行　　　　(县地税局　提供)

全年完成高、中、低等风险应对2391户次,合计入库税款4.9亿元,贡献率全市领先。全方位实施风险监控。在对流失类风险、基础类风险开展数字化识别的基础上,分行业、分集团、分事项实施人工分析,全年对建筑业、房地产业、重点税源企业等进行196户次人工案头分析,总结73个共性风险点,出具3份风险分析白皮书,及时开展预警提示和应对指引。集约化组织建筑项目、房地产行业税收专项清理。打破分局区域限制,对全县185家建筑企业、48户房地产项目集约化开展风险应对,实现税款6500余万元。探索"应对对象分值量化、应对人员任务量化、工作业绩评价量化和应对任务竞争性分配"应对积分管理办法。鼓励应对人员"多评案、评大案、查要案",鼓励应对人员在完成规定任务的情况下主动申请任务、发现问题,提升应对质效。

推行大企业税收风险防范顾问制度。建立大企业税收风险防范顾问团队,对首批100户典型大企业开展风险防范服务,对进入上市轨道或进入审批程序的拟上市和重点培育上市企业的风险应对或稽查案件审议,实行"一户一议",通过全方位服务和递进式风险应对策略,帮助企业防范和化解涉税风险。推进立体式风险遵从防控。加大低等风险推送面,1169户次纳税人自查补缴税款252万元;瞄准重大风险事项和涉税案情高发行业,有效发起中等风险任务;推行"风险黑名单"制度,将2户中等应对任务提升为高等应对任务,提高低遵从和恶意不遵从纳税人的应对等级。

学雷锋　送服务　　(县地税局　提供)

【税务执法服务】 县地税局组建税收服务专家团队,为大企业集团、上市公司、科技型企业等提供一对一的"税收保健医生"。推出《服务地方经济发展30条措施》。全年向地方党委、政府报送高质量《税收看经济》快报12份,积极建言献策。切实落实税收优惠政策。出台《"大众创业、万众创新"税收优惠政策解读》,加大对结构调整、科技创新、小微企业、促进就业、保障民生等方面税收优惠政策的执行力度,全年减免税收优惠1.2亿余元。加强税收风险内控机制、税收信用体系建设,帮助企业化解涉税风险,提升纳税遵从,促进纳税人依法经营、诚信纳税,推行"首违免罚""轻微不罚"及"自由裁量最低标准处罚"等措施。倡导"执法+服务=遵从+满意"的理念,优化执法服务机制,最大限度地引导税收遵从,提高公众满意度,打造现代新型行政服务机关。以纳税服务局整建制进驻政务中心为契机,充分发挥纳服资源整合优势,进一步做强实体办税平台和拓展网上办税功能;制定《涉税管理事项及提交资料指南》,开设"纳税人学堂办税体验区",为新办纳税人培训提供"全天候"服务。推行"容缺受理"办税服务。对纳税人办理频度高、资料要求多的税务登记、税收优惠等4大类30项涉税事项,在纳税人欠缺非核心资料时,先行受理,指导纳税人填写《容缺受理承诺书》,允许纳税人"先办后补",全年办理"容缺受理"服务事项243件。强化税收法治建设。深入开展"依法行政示范单位"和"规范执法示范岗"创建活动,县地税系统被评为市"六五"普法先进示范单位。全面规范涉税行政处罚行为,组织税务行政执法案卷评查,实施重大案件一级审理、"招投标"式检查,开展房地产、建筑业专项检查,加强发票违法案件和举报案件查处,对执行难案件实行强制执行措施。全年查处结案21户,自查150户,入库总额6361万元(其中直接查补入库976万元)。

2015年海安县地方税收完成情况表

表23　　单位:万元

序号	项　　目	2015年	2014年	增减%
1	税收合计(全口径)	525709	457295	14.96
2	营业税	173782	131700	32
3	其中:省级收入	26036	23046	12.97
4	市县级收入	147746	108654	35.98
5	企业所得税	46624	50418	−8
6	其中:省级收入	0	0	

续表 23

序号	项　　目	2015 年	2014 年	增减%
7	市县级收入	18650	20164	-7.51
8	个人所得税	56026	42988	30
9	资源税	1018	1455	-30
10	城市维护建设税	20264	17805	14
11	房产税	13750	11355	21
12	印花税	9554	7776	23
13	城镇土地使用税	17925	16685	7
14	土地增值税	98599	82652	19.29
15	车船税	3189	2649	20.39
16	契税	77943	80211	-2.83
17	耕地占用税	7035	11601	-39.36
19	地方公共财政预算收入合计	438083	378202	15.83

2015 年海安地税非税收入完成情况表

表 24　　　　单位:万元

序号	项　　目	2015 年	2014 年	增减%
1	非税收入合计	260606	234179	11.28
2	教育费附加收入	20060	17660	13.59
3	文化事业费	24	42	-42.86
4	社会保险收入	234852	200775	16.97
5	综合基金	1531	13243	-88.44
6	残疾人保障金	1701	1703	-0.12
7	工会经费	714	756	-5.56
8	防洪保安基金	943	0	100.00
9	垃圾处理费	781	0	100.00

(周　俊　柯　群)

审　计

【概况】 全年海安完成审计和审计调查项目 334 个,查出违纪违规金额 2324 万元,管理不规范金额 107 亿元,收缴财政 937 万元,减少财政拨款 22275 万元,移送案件线索 17 件。县审计人员深入社区群众,调查了解诉求,通过查找建设资料和法律法规,维护小区居民权益,促使开发商补缴住房维修资金 13.83 万元,物业用房净增加 33.28 平方米,并阻止 260 平方米国有资产房屋流失。县审计局先后获得第六届市文明单位、全省审计信息宣传工作成绩突出单位、全市审计工作综合考评一等奖、审计信息宣传工作先进集体一等奖、计算机审计方法竞赛一等奖、审计工作“创新奖”一等奖等殊荣。县内审协会荣获市内部审计指导工作表彰单位第一名、市内部审计信息宣传工作表彰单位第一名。

【重大决策部署落实情况审计】 根据审计署统一部署,积极做好稳增长、促改革、调结构、惠民生、防风险政策措施落实情况的跟踪审计,海安派出 7 人赴张家港市参加保障性安居工程“一条鞭”交叉审计,圆满完成审计项目任务,同时为盐都区在海安的审计工作做好保障服务。围绕贯彻中央八项规定等有关作风建设的要求,在日常审计工作中加强对中央八项规定、国务院“约法三章”、省市县委十项规定要求和主要领导 “四个不直接分管”制度贯彻执行以及“三公”经费支出等情况的监督检查。

【财政预算执行审计】 海安全面审计分析 153 个部门预算执行情况,重点审计原县卫生局、水利局等 4 个部门,延伸审计县教育局、国土资源局等 20 个部门,对债务举借、风险防范、日常核算等方面存在的问题提出审计建议。同级审工作得到县人大常委会的充分肯定，委员们一致认为：同级审围绕大局，审计重点突出；服务发展，审计数据可靠；揭示问题，审计成果明显。

县政府高度重视同级审工作，下达审计整改交办单 14 份，县审计局坚持审计整改回访制度，跟踪督促检查审计整改情况，审计促进相关责任单位出台 28 个文件，建立 65 个制度，问题整改到位 75 个，收缴财政专户 575.87 万元，移送税务部门查补税费 430.17 万元，清收企业借款 12471.69 万元、土地出让金 739.59 万元、清理往来 203.54 万元，审计整改成效显著。

同时，县政府积极采纳审计建议，组织有关部门制定《关于牢固树立科学发展观 切实加强政府性债务精准化管理的通知》《关于化解当前区镇发展有关问题促进区镇可持续发展的政策意见》《关于进一步加强政府重点工程建设资金管理的通知》等 13 个规范性文件，为完善预算管理机制、提高财政资金使用效益、防范财政风险发挥了积极作用。

【领导干部经济责任审计】 海安实行审计监督全覆盖，组织对 21 位领导干部和村(居)主要负责人开展经济责任审计，其中离任审计 9 个，任中审计 12 个，任中审计比例 57%，首次将审计监督延伸到 2 位街道办事处主要负责人。同时，积极整合资源，组织 10 个区镇开展通学桥村、范垈村等 10 个村 16 位村党支部书记、村民委员会主任经济责任“一条鞭”审计，审计查出违规金额 43.11 万元，管理不规范金额 265.93 万元，收缴财政 7.9 万元，移送案件线索 3 件，提出审计建议 32 条。审计中突出“四责一廉”，并将资源环保和生态文明建设情况纳入审计重点内容，对领导干部经济责任审计中发现的问题进行责任界定，全面反映和评价党政主要领导干部的工作业绩。在 2015 年党政主要领导干部“三责联审”暨第十九次经济责任审计联席会议上，县领导要求在区镇党政主要领导干部经济责任审计中融入资源环保相关内容。

【政府投资工程审计】 海安再次通过县公共资源交易中心对政府投资建设项目审计社会中介机构备选库实施政府公开招标，有符合资质条件的 22 家单位参加竞标，经过审核和评选，最终确定 12 家社会中介机构入选备选库。审计局工程审计人员严格按照管理办法，复核和全面考评社会中介机构项目完成情况，对 2014 年参审项目质量复核误差超出 2% 的 9 家外聘中介机构，扣减 33332 元外聘审计费用。

加强对政府投资重点项目的审计监督，对部分小型农田水利、农业综合开发、房屋征收、代建工程等建设项目开展决算审计，完成 266 个政府投资工程结算审计项目，审计净核减 22275 万元。完成署“一条鞭”2014 年海安县城镇保障性安居工程跟踪审计、4 个房屋征收安置工程竣工决算审计以及社会中介机构出具的 2 个房屋征收项目工程财务收支审计报告的审计复核。同时，对保障性安居工程、353 省道海安段建设、开发区科研大厦建设、体育中心建设、广电中心建设、艺术中心建设等重大投资建设项目进行跟踪审计，关注工程质量、项目管理等情况，发现问题及时整改。

【民生资金和资源环境审计】 海安对县残疾人保障资金、农机购置补贴资金、328 国道改建工程及资金、慈善基金等民生资金实施专项审计和审计调查。残疾人保障资金审计核减重残救助金、护理补贴、低保重残救助金 30 多万元，实现信息资源共享和重残救助金工作动态管理，促进特殊困难残疾人生活救助工作规范运行。同时，探索开展资源环境审计，组织农村河道疏浚整治、河面保洁财政补助资金，畜禽粪便排放及畜禽粪便处理中心日常运转专项经费绩效专项审计，揭示项目变更不够规范、未按规定招标、设备运行不足、执法检查不到位等问题，推动资源、环保政策落实到位。

【国有企业审计】 加强社会中介机构执业质量监督，核查社会中介机构出具的县担保公司、供水公司等 4 家国有企业财务收支审计报告。县审计局主要围绕县政府年初对各企业的经济效益考核指标，重点核实企业收入、支出、费用等数据，通过复核，调整相关数据，为相关指标的完成情况提供准确数据，并对审计中发现的国有企业管理问题和政府考核指标的确定提出合理化建议。同时，组织实施瑞海集团资产负债审计，揭示违规代垫回购房款及支付补偿款 1096.92 万元等问题，提出规范财务核算行为、及时清算与各融资平台间的利息等审计建议，引起相关部门的高度重视。

【审计查案】 全县审计工作加大违法违纪问题的查处力度，对发现的问题线索，加强与县检察院、纪委等部门沟通协调，及时移送，增强查办违法违纪问题的合力。2015 年，向县纪委等部门移送违纪违规线索 17 件，当年立案查处 6 件。在 328 国道改建工程及资金管理使用情况

开展畜禽粪便污染治理及粪便处理中心专项资金使用绩效审计

（县审计局 提供）

"一条鞭"审计中,发现存在多支付、重复支付工程款,挤占挪用专项资金,虚列、多列支出套取专项资金等问题,审计期间向县纪委移送案件线索10件。同时,抽调审计人员积极配合查办农机系统重大腐败案件和党风督导巡查、作风建设情况、"八项规定"执行情况以及公务消费检查等专项督察活动。

【区镇内部审计】 县政府高度重视区镇审计工作,出台《海安县区镇审计工作考核办法》,重点考核各区镇重视开展审计工作和经济运行监管以及审计整改到位等方面情况。县审计局机关制定下发区镇审计工作指导意见和审计项目计划,修改完善区镇审计局(所)审计工作综合考核办法,每季度召开区镇审计工作例会,点评审计工作中的亮点和存在问题。

加强内审培训,组织50名内审人员赴扬州参加江苏省内审协会内管干部经济责任审计培训;组织区镇审计人员参加县审计局机关冬夏训活动,重点突出计算机辅助审计、工程审计、村党支部书记、村民委员会主任经济责任审计等操作技能训练;以审代培,继续将新录用区镇审计人员编入县审计局审计组进行审计全过程、全方位的培训和指导,提高内审人员的实际业务操作水平。开展内审调研,组成专题调研组先后赴县公安局、农业委员会、教育局、海迅公司等12个部门和单位,开展内管干部经济责任审计工作情况调研和内审工作质量检查。

各区镇完成审计项目107个,审计总金额11亿元,查出违纪违规金额105万元,管理不规范金额3193万元,查出非金额计量问题12个,收缴镇财政84万元,核减工程投资额218万元,审计促进建章立制10个,移送案件线索26件,立案9个,11人受到党纪政纪处分。在市内审信息宣传工作专题会上,海安县内审协会作交流发言;在市第三届理事会第三次会议上,海安县区镇审计所作交流发言;6月,省内审协会会长李荣荣、市内审协会会长纪进一行到海安县调研区镇审计工作,高度肯定海安县开展区镇审计工作取得的成效;如皋市审计局、河南省舞阳县审计局、南京溧水区审计局和明辉集团一行先后到海安县专题交流内部审计工作。

【审计成果开发】 海安对分散的审计结果进行综合分析,及时向县政府提交审计专题报告,县领导多次做出重要批示,如分管县长在《关于加强会计基础工作的专题报告》批阅中做出"建议财审部门加强对审计成果的运用,指导区镇和部门健全制度,整改到位"的批示。县长在《关于加强政府性资金管理的专题报告》批阅中做出要求"分管县长在一定场合强调有关财税法规,并抓好监管"的重要批示。同时,县政府采纳审计建议,制定《海安县财政支农项目和资金管理办法》《海安县财政支农项目论证评审专家库管理办法》和《海安县财政专项转移支付整合资金管理暂行办法》等规范性文件。对审计成果和审计方法、审计技术加大挖掘,把审计实践提升到一定的理论层面,并加以推广应用。县审计局《创新管理 整体联动 实现区镇审计监督全覆盖》项目荣获全市审计工作"创新奖"一等奖,《创新计算机审计方法 提高审计质量和效率》计算机审计方法荣获全市计算机审计方法竞赛一等奖。

【审计信息化建设】 坚持以信息化引领审计现代化,组织开展大数据审计平台建设调研,邀请南京、常州、安徽等地相关软件公司专家演示大数据审计,开拓审计人员计算机审计视野。同时,组织县审计局计算机攻关小组开展大数据审计和政府投资工程审计平台建设调研,投入资金30万元增配服务器,建成政府投资工程审计管理系统,4家软件公司在县审计局建成政府投资工程审计平台供测试。组织政府投资工程审计管理系统的调研考察工作,组织招标,确定软件开发商,年内基本完成开发试运行任务,逐步将政府投资工程审计由人员管理变为系统管理。

加强数据利用,开展结合型信息系统审计,凡被审计单位使用的信息系统,都纳入审计范围,充分利用联网审计系统以及从社保、公安、民政、工商等部门采集的数据,加大加深财务数据和业务数据综合分析,通过数据分析比对,进一步查深查透,取得较好成效。及时完善财政联网审计系统功能,根据财政数据的变化情况,修改数据采集模版,及时采集各区镇、部门财政财务电子数据近2000套账套。

【审计信息宣传】 全年审计研讨文章被《中国审计报》《中国审计》《江苏审计》、省审计厅网站采用33篇次,审计信息被市级以上新闻媒体录用448篇次。审计信息宣传工作连续8年蝉联市信息宣传工作先进集体一等奖,2015年信息宣传工作考核得分领先第二名642分,县审计局获全市综合工作考核第一名。

(李 进 顾宝梅)

市场管理

【概况】 年末,海安县市场监督管理局设有19个职能科室(含下属社会团体),1个直属事业单位,10个派出分局(副科级)。在职公务员204人,行政附属编制9人,事业编制56人,人事代理9人,政务购买服务人员2人。离休干部11人,退休干部154人。68人走上中层岗位,21人从机关到分局工作。深入开展"大培训、大练兵"活动,通过分类式、跟班式、快餐式培训,组织全员培训4场、条线培训46场次。组织参加省市广告竞赛、公务员依法行政考试、全县计算机操作技能大赛、征文比赛等活动,海安县市场监督管理局及所属单位受到表彰奖励42项,个人受到表彰奖励73人次。

2015年1月8日,海安县市场监督管理局正式挂牌,另加挂海安县食品药品监督管理局、海安县工商行政管理局、海安县质量技术监督局牌子,全县10个乡镇10家派出机构同时挂牌。12月,整合原海安县质量监督检验所、海安县计量检定测试中心、海安县药品检验所、海安县农产品质量检测中心,成立海安县综合检验检测中心,并加挂海安县质量监督检验所、海安县计量检定测试中心、海安县药品检验所、海安县农产品质量检测中心牌子。

【行政许可】 海安认真落实注册资本登记制度和"先证后照"改革,积极推进机构代码、食品经营许可等登记权限下放,梳理19项行政审批事项进驻中心,"三证合一""一证一码"顺利落地。全年名称预先核准9112件,新设立内资企业2763户、注册资本182.28亿元;外资企业38户、注册资本5.20万美元;农民专业合作社设立121户、出资总额1.57亿元；个体工商户6980户，办理“三证合一”“一证一码”事项1931件；组织机构代码业务11820件；办理食品准入许可(含餐饮等)1073件；完成药品、医疗器械许可业务126件，医疗器械备案98件，GSP认证54件；完成特种设备使用登记等业务2305件，培训1989人次。全力支持小微企业发展，办理动产抵押189件，股权出质58件，成功帮助企业融资25.38亿元。

【质量强县战略】 海安通过推进实施质量、品牌、标准三大战略，质量强县工作在全市领先。12月鑫缘茧丝绸集团股份有限公司获中国质量奖提名奖公示，全省7个，南通唯一；“海安桑蚕茧”获批地理标志保护产品，全市唯一；新增“海安紫菜”“海安麻虾酱”“海安脆梨”“海安香芋”地理标志证明商标4件，全市第一；双弘纺织、海林集团、华强纺织等中国驰名商标3件，全市领先；江苏省著名商标7件，全市第一；南通市知名商标26件，全市第一；中国天楹股份有限公司、南通华新建工集团有限公司获南通市市长质量奖，占全南通一半；新公示“守合同重信用”企业省级55家、市级26家，省级以上全市第一；4家通过省标准化良好行为验收，3家通过省质量信用AAA级验收，1家通过AA级验收，6家通过市现场管理良好行为验收，6家企业通过市质量标兵验收，全市领先；江苏名牌4家，南通名牌15家；在建省级以上标准化示范项目6项，全市第一，指导企业参与制定、修订国家标准、行业标准10项，地方标准1项。

5·20世界计量日宣传活动 (县市场管理局 提供)

【特种设备安全监察】 海安完善96333电梯应急救援平台建设，围绕重大节日，学校、商场等9类公众聚集场所及近两年发生过事故的设备使用单位，开展特种设备安全专项整治及隐患排查，排查整改安全隐患1182条，查处案件55件，未发生特种设备安全责任事故。

3·15国际消费者权益保护日广场宣传活动 (县市场管理局 提供)

【重点领域监管执法】 海安完成省工商局抽检任务135批次，围绕群众关注重点开展专项抽检260批次，其中农资90批次，对不合格批次全部立案查处。组织开展学校周边环境整治、物流、劳务中介、“红盾网剑”、非法集资、虚假宣传等专项整治，立案查处案件382件，移送公安部门8件。

【消费纠纷调解】 海安建立健全消费维权社会共治体系，开展3·15广场纪念、新闻发布会和进社区宣传等活动，走进“海安政风行风热线”现场解答消费者投诉举报10多件，整合优化12315、12331、12365和12345投诉举报流程，设立24小时热线81813456，承接投诉举报1482件，群众满意率超过90%。

【公共技术服务】 全年，组建县综合检验检测中心；计量所通过国家实验室资质验收；省锻压机械检测中心二期工程开始试运行；沈阳变压器研究院海安技术中心加快建设；62个项目通过国家认可委校准项目监督评审，13个项目通过国家认可委校准项目扩项评审，8大类300项产品92参数通过省级资质认定复评审，10月份通过食品资质认定复评审。

【计量惠企护民】 全年海安免费检定修理计量器具6234台件，组织开展商品计量抽查431批次，立案查处25件，处理计量投诉30起，查获作弊秤18台。完成51项在用社会公用计量标准许可实施情况自查、11家省属5000吨重点用能单位能源计量审查和9家电机生产企业核查“回头看”验收工作，35家企业通过市级计量合格确认，1家通过省级计量保证确认，指导联发集团成功争创“江苏省能源计量示范单位”。

【放心消费创建】 海安持续推进放心消费创建，举办放心消费创建知识竞赛和诚信经营示范单位评比。突出树立放心消费先进典型，新增省级诚信品牌企业1家，省级示范街区1条，省级放心消费先进、示范区域、企业7家；市级放心消费先进、示范区域、企业12家。在全省率先探索完善区镇放心消费环境指数测评，继续保持放心消费创建工作在省市领先位置。

【全面依法行政】 海安加强市场监管法治建设，扎实推进部门“权力清单”和“责任清单”，梳理行权事项1153项，做到“法定职责必须为、法无授权不可为”。加强执法办案重点环节监督，重新制定《行政处罚案件审理制度》等5项制度，统一案件办理程序及期限，规范基本执法文书55种，案审会集体研究重大案件67

执法人员检查农资市场　　　　　　(县市场管理局　提供)

件,立案查处案件382件,向公安部门移送案件8件,全年案件办理合格率100%,未发生行政败诉。市场管理局执行“三重一大”备案事项175件,公务接待备案141次;对食品、药品和特种设备安全、稽查执法进行再监督再检查,先后开展各类监督活动10多次。　(丁晓峰)

统　计

【统计调查】 海安按照国家统计报表制度和要求,认真组织开展2014年统计年报和2015年定期统计报表工作,全面及时完成统计年定报任务。开展劳动力调查、限额以下贸易(服务业)调查、工业生产者价格调查、规模以下工业调查、景气调查、企业创新调查、城乡住户一体化调查等一系列专项调查。受县城管局、县人民法院委托,组织开展城镇管理工作公众满意度调查、人民法院工作公众评议调查。完成南通市居民出行调查、南通市食品安全社会满意度调查。协助上级完成江苏省城市管理群众满意度调查、南通市党风廉政建设调查等专项调查。做好第三次经济普查数据分区镇核算、普查公报的发布、普查资料的编写、经普课题的开发研究工作,形成普查成果。全力推进全国1%人口抽样调查,成立县镇工作机构,开展“两员”培训,摸底户主姓名底册,PDA设备注册管理安装,督察指导区镇PDA登记,搭建数据网络环境,组织行业职业编码登记,强化调查数据质量,抽样调查工作有序开展。

【统计法制】 按照统计监审检查工作计划,将重点检查与日常检查相结合,深入开展常规性的统计执法检查,真正把统计执法检查贯穿到日常统计业务工作中。采取县、镇联动执法,积极配合南通市统计局对海安县的统计检查和自查自纠检查,对近两年已处理的统计违法单位进行回访检查,巩固执法效果的持久性。规范联网直报统计调查行为,提高统计方法制度的执行力,全县清理捆绑上报企业4家,清理达不到统计标准的企业67家。

【统计从业资格教育培训】 研究制定《2015年海安县统计教育工作计划》,明确培训类别、培训对象等。组织统计局机关全体人员参加依法行政知识竞赛活动,组织区镇统计人员开展统计法律法规的学习,开展全县统计人员继续教育培训工作。组织区镇对联网直报企业统计人员从业资格情况开展全面清查。2015年统计从业资格新证报名358人。

【统计资料】 全年撰写统计信息473篇,统计分析、专报59篇。其中《关于第三次全国经济普查及2014年全县GDP核算情况的汇报》《投资增速下滑　后续增长乏力——1—2月全线固定资产投资统计分析》获县委书记陆卫东批示。4人次在南通市统计学会论文比赛中获奖,2人次在县委宣传部、县社科联开展的课题研究中获奖,4篇统计分析被《中国信息报》录用,7篇统计分析被《江苏统计》录用。编印《海安统计年鉴》《海安统计手册》《海安统计月报》等统计产品。

【百强县参评】 积极主动做好百强县评比数据资料收集分析上报工作,与百强县评审部门做好沟通联系。海安县居全国县域经济与县域基本竞争力百强县第49位,比上年前移两位。居全国中小城市综合实力百强第31位,最具投资潜力中小城市百强第10位,分别比上年前移1位。

【全面建设小康社会统计监测】 明确各责任部门目标,测算各部门目标情况,强化监测,实时预警,统筹协调。2014年,全县全面建成小康社会监测综合得分92.5分。在苏中11个县(市)中列第二位,在苏中15个县(市、区)中位列第五位,均比上年前进一位。

【统计规范化建设】 海安将部门、村统计规范化纳入建设范围,通过全面规范县(部门)、镇(区)、村(企)统计基础、统计程序和数据来源,形成多级联动无缝对接创建体系。以省级规范化示范标准为建设目标,大力开展“统计基础工作”和“统计数据质量”双提升工程,进一步完善统计机构建设、统计队伍建设、统计业务规范,全面加强统计数据质量控制。将统计规范化建设列入年度重点工作,纳入县统计局分季度考核和县委县政府年度考核,以规范化创建和考核为依托,全力打造组织体系完善、队伍素质优良、统计行为规范、技术手段先进、保障条件完备的海安统计升级版。继续将统计规范化工作列入2015年县委、县政府对区镇的年度目标责任制考核,重点突出基础规范建设的新要求、新内容。对区镇实施规范化长效管理。全县工业、贸易、服务业“四上”企业统计规范化建设达标率分别为97.7%、98.6%、100%。

【投资统计】 2015年,投资统计方法制度改革,投资进企业一套表平台统计,同时原有统计方式继续双轨运行。建立区镇和部门间稳固的投资统计组织体系,明确职责分工,反复培训,提高统计人员的业务素质。把好项目入库关,及时将新开工项目申报入库,加大对入库审批材料的审核力度,尤其是对计划总投资3000万元以下的项目严格把关,做到入库手续完备、界定准确。加强基层投资统计调研,县统计局联合县发展改革委调研全县新开工和技改项目储备情况以及全年固定资产投资相关目标任务的工作打算和举措,撰写调研报告和统计专报。

(钱安云)

农村经营管理

【概况】 全年农业项目投入1.2亿元。农业现代化、水利现代化水平继续稳居全省第一方阵。国家现代农业示范区建设位列全国前20强。全县新开工千万元以上种养项目41个。雅周现代农业园"三大中心"全面建成,南农大果树研究院、火龙果联合国等一批高水平项目相继开工建设,园区建设水平进一步提升。全县农机总动力64.6万千瓦,农机化水平81.5%,位居全市第一。农田水利等重点工程总投入3.7亿元,现代化水利综合保障体系基本建成。新增高标准农田2.3万亩,累计占比63%,继续位居苏中苏北第一。成功获批全国河湖管护体制机制创新试点县、全省首批生态循环农业示范县。海安县圆满完成3月下旬全省春季农业生产现场会、省农工办农业接二连三发展工作调研以及4月上旬省人大农业和农村工作座谈会与全国农民体协工作专题调研等相关工作任务;县农民体协代表南通参加省第五届农民体育节获团体总分第一和优秀组织奖。县农办被省农村工作领导小组办公室表彰为2015年全省农工办系统农村政策创新奖。海安围绕农村改革、年度重点工作、难点热点等开展调研,先后在《中国农民合作组织》《江苏农村经济》《南通日报》《南通农村经济》,以及市县政府网站等媒介上发表文章15篇、信息320余条。

3月27日,省委常委、副省长徐鸣(右一),在省农委主任吴沛良(左二)、县委书记陆卫东的陪同下,视察海安春季农业生产现场 (李桂云 摄)

【新型经营主体培育】 海安抓政策引导,整合资源,加大政策扶持力度,为培育新型农业经营主体提供保障。全年争取上级财政补助资金500多万元,对符合流转规模、承包年限、产业发展类别的新型农业经营主体予以补助。抓适度规模经营,为培育新型农业经营主体降低风险。海安县在探索建立风险保障机制的基础上,划定50~200亩、200~500亩、500~1000亩、1000亩以上4个扶持区间,引导农业经营者根据自身实力开展农业适度规模经营。坚持土地经营权资本化经营,积极探索以土地承包经营权为核心的利益联结模式。对缺乏劳力或主要劳力外出务工的农户,鼓励采用土地经营权直接流转,一次性收取租金的联结机制,有效避免土地撂荒;对成片流转土地较多的,鼓励村社和企业共同组建土地股份流转合作社,农户以土地经营权作价入股参与经营分红;对有一定经济基础的种养大户、农机手、合作组织等,鼓励其通过提供粮食生产和集中育秧、植保、农机等全程专业化托管服务,从而获得更大的经济效益。抓配套服务,为培育新型农业经营主体保驾护航。充分发挥县(农业部门)、区镇(农业服务中心)、村(农技员)三级农技服务体系的基础支撑作用,积极开展科技、农机、服务进村入户工程。引导专业大户(公司)、合作社等进入农业服务领域,开展病虫害统防统治、动物疫病防控、农田灌排等生产性服务。

【农业适度规模经营】 中央《关于引导农村土地经营权有序流转发展农业适度规模经营的意见》下发后,海安县召开各镇分管负责人和农经站站长会议,传达文件主要内容,要求各镇认真贯彻落实。同时于9月将文件原文下发到各镇各村,进一步宣传贯彻。出台激励政策措施。及早调研起草《关于培育发展蚕业家庭农场的意见》,开展土地流转,发展适度规模经营,加快培育发展"全托管"、家庭农场等新型农业经营主体。年内新增50亩以上农业全托管经营主体274家、面积4.7万亩;新增家庭农场171家。

【农民合作组织建设】 县委农办与市场监督管理局联合开展农民专业合作社年度报告公示网上申报工作,申报公示率90%,全市领先。举办建立名录培训,经优选公示,发文公布140家列入农民合作社名录,及时开展合作组织的调研和督察工作,完善相关台账资料,规范会计核算制度,取得阶段性成效。积极开展"五好"示范社创建活动,建立县镇(区)社"三级联创"机制,创建市级和县级示范社,经省市验收合格后发文公布。海安县获省、市示范社称号的"三大"合作组织分别为6家、18家。加强合作社运营情况监督,制定相关表格实行量化考核,监测继续进入名录的125家农民专业合作社的运营情况。海安向《中国农民合作社》期刊投稿,刊登3篇材料。向市农村经济、市产业化期刊和市农业产业化网站、市农办"三农在线"投稿,录用海安县合作社规范化建设典型材料20多篇。海安申报农民合作社省财政项目扶持资金222万元。推荐"金农贷"贷款需求额度2650万元,推荐"富农贷"贷款需求额度1230万元,推荐"通农贷"贷款需求额度1090万元。以上三项由银行调查论证放款。2015年,县农办被市委、市政府授予新型农民合作组织建设先进单位称号。

【农业产业化经营】 全县规模以上农业龙头企业187家,其中2015年新增3家省级龙头企业,8家市级龙头企业。全年农业龙头企业销售总值380亿元,增长15%;农业龙头企业带动农户总数24.5万户,增长6%。鑫缘集团、中洋集团等10多家企业开展电子商务销售工作。积极开展“产学研”合作,借助县“科技行”工作平台,实现市级以上农业龙头企业“产学研”工作全覆盖,达到“四有”要求。丝乡丝绸成为全县首个在上海股权托管中心挂牌上市的农业产业化企业,三盛鑫与渤海证券签订“新三板”上市协议,俊启粮油上市工作有序推进。全年新建农产品加工项目28个,实现总投入3.8亿元。投资较大的10个农产品加工项目总投资约2.5亿元。老坝港紫菜集中加工区销售收入12.4亿元,增幅20%以上。

【土地承包经营权确权】 海安县有10个区镇,210个村,5091个组,25.65万承包农户,承包户人口70.33万人,承包耕地面积(包括桑园面积)75.15万亩。需要确权的村175个,需要确权的组4297个,承包农户21.06万户,承包面积66.64万亩。全年175个村全面展开土地确权登记工作,全部完成基础资料整理和以村民小组为单位绘制承包地块空间分布图。已经完成前期准备和入户调查的组3498个,占全县需确权组数的81.4%;完成测量制图的组2852个,占全县需确权组数的66.4%;完成审核公示的组522个,占全县需确权组数的12.1%。

【土地流转管理】 海安引导土地规范有序流转。县农村土地流转服务中心和10个镇的镇级土地流转交易市场正常运转,210个村设立土地流转与管理服务信息员,初步形成县、镇、村三级联动的土地流转供求信息网络。县农村土地流转服务中心具体指导全县农村土地流转工作,各镇土地流转交易市场建设规范,做到有牌子、有场所、有制度、有组织、有活动、有档案、有职能、有人员,同时配备电子信息发布屏幕,及时发布土地流转供求信息,宣传土地承包和流转政策,为土地流转服务,为流转双方提供交易场所,集中办理土地流转手续;村土地流转与管理服务信息员及时收集、反馈信息,为镇土地流转交易市场提供信息源。积极防范土地流转风险。各村在引进土地规模流转经营者时,注意对业主进行考察,确保业主有经营能力、有资金实力、有诚信。同时优先考虑本地种田能手和种田大户,降低土地规模流转的风险。在南莫、白甸等镇,规模流转的业主在与农户签订土地流转协议时,同时要向村经济合作社交纳土地复垦保证金,标准一般在每亩500元左右。

【农村产权交易市场建设】 根据省市统一部署,海安县农村产权交易市场从2015年下半年开始筹建产权交易平台。县政府专门成立由县长任主任的农村产权交易监督委员会,并在县委农办增设县农村产权交易中心,由县委农办一名分管负责人担任中心主任,并选聘3名事业人员,专门从事农村产权交易。中心于12月中旬在县公共资源管理中心挂牌成立。海安先后出台农村产权交易管理办法,农村土地经营权抵押贷款办法等6个专门文件以及相关交易文书、合同、表格等。全年完成土地流转经营权抵押贷款业务5笔2190万元,抵押6950亩土地流转经营权;土地流转交易4笔,流转土地2390亩;水面发包交易3笔,发包水面656亩;集体资产租赁1笔,出租面积252平方米。

【财政奖补项目建设】 海安县按照“提前完成、规范管理、阳光操作、强化考核、保障质量”的要求,认真组织实施村级公益事业建设一事一议财政奖补工作。安排奖补村80个,奖补覆盖面40%。全县投入村级公益事业建设资金2891万元,其中一事一议筹资筹劳445万元,各级财政奖补1902万元,县镇级配套奖补150万元;村级集体资金411万元,社会捐助资金132万元。采取多种监管督察措施,强势推进一事一议财政奖补工作,克服阴雨天气较多、政府中心工作压力大、农村季节性大忙等重重困难,区镇绝大多数项目均在6—7月之间完成,截至8月中旬,5个扫尾项目全部竣工,建成水泥路道137公里。10月底县级完成项目现场验收和钻孔检测工作,省县级财政奖补配套资金通过县财政国库直接支付,按照序时进度拨付到位。一事一议财政奖补项目台账全部装订归档。2015年荣获省一事一议财政奖补工作考评一等奖五连冠。

【全民创业】 海安突出重点创业主体,充分发挥其资源优势和经营本领,积极引导创二代、在外高管、建筑企业能人回乡创业,依靠个体工商户升级、龙头企业带动等,带动众人就业。同时各区镇结合自身实际,进一步细化扶持标准厂房招租和入住相关园区激励政策,从设施配套、奖励补助、保底收益、税收返还等方面制定相关扶持政策,吸引鼓励有创业意向的企业和个人租用标准厂房,或入住园区创业。全年,新增财富型创业项目426个,就业促进型创业项目1287个,新增达到起征点纳税个体工商户1095户,纳税私营企业297家。累计出租标准厂房22.7万平方米,出租率75.5%,入住创业项目47个。 (吴 近)

公共管理

Public Administration

海中状元亭　章　丽绘

◎ 责任编辑　季陈娟

人口管理

【概况】 2015年,县公安局把加强实有人口、实有房屋管理作为社会管理创新重点环节,先后组织民警入户核对常住人口62.5万人,登记暂住人口4.82万人,出租房屋10043户,全部录入系统实行动态管理,全面推行"以房管人、以业管人,以证管人、以网管人"等有效措施,实现实有人口管理"底子清、情况明、管理严、服务好"目标。

【深化服务管理】 制定印发《海安县2015年实有人口管理工作要点》,成立城区流动暂住人口服务管理工作站,抽调民警,招收协管员,长期开展流动暂住人口服务管理工作。在实有人口、实有房屋管理和居民身份证管理等方面推出户政便民十六条,设立警民联系箱、警民联系卡,加强民警与群众沟通联系。完善预约服务、上门服务、代办服务等措施,推行户口迁移"一站式"办公工作。

【排摸调查实有人口、实有房屋】 全面调查、核对、采集辖区内常住人口、流动人口、寄住人口、未落常住人口、在海境外人员等实有人口信息;重点清理登记流动人口,解决人户分离问题;纠正重错居民身份证号,核准人口信息变更项目,查漏补录相片信息,确保人口信息全面准确。结合人口信息入户调查采集,开展辖区内房屋,主要是中心城区和远城区集镇的住宅房、出租屋和无证房屋、违建房屋、单位宿舍、建筑工棚等基础信息登记,做到人房关联,查房知人,以房管人。建立实有人口和实有房屋数据共享、同步更新的信息系统,做到"以房找人、以人找房;查房知人、查人知住"。同时,全面规范街路巷地址命名,全面清理和安装门牌,建立长效管理机制。

【清理整顿无户口人员】 着力抓好组织部署、动员培训、检查督导和协调指导等方面工作,研究出台"县无户口人员落户指导意见",排查出无户口人员200余人,解决落户60余人。

【加强人口管理宣传教育】 针对校园周边秩序和出租房屋混乱现象,县公安局深入辖区各中小学校和幼儿园,采取以案说法、现场演示、展示宣传画、发放宣传单、召开师生代表座谈会等多种形式,对辖区中小学校、幼儿园全体师生进行全方位法制教育。先后举办法制教育报告会20余场次,展示宣传画册50余册,发放宣传教育资料2万余份。同时,督促房屋出租人、用工单位配合公安机关开展流动人口治安管理,及时主动向公安机关提供流动人口、出租房屋日常变动和违法犯罪信息。 (席国栋)

计生服务

【"十二五"计划生育目标责任制考核终期评估及省人口协调发展先进县创建】 强化创建和迎评工作组织领导,县政府建立分管负责人为组长的评审创建工作领导小组,相关部门负责人为成员,县卫生计生委承担具体组织推进工作。按照市卫生计生委部署,全县分别召开机关科室创建工作动员会、领导小组成员单位动员会、全县创建工作推进大会,举办统计人员培训班。全面开展信息核查,各区镇派出所、卫生所随机抽取生育信息各20条,倒查人口综合信息平台数据和出生情况登记表一致性,数据准确率99.5%。同时,根据公安机关提供的流动人口登记信息,倒查各区镇流动人口登记情况,确保流入人口登记入库率95%以上。9月9日,县卫生计生委负责人带队督察指导各区镇创建工作。9月12日,领导小组办公室集中检查相关部门台账资料。9月10—11日,分五个组,对全县"十二五"后特别是2013年后的生育对象进行抽查访谈、信息核对和知识宣传。对全县20个样本点开展入户调查,调查300人。9月13—14日,组织人员逐项汇总考察表、调查问卷等,结合年度考核计算各类指标,进行数据分析、评估。自查结果显示,海安县"十二五"创建的各项考评指标全部达标。9月21日,接受市卫生计生委组织的复查。12月1日,接受省评估考核,得到省卫生计生委考评组高度好评。

【幸福家庭建设】 1月,举办送健康、送彩电、送祝福三下乡活动;4月,组织县人民医院和中医院专家到安达广场义诊;5月,联合各区镇陆续举办纪念"幸福工程"20周年暨开展第十九届"母亲节幸福工程救助贫困母亲活动日"系列活动。同时,通过网站和报刊电台介绍受助母亲典型案例和"幸福工程"项目。联合县红十字会到墩头镇凤阳村开展送健康活动。积极参加县文明办主办的"为爱行走,爱在海安"大型公益户外千人徒步走活动。6月,与天线宝宝早教中心联合开展"重温旧梦、童心飞扬庆六一"活动。8月,在李堡镇召开全县幸福家庭计划暨健康文化建设推进会,幸福家庭创建活动接受县人大代表视察,评比表彰幸福家庭计划示范村30个、示范户50个。村居健康文化建设达标率90%,城东镇人口文化园被命名为省级示范园。

12月1日,召开海安县"十二五"人口计生工作终期评估暨2015年卫生计生重点工作督察汇报会
(县卫生计生委 提供)

【基础管理与服务】 落实单独二孩政策的贯彻实施与数据监测工作。2015年，再生育申请1971例，同比增长15.5%，其中办理城镇单独夫妻再生育申请289例。行政服务窗口开展“一站式”服务机制(一站式受理、一单式提醒、后台式流转、限时式办结)，坚持急事急办、特事特办、常事快办原则，方便办事群众。继续推行计划生育三证村居代理，减少办证群众异地奔波不便。修改、完善行权网上的138项行政权力相关事项，对梳理新增的12项权力事项制作权力事项表、内外流程图、执法岗位表等内容，并在行权网上逐一录入。登记流入人员1.46万人，其中成年育龄妇女7820人；登记流出人员5.88万人，其中女性1.27万人，登记数比上半年增加25%。组织各区镇开展流动人口信息登记与反馈工作，提高流动人口入库率和信息反馈率。建立完善流动人口已婚育龄妇女生殖健康档案，为流动人口提供均等化服务。采集海安镇园庄村、三塘村两个流动人口监测点区域内的280名流动人口信息，逐项录入信息系统，按时上报。核查全县2.51万条流动人口信息，协调区镇解决人户分离信息核查问题。9月，实施全省首批网络版避孕药具首诊登记工作。避孕药具不良反应监测工作上报可疑不良事件553例，达到百万人口638例。角斜镇人口和计划生育服务站俞海琴获省避孕药具不良反应监测先进个人。

【出生人口性别比综合治理】 广泛宣传关爱女孩、男女平等的科学婚育观念；依托“两非”(非法鉴定胎儿性别、非法选择胎儿性别终止妊娠)案件信息管理系统，完善两非信息系统登录、监测、反馈工作；召开出生人口性别比综合治理联席会议；总结全县多年的经验和做法，形成经验材料在全省专题会议上书面介绍，并在《中国人口报》全文发表。单独二孩政策出台后，为防止出现二孩性别比增高现象，积极采取对符合政策生育对象，发放告知书，指明选择性别的危害；在公共场所显目位置张贴“两禁”警示牌和举报电话，明确举报奖励办法；规范实施终止妊娠手术查验证明，明确责任和查验证件程序，落实情况通报、信息反馈交流制度，严格追究出具虚假计生证明的违法行为；严格落实人工流引产实名登记、孕妇B超检查实名登记、终止妊娠药品进销存管理等制度，并实行信息化管理，杜绝“两非”行为发生。

【奖励扶助】 坚持村、镇、县三级审核公示制度，全年审核新增奖扶对象7749人、特别扶助对象217人、持证退休职工5710人、老年居民117人，发放奖励金7291万元。先后组织实施春节、“5·29”、中秋3次集中走访慰问活动，350多个部门、企事业单位集中走访慰问560多户计生特殊困难家庭，赠送慰问扶助资金(物资)15.4万元。(孙瑞根 徐春勇)

人力资源管理

【公共人力资源市场】 全年举办人力资源市场招聘会102场，其中专场招聘会34场。663家会员单位进场招聘，提供就业岗位2.91万个，累计进场16.10万人次，实现成功就业9289人次。海安就业网累计注册个人会员2.15万人，审核通过企业会员1165家。公共就业服务方式日益多元化，实现实体市场、平面媒介、广播电视、信息网络以及移动通信五位一体服务格局。研发个性化职业指导软件，对求职人员进行职业测评和职业体验，引导求职人员树立正确的就业观和择业观。

【创业带动就业】 海安获评省级创业型城市和南通市唯一的省级创业型示范城市。全年新增自主创业2216人，其中，扶持农村劳动力自主创业612人、引领大学生自主创业245人，创业带动就业1.03万人。发放小额担保贷款1763万元，组织青年职业见习、创业实习232人，培育和宣传创业典型59人，新增入库创业项目57个，发放创业扶持资金357万元。举办县第四届创新创业项目设计大赛；开展“创业微故事”征集活动，征集167篇创业微故事，筛选出26篇汇编成册；组织参加市创新创业大赛，2名选手获优胜奖，县人力资源和社会保障局荣获优秀组织奖。

【人才集聚工程】 全年招引各类人才1.31万人，其中，蓝领技能人才5370人、工业类高校毕业生4354人、电子商务商贸物流类高校毕业生776人、新兴服务业类高校毕业生1970人。全县新增县外劳务基地35家、生源基地12家，新建校企合作“冠名班”23个，签订“学子归巢”委托培养协议309人。校企合作“订单式”培养县内学生636人、县外学生600人。组织820家次企业赴外参加校园招聘活动73场，推出岗位3850个，收到毕业生求职简历2556份，880人达成到海安就业意向。

【基层平台建设】 3月，召开全县人力资源和社会保障基层平台工作会议，落实劳动保障协理员年度重点工作任务。印发《关于在全县劳动保障协理员队伍中开展“爱在基层”系列活动的通知》，开

6月16日，举办创新创业大赛 (县人社局 提供)

展演讲比赛、业务知识竞赛、征文竞赛和文艺会演活动。参加全市基层平台建设系列活动,均获单项第二名。11月,成立劳动保障协理员工会委员会,并召开首届会员代表大会。海安连续3年被市委、市政府表彰为村级人力资源和社会保障平台标准化建设先进单位。

【就业再就业】 全年城镇新增就业7520人,帮扶失业人员再就业3520人,其中就业困难人员412人,城镇登记失业率2.25%。实施大学生就业促进计划,跟踪服务未就业大学生3027人,招考录用49名大学生到基层公益性岗位,困难家庭大学生100%实现就业。失业保险参保9.76万人,征收基金7365.48万元。全年新增失业职工1198人,领取失业保险金2129人、1491万元。完善就业扶持政策,新增认定就业困难人员380人,发放社会保险补贴442.73万元。

【职业技能培训】 印发《海安县定点职业技能培训机构培训绩效考核办法》,建立就业技能培训质量评比通报制度。召开全县就业培训专项工作会议,定点培训机构严格按职业培训操作系统要求进行操作,将相关信息按要求适时录入职业培训管理系统,通过信息系统实现网上申报开班计划,网上审批开班申报材料,全程实时监管培训过程。全年组织城乡劳动者就业技能培训3562人,城乡新成长劳动力技能培训1351人。开展创业培训工作"进校园、进社区、进乡村"活动,举办SYB(创办你的企业)培训班19期,培训788人;电子商务培训班5期,培训267人。

【职业技能鉴定】 全年完成职业技能鉴定取证1.88万人,其中,初级工4880人、中级工8305人、高级工5419人、技师172人、高级技师12人。完成全国全省职业资格统考取证790人,完成企业高技能人才评价3765人。积极组织推荐"双创计划"人选和高技能人才海外培训人选,完成2015年省、市重点项目申报12项、28人次的推荐申报工作。

【人才项目建设】 组织企业参加2015年江海英才周活动,完成海外高层次人才和项目需求信息征集工作,帮助8家重点企业申报25项岗位、专业、工作内容及方向需求,提供42个硕士以上高层次人才需求。组织参加百名博士江苏行活动,征集3个博士人才对接洽谈项目。申报引进国外技术、管理人才项目16个,其中,2个项目被列入国家级计划、7个项目被列入省级计划、7个项目被列入市级计划。申报省创业类、博士后类企业博士集聚计划3个,组织10家重点企业申报12项六大人才高峰项目资助。县蚕种场被命名为2015年省引进国外智力成果示范推广基地。江苏铁锚玻璃股份有限公司韩国籍博士YU BYUNG SEOK入选省外专计划A类项目专家,成为南通首位获此殊荣的外国专家,实现海安经济技术类高端引智项目新突破。

【专业技术人才】 全县新增专业技术人员6400人,2505人通过职称评定,其中,正高级42人、副高级275人、中级787人。组织召开两次南通市海安综合工程中级专业技术资格评审会,624人通过中级评审。第4轮公共需要科目培训网上学习新增2100人,继续教育证书发放3500本,晋升验证1600人。加强人才载体建设,3家企业申报国家级博士后工作站全部获批。全县有博士后工作站7家,其中,国家级4家、省级3家。

(谢志军)

养老服务

【概况】 2015年,根据省、市加快养老服务业发展的要求,结合实际,县政府出台《关于进一步推进社会养老服务体系建设加快养老服务业发展的实施意见》。全县7.9万名老年人参加老年人意外伤害保险,参保率31.8%。做好老年人口数据统计,建立高龄老年人基本情况台账,并实行动态管理,全县3.98万名80周岁以上高龄老人享受尊老金政策,发放尊老金2995.20万元。南通市第29个敬老日期间,全县普遍开展尊老敬老活动,县四套班子主要领导分别慰问部分百岁老人、五保老人代表,县委、县政府召开离退休干部、退休职工和社会老人参加敬老日茶话会。开展老年人喜爱的文化娱乐和健身活动,举办南通市老年人才艺大赛(声乐专场)海安分场的复赛,县10个节目参加;县退休职工艺术团表演小组唱《海陵·春早》参加2015年市老年人才艺大赛(声乐专场)决赛,获银奖,县民政局获优秀组织奖;县退休职工艺术团舞蹈《夕阳·青春》参加市第29个敬老日文艺汇演;开展敬老日慰问演出进社区、敬老院等活动。

【养老体系建设】 推进以居家养老为基础、社区服务为依托、机构养老为补充的社会养老服务体系建设。推进居家养老服务网络建设,全县建立居家养老服务中心(站)248家,实现全覆盖。继续将居家养老服务中心(站)建设纳入社区为民服务中心建设,统一规划、统一改造、统一职责制度、统一台账资料、统一检查验收,187个村完成为民服务中心建设任务。全县区镇居家养老服务中心及90%的城镇居家养老服务中心(站)、50%的农村社区居家养老服务中心(站)具备日间照料、健身康复、文化娱乐和精神关爱等基本服务功能。完善县社会福利中心综合服务功能,加快22家农村敬老院升级改造,全县有三星级农村敬老院6家、二星级农村敬老院4家、一星级农村敬老院12家。培育扶持社会办养老服务机构,落实政策扶持、资金引导等优惠措施,引导民间资本进入养老服务市场,鼓励加大居家养老服务、托老所、老年护理院等民办养老服务设施建设投入。新增海安豪田老年养护中心、海安海阳老年护理院2家护理型民办养老机构,增加床位220张。至年底,县拥有养老床位总数7500张,其中,机构养老床位5903张,社区照料床位1597张,每千名老人拥有养老床位30张。

【"一助一"帮扶】 研究制定下发《关于进一步做好"一助一"居家养老政府购买服务工作的通知》,新增500名困难老人"一助一"居家养老政府购买服务对象,全县享受"一助一"政府购买服务对象累计1500人。完善"一助一"政府购买服务考评体系,年内两次抽查2014—2015年新纳入政府购买服务对象服务情况,满意率超过95%。8月底至9月初,组织对镇民政办、镇居家养老服务中心工作人员进行政策、制度、管理、服务培训，各镇组织专题培训村居家养老服务中心(站)工作人员和服务人员，培训内容涵盖政策、业务、管理制度和“一助一”服务人员的职业技能和职业道德教育。根据县委办、县政府办《关于印发海安县养老服务体系建设实施意见的通知》，制定区镇2015年社会养老服务体系建设考核办法，考核内容有镇(街道)、村(居)居家养老服务网络建成、困难老人“一助一”居家养老政府购买服务、老年人优待服务、管理工作等。

双拥优抚

【概况】 2015年，县双拥工作整体水平提高，角斜红旗民兵团被省授予“双拥示范基地”称号。深入开展“一助一”帮扶活动，根据县农办统一安排，适当调整县级机关、县属企事业单位的帮扶对象、帮扶任务；各区镇组织机关、企事业单位开展帮扶优抚对象活动，按照不低于重点优抚对象数的15%分配帮扶任务，优先将困难对象、“三老”优抚对象列入帮扶范围；各帮扶单位每年至少上门看望优抚对象两次，帮扶资金或慰问金不少于800元。加强优抚对象数据库系统管理，做好优抚对象数据库管理工作培训；建立数据库管理工作队伍，各镇配备一名工作人员，并按规定配备核查器、电脑、打印机等设备，落实核查经费；认真清理死亡人员，完善优抚对象数据资料，不断更新优抚对象信息。

【提高抚恤补助标准】 根据优抚对象抚恤补助标准自然增长机制规定，2014年10月起，调整优抚对象抚恤补助标准，在上年基础上增长15%以上。2015年2月，再次大幅度提高在乡复员军人定期补助标准，抗复(1937年7月7日至1945年8月15日之间入伍，后经批准从部队复员的人员）军人每月1845元，解复(1945年8月16日至1949年9月之间入伍，后经批准从部队复员的人员)每月1720元，建复(1949年10月至1954年10月31日之间入伍，后经批准从部队复员的人员)每月1600元，从2014年10月起补发，二季度补发到位。6月，市财政局、民政局联合下发《关于建立和完善重点优抚对象抚恤补助自然增长机制的通知》，从2015年1月起调整县七至十级残疾军人、带病回乡退伍军人和参战参核人员抚恤补助标准。

【伤残鉴定】 上半年，申报伤残鉴定对象17人，其中，新评残1人、补评残3人、调残6人、换证7人。经资料审核和南通、无锡、扬州等指定医疗机构鉴定、公示等，12人符合条件。下半年，申报4人，3人经鉴定符合条件。全年，新接收退役残疾军人6人，补办评残手续1人。

【身份认定】 2015年，县有19名退役人员申报带病回乡退伍军人身份认定。经资料审查、南通医疗机构鉴定、公示等，有17人符合条件，享受带病回乡退伍军人生活补助。年底前做好283名达到60周岁以上的农村籍退役士兵身份认定，经审核认定、报上级审批，从2015年1月起领取生活补助。

【优抚优待】 2015年，在巩固优抚对象集体参保、提高医疗费报销比例、享受及时大病救助和医疗机构减免费用的基础上，继续实施优抚对象二次大病救助，其中，救助2014年患大病优抚对象150多名，发放救助款90多万元；救助2015年患大病优抚对象230多名，救助金额110万多元。4月，为全县4004名重点优抚对象进行免费体检，并与优抚对象交换检查情况。5、6月，分四批组织140名老复员军人、伤残军人到南通紫琅医院进行短期康复疗养。建立优抚精神抚慰制度，在节日和优抚对象生病、生日、病故等重要时刻，进行走访慰问。同时充分发挥优抚对象作用，鼓励优抚对象发挥自己优势，在创业、社区建设、为民服务方面做贡献。建立优抚对象普遍慰问制度，春节期间，普遍慰问全县所有现役军人家庭；八一期间，普遍慰问所有优抚对象。春节期间，普惠制慰问全县重点优抚对象，各帮扶单位走访慰问帮扶优抚对象，慰问资金50多万元；县委、县政府慰问驻海安部队和军分区官兵，各共建单位走访慰问驻海安部队官兵；县民政局走访慰问全县立二等功以上的现役军人家庭；各镇慰问所有现役军人家庭，给每个家庭发放慰问金200元。

【开展纪念抗战胜利70周年系列活动】 七八月，县民政局配合县委宣传部，走访每一位在乡抗战老兵，为他们发军装、拍照片，听他们讲故事，记录他们的抗战经历；9月29日，在联抗烈士陵园举办抗战老战士风采展和海安人民抗战史料展。县民政局联合县电视台采访部分抗战老兵，开展抗战老战士事迹宣传活动，产生良好反响。在调查核实抗战老兵信息的基础上，9月3日前为县82位抗战老战士发放纪念章和一次性生活补助；同时在八一前后组织走访全县抗战老战士，并发放慰问金。

【公祭活动】 清明节期间，全县党政机关、人民团体、企业事业单位和中小学组织干部、职工、学生举行烈士祭扫纪念活动，全县10多万人次参加。在9月30日烈士纪念日，组织举行公祭烈士活动，县委、县政府四套班子全体成员、驻海安部队、烈属代表和社会各界代表600多人参加县公祭活动，各镇也组织机关干部、烈属代表等在镇烈士陵园举行纪念活动。

【慰烈工程】 继续实施慰烈工程，做好零散烈士纪念设施保护和镇烈士陵园修缮改造工作，制定出台《海安县烈士纪念设施维修项目资金使用管理办法（试行)》；全程跟踪检查县2015年列入改造的维修项目；县下拨700多万元烈士纪念设施维修工程经费，根据各镇实施情况予以补助；与财政部门组织查验已完工的慰烈工程，核拨经费。县角斜、沿口、李堡、大公、南莫、白甸烈士陵园和曲塘烈士纪念馆维修工程完成，城东镇、雅周镇零散纪念设施维修工程完工；海安镇、墩头镇烈士纪念设施工程处于实施过程中。

社会事务管理

【婚姻、收养登记】 2015年，办理结婚登记6360对、补办结婚登记1223份，离婚登记1174对，出具婚姻状况证明4796件，婚姻登记合格率100%。依法办理收养登记52件，登记合格率和满意率继续保持100%。

【流浪救助】 2015年,救助流浪乞讨和遇有临时生存困难人员310人次,其中,为4名危重病人、多名精神病人提供医疗救治和全方位真情服务,将51名因智障、精神病离家走失人员接送回家,安置救助8名找不到家的智障人员。

【殡葬管理】 殡仪馆加强内部管理,提高服务质量,实施减免火化费、遗体接运费的惠民政策。全年,火化遗体8777具,平均享受惠民政策待遇800元。9月起,对生态葬奖补每例1200元。

【福利事业】 全县有合格福利企业62家,安置残疾职工1631人,占福利企业职工总人数的31.6%。全县123个福彩销售投注点销售1.2亿元,其中,销售电脑彩票8959万元、刮刮乐504万元、中福在线2128万元,超额完成市福彩中心下达的任务,为全县积聚1000多万元公益基金。

基层建设

【社区建设】 在全县农村实施"公共服务中心、卫生服务中心、居家养老服务站"的村级公共服务中心提档升级工程。会同县政法委、县农办,对全县210个农村社区分门别类实行"月月看,家家到",具体指导工作台账、上墙制度、服务人员、行为规范等方面。全县210个农村社区全面完成为民服务中心的新改扩建,均达到省和谐社区建设标准,180个村服务中心面积超过680平方米,16个村服务中心面积在540平方米以上。所有社区建立"一委一居一站一办"组织结构,配置好"七室四站二栏一校一场所"。188个村申报并通过为民服务中心建设示范村、达标村验收。

【撤镇设街】 根据省政府《关于撤销海安县海安镇设立街道办事处的批复》,6月,调整部分乡镇(街道)行政区划。撤销海安镇;以原海安镇旺池、育才、星海、新桥、海陵、洋港、黎明、曙光、新宁、海光、镇南、二里12个居委会以及平桥村委会区域,设立海安县中城街道办事处,办事处驻镇南居委会江海西路86号;以原海安镇南海居委会和营溪、界河、孙庄、黄柯、夏岔、祖师庙、银杏、韩庄、谢庄、仁桥、陈港、海南、通学桥13个村委会区域,设立海安县南城街道办事处,办事处驻南海居委会镇南路660号;以原海安镇西园居委会和光华、东庙、周吴、北景庄、兴环、连港、青萍港、胡集、谢河、拥徐、钟涵、园庄、田庄、谭港14个村委会区域,设立海安县西城街道办事处,办事处驻田庄村委会开元大道99号;以原海安镇闸东、新园、中坝、中大街、复兴5个居委会和三里闸、三塘、凤山、大里、海北、新丰、隆政、林桥、联合、自由、建设、德兴12个村委会区域,设立海安县北城街道办事处,办事处驻海北村委会丹凤路205号。调整后,全县辖9个镇、4个街道办事处。

【区划地名管理】 4月起,通泰线、通盐线平安边界创建工作进入议事议程,县分别与泰兴市、姜堰区、如皋市、如东市、东台市分别签订平安边界创建协议,制定行政区域界线联合检查制度;8—9月,与对方共同完成联合巡查工作;10月,形成联检报告,并分别上报双方上级民政局。根据国家民政部门统一部署,2014年起,海安在全市率先启动新标界桩置换工作;2015年,县自行招标置换剩余的24个界桩,并全部制作、安装到位。依照国家民政部和省民政厅安排,7月起,海安进行第二次全国地名普查准备工作,年底完成普查招标工作,实现招标工作一次成功。

(夏宏年)

民族宗教

【精准帮扶】 召开全县各区镇统战委员(民宗助理)工作会议,部署对少数民族贫困家庭的精准帮扶工作。分析梳理全县80多户家庭较为贫困的原因,采取一户一策开展精准帮扶。区镇统战委员深入辖区,动员爱心企业家对少数民族贫困家庭开展帮资金、帮就业、帮项目的一助一、多助一帮扶。20家企业照顾安排25名少数民族妇女就业;32户少数民族贫困家庭选择发展项目,由企业提供资金扶持,推动项目发展实现就业;对残疾人家庭、劳力薄弱家庭,采取资金帮扶措施,将其纳入低保。全县帮扶资金近20万元。

【扶贫项目推进】 邀请省民委和市民宗局领导到海安调研民族工作,先后实地查看滨海新区(角斜镇)兴业食用菌专业合作社和李堡镇光明村琴顺蔬菜专业合作社两家企业,重点了解企业给予少数民族群众就业、技术支持以及对少数民族职工的优惠措施等情况。经过调研,确定县兴业食用菌专业合作社加入县少数民族扶贫项目,向省民委申报扶贫资金15万元,年底资金到账。

【清真食品补贴落实到位】 落实省《关于妥善解决回族等10个少数民族群众清真饮食问题的意见》,海安率先启动清真食品补贴工作。通过基层登记公示、县民宗局确认、县财政局审核,确定全县有89名少数民族群众符合清真食品补贴发放条件,按照每月12元补贴标准,从2013年7月起算,县财政局及时将补贴款拨付,县民宗局协同银行将89名少数民族群众的补贴款按一人一卡要求,全部发放到位,发放补贴金2.98万元。

【外来人员服务管理】 海安有少数民族外来务工人员2000多人,近200人为青海、甘肃、新疆等地撒拉族、回族、维吾尔族的穆斯林经商人员。县民宗局联合区镇统战、工会深入重点企业、社区、清真饮食店,向企业管理人员宣传民族政策,学习贯彻全省民族工作会议精神。对到海安经商的人员,特别是新疆、西藏流动经商人员逐一登记,联合公安、城管等部门进行法制宣传引导,主动帮助安排摊位,避免矛盾冲突。及时与县教育局和有关学校联系,协调解决7名少数民族务工人员的子女入学、转学问题。做好少数民族群众服务工作,全年办理民族成分变更42人,中考加分62人。

【宗教活动场所管理】 按照市委加强违规乱建寺观专项管理工作会议精神,组织高新区和开发区做好3处乱建寺观的拆除工作。开展星级宗教活动场所创建工作,宗教团体修订完善宗教活动场所日常、学习、财务、安全、卫生防疫等16项160条规章制度,统一制发到宗教活动场所执行；在宗教界开展“教风年”、宗教政策法规“学习月”和“安全月”等活动，邀请律师到宗教活动场所开展法律服务；组织宗教活动场所负责人参观广福寺、观音寺，学习创建经验，并于4月20日，召开宗教活动场所负责人会议，加大星级宗教活动场所创建督促力度；经市民宗局验收，报本寺升格为四星级宗教活动场所，惠民寺升格为三星级宗教活动场所。加强宗教活动场所安全管理，采取以会代训、办班培训、观看特大事故教育片的方式，传达学习市、县领导对安全工作的要求；与各宗教场所签订安全管理目标责任书，明确宗教场所负责人为安全工作第一责任人；宗教活动场所举行灭火、救生、抢险等安全实战演练全年不少于两次，广福寺做到每两个月一次；除节假日、宗教重大节日、重大宗教活动检查安全外，坚持每月7日安全检查日，有重点地检查宗教活动场所安全设施是否完好、值班人员是否在位、宗教在建工程是否按操作规程办事，当场下达《安全隐患整改通知书》。全年宗教场所安全无事故。

【大型宗教活动】 宗教界举办的大型宗教活动较多，主要有曲塘报本寺冶然法师方丈升座暨藏经楼奠基庆典、白甸镇志开禅院三宝殿佛像开光暨天王殿奠基、观音禅寺恢复开放20周年庆典、护国寺千手观音佛像开光庆典、圆通寺恢复开放十周年和新天王殿落成庆典、西场道教佑圣观玉皇大殿开工庆典、惠民寺承办海安县首届素食文化节、新藏寺恢复开放十周年等大型宗教活动，各项活动都邀请省内外宗教界高僧大道和知名人士。

【宗教慈善服务】 全年，全县宗教活动场所收到捐款近12万余元，先后慰问大公、古贲、孙庄小学140名贫困生，资助寺庙驻地50多户贫困家庭。护国寺监院果定法师牵头镇佛教爱心人士，向沙岗敬老院110位孤寡老人送上慰问金2.2万元。新藏禅寺成立普济爱心会，资助贫困儿童30余人。3月，广福寺联系佛教爱心人士给曲塘敬老院150多名老人，送去160箱水果、牛奶等食品。4月，尼泊尔发生8.1级地震后，县佛教界在第一时间捐款2万余元解交县红十字会。5月，联系上海青浦观音寺到海安开展献爱心活动，赠给40名贫困学生书包、学具、袜子和现金，折合人民币近5万元。县电视台多次报道宗教界善举。

【圆通寺获批国家AAA级旅游景区】 经市旅游局专家组检查验收，圆通寺获批国家AAA级旅游景区。圆通寺旅游景区因万缘宝塔而闻名，万缘宝塔11层，塔高77.6米，为苏中地区最高佛塔。景区占地面积10.67多万平方米，2005年恢复重建，除万缘宝塔外，还建有观音文化广场、各式殿阁100余间，神佛雕塑万余尊。 （唐仁礼）

信　访

【概况】 全县信访总量逐年下降，全县群众到县上访701批3235人，同比分别下降7.4%、8.1%。越级上访、进京非访明显减少，县发生越级上访总量居全市末位；实际发生越访总量109批262人次，同比分别下降22.7%和21.3%；无去省集体访、无到市集体访；进京非访1批1人次，同比分别下降75%和80%。特殊群体、重要时期信访形势平稳可控。坚持领导接访下访制度化、矛盾纠纷排查化解常态化，及时疏导和化解矛盾，有效预防和减少越访、集访和非正常访。圆满完成各级“两会”、抗战胜利70周年、中共十八届五中全会等重要时期信访维稳工作任务。全年，县“12345”公共服务呼叫中心接听电话3.62万件次，按期办结率99.98%，群众满意率93.59%。重视宣传理论工作，在全县范围内组织信访工作专题调研活动，各区镇、部门有80多篇调研报告入选。海安获全市信访目标绩效管理综合考核“十一年冠”，被表彰为全省信访工作优秀单位。

【参加省、市信访工作经验交流】 3月23日，在市委、市政府召开全市信访工作会议暨市信访联席会议第一次会议上，海安作《畅通渠道、压实责任，全面提升信访工作水平》经验交流发言，市联席办专题全文印发，在全市推广。9月6日，在全省信访工作制度改革座谈会上，海安作为南通市唯一代表参会，并作《关于“阳光信访”的几点思考》交流发言，《江苏信访》全文刊登。

【深化领导信访包案百日攻坚活动】 县两办下发《关于在全县开展“领导信访包案百日攻坚活动”的实施方案》，县联席办在认真排查梳理的基础上，主动加压，将2013年以后发生的进京访和去省上访案件全部纳入领导包案处置化解范围，以联席办形式书面交办69件重点问题。明确“四个确保”工作目标，即领导包案化解群众反映的突出问题，确保进京去省上访事项化解率80%以上、确保进京非访化解率90%以上、确保进京去省上访量同比下降50%以上、确保进京去省上访总量在全市最少。县联席办牵头组织联合督察组，定期督察领导包案化解工作推进情况，确保做到“三到位、一处理”，即对群众诉求合理的解决问题到位、诉求无理的思想教育到位、生活困难的帮扶救助到位、行为违法的依法处理。至年底，上级交办的5件信访突出问题全部化解；自行排查交办的突出信访问题69件，化解到位50件，化解率72.4%，停诉息访率68.2%。

【全面推进“阳光信访”建设】 1月1日，“阳光信访”系统海安进入试运行阶段，至年底，基本涵盖来信、来访、网投、视频全部信访形式，实行“信息网上录入、流程网上管理、活动网上督察、绩效网上考评”信访工作新模式，建立网下办理、网上流转的群众信访事项办理程序，基本实现信访形式、工作过程、工作范围全覆盖。

【积极创新化解积案机制】 创新“说事讲法评理”方式化解信访积案，采取群众陈情说事、干部释法讲理、群众评判议事等方式，邀请信访当事人所属区镇党代表、人大代表及该村组老党员、老干部以及信访人所在区域中有影响的群众代表参加，让邻里面对面劝解，让群众自己教育群众，让评价的决定权延伸到信访人的现实生活圈子当中，促使群众诉求得到有效解决、信访人情绪得到有效疏导，实现矛盾纠纷解决在基层、劝访息访消除在萌芽。2015年，运用该机制成功化解3起疑难复杂信访积案。 （钱海兵）

社会信用

【概况】 2015年，县发展改革委按照国务院《社会信用体系建设规划纲要(2014—2020)》《江苏省社会信用体系建设规划纲要(2015—2020年)的通知》及市相关文件精神，做好社会信用体系建设，有序推进企业信用管理贯标、公共信用信息平台建设等工作。年内，海安信用网开通运行，主动对接市公共信用信息平台，实现信用信息交换、共享和共联，并定期更新，为社会公众提供服务。建立“红黑榜”发布制度，组织相关部门提供各自域内“红黑榜”的名单与内容，把恪守诚信的企业和个人列入“红榜”，把严重失信者列入“黑榜”，向社会公示。至年底，完成贯标企业150家，示范企业16家，连续三年超额完成市下达的任务。开展“诚信守法企业”创建活动，36家企业成为县级“诚信守法企业”，9家企业获得市“诚信守法企业”称号。组织相关部门和区镇，通过电视、网络、报纸等媒体，采用报道、标语、条幅等形式，在街道、社区以及商业活动聚居区开展诚信守法教育活动。 (县发展改革委信用办)

【企业信用监管】 强化无照经营分类监管和联动机制，立案查处17户，函告移交7户。组织企业年报和信息抽查，企业年报率超过95%，检查1107户企业即时信息、出资信息、年报信息等，将4766户企业列入经营异常名录。 (丁晓峰)

公共安全管理

安全管理

【概况】 全县安全生产形势稳定可控，全年上报事故364起，事故死亡117人。其中，道路交通事故219起，死亡115人；工矿商贸企业和建筑业发生安全生产事故2起，死亡2人；火灾事故143起。消防、农机、海洋渔业、铁路运输均未发生死亡事故。全县安全生产工作全市考核综合排名第一，安全生产执法大比武荣获全市一等奖。全市安全生产行政执法和事故调查处理工作会议在海安召开，集中执法工作在全市推广，多个县市区到海安学习交流。档案管理创建工作通过省、市验收。基层安监机构能力建设处于全市前列，获得4个省级补贴项目。安全生产培训宣传教育工作位置前移，安全生产做法和经验被《中国安全生产报》《新华日报》《中国安全生产》《江苏安全生产》等报道。“三项行动”推进有序，政府购买专家安全生产检查服务全面推开，危化企业二道门建设等工作得到市安委会和市安监局表扬。

县委书记陆卫东带队开展安全检查 (县安监局 提供)

【工矿商贸监管全省有名】 在全县部署开展粉尘防爆专项治理、有限空间专项治理、液氨制冷企业检查整改专项行动，专题举办液氨制冷企业、冶金企业、粉尘企业主要负责人和安全管理人员安全管理知识培训班，聘请市安委会专家检查5家冶金铸造企业、18家液氨制冷企业、75家粉尘企业，全县冶金等工贸行业安全生产状况得到明显提升。县安监局连续四年被表彰为全省冶金等工贸行业安全生产先进集体。

【集中执法全市推广】 组织对10个区镇和建筑行业开展大规模、集中式安全生产执法检查，推行安全生产宣传、执法、服务一体化，全年执法检查企业910家，下发整改指令书468份，办理事前处罚案件204件，责令停产停业15家，查出隐患8655条。集中执法工作得到市、县领导肯定，受到区镇、企业好评，全市安全生产行政执法和事故调查处理工作会议在县召开，海安在会上作交流发言。

【安全生产责任体系建设】 坚持“党政同责、一岗双责、齐抓共管”，落实行业主管部门直接监管、地方政府属地监管和安全监管部门综合监管的责任。县委、县政府领导多次召开专题会议研究、部署安全生产工作，多次对安全生产督察情况做出批示。县委、县政府组织安全生产专题学习会议，邀请省安监局副局长喻鸿斌作“坚守安全红线，促进安全发展”讲座。县政府常务会四次专题听取安全生产工作情况汇报，学习贯彻副省长张雷《关于加强安全生产监管工作的调研报告》，讨论通过县级挂牌督办重大隐患49项。全面落实安全生产“五级五覆盖”要求，明确县政府主要负责人为县安委会主任，及时调整县安委会成员单位，增加商贸物流园、代建中心、公管办等成员。在全县安全生产大会上，组织全体与会人员观看安全生产事故案例警示视频，各区镇、各部门向县政府递交安全生产责任状。落实安全生产部门监管责任和企业主体责任，加大区镇、各部门安全生产考核比重，加快推进企业内部安全管理机构建设，督促企业健全完善安全生产规章制度和操作规程，正常开展安全隐患自查整改。严格执行责任追究制，对发生安全事故造成严重影响的区镇、部门和单位，坚决实行“一票否决”。提醒约谈1名区镇负责人和56家化工、机械、冶金、家具等企业主要负责人。

【基层安监机构和队伍建设】 全县10个区镇安监机构全部实现单独设置,其中,开发区、高新区设安监局,各配10人;滨海新区、曲塘镇、李堡镇设安监局,各配6人;其他各区镇设安监站,各配6人。县安监局和大公镇、白甸镇、南莫镇通过省级基层安监机构能力建设项目验收,全县10个区镇安监机构有8个通过省基层安监机构能力建设项目验收。全县各村居均成立安全生产工作站,明确安全生产专兼职人员,实现村居安全网络全覆盖。组织全县安全生产执法人员业务能力培训,开展执法案卷互查互评,提高基层安监人员业务素质和安全监管能力。在市安监系统安全生产行政执法技能大比武中,海安代表队荣获团体第一名,并摘取7个单项奖。强化执法装备,大区镇配备2辆执法车辆、小区镇确保1辆,车辆上配齐应急救援物资,提升基层应急水平,区镇人员按标准配备执法服装,安全生产岗位津贴发放到位。

【安全检查日制度】 县委、县政府主要负责人在重大节日、重点时期,多次带队深入一线开展检查。县四套班子其他负责人、各区镇和部门负责人坚持参加每月7日的"安全检查"和各自分管范围内的安全检查,连续坚持开展177个"安全检查日"活动。适时联合县纪委、工会等督察活动开展情况,按月在全县通报。

【安全生产政府购买服务】 制定《海安县安全生产专家组管理办法》,调整并充实县级安全生产专家库,聘请职业健康、建设工程、石油化工、特种设备等方面安全生产专家84名。全县10个区镇均与中介机构签订购买安全服务协议,服务规模以上企业和重点建设项目1900多家。100家重点企业聘请专家进行专业化检查200家次以上。

【安全生产宣传教育】 举办新安全生产法培训班,强化对事故隐患排查、安全培训、安全机构及人员配置、建设项目"三同时"、加大行政处罚力度等新修改内容的宣传教育。印制2万册安全生产法读本,组织安全生产法知识竞赛,在《海安日报》开辟安全生产宣传专版,在海安电视台录制"举案说法"栏目,在新世纪广场开辟安全生产普法长廊,在大公镇新建安全文化园,普及安全生产法律法规和安全应急常识。深入组织"安全生产月"活动,开展安全生产事故警示教育巡回展,组织播放《生命不能重来》《隐患直击》《生产安全事故典型案例》260场次;制作"加强安全法治、保障安全生产"主题宣传短片,在各大影院电影开播前滚动播放1400余场次。组织安全生产广场咨询宣传活动,近万名企业职工、城乡居民和学生代表签名承诺关注安全。组织事故隐患排查治理技能竞赛、"安康杯"安全知识和"中嘉联合杯"安全生产法知识竞赛、应急救援演习等活动。开展新安全生产法学习研讨征文活动,征集文章100多篇,获市优秀组织奖。联合县总工会开展安全生产法律法规知识学习竞赛活动,全县近10万名职工参与。依法组织、指导和监督特种作业人员和生产经营单位主要负责人、安全管理人员安全资格培训考核工作,全年举办安全知识培训班42期,1.8万多人次参加培训。

组织安全生产咨询宣传暨万人签名活动 (县安监局 提供)

【安全生产专项治理】 年初将道路交通、建筑施工、海洋渔业、特种设备、消防安全、危险化学品等13个重点行业和领域的安全工作列入专项整治内容。县委书记陆卫东、县长顾国标带队到开发区东部家具产业园现场办公,专题研究部署家具企业消防安全等工作。县安监部门突出高危行业专项整治,在化工企业强势推进二道门提档升级、安全警示标志牌设置、独栋厂房人员控制、安全总监制度,规范化工和危险化学品企业安全管理工作。全年,检查化工企业529家次、烟花爆竹和职业病危害的单位835家,查出隐患4796条,下达指令书516份,关闭不符合安全条件的烟花爆竹零售店180家,责令企业停产停业9家。县消防部门发现火灾隐患和违法行为2638处,办理行政处罚案件638起,实施临时查封37家,责令"三停"46家;市场监管部门全面检查压力容器、压力管道单位69家,发现隐患182条,立案查处违法行为30起;县建管部门检查施工项目526处,责令项目停工整改5起,停业整顿3家,约谈项目负责人8人。

【隐患排查整改】 制定《海安县重点行业领域安全生产专项督察方案》,用3个月时间对全县27个重点行业领域进行一次大检查。组织开展人员密集场所、敬老院、东部家具粉尘企业、危旧房和危旧桥梁、水上交通安全专项检查,开展防火灾、防爆炸、防化工事故专项行动,联合开展工业气体充装单位专项检查和旅游行业及游船专项检查。天津滨海新区重特大火灾爆炸事故发生后,海安全面开展安全生产大检查、打非治违和防火灾、防爆炸、防化工事故"三防"专项整治行动,专门组织以危险化学品生产、经营、储存、运输企业为重点的安全大检查。先后组织安全生产大检查15次,专项督察8次,联合督察12次。事故隐患排查系统上报隐患3.67万条,整改3.67万条,上报市挂牌督办重大事故隐患3项、县级挂牌督办40项、镇级挂牌督办310项,全部按时整改到位。

【安全生产"三项行动"】 部署和开展安全生产大检查、深化"打非治违"和专项整治等安全生产"三项行动",将危险化学品、烟花爆竹、涉粉涉爆、特种设备、道路交通、建筑施工、海洋渔业(滩涂养殖)、水上交通、消防等行业领域作为行动重点,坚持主要领导组织与会议推进相结合、纪委督察与工作组巡查相结合、安监综合监管与部门行业主管相结合、条线检查与企业自查相结合。全年,组织督察(检查)组2129个,检查企业8248家次,检查事故隐患1.46万条,整改1.42万条,下达指令书1060份,停产停业21家,关闭1家。

【企业安全标准化创建】 开展安全社区、安全文化示范企业等创建活动,促进从业人员熟知岗位危险、危害因素,熟练掌握操作规程和应急处置方法。在高危行业和其他行业的重点企业,全面推行以岗位达标、专业达标和企业达标为内容的安全标准化创建活动,督导企业加强全员、全过程、全方位安全管理,严格执行安全标准,规范安全生产行为。全县三级达标工贸企业1500多家,其中,一级标准化企业1家,二级标准化企业6家。

【应急管理体系建设】 组织相关部门修订完善重点领域应急救援预案,编制安全生产总体预案1个、专项预案12个、子预案14个。全县有401家生产经营单位应急预案在县级备案,其中,一般工业企业预案备案168家,危险化学品生产经营单位预案备案233家。重点在南通双弘纺织有限公司组织消防、紧急逃生等科目的应急救援演练,在南通天成生化有限公司开展2015年县危险化学品泄漏事故应急救援演练。

【安全文化示范建设】 开辟新世纪广场安全生产普法长廊,建成大公镇鹏飞安全生产文化园,成功创建1家省级、3家市级安全文化示范企业。全市职工安全生产法律知识竞赛活动,海安组织10万多名职工参加,人数列全市第一,南通双弘纺织有限公司代表队代表县荣获第二名,海安获优秀组织奖。 (郭垂国)

【特种设备安全监察】 完善"96333"电梯应急救援平台建设,围绕重大节日和学校、商场等9类公众聚集场所2013—2014年发生过事故的设备使用单位,开展特种设备安全专项整治及隐患排查,排查整改安全隐患1182条,查处案件55件,未发生特设安全责任事故。

(丁晓峰)

农产品质量安全监管

【农产品质量安全移动监管新模式】 2014年年底至2015年1月,海安对农产品质量安全移动监管终端进行政府公开招标采购,移动监管终端主要包括新闻动态、督察巡查、产品检测、监管对象、监管人员五大模块,监督检查现场拍照带GPS定位、手持终端具备被检查对象在屏幕上手写签字功能、监管对象和监管人员可点击姓名拨打电话等,具有随时上传、查询、汇总统计、通讯录、互动交流等功能,移动监管终端与省农产品质量安全监管信息系统平台无缝对接,功能数据同步传输至省农产品质量安全监管信息平台中,省、市、县可实时查询浏览海安县、区镇工作动态信息。2015年3月,全县召开培训班,讲解移动监管终端技术功能、操作应用,各镇监管员、检测员参加培训学习。4月起,实施镇级移动监管,全部纳入系统管理,开展日常巡查检查、检测工作实时上传数据,全县上传监管记录304次、检测蔬菜产品样4440个、累计宣传培训102次,实现监管电子信息化管理。

【省级农产品质量安全县(基地)创建单位】 根据《江苏省创建国家农产品质量安全县活动实施方案》,5月29日,海安结合实际,对照创建要求,编写创建实施方案;7月30日,根据省农委相关会议要求,修改创建实施方案。9月14日,省农委批复县实施创建工作(全省12家,全市第1家),下发《关于2015年国家和省级农产品质量安全县(基地)创建补助项目实施方案的批复》。

根据省级推进农产品质量安全监管网络体系建设要求,海安通过调研,于9月制定印发《海安县村级农产品质量安全协管员管理办法(试行)》,文件附件包括村级协管员管理办法(含总则、职责、选聘、考核、管理、补助、附则七章内容)、村级协管员考评表(试行)、村级协管员登记报批表、村级协管员监管工作协议四项内容,实行效能考核,建立报酬补贴机制,规范村级协管员监管工作。

(张小青　储　亮)

【全国农业综合执法示范窗口】 县农业综合执法大队加快推进农业综合执法标准化建设,完善行政调解室、留样室等农业执法办公场所,配备执法记录仪等执法装备,加强执法人员专业技术培训,提升农业执法人员的业务素质和执法水平。同时,健全相关制度,在执法过程中严格执行纪律,统一着装,亮证执法,实现农业综合执法管理制度化、程序合法化、执法规范化,被农业部命名为全国农业综合执法示范窗口。2015年,出动执法人员871人次,检查生产经营单位905家,立案查处违法案件24起,其中,肥料5起、农药4起、兽药4起、饲料11起。受理群众举报案件8起,立案查处6起。查获假劣农资66.3吨,总货值18.7万元,挽回农业生产经济损失约80多万元。 (胡永生　陈兴惠)

【高毒农药定点经营】 制定《海安县高毒农药定点经营实施方案》,加强县农药市场管理,严格限制高毒农药使用,建立健全农药市场长效管理机制,切实规范农药市场经营管理秩序。联合县市场监管局、安监局、供销联社,出动执法人员22人次,验收54家高毒农药定点经营单位,并对通过验收的企业负责人和经营人员进行集中业务培训。

(胡永生　陈兴惠)

【多个作品在省农委"六五"普法成果展上获奖】 县农委参加全省农业系统

"六五"普法成果展评活动，选送1篇征文、10幅书法作品、11幅摄影作品参展，其中，法规科《普法成就海安农业人法治特质》获征文一等奖，种子站《法如明镜》、质监科《农产品质量安全重于泰山》分别获得书法作品一、二等奖，动物卫生监督所《秉公执法》和植保站《植物检疫平安农业》获书法作品三等奖，林果站《野生动物放归自然》和水产站《渔政执法检查》获摄影作品三等奖。

【增加畜禽屠宰行业监督管理职责】 年初，生猪屠宰监督管理职责划入县农委，县农委重新全面梳理行政权力事项，编制行政权力清单484项，其中，行政许可27项，行政处罚406项，行政强制9项，行政征收2项，行政给付3项，行政奖励、行政确认、行政裁决各1项，其他类型权力34项。这些权力事项通过海安门户网、县农业信息网等媒体对外进行公示。

【办理行政权力事项580件】 加强执法人员思想教育和业务培训，全系统279名行政执法人员做到执法行为规范，没有因为行政不作为或乱作为而被群众投诉举报。在执法过程中，强化监督制约，实行重大行政决定委务会集体研究，权力运行确保公开透明，促进执法人员积极履行法定义务，严格遵守执法程序，正确行使自由裁量权，尊重和保障行政管理相对人知情权、参与权、陈述申辩权和救济权。全年办理行政许可509件、行政处罚71件，没有发生行政复议或行政诉讼。 （陈友强）

食品药品安全

【食品安全监管】 推进"明厨亮灶"工程、农家宴集中服务点建设、食品药品分类分级管理试点以及药品电子监管等工作，创建省级食品安全城市，开展25项食品专项检查整治，推行品王酒、豆制品等追溯管理，抽检食品1822批次，查处违法行为76起。

【药品安全监管】 继续巩固省药品安全示范县创建成果，推进药品分类分级管理试点和电子监管实现县域全覆盖，开展空心胶囊、隐形眼镜等安全专项整治，抽检药品、医疗器械、化妆品168个批次，药品快检174个批次，查处涉药案件26件。 （丁晓峰）

9月29日，执法人员检查超市食品安全 （县市场管理局 提供）

疾病预防控制

【预防接种】 开展预防接种门诊集中整治，全县8所镇（中心）卫生院数字化门诊通过市级考评，2所民营医院被责令退出门诊开设。认真落实入托入学预防接种证查验与疫苗补种，免疫规划一类疫苗安全接种14.2万多针次，接种率以镇为单位均大于95%。海安仁桥医院唐小林入选江苏省最美接种医生。

【传染病防治】 全县传染病疫情保持平稳，没有发生暴发疫情。发现、登记治疗肺结核病人432例、涂阳110例、耐多药肺结核病人4例，病人发现及涂阳病人占比均达到或超过省市要求。规范开展全国艾滋病检测实验室信息管理系统上报工作，完成11.4万人次初筛检测。在5个镇25个村完成春季血防查螺304.5万平方米。全年疟疾镜检"三热"病人7887人次，先后检出16例输入性疟疾病例，均及时规范处置。组织开展省级肺吸虫现场调查和监测工作，顺利通过省有效控制肠道线虫病达标验收。有序推进省麻风病防治一体化试点项目。首次与县总工会、人社局联合举办传染病防治技能竞赛，选拔4名选手组队参加市传染病防治技能竞赛，荣获团体二等奖、优秀组织奖。

【慢性病防治】 巩固慢性病综合防控示范区创建成果，慢性病社区诊断调查5500人。常规开展"慢五病"登记报告及"慢三病"随访管理工作，年内新增登记高血压9761例、糖尿病3642例，随访管理63万人次。肿瘤发病报告3045例，县肿瘤登记处再次荣获全国肿瘤登记优秀奖。在10个区镇10个行政村开展全人群肿瘤漏报调查和死因漏报调查。全面启动实施国家心血病早期筛查与综合干预项目，完成3000名常住居民的省高血压社区规范化管理项目和601名小学生的省儿童口腔疾病干预项目。推广使用省健康教育信息化管理平台，5万多人次参与居民健康素养学习评估，组织2956人参加全省科学就医知识竞赛，南莫中心小学接受省健康促进金奖学校考核验收。探索开展慢性病综合防控示范村创建工作。建立精神病防治"三位一体"管理模式，与江阴市、张家港市探索开展精防工作联动协作机制；开展精防示范社区创建活动，24个村通过验收。全县严重精神障碍患者管理率98.5%，免费服药、定期随访管理、健康体检等工作全面完成。配合县综治办开展肇事肇祸等严重精神障碍患者排查管理工作。

（孙瑞根 徐春勇）

互联网信息安全

【网络制度建设】 年初，将网络宣传和舆情处置工作列入全县机关绩效考核，从组织建设、网络宣传、舆情处置、规范运行等方面进行考核。2月15日，召开全县网络宣传管理工作会议，点评2014年网络建设管理工作，表彰十佳先进个人和十佳先进集体，并培训全县网络发言人。4月18日，县互联网新闻中心和海安网联合表彰教育局张跃、城管局魏钦翠、公安局常永祥、开发区吴高旺等5名网络发言人为最美网络发言人。全年收集网络舆情1764条，答复1644条，答复率93%。其中，为民办实事80件，政策解答521条，153条得到网友高度评价。

【舆情监管】 县互联网新闻中心完善各区镇、部门、单位网络发言人QQ工作群，每天实行签到工作制度，及时互通网络舆情，督促检查回复应对。健全信息通报制度，建立县领导、区镇部门主要负责人、分管负责人及网络发言人手机工作群，定期通报舆情，突发舆情发生后迅速应对，第一时间处置。县互联网新闻中心、公安网安大队、民间网站管理员三位一体，加强互联网监管，倡导健康向上的网络文化，严厉打击危害国家安全、色情、暴力等网络不良信息。 （景圣红）

【政务网络安全管理与维护】 根据上级信息安全等级保护领导小组统一部署，对县电子政务系统和政府门户网站系统进行等级保护二级测评。根据测评要求对信息系统进行安全检查，及时整改对测评结果中提到的问题。新增WEB防火墙、IPS、堡垒机等安全防护设备，提升电子政务内、外网系统运行安全。每月巡检电子政务机房设备并形成巡检报告；定期巡查维护电子政务线路及网络设备，确保设备正常运行。 （顾宏俊）

消　　防

【消防救援】 2015年，消防大队接警出动1238次，出动消防官兵1.71万人次，出动消防车4470台次，抢救被困人员198人，疏散510人，抢救财产价值5300余万元。开展石油化工单位演练工作，统一制作作战信息卡，录入随车的平板电脑，做到底数清、情况明。相继组织开展人员密集场所、大跨度厂房、石油化工单位研讨式熟悉、互动式演练和人员密集场所夜间无预案实战拉动演练。

2月11日，县行政中心开展消防安全检查 （县机关事务局　提供）

【消防安全责任】 召开年度消防工作会议，县政府与10区镇和相关职能部门签订年度消防工作责任书，明确消防安全责任、火灾隐患治理等方面的工作任务，并组织专项行动督导。召开劳动密集型企业消防安全专项治理、夏季消防大检查等专项行动部署会，集中约谈重大火灾隐患单位、石油化工企业和易燃易爆危险品场所负责人，督促落实消防安全责任。县委书记陆卫东，县长顾国标，政法委书记盛慧琴，副县长卢忠平、葛志祥等多次听取消防工作汇报、专题到消防大队调研，在重要节假日、重点时段带队开展消防安全检查。

【隐患整治】 通过“日常检查”与“错时检查”相结合方式，集中组织开展劳动密集型企业消防安全专项治理、夏季消防检查、抗战胜利70周年消防安保等专项行动等。全年，检查单位8443家，发现火灾隐患7652处，督促整改火灾隐患5853处，责令“三停”76家，拘留3人，临时查封73处，罚款349万余元，13家挂牌重大火灾隐患整改销案，整改销案率100%。

【创新消防监管模式】 全面深化“网格化”管理工作，10个区镇全部明确网格长、网格员，组织开展两期由500余名村居负责人参加的消防安全管理网格长、网格员培训会，明确网格化管理职责、任务。督促478家消防安全重点单位全面落实“户籍化”管理，管理率100%。落实建筑消防设施巡查监测系统接入工作，接入单位142家，持证上岗人员180名。

【消防宣传教育】 与县电视台、广播电台签订长期合作协议，开展消防宣传；联合县综治办印制《平安惠民手册》36.5万册，面向全县普及消防知识；联合县教育局开展教育系统消防安全培训，在全县中、小学部署开展暑假“七彩的夏日”消防宣传教育主题活动；在县政府门户网站开办消防专题网页，报道消防工作动态；利用县广播电台“政风行风热线”“法制热线”栏目，号召全体市民积极参与消防工作；组织150余家单位、场所在点歌视频、放映屏幕、LED电子屏、楼宇电视等滚动刊播消防公益广告和安全提示，宣传普及防灭火常识和火场逃生技能。确定3人制宣传教育培训师队伍，深入社会单位开展教育培训。建立大队微信群，每天发送消防提示短信和业务指导信息。累计推出消防宣传专栏2个，拍摄消防微电影、视频和消防动漫12部，印制消防宣传手册40万册，播放公益消防视频100余小时，发布消防安全温馨提示短信近10万条，“三微”宣传覆盖逾50万人次。 （单仁勇）

应急管理

【健全应急体系建设】 建立民政救灾应急指挥及减灾救灾协调机构，下发《关于进一步做好汛期防灾救灾工作的通知》，将汛期救灾工作作为重点。调整落实防汛指挥组织机构，落实堤防、水闸防汛责任人，建立水利工程险工段巡查监测制度。成立地质灾害防治领导小组，做好地质灾害防治工作组织领导和督促检查，建立健全县、镇、村、组四级地质灾害群测群防网络。做好埃博拉出血热和中东呼吸综合征等重大疫情防控，设立工作领导组，各公立医疗卫生单位强化应急准备，提升应急实战能力。健全减灾救灾、安全生产、疫情防控、食品安全、环境保护等工作的协调联动机制。出台《关于进一步建立健全突发事件应急反应机制的若干意见》，完善突发事件启动机制、响应流程和指挥体系。

【应急准备】 完成县级专项预案第二轮修编工作，至2015年上半年，全面完成1件县级总体预案、10件区镇级总体预案、36件县级专项预案的修订工作，并汇编成册。同时深化部门和企事业单位预案修订，县安监部门对全县400多家生产经营单位组织开展应急预案修订工作，对其中168家一般工业企业、233家危险化学品生产经营单位进行预案备案登记。

组织开展锦龙大酒店电梯突发故障、双惠橡胶南通有限公司火灾、天成化工危险化学品泄漏、曲塘镇地震疏散、食品中毒等应急预案演练活动。县卫生系统将4月定为应急演练月，开展系列急救医疗演练活动。加强中小学幼儿园应急疏散演练工作，各中小学校每月开展一次应急疏散演练，幼儿园每季度至少开展一次应急疏散演练。

加强防汛应急物资储备，汛期前储备块石1200吨、木材25立方米、编织袋11万条、土工布5000平方米、临时机泵60台套、临时发电机组8台套、小型汽油发电机组8台套等，均达到或超过市防指下达的指标要求。各区镇储备“三袋”55万条、木材117立方米、铁丝5.5吨、临时机泵77台套、挖掘机15台套等，基本确保各区镇防汛抢险需要。

全县有专职救援人员100余人，在6个中心区镇分布成立专职救援队伍，构建“闻急即行、一呼百应”的应急反应格局。科学配备应急救援设施，在4个镇配备消防车，全县增加消火栓1272个，采购53米进口云梯1辆，购置“剑齿虎”防暴装甲车，相关专业应急救援队伍配备防暴灯、强光手电筒、防毒面具、防割手套、防酸碱雨靴、雨衣、装备箱等救援物资。

加大应急避难场所建设力度，县城规划建设60万平方米固定和临时应急避难场所，建成三个Ⅱ类标准地震应急避险场所，编制《海安县地震应急避难场所疏散安置预案编制指南》，出台《地震应急疏散场所管理制度》等相关管理制度，委托北京工业大学设计《海安县县城地震应急避难场所布局规划和中心应急避难场所方案》。投资4000万余元，占地2500平方米的人防地下指挥所，即县级综合应急避难场所完成建筑工程建设。

【预警预防】 升级改造监测预警设备，县公安局指挥中心整合全县视频监控、警车GPS定位系统，接入智能交通、网吧、旅馆等管控系统，在接警平台中新增即时研判模块，研判情况实时记载，实现情报指挥一体化。县气象部门建立预报预警数据服务器、资料处理服务器，升级预报视频会商系统，改善由广播、电视、网络、传真、电子显示屏、手机短信和“96121”自动答询电话组成的预警信号发布系统。县地震部门建成全省唯一的县级地震信息自动速报系统，可即时将全球大震、全国强震和省内有感地震信息自动发送到手机，为处置对海安有影响的地震争取工作先机。化工园区大气预警自动监测站和生态环境监控管理中心建设中。

加强安全隐患源头治理，采取企业自查、专项检查和政府督察相结合，全年对全县27个重点行业领域进行风险隐患大排查，监管大中型客车、重中型火车、危险品运输车、校车、渣土工程车五类重点车辆安全。加强建筑施工作业现场安全管理，全面排查治理存在地质灾害危险的隐患，防范极端天气危害建筑施工作业。针对气温升高、火灾易发的特点，对商场、车站、医院、学校等人口密集区域开展消防安全检查，全面排查整改城市电气线路老化、超容量及农村乱堆乱放易燃物现象。落实各类船舶应对台风、海浪、风暴潮、大雾等恶劣天气防范措施，根据气象情况合理安排渔业生产，严禁冒险作业。排查事故隐患1.96万项，挂牌督办其中20项重大事故隐患，整改1.95万项，整改率99.6%。组织实施40多家重点企业环境规范化建设，排查1000多家企业环境风险并建立一企一

县长顾国标率队开展建筑施工作业现场安全检查 （县安监局 提供）

档，较大以上环境风险的企业每月不少于一次现场监察。

【应急处置】 5月29日，县卫生系统通过卫生监测系统发现1例布鲁氏菌病疫情，此疫情系海安首次出现。县卫生部门接报后联合农业部门及时赶赴现场，开展流行病学调查、个人防护、环境消杀、动物疫情检测及密切接触者疫情监测等防控措施，经过规范处置，疫情得到有效控制。6月9日，浙江一企业主通过船舶将浙江省嘉兴市、绍兴市等地3家印染企业的3500余吨固体废弃物倾倒在县境内。接报后，立即启动突发环境事件应急预案，将废弃物全部转移到7条运输船上，在污染源上下游布点，监测卫生和环境水样，检测固体废弃物成分，并联合公安部门对废弃物来源展开追查。经过调查，此类固体废弃物属于一般固体废物，未达到危险废物标准。通过协调将废弃物运回浙江，并依法追究相关人员经济和法律责任。

【培训宣教】 组织参加国家行政学院县处级领导干部应急管理研修班、省委党校应急管理培训班、市应急管理专题培训班和县安全干部知识培训活动，全年培训干部职工2800多人。在全省率先全面实施"安全、法治教育进课程"，自主编撰从小学到高中《中小学生法治教育读本》系列丛书10册，免费发放，人手一本。秋季学期起，中小学每两周安排一节安全法治课。开展"5·12"防灾减灾日宣传活动。县地震局开展"进机关、进学校、进农村、进企业、进社区"活动，在全省率先推行公民个人和家庭防震减灾完整覆盖工作，全年编印发放5万份防震减灾宣传彩页。县国土局开展地质灾害防治知识宣传教育，利用"4·22"世界地球日、"6·25"土地日等契机，举办"绿色出行、低碳生活"宣传活动。投入180万元新建消防体验馆，馆内设置消防常识宣传区、知识竞赛区、灭火逃生体验区等，进行火灾案例剖析、消防法律法规宣传、消防设备操作、影视播映、模拟体验等，体验馆自建成后接待人员5万余人。（顾宏俊）

边防检查

【爱民固边】 2015年，老坝港边防派出所民警进行防盗防骗宣传、禁毒宣传、反诈骗宣传、防范假币宣传各5次，走访常住人口1400人，出海船舶180条、船民1200人，民警向辖区群众汇报工作6次，发放警民联系卡300余份，收集意见建议30条。依托警务室提供法律援助12次，成功化解矛盾纠纷36起，救助群众5名，发放便民服务卡200余份。

【平安创建】 圆满完成抗战胜利70周年边防安保等任务。7月，连续破获3起盗窃案，抓获犯罪嫌疑人3名。坚持预防为主，建立不定期治安清查、安全检查、治安巡逻设卡等制度，全年组织开展夜间治安巡逻60余次，暂住人口大清查8次，重点场所安全大检查7次，发放限期整改通知书22份，整改安全隐患18处。重要时期、渔汛和紫菜养殖季节，加大违章查处、法制宣传、安全监督。年内，联合地方渔政、海事部门开展4次集中查港查船联合执法行动，并逐船签订沿海船舶治安管理责任状，提高渔船民持证、签证、年审和安全意识。（许宝军）

知识产权管理

2015年，申请专利4211件，其中，发明专利1334件、授权专利2931件；发明专利授权327件、新增有效发明专利352件，万人发明拥有量19.42件；申请PCT(国际专利)90件，全市最多。海安获批江苏知识产权强省建设区域示范县，全省16个地区，全市唯一。鑫缘集团、华艺服饰被评为国家知识产权优势企业，实现海安国家知识产权优势企业零的突破。南通超力卷板机制造有限公司"一种数控可调整卷圆直径的二辊卷板机"发明专利获第17届中国专利奖优秀奖。江苏天楹环保能源股份有限公司"单元模块化大型生活垃圾焚烧炉"发明专利获第九届江苏专利奖优秀奖。南通明芯微电子承担省知识产权战略计划推进项目。徐祥来、王华业分获江苏省第四届民间发明创新奖二等奖、三等奖。申菱电器、欧贝黎新能源等10家企业通过知识产权管理国家标准认证。组织企业参加培训班20多次，培养知识产权工程师16人，企业内审员14人，企业知识产权总监7人。（张少微）

科 技

Science and Technology

海安花鼓　章　丽绘

◎ 责任编辑　赵蓉蓉

综　　述

【概况】 2015年，科技工作以服务转型升级为宗旨，以“巩固深入、扩面增量、提质增效”为总要求，以“县级机关服务企业科技行”为主抓手，大力实施创新驱动发展战略，着力激发创新创业活力，为新常态下全县稳增长、调结构、促转型提供有力的科技支撑。海安成为全省科技创新体制综合改革两个县级试点城市之一，被评为全省首批、全市唯一的知识产权强省区域建设示范县，成功获批中国产学研合作创新示范基地。新认定国家高新技术企业44家，总数119家。新增省级高新技术产品198个，入选省“双创团队”1个，实现海安零的突破。新增省级工程技术研究中心7家。新增30万元以上产学研合作项目129项，新引进成果转化项目31项。

【海安获批全省科技体制综合改革试点城市】 7月30日，江苏省委深改组第十次会议通过《海安科技创新体制综合改革试点方案》，标志着海安成为省科技体制综合改革试点城市，全省仅海安和常熟两家。12月2日，省政府办公厅下发《关于印发常熟市海安县科技创新体制综合改革试点方案及支持政策措施的通知》，拉开海安科技改革的序幕。

高新技术产业

实施科技企业“小升高”计划，加大服务指导力度，进一步扩大高新技术企业增量。实现高新技术产业产值945.49亿元，同比增长13.08%，占规模以上工业产值比重47.63%，总量和占比均全市第一。新增江苏省高新技术企业7家；新增省高新技术产品198个，全市第一。

2015年各类科技计划立项情况一览表

表25　　单位：万元

序号	项目类别	项目名称	承担单位	争取资金
1	国家星火计划	有机棉竹浆纤维柔洁纱线的产业化	南通双弘纺织有限公司	—
2	国家星火计划	蛋鸡标准化规模养殖及蛋品深加工技术	江苏苏鹏禽业发展有限公司	—
3	国家星火计划	年产600万羽海兰褐蛋鸡苗良种繁育体系新建项目	江苏天成科技集团有限公司	—
4	国家星火计划	鸡蛋深加工工艺的研究以及产品的综合开发	海安县婷婷农副产品有限公司	—
5	国家星火计划	农林废弃物/回收塑料复合材料的产业化关键技术应用	南通升环木业有限公司	—
6	国家星火计划	生态高效蚕业新模式集成示范推广	海安县桑蚕技术指导站	—
7	国家火炬计划	海安磁性材料特色产业基地检测服务平台建设	江苏鹰球集团有限公司	70
8	国家火炬计划	全聚增强柔洁纱线的产业化	南通双弘纺织有限公司	—
9	国家火炬计划	UCQ新型高效侧式刮板取料机	南通奥普机械工程有限公司	—
10	国家火炬计划	高效抑菌型山梨酸(钾)研究及产业化示范	江苏天成生化制品有限公司	—
11	国家火炬计划	双粒径二氧化硅水溶胶	江苏天恒纳米科技股份有限公司	—
12	国家火炬计划	基于PM2.0过滤技术的高效真空吸尘车	上海神舟汽车节能环保海安有限公司	—
13	国家火炬计划	节能型高速曳引机装配线技术改造项目	上海爱登堡电梯江苏有限公司	—
14	国家火炬计划	JZ稀土增强型铝合金压铸载人扶梯梯级	南通江中光电有限公司	—
15	中央财政农业技术推广资金	长江特色水产品养殖全程服务与技术推广	江苏中洋集团股份有限公司（江苏省长江特色鱼类产业技术创新战略联盟）	200
16	省创新资金	基于双峰脉冲电流电化学复合机械光整技术的机械基础件	海安欣凯富机械科技有限公司	25

续表 25

序号	项目类别	项目名称	承担单位	争取资金
17	省创新资金	多维振动铸造工艺及关键技术装备	南通鹏飞铸造有限公司	25
18	省重点研发计划（产业前瞻与共性技术)项目	基于 PolyDMBLC 搭桥技术的色织面料漂染一浴关键技术研究	江苏联发纺织股份有限公司	120
19	省重点研发计划（产业前瞻与共性技术)项目	模块化移动式余热能存储与利用技术开发与应用	江苏鹏飞集团股份有限公司/中国科学院过程工程研究所	—
20	省社会发展重点研发计划	农业废弃物和生活垃圾快速催化热解联产生物油炭技术及装备研发	江苏鑫奥现代农业科技有限公司	80
21	省农业重点研发计划	生态高效蚕业现代化生产模式与技术集成创新示范工程	海安鑫缘高新技术创业服务有限公司	150
22	省农业重点研发计划	小麦蛋白增值转化关键技术研究与新产品开发	润禾粉业南通有限公司	50
23	省政策引导类计划	农业科技社会化服务奖补资金	海安明盛畜禽生态养殖有限公司	20
24	省“双创团队”	南通市省“双创团队”	江苏江海机床集团有限公司	300
25	科技副总类	科技副总类	江苏鹏飞集团股份有限公司王成军等 8 人	120
26	国际科技合作项目	高温数码打印缺陷诊断、修复技术的合作研发	江苏繁华玻璃股份有限公司	100
27	省创新能力建设计划（科技设施类)——重点企业研发机构能力提升	江苏中洋集团股份有限公司研发机构能力提升	江苏中洋集团股份有限公司	100
28	省创新能力建设计划（科技设施类)——重点企业研发机构能力提升	亚太轻合金(南通)科技有限公司重点研发机构能力提升	亚太轻合金(南通)科技有限公司	50
29	省创新能力建设计划（科技设施类)——重点企业研发机构能力提升	国家级企业研发机构（联发)创新能力提升项目	江苏联发纺织股份有限公司	50
30	省创新能力建设计划（科技设施类)——重点企业研发机构能力提升	江苏铁锚玻璃股份有限公司研发机构能力提升	江苏铁锚玻璃股份有限公司	50
31	省创新能力建设专项资金	海安南京大学高新技术研究院建设	海安南京大学高新技术研究院	500
32	省工程技术研究中心	江苏省新型千斤顶及维修工具工程技术研究中心	南通市通润汽车零部件有限公司	—
33	省工程技术研究中心	江苏省污水处理装备制造及工艺工程技术研究中心	南通曙光新能源装备有限公司	—
34	省工程技术研究中心	江苏省锻压装备与机器人成套技术工程技术研究中心	南通特力锻压机床有限公司	—
35	省工程技术研究中心	新能源智能清扫车工程技术研究中心	南通明诺机械有限公司	—
36	省工程技术研究中心	江苏省数控二辊卷板机工程技术研究中心	南通超力卷板机制造有限公司	—
37	省工程技术研究中心	江苏省高效节能型底部异型挡板搅拌反应设备工程技术研究中心	江苏合海集团股份有限公司	—
38	省工程技术研究中心	江苏省超级电容器纸产业化工程技术研究中心	南通中菱绝缘材料有限公司	—
39	省研究生工作站	—	江苏瑞恩电气股份有限公司	—
40	省研究生工作站	—	南通科达建材股份有限公司	—

续表 25

序号	项目类别	项目名称	承担单位	争取资金
41	省研究生工作站	—	南通华为电力设备有限公司	—
42	省研究生工作站	—	俊启粮油南通有限公司	—
43	省研究生工作站	—	江苏绿之邦生态庄园有限公司	—
44	省研究生工作站	—	南通恒鼎重型机床有限公司	—
45	省研究生工作站	—	上海爱登堡电梯江苏有限公司	—
46	省研究生工作站	—	南通超力卷板机制造有限公司	—
47	省研究生工作站	—	海安鑫缘环贸数码科技有限公司、苏州大学	—
48	省研究生工作站	—	南通曙光新能源装备有限公司、常州大学	—
49	省研究生工作站	—	海安启弘纺织科技有限公司、江南大学	—
50	省研究生工作站	—	江苏繁华玻璃股份有限公司、江苏大学	—
51	省研究生工作站	—	亚太轻合金(南通)科技有限公司、江苏大学	—
52	省研究生工作站	—	江苏礼德铝业有限公司、南通大学	—
53	省研究生工作站	—	南通广联实业有限公司、南通大学	—
54	双创团队	—	江苏江海机床集团有限公司	—
55	省级孵化器	海安鹏宇流体装备科技创业园	曲塘镇	—
56	省重点研发机构	江苏省粉末冶金新材料工程技术研究中心	江苏鹰球集团有限公司	—
57	省重点研发机构	江苏省电梯部件工程技术研究中心	江苏威尔曼科技股份有限公司	—
58	省重点研发机构	江苏省电梯安全控制部件工程技术研究中心	南通中尧特雷卡电梯产品有限公司	—
59	省重点研发机构	江苏省计算机硬盘基片平整化技术及材料工程技术研究中心	江苏海迅实业集团股份有限公司	—
60	知识产权示范区域建设推进专项引导资金	知识产权示范区域建设推进专项引导资金(国家级示范单位)	海安经济技术开发区	20
61	知识产权战略推进专项资金	江苏省企业知识产权战略推进计划项目	南通明芯微电子有限公司	30
62	省企业知识产权管理标准化示范先进单位奖补	江苏省企业知识产权管理标准化示范先进单位奖补	江苏天鹏机电制造有限公司	10
63	省企业知识产权管理标准化示范先进单位奖补	江苏省企业知识产权管理标准化示范先进单位奖补	海安县申菱电器制造有限公司	5
64	中国专利优秀奖	一种数控可调整卷圆直径的二辊卷板机	南通超力卷板机制造有限公司	20
65	专利资助	国内专利资助	—	30
66	专利资助	国外专利资助	—	17.5
67	海安功能新材料产业众创空间	—	海安高科技创业园	—
合计				2142.5

科技计划项目

全年组织申报省以上项目获立项67项，争取经费2142.5万元，其中海安南京大学高新技术研究院获创新能力建设专项资金500万元。

产学研合作

【概况】 开展"县级机关服务企业科技行"活动，各区镇和66个服务部门组织企业找高校、寻项目，为企业转型升级打基础。实施10万元以上产学研合作项目237项，成功组织"创新创业在海安""中科院专家走进海安"等系列产学研活动288次，参加省市大型产学研洽谈会6次，开票销售2000万元以上工业制造企业产学研合作覆盖率90%以上。

【平台载体建设】 围绕"集聚创新要素，集聚创新成果，引领创新发展，引领技术领先"的"双集聚、双引领"的目标，新增飞亚、鹰球、骆氏、天成科技、康德生物、启弘纺织、兴华胶带、人民电器集团江苏斯诺工程8家企业研究院。新增省级工程技术研究中心7家，总数60家。新增省级企业研究生工作站15家，全市第一。入选科技部创新人才推进计划1人。入选省"双创团队"(科技类)1个，全市科技类共2个，争取省级资金300万元。重点企业研发机构能力提升项目4家企业被评为优秀，争取省级资金250万元。

5月23日，举办第二届"创新创业在海安"主题活动 (县科技局 提供)

【产学研活动】 5月23日，海安县举办第二届"创新创业在海安"主题活动。相关领导及500名院士、专家、教授应邀出席活动。会议为"十大科技兴企企业家"和"十大科技兴海功臣"现场颁奖，表彰十佳创业人才、十佳创新人才、50名科技型企业家、十佳科技核心企业、十佳科技研发平台和50项优秀科技成果。现场签约40项新增产学研合作项目、10项科技成果转化项目和30项高新技术产业项目。活动期间，海安分别举行装备制造、新材料、农业科技、节能环保、纺织丝绸锦纶产业成果发布会。12月5日，中科院132名专家应邀参加第二届"中科院专家走进海安"主题活动，与海安四套班子负责人、各区镇和部门主要负责人以及462家企业负责人深入交流对接，共商院地合作大计，达成意向性合作协议112项。

科技成果

全年获省科技进步奖3项；市科技进步奖12项，其中二等奖5项、三等奖7项。

2015年科学技术进步奖获奖情况一览表

表26

序号	项 目 名 称	获奖单位	获奖等次
1	高效节能环保生活垃圾焚烧装备	江苏天楹环保能源有限公司	省科学技术三等奖
2	超高压大容量生物质萃取装备	南通曙光新能源装备有限公司	省科学技术三等奖
3	高效纳米抛光材料理论、制备关键技术及功能应用	江苏海迅实业集团股份有限公司	省科学技术三等奖
4	高效纳米抛光材料理论、制备关键技术及工程应用	江苏海迅实业集团股份有限公司	市科技进步二等奖
5	高效节能预粉磨工艺及成套装备研发	江苏鹏飞集团有限公司	市科技进步二等奖
6	新型双柱塞不等量掺水加药装置	江苏华安科研仪器有限公司	市科技进步二等奖
7	环境友好型电梯平衡补偿链及自动化制造技术	江苏兴华胶带股份有限公司	市科技进步二等奖
8	一种粘结钕铁硼NdFeB永磁粉	江苏巨鑫磁业有限公司	市科技进步二等奖
9	智能监控抗静电氟塑料全衬球阀	江苏金晟元特种阀门股份有限公司	市科技进步三等奖
10	繁华玻璃高温彩晶家电玻璃面板项目	江苏繁华玻璃股份有限公司	市科技进步三等奖

续表 26

序号	项 目 名 称	获奖单位	获奖等次
11	超柔易染抗起球纱线加工关键技术及产业化	南通双弘纺织有限公司	市科技进步三等奖
12	CD137 在急性冠脉综合征中的研究	海安县人民医院	市科技进步三等奖
13	ESR 钢化玻璃连续成型炉	艾能赛克机械设备(江苏)有限公司	市科技进步三等奖
14	新型连续式干粉砂浆生产线	江苏晨日环保科技有限公司	市科技进步三等奖
15	大规模垃圾焚烧烟气净化系统	南通天蓝环保能源成套设备有限公司	市科技进步三等奖

科技宣传

【概况】 开展科普宣传活动，提高大众科学文化素质，推动全县经济转型升级。5月8日，以“创新创业、科普惠民”为主题的海安县第二十七届科普宣传周活动启动。实施“科普惠农兴村计划”，组织瑞康米业技术协会的“科普惠农兴村计划”，被市科协表彰。加快科普基层组织建设，培育市级科普示范社区(村)9家、省级科普示范社区(村)2家。推进科普示范工程建设，被命名为江苏省2016—2020年科普示范县。9月24日上午，县科协、农委、卫计委、地震局等部门在海安安达步行街广场举行科普宣传活动。全年组织科普活动12场次。

【农业科技】 全年承担省科技支撑农业项目2项，省科技支撑社会发展计划项目1项。鑫缘集团、双弘纺织等公司的5个项目获2015年度国家星火计划项目立项。现代桑蚕茧丝产业科技园和长江珍稀鱼类保护开发科技园进入南通国家农业科技园海安示范区(模式示范园)建设。国家级产业创新联盟——长江珍稀鱼类创新产业联盟获中央财政农业技术推广资金立项支持。明盛畜禽生态养殖公司创建的生态养殖科技超市获省农业科技社会化服务奖补资金立项支持。全年开展创业培训、送科技下乡活动6次，确认科技人员创业项目72个，培育典型2个。 (张少微)

【气象科普宣传】 结合县六五普法工作要求，利用“3·23”世界气象日、防灾减灾日、安全生产月等活动，宣传气象法律法规和科普知识，发放各类宣传材料上万份；及时在市气象局网站、县政府内网等媒体发布信息宣传稿件约100件；在《海安时报》《海安大事》、县两会宣传特刊等开展气象宣传。 (吴 亚 彭小燕)

【防震减灾科普宣传】 推进防震减灾科普宣传“进机关、进学校、进社区、进乡村、进企业”活动。建有省级防震减灾科普基地，并正常对学生和社会开放。在“3·1”防震减灾法颁布实施日、“3·5”志愿者日、“5·12”防灾减灾日、5月科普宣传周、“7·28”唐山地震纪念日、9月“安全生产月”、全国科普日和“12·4”法制宣传日等开展防震减灾宣传活动。全年向学校、机关、企业30多个单位赠送地震科普影视、图书资料和讲座PPT，特定纪念日开展大型广场宣传、讲座和“五进”活动16场次，制作展板200多平方米。 (凌 峰)

7月28日唐山地震纪念日开展防震减灾科普宣传 (县地震局 提供)

科技服务

气象预报

【概况】 基本业务质量稳定。1—12月，地面测报总错比0.0‰，地面气象报表无错，自动站资料上传及时率大于99.9%。

气象预报服务及时有效，通过“短期气候预测”“重要天气公报”“海安气象传真”“海安生态与农业气象”“气象服务专报”等进行常规气象服务和决策气象服务，利用“农业气象灾害预警”“特色农业气象服务”两个服务产品进行现代农业气象服务。加强对元旦、春节、中秋、国庆等节假日，春运、高考、中考、抗战纪念日等社会活动，春播、夏收夏种、秋收秋种等重要农时农事，寒潮、梅雨、强对流、台风、高温等重大天气过程的专题服务。全年发布各类书面服务材料345份，发布灾害性天气预警信号59次，编发气象短信59万余条(次)。与电视台“农家农事”“民生热线”专题栏目开展合作，全年接受电视台采访53

次。执行《江苏省气象服务用户回访工作管理暂行办法》，用户回访率 100%，满意率 98%。

加强气象探测环境的日常巡查，按时上报《气象探测环境变化月报告书》。按照《省气象局关于开展气象探测环境保护四项强标备案工作的通知》要求，登记确认气象探测环境保护四项强标。

【汛期气象服务】 召开汛期气象服务动员会，开展汛前气象业务自查，检查中尺度站仪器，更换所有风速传感器的轴承。6 月，完成北凌低洼区域中尺度站建设；7 月，完善自动站预警软件功能，并投入业务运行；9 月，完成区域站社会化保障交接、气象应急车初验工作；10 月，地面气象观测场标准化改造基本完成。

加强对突发灾害性天气的监测、预报、服务和应急值班工作。入汛后，南通市气象局分别于 6 月 16 日、6 月 27 日、7 月 9 日、8 月 1 日四次启动相应级别的重大气象灾害应急响应命令，县气象局即时进入应急响应状态，启动相应装备、技术和后勤保障应急响应，确保应急响应命令顺利实施。

汛期发送重要天气公报 63 期次，发布天气旬报传真 12 期次。发布农业气象灾害预警 5 期、夏收夏种专题气象预报 30 期次、特色农业气象服务材料 9 期次。

【农业气象服务】 完善决策服务周年方案和农业气象服务周年方案。通过“海安生态与农业气象”编写发布农业气象月报 11 期、春播滚动预报 40 期、夏收夏种滚动预报 37 期、秋收秋种滚动预报 40 期，编写“特色农业气象服务”28 期，做到农事、农时关键时刻有农业气象服务产品。编写“农业气象灾害预警”10 期，从晚霜冻、降雪、强降雨、台风大风等方面发布农业生产预警信息。

3 月 5—6 日，全市“知农时、懂农事、察农需、接地气”专题调研会和“农业气象业务创新团队”研讨会在海安召开，特邀省气象局应急与减灾处副处长商兆堂参与调研。调研组先后到海安黄金米生产基地、曲塘镇气象文化广场、雅周现代农业园区等地调研，了解为农服务设施建设和农村对气象服务的需求情况。

【防雷业务】 气象行政审批窗口取消雷击灾害评估事项，调整防雷装置施工图设计审核业务流程及收费。全年办结许可事项 284 件，其中施工图设计审核 147 件、竣工验收 137 件，办结率 100%。

下发《关于进一步加强雷电、静电安全事故防范工作的通知》，召开全县防雷减灾工作会议，部署落实全年工作。根据省市县安全生产“三项行动”工作部署，全覆盖检查、检测县生产、经营、使用危险化学品企业的防雷防静电设施。年度检测全县 337 家(次)企业防雷安全管理情况和防雷设施，对 65 家不合格企业出具整改通知书，复检 57 家不合格企业。

【气球施放安全管理】 年初，召集县内具有施放资质的 2 家企业签订施放气球安全管理责任书。11 月 13 日，与海安县城管局召开联合会议，交流讨论全县系留气球施放安全管理工作。11 月 16 日，开展 2 起违法施放气球的联合执法行动。 （吴　亚　彭小燕）

地震预测

【概况】 做好震情监视和短临跟踪工作，继续实行基地饲养动物与自然生物、定点宏观测报人员与社会公众相结合，

纪念 3·23 世界气象日 （吴　亚　摄）

曲塘地震演练现场会　　　　(县地震局　提供)

开展群测群防工作,全年无漏报,现场处置微观异常3次,落实疑似地震宏观异常2次,回应网络舆情11人次,电话解释群众咨询60多人次。海安地震台各观测项目资料及时准确、连续可靠。

县行政服务中心地震局窗口全年审批一般建设工程46件,依法开展海安星湖001商业中心等2个重大工程地震安全性评价工作。

“海安地震信息自动速报系统”全年发送9.5万条地震信息(全球大震、全国强震和全省有感地震)。

【栟茶运河断裂活动性鉴定】 位于海安、如东和如皋境内的栟茶运河断裂是省境内较有影响的断裂之一。2015年,经中国地震局批准立项,于7月25日启动栟茶河断裂活动性人工地震勘查工作。栟茶河断裂活动性鉴定进入专家论证阶段。

【地震应急避难场所建设】 建成3个Ⅱ类标准地震应急避难场所,可应急疏散12万人。新编县城总体规划中设置广场、公园、绿地等固定应急避难场所27处,总面积60多万平方米,基本做到步行20分钟可到达最近的固定应急疏散场所。8月,委托北京工业大学设计《海安县县城地震应急避难场所布局规划和中心应急避难场所方案》。

【地震安全示范社区建设】 2015年新桥社区获江苏省地震安全示范社区命名。全县有国家级地震安全示范社区1个,江苏省地震安全示范社区11个,南通市地震安全社区18个。

【地震应急演练】 全年组织开展地震应急演练(观摩)活动10余次。汶川地震纪念日期间,县应急办、地震局牵头在曲塘镇双弘纺织公司组织地震应急疏散演练现场会,将地震应急演练活动向区镇推开。5月12日,县地震局联合县民政局、人防办、红十字会在海安镇新桥社区开展社区(村)地震应急演练现场会,推进基层组织开展地震应急疏散演练工作。

(凌　峰)

教育　体育

Education　Sports

海安文化艺术中心　章　丽绘

◎ 责任编辑　何忠斌

教　育

综　述

【概况】 全县有学校88所。其中小学45所，初中22所，九年一贯制学校1所,完中6所,职业中学2所,教师进修学校1所,特殊教育学校1所,社区教育中心(成人教育中心学校)10所。学校中四星级高中3所,三星级高中3所,四星级中等职业学校2所，省现代化示范初中11所,省级实验小学10所,省级社区教育中心7所，省特殊教育示范学校1所。全县有幼儿园48所,其中省优质幼儿园39所。

秋季，全县中小学和幼儿园在校学生8.52万人,在职教职工7746人,离退休人员5404人。年内,76人通过高级教师(含高级讲师)职称评审,107人通过一级教师职称评审。幼儿园小班招生5743人，三年入园率100%；小学招生5129人,毕业学生5980人,适龄儿童入学率、毕业率、升学率均100%;初中招生6009人,毕业学生6072人,毕业率、升学率均在99.8%以上；普高招生2937人，毕业学生4395人；职业学校招生2873人,毕业学生2540人。

高考高分段人数连续16年在全省106个县(市、区)中名列第一,全省前100名海安有11人，前1000名有92人,本二以上达线率(不含体艺)比2014年增加5%。942人参加职业学校对口高考,达线率和录取率均为100%。小高考4A人数1078人,全市第一。中考均分全市领先,总分700分以上133人。

加强学校常规管理。重视学校德育工作,制定并落实《海安县中小学德育工作三年规划》,全县“德育工作校际联盟”坚持一月一主题，各项德育活动正常开展;推进“八礼四仪”“一校一礼”等文明礼仪教育；学校心理健康教育发挥微信等新媒体作用。重视学校安全工作,制定《中小学校岗位安全工作指南》，全面落实校园安全主体责任。改造学校技防设施,电子围栏建设率70%,视频监控高清数字化40%。重视学校规范办学工作,强化节假日专项督察，重点督察群众反映问题较多的学校。加强现代学校制度建设,探索“行政推动、教研支撑、学校主体”特色学校发展模式。实验中学晋升四星级普通高中，实验中学和角斜初中的课程基地项目通过省教育厅答辩,8所学校被评为市级绿色学校,2所学校被评为省科技教育特色学校,11所学校被评为县级文明单位,4所学校被评为市级文明单位。重视学生成长发展指导,《江苏教育报》以《学子归巢,圆梦家乡》为题，报道海安学生职业生涯规划教育创新举措。

全面推进素质教育。以体育节、读书节、科技节、艺术节活动为平台,扎实做好学校体育、艺术、人防、卫生、科技和环保教育工作。成功举办全县中小学生书法、绘画、独唱、独奏、独舞比赛,开展艺术节优秀作品展演(示)和书画作品展览活动。加强校本课程“多样化、选择性、项目化”建设,全县整体联动、协同推进,围绕“社团活动进课程”“选课走班”等热点问题积极进行探索,16个研究共同体开展县级及以上研究活动28次。学生参加省“金钥匙”科技竞赛、中学生科技创新大赛和机器人比赛成果丰硕,“金钥匙”科技竞赛获省团体一等奖。学生参加各项比赛,获省级奖446人次,其中省一等奖68人次,市级奖1000多人次。

加大教育投入。重点工程稳步推进,长江路幼儿园、城南实验中学二期、开发区实验学校等重点工程，圆满完成建设任务,秋季投入使用;李堡小学、西南双语学校、沿口幼儿园、丹凤小学等区镇重点工程按序时稳步推进。继续实施“校安工程”,全年县、镇两级投入资金9100万元,安排“校安工程”项目46个,新建、加固改造校舍9.36万平方米(其中,加固项目31个,新建项目10个),加固项目涉及全县23所学校,暑期结束前通过验收并交付使用。被列为2015年江苏省运动场地塑胶化建设试点项目县，全县运动场塑胶化改造工作全面启动，县镇两级投资概算4595万元，向上争取资金1187万元,建设塑胶化运动场24片,除李堡小学因土地问题暂未完工,其他23片运动场通过省验收,均为优良工程。实施中小学实验室、美术教室、史地教室、劳技教室、图书及图书馆室设备等装备建设项目,总投入1486.67万元,部分项目竣工验收。数字化校园创建全面推进,39所学校通过市级数字化校园验收,全县数字化校园通过率76%，高出市指标6%。全年落实专项教育经费近6000万元,化解高中债务1114万元,补助学前教育经费3226.86万元。按照国家资助政策，为119名大学生办理助学贷款手续,补助职业教育免学费1689.64万元,发放学生助学金和困难学生补助1.54万人次,补助金额1030.04万元。

深入推建县域教育现代化。对照既定“时间表、路线图、任务书”,统筹项目推进,逐月开展创建督察。完成“班班通”数字化教学终端和教育“云数据”中心项目勘察规划设计、项目建设、施工监理招投标;27个中小学录播教室建设进行公开招标。教育现代化监测报告显示海安综合得分85.28分，跃居全市前列,其中,学校满意度调查得分88.66%,位列全市第一；监测报告代表南通入选全省交流材料。

重视教师队伍建设。完成教师交流工作,下发《海安县2015年义务教育学校教师交流工作实施方案》,要求各单位教师交流比例不低于符合省定交流条件人员总数的15%,交流工作平稳有序,相关人员均按规定时间到岗。与南通大学联合举办研究生学历班,80名学员均按照课程目标完成学习任务。暑期组织教师全员培训，全县6146名教师参加,参训率、合格率均100%,25项培训成果在南通市培训网站展示，被表彰为项目管理先进县。组织英特尔未来教育、教师信息化教学能手、网络教研团队、教师实验操作技能等培训活动,累计培训1000余人。与北京师范大学、苏州大学联合举办优秀教育管理人才、中小学副校长、幼儿园副园长等高级研修班，全县300多名校园长受训。组织评选出县学科带头人105人,县骨干教师692人,县优秀教师603人。发挥名师示范辐射和专业引领作用,成立第二批县级名师工作室5个,全县名师工作室累计12个。开展电化教育及教育装备系列竞赛活动,1人获得省一等奖第1名,6人获省二等奖,18人获市一等奖。全县有2721节课参加“一师一优课,一课一名师”网上晒课,46节课被评为国家级优质课。完成市教育局分配的271节“微课”资源建设任务。

社区教育、民办教育蓬勃发展。全县终身学习网络覆盖率100%,从业人员继续教育年参与率60%,城镇居民、农村居民和老年人社区教育活动年参与率稳步提升。举办全县社区教育艺术节活动,85个项目参展,1万多人次参与,获评全省首批社区教育示范区。全县民办非学历教育机构年检合格52家、整改36家、注销3家,9家培训机构被评为市诚信办学单位。

全年接访56批,596人次；专题调研原20世纪60年代下放人员、原代课教师两个群体,并向县委、县政府报告。组织对学校食堂大宗物品等集中招标采购,规范学校小商店招标招租工作,累计节约开支30多万元。推进食堂价格每周公示、票据每周审核、食谱每周必审,压降伙食成本,改善营养状况。着力推行规范管理新模式,随机测评1.25万人次,食堂满意度98.6%;新创建A级食堂23家;推进老式锅炉改造,创建省节水型学校、国家级节能示范学校。开辟劳动实践场所42个,全年开展劳动实践活动4.56万人次。

12月29日,《新华日报》以《以师为基、以生为本,打造教育民生保障升级版——海安县教育事业“十二五”跨越式发展回眸》为题全面报道海安教育事业“十二五”发展情况。

【开发区实验学校建成并投入使用】 县开发区整合区域内的韩洋初中、新生初中、南屏初中、新生小学4所学校,于2013年12月投资新建海安县开发区实验学校,2015年9月投入使用。开发区实验学校位于县开发区上湖街道上湖村10组,为全县第一所九年一贯制学校。学校有教职员工173人、学生1429人,拥有31个教学班,其中,小学部17个、初中部14个。学校占地6.36万平方米,总建筑面积3.72万平方米,总投入1.5亿元,设有食堂、学生宿舍、教师办公楼及图文中心、实验楼、文艺楼、报告厅、400米跑道塑胶操场及风雨操场等。

【白甸镇“王兆林教育基金”成立】 11月2日,白甸镇举行“王兆林教育基金”成立及捐赠仪式。“王兆林教育基金”由南京东大智能董事长王向宏出资50万元建立,用于奖励白甸镇优秀中小学生及资助家庭贫困学生。县教育局、县慈善会、白甸镇镇政府相关领导和瓦甸中小学师生近500人参加活动。

幼儿教育

【概况】 出台《海安县2015年幼儿园义务教育学校招生工作意见》,规范招生行为,确保公平公正。长江路幼儿园完成基建及设施配套工程,9月正式招收幼儿入学。深化幼儿园课程改革,继续推进幼儿园课程游戏化项目建设,大公幼儿园、第一实验幼儿园成功申报省幼儿园课程游戏化项目,至此,省幼儿园课程游戏化项目建设单位达4所。举办幼儿园课程游戏化建设专题培训,邀请市教科研中心幼教教研员陈爱萍、南通大学学前教育博士钱慧等专家现场指导。承办市幼儿园课程游戏化项目建设推进会,《南通日报》整版报道县课程游戏化推进工作。开展幼儿园创新管理案例评选,收到管理案例170篇,组织一等奖获得者现场交流分享管理经验。3名教师代表南通参加省幼儿教师基本功大赛均获一等奖。

秋季,幼托班招收幼儿279人,幼儿小班招生5743人,在园幼儿总数1.63万人。

【长江路幼儿园建成并招生】 县委、县政府在“2013年第八次城建专题办公会”上决定,在县城长江西路6号新建海安县长江路幼儿园,并将该工程列入2014年政府为民办实事工程,2014年9月,长江路幼儿园开工建设。工程总投资3080万元(由县财政全额拨付),占地总面积1.41万多平方米,建筑面积9086平方米,办园规模21个班级。园舍设计布局合理,园内设施设备具有儿童化、安全化、智能化特点,班班配有中央空调、多媒体一体机、视频展示仪、笔记本电脑、数码相机。同时园内还设有舞蹈活动室、科学发现室、美工创意室、厨艺体验室、绘本阅览室、计算机活动室等专用活动室。2015年8月,长江路幼儿园交付使用并对外招生,首期招收6个小班幼儿264名。首任园长田亦男,教职工21名。

【市幼儿园课程游戏化项目建设推进会在海安召开】 5月26日,市幼儿园课程游戏化项目建设推进会在县南莫镇中心幼儿园召开,南莫镇中心幼儿园是首批省级课程游戏化项目建设单位。省、市课程游戏化项目幼儿园负责人和骨干教师近300人参加会议,与会人员观摩“乐乐广场”“开心农庄”“青青渔港”等游戏活动现场。

【华艺金店春蕾班开班】 7月2日,县“华艺金店”春蕾班开班典礼活动在大公镇中心幼儿园举行。大公镇中心幼儿园、北凌幼儿园、古贲幼儿园20名特困儿童

海安县开发区实验学校建成并投入使用　　（县教育局　提供）

每人收到500元助学金和爱心书包捐助。大公镇幼教辅导员、镇中心幼儿园园长戴小红接受华艺金店董事长的春蕾班授牌。

初等教育

【概况】 进一步深入推进素质教育,深化教育教学改革。推进小学教育研究共同体建设,立足真问题、开展真研究,全年开展县级研讨活动近30次。举行全县小学“基于学校办学思想的社团活动建设”研讨活动,通过社团观摩、经验分享、分组研讨等形式探讨学校社团活动建设的路径。

推进书香校园建设。修订“海安县学生推荐阅读书目”,进一步细化必读、选读书目,分年段明确阅读量,分学期明确阅读书籍。组织校际图书漂流活动,挑选1000多本图书,设计时间表和路线图,分东西两片同时漂流,漂流书籍流经全县近40所小学,约3万名学生受益。开展全县小学“我们的读书节”论坛研讨活动,通过微课展示、沙龙研讨、经验交流、专家讲座等形式,明晰构建书香校园文化的方式与途径。20所中小学通过第二批书香校园创建验收。

做好特殊儿童教育工作。依据《海安县特殊儿童教育测查评估办法(暂行)》,通过学校筛选、区镇审核、县教育局测查、专家评估等流程,确定特殊儿童39人。开展特殊教育专项检查工作,将残疾儿童全部落实给相应的施教区学校,并落实“送教上门”相关举措。

举办县第三届小学生智力运动会,并遴选优秀选手参加市第六届小学生智力运动会,获单项冠军7个,团体总分列南通第三。组织学生参加市厨艺大赛、小巧手比赛均获市一等奖。与县委宣传部联合举办“爱国、诚信、友善”第三届小学生微作文大赛,收到作文1000多篇,评选出一、二、三等奖及“佳作奖”20篇。

组织全县五年级5979名学生参加市基础教育质量监测中心组织的质量监测,县均分超过全市均分近五分,全市前10名学校海安6所,前20名海安14所,问卷调查显示,海安学生的品德发展水平、身心发展水平、兴趣特长培养和学业负担状况等指标均全市领先。

举行全县小学幼儿园校刊校报评比活动,实验小学校刊《对话》、一幼校报《萤火虫》等被评为全县“十佳校刊校报”,11所学校的校刊校报被评为“优秀校刊校报”。开展小学、幼儿园2014年“十件大事”评选,通过网上展示、全员参评、专家论证等形式,最终评出小学和幼儿园各10件大事。

秋季,小学招收学生5129人,在校学生总数3.31万人。

【城南实小“幸福教育”办学思想被写入专著】 省教育学会会长、全国教育科学规划基础教育组专家杨九俊的专著《花开的声音》,于7月由江苏教育出版社出版,县城南实验小学“幸福教育”的办学思想被载入。书中对“幸福教育”的办学思想高度赞扬,认为城南实验小学“幸福教育”是“爱”的教育,学校让丝绸、扎染、当地名人字画等“海安元素”进入校园,激发学生的乡土之爱,还从生命科学角度关注每一个孩子成长,以公益活动为载体让爱在孩子们身上传播。学校自主研发和构建《口才与表现》《“2+X”体育实践》校本课程,还开发出挖掘和促进每个学生个性化发展的课程体系。

【于爱芬辅导员工作室被命名为“江苏省优秀少先队辅导员工作室”】 团省委、省少工委组织开展首批“江苏省少先队名辅导员、优秀辅导员工作室”评比活动,通过县区推荐、市级申报和评审答辩,大公镇中心小学于爱芬教师领衔申报的辅导员工作室入选“优秀辅导员工作室”,全市仅两家获此殊荣。按照省相关要求,工作室将在3年左右的考核周期内,根据事先申报的课题,加强队伍建设,开展教学研究,做好辐射指导,提升研究成果。省、市在定期考核的基础上给予相应经费支持。

中等教育

【概况】 有序开展《海安县中小学德育工作三年规划》各项工作,下发《海安县德育工作校际联盟考核评价办法》,组织德育联盟考核。成功召开德育联盟工作推进会、研讨会、年度考核会,各子联盟开展活动20多次;5月15日,《江苏教育报》以《催生德育新生力量的崛起》为题作专题报道;在县委宣传部组织的十大德育品牌评选,县德育工作联盟被评为第一品牌;在市德育工作会议上,县教育局作为区域德育工作先进,作《共研共享共建,捧一片璀璨的德育星空》专题介绍。下发班主任心理健康教育培训光盘和相关文件,运用微信新媒体发布有关如何解决学生迷恋电子产品、早恋、抄作业等问题的微视频等。推进“八礼四仪”“一校一礼”文明礼仪教育和学生德育实践活动,组织“新华杯”第十届未成年人读书节系列活动、第十一届“南通韬奋读书节”中小学生读书征文评选及市级演讲比赛以及省、市、县三好学生评选。

组织初中校长赴山东考察课堂教学和课程改革,建立初中课改联盟,强化县域课改顶层设计。组织完中校长赴常州、上海等地考察学校特色建设,推动探索“行政推动、教研支撑、学校主体”的特色学校发展模式。实验中学晋升四星级普通高中。实验中学“法制教育”课程基地和角斜初中“农村初中英语学习环境”课程基地项目双双高分通过省教育厅答辩分别获得经费100万元和40万元,曲塘中学双语课程基地和南莫中学生物综合实践课程基地进行中期验收。南屏初中、立发中学等8家学校通过市级绿色学校材料审核;仁桥小学、吉庆小学申报省科技教育特色学校;李堡初中、角斜初中被评为省节水型学校,各奖励10万元。艺术学校高中部、立发中学初中部停止招生。

以体育节、读书节、科技节、艺术节活动为平台,扎实做好学校体育、艺术、人防、卫生、科技和环保教育工作。举办全县中小学生书法、绘画比赛,开展县中小学生艺术节优秀作品展演和县中小学生书画作品展览活动。组织学生参加市、县独唱、独奏、独舞比赛,获奖人数和获奖层次全市前列。督察中小学体育、艺术“2+1”工作,组织全县中小学学生体检,加强学生体质状况监测,重点跟踪学生近视眼防治。参加“‘金钥匙’科技竞赛”“中学生科技创新大赛”和机器人比赛等活动,金钥匙团体赛列全省第五名,获团体一等奖。参加省中学生作文大赛,高中组获特等奖第一名,初中组获两个特等奖，省、市领先。

召开全县综评管理工作会议，严格控制 4A 率和 2A2B 率；开发综合素质评价结果微信查询与公示系统，提高家长知晓率与参与度。加强教师指导学生成长规划能力的培训，以“学子归巢”系列活动为平台，以《我的海安我的家》读本为基础，加强对学生理想、心理、学业和爱家乡等方面指导，3 月 4 日，《江苏教育报》以《学子归巢，圆梦家乡》为题报道海安学生职业生涯规划教育创新举措。

注重职业学校实训基地建设，海安中专机电技术应用和电子信息技术等 2 个省级实训基地获得省财政 400 万元专项建设支持经费。与县财政局、人社局、职教园区、总工会、团委、妇联等部门联合举办 2015 年县技能大赛市级选拔赛，全县职校有 16 名师生获得市赛一等奖，在省赛中获一等奖 1 人、二等奖 3 人、三等奖 5 人。全县职校师生参加市职业学校专业阅读征文竞赛获 5 个一等奖、14 个二等奖，参加省“两课”评比获一等奖 2 个、二等奖 5 个，1 项课题研究获中国职教学会第三届全国“职业技术教育科学研究成果奖” 二等奖。县内外校企合作订单培养 1237 人，新建生源基地 10 个，新建冠名班 24 个。对口高考专科以上 942 人，上线率 100%，其中，本科 56 人、专科886 人。职业学校高三毕业生本地实习率 100%，本地就业率 81.5%。

2015 年，初中招生 6009 人，在校学生总数 1.79 万人；普高招生 2937 人，在校学生总数 9330 人；职业学校招生 2837 人，在校学生总数 8669 人。

【实验中学晋升省四星级普通高中】 县委、县政府高度重视实验中学四星创建工作，将其写入 2013 年县政府工作报告，列入“十大为民办实事工程”，并多

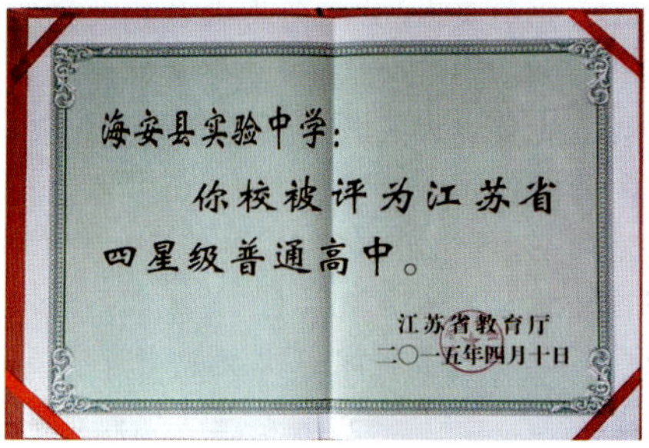

海安县实验中学：

你校被评为江苏省四星级普通高中。

江苏省教育厅

二〇一五年四月十日

英国塔尖中学师生到海安进行交流　　（县教育局　提供）

方筹措资金 3000 多万元，加大对实验中学硬件建设投入力度。2014 年 11 月 27—29 日，省教育评估院组织专家组，现场评估验收县实验中学四星普通高中晋评。2015 年 4 月 10 日，省教育厅发文公布县实验中学为江苏省四星级普通高中。

【英国尖塔、牛津中学师生到海安交流访问】 10 月 29—31 日，英国尖塔中学师生一行 10 人应邀到海安交流访问。两国师生交流英语教与学、东西方校园文化等主题，并举行中英师生联欢活动。10 月 31 日，城南实验学校、海陵中学、紫石中学、曲中附中、孙庄初中、开发区实验学校、南莫中学等 7 所初中与英国 CFBT 集团举行友好学校签约仪式。11 月 26—29 日，英国牛津中学师生 20 多人到访海安中学、曲塘中学、实验中学，并签订友好学校协议。

【孙逸凡获“苏教国际杯”作文大赛特等奖】 12 月 5—6 日，“苏教国际杯”江苏省第十五届中学生作文大赛（高中组）现场决赛在南京举行，选手们在《触摸一个词语》和《生活在别处》两个题目中任选一题。最终，立发中学孙逸凡以《触摸一个词语》为题获得特等奖第一名。12 月 21 日，《江苏教育报》记者王艳芳专程到立发中学采访孙逸凡，与其交流写作方法和技巧，畅谈如何从生活中汲取素材，如何用适合的文字书写表达等。

职业教育

【概况】 2015 年，高等职业教育招收工程造价、电子商务、机电一体化、会计等 4 个大专专业学生 112 人。12 月，县编委正式发文同意江苏广播电视大学海安学院更名海安开放大学。积极探索开放教育、远程教育办学规律，深入研究“网上学习、小组学习、面授辅导”混合教学模式，所有开放教育学员均根据专业建立学习小组。开放教育全年招生 146 人，远程教育全年招生 479 人，拥有北京大学、东北师范大学、四川大学、中国石油大学（华东）、西南大学远程教育学员 1600 多人。全年组织开放教育、远程教育各类考试 20 多批次，参考人次超万人。

全县 4580 人报名参加普通高校招生文化考试，高考高分段人数连续十六年在全省 106 个县（市、区）中名列第一，全省前 100 名海安 11 人，前 1000 名海安 92 人；本二以上达线率（不含体艺）比上年增加 5%。1 人被空军飞行学院录取，曲塘中学被表彰为江苏省空军招飞先进单位。942 人参加职业学校对口高考，达线率 100%，其中，本科录取 56 人、专科录取 886 人。605 人报名参加高等教育自学考试，报考本专科 1221 门次。

（张怀民）

【职教园区】 占地 478 亩、总建筑面积 15.4 万平方米、总投资 5.85 亿元的职

教园区于2008年12月筹建,2009年5月奠基,2010年9月开工建设,2011年8月一期工程竣工,2015年8月二期工程竣工并投入使用。11月职教园区图文信息大楼启用,标志职教园区全面建成。职教园区党工委、管委会,海安中专、进修学校、技工学校首期入驻图文信息大楼。海安中专、进修学校、技工学校、南通卫生高等职业学校海安校区、建工学校5所县城职业学校入驻职教园区,实行资源共享、独立办学、错位竞争。

职教园区有5所学校,5个培训中心,教职工636人,全日制学生5941人,成人教育2600人,社会培训2.5万人次。江苏广播电视大学海安学院更名为海安开放大学,县技工学校创建成国家重点技工学校,南京理工大学继续教育学院海安分院、南京理工大学高等教育自学考试学习服务中心南通分中心成立,县未成年人成长指导中心、县家长学校总校搬迁入驻职教园区。

打造职教品牌,各类创建稳步推进。建设高水平现代化职业学校、开设国际通用课程、"双师型"教师达标、协助建设教师发展中心等均按序推进。优化专业布局,建成10大类42个中职专业,6个专科专业、4个本科专业。建成电梯实训中心、网络信息中心、现代农业3个省高水平示范性实训基地,计算机应用、机电技术应用、电子技术应用、畜牧兽医、电梯工程打造成省级品牌专业。海安中专创建省高水平现代化职业学校和高水平实训基地建设获得专项资金800万元。县技工学校通过国家重点技工学校验收。

县内招生整体联动,招生1300人;县外招生持续加大力度,建成12个生源基地,其中,海安中专5个、技工学校2个,县外招生近800人,高一注册入学2095人,比上年增长8.2%。全日制学生总数5941人,比上年增长8%,其中,海安中专3230人,海安技校1391人,卫校1186人。

学生参加普通高考、对口高考本科达线106人,其中,艺术学校58人、海安中专48人,比上年增长12%。师生参加省技能大赛获1金2银5铜,参加市技能大赛获一等奖3名、二等奖9名、三等奖26名,14人代表市参加省技能大赛。教师参加市"两课"评比,获4个一等奖,总数位于全市前列。海安中专教师吴浩获省技能大赛一等奖,章士梅获省"两课"评比一等奖。孙玉正获陶行知研究会论文特等奖并在省"行知伴我成长"论坛作交流发言。海安技校141班荣获2015年市先进班集体。家长学校总校被评为省优秀家长学校、省优秀家庭教育指导服务机构。

坚持成人学历教育与非学历教育并重,成人教育层次显著提高,社会培训规模持续扩大。南京理工大学继教院在职教园区挂牌成立南京理工大学继教院海安分院和南京理工大学自考助学中心南通分中心,分院招生169人,4个专业、5个班级顺利开班。南通广播电视大学海安分校更名挂牌海安开放大学,为全民终身学习提供服务平台。北京大学、四川大学、江南大学、江苏大学、南通大学等高校在海安举办本科、研究生班,成人学历教育2380人。进修学校与苏州大学合作举办教育系统团委书记、义务教育学校副校长、幼儿园副园长研修班,与北京师范大学合作举办海安县优秀教育管理人才高级研修班。海安中专、技工学校、建工学校、卫校举办国家资培训班、岗位技能提升班,开展职工继续教育,累计培训2万人次。家长学校培训家长20多万人次。

深度推进校企合作,加强与10个区镇合作,新建"华艺班""金锻班""威尔曼班""恒泽班"等冠名班20个,其中,海安中专9个,技工学校5个。面向大型企业、重点企业、重大招商项目企业分行业、分专业推行订单培养,县内学生订单869人、县外学生订单368人。江苏威尔曼集团捐资助学50万元,2015年奖励优秀学生40人。组织企业赴高校或生源基地招引8个工种120名工业类人才。帮助软件园、523文化产业园、物流园、瑞海集团等新兴服务业企业招引、培养新兴服务业及电子商务人才378人。统筹安排807名学生进入县企业顶岗实习,组织近200名学生进入企业工学交替,解决企业短期用工紧缺矛盾。推行全员就业、对口就业、稳定就业、高薪就业、保障就业、跟踪就业,1214人进入县企业就业,留海安就业率县内82.6%、县外41%,就业满意率85%。

推进后勤常规管理精细化,全年无安全责任事故、无违法违纪现象发生。二期工程全面投入使用,网络、后勤、物业、绿化、体育场等一体化管理水平显著提高。食堂被评为市A级示范食堂。重新招标安保服务,规范保安队伍管理。增加技防投入,新增20多万元监控设备和防暴设备,核心区监控无死角。每月开展安全大检查,定期开展周边治安环境综合整治。

4月2日,海安电梯实训中心暨南通科技职业学院人才培养基地揭牌仪式在职教园区技工学校校区举行。24日,海安县政府与南京理工大学继续教育学院在海安职教园区共同签署人才培养全面合作框架协议。10月14日上午,南京理工大学继续教育学院海安分院、南京理工大学高等教育自学考试学习服务中心南通分中心揭牌仪式暨自考助学项目2015年秋季开学典礼在县职教园区成功举行。12月14日,海安开放大学揭牌暨海安终身学习网开通仪式,在海安职教园区举行。

【举办技能大比赛】 4月10日,县第九届职工技能大赛开幕式暨电焊工比赛在职教园区举行,县委副书记、县长顾国标出席开幕式。9月22—23日,县职业学校第一届技能大赛在职教园区举行,副县长翁晓云参加开幕式。职教园区2名师生参加省职业学校技能大赛取得优异成绩,双双获得一等奖,其中海安中专邓雨获得参加国赛的集训资格。

【第二届学企对接活动】 4月28日,职教园区牵头在园区体育场举行县2015年对口单招学企对接会。县政府分管教育副县长、分管工业副县长,县政府办分管副主任,县人社局、教育局、职教园区主要负责人、分管负责人及相关科室人员,各区镇分管负责人,重点缺工企业主要负责人及人力资源部负责人,各职业学校主要负责人、分管负责人及相关处室人员,2015年参加对口单招学生等823人参加活动。现场达成实习意向396人,签订委托培养协议17个。

(吴开林)

社会教育

【概况】 全县终身学习网络覆盖率100%，从业人员继续教育年参与率60%，城镇居民、农村居民和老年人社区教育活动年参与率分别达62%、42%和23%，相关指标达成均超过省定标准。举办全县社区教育艺术节活动，85个项目参展，1.26万多人次参与。海安被省教育厅命名为“江苏省首批社区教育示范区”，曲塘镇、白甸镇创建省级标准化社区教育中心通过省级验收，曲塘镇社区教育中心教育老物件展示获全国社区教育特色项目二等奖。

全县民办非学历教育机构年检合格52家、整改36家、注销3家。经过全面督导和评估，相关机构办学环境明显改善，安保措施基本配套到位。经市教育局现场视导评估，9家培训机构被评为市诚信办学单位。

【曲塘镇社区教育微视频获国家奖】 11月17日，在厦门举行的全国首届“传统文化进社区”微视频大赛中，曲塘镇社区教育中心提交的《教育老物件》微视频在全国513个参赛作品中荣获三等奖，曲塘镇社区教育中心是南通市唯一获得等级奖的单位。曲塘镇社区教育中心从2013年12月起，在全镇广泛搜集教育老物件，收集到各类教育老物件300多件，建起170多平方米的“教育老物件”陈列室。

教师队伍

【概况】 制定《海安县2015年义务教育学校教师交流工作实施方案》，采用区(镇)内校际流动、县城学校教师到农村学校任教、农村学校教师到县城学校顶岗学习、县城学校与城郊学校联合办学等形式促进师资均衡配置，交流工作平稳有序，15%符合交流条件的教师参与交流，其中骨干教师占15%。

结合学校布局调整、部分干部到龄等情况，暑期调整89人的岗位。加强后备干部培养，下发《关于进一步做好教育系统后备干部推荐选拔工作的通知》，采用个人自荐和单位推荐相结合的办法，选拔一批后备干部，其中，中学后备干部41人，小学39人，幼儿园21人。与苏州大学联合举办中小学副校长高级研修班、幼儿园副园长高级研修班，全县85名副校长、46名副园长参加培训。县内先后组织九次校园长论坛活动，论坛活动一次一个专题，将知名专家讲座与本土经验介绍有机结合，全县300多名校园长受训。

加强教师学历提升及业务培训。与南通大学联合举办研究生学历班，2014级研究生班学员完成全部课程学习，参加全国统一入学考试；2015级研究生班80名学员完成暑期学习任务。组织教师参加学前儿童数学活动项目培训、行知实验学校师德培训、幼儿园教师引智培训、英特尔未来教育主讲教师、小学兼职体育教师提高培训等省、市级专项培训。6146名教师参加2015年暑期教师全员培训，所有参培人员全部完成学习任务，参训率、学习率、成绩合格率均100%。

组织县学科带头人及骨干教师评选，105人被评为县学科带头人，692人被评为县骨干教师，603人被评为县优秀教师(教坛新秀)。成立5个县第二批名师工作室，县级名师工作室累计成立12个。全县名师工作室成果显著，导师中有一人次被确定为“省人民教育家培养对象”；成员中有1人次被评为省特级教师，1人被表彰为“省优秀教育工作者”，1人次获得“市园丁奖”称号，16人被评为市学科带头人、骨干教师，13人被评为县级学科带头人、骨干教师。争取县政府支持，每年按一定标准拨付名师工作室运行经费，向省特级教师、市(县)名校长、学科带头人、骨干教师发放特殊人才津贴。

18名教师继续坚守云南宁蒗支教，通过考试选拔3名教师赴贵州独山支教；继续实施“千校万师支援农村教育工程”，6所中小学与赣榆县6所中小学结对支教，互派教师学习交流。10月，云南宁蒗支教群体被省民委表彰为江苏民族团结最美人物。

做好职称评定工作，76人通过副高级职称评审，107人通过中小学一级教师资格评审，9人通过幼儿园一级教师资格评审。新教师招聘过程透明、公正，省海中自主招聘新教师6人，县教育局招聘近三年毕业的师范生105人（其中幼儿园教师14人），从45周岁内且有5年学前教育从教经历的人员中招聘89人充实幼儿教师队伍。

【优秀教育工作者先进事迹报告会】 9月9日，庆祝第31个教师节暨优秀教育工作者事迹报告会在城南实验中学报告厅成功举行。副县长翁晓云出席活动并致辞。报告会上，讲述教育系统涌现出的10位优秀教育工作者感人事迹。全县全体教育行政干部和教师代表450人参加报告会。

【两位教师(群体)荣获第六届“感动南通教育人物(群体)”】 在第六届“感动南通教育人物(群体)”评比中，县家长学校总校徐颖、城南实验小学数学教师团队成功当选。南莫镇沙岗幼儿园唐向茸、县实验小学薛雨梅分获提名奖。“感动南通教育人物(群体)”评选活动每年组织一次，每次评出10个表彰对象。在前五届评选中，海安有7名教师(群体)获此殊荣，获奖率居全市前列。

【两位教师荣获“2014希望工程园丁奖”】 2月，由中国青少年发展基金会发起的“2014中国名师联盟·希望工程园丁奖”评选结果揭晓，白甸镇瓦甸小学周夕荣、城东镇延寿小学丁九军获此殊荣。周夕荣、于九军两位教师20年坚守乡村教书育人，把青春奉献给乡村教育，用知识和爱心为乡村孩子创造美好未来。

【徐薇获省小学语文青年教师课堂教学比赛特等奖】 5月8日，省第十六届青年教师小学语文课堂教学观摩暨优课评选活动闭幕，13个地级市的选手在苏州沧浪第二实验小学进行课堂教学展示。县实验小学徐薇代表南通市参加比赛，其《古诗两首》专业功底扎实、教学设计精妙、教学语言富有感染力和课堂驾驭能力娴熟，获得评委、专家青睐，被誉为“简约清爽，稳健大方”的课堂，荣获特等奖。

教育研究

【概况】 组织省教育科学"十二五"规划2015年年度课题申报,10项课题成功立项,其中省重点课题4项。继续推进微型课题研究,403项2014年度县级微型课题结题,其中5项微型课题研究成果被人大复印资料全文转载;262项2015年度县级微型课题立项。完成市教育改革政策性课题"优化'立德树人'的长效机制和环境研究",研究成果通过市级鉴定。继续做好省级课题"深化县域教育综合改革的政策研究"工作,部分研究成果相继发表。明道小学省教育科学"十二五"规划2011年年度课题"根植于明道文化的教师发展学校实践研究"被评为省第三届精品课题。

落实《2014年南通市课堂教学改革指导意见》,优化教师引导下学生自主学习的课堂。11月,组织部分教师赴山东青岛、潍坊等地学习,借鉴其他地区课改经验。严格执行合格课、良好课、优质课评定细则,推行"合格率+增值"评价模式,评估课堂教学情况并记入教师专业成长档案。开展听评课等常规型教研活动、讲座及分析等专题型教研活动、围绕课题开展的研究型教研活动,探索网络教研活动新模式,不断丰富教研内容。教研人员全年听课总量超过3000节,人均听课量超过120节。各科教研员深入各高中举行备考讲座,从智力因素和非智力因素两个层面指导学生。

2015年高考高分群体领跑全省,全省前100名海安11人,前1000名92人,400分以上20人,;本二以上达线比例(不含体艺)在上年基础上再跃增5%。中考各项主要指标、综合指标均居全市前列,海安考生获得第一、二名,700分以上133人,全市第一,遥遥领先于其他县市区,海中录取分数线全市最高。小高考A级率三科全市第一、三科全市第二,生均加分列全市首位。市小学五年级英语学业质量监测,县均分、优秀率、及格率均居全市之首。教师参加课堂教学比赛,3人获国家级奖、10人获省级奖、61人获市级奖。

【《中国美术教育》推介海安中小学美术学科教研工作】 《中国美术教育》杂志2015年第3期以人物访谈形式推介海安中小学美术学科教研工作概况和经验。以"心源美术教育"为标识的海安美术学科教研工作,始终秉承"崇尚研究,拒绝肤浅"教师专业发展理念,坚持"秉学人之德,尚研究之风,练学科之功,树师生之样"生活原则,践行"现实教研与网络教研相结合"教研方式,"心源美术教育"不仅是全国学科网络教研先驱,还是较早将互联网技术有效地运用在县域学科教研工作之中的典型,探索出一条现代、科学、实用、有效的学科教研之路成功案例。

【省教育学会外语教学专业委员会学术年会在海安举行】 11月22—24日,省教育学会外语教学专业委员会2015年学术年会在海安高级中学举行,全省300多名外语教师及教育专家参加会议。县教育局局长汪宁致辞,省教育学会外语教学专业委员会理事长、南京师范大学外国语学院副院长辛斌作年会工作报告,教育部英语课程标准组专家、华中师范大学鲁子问教授做"促进思维品质的英语教学建议"专题讲座。外语界有关专家学者、各级教学研究人员、优秀外语教师代表共同探讨前沿理论、发展趋势、教学实践等问题。在大会闭幕式上,确立海安高级中学为省教育学会外语教学专业委员会教学研究基地,并举行授牌仪式。

【两项课题获"省社科应用研究精品工程"课题立项】 2015年年度"省社科应用研究精品工程"课题经专家组评审,由县教研室何明、万芝锋主持的《落实立德树人要求的高中学科教学行动研究》,第二实验幼儿园丁月玲主持的《基于幼儿情智和谐发展的游戏化课程研究》获立项。全省收到申报项目计1629项,立项395项,海安的两项课题是立项中基础教育阶段仅有的两项课题。

【明道小学课题获省第三届教育科学规划精品课题】 明道小学承担省"十二五"教育科学规划课题《根植于明道文化的教师发展学校实践研究》属于省普教立项课题,该课题2011年2月立项,2015年3月结题。4年内,明道小学以"明道"文化为指引,以"发展"教师为旨归,开展研究。2014年11月,校长景盛的《行走在明道文化建设的路上》专著出版,产生较大影响。2015年12月,课题被评为省第三届教育科学规划精品课题,列于全省56个精品课题之中。

教育督导

贯彻落实省政府关于深入实施素质教育的规定,开展中小学规范办学行为的常规督导工作,在节假日发放提醒通知,在双休日加大督察力度,在五一长假、暑假提前下发规范办学行为的通知,督导室强化不定期不定时随机督导工作,重点督察群众反映问题较多的学校,有效预防各类违规办学行为发生。

根据省、市政府教育督导室工作安

技工学校评估验收　　(县教育局　提供)

排，开展教育技术装备和职业教育等两项专项督导，对照省督导团工作方案，及时制定迎查工作方案，部署相关部门做好迎查各项准备和自查整改工作，分别在4月和5月，顺利通过省级考核验收。

深入推进县域教育现代化创建工作。下发《关于推进全县义务教育学校现代化建设的通知》，召开创建教育现代化现场推进会，观摩李堡镇、开发区、雅周镇、高新区创建现场。对照指标达成时间，排出每一个监测点工作要点，指导基层学校开展创建工作。2—9月，按照《省教育厅、省统计局关于做好2015年全省教育现代化建设监测工作的通知》要求，以调整完善后的监测指标内涵诠释和统计口径为依据，扎实做好监测数据采集上报工作。监测结果表明海安综合得分85.28，较上年稳步提升，学生、社会对学校满意度调查得分位居南通第一，创建成效、监测工作得到省、市教育主管部门肯定。省教育厅副厅长苏春海在2016年全省教育现代化监测培训会上三次表扬海安，海安监测报告作为南通唯一代表入选全省交流材料。2015年，55.7%的义务教育学校通过市义务教育现代化学校验收，其中，小学22所，初中17所。

（张怀明）

体　　育

群众体育

【概况】 完成省公共体育服务体系示范区创建工作，领先公共文化、公共卫生服务成为省级示范区；成功申报3个市级体育公园，创建省级优秀健身晨晚练点10个，省、市表彰晨晚练健身点20多个；完成海安主城区10公里健身步道建设；获百城千村健身气功活动全国先进奖，是南通唯一获奖单位；全年新增3个体育组织；老年体协通过AAAAA级、农民体协通过AAAA级社团验收；县钓鱼协会成功创建市钓鱼竞训基地；先后承办全国自行车公路赛、省象棋棋王赛、省青少年象棋锦标赛、省夕阳红钓鱼比赛、省健身气功新功法比赛；组队参加全国公路自行车赛、省健身气功新功法比赛、省健身秧歌比赛，获省级以上奖项15项；全年，新增社会指导员三级568名、二级138名、一级56名、国家级5名，为510名一线体育指导员购买意外伤害保险、配置服装；农民陈进被省体育局命名为"体育达人"，厦门国际马拉松负重20公斤跑完全程，通过"扛旗世界纪录"申报初审；与《海安日报》《扬子晚报》、海安广播电台、海安电视台合作办好体育宣传栏目，其经验分别在省、市体育宣传工作会议上介绍，"互联网+宣传体育活动"被评为省十佳体育宣传案例。（张睿涵）

教师节庆祝活动　　（县教育局　提供）

【农民体育】 4月30日，县农办、县农民体协在全国农民运动品牌——北凌农民体育的发源地大公镇，举办2015年海安县农民拔河比赛。全县各区镇农民拔河运动队，在鹏飞集团公司健身广场参赛，东道主大公镇代表队夺得第一名、高新区海安镇、开发区城东镇代表队分获第二、三名。

9月17—18日，由海安农民组成的参赛队，代表南通参加省农业委员会、省体育局、省农民体育协会在南通举办的省第五届农民体育节赛事活动。参与跳绳、踢毽子、滚铁环三项特色竞赛，分获男子跳绳、踢毽子第一名，女子滚铁环第二名和踢毽子第三名。代表南通选送的健身龙舞展示项目获金奖，海安被大会组委会授予优秀组织一等奖。

（吴　近）

学校体育

【概况】 组织县中小学生体能运动会、田径运动会、第六届手足双门球比赛、第十二届三人制篮球赛、第十一届三人制排球比赛、乒乓球比赛、足球比赛；组织阳光体育大课间跑操暨体育特色项目评比；承办市特色体育课程资源现场观摩研讨活动；学校实施《国家学生体质健康标准》，测试上报率100%；参加市级优课评比获得3个一等奖；参加市阳光体育节、校园足球大课间、微课视频比赛与评比活动，均获一等奖，组队参加市校园篮球比赛获4个组别冠军，足球比赛获1个亚军、4个第三名、3个第四名；成功创建1所国家级体育示范学校、5所国家级足球特色学校，1所省级篮球俱乐部。

（张睿涵）

【省第十六届中小学生三门球比赛在曲塘中学举行】 11月14日上午，省中小学生三门球比赛在曲塘中学举行。教育部学生体协联合秘书处专职副主席华爱国，省教育厅学生体协普通中学工作委员会主任江俊浩，县教育局局长、体育局局长汪宁等出席开幕式。39支代表队参赛，是参赛队最多的一届。比赛历时2天，南京市秦淮中学、连云港市海滨中学、连云港市锦屏中学、扬州市文津中学和宿迁市仓集中心小学分获各级别冠军。（张怀民）

【举办第三届秋季跑操比赛】 12月3日，县职教园区在体育场举行第四届师生跑操观摩活动。园区3所学校近400名教师、5000名学生参加活动。副县长翁晓云及县人社局、教育局等相关部门负责人出席。（吴开林）

竞技体育

2015年,篮球、乒乓球比赛成绩在南通市继续领先,全省前茅。省县组田径二赛区比赛成绩有所提升。排球比赛分别获得市少年女子甲、乙组第四名。注册运动员128人,输送市运动学校(队)22人,省队试训1人。注册教练员16人,5人参加省校园篮球教师培训班、6人全国足球教练员培训、4人乒乓球教练员培训,4人田径教练员培训。

体育经济

2015年,体育彩票总销量9096万元,超额完成省、市下达指标,全年销售总量同比增长20.2%,增幅居南通第一;两家民营体育企业被列入市推荐申报省体育产业引导资金,县钓鱼协会、县龙之梦健身服务有限公司入围市级推荐名单;县体育中心建设进入配套工程扫尾阶段。 (张睿涵)

女人六十一枝花 (吴田玉 摄)

文化事业

Cultural Work

三塘美景　章　丽绘

◎ 责任编辑　贲柠华

综 述

【概况】 2015年,海安县通过省公共文化服务体系示范区创建资格评审,“标准化定制、专业化生产、均衡化配送、精细化服务、科学化考评、制度化保障”(简称六化)公共文化服务新模式得到省、市主要领导的充分肯定。南通市公共文化服务体系建设现场会在海安召开,文化馆、图书馆总分馆制、全民阅读以及农家书屋建设的创新做法在省、市文广新系统会议上作经验介绍或交流发言。居民综合阅读率86.7%,位列南通市各县(市、区)第一。县文广新局获市第十一届韬奋读书节和第二届公共文化服务展示月优秀组织奖。县获评省农家书屋提升工程试点工作示范县(全省8家),新增省五星级示范书屋2家、全省领先,市四星级示范书屋18家、全市第一。组织实施“五送”工程,常态化开展形式多样的群众性文化活动。文化产业增加值全县GDP占比4.2%。全县列入国家级文化产业示范基地1家、省级文化产业示范基地2家、市级文化产业示范基地5家。新增3家入围市文化产业示范基地评选,全县12个文化产业项目列入市重点文化产业推进项目。全县文化市场繁荣有序,被省新闻出版广电局评为江苏省“无小耳朵社区”创建工作先进县,县文化行政综合执法大队获南通市“秋风2015”专项行动先进集体。1件案卷被评为2015年全省新闻出版广电(版权)行政处罚案卷质量一等奖,同时被文化部评为“2013—2015年全国文化市场规范性案卷”,1件案卷被省文化厅评为2015年全省文化行政综合执法十大案件,3件案卷被南通市文化广电新闻出版局评为2015年度全市文化行政执法优秀案卷。

【城乡文化设施网络建设】 县文化艺术中心建设按序时推进,基本建成并投入使用;开发区(城东镇)、雅周镇文化站新站建设完成土建工程施工,进入装修、布展阶段,李堡镇文化站易址改造工程启动。以海安被列为省农家书屋提升工程试点县为契机,220家农家书屋“一卡通”软件全部安装到位,与县图书馆、区镇分馆实现资源共享、通借通还,图书流动量同比增长3倍,争取到省农家书屋图书更新资金25万元,农家书屋“一卡通”建设资金30多万元,总额全市第一。投入近40万元,全县233个开放的文化窗口实时监控,并落实专人负责平台管理,以保障所有窗口按时开放,服务人员保持良好的工作状态。

公共文化

【创建省公共文化服务体系示范区】 4月24日下午,县召开创建省公共文化服务体系示范区工作推进会。县委副书记焦广琪,县委常委、宣传部部长王炜,县人大常委会副主任肖正明,副县长翁晓云以及各区镇政工书记、宣传委员,相关部门分管负责人,区镇文化站站长及文广新系统全体人员160人参加会议。会议由王炜主持。会上,各区镇和文广新局向县委、县政府递交责任状,文广新局、曲塘镇、雅周镇负责人作表态发言。

5月28—29日,南通市公共文化服务体系建设现场推进会在海安召开。文化部有关领导,南通市文广新局负责人及各处室负责人,各县(市)区局主要负责人、分管负责人及文艺科长、文化馆长、图书馆长,海安县各区镇分管负责人、文广新系统及区镇文化站公共文化从业人员代表近150人出席会议。县委常委、宣传部部长王炜,副县长杨同标参加活动。28日,与会代表实地参观县文化艺术中心、少儿图书馆、江淮文化园、海安镇文化站、海安镇平桥社区综合文化服务中心、田庄村文化室,当晚还与1000多名村民一起观看海安原创民间歌舞——“难忘乡愁”。通过系列活动,集中展示海安县公共文化服务体系建设的成果。29日上午,在海安王府邦瑞国际大酒店召开工作推进会。

6月8日,江苏省第三批创建省级公共文化服务体系示范区申报单位陈述工作在南京双门楼宾馆举行,省文化厅副厅长裴旭,省文化厅、财政厅相关处室负责人及公共文化服务专家评委16人参与评审。海安县委常委、宣传部部长王炜代表县委县政府围绕“六化一体(一体:城乡一体),创新发展,打通公共文化服务‘最后一公里’”,就海安县近年在构建优质均衡、城乡一体的公共文化服务体系上的实践和探索进行陈述,精彩汇报图文并茂,得到现场专家评委的高度评价。县文广新局党组书记、副局长丁建民就现场专家评委提出的“海安县公共文化服务中心的性质”“如何落实总分馆制”“‘六个化’落实过程中存在哪些困难”等问题作务实而富有海安特色的陈述。专家组认为,海安大胆探索和着力推行的公共文化服务新模式,思路超前、措施扎实,既符合中共中央办公厅、国务院办公厅《关于加快构建现代公共文化服务体系建设的意见》精神,又符合海安实际,其创新做法和基本经验值得总结并向全省推广。

【“五送”工程惠及全县农民】 超额完成以“送戏、送电影、送图书,送展览,送培训”为主要内容的“五送”工程各项任务。全年组织送戏下乡126场,各区镇送戏到村218场,送电影下乡3272场,送图书下乡45149册,送展览下乡236次,送培训下乡694场、29592人次,受到基层群众好评。

【2014年度区镇群众文艺创作节(剧)目会演】 2月8日下午,由县委宣传部、县文广新局、县文联主办,县文化馆承办的2014年度海安县区镇文艺创作节(剧)目会演在县城星光大剧场举行。经过专家现场评选亮分,评出特别奖1个,一等奖3个,二等奖6个,三等奖8个;最佳创作奖4个;最佳表演奖4个;优秀组织奖11个,组织奖18个。情景剧《爷爷的账本》、表演唱《那是儿时的石板街》、对唱《五月田歌》、小品《大年夜》等18个原创节(剧)目脱颖而出。

【市领导到海安督办市政协重点提案】 “建好用好农村文化设施,助推新型城镇化发展”是市长领办、主席督办的市政协重点提案。8月27日,副市长朱晋、市政协副主席杨展里就提案在基层办理情况到海安县考察。县领导杨同标、吉传稳、赵剑波等参加活动。朱晋、杨展里一行实地察看海安镇文化站、海安镇平桥社区公共文化中心、田庄村文化室等处,并召开座谈会,听取市文广新局“关于建好用好农村文化设施,助推新型城镇化发展”和县“做靓产品、做细服务,着力打通公共文化服务‘最后一公里’”的情况汇报。

【"欢乐送百姓"送戏下乡】 "欢乐送百姓"从正月初一到正月十五在全县10个区镇巡演20场。节目形式多样,内容丰富,有舞蹈、说唱、小品等年度节(剧)目会演的原创优秀节目,也有外请的魔术、方言韵白等。节目紧贴群众的审美情趣,以"好看""好听""好玩"吸引百姓,陶冶百姓,给万余名观众送上温暖丰盛的文化大餐,传递县委县政府对全县人民的问候和文艺工作者对父老乡亲的节日祝福。

【"难忘乡愁"海安原创歌舞专场】 由县文广新局主办,县文化馆、县歌舞剧团承办的"难忘乡愁"海安原创歌舞专场文艺演出,10月22日开始赴10个区镇巡演。巡演节目都是近年海安群众文艺会演涌现出来的获奖节(剧)目,如情景表演唱《儿时的石板街》《甸上记忆》,非遗类舞蹈《花鼓情》《莲花落》,道情《水乡三阳》等,演出配备高清大屏、大型舞台、高端灯光音响等,参演人数近100人,受众约1万人(次)。

【"乐一天"农民艺术节】 "乐一天"农民艺术节是海安县推出的一项惠民服务品牌活动,以村为单位,开展以村民参与的各项文体活动,主要内容包括特色体育赛事、百姓秀场、文艺演出三大板块,全年开展50场。经过精心组织,各村农民广泛参与,每场活动均超过1000人。拔河、负重跑、定点投篮、斗羊等富有农村特色的竞技项目,歌舞、小品、小戏、曲艺等好看好玩的文艺演出,书法、美术、器乐、广场舞等群众参与的百姓秀场,丰富有趣的活动真正让农民"乐"起来,成为海安农民的艺术节日。

"难忘乡愁"原创歌舞专场文艺演出,10月22日开始赴10个区镇巡演 (县文广新局　提供)

【文化部督察组督察公共文化服务工作】 12月2日,文化部党组成员、中纪委驻文化部纪检组组长王铁带领文化部督察组到海安,专项督查贯彻落实中办、国办《关于加快构建现代公共文化服务体系的意见》情况。江苏省文化厅副厅长裴旭,南通市副市长朱晋,海安县委书记陆卫东,县委常委、宣传部部长王炜等参加活动。督察组一行实地察看县文化馆、县文化艺术中心、曲塘镇文化站、高新区田庄村和高新区平桥社区综合文化服务中心,详细了解县基层综合性文化服务中心建设情况、基层文化设施网络覆盖和"建、管、用"情况、提升公共文化服务效能有关创新举措的实施效果以及重点文化惠民工程实施情况。陆卫东向督察组汇报县公共文化服务体系建设情况。全县认真贯彻落实中办、国办《关于加快构建现代公共文化服务体系的意见》和省、市《关于推动文化建设迈上新台阶的实施意见》精神,大力推进公共文化服务标准化、均衡化和城乡一体化发展,全县现代公共文化服务体系日益完善,县镇村三级文化设施建设基本实现全覆盖,文化艺术中心、体育中心等大型文体设施即将开放。

文化艺术

【文艺创作成果】 文艺作品获国家级奖项1件,市级3件。扎染立屏"水浒一百零八人物图"获得中国民间文艺最高奖——山花奖,大型主题性综艺节目"难忘乡愁"获南通市文华奖舞台艺术调演优秀节(剧)目奖、组织奖及多个单项奖。

【各门类艺术创作】 3月,论文《论现代水墨画的现代性》发表于文化部国家核心期刊《文化月刊》;中国画《香雪》入展江苏省文化厅主办的"吉羊迎春——南通市书画名家邀请展";中国画《香远——四条屏》入展2014年中国画坛提名展;剧本《潮涌南黄海》参加省文化厅中国梦剧本征文;创作广播剧《下河谣》等。7月,艺术生产创作会议在白甸镇召开,会上各门类创作人员拿出上半年创作成果并对创作思路进行阐述,最终产生多件基本成形的作品创意。10月,第四季度艺术生产创作会议在泰州市姜堰区召开,交流讨论各区镇参加文艺会演的30余件节目,大型原创歌舞剧《香芋香》创意作为重点打造的舞台精品进行交流。县文化馆王祥创作的小品《回头一望》,获江苏省文化馆主办的2015年江苏省群众文艺作品优秀作品,他编剧的微电影《爱的脚步》获首届全国卫生计生微电影节优秀奖、最佳人气奖。县文化馆朱万川创作的小品《爷爷的账本》获省群众文艺作品评选一等奖,他的微电影《情义》获江苏省廉政微电影大赛二等奖。

【小戏小品、舞蹈创作培训班】 8月25—27日,由县文广新局主办,县公共文化服务中心、县文化馆承办的海安县小戏小品、舞蹈创作培训班在县文化馆举办,各区镇、企业、社区、学校等近50名群众文艺爱好者参加为期三天的全封闭式培训。此次培训班的主讲老师由县内小戏小品、舞蹈创作方面的专家组成。舞蹈培训班老师则对现代舞创意、编舞技法方法等方面进行指导,并对学员们自带的作品创意进行讨论、分析和提高。

(王　晶)

【郑忠抽象水墨个展在美国纽约展出】 4月和12月,郑忠水墨作品展先后在北京孔庙、国子监博物馆和美国纽约长岛纽约"艺联社"美术馆展出。多幅作品12次参加联展。12月5日,郑忠抽象水墨个展在美国纽约长岛"纽约艺联社"美术馆开幕。

美国各界人士、收藏家、企业家、宗教人士、艺术机构100多人参加开幕式酒会。展出作品22幅。郑忠《异境》和《山居图》系列当代水墨作品的神秘和典雅,展现一种"大象无形,大音希声"的现代中国风情。美国跨界设计师、中国中央美术学院穆拉德博士在郑忠个展前言中写道:"郑忠的抽象水墨画不同于传统水墨画,给人以全新的感受和意蕴。画作不仅具有自然的勃勃生机,空间意识也深邃、多变,给人许多遐想的空间。”

【杨弋枢《一个夏天》等多部影片获奖】 2015年3月,在法国威苏尔(Vesoul)亚洲国际电影上,中国年轻的女导演杨弋枢的影片《一个夏天》获得评委会奖,颁奖理由是影片“以独特(特殊)的方式反映了当下中国社会的裂痕”。

杨弋枢,1976年生于海安县大公镇。南京大学文学院戏剧影视艺术系副教授。电影学博士。2006年,她导演、摄影、剪辑的纪录片《浩然是谁》,入选2006年第59届瑞士洛迦诺国际电影节,入选2007年第31届香港国际电影节,在国内多个影展放映并出版发行DVD;2010年,她导演、摄影、剪辑的纪录片《路上》,入选国内多个影展,入选韩国首尔独立电影节;她导演、摄影、剪辑的首部剧情长片《一个夏天》,入选2014韩国釜山电影节,2015法国Vesoul电影节。同时从事理论研究和文学创作,发表多篇小说及理论著作,2012年由南京大学出版社出版学术专著《电影中的电影:元电影研究》。 (柠 华)

新闻媒体

【广播电视精品生产】 强化广播电视精品意识,提高节目质量。29篇广播电视作品在省市获奖,5件作品分获省一、二、三等奖,为全市县级台第一。其中广播新闻1篇作品获省一等奖,2篇作品获省三等奖,电视新闻1篇作品获省二等奖,一篇作品获省三等奖,电视获奖节目为南通市县级台仅有的两部省级获奖作品,创电视节目历年获奖最好成绩。

【实现台网分离平稳过渡】 1月1日起,广电网络的日常管理、经营工作由江苏有线网络发展有限责任公司负责。4月21日,县委县政府召开网络整合动员大会。县委常委、宣传部部长王炜,副县长翁晓云参加活动。4月22日,县委办公室县政府办公室下发《关于海安县广电网络整合人员划转工作实施办法的通知》,经县委、县政府批准,海安县广播电视台将所属的广电网络资产以股权形式加入江苏有线网络发展有限责任公司。县广播电视网络整合工作领导小组各成员单位各司其职,通力协作,及时做好相关人事劳动政策的衔接工作,确保整合工作有力有序推进,5月,广播电视台、网人员整合分流到位。全县广电网络整合工作如期完成。

【新广电中心大楼主体工程竣工】 新广电中心主体工程竣工,水电空调通信及楼宇系统进入调试阶段,功能日臻完善。协调各系统人员施工,加班加点确保施工进度,专业设备进场安装。全力以赴确保按序时进度完成专业UPS、地面天线、广播及总控、电视演播厅装修、声学、灯光、舞美、集成等、全台网电视制作媒资、电视播出、配套机架工作台等各类专业系统的招标采购工作。所有方案均经过集体讨论、上级及周边业内专家评审,最终台务会研究通过。新广播电视发射塔工程高效推进,施工作业进入主体安装阶段。配套无线机房等工程完工。

(王海琴)

【新闻中心概况】 新闻中心大力宣传县委、县政府的重大决策部署,反映全县各区镇各部门各战线的新思路、新突破、新局面、新举措,弘扬主旋律,传播正能量。深入挖掘海安经济社会发展中的亮点,精心策划选题,在上级各类主流媒体上有序推出一批宣传海安、展示海安的重点报道,宣讲好海安故事,传播好海安声音。强化广告经营管理,进一步调整广告创收结构和主攻方向,拓展广告经营创收方式,优先策划活动,加大清收广告款力度。

《海安日报》每期平均发行2万份、新媒体平台融合发展,拥有海安手机报用户2万户,《海安日报》官方微信、《海安日报》微房产粉丝5000多个,海安新闻网、数字报、海安地产网日点击量近2000人次,68106810热线日均处理各类信息100多条次,《海安日报》全媒体用户综合覆盖近8万人次,形成“报、网、机”互动、立体交叉的宣传传播新格局。

全年广告经营创收完成771万元,完成全年调整计划的90.7%,其中现金到账572万元,完成全年计划的63.7%。位居全省48家县市新闻信息中心第二名。

【对外宣传】 新闻媒体精心策划重点选题,找准角度,深挖亮点,多发外宣稿、发好稿、发有影响力的稿件,宣讲好海安故事,传播好海安声音,进一步叫响“动车时代、节点城市”“枢纽海安、物流天下”的城市名片。广播电视在中央省市主流媒体正面宣传用片名列全市前列,9条新闻和1篇专题在中央电视台播出,省卫视用片100多篇,南通台用片200多篇。

新闻中心在市级以上媒体发稿241篇,其中《人民日报》3篇,《新华日报》23篇,《南通日报》219篇,《南通日报》头版20篇。《策应“一带一路”放大枢纽优势 海安企业“西进”“南下”拓空间》《海安市级中心镇成县域发展着力点》《海安设备投入驱动转型发展》《“互联网+” 推动海安物流业发展》《想点子 找路子 抓技改 促转型》《海安打造百亿级机器人产业基地》《平民英雄,塑造海安最美风景》等有分量的稿件分别在《南通日报》《新华日报》头版重要位置刊发。发稿量居全省县市新闻信息中心领先地位。

(王海琴 徐瑞平 汤 文)

【对内宣传】 新闻中心围绕县委县政府工作中心,加强策划,多角度、多元素报道全县重大活动、重要会议,为海安经济社会科学发展、跨越发展集聚正能量。先后开设“创新创业在海安”专栏、“第九届青墩文化艺术节暨2015年金秋经济贸易洽谈会”专版、“中科院专家进海安”等专题近40个,策划、组织系列重头系列报道20多个。贯彻落实县委十二届七次全会精神,开设“新常态、新追求、新作为”专栏,连续刊载100多篇有分量的报道;贯彻落实县委十二届八次全会的报道,第一时间开栏跟进,刊发部门、区镇访谈20多篇、发表评论文章8篇。开设“绿色海安”“枢纽海安,物流天下”“新常态 新作为 全力冲刺‘双过半’”“策应‘一带一路’进行时”等栏目,报道经济发展取得的新成效、涌现的重大典型,每个专题推出的报道均在10篇以上。

大力宣传城市重点工程建设、民生实事工程等“热点”话题,报道中小城市综合改革试点、新型城镇化改革试点取得的新经验、新成就。开辟主题性报道,设立栏目:“公正执法 忠诚为民”“机关党员风采”“优秀网格员风采”“践行核心价值观　争做最美海安人”“寻访最美家庭”等，报道身边人身边事，弘扬正能量，让百姓感到亲切、可信、温暖。刊载新闻报道200多篇；“68106810”“特别报道”等栏目，重点推出海安好人陈群、谢孝文、李寿全夫妇等报道。

【媒体融合新局面】 强化互联网思维，运用多种渠道，广泛征求读者、用户的意见建议，满足不同读者、用户的需求，强化《海安日报》与海安手机报、海安新闻网、海安地产网、海安日报微信等有机融合，有针对性地生产特色信息产品，点对点推送到读者、用户手中，拓宽宣传路径，提高新闻宣传的时效性和权威性。

探索传统媒体和新媒体跨界融合模式。《海安日报》纸媒用新闻语言说政务，“海安发布”新媒体用网络语言说资讯，在传统舆论场上严肃，力求信息的权威性，在民间舆论场上卖萌，使用公众化的视角，通过个性化、情景化的表现方式，让信息直达百姓的生活和内心。采用循环传播方式，将政策信息全方位立体式地呈现在受众眼前，形成强劲的舆论引导力，满足多层次多样化人群的阅读需求。 （徐瑞平　汤　文）

图书发行与管理

【概况】 做好《习近平关于党风廉政建设和反腐败斗争论述摘编》《中国共产党章程》《习近平总书记系列重要讲话读本》等书籍发行工作，确保征订无死角。

实行教辅用书网上征订。制作详细的网购操作流程，发放至每一位学生手中，并要求书店内部员工熟悉并熟练操作网上订购流程，新华书店和中心门市海安书城安排人员轮流值班，帮助登记征订，确保质量。

新华书店连续10年冠名“新华杯”未成年人读书节，其中的“作家校园人文行”“童心诵读”等活动深入人心，深受广大师生欢迎，全年举行9场活动，而“全民读书节”连续冠名4年，社会各界好评如潮。

新华书店随时掌握学校学生的需求，及时添配书籍。充分发挥书店优势，以调优“凤凰文化生活馆”品种为抓手，积极扩大储值卡销售，使之成为新的经济增长点。苏中图书物流分公司完成签约，土地出让金已到账，土地契税也全部缴纳，进入拆迁扫尾交地阶段。

（张月华）

【新华书店创“文明单位”】 借“文明单位”创建东风，每季举行一次“道德讲堂”活动，成立“新华志愿者服务大队”，建立书缘爱心服务站，启动“情暖小书包”公益项目，使全店员工在理论与实践中提升自己的思想道德水平，在志愿服务过程中感悟人生真谛，组织志愿活动数十次，并收到第一批爱心捐款。坚持“四型书店”创建工作，深化学习，推荐全店员工阅读《把职业当作事业》一书。

【慧源书城成为省书城连锁经营服务标准化试点】 11月20日，由江苏省质量技术监督局组织的“省级服务业标准化试点项目甄选答辩会”在南京举行，慧源企业负责人贲友兰从企业识别系统标准化、企业制度建设标准化、书城图书管理标准化、企业工作流程标准化、会员读者管理标准化等方面阐述慧源书城标准化管理试点的现有基础，并从行业和企业两方面阐明标准化试点工作对于书城连锁的意义。慧源书城的“书城连锁经营服务标准化试点”项目顺利通过甄选答辩。

（钱舜华）

【公共图书馆】 总藏书量43.9万册，流通图书39万册次。采购新书9820册，征订报纸80种，期刊320种。新增服务器2台、歌德电子阅读器3台，办理借书证1758个。举办读者园地4期，新书介绍4期。全县文化系统有图书馆（室）18个，其中公共图书馆1个，图书馆分馆17个（包括文化站分馆10家，看守所分馆1家，少年宫分馆1家，企业分馆4家，社区分馆1家）。举办大型展览6次，大型讲座5次，组织基层文化站管理员集中培训20次以及各类读者沙龙活动10余次。送书下乡13050册。区镇文化站电子阅览室补充设备通过政府采购，已组织安装。

【第五届海安全民读书节】 4月23日至11月30日，是以“倡导全民阅读，建设书香海安”为主题的第五届海安全民读书节，涵盖机关读书活动、企业读书活动、农村读书活动、社区读书活动、校园读书活动五大板块，通过电视访谈、网络展示、电台传声、法律讲座、特色分馆建设等读书平台，将书香海安建设推向新的高度。

【农家书屋提档升级】 海安县被江苏省新闻出版广电局表彰为2015年度实施农家书屋提升工程试点工作示范县。县高新区田庄村、县开发区洋蛮河村农家书屋通过2014—2015年度江苏省五星级示范农家书屋验收，顾雷、周雅琴被评为2014—2015年度江苏省优秀农家书屋管理员；县高新区新丰村、自由村、海北村、黄柯村，开发区（城东镇）南屏村、界墩村、油坊头村、滨海新区（角斜镇）五凌村，曲塘镇罗町村、创新村，李堡镇杨庄村、南莫镇南莫村、朱楼村、严马村，大公镇群益村，雅周镇行窑村，墩头镇墩头村，白甸镇周垛村等18家农家书屋通过2015年度市四星级示范农家书屋验收，吴素梅、周文华等8人被评为2015年度市优秀农家书屋管理员。

文化遗产保护

【可移动文物普查】 根据省普查办全国第一次可移动文物普查工作序时进度和相关工作要求，博物馆对馆藏1166件文物逐一进行拍照、尺量、秤重、录入、上传，12月底全部完成，达省文物局规定的要求。

【开展“5·18国际博物馆日”活动】 “5·18”国际博物馆日期间，以“保护成果全民共享”为主题，加大免费开放的宣传力度，发放宣传资料1200多份。博物馆与文化馆联合承办“守望乡愁”专场文艺演出，同时采取多种形式，张挂大幅宣传标语，发放宣传资料等等，唤起全社会对文化遗产的关注、关心和保护。

【“焦氏扎染”亮相米兰世博会】 7月6—10日，海安“焦氏扎染“作为南通市唯一一家非遗技艺、全省7个非遗项目之一亮相米兰世博会中国馆“江苏周”。中国工艺美术大师、江苏省非物质文化遗产“南通扎染技艺”传承人、海安锦华服饰有限公司董事长焦宝林的扎染屏风、挂件、时装等近百件作品参展米兰世博会。其女焦会苇作为"焦氏扎染"技艺的传承人,现场与国际友人互动,进行扎染技艺展示,诠释扎染艺术的丰富内涵。"焦氏扎染"在保护与传承传统扎染技艺的同时,开拓扎染的延伸领域,融入时尚元素,把扎染工艺品演绎成艺术品,实用性与欣赏性兼具。

11月,焦宝林创作的扎染立屏《水浒一百零八人物图》获十二届中国民间文艺山花奖 (谭承燕 摄)

【焦宝林扎染立屏获山花奖】 11月,由中国工艺美术大师、江苏省非遗"南通扎染技艺"代表性传承人、海安锦华服饰有限公司董事长焦宝林创作的扎染立屏"水浒一百零八人物图"获十二届中国民间文艺山花奖。这是继"海安花鼓"获首届中国民间文艺山花奖以后,海安作品第二次获此殊荣。此作品取材于古典小说《水浒传》,以屏风的形式,扎染的工艺表现水浒108位英雄人物,从构思设计到制作完成,历时3年。作品全长10.8米,高2.6米,以巨大的"山"字和三横的"水"字横贯画面,代表梁山水泊,108位人物跃然其间,画面宏大,人物饱满,山水作背景,具有极强的视觉冲击力。作品使用10多种扎结和染色方法,并使用手绘和剪贴的辅助手法,使人物形象更逼真、更生动。

文化产业

【文化企业交流】 文广新局组织全县文化企业相互交流学习,探索适合企业实际的文化产业发展之路,同时建立全县文化产业发展智库。结合企业实际,请智库成员、专家、学者提出意见、拓展文化产业发展视野,深得文化企业界认同和好评。组织文化企业"走出去、请进来",先后组织出版协会到苏州、广告协会到合肥,文化企业到厦门文博会,邀请专家学者、全国文化产业发展基金会领导到北京参加"动车时代 节点城市"海安经济社会发展情况恳谈会。邀请山东肥城文化产业发展参观团、常州恐龙园及文化产业发展参观团交流。

【慧源影视传媒在上海上市挂牌】 5月13日,江苏省文化产业示范基地南通慧源文化传播有限公司旗下企业——南通慧源影视传媒有限公司上市挂牌仪式在上海股权托管交易中心举行。上市挂牌仪式是慧源文化产业园在未来影视文化产业创新发展、持续前行的重要支撑,见证慧源文化园在不断发展壮大的过程中所得到的各方面认同。慧源集团董事长贲友兰与慧源影视传媒有限公司总经理钟杨一同敲响挂牌仪式的大锣。

【华艺被命名南通市文化产业示范企业】 12月,江苏华艺服饰有限公司被南通市文化广电新闻出版局命名为南通市文化产业示范企业,成为南通市首批命名的文化产业示范企业10强,也是海安县唯一获此殊荣的文化企业。江苏华艺以艺术染整为特色,传承并光大传统扎染艺术,融合工艺美术和时尚领域,2013年被命名"南通市文化产业示范基地",2015年获江苏省文化产业扶持资金80万元。

文化市场管理

【保持"扫黄打非"高压态势】 组织开展"扫黄打非·护苗2015""清源2015""净网2015""秋风2015""剑网2015"等专项行动,确保纪念抗日战争暨世界反法西斯战争胜利70周年活动成功举行。春节前夕和2月、3月下旬,由县委办牵头,联合县文明办、公安、工商、城管等部门,并邀请新闻媒体全程跟踪,召开联席会议,对集贸市场、城乡接合部、汽车站、火车站,以及校园周边等敏感区域的出版物市场、网络文化市场进行4次集中清查行动。全年开展法律法规宣传培训6次,开展文化市场专项行动5次,组织召开娱乐场所设立的听证会2次。出动1787人次,检查经营单位1296家次,受理举报6起,办理行政处罚案件14起,其中,立案查处11起,查缴非法出版物图书2641册,非法音像制品6593张,取缔无证经营出版物图书、音像制品等地摊游商10个,对违规经营单位(个人)实施行政罚款64390元。

【再度获评省"无小耳朵社区"创建工作先进县】 继2014年获省"无小耳朵社区"创建工作先进县后,海安进一步加大创建工作力度,在做好宣传发动,增强广大群众法制意识,教育引导群众自觉抵制各类销售、安装和使用"小耳朵"行为的同时,继续出台政策,鼓励群众主动上缴"小耳朵"。自行拆除上缴"小耳朵"869只,占全年拆除和集中销毁非法"小耳朵"960只的90.5%。海安县再次被省新闻出版广电局表彰为2015年度江苏省"无小耳朵社区"创建工作先进县。

(王 晶)

医疗卫生

Medical Service and Public Health

龙舞　章　丽绘

◎ 责任编辑　吉贻平

综　述

深化医改取得突破性进展，公共卫生、社区卫生、爱国卫生、计划生育等工作继续保持全市领先态势。在全省“十二五”卫生计生重点工作考核验收中，受到省卫计委领导高度评价。2015年，全县有医疗卫生机构402个，其中，医院48所，城区社区卫生服务站11个，农村社区卫生服务站216个，总床位4574张。卫生技术人员4336人，其中执业(助理)医师1921人，副主任医师、主任医师752人，注册护士1621人。

春夏两季公开招聘56名医药学校毕业生。11月，在省2016年医药卫生类人才交流会上，招聘卫生类高层次专业技术人才26名。此外，还公开招聘编外卫生专业技术人员92人。制定出台《海安县医学重点学科及重点人才资助奖励办法(试行)》，鼓励和促进人尽其才、才尽其用。强化卫生计生科教工作。严格住院(全科)医师规范化培训及全科医师转岗培训管理，全年安排临床教学讲座44场。31名2014—2015年度全科医师转岗培训人员通过省理论及临床实践考核。

卫生保健

【儿童健康管理】 全县10所乡镇（中心）卫生院达到数字化儿童保健门诊建设标准。全年，全县活产数6149人，儿童保健建册率100%，新生儿访视率99.48%；全县0~6岁儿童保健覆盖率98.06%，0~6岁儿童健康管理率97.9%，婴幼儿健康管理率97.4%。婴儿死亡率3.9‰，5岁以下儿童死亡率5.85‰，出生缺陷发生率3.49‰。全面实行体弱儿分级分类管理和高危儿专案管理，全年筛出体弱儿3974人，高危儿2084人，专案管理率100%，并按要求进行转诊、随访。依据“儿童生长发育监测图”进行发育评估，为18557名儿童提供儿童发育筛查服务，复查127例可疑及无法测定的儿童，及时为26例异常儿童提供转诊服务。开展4~6岁儿童健康体检，为学龄前儿童提供全面体格检查、生长发育和心理行为评估，血常规检测、视力筛查、口腔保健服务，开展合理膳食、心理行为发育、意外伤害预防、口腔保健、常见疾病防治等健康指导。全面开展儿童中医保健指导服务，印制中医指导宣传折页，实现儿童中医保健指导服务网络运行与管理。0~36个月儿童总数16174人，接受中医调养服务14536人，覆盖率89.88%。

【孕产妇健康管理】 严格执行首次产前检查建卡制度和孕产妇跟踪管理制度。产后访视人员统一申报审批、培训考核和持证上岗。结合国家单独两孩政策的实施，加强对符合政策育龄妇女摸底登记和孕前健康宣传指导，督促育龄妇女怀孕后主动接受孕产期健康管理，孕产妇保健管理质量稳步提高。全年产妇数6090人，住院分娩率100%，产妇建卡率100%，早孕建卡率98.16%；产前检查5次及以上孕妇检查率98.23%，产后访视率98.83%，产后42天健康检查产妇健康检查率97.02%，高危妊娠检出率47.27%，高危孕产妇专案管理率100%，全年未发生孕产妇死亡。

【重大妇幼卫生服务项目】 全面实行信息系统实时录入管理，并与纸质同步，保证项目实施的真实性、可控性，提高项目运行效率。全县四项重大妇幼卫生服务项目全部超额完成上级下达指标。农村孕产妇住院分娩补助4913人；发放叶酸5180人。两癌筛查32691人，宫颈癌检查检出CIN1 88人，CIN2 46人，CIN3 51人，宫颈癌22人；乳腺癌检查检出乳腺癌18人。免费为接受婚前保健服务的5093人提供艾滋病、梅毒和乙肝检测、咨询服务。接受初次产前保健孕妇6993人，全部接受艾滋病、梅毒和乙肝检测及咨询服务，筛出并管理梅毒阳性孕产妇14例，TPPA单项阳性孕妇15例。住院分娩产妇孕期或产时接受艾滋病、梅毒和乙肝检测及咨询服务5774人，全年无艾滋病产妇及所生儿童，管理13例梅毒阳性产妇及所生儿童，及时为艾滋病产妇所生儿童采集血样并送检，按期随访并指导儿童定期复查；为乙肝表面抗原阳性产妇所生的225名活产儿，提供免费注射乙肝免疫球蛋白的服务，母婴阻断项目服务率100%。

【婚前保健服务】 全县新登记结婚4619对，免费婚检4606对，婚检率99.7%，检出疾病846例，占婚检人数9.18%，影响婚育人数324例，占实检人数3.52%，婚前卫生指导率100%，婚前卫生咨询率100%。全县6006人接受孕前优生健康检查，开展临床检验室(间)质评活动，在全省两次实验室质控考评中均取得优良成绩。

【城乡社区卫生】 将城乡社区卫生服务站标准化建设与村级为民服务中心建设同时推进，纳入县四套班子负责人“月月看、家家到”重点必看内容。以区镇为单位，每季组织考核，考核结果在媒体公布，并与年度绩效考核挂钩。全年新增90个达标村卫生室，完成年度任务的100%。5个村卫生室建成“省示范村卫生室”，全县有14个“省示范村卫生室”。7个村卫生室争取到省村卫生室设施设备扶持补助资金35万元。强化乡村医生队伍建设管理，实施乡村医生全员培训，举办乡村医生合理用药、抗菌药物使用等专题培训班6期。县、镇、村三级医疗卫生机构共同组建健康管理服务团队，在全市率先启动乡村医生签约服务，签约1900多人，极大地方便辖区群众。受南通市卫计委委托，为新疆伊宁县18名乡村医生代表，提供为期12天的社区卫生观摩培训。

义诊服务进社区　关爱健康零距离　（县卫计委　提供）

【卫生监督】 加强日常监督管理，公共场所经营单位监督覆盖率100%，建档率100%，年监督频次平均每户3次以上。深化公共场所量化分级管理，住宿场所、沐浴场所、游泳场所和美容美发场所量化分级率均100%。强化卫生监督协管与涉医违法监测监控体系建设，全市卫生监督协管与涉医违法监测监控体系建设工作现场会在海安召开。严厉打击非法行医，净化医疗服务市场，向公安机关移送1起非法行医案件。开展食品安全标准宣传和食品安全标准跟踪核查。落实学校卫生综合监督，开展学校校园卫生综合监督量化评价试点工作，严格实施生活饮用水监测和监测结果公示。开展公共场所、生活饮用水、医疗市场、学校卫生、传染病、消毒产品和放射卫生等专项检查23次，立案查处122起，罚款21.96万元。其中，公共场所32起，传染病18起，消毒12起，饮用水2起，医疗50起，放射4起。参加省、市卫生计生监督技能大赛，荣获市团体一等奖、优秀组织奖，个人一等奖2个、二等奖1个；参加全省竞赛，获个人一等奖1个，优秀选手1个。

医　疗

【日常监管】 截至12月25日，全县办理受理行政服务事项3577件，其中，乡村医生执业注册106件、母婴保健技术服务执业许可12件、执业医师注册424件、医疗机构执业许可证核发668件、放射诊疗许可23件、公共场所卫生审查1件、公共场所卫生许可证核发69件、集中式供水卫生许可证2件、护士执业许可299件、麻醉药品、第一类精神药品购用印鉴卡初审2件。加强对各类医疗机构依法执业、医疗质量、感染控制、常用急救技术应用的检查评价、校验审核，发现问题现场予以指导，下发卫生监督意见书93份。6月，分三组对68所医院消毒隔离及依法执业工作进行督促指导。8—9月，跟踪进行监督执法检查，立案查处20多个单位违反《执业医师法》《消毒管理办法》《医院感染管理办法》等行为。现场指导医疗机构内镜消毒、妇女保健门诊及产科标准化建设。完成乡镇(中心)卫生院处方、医嘱点评工作。梳理汇总上报8项中医药传统诊疗技术及单验方，位列全市第一，在国家及省市评估中，获得专家一致肯定。

县卫计委党委召开第一届党代会　　（县卫计委　提供）

【医疗体系建设】 专题召开全县医疗管理暨改善医疗服务行动计划推进会，县人民医院顺利通过三级乙等医院现场评审，与上海中山医院、江苏省人民医院结为协作医院，着力做强重点专科。县第三人民医院纳入二级精神病专科医院管理，曲塘中心卫生院通过市二级综合医院评审，纳入二级医院管理。南莫中心卫生院获全国“群众满意乡镇卫生院”称号。海安镇中心卫生院口腔科被评为“省乡镇卫生院特色科室”，李堡中心卫生院儿科等4家单位的6个科室被市卫计委确定为“市乡镇卫生院特色科室”。县、镇、村三级医疗卫生机构共同组建健康管理服务团队，在全市率先启动乡村医生签约服务。

【分级诊疗】 制定出台《海安县推进分级诊疗制度建设实施方案》《关于进一步明确基层医疗卫生机构和公立医院医疗服务范围的实施意见》等一系列文件，切实推动县级优质医疗资源持续下沉，建立稳定、有能力、可信任的基层服务团队，为构建分级诊疗就医模式提供支撑。县人民医院、中医院两大医疗联合体，涵盖7所乡镇(中心)卫生院。南莫中心卫生院开设人民医院骨科联合病房，雅周中心卫生院每周六为人民医院专家日。县中医院常年安排一名医生到白甸镇卫生院驻点服务。全年，县人民医院、中医院下派专家248人次，组织教学查房86例，讲座39场，联合开展手术56次，培训基层医务人员近800人次。

【中医药服务】 县有中医院，镇有中医科，村有中医药服务的中医药三级服务网络基本完善。县中医院内涵建设进一步提升，挂牌南京中医药大学翰林学院附属医院，与上海颅脑创伤研究所合作成立海安分中心，与上海仁济医院泌尿内镜中心建立协作关系；邀请上海知名中医药专家助力“膏方节”，积极推广中医药文化，营造浓郁的中医药文化氛围。各乡镇(中心)卫生院结合自身实际，优化诊室布局，积极开展中医药综合服务区(或中医馆)建设。海安镇中心卫生院通过省乡镇卫生院示范中医科验收，雅周中心卫生院成为示范中医科建设单位。在村卫生室和社区卫生服务站大力推广“拔罐疗法”等中医药适宜技术。结合“中医中药中国行”“中医药就在你身边”系列活动，组织中医药专家举办6次800余人次参加的中医药巡讲活动，组织中医药“进社区、进乡村、进家庭”义诊10次。

卫生管理

【医药卫生体制改革】 将深化医改作为全年工作的主线。县卫计委主动作为，认真开展调查研究，为县委县政府决策提供依据。11月30日，召开全县深化医药

市卫计委组织打击两非专题督察　　（县卫计委　提供）

卫生体制改革动员大会，制定出台《海安县深化医药卫生体制改革建设现代医疗卫生体系的实施意见》，为下一步全面深化医改工作奠定了坚实基础。县级公立医院改革深入推进，县人民医院、中医院门诊病人、住院病人均次费用分别下降7.3%和2.2%，药占比分别为42.39%和46.9%，同比下降5.87%和6.1%。

【人口健康信息化】 区域人口健康信息平台及业务应用信息系统建设被列为县政府2015年为民办实事项目。4月完成项目招投标，5月开始实施基层综合业务信息系统、区域人口健康信息平台的部署，到10月底，基本完成公立医院操作人员培训。全县9所基层医院运行综合业务信息系统、区域电子病历系统、检验检查系统、影像归档和远程会诊等系统。县人民医院、县中医院与县联通实现数据传输。投入500多万元的县级人口健康数据中心完成设备调试和系统集成。县人民医院新上线运行电子病历、移动查房等系统，启用排队叫号、自助付费系统。县中医院上线运行门诊住院挂号收费系统、门诊住院医嘱管理系统、电子病历病区护士管理系统、药房药库管理系统、检验系统、医技管理等系统。

【卫生应急管理】 常态开展卫生应急综合演练、紧急医学救援专项演练。开展突发公共事件卫生应急风险日常评估48次、专题评估2次。在市120指导下，开展基层医疗机构院前急救培训和竞赛活动，效果明显。以重大疫情防控为主题，进一步加强部门间应急合作。全年处置相关突发信息11起，其中1起达到突发公共卫生事件标准，有效处置1例布鲁氏菌病疫情信息。加强县“综合性和传染病紧急医学救援基地”日常管理和内涵建设，规范120数字化指挥调度运行管理，提高调度单网报信息完整率。年内开展卫生应急业务培训17次，县卫计委组织综合演练1次，相关单位组织专项演练14次。编发《居民卫生应急常识问答》折页1万份，下发“12320”宣传资料1000份，结合“防灾减灾”等宣传日，普及卫生应急常识。曲塘镇获得“市卫生应急规范化镇”称号。

【医学科研】 县人民医院申报各级科研课题21项，“TAPP2调节通路对食管癌发生发展影响的实验研究”获省卫计委科研立项；获市新技术引进奖3项，市科技进步奖1项。县中医院申报省市科研课题8项，“温面散热敷乳突穴治疗难治性面神经麻痹疗效观察”获省中医药科学技术奖三等奖；获市新技术引进奖两项，市优秀中医药项目奖两项，“夏治平名中医工作室”组织撰写的《夏治平临证精粹》和《夏治平名中医传承荟萃》两部专著均完稿并交付出版。

【卫生计生宣传】 把宣传倡导融入各项活动之中，利用世界卫生日、大型义诊周、结核防治日、爱国卫生宣传月等，开展形式多样的公共宣传活动。完成《海安日报》专版8期和电台每周一档、电视台专栏2期，《中国人口报》用稿10篇。县卫生和计划生育委员会网站上线运行，全年访问量24万人次。8月举办“关注卫生计生、共建和谐医患”网友见面会。9月初，开通“健康海安”微信平台，卫生计生方针政策和工作动态得到及时传播。定期开展新媒体知识和卫生计生宣传业务讲座。建立新闻发言人制度，针对事关民生的医改、单独二孩、奖扶政策等每月召开新闻发布会，回应社会关切。重视先进典型人物宣传，采访拍摄南莫镇姜刘村村医黄根华和曲塘镇计生助理徐金树两位先进人物的事迹，形成《永远行走在乡村》和《践行核心价值观　争做最美海安人》两篇宣讲事迹报告，被市卫计委选为典型进行巡回演讲；徐金树的事迹被制作成情景剧《生命树》，徐金树被评选为最美海安人；11月举办“尊医重生”摄影大赛，征集优秀作品300多幅。

（孙瑞根　徐春勇）

县级医院选介

【县人民医院】 县人民医院是三级乙等综合性医院、爱婴医院、南通大学附属医院。医院占地9.8万平方米，总建筑面积10.2万平方米，实际开放床位1280张。拥有一支素质较高的专业技术队伍，有职工1142人，其中专业技术人员1105人，高级职称147人，中级职称284人，硕士生69人，博士生3人。医院先后被评为省爱国卫生先进单位、省文明医院、省十佳医院、省卫生系统先进集体、全国卫生系统先进集体。

2015年，县人民医院巩固“无红包医院”“平安医院”创建成果，顺利通过三级乙等综合医院现场评审，成功实现医院的提档升级。全年完成门诊工作量52.51万人次，收治病人数5.12万人次，分别比上年同期增长17.8%和3.8%，手术1.02万台次。

深入推进县级公立医院改革，药品一律实行零差价销售。调整诊疗、护理、手术等医疗服务项目价格，每月让利百姓百万元。大力支援基层医疗机构。为特殊群体提供医疗援助。减免“三无病人”

县长顾国标、市卫计委领导出席医疗合作签约仪式　　（县卫计委　提供）

“特殊病人”医药费用。全年减免金额100多万元。开展志愿者进社区活动，全年组织医院志愿者走进社区46次，涉及偏远乡镇、村8个，全院有562人参加，志愿服务时间每年9260人次·小时，免费血常规检查与肿瘤指标筛查236人次，免费测血糖430人次、量血压1000多人次，义诊病人2000余人，接受咨询4000余次，发放宣传资料近3万份，捐献羽绒服、大衣1000多件。

专科建设水平不断提高。肿瘤科与首都医科大学附属北京世纪坛医院、首都医科大学肿瘤医学院、美国杜克大学、美国北卡大学签订合作协议并成立中美海安肿瘤早期筛查研究中心、中美海安肿瘤免疫治疗中心，申报江苏省临床重点专科建设单位。心内科、泌尿外科、肿瘤科、骨科等11个科室为市临床（医技）重点专科，神经内科、妇产科是南通市临床重点建设专科，神经内科参与卫生部脑卒中筛查与防治工程，成立卫生部脑卒中筛查与防治基地（海安）分中心医院。心血管内科是省人民医院冠心病中心海安分中心暨省危急重症远程诊疗网络医院。与上海复旦大学附属中山医院对接成立协作中心。合作成立省人民医院技术支持医院，省人民医院全方位支持县人民医院学科建设。扶植中医科、营养科、康复科等专科建设。大力开展新技术、新项目。完成心脏介入治疗176例，检查296例，起搏器安装52例。脑血管造影154例，治疗49例，介入治疗406例，微创手术1039台次。

抗菌药物专项整治成效明显。不断规范医师用药行为，急诊抗菌药物使用率29.51%，住院患者抗菌药物使用率58.99%，I类手术抗菌药物预防使用率25.6%，抗菌药物送检率34.4%，特殊抗菌药物送检率89.9%。定期组织护师开展科普大讲堂，进社区、进家庭活动，延伸护理服务，和谐医患关系。专科护士进社区进行科普宣传系列活动共16场次，出院病人家庭访视496例，各专科对病区出院患者进行家庭访视，指导功能锻炼、服药指导、换药、更换负压球、尿管、胃管留置、测量血压、家用血糖仪的检测和校正、糖尿病饮食指导、检查胃管留置情况及自血鼻饲食物的指导、产妇母乳喂养情况、促进泌乳量增加的方法、脐炎护理、小儿臀部护理、喂养指导、PICC维护、压疮、造口护理等。每两月开展糖尿病大讲堂及静脉治疗大讲堂，受到患者及家庭欢迎。　　（钱梅军）

【县中医院】 县中医院是三级乙等中医院；国家级爱婴医院；南京中医药大学教学医院；医院与新疆伊宁市维吾尔医院缔结友好医院；2015年7月，成为南京中医药大学翰林学院附属医院。

医院占地2.53万平方米，建筑面积2.96万平方米。主要有门急诊楼、综合病房楼、医技楼和药库楼。有职工625人，其中，卫生技术人员585人（高级职称106人，中级职称146人）。有享受国务院特殊津贴者1名，国家级名中医1名，省名中医4名，市名中医8名，省“333”工程人才1名，市“226”工程人才3名；市县级中青年技术拔尖人才7名，市医学领军人才1名，医学重点人才1名；夏治平工作室确定为“全国名老中医药专家传承工作室”。医院开放床位580张，设11个病区，17个一级临床科室。

医院强化医疗质量管理、巩固三级中医医院、“无红包医院”创建成果。全年完成门急诊34.39万人次，收治病人1.96万人次，完成各类手术7242例。医院为进一步提升核心竞争力，先后与省中医院、上海瑞金医院、仁济医院、龙华医院等建立协作关系，在骨科、脑外科、

墩头镇接受省卫生镇考核汇报会　　（县卫计委　提供）

泌尿外科、脾胃病科、影像科等学科在会诊、转诊、进修、科研等方面加强协作交流。开展医联体对口支援,医院派出17名副高以上职称医师、14名专家及医政管理人员到医联体单位，开展门诊、查房、会诊、手术、讲课等,举办4次业务讲座,完成门急诊500多人次。做好中医药师承带教,推动中医药学术传承。细化考核细则,进行全面质控检查,找出存在问题,做好医患沟通,持续质量改进。切实加强人才队伍建设,2015年招聘医药院校毕业生29名,其中硕士研究生16名,本科生13名,逐步解决专业技术人员梯队建设及人才储备问题。

积极开展科研工作,全年有80多篇论文在各级医学期刊上发表,有12项科研课题获省中医药管理局、市科技局立项,有2项课题通过鉴定,获优秀中医药项目奖3项。医院以重点专科为平台,积极申报、举办继续教育项目,2015年先后举办中医药继续教育项目国家级1项、省级3项、市级2项。夏治平全国名老中医药专家传承工作室，与江苏科技出版社签订《夏治平临证精粹》和《夏治平名中医继承荟萃》出版协议,工作室建设项目与第五批全国老中医药专家继承工作项目均通过国家中医药管理局组织的中期评估。根据临床医疗需要投入资金544万元,添置更新医疗设备60余台(件)。信息化建设取得成效,一期门诊、住院挂号收费系统、医嘱管理系统,电子病历病区护士管理系统,药房、药库管理系统,检验系统,医技管理系统等子系统于9月如期上线;二期病理系统,院长管理系统,办公系统,设备后期管理系统于年底上线。运行情况良好。做好下乡义诊、征兵体检、经贸洽谈会及中考高考保障等工作。组织学雷锋、践行党的群众路线实践活动、健康海安·服务百姓、名医名家进社区等义诊活动，全年有120名医护人员参加义诊活动,惠及百姓1600余人,发放健康教育处方2000余份。

(狄锦春)

【县第三人民医院】 全院有职工120多人,卫生专业技术人员95人,其中高中级职称33人,初级职称62人。设有精神科、心理科、精神残疾鉴定专科、无抽搐治疗中心、神经内科、普内科、消化内科、心血管内科、肾内科(含血透中心)、普外科、妇科、儿科、药剂科、检验科、影像科(含CT、DR、彩超、脑超)、心电图、脑电图等临床医技科室。

本部位于海安镇闸北路12号,精神病房设置床位150张，实际开放床位250张以上,分设一病区、二病区、三病区和心身疾病康复病区。医院开创“环境园林化,管理开放化,生活家庭化,治疗综合化”的新型精神病院管理模式,以“预防—治疗—康复”为服务流程,以药物治疗为基础、心理治疗为主导,工作治疗、娱乐治疗、体育治疗等多种治疗方式相结合，让精神病患者在幽雅的家庭式环境中接受良好的治疗，从而有效促进精神病人的康复,降低复发率,使其早日回归社会。

仁济分院位于长江中路5-9号,综合性病房设置床位75张,分设综合性病区及心身科、睡眠科两个病区,所有病房内均为宾馆式设置并设有呼叫系统,为病人提供安静、宽敞、明亮、舒适、方便的治疗、康复环境。(吴萍华)

【县皮肤病医院】 县皮肤病医院、海安性病诊疗中心是一所从事性病、艾滋病以及皮肤病防治的公立专科医院。成立于1959年，成立之初为县麻风病医院，地处里下河仇湖朱舍，负责收治全县麻风病人和南通市区的麻风病人。1984年改名南通市皮肤病防治所，承担全市的麻风病防治指导工作，年底在县城征地建房。1987年整体迁至县城江海中路35号，仇湖朱舍留有少数人员管理麻风残老病人。1988年又改名海安县皮肤病防治院,2004年再次更名海安县皮肤病医院。2010年12月8日因明珠城东侧区域拆迁,迁至县城曙光中路29号。2013年11月10日因通海大市场拆迁迁至县城江海东路17号。医院设有皮肤科、药房、药库、制剂室(省药监局核发)、检验科、艾滋病实验室(省卫生厅核发)、病理科、理疗科、治疗室以及政府规划的江海社区卫生服务站，有治疗皮肤病的光疗治疗仪,激光治疗仪。服务范围覆盖全县及周边县市,农村病人占80%以上。

(田日华)

社会保障　人民生活

Social Security　People's Life

韩公馆　章　丽绘

◎ 责任编辑　杨　斌

社会保障

人力资源市场　　　　（县人社局　提供）

【职工养老保险】 启动全民参保登记计划，职工养老保险参保17.46万人，比2014年净增缴费9268人，享受离退休待遇5.57万人。基金征缴收入12.99亿元、支出12.86亿元，基金累计结余14.80亿元。调整5.46万人次企业退休人员养老金，人均每月增加养老金202.8元，平均增幅12.48%，调整后人均养老金每月1828.2元。全年有6509名企业职工办理退休手续，养老金按时足额发放率100%。

【机关事业单位养老保险】 机关事业单位养老保险参保7831人，享受离退休待遇2453人。基金征缴收入1.40亿元、支出1.36亿元，基金累计赤字1807万元。机关事业单位养老保险制度改革启动。

【城乡居民基本养老保险】 城乡居民基本养老保险续保缴费17.83万人，其中按标准档缴费17.34万人，占97.25%。调整城乡居民基本养老保险基础性养老金，从每人每月90元提高到105元，全县有8.36万人享受基础养老金，13.3万名退休人员按月享受养老待遇，人均养老待遇每月250元。根据县第十五届人民政府第32次常务会批复，将392名退职镇村医生待遇从2013年7月1日起每月再提高60元。根据《关于调整海安县城乡低保等社会救助对象保障标准的通知》精神，从2015年7月起将39名参保的城镇低保对象待遇标准由每人每月530元调整到580元，51名农村低保对象待遇标准由每人每月360元调整到420元。城乡居民基本养老保险基金收入6.51亿元、支出6.10亿元，基金累计结余12.53亿元。

劳动保障维权中心　　　　（县人社局　提供）

【医疗保险】 职工基本医疗保险参保24.87万人，基金征缴收入7.63亿元、支出6.53亿元，基金累计结余6.96亿元，政策范围内住院报销比率82.07%。城镇居民医疗保险参保11.69万人，基金征缴收入6976万元、支出7214万元，基金累计结余2113万元，政策范围内住院报销比率72.06%。调整城镇居民医疗保险筹资标准，老年居民个人缴纳430元、财政补助420元，困难重残居民个人缴纳330元、财政补助520元，在校（园）学生个人缴纳160元、财政补助420元，不在校（园）的婴幼儿、未满18周岁的未成年人个人缴纳300元、财政补助420元。新型农村合作医疗参保48.32万人，享受待遇228.50万人次，基金征缴收入2.46亿元、支出2.46亿元。实施农村居民重大疾病救助，全年救助4764人次，基金支付3459.44万元。城乡居民大病保险享受待遇10825人次，基金支付4961.71万元。全年特殊药品医保救助184人次，基金支付344.97万元。

【工伤、生育保险】 工伤保险参保16.01万人，基金征缴收入1.05亿元；办理工伤保险待遇支付1945人，基金支出8347万元；基金累计结余4369万元。受理工伤认定1209件，组织劳动能力鉴定758人，其中工伤鉴定616人、病退鉴定142人。组织695人参加工伤预防培训。生育保险参保11.08万人，基金征缴收入2080万元；办理生育保险待遇支付

社会保险大厅　　（县人社局　提供）

2104 人，基金支出 2278 万元；基金累计结余 2069 万元。

【医疗保险稽查】 加强定点医疗机构、定点零售药店上传数据的网上监控，全年网上监控医保刷卡约 10 万人次。日常巡查定点医疗机构、定点零售药店 410 家次。开展医疗专家病历分析活动 4 次，抽调 35 家次医院 380 份病历进行专家分析，扣除不合理费用 17.96 万元。对部分医院民政优抚救助人员住院占比异常问题开展专项整治。全年接受举报投诉 10 起，查实 6 起；查处定点医疗机构、定点零售药店 32 家次，违规参保人员 2 人，追回违规费用 34.2 万元，处以违约金 13.1 万元。

【社会保险经办管理】 以社会保障为主要功能的市民卡工程顺利推进，全县信息采集累计 82 万人、发放 81.2 万人。举办海安县退休职工艺术大学十周年成果汇报展演，退休职工艺术团舞蹈节目参加省文艺演出获金奖。县人力资源和社会保障局被表彰为省级社会保险经办服务示范窗口。推进城乡居民基本养老保险经办服务“四个不出村”活动，全县 210 个行政村实现全覆盖，其中 10 个行政村实现便民服务标准化示范建设。

【社会保险基金监督管理】 1 月，经县政府研究决定，成立海安县社会保险监督委员会；2 月，《海安县社会保险监督委员会章程》经县政府常务会议讨论通过；10 月，依据《海安县选聘社会保险基金社会监督员启事》，选聘 16 人担任社会保险基金社会监督员；10 月 28 日，召开海安县社会保险监督委员会第一次会议，县人力资源和社会保障局负责人报告社保基金运行情况。

劳动管理

【劳动用工管理】 推进工资集体协商和集体合同制度，规模以上企业劳动合同签订率 98.5%，工会企业集体合同签订率 96%。全县 926 家 25 人以上企业签订集体协商合同，涉及职工 15.66 万人；签订区域、行业工资集体协商合同 35 份，涉及企业 1856 家、职工 2.3 万人。开展企业人工成本、岗位工资情况调查活动，建立统一规范的企业薪酬调查和发布制度，及时发布工资指导价位和工资调控指导线。

【劳动保障监察】 组织开展清理整顿人力资源市场秩序专项行动、女职工特殊劳动保护专项检查，夏季高温期间职工权益保障、用人单位遵守劳动用工和社会保险法律法规情况、农民工工资支付情况等专项检查活动，检查用人单位 1852 家，涉及职工 8.26 万人，为 3044 名农民工追讨工资 1.18 亿元。全年受理举报投诉案件 162 件，其中立案查处 44 件、行政调解 118 件，按期结案率 100%。开展日常巡查和书面审查工作，完成日常巡查 506 户、审查用人单位 1660 户。提升劳动保障监察执法效能，联动平台举报投诉录入率、案件按期运行率均为 100%。

【劳动人事争议调解仲裁】 仲裁院立案受理劳动人事争议案件 425 件，涉及劳动者 1295 人，其中集体争议案件 18 件，涉及劳动者 768 人。案件涉及经济标的额 3205.77 万元，按期结案率 100%。开展庭审观摩、裁决书评查等活动，不断提升办案质量。六方联动劳动人事争议调解机制进一步完善，相关做法在全市社会治安综合治理工作现场会上作经验交流。

人事工资

【公务员管理】 配合上级部门完成公务员招考报名、面试、体检、政审等工作，全县 5200 多人报名，初审 2200 多人具有报考资格并缴费成功参加笔试，156 人参加面试，52 人通过面试进入体检、政审并被录用。组织全县新录用公务员及新分配公安干警 76 人进行初任培训和岗前培训。代县政府对张顺等 228 人进行职务任免，代县政府向县人大常委会草拟韦宝军等 5 人的职务任免议案材料。

【事业单位人事管理】 全县新招聘事业人员 287 人，其中县、镇属事业单位 57 人，医疗卫生系统 78 人，教育系统 152 人。稳步推进事业岗位设置管理工作，严格按照岗位数聘用人员。事业单位聘用合同签订率 100%，岗位设置和人员聘用信息入库率均 98%。严格按照相关政策，办理事业单位人员流动 192 人次。全年举办事业单位人事管理干部业务培训 2 次。完成 12358 名事业人员考核工作，其中 1822 人获优秀等次、1602 人获嘉奖、345 人获三等功、375 人不定等次、5 人不合格。

【人事考试培训】 完成教育、卫生、高层次人才、部分事业单位公开招聘工作人员考试。完成二级建造师报名资格审核，审核合格1200多人。完成经济师报名资格审核,审核合格800多人。完成机关事业单位工人升级考核工作,30人参加升级考核。完成机关事业单位工人技师考核工作,2人参加技师考核。完成机关事业单位工勤人员职业素质提升培训考核工作,200多人参加培训考核。组织部分单位政府购买服务人员招聘考试9次。组织省职称计算机考试工作,231人参加考试。

【工资管理】 从2014年10月1日起调整机关事业单位工作人员基本工资标准,增加机关事业单位离退休人员离退休费,同时将部分规范津贴补贴(绩效工资)纳入基本工资。从2015年1月1日起对乡镇机关事业单位工作人员实行乡镇工作补贴。实施县以下机关公务员职务与职级并行制度,晋升职级人员相应调整工资待遇。核实发放2名抗战老战士纪念奖章以及补贴。核定新进人员工资待遇,其中新录用公务员76人、军转干部11人、新招录事业人员265人、优秀青年人才19人、新招聘优秀村支书13人。办理机关事业单位到龄退休人员手续403人,其中公务员127人、事业人员276人。 (谢志军)

【军转、复退安置】 全县接受军队转业干部12名,其中,副团职1名、正营职3名(含1名自主择业军转干部)、副营职6名、正连职1名、技术干部1名,全部得到妥善安置。接收退役士兵759人,教育培训744人,参训、获证、就业“三率”分别达98.6%、99.25%、98.6%。县民政局加大助推复退军人创业力度,制定《2015年退役军人创业工作实施办法》;组织退役军人创业培训6次,184人参加;上报创业典型事迹宣传材料6篇,3篇在《海安日报》上发表;县全创办评审通过退役军人创业项目32个,其中星级项目9个。 (谢志军 夏宏年)

退休职工文艺汇演 (县人社局 提供)

人民生活

【城镇居民生活】 据抽样调查,城镇常住居民家庭人均居住建筑面积49.6平方米,人均可支配收入34445元,比上年增加2848元,增长9.0%,其中,工资性收入19830元,增长8.2%;经营净收入6178元,增长9.7%;财产净收入2798元,增长10.2%;转移净收入5639元,增长10.4%。人均消费性支出21611元,比上年增长7.4%,其中,食品烟酒、衣着、居住、生活用品及服务、交通和通信、教育文化和娱乐、医疗保健、其他用品和服务支出分别6191元、1756元、3464元、1221元、2953元、4034元、1361元、631元,分别增长7.8%、5.8%、5.1%、6.2%、10.3%、7.5%、7.7%、8.8%。

每百户城镇常住居民家庭拥有家用汽车61辆,电冰箱105台,洗衣机109台,热水器123台,空调258台,固定电话86部,移动电话269部,家用电脑127台。

【农村居民生活】 据抽样调查,农村常住居民家庭人均居住建筑面积55.5平方米,人均可支配收入16549元,比上年增加1394元,增长9.2%,其中,工资性收入9168元,增长8.8%;经营净收入3856元,增长8.2%;财产净收入546元,增长10.8%;转移净收入2979元,增长11.5%。人均消费性支出13559元,比上年增长8.5%,其中,食品烟酒、衣着、居住、生活用品及服务、交通和通信、教育文化和娱乐、医疗保健、其他用品和服务支出分别4267元、768元、2144元、842元、1801元、2454元、969元、314元,分别增长9.2%、7.3%、7.7%、6.9%、10.9%、9.0%、9.2%、11.3%。

每百户农村常住居民家庭拥有家用汽车23辆,电冰箱116台,洗衣机96台,热水器108台,空调141台,固定电话92部,移动电话248部,家用电脑64台。 (钱安云)

人　物

Figures

523 文化园　章　丽绘

◎ 责任编辑　贲柠华

县级组织机构与领导人

县级领导机构

中共海安县委员会

书　记　陆卫东
副书记　顾国标　焦广琪(8月免)
　　　　成　宾(11月任)
常　委　陆卫东　顾国标
　　　　焦广琪(8月免)
　　　　周宗泉(1月免)　成　宾
　　　　李春旺　王　炜
　　　　盛慧琴(女)　张亚曦
　　　　陈　辉　丁　锋
　　　　陈鹏军(11月任)
　　　　吉恒明(5月任,挂职至2016年4月)

海安县人民代表大会常务委员会

主　任　孙进基(1月任)
副主任　张佳生(12月辞)
　　　　吉传稳(12月任)　肖正明
　　　　王锡林(7月辞)
　　　　章曙东(11月辞)
　　　　屈祖平(12月任)
党组书记　孙进基(3月任)
党组副书记　张佳生(12月免)
　　　　　　吉传稳(12月任)

海安县人民政府

县　长　顾国标(1月任)
副县长　张亚曦　彭为杰　翁晓云(女)
　　　　卢忠平　葛志祥　严长江
　　　　吴麟麟(挂职,1月辞)
　　　　高　斌(1月任,挂职一年)
　　　　杨同标(挂职至2016年8月)
　　　　贾韶军(1月任,挂职二年)
党组书记　顾国标
党组副书记　张亚曦

政协海安县委员会

主　席　朱　春(1月免)
　　　　周宗泉(1月任)
副主席　吉传稳(12月免)　储开泉
　　　　蔡祝平　朱卫民(7月免)
　　　　赵剑波　周于红(女,12月任)
党组书记　朱　春(3月免)
　　　　　周宗泉(3月任)
党组副书记　吉传稳(12月免)
　　　　　　储开泉(12月任)

县纪检、武装、审判、检察机构

中共海安县纪律检查委员会

县监察局与其合署
书　记　李春旺
副书记　朱　斌　王启涛
常　委　赵广洪　韩春生　刘小松
　　　　杨海燕(女)

海安县人民武装部

党委第一书记　陆卫东
党委书记　陈　辉
党委副书记　袁九胜
部　长　袁九胜
副部长　陆雪峰
政　委　陈　辉
纪委书记　陆雪峰

海安县人民法院

院　长　王　平
副院长　章智敏(女)　秦晓东
　　　　许金海　李宏林　周国庆
　　　　孙卫华
党组书记　王　平
党组副书记　章智敏(女)
纪检组长　王志平

海安县人民检察院

检察长　李　平
副检察长　王　骅(女)　崔　丹(女)
　　　　　刘伟峦　秦建军
党组书记　李　平
党组副书记　王　骅(女)
纪检组长　张英祥

中共海安县委工作机构及直属单位

办公室

县委研究室与其合署。
主　任　张元春
副主任　孙中翔　刘松建　华志刚
　　　　王群飞　王晓聪(聘)

研究室

正科级建制,与县委办公室合署。
主　任　华志刚
副主任　陈闽安(2月任)
　　　　鲁　斌(2月聘任)

台湾工作办公室

县委办公室管理,挂"县政府台湾事务办公室"牌子,正科级建制。
主　任　孙中翔
副主任　袁铁明　周　兵

机要局(县国家保密局)

县委办公室管理,县委保密委员会办公室(县国家保密局)与县委机要局(国家密码管理局)一个机构两块牌子,正科级建制。
局　长　刘松建
副局长　顾元清　王代军

接待办公室

县委、县政府直属事业单位,相当正科级建制。
主　任　孙中翔

组织部

县级机关党工委、新经济新社会组织党工委、县人才工作办公室与其合署,挂"中共海安县委党代表联络办公室"牌子。
部　长　成　宾(11月免)
　　　　陈鹏军(11月任)
副部长　陈锦璜　周小军
部务委员　景　凯　景世泽

新经济新社会组织党工委

与县委组织部合署,正科级建制。
书　记　陈锦璜
副书记　王宝勇

县级机关党工委

与县委组织部合署
书　记　吴忠林
纪工委书记　景圣余

人才工作办公室

与县委组织部合署办公,正科级建制。
主　任　景　凯
副主任　陈兴斌

老干部局

县委组织部管理
局　长　景世泽
副局长　陆向红(女)　杨训荣
　　　　黄晓兵

宣传部

挂"县精神文明建设指导委员会办公室"牌子。
部　长　王　炜
副部长　王东升　董玉龙　陈　琳
　　　　刘万春　张　军(6月免)

精神文明指导委员会办公室

在宣传部挂牌
主　任　王东升

副主任　刘友斌

史志工作委员会

主　任　董玉龙

副主任　杨　斌

新闻信息中心

主　任　张　军(6月免)

副主任　李传俊　陆志强
　　　　卢　锋(聘)

统一战线工作部

部　长　储开泉

副部长　许明全　丁维春
　　　　王长荣(女)　陈　杰(4月任)

政法委员会

县社会管理综合治理委员会办公室、县国家安全办公室与其合署，设依法治县领导小组办公室。

书　记　盛慧琴(女)

副书记　葛志祥
　　　　陈月斌(负责日常工作)
　　　　徐向东　张元根

社会管理综合治理办公室

与政法委员会合署

主　任　徐向东

副主任　王庆荣　朱万龙

依法治县领导小组办公室

设在政法委员会

主　任　盛慧琴(女,兼)

副主任　张英存　张自力

国家安全办公室

与县委政法委合署办公,正科级建制。

主　任　张元根

法学会

会　长　盛慧琴(女,兼)

常务副会长　张元根

副会长　张英存　丁兴育(不驻会)
　　　　卢克龙(不驻会)
　　　　张建华(不驻会)
　　　　张贤荣(不驻会)
　　　　范应友(不驻会)
　　　　秦建军(不驻会)
　　　　涂祖凤(女,不驻会)
　　　　章智敏(女,不驻会)

农村工作办公室

挂"县政府农村工作办公室"牌子。

主　任　臧　忠

副主任　卢厚龙　陆爱红(女)
　　　　张　杰　于木军

机构编制委员会办公室

县委、县政府工作机构

主　任　陈关飞

副主任　陈文进(2月任)

党　校

挂"行政干部学校"牌子

校　长　焦广琪(11月免)
　　　　成　宾(11月任)

常务副校长　徐　进

副校长　秦德建　程卫国(聘)

县档案局(馆)

县委、县政府直属事业单位

馆　长　韦圣霞(女)

副馆长　王劲松　陆海鸥(女)
　　　　钱　建(女)

县人大常委会工作机构

办公室

研究室、信访督办室与其合署。

主　任　吴俊刚

副主任　周　锋(7月任)

研究室(与办公室合署)

主　任　印丽琳(女)

信访督办室(与办公室合署)

主　任　王世平

副主任　钱　钧

内务司法工作委员会

主　任　卢克龙

副主任　姜同泉

财政经济工作委员会

主　任　花桂平

副主任　刘厚宏

农业和农村工作委员会

主　任　陈　名

副主任　王　英

环境资源城乡建设工作委员会

主　任　童明昆

副主任　何继生

教科文卫工作委员会

民宗侨台工作委员会与其合署。

主　任　崔世平

民宗侨台工作委员会(与教科文卫合署)

主　任　陈　鸣

副主任　袁成义

人事代表工作委员会

主　任　仲向阳

副主任　储祥兰(女)

县人民政府工作机构及直属单位

办公室

挂县政府法制办公室、县政府外事侨务办公室、县人民防空办公室、县政府金融工作办公牌子。

主　任　陈兴俊

副主任　程　杰　陆尔宁　孙中翔
　　　　丁兴育　杨国来　李仁平
　　　　陆建银　许　栩

纪检组长　许祥法

法制办公室

主　任　丁兴育

副主任　周卫东

外事侨务办公室

副主任　朱文生

人民防空办公室

副主任　韩　美(女)　吴荣和

金融工作办公室

主　任　仲伟平

应急管理办公室

县政府办下属事业单位,相当正科级建制。

主　任　程　杰

政务服务中心

与县公共资源交易管理办公室合署。县政府派出行政机构,正科级建制。

主　任　钱祥健

机关事务管理局

县委、县政府直属事业机构,正科级,县政府办公室管理。"县政府投资项目工程建设中心"与其合署。

局　长　张　顺

副局长　储瑞斌　景存甫

党组书记　张　顺

纪检组长　钱　梅(女,聘)

县政府投资项目工程建设中心

政府办管理事业单位,相当正科级。

主　任　唐仁圣

副主任　周建华　邓壮志(聘)

党组书记　周建华

党组副书记　唐仁圣

纪检组长　谢富林

发展和改革委员会

挂县经济和信息化委员会、县物价局、县中小企业局牌子。

主　任　夏卫军

副主任　黄玉斌　吉临兆　孙　强
　　　　仲伟平　徐　伟(6月免)
　　　　吴金祥　康　健

党委书记　夏卫军

党委副书记　黄玉斌　崔益俊
　　　　　　吉临兆　吴晓明

纪委书记　吕忠圣

纪检组长　吕忠圣

物价局

局　长　吉临兆

副局长　许仁楼　黄元成

中小企业局

局　长　黄玉斌

沿海地区发展办公室

主　任　孙　强

教育局

挂县体育局牌子。

局　长　汪　宁

副局长　张永强　华卜泉　颜　敏

党委书记　汪　宁(7月任)

党委副书记　陈伯平

纪委书记　王　成

纪检组长　王　成

体育局

局　长　汪　宁

副局长　华卜泉(主持日常工作)

李　春　邱祥新

科学技术局

挂"知识产权局"牌子。

局　长　罗正锡

副局长　赵爱玲(女)　杭永明

任　镇　孙　祥

党组书记　赵爱玲(女)

党组副书记　罗正锡

纪检组长　卢克山

公安局

设县委610办公室、维护社会稳定领导小组办公室。

局　长　葛志祥

督察长　葛志祥

副局长　张贤荣　章群峰　任善智

席玉龙　季峥嵘　于志海

杨宝虎　杨　军

李荣伟(11月任,挂职1年)

政　委　张贤荣

副政委　徐　清

党委书记　葛志祥

党委副书记　张贤荣　章群峰

纪委书记　章群峰

纪检组长　章群峰

维护社会稳定领导小组办公室

主　任　章群峰

副主任　王　俊

610办公室

主　任　张贤荣

副主任　何世俊　蒋龙生

监察局

与县纪律检查委员会合署办公，列入政府工作部门序列,不计政府机构个数。

局　长　朱　斌

副局长　刘小松　祝和娟(女)

祝增福

纪委监察局工作室

正科级建制，分别设纪委监察局第一、二、三、四、五工作室。

第一工作室主　任　陈金国

副主任　王大明　王桂明

第二工作室主　任　徐明春

副主任　陆殿勇

第三工作室主　任　印创新

副主任　吴丽华(女)

第四工作室主　任　姚仕友

副主任　徐希林

第五工作室主　任　韩雪峰

副主任　邓锡存

民政局

局　长　周小平

副局长　徐松建　戴卫权　于俊卿

顾庆瑜　胡松峰

党委书记　王　健

党委副书记　周小平

纪委书记　戴丽君(女)

纪检组长　戴丽君(女)

司法局

局　长　张建华

副局长　沙祥生　张维林

周　平(女)　周　林

党组书记　沙祥生

党组副书记　张建华

纪检组长　王龙海

财政局

挂县政府国有资产监督管理办公室牌子。

局　长　张忠宏

副局长　鲁德平　孙友庚

周月琴(女)

党组书记　陈玉琨

党组副书记　张忠宏　鲁德平

党组成员　许秀平(聘)

崔　惠(女,聘)

纪检组长　朱松艳(女)

国有资产监督管理办公室

主　任　鲁德平

人力资源和社会保障局

列县委机构序列,既是县委工作机构,又是县政府工作机构。

局　长　李如生

副局长　吉拥海　刘　勇　葛铁宏

钟晓卫

党组书记　吉拥海

党组副书记　李如生

纪检组长　周干海

环境保护局

局　长　丁国祥

副局长　柳培文　周　晖　顾世和

党组书记　郜宝龙(6月免)

丁国祥(7月任)

纪检组长　李　澄

总工程师　吕红梅(女,7月任)

住房和城乡建设局

挂县建筑工程管理局、县规划局、县旅游局牌子。

局　长　周　道

副局长　贾伯根　韩良跃

曹瑞敏(女)　吴　昊

季宜海　蒋爱东　杨　治

钱义华　董德荣

党组书记　韩良跃

党组副书记　周　道　贾伯根　徐祥稳

纪检组长　夏玉林

建筑工程管理局

局　长　贾伯根

副局长　徐祥稳　储祥文

徐培鸿(女,聘)

旅游局

局　长

副局长　周颖亚(女)　夏宏建

城市管理局

挂"城市管理行政执法局"牌子。

局　长　袁加根

副局长　吕兴中　周晓建　李润之

钱晓兵　花海燕　史有光

党组书记　袁加根(7月任)

纪检组长　陈仁旭

交通运输局

挂县铁路办公室牌子。

局　长　陈崇进

副局长　梅崇存　陈　峰　崔　剑

高卫东

党委书记　陈崇进

党委副书记　任本善

纪委书记　邵景江

纪检组长　邵景江

总工程师　曹劲松(女)

农业委员会

挂县林业局、县海洋与渔业局牌子。管理县农业机械管理局、县农业资源开发局。

主　任　郑　华(2 月免)
　　　　韦宝军(4 月任)

副主任　仲政凯　余端进　唐友根
　　　　周发亚　周福余　杜明军
　　　　卢礼华(女)

党委书记　严国和

党委副书记　郑　华(2 月免)　徐幼松

纪委书记　徐志平

纪检组长　徐志平

农业机械管理局

县农业委员会管理的正科级直属事业单位。

局　长　魏德平(11 月免)

副局长　吴爱国(11 月免)　王德明
　　　　王宝刚

党组书记　王晓波

党组副书记　魏德平(11 月免)

农业资源开发局

县农业委员会管理的正科级直属事业单位。

局　长　顾维斌

副局长　张　进　王文池

党组书记　王虎林

党组副书记　顾维斌

水利局

局　长　徐　泷

副局长　严　勇　章本林　王宝新
　　　　邓　琴(女)
　　　　吴建国(11 月任)

党委书记　沈绍春

党委副书记　徐　泷

纪委书记　王佳旺

纪检组长　王佳旺

总工程师　张宏林(聘)

商务局

挂“县粮食局”“县口岸办公室”牌子。

局　长　冯永进

副局长　王文贵　陆学祥　丁锁年
　　　　张庆华

党委书记　王文贵

党委副书记　冯永进　陆学祥　王其江

纪委书记　邹广荣

纪检组长　邹广荣

招商局

县政府下属非常设议事协调机构，相当正科级建制。

局　长

副局长　胡国祥　陆爱红(女)

局长助理　梅　军

文化广电新闻出版局

挂县文物局、县版权局牌子。

局　长　陈　琳

副局长　丁建民　郁东惠(女)
　　　　姜　坚

党组书记　丁建民

党组副书记　陈　琳

纪检组长　管秀祥

广播电视台

台　长　陈　琳

副台长　陈永祥　张小卫(2 月免)
　　　　徐瑞明　蒋　霞(女)

纪检组长　陈　松

县卫生和计划生育委员会

主　任　吴志梅(女)

副主任　张　虎　蔡红卫(女)
　　　　季永东　陈德祥　刘晓峰
　　　　李传忠　孙瑞根　陈礼柏

党委书记　吴志梅(女)

党委副书记　张　虎

纪委书记　王　云(女)

纪检组长　王　云(女)

县市场监督管理局

挂县食品药品监督管理局、县工商行政管理局、县质量技术监督局牌子。

局　长　卢忠平(兼)

副局长　张　育　邓　澄　韩志刚
　　　　郑延江　陈　洪(女)
　　　　张　政　苏海涛　金晓晋
　　　　徐瑞竹　杨妹莉(女)
　　　　顾　斌　於昌友

党委书记　卢忠平(兼)

党委副书记　张　育　邓　澄

纪委书记　徐永全

纪检组长　徐永全

审计局

局　长　吴　玲(女，4 月免)
　　　　杭亚军(4 月任)

副局长　吉远忠(7 月免)　王建伟
　　　　崔爱莲(女)

党组书记　吉远忠(7 月免)
　　　　　杭亚军(7 月任)

党组副书记　吴　玲(女，4 月免)

纪检组长　张庆寿

总审计师　许稳兰(女，7 月任)

统计局

局　长　马善华

副局长　王　鲲

党组书记　花　平

党组副书记　马善华　王　鲲

纪检组长　陶荣平

安全生产监督管理局

局　长　沈宏华

副局长　葛乃华　苏　静　范平东
　　　　王建群

党组书记　陈一鸣

党组副书记　沈宏华

纪检组长　王　立

信访局

局　长　陆尔宁

副局长　陶长彪　张羽翼(女)
　　　　崔元兵　程广元

纪检组长　景　春

民族宗教事务局

局　长　许明全

副局长　左爱华

公共资源交易管理办公室

正科级建制，与政务服务中心合署。

主　任　杭亚军(4 月免)
　　　　杨云根(4 月任)

副主任　毛迎丰　陈　铭

纪检组长　杭兴华

供销合作总社

主　任　郑建华

副主任　吴永生　梁晓东

党委书记　吉让余

党委副书记　郑建华　吴永生

纪委书记　吴永生

地震局

与江苏省海安地震台合署，委托县科技局管理。

局　长　于清山

政协海安县委员会工作机构

秘书长　张　华

办公室

主　任　刘　晖(7 月免)

副主任　季永华　周素华(女)

提案委员会

主　任　顾万盛

副主任　朱昌军

经济科技委员会

政协委员工作委员会与其合署。

主　任　王希成

城乡建设、社会法制委员会
主　任　范应友
副主任　郜永宏
学习、文史委员会
文教卫体委员会与其合署。
主　任　谢　静
副主任　朱小翔

垂直管理单位

江苏省海安地震台
与地震局合署，相当于正科级事业单位。
台　长　于　华
副台长　徐连胜
地方税务局
局　长　何瑜燊
副局长　吴　建(1月免)　刘　平
　　　　张东栋(1月任)
党组书记　何瑜燊
纪检组长　张东栋(1月免)
　　　　　盛雅彬(1月任)
国家税务局
局　长　薛海骏
副局长　朱海雷　唐圣俊　蒋雪俊
党组书记　薛海骏
纪检组长　王　欣
国土资源局
局　长　苏建华
副局长　田建华(3月免)　茆根明
　　　　陶　明　朱加纯(11月任)
党组书记　苏建华
纪检组长　朱加纯(12月免)
　　　　　夏　晶(12月任)
供电公司
总经理　张可嘉
副总经理　石　健(8月免)
　　　　　周　鑫　郁劲虎
党委书记　金　炎
党委副书记　张可嘉
纪委书记　曹　巍
电信公司
总经理　孙　军
副总经理　张世海　李云中
党委书记　孙　军
纪委书记　张世海
邮政公司
总经理　宋小宾(女)
副局长　沈　荣(4月免)　邱　郡
副总经理　邓壮忠(4月任)
党委书记　宋小宾(女)
纪委书记　邱　郡(4月免)
　　　　　邓壮忠(4月任)
气象局
局　长
副局长　郁　健(主持工作)　张开进
盐务管理局、盐业公司
局长、经理　许卫华(6月免)
副局长、副经理　仇玉林(主持工作)
　　　　　　　　陆俊峰　王　新(女)
烟草专卖局、烟草公司
局长、经理　刘　群
副局长　李建坤
副经理　刘　生
党组书记　刘　群
中国人民银行海安支行
行　长
副行长　夏　敏(女，主持工作)
　　　　刘长进(2月任)
　　　　崔晨霞(女)
中国工商银行海安支行
行　长　冯雨楠(7月免)
　　　　王　曙(7月任)
副行长　王　曙(7月免)
　　　　胡双宁(7月任)　彭　瑞
　　　　周光磊(3月任)
党委书记　冯雨楠(7月免)
　　　　　王　曙(7月任)
纪委书记　彭　瑞
中国银行海安支行
行　长　张金国(10月免)
　　　　谭　甬(10月任)
副行长　成明强(10月免)
　　　　戴亚琴(女)
　　　　顾峻蓉(女)
　　　　韩　燕(女，10月任)
党支部书记　张金国(10月免)
　　　　　　谭　甬(10月任)
党支部副书记　季　强(10月免)
　　　　　　　邱　跃(10月任)
中国建设银行股份有限公司海安支行
行　长　夏雪峰
副行长　章仕斌　姜旭宇(11月免)
　　　　王志彬
党委书记　夏雪峰
纪委书记　章仕斌
中国农业银行海安县支行
行　长　吴海勇
副行长　陆毛茅　钱志华(7月任)
党委书记　吴海勇
党委副书记　钱志华(7月任)
纪委书记　季任春(5月任)
海安农村商业银行
董事长　徐晓军
行　长　黄建新
副行长　江炜鑫　解　文　章　勇
　　　　秦宏卫
监事长　张晓波
党委书记　徐晓军
党委副书记　黄建新
纪委书记　张晓波
中国农业发展银行海安县支行
行　长　黄　健(8月免)
　　　　王卫东(8月任)
副行长　王卫东(8月免)　丁　炜
　　　　黄　成(11月任)
党支部书记　黄　健(8月免)
　　　　　　王卫东(8月任)
中国人民财产保险股份有限公司海安支公司
经　理　王冬梅(女，1月免)
　　　　张　华(1月任)
副经理　秦小龙(1月免)
　　　　张　华(1月免)
经理助理　李　峰(11月任)
　　　　　金　磊(11月任)
中国人寿保险股份有限公司海安支公司经理
经　理　杨　陈
副经理　高云飞　刘志东
　　　　吉迎春(11月任)
中国人寿财产保险股份有限公司海安支公司
经　理　李友军(8月免)
　　　　汤海元(8月任)
副经理　汤海元(8月免)
经理助理　张桂盛
党支部书记　汤海元

海安县群众团体组织

县总工会
主　席　周于红(女)
副主席　唐仁惠　黄志平　王宏来
党组书记　黄志平
副书记　周于红(女)
共青团海安县委员会
书　记　秦广荣
副书记　高金珠(女)

县妇女联合会

主　席　李广珍(女)

副主席　田　旻(女)

党组书记　柴宝清(女)

党组副书记　李广珍(女)

县科学技术协会

主　席　罗正锡

副主席　赵爱玲(女)　杭永明

任　镇　孙　祥

徐　伟(6月免,不驻会)

颜　敏(不驻会)

申承秀(女,不驻会)

储呈平(不驻会)

县归侨侨眷联合会

主　席　丁维春

副主席　吴旭东　许根山(不驻会)

林克文(不驻会)

陈　飞(不驻会)

县文学艺术界联合会

主　席　张　军(4月免)

王群飞(4月任)

副主席　叶晨玲(女,聘)

史礼根(不驻会)

丁兆梅(女,4月任,不驻会)

葛志华(4月任,不驻会)

陈　稷(4月任,不驻会)

县工商业联合会(总商会)

主席(会长)　蔡祝平

副主席(副会长)　陈　杰　吕建华

刘根余　柯素根

翁少波(不驻会)

储呈平(不驻会)

费建明(不驻会)

李春涛(不驻会)

王家安(不驻会)

杨忠国(不驻会)

薛庆龙(不驻会)

卞　童(不驻会)

申承秀(女,不驻会)

陈友华(不驻会)

周连明(不驻会)

周经成(不驻会)

笪鸿鹄(不驻会)

副会长　李海波(不驻会)

杨广泽(不驻会)

徐铁泉(不驻会)

丁成进(不驻会)

王卫东(不驻会)

王世荣(不驻会)

仲跻和(不驻会)

曹洪新(不驻会)

常　琦(不驻会)

陈　敏(4月任,不驻会)

周和春(4月任,不驻会)

徐晓军(4月任,不驻会)

党组书记　陈　杰

县残疾人联合会

理事长　徐　斌

副理事长　马冬花(女)　张友明

县哲学社会科学界联合会

相当正科级建制,挂靠县委宣传部。

主　席　刘万春

副主席　涂祖凤(女)

华志刚(不驻会)

卢厚龙(不驻会)

康　健(不驻会)

朱小翔(不驻会)

程卫国(不驻会)

县红十字会

会　长　翁晓云(女)

副会长　何银生　徐雪琴(女)

李仁平(不驻会)

崔世平(不驻会)

刘万春(不驻会)

谢世平(不驻会)

吴志梅(女,不驻会)

汪　宁(不驻会)

于俊卿(不驻会)

田卫军(不驻会)

张建平(不驻会)

朱时林(不驻会)

海安县企事业单位

职教园区

正科级建制。

党工委书记　翁晓云(女,兼)

副书记　王　君　许维龙

管委会主任　王　君

副主任　许维龙　郜生华

雅周现代农业园区办公室

县政府派出事业单位

主　任　郑　华(2月免)

常务副主任　卢礼华(女)

副主任　唐友根　陈　辉

主任助理　苗德强

江苏省海安高级中学

校　长　吕　建

副校长　钱俊元　吉传勇　杨　斌

董裕华

党委书记　吕　建

党委副书记　钱俊元

纪委书记　钱俊元

人民医院

相当正科级建制。

院　长　张建平

副院长　钟志生　董德平　周永华

张跃明　吉华亮(7月任)

吕书军(7月任)

党委书记　张建平

党委副书记　朱余德(7月任)

纪委书记　朱余德(7月任)

中医院

相当正科级建制。

院　长　朱时林

副院长　瞿联霞(女)　刘为民

季　瑜

党支部书记　朱其林

党总支副书记　朱时林

区镇组织机构与领导人

海安经济技术开发区(城东镇)

国家级海安经济技术开发区前身是创建于1992年的海安经济开发区,2012年7月经国务院批准,升级为国家级经济技术开发区,定名海安经济技术开发区。2013年9月南通市机构编制委员会批复:设立中国共产党海安经济技术开发区工作委员会、海安经济技术开发区管理委员会,分别为市委、市政府的派出机构,由海安县委、县政府代为管理,规格为正处级。海安经济技术开发区与海安县城东镇实行“区镇合一”管理体制,在批准的区域内统一行使经济社会管理权。2015年6月,落实国家级开发区“三定”方案,原省级开发区不再运行。

党工委

副书记　周宗泉(4月免)

王荣贵(11月任,负责日常工作,正处职)

委　员　屈祖平　钱亚洲　任永峰

吴　玲(女)

王晓红(女,11月任)

管委会

副主任　王荣贵(11月免)　屈祖平

钱亚洲　任永峰

王晓红(女,11月任)

纪工委

书　记　吴　玲(女)

海安经济开发区(城东镇)

海安经济开发区党工委、管委会分别为县委、县政府的派出机构，代表县委、县政府具体承担区(镇)党的建设、经济发展、城市建设、社会稳定和社会事业发展等职责。

党工委

书　记

副书记　王荣贵(2月免)　屈祖平

钱亚洲(2月免)

委　员　吴建华　王晓红(女)

王银俊(2月免)　张书伟

袁海秋　胡国祥　田卫军

管委会

主　任

副主任　钱亚洲(常务副主任,2月免)

任永峰　吴建华　王晓红(女)

张书伟　袁海秋　胡国祥

田卫军

委　员　孙宝军　谢国华　金山存

纪工委

书　记　王银俊(2月免)

副书记　张增云(女)

江苏海安商贸物流产业园

党工委

书　记　屈祖平

副书记　任永峰

管委会

主　任　任永峰

副主任　沈广军　徐龙俊

崔　剑(兼)

主任助理　周克荣

海安软件园管理中心

主　任　袁海秋

副主任　王国权

城东镇

中共城东镇委员会

书　记　周宗泉(2月免)

王荣贵(2月任)

副书记　钱亚洲

镇人民代表大会主席团

主　席　钱亚洲(2月免)

王银俊(2月任)

副主席　杨珍秀(女,2月免)

镇人民政府

镇　长　王荣贵(2月免)

钱亚洲(2月任)

副镇长　吴文钰(挂职1年,8月免)

刘迪辉(挂职1年,11月任)

中共城东镇纪律检查委员会

书　记　王银俊(2月免)

立发街道

党委书记、办事处主任　潘智勇

新生街道

办事处主任　王卫东

上湖街道

办事处主任　樊雪松(聘)

洋蛮河街道

党委书记、办事处主任　王　继

韩洋街道

党委书记

办事处主任

南屏街道

党委书记　魏　旭(聘)

办事处主任

西场街道

党委书记　丁智勇

办事处主任

壮志街道

党委书记、办事处主任　许应忠(聘)

圆通街道

党委书记、办事处主任　任永峰

海安高新技术产业开发区(海安镇)

海安高新技术产业开发区党工委、管委会为县委、县政府的派出机构,代表县委、县政府具体承担区(镇)党的建设、经济发展、城市建设、社会稳定和社会事业发展等职责。

党工委

书　记　丁　锋(兼)

副书记　张勇华　王希桂　朱志亮

邓加忠(4月免)　卢荣翔

陈克军　黄　梅(女)

金　干　孙卫华

秦广荣(挂职)

吉拥海(挂职,2月任)

委　员　杨　军　刘来稳

管委会

主　任　张勇华

副主任　朱志亮(常务副主任,4月任)

王希桂　邓加忠(4月免)

卢荣翔　陈克军　杨　军

刘来稳

委　员　金德平　仲月军(聘)

潘世华(聘)

纪工委

书　记　孙卫华

副书记　邓卫红(女)　秦长军

海安高科技创业园管理中心

主　任　黄　梅(女)

吉拥海(挂职,2月任)

副主任　周亚东(常务副主任)

周龙法(兼)

海安国家523文化产业示范基地办公室

主　任　刘来稳

副主任　王　正　史礼根(兼)

顾　斌(兼)

海安镇

中共海安镇委员会

书　记　丁　锋(兼)

副书记　张勇华　黄　梅(女)

韩石华(挂职2年,11月任)

镇人民代表大会主席团

主　席　王希桂

副主席　罗晓冬

镇人民政府

镇　长　张勇华

副镇长　刘迪辉(挂职1年,8月免)

潘冠军(挂职1年,11月任)

政协工作委员会

主　任　朱志亮

中共海安镇纪律检查委员会

书　记　孙卫华

海南街道

党委书记、办事处主任

园庄街道

党委书记、办事处主任

新陵街道

党委书记、办事处主任　周海冰

中心街道

党委书记、办事处主任　徐爱军

镇南街道

党委书记、办事处主任　周龙法

宁海街道

党委书记　杨余芳

办事处主任　顾　斌

永安街道

党委书记、办事处主任　季拥军

海北街道

党委书记、办事处主任　李存根

隆政街道

党委书记、办事处主任　崔永江

胡集街道

党委书记、办事处主任

青萍街道

党委书记、办事处主任　蔡晓冬

孙庄街道

党委书记、办事处主任　王希成

仁桥街道

党委书记、办事处主任

老坝港滨海新区(角斜镇)

老坝港滨海新区党工委、管委会为县委、县政府的派出机构,代表县委、县政府具体承担区(镇)党的建设、经济发展、城市建设、社会稳定和社会事业发展等职责。2015年6月,落实新的"三定"方案。

党工委

书　记

副书记　王　怀　章晓丽(女)

　　　　申承群　季小平　韦钦文

委　员　王　军(6月任,聘)

管委会

主　任　王　怀

副主任　章晓丽(女,常务副主任)

　　　　韦钦文　余星星(6月任)

　　　　段海峰(6月任,聘)

纪工委

书　记　季小平(4月免)

　　　　申承群(6月任)

副书记　唐仲荣(6月任)

　　　　曹剑华(6月任)

角斜镇

中共角斜镇委员会

书　记

副书记　王　怀　韦钦文

镇人民代表大会主席团

主　席　申承群

副主席　邓卫东

镇人民政府

镇　长　王　怀

副镇长　严　斌(挂职1年,8月免)

　　　　张家顺(挂职1年,11月任)

中共角斜镇纪律检查委员会

书　记　季小平(4月免)

　　　　申承群(6月任)

副书记　唐仲荣(6月任)

　　　　曹剑华(6月任)

曲塘镇

中共曲塘镇委员会

书　记　张英来

副书记　杨云根(4月免)

　　　　刘成亮(4月免)

　　　　邓加忠(4月任)　徐　毅

　　　　刘小松(挂职)

委　员　唐海荣(女)　周学锋

　　　　陆枳彤(女)　王军华

　　　　毛国平

镇人民代表大会主席团

主　席　邓正如(4月免)

　　　　郭恒俊(4月任)

副主席　谢根生　王　红(女)

镇人民政府

镇　长　杨云根(4月免)

　　　　邓加忠(4月任)

副镇长　郭恒俊(4月免)　陈万荣

　　　　贾伯平　崔世华

　　　　陆秋艳(女)　丁小军

　　　　吴朝阳(挂职1年,11月任)

政协工作委员会

副主任　唐海荣(女)

中共曲塘镇纪律检查委员会

书　记

副书记　冒石宏(聘)

曲园街道

办事处主任　雒立云

李堡镇

中共李堡镇委员会

书　记　郁　江

副书记　许金龙　杭　华　王　晨

委　员　刘德林　颜　荔(女)

　　　　钱祥升(聘)　许海林(聘)

　　　　吴　兵

镇人民代表大会主席团

主　席　许金龙

副主席　储祥俊

镇人民政府

镇　长　许金龙

副镇长　申红星　储瑞勤　张　华

　　　　黄晓鹏　苏国华

　　　　单　蓓(女)

　　　　杜　军(挂职1年,8月免)

　　　　李兴成(挂职1年,11月任)

政协工作委员会

副主任　吴　兵

中共李堡镇纪律检查委员会

书　记　杭　华

副书记　杨　华(聘)

大公镇

中共大公镇委员会

书　记　韦宝军(4月免)

　　　　程瑞琴(女,4月任)

副书记　刘成亮(4月任)　吴　晶(女)

委　员　储祥国　高拥军　周建国

　　　　王国根　徐　翔

镇人民代表大会主席团

主　席　赵怀平

副主席　陈友玲(女)　田　华

镇人民政府

镇　长　程瑞琴(女,4月免)

　　　　刘成亮(4月任)

副镇长　仲广桐　顾德桐　王志栋

　　　　王瑞华　沈　军

　　　　於韩梅(挂职1年,8月免)

　　　　葛俊旭(挂职1年,11月任)

政协工作委员会

副主任　徐　翔

中共大公镇纪律检查委员会

书　记　储祥国

墩头镇

中共墩头镇委员会

书　记　严长军

副书记　陈　焱　韦安华

委　员　陈长燕(女)　颜夕圣

　　　　黄婧婧(女)　顾海亮

镇人民代表大会主席团

主　席　许应军

副主席　吉增海

镇人民政府

镇　长　陈　焱

副镇长　申如东　孙常青　贲顺荣

　　　　陆存梅(女)　闾文海

　　　　季成伟

　　　　唐圣学(挂职1年,8月免)

　　　　王旭东(挂职1年,11月任)

中共墩头镇纪律检查委员会

书　记　韦安华

白甸镇

中共白甸镇委员会
书　记　刘建华
副书记　刘建军　刘亦红　宋华存
委　员　朱素华　李红梅(女)
　　　　唐仕全　贲栋斌　乔爱华
　　　　吉久让
镇人民代表大会主席团
主　席　冯玉红(女)
副主席　许荣桂(女)
镇人民政府
镇　长　刘建军
副镇长　陈广进　柴德华　章再兵
　　　　曹　鹏
政协工作委员会
副主任　贲栋斌
中共白甸镇纪律检查委员会
书　记　朱素华

南莫镇

中共南莫镇委员会
书　记　许剑波
副书记　吉祖荣　仲浩然
　　　　汤　卫(挂职2年)
委　员　王亚芳(女)　周玉娟(女)
　　　　赵武前　丁帮钧　胡永明
　　　　唐　勇
镇人民代表大会主席团
主　席　周宝林
副主席　徐修旺　丁仁清
镇人民政府
镇　长　吉祖荣
副镇长　纪宝汉　华留春　曹惠明
　　　　蒋增鹏　王俊华
　　　　王旭东(挂职1年,8月免)
　　　　魏海峰(挂职1年,11月任)
政协工作委员会
副主任　赵武前
中共南莫镇纪律检查委员会
书　记　周玉娟(女)

雅周镇

中共雅周镇委员会
书　记　成　刚
副书记　凌　勇　顾仁军
委　员　闾铁龙　朱圣东　夏　晔
　　　　周顺济　何　隽(女)
镇人民代表大会主席团
主　席　卢礼华(女)
副主席　黄　洁
镇人民政府
镇　长　凌　勇
副镇长　周宏华　陈苏六　陈　辉
　　　　花世根　陆从兵
　　　　赵力电(挂职1年,8月免)
　　　　张新伟(挂职1年,11月任)
政协工作委员会
副主任　何　隽(女)
中共雅周镇纪律检查委员会
书　记　顾仁军

(组织部)

领导人物

陈鹏军

海安县委常委,组织部部长。

江苏如皋人。1971年6月出生,1992年6月入党,1993年8月参加工作,省委党校研究生学历。1989年9月,南京化工学院化学工程系化学化工专业学习(大学)。1993年8月,南通醋酸化工厂工艺员、工段长。1994年12月,南通团市委组织部、办公室工作人员。1997年12月,南通团市委青农部副部长(主持工作)(1998年5月起,借调南通市委组织部组织科工作)。1999年1月,南通市委组织部组织科工作人员。1999年7月,南通市委组织部组织科副科级组织员。2001年6月,南通市委组织部组织科正科级组织员。2002年4月,南通市委组织部企事业干部科正科级组织员。2002年9月,南通市委组织部企事业干部处正科级组织员。2004年6月,南通市委组织部企事业干部处(企业工委干部处)副处长、正科级组织员。2007年7月,南通市委组织部企事业干部处副处长、主任科员。2009年1月,南通市委组织部新经济新社会组织工作处处长、组织处副处长。2010年2月,南通市委组织部县区干部处、青年干部处处长(2008年9月至2011年7月,省委党校区域经济学专业研究生学习毕业)。2012年2月,南通市委组织部县区干部处处长。2013年8月,南通市委组织部副调研员、县区干部处处长。2015年11月起,海安县委常委、组织部部长。

屈祖平

海安县人大常委会副主任。

江苏海安人。1961年5月出生,1979年12月参加工作,1983年10月入党,大学学历。1979年12月至1984年12月,济南军区后勤55545部队服役。1985年3月,海安县李堡镇计生干事。1987年10月,李堡镇土管所土管员。1990年12月,沿口乡民政助理、生产助理、计生助理。1995年3月,海安县沿口乡乡长助理。1996年3月,沿口镇副镇长(1994年9月至1997年7月,中央党校函授学院经济管理大专函授)。1997年11月,沿口镇党委副书记。1998年11月,老坝港乡党委副书记、纪委书记。2000年1月,老坝港镇党委书记、人大主席(1998年9月至2000年12月,中央党校函授学院政法本科函授)。2004年7月,环保局局长、党组副书记。2010年11月,发改委主任、党委副书记。2012年5月,发改委主任、党委副书记、海安商贸物流中心管委会主任。2012年12月,海安县发改委主任、党委副书记,海安商贸物流中心党工委书记。2014年1—12月,发改委主任、党委副书记,海安经济开发区党工委副书记、商贸物流产业园党工委书记。2014年12月,海安经济技术开发区党工委委员、管委会副主任,江苏海安商贸物流产业园党工委书记。2015年12月,海安县人大常委会副主任、党组成员,江苏海安商贸物流产业园党工委书记。

周于红

政协副主席。

女,江苏海安人,1960年5月生,

1991年10月入党，省委党校研究生学历，高级会计师。1974年7月，海安县大公公社群益大队七队会计。1977年3月，海安农场八连会计。1978年11月，淮阴财校工业会计专业学习(脱产)。1981年7月，海安县财政局企财股办事员。1986年1月，财政局预算股副股长、股长。1993年4月，兼任海安县开发区管委会财税金融部副部长。1993年12月，县财政局副局长、党组成员。1997年5月，财贸委副主任、党组成员。1999年3月，财贸委主任、党组副书记。2001年9月，财政局局长、党组书记。2010年8月，总工会主席、党组书记。2010年12月，明确副处级。2011年5月，总工会主席、党组副书记(副处级)。2015年12月，县政协副主席、党组成员，县总工会主席、党组副书记。

先进人物

于清山

全国防震减灾先进工作者。

海安镇隆政人，1966年出生。1989年毕业于长春地质学院应用地球物理系，历任乡镇团委书记、党委宣传(统战)委员、组织委员、县委组织部组织科副科长；2007年3月调任县地震局工作。在任9年，9次获南通市防震减灾综合评比第一名；7次获全省前三名；4次获全国先进。2012年和2015年连续两届获省防震减灾综合管理成果奖三等奖。中国地震局授予其全国防震减灾先进工作者称号。

2009—2014年，于清山编印65万份防震减灾知识手册、彩页，分发至全县所有县、镇机关事业单位干部职工、村干部、三年级以上学生、企业职工，人手一份；全县农村家庭、参创地震安全社区家庭，每户一份。通过5年努力，在全省乃至全国率先完成首轮防震减灾知识完整覆盖工作。2012年7月20日，高邮宝应4.9级地震，于清山发现其调查结果显示震中烈度为六度的地方，除空斗墙房屋有裂缝和部分倒塌外，其余房屋基本完好。2013年，向县领导汇报后，联合住建局在全县农村针对人居住空斗墙房屋进行普查，为优先改善危险农居提供第一手资料，让地震灾害应急工作心中有数。比“全省危房和老旧房屋安全排查治理”提前一年。2014年，于清山向省地震局争取技术支持，向县政府争取资金支持，建成海安地震信息自动速报系统(E-QIM)，5月投入运行，是全省第一家县级发送单位。可像省局监测中心一样，即时将全球大震、全国强震和江苏省有感地震的信息自动发送到县四套班子领导、县级机关部门负责人、车站、学校、医院、红十字会、供电、供水、通信等有应急职责的机构负责人、各区镇党委书记、镇长、各村党组织书记和可能产生地震次生灾害的企业负责人及南通市地震局全体人员、各县区地震局长等人的手机上。县地震局防震减灾工作经验多次在江苏省和南通市防震减灾联席会议上交流发言，得到省政府分管领导、省市地震局领导的好评。于清山多次参与中国地震局领导在江苏的调研座谈活动。2015年江苏省地震局第九届科技委换届，于清山作为唯一基层县局人员被吸收成为常任委员。

2014年，于清山通过调研和网上搜索，参与走访用户、梳理高校创新团队、分析比对研发能力与市场需求，确定以提高锻压自动化程度和劳动生产率为创新目标，选择与山西太原科技大学成功“联姻”。为实现研发、生产和用户需求有效对接，他两赴太原科技大学、五赴马鞍山恒久特材公司、若干次会商于江苏宏程锻压，参观新型进口装备，实地了解设备使用环境和需求，帮助解决研发过程中的问题。很快，国内首创的快锻机、多向锻机成为该公司的拳头产品，客户抢下订单。2014年后，跟科技行有关的活动有150多天，摘录下来十页纸。2015年5月21—23日，太原科技大学副校长黄庆学参加创新创业在海安活动，于清山全程陪同。省委研究室到海安调研作风建设，将于清山的日记本誉为“海安干部作风建设的活教材”。　　(丁云峰)

赵爱玲

全国巾帼建功标兵。

女，江苏如皋人。1963年10月出生，1986年毕业于江苏化工学院，历任环境监测站工程师、乡镇科技副乡长、副乡长，1995年11月调县科技局工作。2003年9月起，省委党校区域经济专业研究生班在职学习三年。2004年1月起，WIPO世界学知识产权远程教学课程班，在职学习一年。现任海安县科学技术局党组书记、副局长。南通市人大代表、专利代理人、高级工程师，从事科技管理工作20年。她团结和带领局党组一班人，在科技体制改革、高新技术产业发展、自主知识产权培育、科技金融结合等方面谋良策、出实招，成功探索出一条“海安自主创新之路”，为全县科技事业跨越发展做出突出贡献。海安先后获全国科技进步示范县、全国科普示范县、国家知识产权强县工程试点县、江苏省创新型试点县等荣誉，连续九年荣获南通市党政领导科技进步与人才工作目标责任制考核第一名。2015年在全国县域经济最具创新力50强中，排名第5位。她先后发表学术论文3篇，主持实施省科技支撑计划(工业)项目1项，获南通市科技进步二等奖3项。2015年，中华妇女联合会授予其“全国巾帼建功标兵”称号。　　(王　梅)

文化名人

陈加国

中国木雕艺术大师。

大公镇人，1974年11月出生。20世纪90年代初，海安工艺雕刻厂学艺并从

事红木艺术品雕刻制作。2000年，南通永琦紫檀艺术品公司工作，系统学习书画、机械制图等专业知识及技法三年，参与紫檀艺术品创作。其间，陈加国将中国工笔书画艺术融入传统木雕艺术，探索10年，创造全新木雕技艺形式——丝翎檀雕，融刺绣技艺于硬木浮雕，一雕一镂，纤毫毕现，令人惊艳。2009年1月，陈加国任深圳市宜雅红木家具艺术品有限公司艺术总监。2010年4月，命名其独创的木雕新技法为"深圳丝翎檀雕"。2011年12月，获首届"深圳优秀设计师"称号。2012年8月，获首届"中国木雕艺术大师"称号。2013年6月，创办江苏翎视界红木艺术品有限公司。同年10月，获第一届"深圳市工艺美术大师"称号。2015年1月，被中华文化促进会木作文化工作委员会授予"非遗传承贡献奖"，8月，南通市人力资源和社会保障局授予其工作室"南通市陈加国丝翎檀雕技能大师工作室"称号。社会兼职有中国工艺美术学会会员，中国工美艺术协会木雕艺术专业委员会副秘书长，中国木雕博物馆木雕艺术研究员，中国红木古典家具理事会副理事长，南通市工艺美术学会常务副理事长，南通市红木家具协会副会长、雕刻技术研究会会长。

2010年5月，作品《九鹭图》《雪梅双鹤图》挂屏，被上海世博会组委会借展陈设于国家馆领导人接待大厅；作品《鹏程万里》挂屏在第六届中国(深圳)国际文化产业博览会中，获"中国工艺美术文化创意奖"特别金奖。同年10月，作品《寒雀图》笔筒在第五届中国(东阳)木雕竹编工艺美术博览会中获金奖。2011年5月，作品《翎檀家具书房系列》在第七届中国(深圳)国际文化产业博览会中获"中国工艺美术文化创意奖"特别金奖；同年7月，作品《寒雀图》笔筒在国家博物馆举办的"盛世天工中国木雕艺术展"中获金奖，并被永久收藏。2014年10月，人力资源和社会保障部党组副书记、副部长杨志明视察工作室；作品《双鹤图》电子芯片搭载中国航天嫦娥五号升空飞行；作品《双鹤图》在第十六届中国(国家级)工艺美术大师精品博览会中，获"中国工艺美术金奖"；中央电视台"发现之旅"频道《红木》栏目拍摄《陈加国与丝翎檀雕》人物纪录片。同年12月，公司被中国红木古典家具理事会评为"中国红木行业工艺创新特别奖"。2015年1月，作品《鹘望松姿》挂屏和《寒雀图》笔筒，分别被中华文化促进会木作文化工作委员会评为"当代艺术成就奖"和"最具收藏价值奖"。10月和12月，作品《白鹘图》和《竹鹤之应》，分获"艺博杯""晟宝杯"江苏省工艺美术精品大奖赛金奖。12月，作品《寒雀图》笔筒在第十七届中国工艺美术大师精品博览会中，获"中国工艺美术金奖"。 (缪爱莲)

涂海燕

笔名小海，当代诗人。

李堡镇曹园老古河百岁桥庄人，1965年出生。1989年南京大学中文系毕业，分配至苏州市环境保护局工作。1993年调入苏州市政府办公室，先后在城建处、文教处、综合九处工作。2008年调任苏州市委党史工作办公室副主任，参与编撰《城市接管与社会改造》《苏州园林六十年》《苏州抗日救亡诗钞》等文史类著作数十部。任苏州市作家协会副主席。

1980年起，在海内外报刊发表诗歌千余首，诗入选过《新诗潮诗集》(老木编，北京大学1985年)《新中国五十年诗选》《朦胧诗后中国先锋诗选》《20世纪中国诗歌经典》《百年百首经典诗歌》《现代诗经》等100多种选集，并被译成英、法、德、日、西班牙、罗马尼亚等多国文字。先后著有个人诗集《必须弯腰拔草到午后》《村庄与田园》《北凌河》《大秦帝国》《影子之歌》《男孩和女孩(小海诗集1980-2012)》《Song of Shadows (影子之歌)》(英中双语版，朱玉译，美国Restless Books出版)；对话录《陌生的朋友：依兰-斯塔文斯与小海的对话》(周春霞译)；散文集《旧梦录》等；与友人共同著有诗合集《夜航船》、《1999九人诗选》；主编有《〈他们〉十年诗歌选》(漓江出版社，1998年)。曾获《青春》《诗林》《滇池》等杂志设立的文学奖。2000年，诗歌获《作家》杂志诗歌奖；个人诗集《必须弯腰拔草到午后》(河北教育出版社2003年版)、《大秦帝国》(文汇出版社2010年版)、《影子之歌》(重庆大学出版社2013版)分别获江苏省第二、四、五届紫金山文学奖；组诗"村庄与田园"，进入《北京文学》"正豪杯"1998年下半年中国当代文学最新作品排行榜。诗学论文曾获苏州市社会科学奖和金圣叹文艺评论奖。

他的代表作有以故乡海安以主题的"村庄与田园""北凌河"等系列组诗，文化批评家、同济大学教授张闳认为："小海心中的圣地'北凌河'，是他梦开始的地方，其实也是他的诗歌特质和抒情风格的直接源泉。小海的诗歌与河流紧密勾连……他的北凌河注定会成为中国新诗史上值得探讨的审美意象和地理文化品牌。评论家、南京大学教授吴俊谈到小海创作主要三个阶段所代表的三种境界：最早的《必须弯腰拔草到午后》和《北凌河》阐释小海的童年生活，乡村记忆在其心中安放的位置；诗剧《大秦帝国》极具西洋强烈形式感，追求西方古典史诗的气场和做派，注重细节又不拘小节；《影子之歌》是第三个阶段，小海将抽象之思渗透或覆盖到俗世情态之中，用最朴素的方式将哲学思考和生活感受完美结合。2013年，在台湾佛光山举办的"天问诗人奖"颁奖仪式上，星云大师向其颁奖，唐晓渡宣读颁奖词：小海的诗，朴素，亲切，温厚，深沉。他以朴素的诗句"参与这个世界的生死流变"，表达对人间和万物的悲悯之情。

小海被《芳草》杂志评为"2006—2007首届汉语诗歌双年十佳诗人"，获2012年度"天问诗人奖"、2013年度首届"叶圣陶文学奖"、2015"美丽岛"桂冠诗人奖。是第三代诗人及《他们》诗派代表诗人之一。

王德智

笔名夕雨，号竹农。中国书法家协会会员。

海安镇人，1969年出生。1986年，海安丝绸二厂工作半年。1987—1989年，隆政乡政府户籍办工作。1989年至古城扬州从事古籍编校工作。1993年离开扬州，1997年到海安报社，后改为海安新闻中心（海安日报社）。做过美工、木雕、石刻、印刷画稿、报刊版面设计以及记者、编辑、校对等工作。2008年自学考试南京师范大学文秘专科毕业。中国楹联学会会员，江苏省作家协会会员，江苏省美术家协会会员，南京印社社员，中国硬笔书协楷书委员会委员，2015年加入中国书法家协会。

自幼爱好书画，书法从晋唐入，后溯源秦汉，兼及宋元明清，凡40年不辍。1988年，他参加无锡书法艺专的函授学习，进一步了解书法理论、碑帖、篆刻等专业知识，并开始学习创作。

王德智诗书画印兼能，是艺术上的杂家。2012年，他以书、画、印三项参加西泠印社全国大型选拔活动，成为江苏唯一获选前往杭州参加西泠印社入社考核的作者。近十多年，其书画篆刻作品数十次在全国及省级展赛中入展、获奖。书法作品入展中国书法家协会主办的全国首届手卷书法作品展、“丝绸之路”全国书法作品展、“信德杯”全国书法作品展等。其中尤以小楷书法为突出，在更广的层面为人所知，中央电视台主办的《艺术名家》等多家报刊曾作专门推介。硬笔书法亦数次获评全国百强，成为中国硬笔书法协会推出的名家之一。其中国画作品追求清淡雅致，有脱尘之誉。作品在中国美术家协会、江苏省美术家协会及其他省市美术家协会主办的展赛中多次入展、获奖。

（海　年）

好人群像

中国好人

陈怀路，海安镇兴环村村民，1960年3月生。他是村里的热心人，主动调解邻里矛盾，帮忙照顾行动不便的老人；他义务维持放学路上交通秩序，护佑孩子安全。病重后主动联系红十字会，在遗体捐赠协议上郑重签下名字，表示身后将遗体和眼角膜捐献，以回报社会。2015年3月1日，陈怀路因病去世，家人遵其遗愿，在公证人和红十字会的见证下，捐出眼角膜，由此成为南通市首例眼角膜捐献者。9月登“中国好人榜”。

蒋龙生，江苏海安人，1964年9月生，海安县人民政府防范和处理邪教问题办公室副主任。从警27年，从事反邪教工作13年，蒋龙生积累了一套行之有效的工作方法，累计教育转化邪教人员512名；他建立反邪教警示教育基地，普及防邪反邪知识，提高全民意识；他忘我操劳和付出，赢得教育转化对象的信赖，消除社会不和谐因素。以实际行动赢得各级党委政府和上级业务部门的肯定，获“全国先进工作者”“全国防范和处理邪教系统先进工作者”等十多项省级以上荣誉。2015年9月登“中国好人榜”。

陈群，海安县滨海新区（角斜镇）富港村5组村民，1963年5月6日生。2015年1月10日，年过七旬的同村村民吴开元，在复兴西桥下的一条河里捕鱼时不慎掉入湍急的河流。由于河道宽10米左右，深20多米，加上厚棉衣吸足水，吴开元时浮时沉，生命危在旦夕。在岸上的陈群见状，毫不犹豫纵身一跃，在冰冷河水

中将老人托举起来，前后15分钟。老人得救了，陈群却因体力不支沉入水底，永远地离开了人世，享年52岁。他的遗体被打捞上岸后，仍然保持着托举的姿势。陈群“生命之托”的事迹被《人民日报》《新华日报》《扬子晚报》《现代快报》《南通日报》《江海晚报》等国家、省、市主流媒体广泛报道，全国上百家知名网站转载。2月登“中国好人榜”。

金春来，江苏海安人，1963年4月生，南通丝乡丝绸有限公司董事长。金春来严格要求产品质量管控，斥巨资建成工程中心和产品检验室，在全国蚕丝被中首创灯检台和检针检测，产品质量实行八道检验。国家标准允许2%的误差，也就是说一公斤蚕丝产品可以多或者少20克；丝乡却规定只能有正品差，不允许出现负品差。丝乡被列入国家计量确认单位，省放心消费示范单位，省价格、质量诚信单位和AAA级信用企业。2003年后，累计捐款捐物近200万元，救助城乡孤老病残家庭、困难学生300多人次。2015年12月登“中国好人榜”。

江苏好人

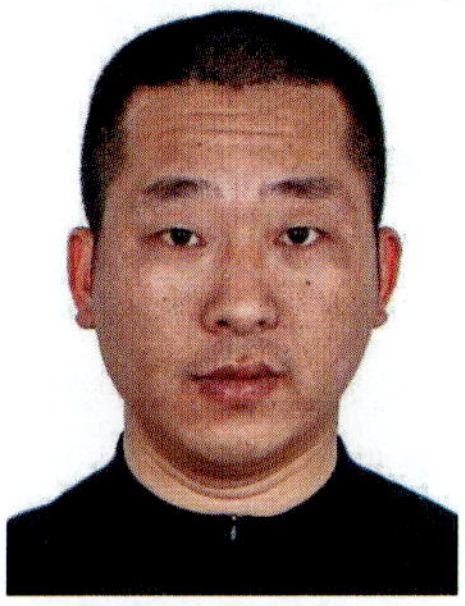

张玉华，江苏海安人，1970年7月生。2011年，张玉华发起成立寓意江苏和宁夏是一家的“苏宁爱心之家”民间助学团体。至2015年，带出67人的爱心团队，与68名宁夏贫困学生成功结对，直至他们完成学业。2月登“江苏好人榜”。

海安好人

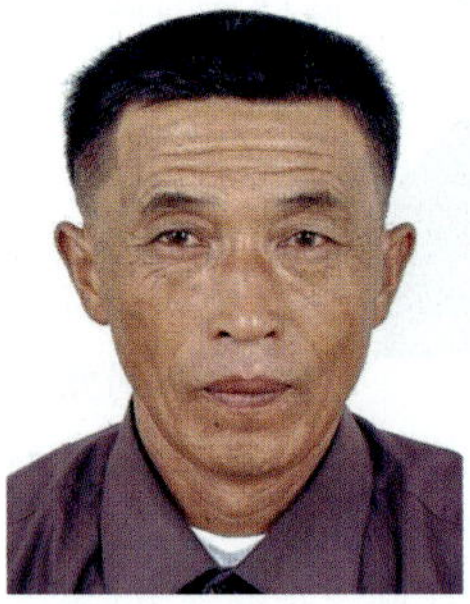

1. 曹日平，墩头镇杜楼村村民。2005年，曹日平的儿子投资失败离家出走，欠下近10万元债务，儿媳改嫁。曹日平左手残疾，患有高血压、胆囊肿大等疾病，但他暗下决心，跟建筑施工队到北京打工赚钱，替子还债。每次发病，他开点药熬着，并克服残疾的不便，坚持打工。2015年，终于替儿子还清债务。入选诚实守信典型。

2.陈怀路，详见“中国好人”。

3. 彭爱洲，交巡警县城中队副中队长。热爱群众，专心做好交通管理工作，“哪里有拥堵，哪里就有彭队长!”“道路不畅通，彭队长不下班。”赢得领导好评、同事信任、群众信赖。入选敬业奉献典型。

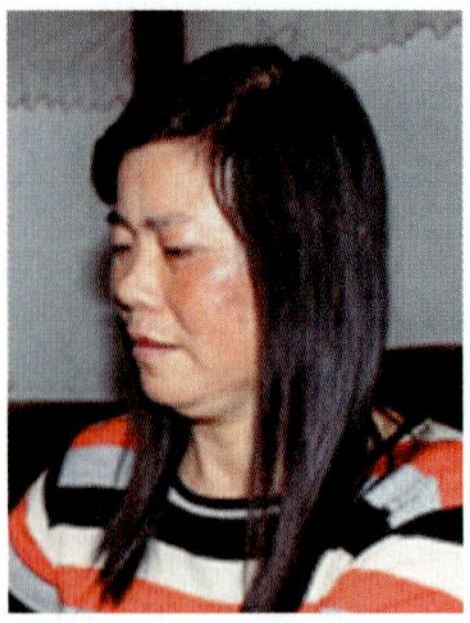

4. 徐爱华，女，城东镇开发新村居民。2000年，丈夫部克俭因为车祸昏迷不醒，医院劝家属放弃治疗，徐爱华没有放弃，每天坚持按摩、和丈夫聊天。两年后，老部突然开口讲了几个字，之后她带着丈夫到大医院治疗，鼓励他，每天做肌体训练，夜里帮他翻身按摩，几年后老部终于能站起来，搀扶着能走动。入选孝老爱亲典型。

5. 倪晓月，女，李堡镇陈庄村民。2011年，她丈夫因为工伤事故瘫痪在床，她每天给丈夫擦洗、喂药、喂饭、翻身……冬天每天要给丈夫换尿布十几次，夏天怕丈夫生褥疮，每隔两三个小时就帮他翻一下身。为了让丈夫恢复，她每天

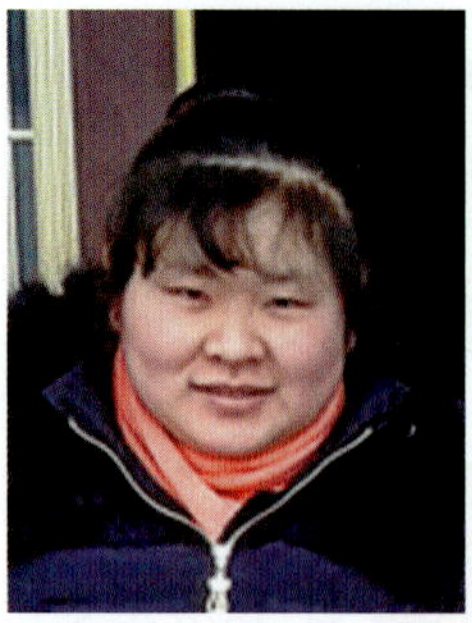

坚持给丈夫按摩，推捏四肢，促进血液循环。在她精心照顾下，丈夫有了知觉，渐渐能坐起来。她用实际行动撑起一个破碎家庭，入选孝老爱亲典型。

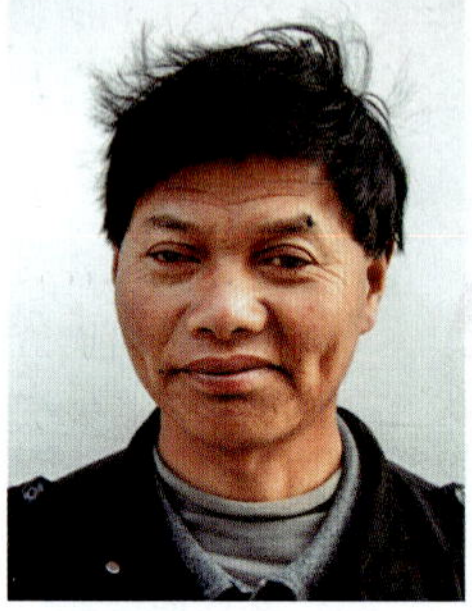

6. 黄德成，白甸镇邹冯村村民。30年前，黄德成与妻子韩良英结婚不久，韩良英罹患类风湿关节炎，卧床治病四年后，病情稍有好转。2006年韩良英又患上败血症，黄德成倾其所有为妻子看病，常年相伴，给她活下去的勇气，入选孝老爱亲典型。

7. 高永亮，雅周邮政支局投递员。23年的投递路上，高永亮先后结对帮扶贫困学生8人，贫困老党员6人，贫困老百姓11人，常年为老年群众求医问药、购物、拿工资，逢年过节送慰问品。杭窑村8组高长江常年生病，朱美芳是盲人，夫妇俩是社会散养五保老人。高永亮承包他家的重体力活和责任田，每逢过节为他们买鞋子、买衣服。高长江病重期间，高永亮三天两头驮到医院看病。10年帮扶让夫妇俩感谢万分。入选助人为乐典型。

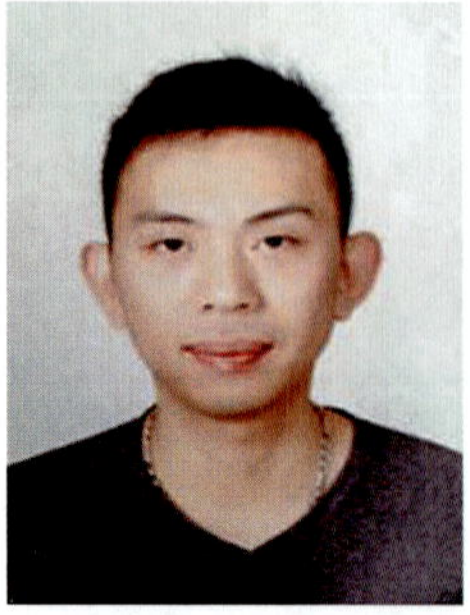

8. 陈建峰，大陈餐饮管理公司经理。陈建峰创业5年，每月捐出红老头餐厅营业额的一部分，已捐出50多万元。他在餐厅设立多处“环卫工人免费喝水点”，免费邀请环卫工人、聋哑学校的儿童到他经营的餐厅吃饭。他组织全体员工慰问敬老院的老人们，慰问酷暑中的交警，把公益活动融入生活，帮助需要帮助的人。入选助人为乐典型。

9. 缪永宏，角斜镇五凌村9组村民。3月24日下午，正在家中劳作的缪永宏突然听到屋旁的马路上传出一阵急促的喇叭鸣笛声，随后一声巨响。他被眼前的一幕惊呆了:一辆盐城牌照的大货车将一辆小车撞下路牙，掉入河中央，此时落水的小车开始渐渐下沉，小车女司机从被撞破的后挡风玻璃中爬出，紧抓住后备厢，呼喊救命。缪永宏迅速脱下厚重的衣物，跳入河中，将女司机救上岸。入选见义勇为典型。

10.王峥嵘，公安局督察队教导员。2007年3月从事信访工作，面对复杂疑难信访案件不急不躁，把群众的困难当成自己的困难，真心关爱、真情相助。8年累计接待来访群众4100余人，受理办结来信来访2300余起。先后荣立二等功2次、三等功4次，并荣获“江苏最美警察”提名奖、“南通市十大爱民警察”和“南通市先进工作者”等荣誉称号。入选敬业奉献典型。

11.孟善龙，私营企业主。孟善龙创业致富后，积极参加社会公益和慈善捐款活动，主动关心帮助弱势群体。先后资助30多名贫困学生和孤寡老人。他出资为建设村3组建造一座水泥桥梁。6月初，他主动联系高新区德兴村18组，出资20多万元修建长1.5公里的水泥路。入选助人为乐典型。

12.周丽，女，海安义工联合会会长。她

2011年4月创办海安第一个民间公益组织——海安义工联合会，累计吸纳义工近2万名，举办义工服务活动258场次，服务人群近15万人。她通过一系列的凡人善举感动激励了一大批热心公益、乐于助人的人士。海安义工联先后被评为“海安县优秀志愿者组织”“南通市优秀志愿者组织”“南通市十佳巾帼志愿者组织”。入选助人为乐典型。

13.毛益钧，曲塘镇刘圩村村民。10多年前，他在施工中腿部受伤，落下残疾的毛病。2015年8月7日中午，毛益钧正在家中做午饭，忽然听见叫喊有人落水了。他立即赶到河边，只见水面上一双小手扑腾着，孩子在水里一沉一浮。他衣服都没来得及脱，就纵身跳入水中，用手托住男孩，快速游回岸边，用肩膀把小孩顶上了岸。现场抢救20多分钟，小孩转危为安。入选见义勇为典型。

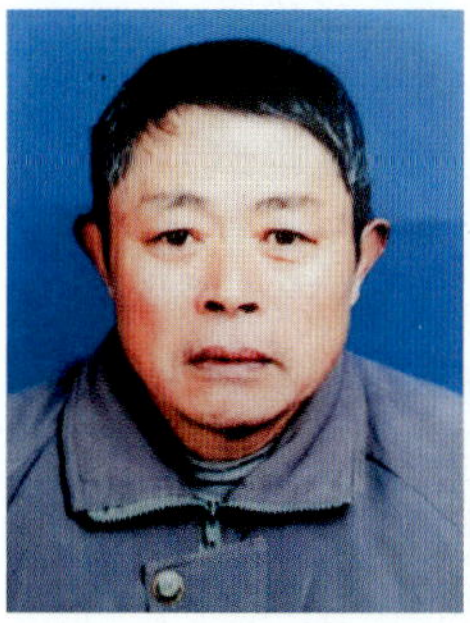

14.涂友彬，开发区五坝村村民。他儿子生意破产欠下巨额债务，年过六旬的他又不幸罹患食道癌。因为还债、治病，家徒四壁，只能靠最便宜的药物维持生命。2015年7月3日傍晚，老人在家附近拾到一个装有1万余元现金的钱包，他顾不上虚弱的身体，骑着破旧自行车，找了半个多小时终于将钱包完璧归赵。入选诚实守信典型。

15.吉祖珍，女，墩头镇宝祥村村民。20多年前，她的丈夫在一次事故中右腿受伤，导致终生残疾，她四处为丈夫求医诊治，花尽家中积蓄。13年前，婆婆又因患有严重的糖尿病，双目失明，加上孩子上大学，家庭十分艰难，吉祖珍只好一边

在附近的工地上打零工，一边起早带晚做家务，照顾婆婆的饮食起居。2014年，已婚嫁的女儿不幸罹患癌症，无人照料，她每天来回奔波照顾女儿、外孙和婆婆，身心俱疲，却默默承受着所有苦和累，坚强地为家人撑起一片天。入选孝老爱亲典型。

16.徐根英，女，墩头镇宝祥村村民。24年前，五保户崔淑顺老人的家被一场洪水淹没了。徐根英收留了老人，并且像女儿一样照顾老人。老人5次中风，她总是积极为老人治病，日夜照顾，甚至连续几个月和老人睡一张床。2015年夏天，93岁的老人不慎跌倒，股骨头断裂，医治未见成效，她把老人接回家，日夜侍候，为老人换衣、洗衣、擦身、翻身，直至老人病逝为其送终。入选助人为乐典型。

17.傅大燕，女，生前为江苏紫石律师事务所律师。2013年参加工作后，傅大燕办理过96件法律援助案件，帮助260多位受援人挽回或避免经济损失360余万元。2015年10月26日，因病不幸离世。然而在她生命的最后时刻，已经患病虚弱到无法进食，仍然心系工作。入选敬业奉献典型。

18.曹俊峰，城东镇丰产村村民。2015年10月27日早晨6点多钟，曹俊峰在丰产村二组路段捡到一个皮包，包里有数千元现金、3部手机、银行卡、身份证、文件等物品，总价值3万元，他捡到包后通过身份证多方打听，几经曲折找到失主。失主掏出一叠钱感谢，他谢绝了。入选诚实守信典型。

19.徐金树，曲塘镇计生助理。他从事计生工作22年，创建“六位一体”的镇世代服务中心管理模式，对“失独”老人入住圆梦养老院实行“311”结对关怀模式和心理援助“五心”工作法，被央视1套《看见》栏目和央视13套《新闻直播间》介绍。曲塘镇计生服务站被评为“全国计划生育优质服务示范站”。2013年患重病后，仍坚持在岗。他曾被中国计生协会表彰为全国计划生育协会优秀志愿者，江苏省人口计生委授予其“国策服务标兵”称号，2014年，获评海安县“最美基层计生人”。2015年入选敬业奉献典型。

20.吴铮，森马服饰员工。2015年11月18日中午，在翻身河边有一女子与老公吵架后想不开，跳下翻身河，周围发现女子掉下河的人立即呼救：“快救人呀，有人掉水啦！”吴铮下班经过，看到落水女孩，准备跳下去救人，当时围观群众劝他等119或是110，吴铮立即跳下去救人，两人均成功上岸脱离危险，事后默默离去。入选见义勇为典型。

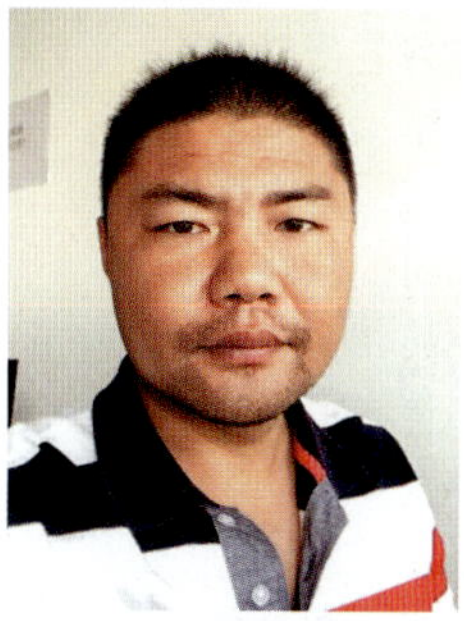

21.韩光泽，泰信测绘有限公司员工；朱易桐，东吴浴室员工。2015年11月16日中午12点左右，在海安县翻身河三十亩处，有一位二十几岁的外地青年因感情纠纷跳河自杀，正好路过此处的韩光泽和朱易桐奋不顾身脱衣赤膊下河救人。入选见义勇为典型。　(涂开生)

2015年高级职称人员名录(318人)

正高(42人):

主任医师(24人)

林长军 季小忠 杨长刚
张德进 吴兆华 邵祥忠
卢 红 谈洲斌 苏如婷
孙 琴 刘 霞 部俊兵
丁佐龙 朱桂萍 蔡 琰
戎文霞 田祖成 储静红
郜红武 刘培正 曹志军
王亚军 严凤明 李正东

主任中医师(1人)

戴其军

主任药师(1人)

于兰凤

主任护师(3人)

何 梅 储小红 王岫兰

社区主任医师(2人)

谢龙国 张连云

社区主任护师(2人)

王友兰 高月红

主任技师(2人)

董德平 李仁华

农业技术推广研究员(3人)

吴中华 王石麟 吉美林

研究员级高级工程师(3人)

柯 慧 陆 俊 周 斌

正高级经济师 (1人)

孙道权

副高(276人):

副主任医师(41人)

蒋克建 王素林 储小建
吴萍华 陈小梅 鲁爱萍
丁烽杰 钱 进 蒋 栋
黄 海 崔海东 吴林明
马 林 李 林 申宜梅
刘志云 纪艳华 周万慧
蒋铁根 傅光平 曹 霞
周小勇 金正兴 严循娣
许祝青 张志军 胡平生
徐 红 章再军 蔡宏伟
张爱军 于红梅 管晓军
吉年平 王一兵 景仕友
张 晖 贲小兰 王文彬
张小梅 吴中全

副主任中医师(4人)

缪国平 刘爱明 金 鑫
蒋 倩

副主任护师(16人)

黄济云 顾永梅 王 凤
毛世方 崔广梅 康小玲
章晓华 吴 晖 黄龙珠
夏卫华 储景路 陆海燕
周红梅 徐 敏 郭 玲
陈晓芳

副主任技师(7人)

于玉芳 顾玉珍 陶永凤
周 仲 袁学进 崔荣国
葛 谭

副主任药师(1人)

颜冬梅

社区副主任医师(42人)

仲红梅 丁世新 张成红
仇晓云 王忠进 许其兵
徐生琴 唐凌军 于 涛
唐拥军 贲晓宏 陆小新
周 静 王 兵 居正彬
马善兰 练文梅 杨利军
黄荣庆 李祖权 缪建华
吴防震 熊佳敏 缪 锋
解丽芳 陈 惠 贲小生
于 晖 李卜乐 许明德
周宏波 周建军 盛凯红
黄明华 韩晓斌 缪文才
张国龙 徐雪松 吴晓梅
徐培进 杨 华 卢礼群

社区副主任护师(6人)

韩晓芳 蒋万梅 郭京华
徐晓春 仲志美 张为玲

社区副主任技师(3人)

宋燕云 黄顺英 李亚梅

高级工程师(26人)

王晓梅 宋 林 倪志荣
谢广财 王 坚 陆冬云
张卫华 王桂国 丁金红
张英建 林发荣 吉临俊
朱 余 蔡 培 姜 旸
江海洲 张崇稳 沈兆祥
钱 群 丁朋芳 储建春
王 清 冯加兵 范建锋
刘小华 吴春华 毛迎丰

高级会计师(18人)

殷爱兰 涂 琴 赵亚芳
钱海燕 储 萍 杭亚红
王 林 吴双双 陆红梅
叶树华 解丽锋 宋 娴
陆玉萍 张晓榕 吴海霞
李 峰 卢仁平 陆 霞

高级经济师(28人)

施泽波 纪爱平 肖 丽
张依山 施美华 谈 波
金海荣 吉训涛 于永进
薛玉强 郑红武 刘 权
沈志如 刘仁龙 杨立银
顾艳梅 董晓敏 程 军
刘昌进 贾同飞 王 城
姜耀海 郜玉明 张义峰
严粉红 丁孝祥 王银才
徐修同

高级统计师(1人)

丁海东

档案专业副研究馆员(1人)

吉顺霞

高级农艺师(1人)

张 俊

高级兽医师(2人)

仇裕斌 张 艳

高级政工师(1人)

冯 骏

高级讲师(9人)

曹玉峰 徐冬青 陈金凤
陈晓慧 朱 丽 王香琴
薛明军 王海元 章 勇

中学高级教师(68人)

祁德兵 杨小勇 谢海荣
王海俊 杨丽华 张维国
黄光云 胡锦梅 刘传玲
彭玉宏 李春林 丁佐宏
张 辉 杜开明 杨成平
张继东 何 毅 梅一付
李 进 孙月明 王俊华
王正军 王金勇 王祥年
陈守丽 袁 香 夏宏运
石 慧 赵丽程 阙永根
丁 军 戴世浩 储祥友
李 涛 于爱芬 仲维华
李 梅 张海燕 崔小凤
杜兆俊 丁海意 缪小琴
杨 林 仲宏亮 施爱军
孙进宏 范 阳 吴扣兰
俞柏林 花茂东 顾宝富
邵华忠 刘秀红 毛金凤
严向红 储 俊 徐艳红
周宏梅 仲亚兰 范 勇
殷建军 吴海燕 张德宏
毛国锋 许 隆 薛峰林
张 蓉 缪小建

(唐义宏)

镇(场)

Towns（Farms）

石板街 章 丽绘

◎ 责任编辑　赵海群

海 安 镇

【概况】 海安镇行政区划面积208.9平方公里,人口26.5万人,下设13个街道办事处、18个居委会、40个村委会。作为海安核心功能区,海安镇是全国文明县城、国家生态镇、国家卫生县城、中国绿色名镇、全国环境优美区(镇)、全国社区教育示范镇、省社会治安综合治理先进镇、省安全生产先进镇、省依法行政示范镇、省诚信乡镇、省放心消费创建示范镇、省公共文化服务体系示范镇、省科技示范镇、省乡村公路管养及安保工程示范镇。2015年,海安镇完成地区生产总值238亿元,同比增长10.5%。完成公共财政预算收入19.7亿元,占全县区镇51%。实现村营收入200万元村6个,100万元以上村15个,50万元以上村33个。

【规划建设】 加快城乡一体化建设,构建完善"七横六纵"道路交通格局,2015年完成基础设施投入1.7亿元,续建南海大道、国瑞特区间路等道路,新建隆政区间路、好味多区间路等道路工程,全年新增造林绿化面积2830亩。实施县属重点工程45项,本级工程57项,完成征收1347户,安置房新竣工可交付套数5119套,安置率99.1%。按照"老旧小区扫盲、农民安置房达标、新小区创优"的要求,166个老旧小区实现物业服务全覆盖,18个新建安置房小区物业管理规范到位。

【工业经济】 完成工业开票销售439亿元,增幅超过17%,全县占比43.8%;规模以上工业企业总数276家,占全县31.52%。新增50亿元企业1家,新增10亿元企业6家,新增亿元企业4家,超亿元企业总数94家,占全县的43.66%。全县工业企业开票销售增量百强榜51席。瑞恩电器、三和生物、联科汽车零部件"新三板"挂牌。新招引蓝领技能人才1552人、工业类高校毕业生1230人。

【服务业】 全年完成服务业应税销售210亿元,增长9.5%;重点服务业企业税收总额11亿元,占全县区镇重点服务业企业税收总额64%。天赋力电商产业园正式投入运营,入住企业66家。凤山港区内码头开工建设。快递企业快速集聚,申通快递产业园正式开工,天天、百世汇通、顺丰等快递企业纷纷落户。全年完成城市经济项目10个。完成招引服务业人才712人,其中电子商务和商贸物流类362人,新兴服务业350人。

【农业】 招引亿元以上项目4个,当年投入1.4亿元。完成千万元以上项目数15个,投入额2.5亿元;新增设施栽培面积2000亩,新发展连片20亩以上钢架大棚面积600亩;培育全托管50亩以上服务主体40个,新增全托管200~500亩服务主体13个,新增全托管500亩以上服务主体1个;第一批25个村农村土地确权颁证工作稳步推进,平桥、谭港两个农村集体经济组织产权制度改革,建立农村产权交易市场。新型农业生产主体不断涌现,全区建立家庭农场40个,经营土地7000余亩,种田大户实现粮食生产全程机械化,市级以上农业龙头企业"产学研"合作全覆盖。

中洋高尔夫公寓　　(海安镇　提供)

【民生事业】 40村全部建成面积超600平方米的为民服务中心。城乡居民养老保险覆盖率98%,新型农村合作医疗保险、城镇居民医疗保险、学生医疗保险参保率99.8%,胡集小学等6所小学通过南通市现代化学校验收。海安镇通过省卫计委重大妇幼卫生服务项目考核;5所敬老院"创星级敬老院"提档升级。文化事业蓬勃发展,先后举办高新区首届市民艺术节、县第五届全民读书节暨高新区第五届全民读书节、"五一"广场舞比赛以及农民运动会、"乐一天"等多项文体活动,全年送戏下乡28场次,送电影到村632场次,文化志愿者到建筑工地、敬老院、少数民族企业慰问演出26场次,平桥村创办全县唯一的省五星级农家书屋。建成省劳动关系和谐示范片区,全区拥有省级和谐企业2家,市级和谐企业41家,县级和谐企业113家,全区和谐企业动态年检通过率100%。

【宁海街道】 宁海街道是全县商贸物流集聚区,辖区面积16.87平方公里,辖中大街、复兴、凤山、三塘4个村(居),村(居)民11905户。2015年,宁海街道实现开票销售15.96亿元,开票销售超亿元企业3家(联兴色织、季和米业、恒源丝绸);新增规模企业2家(佳成纱线、嘉丽五金);新开工亿元项目2个(三零面粉、福海科技)。加快老旧小区改造,全年改造7个老旧小区,教师新村投入400多万元进行整体升级改造。三塘、凤山两村建成村级人口文化园,人口与计划生育工作接受省十二五人口协调发展县验收。中大街社区"邻里党建""未成年人快乐驿站"建设放样全县,获评县未成年人思想道德建设先进集体。凤山村、中大街社区获市文明单位称号。省六五普法验收中,中大街获评省民主法治示范社区。

【新陵街道】 新陵街道辖海陵、洋港、黎明、曙光、新宁、海光6个社区,总面积5.58平方公里,总人口7.2万人,流动人口1.5万人。街道党委下设6个社区党总支部、11个非公企业党支部、2个楼院党支部、1个老干部党支部，年末党员1639名。2015年实现工业开票销售18.47亿元；技改设备投入3580.6万元；规模工业产值42.39亿元；开票销售亿元企业7个，新增亿元企业1个；新认定高新产业企业1家；新开工10亿元以上项目和1亿元以上项目各1个；新增民营企业115家，协税护税225.49万元。现代服务业应税销售53.72亿元；新增阿里巴巴海安产业带企业7家，新增电子商务企业6家；雨润、中央商场和金融集聚区相继施工。城区“现代、精致、增绿、便民”惠民工程中，完成区域内63户征收任务。新宁小区、苏建花园等老旧小区完成改造；安置小区新陵新村、曙光花苑新增物业管理；安居工程吉祥、如意、黎明、恒盛、丽景五大区域全部封顶；丽景美域交户，680户安置居民搬入新家。民生保障有效增强，辖区内本地退休、供养7762人，全年办理灵活就业社保补贴118人，发放金额51.5万元；办理小额担保贷款4人，贴息19人；吸纳就业118人；培养创业典型8个，城镇居民医疗保险续(参)保1834人，新农合医保续(参)保540人，城乡居民社会养老保险参保率96%；原曙光9个组及原海光四组实现组集体支付村民天然气开户费用。创业知识竞赛荣获南通市二等奖，人力资源和社会保障服务协理员文艺汇演荣获县三等奖。海陵、曙光、新宁、海光4个社区被评为南通市文明社区。

【中心街道】 中心街道地处县城核心区域，辖区面积2.28平方公里，下辖星海、新桥、旺池、育才4个社区，居民1.1万户，3.2万人。街道党委下设4个社区党总支、1个非公支部党总支，21个党支部，党员635人。2015年，完成工业开票销售53.8亿元，增幅40%，超亿元企业9家，新增规模企业1家。文凤集团首次开票超50亿元，达50.4亿元。完成设备投入1.35亿元，技改投入1.17亿元，完成产学研合作项目6个，其中30万元项目4个，10万元项目2个，成果转化2个，招引“双创”人才1名，引进孵化器项目1个。以创建文明城市和省优秀管理城市为契机，大力实施老旧小区提档升级、安

海安文化艺术中心 (海安镇 提供)

置小区物业化管理、城中村改造等项目工程，新桥7组城中村改造工程通过省市验收并提供现场。加强社区管理，实现农民集中居住点物业公司管理、背街里巷保靓保洁、小区业主委员会组建三个全覆盖，2015年小区业主委员会改选11家、新组建4家，星海社区、旺池社区成为省城市管理示范社区，新桥社区获评全国综合减灾示范社区。星海社区慈善工作站试点放样全县，居家养老服务中心通过省级验收，成立全县首个居家呼叫信息平台“银龄居家呼叫服务中心”，通过数字化信息系统和市场化运作为老年居民提供10大类200多项服务项目。

【海北街道】 海北街道辖3个行政村，89个村民小组，总人口1.09万人。南通江中光电公司应税销售首次突破2.5亿元。海高数控与浙江理工大学教授杨斌纳米新材料项目达成协议，填补国内空白。杰程农机、十八槐家庭农场等农业大户承包走出农业种植新路子。土地复垦挂钩拆迁115户，新增土地155.77亩。开展“强党建、优服务、促发展”党建创新活动，全县在服务中教育引导群众现场会在自由村召开，江中光电“四融入”党建创新模式迎接省委组织部领导视察调研。自由、海北、新丰3个村图书室均通过省级验收。

【永安街道】 永安街道地处县城老城区，辖区面积9.3平方公里，下辖三里闸、大里、闸东、新园、中坝5个村(居)，村(居)民1.4万户，总人口4.8万人。2015年，完成工业开票销售20.54亿元；技改设备投入7731.22万元；开票销售超亿元企业7家，新增规模以上企业1家；完成外资到账232万美元，外贸进出口总额比上年增加584.72万美元，增幅72.12%。服务业设备抵扣增量6.1万元；新增信息平台实名制会员750个，其中省外515个，市外214个；新增区域总代理4个；招引电商企业5家，入驻阿里巴巴产业带企业3家。完成产学研合作项目2个，其中30万元以上项目2个；成果转化项目1个，高科技项目招引孵化器1家，专利授权35个。全年招引蓝领技能人才和工业类高校毕业生150人，兴华胶带引进1名“博士计划”人才。完成新开工项目10个，其中，亿元以上项目1个，5000万~1亿元5个，3000万~5000万元2个，1000万~3000万元2个；新竣工项目4个，亿元以上项目1个，5000万~1亿元1个，3000万~5000万元1个，1000万~3000万元1个；工业开票设备投入1.04亿元(其中进口设备1312万元)。结合老旧小区改造、“931”工程等，全年修建路面及地坪1.82万平方米，完成新园菜市场升级改造。新园社区党总支积极探索基层社区“区域党建、功能服务”的新途径，形成“社区党组织+功能型党小组+党员+群众”的网格服务体系。加强社会管理，新建三里闸村隆田花苑生育文化园，新园社区成为无邪教示范社区。筹建社区(村)慈善工作站，共筹集捐款30多万元。2015年，街道被评为海安县文明单位，人大工委被评为南通市“人大代表之家”十面红旗先进单位，三里闸村、大里村被县委县政府评为红旗村和四星级村，中坝社区被评为海安县文明社区，三里闸村被评为南通市文明村，闸东、新园社区被评为南通市文明社区。新园社区获南通市巾帼服务示范基地和县先进基层党组织称号，三里闸村获评江苏省科普示范村。

【镇南街道】 镇南街道辖二里、平桥、镇南3个村居，拥有工业亿元企业13家。全年完成工业开票销售43亿元,工业技改设备投入0.56亿元，新增定报企业5家,实现服务业应税销售29亿元。科技创新持续攀高，新增产学研合作项目2个,实用型专利32个,专利授权总量56个,新增校企共建平台2个,申报双创人才1人,引进高层次人才5人,引进普通高校毕业生120人，招引蓝领技能人才108人。实施34项重点工程,房屋征收382户,征收企业5家。平桥社区文化活动中心通过省市验收，举办镇南街道首届社区文化艺术节、首届广场舞大赛。村居慈善募捐工作大力推进,3个村居募集善款78.44万元。城乡居民养老保险为1442名城乡居民养老保险待遇享受人提供养老金发放服务;为2325名本县企业退休职工、机关事业退休人员、遗属待遇享受人提供养老金发放服务;为373名县外、市外、省外退休人员、遗属待遇享受人提供养老金发放服务;为1652名老年居民、238名学龄前儿童、32名低保户、19名残疾人提供居民医疗保障,为2321新农合参保人名提供新型农村合作医疗保障。

【园庄街道】 园庄街道位于海安县城西郊,下辖谭港、田庄、园庄、西园4个村(居),有77个村(居)民小组,面积14平方公里,总户数3680户,人口1.3万人,外来务工人员超过6000人。2015年,街道党建、精神文明建设、项目建设、新型工业化等七个单项考核高新区第一,综合考核保持高新区第一。街道及所辖村居获评南通市先进基层党组织、南通市文明单位等荣誉称号。全年实现工业开票销售41.17亿元，服务业应税销售完成17.01亿元，完成技改设备投入9888万元,完成规模以上服务业投入5亿元,服务业设备抵扣增量140万元。完成开工、竣工工业项目各14个,累计完成设备投入4.15亿元，其中进口设备6462万元。新增亿元工业企业6家,规模以上工业企业5家,重点服务业企业3家。新三板挂牌2家、签约2家，完成蓝领人才、高校毕业生招引260名,"学子归巢"签订委培协议数9人。招引服务业人才100人。完成区域总代理(总经销)3家、物流专线2家。完成14个产学研合作,新引进成果转化项目2个,招引孵化器、加速器项目各1个。完成发明专利申请80件、实用新型专利申请80件、专利授权142件。引进符合省"双创计划"人才1个,省"博士计划"人才数引进数2个、入选数1个。全年完成房屋征收96户,拆除109户,有效保证16个工程项目施工建设。田庄村市民学校通过南通市教育部门检查和验收,4个村居均建成人口文化园,华艺集团和正大钢厂13个流动人口代表县接受省十二五验收流动人口访谈。4个村居添置图书超过8000册，田庄村获评五星级农家书屋并为县全民读书节活动提供现场。

【海南街道】 海南办事处位于县城南大门,辖通学桥、海南2个村(居)。共有66个村(居)民小组,3587户,10843人,总面积15.26平方公里。辖区内企业182家，其中重点企业主要有：申菱电器、联发制衣、联发领才、鑫祥混凝土、科达建材、华科建材、德胜特纺织、山河建材、欧凯包装、鸿瑞华工、华盛化工、天威变压器。2015年,街道招商落户企业47家，实现工业产值54.28亿元,开票销售26.9亿元,利税5.9亿元。加大环境保护投入,全年投入资金50万元,进行环境整治,实施绿化、亮化、河道改造等工程，共修建砂石路和水泥路50公里,拆除私搭乱建15处,设立封闭垃圾箱600多个。

【隆政街道】 隆政街道是高新区北大门，是海安禽蛋之乡的发源地。总面积19.2平方公里,下辖林桥、建设、隆政、德兴、联合5个村(居),总户数5620户,1.5万人。2015年,隆政街道招引南通万利达玻璃有限公司和南通奇奥电器有限公司2个亿元项目；完成工业开票7.42亿元,工业设备投入1400万元;新增变压器7台,新增容量1740千伏安;服务业应税开票销售3000万元,新增电商2家,新增区域总代理2家,新增物流专线1条。加强科技创新,万达摩擦、新源特种纤维等企业先后与盐城工学院、合肥工业大学、杭州科技学院等院校进行对接,完成3个产学研项目,其中2个30万元,1个10万元。加大农业项目建设力度,完成亿元项目1个,千万元项目4个,续建项目4个;大力发展家庭农场,新成立家庭农场6家,流转土地1500余亩。完成挂钩征收175户,新增复垦面积230亩。4个村(居)高标准建成为民服务中心,所有村(居)顺利通过合格验收。2015年，街道被表彰为县文明单位,建设、林桥、隆政等村被表彰为县文明村。

【胡集街道】 胡集街道辖胡集、拥徐、谢河、钟涵4个行政村,总面积24.8平方公里,人口1.96万人。辖区内主要企业有:南通达欣工程股份有限公司、南通正成针织有限公司、胡集缫丝公司等。2015年,街道完成开票销售3.72亿元,技改设备投入890万元，规模以上企业达到9家。完成土地流转1500亩,新增设施栽培大棚100亩,发展全街日光温室、大棚蔬菜生产。加大环境保护，全年筹资200万元,植树种花种草40千米,清理沟渠及硬化30余千米,村庄绿化覆盖率达35.3%。发展特色养殖业,胡集村向阳奶牛场新征土地150亩，兴建饲料种植区,实施千头奶牛标准化养殖项目。圣泉农庄完成钢架大棚建造130亩，花卉种植340亩,新办羊场养殖1200只。成立街道舞蹈团,公开演出4次。

【青萍街道】 青萍街道总面积39平方公里,辖7个行政村(东庙、周吴、青萍港、连港、北景庄、兴环、光华),156个村民小组,在籍人口20501人,外来务工人员1100多人。街道党委下辖7个村党总支部,17个党支部,978名党员。辖区入住工业企业175家，其中定报企业30家。2015年，街道完成工业应税销售26.09亿元，工业技改设备投入7290万元,新增电力容量5260千伏安。连德铸造、冠宇纺织、鼎晶有色、安恒化纤、浚丰太阳能、万宝机械等6家企业应税销售超亿元。博尼克机电项目建设,圣元路管网建设圣德曼区间路、电力线路建设全面完成,二手车市场、光华花苑扫尾、土地增减挂钩拆迁工程顺利推进。三产服务业销售额3.11亿元，新增实名制会员667个,其中市外会员214个、省外会员216个,腾龙物流综合楼竣工封顶。现代农业加速发展，茧丝绸种养基地成功落户北景庄村,青萍港村土地成片流转200

多亩，周吴村建成300多亩的园林绿化基地。街道年内社会保障续保人数3351名，新扩保62人，新安置村民400多户，光华花苑标准化建设不断加强，先后接待外来参观人员10多批次，所辖7个村的公共服务中心全部落成办公，全年办结为民事项1000多件。连港村、北景庄村争取上级农业综合开发项目资金300多万元，青萍港、东庙、兴环等3村顺利通过县级“清水工程”示范村验收，办事处所辖的三级以上等级河道通过集中规划、分区实施、发包管护、联户联养等方式，全面实现以河养河目标，海安县盈拓生态园获批省四星级乡村旅游点，东庙、光华村营收入超过50万元，继续位居县委、县政府评定的“三星级”村行列。

【孙庄街道】 孙庄街道土地总面积约为22.80平方公里，辖营溪村、界河村、黄柯村、孙庄村、夏岔村5个村，拥有户数6146户，人口15927人。2015年，街道完成规模工业产值12.23亿元，开票销售5.39亿元，开票销售亿元企业2家。工业项目建设完成新开工、新竣工项目各1个，海太精加工项目投资总额1亿元。完成设备投入5612.68万元，工业技改投入2858.72万元。三产服务业完成4.34亿元，同比增长225.1%，其中开票100万元以上的企业15家，千万元以上企业4家，亿元以上企业1家。成功引进总部经济项目亿森供应链管理有限公司；新增实名制会员212家，其中市外会员127家，省外会员34家；完成物流专线1条；入住阿里巴巴产业带企业8家；旅游业投入750万元，完成千万项目1个。蚕桑订种8230张，产茧333.32吨，总产值1399万元。集镇建设加速推进，孙庄花苑二期工程6万平方米、卓典花苑两栋建筑8000平方米、锦绣嘉园三期2栋1万平方米的施工工程全部竣工。土地增减挂钩完成拆迁197户，新增土地120多亩；土地占补平衡项目涉及农户260多户，新增土地160多亩；万亩良田区域新入库102亩，新增土地102亩。清水工程成效明显，街道内22条总长48公里的等级河道全部达标，5个村全部通过县“清水工程达标村”验收，其中3个村获评省水利厅优美乡村。5个村村营收入30万元以上，其中2个村50万元。街

2015年海安镇社区(行政村)基本情况

表27　　单位：人、亩

街道	村(社区)	党组织书记	村(居)委会主任	人口	耕地面积
镇南	镇南	吉林	亢文	7257	—
	二里	张克义	徐福彬	7515	—
	平桥村	孙进业	钟小林	6579	894
永安	中坝	崔世平	吴朝晖	4581	—
	新园	孙玉华	马晓红	5929	—
	闸东	刘德旺		9709	—
	三里闸村	奚宝铁	奚勇	4367	242
	大里村	顾庆山	程咣莱	6051	3367
中心	星海	张梅华	居小玲	5343	—
	新桥	唐卫国	陆丽华	7303	—
	旺池	席甲生	陆元凤	4950	—
	育才	王海华	李海峰	6605	—
新陵	新宁	钱敏	孙阳	5773	—
	海光	曹黎黎	季强	7587	—
	曙光	杨洁	杨云凤	6081	—
	黎明	仲月梅	李晓军	4865	—
	洋港	张翠霞	严莉莉	6078	—
	海陵	刘海燕	王颖	11486	—
宁海	中大街	梅从森	钱益军	4710	—
	复兴	叶小燕	于飞	2654	—
	三塘村	邓忠进	方永红	11004	579
	凤山村	钱进	赵勇	11077	1707
园庄	谭港村	张勇	顾子银	2893	333
	田庄村	吉锋	曹为华	4034	312
园庄	西园	曹龙铁	曹龙铁	1660	—
	园庄村	何咸明	奚朋军	3876	—
海南	通学桥村	张增林	陈富基	6412	3625
	海南村	陈小云(6月任)	李日进	5369	2949
海北	新丰村	张礼国	丁祥海	2903	2447
	海北村	严俊元	杨礼华	6188	4238
	自由村	陆惠玲	刘杰	3130	2918
隆政	林桥村	周晓清	吉承怀	2423	1614
	建设村	谢志平	倪兆祥	3430	4604
	隆政村	吉贻山	吉贻山	3338	3734
	德兴村	顾倩华	丁成根	4092	4530
	联合村	高雨来	于皓	3355	3625

续表 27

街　道	村(社区)	党组织书记	村(居)委会主任	人口	耕地面积
胡　集	胡集村	胡仁福	黄进军	4238	2652
	谢河村	吉远桂	陈德存	3005	1898
	钟涵村	王开余	杨秋月	4424	4162
	拥徐村	徐仁国	徐　艳	5216	4504
青　萍	东庙村	陈兴宝	丁稳扣	3766	1719
	兴环村	陈克杰	肖昌明	3276	1547
	北景庄村	储成亮(6月免) 唐少伟(6月主持)	张孝清	2436	2947
	连港村	肖高生	潘德圣	3976	3518
	青萍港村	钱广荣	夏林凤	3032	2353
	周吴村	周友祥	吴金章	2678	2770
	光华村	黄文勤	王桂来	2605	1073
仁　桥	祖师庙村	陈友德	陈　根	3905	2369
	银杏村		张本桂	3583	3482
	谢庄村	宗友情	张黎明	2583	2318
	韩庄村	许海如(6月免)	范红梅	2592	2429
	仁桥村	范加来	张英明	3492	3745
	陈港村	韩良悦	张远琪	2677	1202
孙　庄	夏岔村	程根军	田民乐	3685	3741
	孙庄村	许元稳	钱桂玲	4139	3188
	黄柯村	张贤义	唐仕兰	2221	2291
	界河村	马艺文(6月免)	王玉林	3414	4701
	营溪村	王　亮	肖夕进	2468	2824

道内“百岁农庄”占地近300亩，总投资3000万元，被海安县旅游局、海安县农委授予四星级农家乐、农业创业体验基地等荣誉称号。

【仁桥街道】 仁桥街道下辖祖师庙、银杏、谢庄、仁桥、韩庄和陈港6个村。2015年，仁桥街道工业开票销售达39.1亿元，设备投入0.49亿元，服务业开票销售6.83亿元。6月，辖区内首个农民安置房小区仁桥花苑顺利封顶，解决了仁桥街道长期跨区安置问题，实现安置“零过渡”。辖区内千年古刹祖师庙及庙前2棵银杏，是市级重点保护文物。街道群众文化丰富多彩，有海安仁桥长春戏剧团、友林戏剧团、曲艺团、文化戏团、启后曲艺团、许兰艺术团、其桂戏团等多个民间戏班。　(解利稳　胡　军)

城　东　镇

【概况】 城东镇是海安县城“一城两翼”之一，与海安经济技术开发区实行“区镇合一”的管理体制。2015年，城东镇行政区域面积163.88平方公里，总户数4.92万户，人口14.98万人，辖35个村(居)委会。耕地6418公顷，农作物总播种面积12968公顷，其中粮食播种面积10178公顷。地区生产总值161亿元，财政收入44.8亿元，工业总产值681亿元，农业总产值16.53亿元，农民人均纯收入20150元。

【社会事业与民生保障】 以实施重点民生工程为抓手，增加基本民生支出，强化就业、社保、教育、医药卫生、公共文化服务等基本民生保障。2015年，新竣工安置房50万平方米，综合安置率90%以上。投入700余万元提升改造26个老旧小区。城乡居民养老保险参保率98%以上，新农合、城镇居民医疗保险参保率均为100%，全年发放慰问款物总额100多万元。开发区实验学校建成投入使用。南通理工学院海安校区开工建设，镇公共文化服务中心高标准建成。

【南屏街道】 2008年3月20日设立。东至立新河，西至焦港河，南依新长铁路，北达宁海南路。区域占地15.2平方公里，下辖泰宁村、南屏村、南阳村和东城社区、嘉麟社区。2015年，南屏街道致力于破解老旧小区管理难题，积极推行“社区管理+业委会自治+基本物业+集中整治+宣传引导”的五位一体管理模式。2015年年底有人口25702人。有小学1所，幼儿园1所，在校生1151人。

【新生街道】 2010年4月设立。东靠上湖街道，西连海安镇，南接如皋市，北至南

海安开发区商贸物流园铁路一号线

(城东镇　提供)

现代家具产业龙头——全球家具博览中心盛大开业　　　　(城东镇　提供)

屏街道。面积19.62平方公里。下辖油坊头村、葛家桥村、民桥村、农林村4个村,年底有人口17699人。2015年,所有村实现农村环境整治市场化运作,辖区内三盛鑫生物科技有限公司在新三板挂牌。

【上湖街道】 2010年5月设立。位于开发区东南部,是海安县东部产业新城的核心区,G15沈海高速穿境而过。南与如皋接壤,北与洋蛮河街道相连,共有7.12平方公里。下辖上湖、堑南、品建3个村,年底有人口12127人。建有九年一贯制学校1所、幼儿园1所,合计在校学生1792人,其中开发区实验学校有小学生715人、初中生697人。

【壮志街道】 2011年12月设立。东接李堡镇,西临G15沈海高速,南接如皋市东陈镇,北接栟茶运河。面积19平方公里。下辖壮志、石庄、施秦、洪旺4个村,年底有人口16447人。有小学1所,幼儿园1所,合计在校学生439人。

【西场街道】 2011年12月设立。东与李堡镇交界,北至大公镇。下辖爱凌村、西场村、戚庄村、丰产村、石桥村、热港村、新立村、蓉塘社区等7个村1个社区,总面积37.6平方公里。2015年,西场街道拥有规模以上企业数33家。有中学1所,小学2所,幼儿园1所,在校学生1715人。

【洋蛮河街道】 2008年3月设立。地处开发区中部区域,面积15平方公里,下辖洋蛮河、三丰、三角3个村,年底有常住人口12823人。2015年,街道将社区建设引入市场化管理,着力提升社区基础配套,小区新种植绿化面积1000平方米。有小学1所,幼儿园1所,合计在校学生868人。

【韩洋街道】 2010年5月设立。位于开发区北部,北接大公镇,面积8.13平方公里,下辖韩洋、韩徐2个村,年底有人口8815人。2015年,建成5个全托管主体、200亩现代农业种植基地、310亩现代大棚种植基地、50亩特种养殖种植基地。

【立发街道】 2008年3月设立。地处城郊接合部,为城东镇人民政府所在地,面积21平方公里,下辖开屏、界墩、立发3个村和七星湖社区。2015年,立发街道成立了园区党建工作站、党员服务中心,街

2015年城东镇行政村(居)基本情况

表28　　　　单位:人、亩、元

街道	村、社区	党组织书记	村(居)民委员会主任	人口	耕地面积	农民年人均纯收入
南屏街道	东城社区	石高山	石高山	8517	—	—
	嘉麟社区	徐　梅(召集人)	—	1783	—	—
	南屏村	张　杰	周昌华	4869	1425	20360
	南阳村	谭德稳	陈亚根	5697	2025	20594
	泰宁村	杨国华	杨国华	4754	285	29167
新生街道	民桥村	黄兴来	季从海	3429	3000	19088
	油坊头村	王建年	崔恒裕	4292	2730	20900
	葛家桥村	王云龙	杭年苦	4605	2235	21950
	农林村	刘培军	刘培军(代)	5373	3300	19522
上湖街道	上湖村	丁邦林	张明光	3403	1080	19030
	堑南村	刘　琪	刘　琪(代)	5504	4200	20000
	品建村	陈云付	邓兴平	3220	3900	19950
壮志街道	壮志村	石圣荣	葛坤连	5486	4815	17100
	石庄村	沙子余	许映海	4890	3420	17000
	施秦村	范从文	夏凤梅	2858	3465	17000
	洪旺村	仲跻清	李向阳	3213	3135	17000
西场街道	蓉塘社区	曹　振	周福林	1880	—	—
	爱凌村	徐发明	汤广梅	3753	3180	16654
	丰产村	储开银	杨文余	3909	2850	18840
	戚庄村	王资来	洪九建	4282	3330	17705
	热港村	储亚平	许翠珠	5217	5685	16803
	石桥村	范存生	王其海	3456	3645	18230

续表 28

街道	村、社区	党组织书记	村(居)民委员会主任	人口	耕地面积	农民年人均纯收入
西场街道	西场村	沈永平	崔益宏	4392	2100	20000
	新立村	张怀栋	崔柳生	4374	4185	16944
洋蛮河街道	洋蛮河村	丁邦俊	丁邦俊	3777	1755	20150
	三丰村	蒋万仁	吴宝笃	5574	4485	20200
	三角村	王　勇	—	3472	3000	20390
韩洋街道	韩洋村	张有华	韩加生(主持工作)	4352	4680	19906
	韩徐村	周维贤	田桂华	4463	4320	19900
立发街道	七星湖社区	陈希芳(召集人)	—	710	—	—
	立发桥村	叶必俊	吕　军	5105	840	20158
	开屏村	朱兴来	周元旺	4552	210	21829
	界墩村	邓井江	崔荣稳	5504	2550	24160
圆通街道	刘缺村	孙锦坤	李仁安	3807	2850	20209
	五坝村	崔恒余	王太余	5296	3300	20000

道人大代表之家获市十面红旗称号。有中学 1 所,小学 1 所,幼儿园 1 所,在校学生 2830 人(其中立发中学 1456 人)。

【圆通街道】 2014 年 2 月设立。西侧紧靠连申运河,北侧与大公镇相邻,为海安县商贸物流产业园驻地。下辖五坝村、刘缺村 2 个村,总面积 8.5 平方公里,年底有人口 9103 人。新长铁路、宁启铁路、宁启电气化复线穿五坝村而过。2015 年实现农业总产值 9700 万元。 (蔡晓群)

曲 塘 镇

【概况】 曲塘镇,地处南通、泰州两市交界。镇域面积 115.50 平方公里,全镇辖 26 个行政村,10 个居委会,1 个街道办事处,644 个村民小组,10.03 万人。有工业企业 300 多家,主要有玻璃制品、制丝、针织、服装、机械、建材、电子、化工、印刷等产业门类品种,从业人员 17000 人。2015 年,实现地区生产总值 73.3 亿元,增长 12.7%;完成财政总收入 3.45 亿元,公共财政预算收入 1.32 亿元,增长 13.8%;城乡居民人均可支配收入 36310 元、19465 元,分别增长 12%和 15%,在南通市 19 个中心镇综合考核中连续蝉联第一,实现“三连冠”。曲塘为全国重点镇、江苏省重点中心镇、南通市中心镇行政管理体制改革试点镇,荣获全国文明镇、全国环境优美乡镇、省文明镇标兵、省卫生镇、省书香之镇、省公共文化服务体系示范区、省水美乡镇、省创新型试点镇、省小城镇规划建设示范镇等称号。

【工业经济】 2015 年,全镇工业开票销售突破 42 亿元,增长 4.29%,在全县 10 个区镇中居第三。完成工业设备投入 1.65 亿元,完成技改投入 1.55 亿元,超额完成全年计划。新增亿元企业 2 家,新增规模企业 6 家,规模以上企业实现总产值 162 亿元,同比增长 12%。家具产业园 13 家企业项目建成,成为苏浙家具产业项目转移苏中地区的重要平台。完成建筑业总产值 60 亿元,施工面积 600 万平方米。

【现代服务业】 完成服务业应税销售 18.1 亿元,超额完成全年计划,服务业企业税收同比增长 24%。新建超千万元服务业项目 8 个,其中亿元项目 3 个,新建电子商务企业 13 家;完成新兴服务业人才招引 185 人。积极发展旅游业,建成农庄休闲、羊肉美食、红学公园等旅游项目。

【现代农业】 现代农业园区建设加快推进,建成无公害农产品基地 8 万亩,农业龙头企业 20 多家,完成千万元以上农业项目 12 个,其中亿元项目 3 个,江苏悠恒生物项目投入超过 1000 万美元。德心、苏鹏两家农业企业晋升为省级农业龙头企业。完成全托管项目 26 个,总面积 6000 亩。完成造林绿化 1400 亩,超过县下达计划 400 亩。建有高效循环现代农业示范园核心区 1000 亩,建成高效设施种植农业示范园 800 亩,土地股份合作社 26 个,农民专业合作社 40 个。村营收入大幅提升,村村超过 30 万元,3 个村进入全县前 10 强。

【招商引资】 新增工商注册外资 1300 万美元,外资到账 320 万美元,完成外贸进出口 3000 万美元。王佳胶带、悠恒生物 2 个外资项目落户开工建设,新开工项目 34 个,新竣工投产项目 9 个,在建和建成项目 18 个。新增产学研合作项目 16 个,成果转化项目 11 个。完成发明专利申请 68 件,实用新型专利申请 85 件,专利授权总量 173 件,引进双创人才 6 人,引进蓝领技能人才 158 人,高校毕业生 122 人。新增省民营科技企业 7 家,新增国家高新技术企业 1 家。

【城乡及基础设施建设】 房地产开发投资 6.5 亿元,同比增长 14.2%;商品房销售面积 5.5 万平方米,同比增长 14.5%;安置房建设完成 5 万平方米,交付 300 户;东大街房屋征收工程快速推进,已完成拆迁 198 户。土地挂牌出让面积 150 亩,增减挂钩面积 450 亩,盘活存量建设用地面积 60.46 亩。兴建商住楼 80 多万平方米,城镇居民小区 12 个。基础设施投入完成 8240 万元,焦港大桥顺利通车,完成公路桥梁建设 5 座。中心南街红学公园建成并对外开放。实施镇区亮化、绿化工程,开展小区物业管理专项整治,对双楼、章郭、李庄、花庄 4 个老集镇区进行基础设施的改善和环境整治,不断完善公共设施服务功能,改善环境面貌。

【行政管理改革】 以南通市中心镇行政管理体制改革为抓手,深入推进依法行政、依法用权、便民服务,加强综合执法、便民服务、社会管理三大平台建设,将

26个行政事业单位整合成“八局两中心”,承接县政府下放的341项县级行政权力事项。整合综合执法力量,促进行政执法专业化、规范化。新建功能完善的镇便民服务中心,投入运行面积2000多平方米,设立54个服务窗口,受理业务日办件量750件以上,位居全市乡镇之首,实现“一门式办理、一站式服务”。在全市乡镇便民服务中率先新增办理出入境审批手续,辐射惠及周边地区,在全市首创“智慧曲塘综合管理一站式指挥平台”。

【社会事业】 加快推进城乡居民社保一体化,全镇领取养老金和基础养老金2.7万人,居民养老保险缴费23113人,参加城镇职工养老保险1.1万人,新农保参保全覆盖。成功创建江苏省和谐社区建设示范镇。中心卫生院二级医院和江苏省卫生应急示范镇成功创建。完成和正在建设的社区卫生服务站19家。加强人口社区硬软件建设,不断完善人口计生综合职能,镇计划生育协会被表彰为“全国计划生育协会镇级先进集体”。新建社区教育中心大楼。3月24日,加拿大爱德华王子岛大学国际处处长芭芭拉·坎贝尔博士、国际招生办公室主任Jerry Wang博士一行到曲塘中学就加强两校合作交流进行考察。年底,有学校15所,在校师生1.2万多名。

【首届羊肉美食文化节】 1月2日,曲塘首届羊肉美食文化节在曲塘镇文化广场隆重举行。曲塘镇区羊肉店有近20家,其白切羊肉均选用优质山羊。活杀后用陈年老汤焖煮,加入葱、姜、料酒等多种调味品,用传统工艺精心秘制而成。2015年,曲塘镇日宰杀山羊300多只,每天营业额超12万元,冬季销售额近1500万元。

【国家小麦产业技术体系专家指导曲塘小麦生产】 4月2日,国家小麦产业技术体系沿江综合试验站站长、江苏省农科院生物技术研究所所长、博士生导师马鸿翔研究员等一行两人到曲塘指导小麦新品种、新技术试验示范工作,到周桥5组实地考察指导。专家们重点考察宁麦系列新品种长势、粒播试验田间苗情、生育进程,并对小麦穗期一喷三防工作提出指导意见。

【陶进参加全国老将田径锦标赛】 由国家体育总局田径运动中心主办,山东省体育局,泰安市人民政府承办的第十五届全国老将田径锦标赛2015年5月中旬在山东省泰安市举行,全国包括香港在内的二十几个省、市、地区的38个代表队参赛。曲塘中学陶进勇于拼搏,勇摘2金1银。此次比赛全部采用电子计时,陶进参加200米短跑,成绩24秒81,第一名,创35~39岁年龄组全国纪录;400米成绩55秒99,名列第一,打破35~39岁年龄组全国纪录,将原纪录提高2秒42;100米成绩12秒14,名列第二。

【吴嘉幸荣录美国卫斯里安女子学院】 6月29日,曲塘中学吴嘉幸以优异的成绩被美国卫斯里安女子学院录取,并获得奖学金25万元。

美国卫斯里安大学(Wesleyan College)创立于1836年,是世界上第一所给女性颁发学位的学院,亦为宋庆龄三姐妹的母校。在全美文理学院综合排名第五。2011年3月,该院副院长Dr. Steve Farr到曲塘中学考察,并签署合作协议,每年为该校1至2名优秀学生提供全额奖学金的留学机会。 (常 俊)

李堡镇

【概况】 李堡镇历史悠久,区位优越,东临黄海、西接沿海高速,是全国重点镇、南通市市级中心镇、海安东部中心镇,李堡工业片区所在镇,全镇总面积94.5平方公里。下辖18个行政村,1个街道办事处,3个居民委员会,452个村民小组。年末全镇总人口81127人,城镇居民48077人。

全年实现地区生产总值47.2亿元;财政总收入2.4亿元,其中公共财政预算收入9554万元,同比增长10.1%;完成工业开票销售23.65亿元、工业设备投入1.51亿元;外贸进出口总额5400万美元;农民人均纯收入19202元,增长9.9%。中心镇考核全县第三,再次获得“红旗区镇”荣誉称号。南通市中心镇现场会与南通市慈善工作现场会两个市级现场会在李堡召开。

【工业】 全年新增规模企业4家,总数48家。出台工业发展激励政策,深入开展“企业服务提升月”活动,对300万元以上企业实施挂钩服务,全力推动工业转型升级,全年工业技改项目20个,技改设备投入1.26亿元。

【服务业】 完成服务业应税销售12.8亿元,同比增长56%。知名城市综合体“万隆广场”花落李堡,江海雅苑、中博富通苑沿街商铺加大招商力度,包场南路、勤政路区域新的商业圈逐步形成。积极引导电商、旅游等产业发展。新增电子商务企业11家。

【现代农业】 推进农业规模经营,土地流转集中经营面积6000亩,建成粮食烘干中心5家。基本建成千亩现代农业园。

首届李堡百页文化节暨迎春商贸旅游交流会 (李堡镇 提供)

4月16日,南通市级中心镇建设工作会议在李堡召开　　　　(李堡镇　提供)

承担部级水稻高产方创建项目,建成高产百亩丰产方10个。开路先锋农机专业合作社获省级新型农业经营主体称号。新增县级农业龙头企业3家。村营收入实现30万元村全覆盖,100万元以上村7个。

【双招双引】 全年洽谈项目95个,新增工商注册外资1280万美元,外资到账800万美元。引入蓝领技能人才350人,高校毕业生266人,服务业高校毕业生60人。成立兴化市西郊镇劳务基地、万洲胶粘蓝领活动中心。引进国家"千人计划"专家1名,博士研究生12名,成为全省唯一的"双创团队""双创人才""双创博士"入选全覆盖的乡镇,其中"双创团队"成为全县唯一、全市仅有的两支入选队伍之一。

【产学研合作】 全年新增产学研合作项目14个,新引进成果转化项目3个。赴南京、上海等地开展产学研活动16次。江海集团与太原科技大学合作再结新成果,签订全国首台套铝镁合金生产线技术协议;广益机械走出国门,与意大利农业机械公司开展合作;江海、明诺分别与一汽集团、南京新工集团、东风集团等建立长期合作关系。新增发明专利申请84件、专利授权221件,其中发明授权9件,获得国家发明专利优秀奖1件。新认定高新技术企业4家、科技核心企业6家、民营科技企业5家。高新技术产业产值占规模工业产值比重65%。

【基础设施建设】 科学编制镇区控制性详规,在全县首批完成村庄规划修编。353省道李堡段率先建成通车。实施10项"增绿"工程,累计面积23.4万平方米,镇区绿化品质明显提升。安置房主体竣工7.5万平方米。中博富通苑20层住宅楼主体工程顺利封顶。全年基础设施投入1.1亿元。

【社会事业】 中心小学异地重建工程主体建筑完工,"校安工程"有序推进,中小学、幼儿园教育教学质量稳步提升,中考再创佳绩。中心小学被评为市级先进集体,3所幼儿园均被评为省级优质幼儿园。建成16个社区卫生室并通过标准化验收,杨庄、李西卫生室通过省示范卫生室验收,光明、李灶、杨庄、储洋、李西、桑周等6村被评为省级卫生村。中心卫生院获省示范社区卫生院称号。敬老院被省民政厅评为三星级敬老院。人口计生工作继续保持领先,市委市政府在李堡镇召开现场会。连续六年被评为县双拥模范镇。践行社会主义核心价值观,"心灵家园"志愿服务获得上级好评。群众性文化活动日益丰富,农家书屋实现全覆盖,获南通市文明镇荣誉称号。

【民生保障】 持续加大民生投入,10件为民实事工程有效推进。农村合作医疗参保人数5.1万人,企业职工"五大保

2015年李堡镇行政村基本情况

表29　　　　单位:人、亩、元

村名	党组织书记	村委会主任	人口	耕地面积	人均纯收入
陈庄	徐福明	冒鹤松	3541	4378	16478
新庄	许应忠	徐竹军	4456	5522	17291
桑周	刘昌斌	刘明山	4386	4437	18158
丁所	王孝元	王孝元	2494	1584	17207
堡河	张宝剑	秦　明	2989	2915	18439
中凌	杨小平	袁开华	3448	2789	17314
蒋庄	杭海峰	吴礼宏	4987	4055	18412
曹园	吴宗屏	赵凤彬	3113	2452	18298
储洋	储有美	储有美	3566	2628	17882
红旗	沈义明	沈义明	4093	2968	19287
李西	徐大来	徐正明	5372	2377	20978
富庄	吴祥余	吴祥余	2163	1637	22474
李堡	马福余	蒋海东	2381	829	21991
杨庄	张宇森	李亚琴	4209	4957	20077
圆墩	吴晓建	吴晓建	2867	3700	19986
光明	王加明	王加明	4691	5837	21433
三里	刘　伟	朱亚琴	2256	3663	19741
李灶	储祥华	冯文存	3853	5485	20192

险”新增319人，新农保参保人数2.28万人。实现城乡低保、五保的动态管理，做到应保尽保。实施社会救助与项目救助相结合，临时救助常态化，大病救助规范化。实现农村社区居家养老服务全覆盖。村级慈善工作站建设全覆盖，慈善工作全县放样、全市先进，成功承办市县慈善现场会。

加强治安防范，提高社会治安管控能力。全镇未发生一起重大恶性案件，可防性案件发案率同比下降35.5%，社会公众安全感和满意度进一步提升。推进“十大法治品牌”创建活动，“掌上政府”“公民法律大讲坛”“阳光信访”等法治品牌建设取得良好的社会效果。

【南通市级中心镇建设工作会议在李堡召开】 4月16日，市委、市政府在海安县李堡镇召开市级中心镇建设工作会议。市委副书记、市长张国华到会讲话，市委常委秦厚德主持会议，副市长赵闻斌，市政府秘书长顾诺之，县委副书记、县长顾国标，县委常委、常务副县长张亚曦，19个市级中心镇县(区)、镇主要负责人参加会议。会上市编办和海安县李堡镇、如皋市白蒲镇、通州区二甲镇3个市级中心镇代表作交流发言。

【便民服务】 打造县镇村三级政务服务体系，县、镇两级可下放权力事项49个(便民服务18项、审批等31项)全部下放到村便民服务站。可直接在村级办理的事项22个，代理事项27个，村便民服务站日均接待咨询18人次，办件量15件，其中即办件10件。村级便民服务站实现全覆盖。（钱祥升）

角　斜　镇

【概况】 角斜镇地处临海高等级公路与328国道交接处，是县唯一的临海区镇，也是南通沿海八个重点区镇之一。辖区面积145.6平方公里，其中滩涂面积33平方公里，下辖20个行政村。年末总人口6.63万人，人口出生率7.47‰，死亡率12.8‰。角斜镇是全国闻名的“角斜红旗民兵团”所在地、“海安花鼓”发源地，拥有“紫菜之乡”“河豚之乡”“鳗鱼之乡”等荣誉称号。

2015年，角斜镇实现地区生产总值36亿元，增长9.5%；工业开票销售12.75亿元，增长2.5%；服务业开票销售14.5亿元，增长55%；工业设备投入1.28亿元，增长4.1%；公共财政预算收入1.18亿元(含契税)，增长50.6%。

【工业】 “3+1+1”产业园区内碧辉等5家石材与海东等4家光伏企业，开票销售占全部工业企业的10.1%。华强染整、华安袜业等2家企业实现开票销售超亿元。品合石材等12家企业开票销售增幅均超30%。巨力磁材等17家企业实现总量2.1亿元的技改投入，开票技改设备投入6300万元，创历史新高。新增规模企业3家，净增亿元企业1家。

【现代服务业】 华茂禽蛋、平顺运输、美其国际物流、中亚大件运输等重点企业应税销售7656万元，同比增长26.5%。集瓜果采摘、垂钓休闲、农家餐饮于一体的晓杰农庄建成并对外营业。完成老坝港渔村规划，7家渔家乐建成运行。

【现代农业】 农业总产值17.74亿元，千万元以上农业项目16个，亿元以上项目4个，农业项目投入额1.6亿元。新建高效设施农业面积3800亩，新增规模以上高效设施农(渔)业面积616亩。成功申报全国百佳农产品品牌1个、国家级示范社1个、省级示范社1个。村营收入30万元以上全覆盖，其中100万元以上村11个，50万元以上村8个。紫菜产业提档升级，一次加工产量12.6万箱，二次加工产量56万箱。新试养坛紫菜2400亩。渔业安全生产不断强化，率先在全省成立专业化海洋渔业安全管理服务有限公司。加强伏季休渔管理，逐步实现大马力渔船升级改造。

2015年老坝港滨海新区(角斜镇)行政村基本情况

表30　　单位：人、亩

村名	党组织书记	村委会主任	人口	耕地面积
周庄村	曹　蕾	缪建宏(11月免)	3571	4724.0
新坝村	许爱国	陈宝林	4518	3886.0
范堑村	张　兵	缪爱云	4246	4626.1
沿口村	缪庆辉	缪庆辉	3561	3175.0
五凌村	林金生	缪亚军(9月辞)	3523	4251.0
老庄村	罗志宏	罗志宏	2613	3296.0
滩河村	王春香	杨　勇	3329	4203.8
五虎村	王美群	王美群	2990	2722.2
角斜村	周桂群	申承桂	4512	3340.6
双龙村	赵　华	李　兵	3438	4173.3
来南村	沈松林	—	4286	5353.0
汤灶村	卞扣生	吴银山	3513	5236.0
江海村	缪四才	潘爱梅	3406	2940.0
建场村	李海波	符晓青(9月辞)	2950	2165.4
富港村	王琪峰	刘　峰	3660	3980.8
海港村	王维兴	陈德银	3131	1014.1
顾陶村	万建明	王　云	3721	3660.5
通港村	冯素林	冯素林	1295	852.1
镇海村	张秀华	张秀华	1195	419.2
川港村	吴志东	吴志东	965	472.1

【基础设施建设】 不断完善核心区内基础设施,完成1.5亿元投入。市政二期8条道路的绿化完成土方平整,亮化完成灯杆安装,交安完成标线划分、标志牌安装。市政三期3条道路和区间一期8条道路工程完成沥混摊铺,园区道路互通。桃园路、乐园路完成路基施工。河道四期2条河道工程完成疏浚整治。建成110千伏变电站,投入运行。新建110千伏架设线路40公里,10千伏线路30公里,电缆入地2公里。新建供水管网主支管道10公里,园区内全覆盖。家具消防池建成投入运行。污水处理厂一期工程施工至主体封顶。争取财政奖补路资金172万元,修建财政奖补路10.5公里。新建硬质水泥路10.5公里、桥梁3座。改扩建车口14座,新建涵闸107座。提升原角斜、沿口、老坝港3个老集镇的城镇管理水平,完成角斜环镇东路改扩,修缮公厕5座。改造221省道、老集镇区路灯624盏。投入300万元,新增盐土绿化面积30万平方米。疏浚整治农村河道25条长26.2公里,拆坝过涵(桥)104座。

【社会事业】 投资1000万元的沿口幼儿园异地开工建设;角斜幼儿园异地重建规划通过县规划委审查。角斜和老坝港初中录取海中公费人数26人,保持四星级荣誉称号。人口与计划生育工作继续走在全县前列。组织各类人员9800人参加体检。申报省级卫生村2个,19家村卫生室达标建设,角斜镇卫生院、富港村卫生室通过江苏省健康单位创建验收。角斜文化站完成升级改造。新型农村合作医疗保险参保人数突破4.5万,参保率全县第一。开展残疾人康复救助关爱工程。新增30名空巢老人办理“一助一居家养老服务”。老坝港和角斜敬老院硬件设施投入近60万元,得到极大改善。投入100万元升级改造3个烈士陵园。

【生态环境显著改善】 一二级河道常态化保洁,三四级河道“以河养河”生态保洁实现全覆盖,清水工程长效管理。秸秆“双禁”与综合利用成效显著。加大畜禽养殖污染治理力度,次规模化以上养殖户建成匹配的蓄粪池,生态健康养殖户占次规模化养殖户比重10%以上。成功获评南通农村环境长效管理示范乡镇。

【首届中国·海安“东部家具杯”环滨海新区自行车公路赛开赛】 2015年9月20日,首届中国·海安“东部家具杯”环滨海新区自行车公路赛在江苏海安老坝港滨海新区特色产业园拉开了帷幕。此次比赛由国家体育总局、中国自行车运动协会、江苏省体育局、海安县人民政府主办。全国各地253名自行车爱好者报名参赛。经过3小时的角逐,RTS—森地客中国车队的邱浩、斯柯达前行中国车队的石勇明和中国魔迅车队的刘冉分获男子公路精英组、男子山地公开组和女子公路组冠军。 (周花荣)

中国海安2015环滨海新区自行车公路赛 (角斜镇 提供)

大公镇

【概况】 大公镇位于南通与盐城两市交界处,海安县城北郊。总面积89.28平方公里,耕地面积8.1万亩。辖15个村,440个村民小组。主要特产有:“五水一高”梨、弘寿食用菌、水晶羊肉。

【工业经济】 全镇实现工业开票销售28.6亿元,与上年基本持平。注重企业培育,鼓励企业加大有效投入、提升产品档次,重点实施13个技改项目,完成开票设备投入1.4亿元。全年新增亿元企业2家、新增规模企业3家。全镇规模以上工业企业达到33家,应税销售亿元以上企业7家。

【服务业】 完成服务业应税销售13.6亿元,比上年增长43.6%。注重服务业项目招引和人才引进,新招引千万元项目2个,招引新兴服务业人才40人,完成新开工千万元项目2个。祥顺意商务中心通过开业验收,农贸市场项目完成选址。全年认定电商13个,新增重点服务业企业1家。发展乡村旅游,成功举办旅游推介会和第五届大公镇梨花节,吉吉休闲农庄被评为海安县四星级乡村旅游点、海安县自驾游基地。

【现代农业】 全年招引投入超千万元的农业项目8个,山羊、梨果、优质稻米产业链得到延伸。流转土地近5000亩,新组建全托管家庭农场20家。大力实施农业“三新”工程,粮食单产创历史新高。蚕桑产业向专业化发展,新增1家蚕业家庭农场。村营收入30万元以及有税收分成的村实现全覆盖。

【双招双引】 完成新批注册外资810万美元,外资到账400.6万美元。外贸进出口总额7800万美元。

【项目建设】 全年完成新开工工业项目15个,新竣工项目10个。完成“月月看,家家到”观摩新开工项目10个、设备投入项目22个,新增工业项目电力增容11户,累计装机电力容量2185千伏安。全镇完成新增财富创造型项目31个,就业促进型项目 122 个；新增纳税个体工商户 106 个，新增纳税私营企业 38 家；标准厂房招租 2.5 万平方米，招租率 85%，确认特色产业链 1 个，创业项目库信息 54 条。

【产学研合作】 研发投入占 GDP 的比例达 2.5%。高新技术产业产值占规模工业产值比重 56%。完成新增成果转化项目 2 个，上年成果转化项目 5 个；完成国际合作项目 1 件，30 万元以上产学研合作项目 7 件，10 万元产学研合作项目 3 件；完成新增发明专利申请 42 件，新增实用新型专利申请 43 件，专利授权新增146 件(其中发明专利授权 11 件)；完成孵化器项目 1 个，加速器项目 1 个；完成创投公司 1 家，注资小微科技型企业 4 家。引进博士计划人才 4 人，引进高校毕业生 253 人，引进新兴服务业人才 40 人。

【基础设施建设】 全面拉开城镇道路建设框架，353 省道、晓星大道以及镇级规划实施的胜利大道、园区大道等一批重点工程相继竣工。镇南路、天意南路完成沥青路面改造。海安北互通建设进程加快，二期拆迁工作全面完成。推进安置房建设，古贲花苑、北凌花苑交付使用，世代红房地产项目开工建设。镇区、鹏程花苑污水管网等工程全面开工，完成污水管网建设 3 公里。全年完成基础设施投入 3000 万元。实施拥军桥至于曈路绿化带改造工程，增设停车位，有效改变城镇“脏、乱、差”的状况。强化镇区亮化工程，镇区沿街路灯维护维修到位，增设镇南路口至 353 省道、于曈路口至开发大道、古贲医院至古隆路路灯。加强农田水利建设，疏浚河道 4 条 5.6 公里，建设农村桥梁 16 座，拆坝建桥建涵 43 座。改造新建车口 38 座。投资 1100 多万元实施仲洋、群益、于坝等村的农业综合开发项目，投入 900 多万元完成曈口村重点水利工程建设项目。

【陈进圆梦“北马”】 8 月 1 日至 25 日期间，北京马拉松梦想支持计划启动投票，经过组委会评审团初审，大公镇 53 岁农民陈进的故事和梦想在 200 多个跑友故事中脱颖而出，接受大众第二轮投票。按规定，票数排名前 20 位将最终拿到“北马”梦想名额，陈进以4441 票的支持票数位居榜首。

2015 年大公镇行政村基本情况

表 31 单位：人、亩

村 名	党组织书记	村委会主任	人口	耕地面积
凌东村	储祥华	王资呈(代)	4007	6527
仲洋村	储呈梅	储开元	5033	6941
北凌村	储开朋	—	2968	4541
星河村	仲 亚	仲 亚	2940	4810
群益村	李元钧	何先龙	3770	6040
早稼村	周克润	周克润	2140	3046
于坝村	申卫华	—	3686	4139
贲巷村	于忠明	于忠明	3686	3117
曈口村	王克洪	唐田旺	4229	4142
王院村	管金军	周小萍	4349	4307
贲集村	钱锦华	钱锦华	5515	5268
古贲村	王克龙	徐丛兰	3470	4613
姜桥村	金山开	方 进	2850	3327
常河村	许桂根	汤立均	3616	4329
马舍村	马新翔	段叶红(代)	3212	5785

【鹏飞集团获评中国建材行业转型升级成效显著企业】 11 月 3 日，由中国建材联合会主办、中国建材杂志社承办的“首届中国建材业年度经济论坛”在北京举行。会上授予江苏鹏飞集团股份有限公司等 79 家企业“建材行业转型升级成效显著企业”称号。 (杨余燕)

雅 周 镇

【概 况】 雅周地处海安、如皋、姜堰、泰兴四市县交界处，总面积 83.3 平方公里，辖 15 个行政村，总人口 5.8 万人。2015 年实现地区生产总值19.93 亿元，增长 13.0%；完成财政总收入 7785.32 万元；完成公共财政预算收入 3029.82 万元，增长 30%；全社会固定资产投资 5.5 亿元，增长 22%；实现农民人均纯收入 18204 元，增长 12%。2015 年12 月，雅周镇获评南通市文明镇。

【工业经济】 全年完成规模工业总产值 24.67 亿元，同比增幅 13.5%，全部工业开票销售 9.38 亿元，同比增长 4.2%，增幅全县第四。工业用电 4012 万千瓦时，非居民用电 243.4 万千瓦时，同比增长 12.8%。新培育龙邦橡塑、同辉纺织 2 家规模企业。完成工业设备投入 4209 万元，增长 12.4%，其中进口设备 818.85 万元，增幅全县前列。11 家企业技改投入超百万元，其中德和布业投入 664 万元新上喷气织机生产线，同辉纺织技改投入 241 万元，恒旺木业技改投入 239 万元。中菱绝缘获批南通市企业技术中心。世睿科技新研发变压器储油柜胶囊项目，打破了高电压、高容量储油柜气囊国外垄断的历史，填补国内技术空白。

【双招双引】 完成世睿电力、恒旺木业、德和布业、天龙化纤、同辉纺织等 5 个开竣工项目确认。全年引进“双创计划”申报人选 1 人，“博士计划” 申报人选1 人，引进工业类高校毕业生 129 人，引进蓝领技能人才 158 人，新兴服务业人才 41 人。

【科技创新】 全年累计组织企业对接产学研活动 16 场次，规模以上工业企业全覆盖，新增产学研项目 4 个 (30 万元项目 2 个，10 万元项目 2 个)，上年成果转化项目

兴雅社区　　(金　鑫　摄)

3件,当年新增引进成果转化项目1件,引进入住孵化器实现开票销售项目1个。新增科技核心企业3家,新增省民营科技企业2家,申报市级以上科技项目9个,完成专利申请42件,其中发明专利申请13件。

【农业农村】 全镇新增流转土地2200亩;新开工千万元以上农业项目9个(5个落户在雅周现代农业园区),其中亿元项目1个;新培育经营主体18家,增加土地全托管面积3168.2亩,其中200亩以上的10家;全年召开农业现场会12次,其中省部级以上6次。实现村营收入786.5万元,村营收入30万元的村全覆盖,其中50万元的村有8个。全镇1525户、2433人的农村低收入群体,全部达到省确定的5000元年收入标准。培育花边织造特色产业项目一个,引导完成创二代项目3个、成功人士返乡创业3个,建筑能人带动创业项目4个、龙头企业带动创业项目5个、个转体项目9个、就业促进型项目126个。标准厂房招租1.9万平方米。

【现代服务业】 累计完成现代服务业应税销售5.4亿元,增长66.3%。新招引兴镇商业中心、益民商务中心和张垛粮食储备库项目3个,其中兴镇商业中心实现雅周城镇综合体项目零的突破;兴雅社区世纪路商贸一条街店面出租率超85%。新注册电子商务公司10家,其中农产品5家,工业产品5家。新增雅周村、兴雅社区和迴垛村等3个"网订店取服务站"。

【镇村建设与管理】 全年新报征土地371亩,完成土地总体利用第二次评估性修改,新增建设用地规模413亩。经营性土地上市在全县乡镇中处于领先位置,土地款460.49万元。新竣工工业集中区、科技产业园区间道路1.8公里,新建消防管网3.6公里、消防栓8个。园内消防设施配套工程建设全部到位,园区绿化提标全部完成。海昆创业园完成立项。兴雅社区建成物业、城管、社区三位一体的物业管理网络,以商品房的标准管理社区。重点实施封闭、亮化、安防技防、标志标识、环卫、娱乐健身、公益(文化、法制、廉政)、绿化、便民设施和精细管理等10大类24项创建提标工程。中心幼儿园顺利搬迁,污水处理厂投入运营,镇行政综合服务大楼竣工交付,广电中心、文化中心进入主体装修;15个行政村通过村级为民服务中心建设示范村、达标村验收;园区道路、小康东路、河滨路等重点工程全部竣工;新增安置房96套近1.8万平方米;新建桥梁8座,其中农桥4座、交通桥4座;基础设施累计投入4300多万元。投入70万元,购置垃圾清扫车、清运车和不锈钢垃圾箱等设施。先后组织人力对张垛镇区、王垛车站附近区域、雅周农贸市场周边及占道经营开展集中整治,清理垃圾346吨。老集镇农贸市场开始改造,集镇管理水平明显提升。

【环境保护】 新增垃圾桶200个,修复垃圾池95个。全年组织4次大规模环境突击整治活动,动员600多人次参加集中整治。完成造林任务1387.5亩,5月通过县验收,7月通过市验收。公益林、树木一类资源面积以及保存面积通过省林业局核实验收;雅周村成功创建绿化示范村;绿化率26%,稳居全县第一,全市领先。继续推进清水工程,镇污水处理厂竣工投入运营,污水收集范围进一步扩大,小区污水全部集中处置,污水处理厂规范化考核全县第一。新建蓄粪池41个、沼气池208个,建立畜禽粪便收运体系,实现畜禽粪便集中收处、综合利用。加大以河养河工作力度,全镇河道做到"宜养尽养"。全年疏浚河道14.5公里,土方16.9万立方米,拆坝建涵1座。

彩蝶湖公园　　(雅周镇　提供)

2015年雅周镇行政村基本情况

表32 单位:人、亩

村别	党组织书记	村委会主任	人口数	耕地面积
迮庄	张正海	王爱莲	3073	2996
金庄	周明祥(11月任) 汪如成(11月免)	陈森(11月任) 周明祥(11月免)	3646	3567
王垛	陆小军	王生领	3589	3022
东夏	汪芝文	王海洋(11月任) 钱开宏(11月免)	3827	3779
钱庄	钱伟勤	陆宝进	3822	3121
雅周	卢丽云	钱忠祥	3932	2126
鸭湾	赵宝虎	陆宝虎	3475	4035
杭窑	时章永	高广润	3924	4109
兴雅社区(东楼)	尤兴彪	徐子友	4575	6965
庞庄	吕蕴(11月任)江宝元(11月免)	吕庆祝(11月任) 吕蕴(11月免)	5405	6085
周机	周顺济	邵彬	4204	3488
张莫天	高鹤云(11月任)万海建(11月免)	陈友明(11月任) 高鹤云(11月免)	4467	4360
许家庄	许华田	许春梅	3124	3316
张垛	王海宁(11月任)丁林旭(11月免)	丁林彬	3637	4525
迴垛	鞠汶佑	丁立新	3507	3141

【社会民生】 全年成功招引人才471人,招工引劳和人才集聚工作全县第一。新增五大保险人数258人。居民养老扩面569人,续缴13488人。认定就业困难人员5人,发放社保补贴19人,计7.92万元。全面推进就业失业登记证发证、换证工作,全年申领就业证114人。全年发放市民卡16235张;全面启动农村留守儿童、困难儿童精准关爱工程。中心幼儿园交付使用,中心初中、倪庄小学完成塑胶操场建设,张垛幼儿园完成功能室建设,王垛小学综合楼建设启动。新增省级卫生村2个,村级人口文化园全覆盖。

【雅周镇兴镇商业中心】 雅周镇兴镇商业中心位于雅周镇兴雅社区,人民路和世纪路路口,占地1公顷,总投资5000万元,总建筑面积2.5万平方米,为雅周镇第一个城镇综合体项目。兴镇商业中心将建成集大型商场、超市、电影院、连锁酒店于一体的综合性购物休闲中心。 (张星鑫)

南莫镇

【概况】 南莫镇位于海安县西北部,地处里下河地区,与盐城、泰州两市接壤,有"鱼米之乡""水乡明珠"之美称。全镇总面积75平方公里,辖16个行政村,总人口5.25万人,农民人均纯收入16196元;财政收入1.08亿元,增长10.1%;工业开票销售17.39亿元,增长2.23%;服务业应税销售9.96亿元,增长63.7%。主要特产有青墩牌大闸蟹、食用菌等。

【工业经济】 全镇规模工业企业实现工业产值23.1亿元,工业投入4.5亿元,高新技术投入2.1亿元,高新技术产值7.8亿元。工业开票销售同比增长20.98%。开票销售超2000万元的企业22家,新增规模企业1家,新增开票亿元企业2家。全镇规模企业33家,其中亿元企业3家。

【农业】 全年新上千万元以上农业大项目8个,实施亿元项目1个;输送入农业园区项目2个;新增连片设施项目658亩,完成全年任务的329%;全托管项目申报9个,全县第一。市级食用菌特色产业园、现代渔业园形象不断提升,入园项目12个。全年组织实施退圩加固14.1公里,加固土方31.8万立方米,新建圩口闸4座,闸站结合5座,灌区工程23个,疏浚河道10条,总长28.2公里。总投资3000多万元的海溱河整治工程顺利推进;新增绿化面积1500亩。全镇16个村全部实现村营收入超30万元,其中50万元以上村6个,税收分成全覆盖。

【双招双引】 全年签约项目26个,其中落户项目18个,注册外资1400万美元,到账外资400万美元,注册606万美元

南莫镇海溱河整治工程 (胡仁杰 摄)

2015年南莫镇行政村基本情况

表33　　　　单位:人、亩

村　名	党组织书记	村委会主任	人口	耕地面积
砖　桥	周宝根	吕秀兰	3193	3643
邓　庄	周文忠	吉成友	2825	2672
姜　刘	童生宝	陈　华	2763	2930
校　林	汤子明	王国太	2998	3258
柴　垛	王生本	高亚平	3294	3581
朱　楼	郈健民	钱素兰	2515	2929
林　庙	王根宝	王根宝	2789	3033
于　桥	田砚兵	田砚兵(兼)	2911	2491
严　马	朱宝荣	朱宝荣	3871	4073
兴　南	蒋士根	蒋士根	4286	1331
南　莫	赵立新	田砚芳	3570	3811
青　墩	周达兴	钱　勇	3951	2939
沙　岗	邵茂顷	周月兰	3563	2847
唐　庄	陈宏生	王秀芳	2708	2205
高　杨	徐宝桐	王德华	2800	2760
黄　陈	丁凤喜	黄太甫	4494	5025

的南通鑫拓封头项目顺利开工。全年引进省双创对象1人;高层次人才8人;引进高校毕业生140人;引进蓝领技能人才195人。

【产学研合作】　全年组织8次产学研对接活动,先后邀请中科院、常州大学、苏州大学、南京理工大学、江苏科技大学等院校的专家教授60多人次,全年实施产学研项目7个,成果项目2个,实现高新技术投入2.1亿元,高新技术产值7.8亿元,专利申请70件,发明专利申请36件,发明专利授权21件,超额完成年度任务,新增校企共建研发平台3家,民营科技企业2家,省高新技术产品认定7个,申报市以上科技项目3个,为全镇工业经济提速发展注入强劲动力。

(吕晶晶)

白　甸　镇

【概况】　白甸镇地处南通、盐城、泰州三市结合部,东毗墩头镇,南接南莫镇,西、北分别与东台市溱东镇、时堰镇、安丰镇隔河相望。镇政府驻白甸镇府前路2号,距县城30公里。白甸历史名人有李近之、李文瑞、志开法师。主要特产有鲢鱼、鳙鱼、红膏蟹、小龙虾、南美对虾、有机米、草莓、豆制品等。镇域面积53.1平方公里。年底,总人口31498人,10个行政村,204个村民小组。出生率5.84‰,死亡率9.96‰,自然增长率-4.12‰。

2015年,实现地区生产总值17.9亿元,一般公共预算收入4448万元,全社会固定资产投资6.2亿元,农民人均纯收入18946元。

【农业农村工作】　新增祥瑞生态农业园、官垛蘑菇栽培园、大泊观光农业园等千万元农业项目,建成市级万亩特种水产养殖基地和千亩设施园。农业全托管200亩以上项目10个,托管面积累计5200亩。创建省级示范农场1个、市级示范农场3个。官垛村、周垛村分别通过市渔业示范村和市河沟养殖示范村认定,优质水稻生产基地获南通市现代农业特色产业基地认定。周垛村为民服务中心建成启用,在全县率先完成村级为民服务中心升级改造任务。全镇所有村集体经营性收入突破30万元,8个村突破50万元,白甸、傅舍、施溪3个村突破100万元。村级税收分成收入115万元,税收分成收入实现全覆盖。

【工业经济】　完成工业开票销售20.2亿元。合海集团成为新三板上市企业。九州化纤、贝思特机械、升辉建材、科星化工、锦舟合纤开票销售超亿元,新增3家规模以上企业,23家企业纳税超百万元,科星化工、森马纺织跻身全县税收基金百强榜行列。全年新增设备投入8696万元,欧特建材、巨邦环保、正红彩印、丽倍佳服饰等一批技改项目顺利实施。完成县认定新开工项目8个,新竣工项目6个,开工建设的铭磊化纤项目成为白甸史上引进的单体规模最大项目,凤腾塑料、君越机械正常生产,隆源化纤、利而迅相继投产,桂铭二期、华益纺织基本竣工。

【现代服务业】　大力发展与工业相配套的生产服务业、与镇区功能相衔接的生活服务业。完成服务业应税销售7亿元,增长30.3%;社会消费零售额增量760万元,增长28%。新增小城镇建设“六个一”功能性项目3个,成立电子商务企业6家,网订店取服务点3家,入住阿里巴巴·海安产业带企业20家。乡村旅游业加快发展,西泊旅游集聚区一期建成,获评江苏省三星级乡村旅游区。整合资源、串点成线,初步形成以西泊旅游集聚区

快乐的蟹农　　(裴桂荣　摄)

为龙头,以樱桃园、草莓园为代表的自驾游,以志开禅院为代表的人文游,以捕鱼节、采菱节为代表的美食游,以特色农家乐为代表的休闲游。樱桃园年接待游客突破2万人。

【创新创业】 实施11个校企合作产学研项目,引进2个成果转化项目,建成科技核心企业5家。新增省级高新技术产品12件,科星化工、高新工业炉获评省级高新技术企业。合海集团获评省级工程技术中心。新增省级名牌产品、著名商标各1件,新增市级名牌产品4件、知名商标3件。科星化工参与国家标准"金属热处理清洗剂"制定,绿叶机械获国家级重合同守信用企业,升辉建材、贝思特机械、科星化工3家企业获评省级重合同守信用企业。

【镇村及基础设施建设】 顺利完成特高压输变电工程房屋征收58户,严格进行"三榜公示"。启动文化路西延拓宽改造工程。建成区新增绿化面积50亩。新建镇区污水管网2.6公里。村镇建设档案室获评省特级档案室。204国道建成通车,和谐园、西泊旅游集聚区工程顺利竣工,连接线亮化及污水管网工程建设全面竣工。白甸镇污水厂建成投入使用,周垛污水处理厂及配套道路、总管网工程进入方案设计阶段。新建、改造桥梁35座,新建农村公交站亭4个、公交站牌35个。翻退加固圩堤3.9公里,更新改造圩口闸4座,新建排涝车口2座,更新灌溉泵站7座,修造防渗渠道7.8公里。处置流转多年、未能有效利用的土地650亩。排查上报废弃工矿复垦136亩,新增农用地126亩,有效保证新上项目用地需求。总投资700万元的高标准基本农田建设项目基本竣工,净增耕地205亩,瓦甸、丁华、邹冯、朱于4个村农田水利和百姓出行状况得到改善。顺利完成国土资源部南京督察局例行督察专项任务。

【精神文明】 2015年,邹冯村黄德成当选为二季度"海安好人"。组织开展《"四新杯"中国美丽田园——白甸》摄影大赛,其中保纪才6幅作品在央视二套《第一时间看天下》播出。协助做好电影《韩紫石》拍摄工作。 (裴桂荣)

2015年白甸镇行政村基本情况

表34　　单位:人、亩

村　名	党组织书记	村委会书记	人口	面积
白　甸	周小波	郭永耕	3998	7950
傅　舍	华锦文	赵志宏	2605	8400
刘　季	王桂芳	季顺江	3480	10200
施　溪	李顺华	李勇军	2873	6750
官　垛	颜开虎	潘友和	3636	8850
丁　华	丁仁龙	刘加旺	3273	8550
邹　冯	杨德生	吉加义	3535	7950
瓦　甸	苗长英	付大忠	2473	4800
周　垛	施士群	杨传茂	3553	8100
朱　于	袁根宝	张　军	2058	4950

墩 头 镇

【概况】 墩头镇是县城北部中心镇,是南通市的北大门。2004年仇湖镇、吉庆镇及墩头镇合并为墩头镇。风景名胜有白龙寺、联抗烈士陵园。总面积115平方公里,辖18行政村(4个居委会),耕地面积6206公顷,辖18个村。2015年年末总人口6.48万人。2015年12月,南通市委、市政府授予海安县墩头镇2013-2014年度南通市文明镇称号;授予海安县墩头镇毛庄村、海安县墩头镇西湖村2013—2014年度南通市文明村称号。

2015年,全镇实现地区生产总值40.6亿元,同比增长15.24%,财政总收入1.11亿元,公共财政预算收入5093万元,同比增长4%。全部工业应税销售27.52亿元,同比增长3%。三产服务业开票8.06亿元,创历史新高。工业设备投入9195万元,工业项目电力增容11户,新增总容量5715千伏安,全县排名第一。工业用电量1.74亿千瓦时。人才聚集工作全县排名第一。完成拆旧挂钩532亩、占补平衡117亩、处置闲置土地43.2亩,均超额完成全年任务。全镇18个村实现税收分成全覆盖,村营收入30万元全覆盖,其中30万~50万元的村3个,占16.7%,50万~100万元的村14个,占77.87%,墩北村实现村营收入100.92万元,取得新突破。全镇村营收入总额1102.61万元,村均经营性收入61.26万元。

里下河风光　　(刘华梅　摄)

【新四军联抗烈士陵园入选国家级抗战纪念设施、遗址名录】 为隆重纪念中国人民抗日战争暨世界反法西斯战争胜利70周年,经党中央、国务院批准,国务院发出通知,公布第二批100处国家级抗战纪念设施、遗址名录。海安新四军联抗烈士陵园入选。

【刘文正8年获国家专利10项】 仅有初中文化水平的墩头镇杜楼村农民刘文正,在8年间,靠自主创新,潜心琢磨,先后获得10项专利证书,这些证书都是由国家知识产权局颁发,其中实用新型专利3项、外观设计专利7项。 (严月清)

2015 年墩头镇行政村基本情况

表 35　　　　单位:人、亩

村　名	党组织书记	村委会主任	人口	耕地面积
东　湖	张德荣	张德荣	4944	7207.1
仇　湖	陆仁祥	刘志坚	3964	5656.7
西　湖	徐龙桂	陆道云	3543	3501.8
禾　庄	李云峰	陈桂根	3255	4242.4
凤　阳	孟富中	刘晓凤	2888	2890.9
千　步	杨义平	朱桂荣	4277	5351.7
宝　祥	杨者祥	杨者祥	4845	7830.2
吉　庆	卢　君	吕厚才	2929	3326.0
毛　庄	顾华来	祝增林	3647	5286.0
长　垎	朱立荣	黄仁根	3680	4577.1
墩　头	刘志彬	景　梅	4007	3989.6
墩　北	刘国圣	沈德玺	5141	8030.1
双　新	刘志江	黄典兵	3130	3859.6
墩　西	王义德	徐海涛	2675	3287.1
杜　楼	杨加友	张成刚	2481	4198.9
双　溪	宋铁和	周开明	2581	3715.6
新　海	朱昌荣	周凤来	3442	5577.7
新　舍	颜忠明	王生富	3990	7011.8

海安农场

【概况】 2015 年度,农场实现区域国民生产总值 6826 万元, 营业收入 2.59 亿元,实现国有营业收入 522 万元,实现国有利润 61.89 万元, 同口径对比基本与去年持平略有上升。

【羊业公司】 注册"昂羊"牌肉食商标,取得 QS 标志和食品流动许可证。新建羊肉生产加工车间,开发产品新包装,新增门面店两家,参加农产品展销会,建立微信公众平台和微商城直销平台, 实现线上线下同步销售。加强栏内苗羊管理,调整饲料配方和养殖结构。完善内部控制制度,与相关高校对接,提高羊肉品质和实现品种多元化,初步建立质量可追溯体系, 申报市级名牌农产品,推动企业向中高端发展。

【民生工程】 开展中心河社区段河道整治工程,整治岸坡 640 米,并在河岸两边安装仿木栏杆,铺设园路和配备庭院景观灯;改造文化广场两侧的公厕和更新镇区路灯,提高居民生活环境;改造居民点 400 伏配电设备,更换居民点配电箱 11 个、更新铜芯电缆 70 米、铝芯电缆600 米;改建社区职工文化活动室、职工食堂、社区阅览室、老职工健身活动室及社区矛盾调解中心。

【组织机构及负责人】

中共海安农场委员会

书　记　严　忠

副书记　邱海涛

纪委书记　邱海涛(兼)

江苏省国营海安农场

场　长　严　忠

海安农场天鹅村

党支部书记　许其法

村委会主任　穆来金

(李宝玲)

海安县蚕种场

【概况】 蚕种场场部位于海安县城东 45 公里处,老坝港滨海新区(角斜镇)通海桥南首(海蚕新村 008 号),南与如东栟茶的靖海相邻, 老 221 省道、328 国道分别从场部西侧和北侧经过,交通优势明显。场部占地 1350 余亩, 其中成片桑园 1040 亩。在雅周现代农业园区建有 1131.6 亩鑫缘精品蚕业园(现代蚕种生产基地),其中桑园种植面积 600 亩左右,水电等相关基础设施建设陆续配套到位,初步具备蚕种生产条件。蚕种场在职职工 96 人,其中保留事业待遇的 86 人, 企业待遇的 10 人, 具有高级职称的9 人, 中级职称的 2 人,退休人员 216 人,年末享受遗属生活困难补助 4 人(指由蚕种场负担的,另由县人社局社会化负担的不在其内), 其他享受生活困难补助费 3 人(均由蚕种场承担土地工 1 人,临时工退养 1 人,残疾人 1 人)。海安县蚕种场连续多年被省主管部门评为蚕种生产、科研、冷藏先进单位,蚕种质量稳定增长,"鑫缘"牌蚕种为中国名牌产品。2015 年生产一代杂交种 16.95 万张,原种 0.37 万张。春季遭受环境污染影响,减产 3.5 万张,秋季增加生产任务,加强管理,实现以秋补春。

【蚕种质量】 全场蚕种生产计划任务为 16.2 万张。在蚕种生产过程中,通过组织职工技术培训,集中统一进行桑园治虫、叶面消毒、蚕沙管理等关键措施,狠抓桑田管理、饲育管理,提高职工的生产技术水平。经国家以及省检测中心检测,良卵率、杂交彻底率、孵化率等蚕种质量指标均名列全省、全国前列,得到用种单位和地区蚕农的一致好评。

【科研课题】 海安县蚕种场长期承担全国桑蚕品种审定春秋期实验室鉴定项目、承担省主管部门下达的江苏省家蚕新品种实验室共同鉴定项目、家蚕品种资源保育与基础蚕品种选育、新蚕品种选育、现行蚕品种性状保持与改良等延续性项目等。与如东县蚕桑技术推广站合作进行原种全龄人工饲料试养繁育项目。完成 2013 年度省农业三新工程——现代蚕种高效安全生产技术集成与示范 SXGC〔2013〕123 项目的验收工作, 组织实施省级农业废弃物资源化利用项目——海安县 2014 年省级畜禽粪便处理中心点项目,组织实施鑫缘精品蚕业园秋季试验性生产工作。

【组织机构及负责人】

党支部书记

副书记　孙慧斌　陈　云

场　长　孙慧斌

副场长　章建华　胡克彬　丁秀华

(孙慧斌)

附　录

Appendix

广福寺　章　丽绘

◎ 责任编辑　杨　斌　张　梅

年度荣誉

海安县获得的荣誉

表 36

获得荣誉	授予单位
全国法治县创建活动先进单位	全国普法办
江苏省文明城市	省委、省政府
全省基层党员冬训工作示范县	省委宣传部等
小型农田水利重点县省级绩效考核考评优秀县	省水利厅、省财政厅
省骨干河道管护项目绩效评价优秀县	省财政厅、省水利厅
江苏省法治建设示范县	省委、省政府
江苏省法治县创建工作先进单位	省委、省政府
江苏省首批创业型示范城市	省人力资源和社会保障厅
2015 年度江苏省无小耳朵社区创建工作先进县	省新闻出版广电局
2015 年度实施农家书屋提升工程试点工作示范县	省新闻出版广电局
2014 年度全省农产品质量安全绩效评价第一等次	省农委、省财政厅
江苏省秸秆综合利用试点示范县	省农委、省环保厅等
第一批生态循环农业示范县	省农委
2015 年国家和省级农产品质量安全县(基地)	省农委
安全生产目标管理先进集体	市政府
实行最严格水资源管理制度考核优秀县	市政府

先进集体

国家先进集体

表 37

获奖单位	荣誉称号	授予单位
人社局	新闻宣传工作先进单位	人社部、中国劳动保障报社
总工会	全国文明单位	中央文明办
总工会	全国工会财务会计工作先进单位	全国总工会
总工会	全国工会优秀审计项目奖	全国总工会
农业综合执法大队	2015 年度全国农业综合执法示范窗口	农业部
地震局	全国县级防震减灾工作综合考核先进单位	中国地震局
国税局	全国青年文明号	团中央等
地税第一分局	全国巾帼建功先进集体	全国妇联
华新集团、信拓集团、润宇集团	2014 年度全国优秀施工企业	中国施工企业管理协会
苏中集团、华新集团、达欣集团	2014-2015 年中国建设工程鲁班奖(国家优质工程)	中国建筑业协会
苏中集团、华新集团	2014-2015 年国家优质工程奖	中国施工企业管理协会

续表 37

获奖单位	荣誉称号	授予单位
华新集团	2015 年中国土木工程詹天佑奖优秀住宅小区金奖	中国土木工程学会等
苏中集团	全国安康杯竞赛示范单位	全国总工会等
检察院	减刑假释暂予监外执行专项活动先进集体	最高人民检察院
检察院	全国检察宣传先进集体	最高人民检察院

省先进集体

表 38

获奖单位	荣　誉　称　号	授予单位
残联、地税局	2014 年度按比例安排残疾人就业工作优秀单位	省残委
海安镇	残疾人专项调查先进单位	省残委
残疾人托养服务中心	残疾人之家	省残委
人社局	全省人力资源社会保障系统先进集体	省人社厅
人社局	省级社会保险经办服务示范窗口	省人社厅
总工会	2015 年《工会信息》发行一等奖	工会信息编辑部
总工会	江苏省模范职工之家	省总工会
总工会	2014 年度县级以上工会财务会计工作竞赛评比县(市、区)工会一等奖	省总工会
总工会	2015 年度《中国工会财务》先进征订发行单位	省总工会
总工会	2015 年度江苏省工会新闻宣传工作优秀单位	省总工会
高新区田庄村农家书屋、开发区洋蛮河村农家书屋	2014—2015 年度江苏省五星级农家书屋	省新闻出版广电局
知识产权局	江苏省知识产权宣传培训工作先进单位	省知识产权局
知识产权局	江苏省知识产权执法维权工作先进单位	省知识产权局
知识产权局	江苏省知识产权政务信息工作先进单位	省知识产权局
知识产权局	2014 年度知识产权工作先进集体	省科技厅、省知识产权局
科　协	江苏省 2015 年全国科普日优秀组织单位	省科协
水生动物疫病预控中心	2014 年全省水产品药物残留快速检测工作绩效评价优秀等次	省海洋与渔业局
海域使用动态监管中心	2014 年省海域动态监督绩效考核优秀单位	省海洋与渔业局
农委	2014 年万亩示范片建设工作表现突出单位	省农委
农干校	2014 年江苏省农广校农民教育培训宣传报道工作先进集体	省农业广播学校、省农民科技教育培训中心
海洋与渔业局	2014 年度省局门户网站信息报送先进单位	省海洋与渔业局
海洋与渔业局	省蒋家沙竹根沙海域协管先进单位	省蒋家沙竹根沙海域办
水产站	2014 年度绩效考核优秀等次	省渔业互助保险协会
水产站	2014 年度渔业互助保险先进单位	省渔业互助保险协会
墩头镇	江苏省卫生镇	省爱卫会
朱楼村、校林村、柴垛村、高杨村	江苏省卫生村	省爱卫会
邓庄村	江苏省和谐社区建设示范村	省民政厅
邓庄村	江苏省民主法治示范村	省依法治省领导小组

续表 38

获奖单位	荣 誉 称 号	授予单位
南莫中学	江苏省生态文明示范学校	省生态学会
地震局	江苏省县级防震减灾工作综合考核先进单位	省地震局
中行海安支行	职工书屋示范点	省总工会
综治办	2013-2014 年度江苏省青少年维权岗创建单位	团省委
档案局	江苏省 AAAA 数字档案室	省委办公厅、省政府办公厅
档案局	全省先进集体	省档案局
法　院	江苏省 AAAA 数字档案室	省委办公厅、省政府办公厅
统计局	江苏省 AAA 数字档案室	省档案局
统计局	文化产业单位认定工作先进单位	省统计局
国税局	风险应对工作模板和纳税评估法律适用指引示范单位	省国税局
国税局、地税局	江苏省巾帼文明岗	省妇联等
国税局	江苏省工人先锋号	省国税局
国税局	全国税务系统基层管理服务公开示范点	省国税局
安监局	2015 年度全省冶金等工贸企业安全生产工作先进集体	省安监局
安监局	江苏省 AA 数字档案室	省档案局
苏中集团、华新集团、达欣集团	2014 年度江苏省建筑业百强企业	省住建厅等
苏中集团、华新集团、信拓集团、海洲集团	江苏省建筑业竞争力百强企业	省建筑协会
苏中集团天津分公司	天津市五一劳动奖	天津市总工会
苏中集团上海分公司	2013—2014 年度上海市文明单位	上海市政府
建筑工程安全监督站	2013—2014 年度全省建筑行业管理先进单位	省住建厅
县建筑行业协会	2014 年度江苏省建筑行业先进协会	省建筑行业协会
人武部	海防工作先进单位	省海防委员会
武警中队	基层建设先进中队	武警江苏总队
检察院	江苏省人民满意的公务员集体	省委、省政府
检察院	二等功	省检察院

市级先进集体

表 39

获奖单位	荣誉称号	授予单位
人社局	村级人力资源和社会保障平台标准化建设先进单位	市委、市政府
南莫镇、雅周镇、曲塘镇、城东镇、白甸镇、李堡镇、墩头镇	南通市文明镇	市委、市政府
大公镇、海安高新技术产业开发区	安全生产先进乡镇	市政府
苏中集团	2014 年度南通市市长质量奖	市政府
海安镇中心街道星海社区、永安街道新园社区、宁海街道中大街社区、新陵街道新宁社区、园庄街道西园社区、永安街道闸东社区、镇南街道二里社区、中心街道新桥社区、新陵街道曙光社区、镇南街道镇南社区、新陵街道海光社区、新陵街道海陵社区,李堡镇街道三贤社区	2013-2014 年度南通市文明社区	市委、市政府

续表 39

获奖单位	荣誉称号	授予单位
总工会、国税局、行政服务中心、供电局、地税局、交通运输局、中行、农商行、人寿保险公司、建行、邮政公司、公路管理站、公安局、海安高级中学、法院、航道管理站、审计局、烟草公司、新华书店、县委办、人大办、政府办、政协办、组织部(机关工委)、纪委(监察局)、政法委、统战部、农办、检察院、司法局、科技局、气象局、国土资源局、人力资源和社会保障局、机关事务管理局、公共资源交易管理办公室、农行、工行、人行、移动公司、电信局、发展改革委、市场监督管理局、卫计委、中医院、蚕桑技术推广站、公安局指挥中心、住房公积金管理中心、苏中七战七捷纪念馆、农业资源开发局、运输管理处、城南实验小学、社会福利院、财政局、汽车站、实验小学、教育局、民政局、水利局、华新集团、高新区、国税局第一至第七分局、地税局第一至四和第六分局、市场监督管理局高新区分局、城南派出所、城西派出所、开发区、立发中学、328 国道收费站、老坝港滨海新区、财政局、雅周派出所、双弘纺织有限公司、曲塘中学、白甸镇社会事业服务中心、交巡警大队高新区中队、南莫中学、人保公司、文化馆、人寿公司、图书馆、海陵中学、老干部局	2013-2014 年度南通市文明单位	市委、市政府
城东镇泰宁村、开屏村、南屏村、洋蛮河村、丰产村、南阳村,海安镇谭港村、凤山村、胡集村、三里闸村、园庄村、海北村、新丰村,白甸镇白甸村、瓦甸村,曲塘镇崔母村、曲塘村、刘圩村,墩头镇毛庄村、西湖村,角斜镇富港村,南莫镇严马村、青墩村,大公镇古贲村,李堡镇李堡村	2013-2014 年度南通市文明村	市委、市政府
人武部	军事训练先进单位	南通军分区
人武部	新闻宣传先进单位	南通军分区
武警中队	三等功	市武警支队

先进个人

国家先进个人

表 40

姓　名	荣誉称号	获奖人单位	授予单位
于九军	中国名师联盟·希望工程园丁奖	城东镇延寿小学	中国青少年发展基金会等
周夕荣	中国名师联盟·希望工程园丁奖	白甸镇百甸小学	中国青少年发展基金会等
于清山	全国防震减灾年度考核先进工作者	地震局	中国地震局
蒋龙生	全国先进工作者	公安局	国务院
蒋龙生	中国好人	公安局	中央文明办
赵爱玲	全国巾帼建功标兵	科技局	全国妇联

省先进个人

表 41

姓　名	荣誉称号	单位	授予单位
张友明	2014 年度按比例安排残疾人就业工作先进个人	残联	省残工委
王爱芳	全省就业年龄段持证残疾人就业失业情况调查工作先进个人	残联	省残疾人调查组
韩桂丽、陆　惠、丁海娟、曹前悦	先进残疾人专项调查队优秀调查员	残联	省残工委
周于红	江苏省五一劳动奖章	总工会	省总工会

续表 41

姓　名	荣誉称号	单位	授予单位
周于红	2015 年度江苏省工会新闻宣传工作优秀工作者	总工会	省总工会
刘山来	2014 年江苏省扫黄打非先进个人	文广新局	省社会文化管委会等
丁建民	2014 年度江苏省全民阅读工作先进个人	文广新局	省全民阅读活动领导小组
顾　雷 周雅琴	2014-2015 年度江苏省优秀农家书屋管理员	文广新局	省新闻出版广电局
赵爱玲	2014 年度知识产权工作先进个人	科技局	省知识产权局
吴卫东	全省科技政务信息工作先进个人	科技局	省科技厅
袁　兵	江苏省首届十佳新型职业农民	文霞家族农场	省农民科技教育培训中心、江苏农村经济杂志社
童生明	第七届江苏省农业技术推广奖三等奖	南莫镇	省政府
刘稳山	2015 年度北京市劳动模范	苏中集团	北京市
周达兴、祝增林	吴仁宝式优秀村书记	南莫镇青墩村、墩头镇毛庄村	省委组织部、省委宣传部
周永宏	省农业科普宣传工作先进个人	南莫镇	江苏农业科技杂志社
刘合臻	2014 年度江苏省优秀共青团员	检察院	团省委
梅　军	江苏省青年岗位能手	国税局	团省委、省人社厅
高金珠	团属报刊宣传工作先进个人	团县委	团省委
阙兴华	江苏省优秀少先队辅导员	开发区实验小学	省教育厅、团省委等
黄奕菲	江苏省优秀少先队员	实验小学	省教育厅、团省委等
罗湘军、王　威、张　冉、姚林、吕　成、王卫秦、赵雨露	第三届江苏省中小学生自我保护情景剧大赛优秀指导老师	海安高级中学	省文明办、省教育厅等
袁慧慧	巾帼建功标兵	邮储银行	省妇联
曹兆俊	总经理专项工作奖	新华书店	凤凰传媒
韩良义	2014 年度全省国税系统信息工作先进个人	国税局	省国税局
丁生华	2014 年度全省冶金等工贸企业安全生产工作先进个人	安监局	省安监局
郭垂国、严　荔	数字档案室建设突出贡献人员	安监局、统计局	省档案局
吴红梅	全省基层规范统计岗位标兵	统计局	省统计局
笪鸿鹄、马和军、韩良荣	江苏省建筑业优秀企业家	苏中集团、达欣集团、信拓集团	省建筑协会
徐祥稳	2013-2014 年度全省建筑行业管理先进工作者	建工局	省住建厅
蒋龙生	江苏好人	公安局	省宣传部、省文明办等
韩良根	首届江苏省最美水利人	水利局	省水利厅
陆学祥	全省粮食系统先进工作者	粮食局	省人社厅、省粮食局

市级先进个人

表 42

姓　名	荣　誉　称　号	获奖人单位	授予单位
王立栋、崔益根、陆建银、吴学海	南通市 2014 年度安全生产先进个人	安监局、安监局、高新区高科技创业园、安监局曲塘镇综合执法局	市政府
颜海因	三等功	武警中队	市警武支队
刘海春、许亚春、蒋龙元	南通市五一劳动奖章	司法局、人民医院、法院	市委、市政府
浦俭英、周经成	2015 年科技兴市功臣	亚太轻合金科技有限公司、江苏威尔曼科技有限公司	市委、市政府

文　献

一、县委十二届九次全体会议上的报告(摘要)

一、县委常委会一年来的主要工作

今年以来，县委常委会在上级党委的正确领导下，统筹改革发展稳定各方面工作，以提高发展质量和效益为中心，积极适应经济发展新常态，推动经济建设、政治建设、文化建设、社会建设、生态文明建设和党的建设取得了新进展。成为全国中小城市综合改革试点、全省首批新型城镇化试点，成功获批省科技创新体制综合改革试点县。工业开票销售在全市率先突破千亿大关，取得历史性重大突破。多项考核继续保持全市领先。社会公众安全感连续两年全省第一。在全国中小城市综合实力百强榜、最具投资潜力中小城市百强榜排名中，分别列第31位、第10位，在全国县域经济最具创新力50强中，列第5位。

——预计实现GDP675亿元，增长9.9%。财政总收入140亿元，其中一般公共预算收入62亿元，增长14.7%；税收占比86.2%，五县市第一。固定资产投资507亿元，增长13%。

——实现工业开票销售1002.9亿元，增长12.1%，总量全市第一、增幅第二。实现建筑业总产值1030亿元，获鲁班奖3个、国优工程2个。

——完成服务业应税销售750亿元，增长50%。社会消费品零售总额247.7亿元，增长11.5%，增幅全市第一。

——稻麦单产全省“十连冠”。全县村营收入2.02亿元，增长10.8%，超30万元的村实现全覆盖，税收分成项目奖励到村资金1546万元。

一年来，县委常委会着力抓了以下几个方面工作：

(一)在新常态下保持经济平稳健康较快发展

县委常委会始终保持发展定力，坚持发展第一要务不动摇，在稳增长与调结构平衡中推动经济稳定健康发展。

全力提升经济发展水平。工业经济快速健康发展，新增亿元企业30家、规模企业66家，总量保持全市第一。新增3个“中国驰名商标”，“海安桑蚕茧”被认定为国家地理标志保护产品，鹏飞、鑫缘跻身省自主品牌50强。鑫缘通过中国质量奖提名奖公示，全市唯一。7家企业新三板挂牌，总数全市第一。铁锚集团与中国商飞开展合作，华东地区最大鸟撞试验基地落户海安。全力推动时尚锦纶新材料、机器人产业发展，建立各1亿元的发展基金。成功获批中国丝绸流行面料生产基地、国家差别化锦纶生产基地、国家色织产品开发基地。五大全产业链培育工作成效明显。现代服务业持续攀高，铁路1号线竣工运营，2号线主体竣工，开通铁路集装箱业务，甘肃国际陆港华东物流基地、上海铁路局海安物流基地投入运营，中亚班列、汽车专列海安首发。新疆棉华东仓储物流基地成功落户。东部全球家具博览中心正式开业。保税物流中心(B型)通过省政府审核，正元、润安保税仓库获批运营，江苏长江以北唯一的有色金属期货交割库成功落户，实现到发量8万吨。大力发展以人为主要生产要素的新兴服务业，集聚人才2600名，新增电商企业540家，阿里巴巴·海安产业带入驻企业402家。积极发展旅游业，西泊乡村旅游集聚区一期建成。现代农业稳步发展，农业现代化、水利现代化、农机综合化水平全省前列，高标准农田占比苏中苏北第一，成为全国首批基本实现农业现代化的20个地区之一。50亩以上全托管服务组织实现农业村全覆盖。被确定为全省首批生态循环农业示范县。

全面掀起招商引资和项目建设新攻势。4个项目入选省级重大项目，占全市1/4。获国家产业转型升级振兴引导资金6027万元，占全省1/7。新增注册外资4.1亿美元，到账3.45亿美元。新批千万美元项目28个。新开工亿元工业项目102个，竣工65个。增值税抵扣设备投入34.5亿元，总量全市第二，71家企业设备投入超千万元。海关办事处成功获批。中意海安生态园品牌优势初显，常安纺织园升格为省级南北合作园区。策应“一带一路”战略，加快“走出去”步伐，实现境外投资2.3亿美元。

把科技创新作为破解新常态下各种挑战的根本之策，掀起科技创新新攻势。实现高新产业产值945亿元，增长13%，被评为全省首批、全市唯一的知识产权强省建设区域示范县。深入开展“服务企业科技行”“创新创业在海安”“中科院专家走进海安”等活动，构建“地毯式、全覆盖、人盯人”推进机制，促进科技资源加速集聚。实施产学研项目202个，新增成果转化项目31个，合作经费5000多万元。29个项目被列为省产学研前瞻性联合研究项目，占全省1/12。新建常州大学海安高新技术产业研究院，建成启弘纺织、骆氏减震件等8家企业研究院。4家企业研发中心被评为省级优秀重点研发机构，占全市4/5。新认定高新技术企业44家，新增科技核心企业92家，完成孵化器项目56个、加速器项目40个。中国产学研合作创新示范基地成功落户。高新区获批省功能新材料产业产学研协同创新基地。曲塘科技产业园被认定为省级科技企业孵化器。

积极破解要素制约。金融机构贷款余额760.8亿元，总量、增量、增幅、存贷比四项指标继续保持苏中前列；争取政策性银行贷款89.1亿元，取得重大突破；和信科贷成为全国首家新三板挂牌的科贷公司；金融生态县考核位居全省前列。大力推进“人才集聚”工程，引进国家“千人计划”专家10人、创业类高层次人才52人、高校毕业生7290人、蓝领技能人才6020人。入选省“双创计划”8人、团队1个，全市首位。人才综合竞争力全省第八，苏中苏北第一。完成增减挂钩6780亩，盘活利用闲置低效用地3072亩，争取新增建设用地计划指标5679亩。在全省首家通过土地利用总体规划年度一般性修改。完成土地利用总体规划评估性修改工作，获批流量指标1.68万亩。

(二)加快推进县域各项改革

围绕年初确定的14类改革任务，有序、协调、稳步推进县域各项改革。加快推进行政审批制度改革，积极开展相对集中行政许可权改革试点，行政审批局正式挂牌，政务服务中心建成投入使用，实现“一枚印章管审批”。深化投资审批制度改革，制定出台《海安县工业项目投资负面清单》。扎实开展市级中心镇行政管理体制改革试点，全力打造便民服务、综合执法和社会管理服务“三大平台”。推广应用PPP等多元化投资模式，9个项目进入省级 PPP 项目库,全市第一。深化纪律检查体制改革,6 大类 40 条改革措施稳步推进。推动医药卫生体制改革,公立医院改革、分级诊疗等改革举措加快推进。实施社区管理体制改革,落实街道统筹型、社区管理型和村级管理型管理职责,实现开发区、高新区城市社区社会治理网络全覆盖。建立健全物业行业五级管理机制,实现基本物业服务全覆盖。土地利用"五化并进"行动被省国土厅列为改革创新试点。

(三)科学统筹抓好新型城镇化与城乡发展一体化建设

坚持内涵提升,加大城乡统筹力度,新型城镇化与城乡一体化不断取得新进展。建设用地控规基本实现全覆盖。"五大中心"全面建成,人民医院综合楼、雨润城市综合体等重点工程加快推进。25 项"现代、精致、增绿、便民"工程加快实施,改造、新增绿化面积 130 万平方米。安置房在建 140 万平方米、竣工 47.3 万平方米。争取保障性安居工程专项资金 9798 万元,五县市第一。各区镇完成基础设施投入 13.6 亿元。353 省道海安段主体竣工,获评全省国省干线道路建设十佳之首。铁路一类口岸列入省"十三五"发展规划,被列为全省 6 个重要铁路货运枢纽之一。火车站综合客运枢纽、海启高速海安段等交通重点工程稳步推进,火车站客运新站房投入使用。省优秀管理城市创建获得好评。建筑垃圾处理及资源化利用项目基本建成。大力实施清水工程,整洁河验收通过率达 96.7%,5 个区镇实现达标村全覆盖,成为全国河湖管护体制机制创新试点县。完成成片造林 1.3 万亩,林木覆盖率 24%。

(四)加强宣传思想工作和文化强县建设

锲而不舍做好宣传思想工作,加强精神文明建设,推动文化建设迈上新台阶,为发展提供坚强思想保证和强大精神动力。

注重思想理论的科学引领,深入学习宣传习总书记系列重要讲话特别是视察江苏重要讲话精神,深化中国特色社会主义和中国梦宣传教育,引导广大党员干部群众坚定道路自信、理论自信、制度自信。推进学习型党组织建设,基层党委(党组)中心组学习进一步制度化、规范化、常态化。加强党员教育培训,被评为全省冬训工作示范县。丰富完善新时期海安精神,"海纳百川、创新争先"成为全县上下的共同追求。大力开展"践行核心价值观,争做最美海安人"和"做谦恭有礼海安人,建大美海安文明城"等主题教育活动,凡人善举典型不断涌现,3 人入选"中国好人"。制度化推进诚信建设,"红黑榜"信息定期发布。强化正确舆论导向,加大对转型升级、城乡统筹、民生保障、生态文明等重大主题的宣传力度。新媒体从业人员统战工作获全国统战工作实践创新奖,全市唯一。

把推动文化建设迈上新台阶作为战略任务,明确"三强两高一领先"的目标定位,努力推动文化软实力和经济硬实力同步提升。大力繁荣公益性文化事业,公共文化服务"六化"水平不断提升,顺利通过省公共文化服务体系示范区创建资格评审。居民综合阅读率全市第一,书香海安建设全省放样,被评为省农家书屋提升工程示范县。大力推动文艺创作生产,非遗项目扎染获"山花奖"。加快发展文化产业,预计实现文化产业增加值 28.3 亿元,占 GDP 比重 4.2%。

(五)更加突出发展惠民导向

始终把提升群众幸福感满意度作为工作的出发点和落脚点,让广大人民共享发展成果。全县财政民生投入 66.4 亿元,增长 25.3%。15 件为民办实事工程扎实推进。城乡居民人均可支配收入分别达 34440 元和 16640 元,分别增长 9%、9.8%。启动全民参保登记计划,城乡基本养老保险、医疗保险覆盖率分别达 96.4%、97.4%。累计 10.8 万名失地农民纳入被征地农民社会保障。累计支付大病再保险 8964 万元、3936 人次。20672 户农村低收入家庭如期实现脱贫目标。教育现代化扎实推进,成功创建省公共体育服务体系示范区,中高考再创佳绩,实验中学获批省四星级高中,南通理工学院海安校区开工建设。人民医院通过三级乙等评审,91%的城乡社区卫生服务站完成达标建设。省食品安全城市创建力度进一步加大。规范建成 210 个村级为民服务中心。实现农村社区居家养老服务中心(站)全覆盖。法治海安、平安海安建设深入推进,政法队伍满意率、法治建设满意度全省前列。政法系统"公正执法、忠诚为民"主题教育活动成效明显,执法司法水平进一步提升。在全国率先将法治教育纳入国民教育体系,顺利通过省"六五"普法终期检查考核。全面推进"阳光信访"建设,严格落实安全生产责任制,社会大局保持和谐稳定。

(六)着力推进全面从严治党

始终坚持围绕发展抓党建、抓好党建促发展,为各项事业发展提供坚强的政治保障。认真开展"三严三实"专题教育,举办专题党课 120 场,县处级领导干部学习研讨活动 20 次。构建以"季度巡查+月度观摩"为主体的党建查评机制,"事务代理构建服务下沉型基层党建新模式"获评全国基层党建创新最佳案例。进一步完善"成绩单+综合考评"制度,认真开展"谈优谈差"活动,约谈 44 家单位 126 人次,有效激发基层比学赶超激情。组织开展"三治三促"主题教育活动,认真督查作风建设各项规定执行情况,全面实施公务消费"一体化"监管。扎实开展村(居)、基层站所落实党风廉政建设"两个责任"工作,实现基层全覆盖。加强纪律审查工作,严肃查处了一批违纪违法案件。推进县域惩防体系暨"三清"示范县建设,加强对"四个不直接分管"、"三重一大"等制度执行情况的监督检查。强化对政府工程招投标、工程建设标后管理等领域的电子监察。落实好党管武装制度,工会、共青团、妇联、工商联、侨联、残联等群团工作继续走在省市前列。机构编制、应急管理、老干部、老龄、关心下一代、老区开发、慈善、扶贫等各项工作取得新进展。

同志们,这些成绩的取得,是上级党委政府正确领导的结果,是全县各级党组织、全体党员干部和广大人民群众同心同德、艰苦奋斗的结果,在此,我代表中共海安县委向在座的同志们和全县党员干部群众,表示崇高的敬意和衷心的感谢!

在总结成绩的同时,县委常委会也分析了工作中存在的问题和不足。主要是经济下行压力依然较大,部分行业、企业面临着一定的生产经营压力;对照产业转型升级要求,新型工业化发展水平还需进一步提升;科技创新的广度、深度还有待进一步拓展和延伸;社会公共服务与群众日益增长的需求相比还存在一定差距，等等。对这些问题，我们将高度重视，采取有力措施切实加以解决。

二、关于"十三五"规划编制工作

(一)准确把握海安"十三五"发展的基础条件

(二)深刻认识海安"十三五"时期面临的形势和机遇

在发展定位上，海安有能力成为省委省政府期待的"发展较快地区"。在比较优势上，海安有条件成为苏中苏北结合部跨越发展的领先地区。在工业强基上，海安有底气成为长三角北翼最具竞争力的新型工业化基地。在科技创新上，海安有基础成为全省科技创新体制综合改革的样板地区。在特色发展上，海安有信心成为江苏东部"公铁水"无缝对接的商贸物流高地。在现代农业上，海安有实力在长江以北率先实现农业现代化。在宜居宜业、惠及民生上，海安有希望成为东部沿海县级城市先进地区。

(三)牢固确立"十三五"发展的指导思想、理念和目标

综合实力明显增强。创新能力保持领先。生活质量不断提升。生态环境持续改善。文明程度显著提高。体制机制更加完善。始终坚持创新发展理念。始终坚持协调发展理念。始终坚持绿色发展理念。始终坚持开放发展理念。始终坚持共享发展理念。努力实现跨越发展目标。

三、全面做好明年各项工作

(一)坚持工业强县不动摇，不断提高产业支撑力。

(二)坚持创新驱动不动摇，不断提升核心竞争力。

(三)坚持特色发展不动摇，不断提升现代服务业发展水平。

(四)坚持开放开发不动摇，不断提升开放型经济发展水平。

(五)坚持富民强村不动摇，不断加快农业现代化步伐。

(六)坚持城乡统筹不动摇，不断加快新型城镇化进程。

(七)坚持惠及民生不动摇，不断提升群众幸福指数。

四、加强和改善党的领导，凝聚"十三五"发展强大合力

(一)切实发挥各级党组织领导经济社会发展的核心作用。

(二)全面加强精神文明建设。

(三)努力打造忠诚干净担当的干部队伍。

(四)不断夯实坚强有力的基层基础。

(五)着力强化党风廉政建设。强化责任担当。

二、县政府工作报告(摘要)

2015年，预计实现地区生产总值675亿元；财政总收入140.7亿元，其中一般公共预算收入62.1亿元，增长14.7%；城乡居民人均可支配收入为34440元、16640元，分别增长9%、9.8%。在全国中小城市综合实力百强榜、最具投资潜力中小城市百强榜排名中，分别列第31位、第10位。在全国县域经济最具创新力50强中，列第5位。成为全国首批中小城市综合改革试点地区、全省科技创新体制综合改革试点县、全省首批新型城镇化改革试点城市。

一、全力化解下行压力，全县经济保持平稳增长

多措并举稳定增长。积极应对经济下行压力，充分发挥政府引导、调控、服务职能。强化政策支撑。及时制定、调整18项稳增长、促发展的政策措施，建立机器人、锦纶新材料2个亿元产业发展基金，牢牢把握经济工作主动权。强化组织推进。定期召开经济工作点评会、重点工作推进会，密切关注实体经济运行质态。全面开展服务企业、服务项目专项行动，切实破解土地证、房产证办理等遗留难题。新开工亿元以上产业类项目135个、新竣工85个。完成工业增值税抵扣设备投入34.5亿元，总量全市第二。设备投入超千万元企业71家。强化要素保障。金融机构贷款余额达760.8亿元，其中制造业贷款占比30%以上，均居全市第一。利用上级各类专项资金23亿元。招引各类人才13310人。全面完成土地例行督察整改任务。在全省率先完成土地总体利用规划第二次评估性修改，新增建设用地规模16800亩，为今后发展赢得宝贵空间。

工业经济稳中提质。坚持工业强县战略不动摇，工业开票销售在全市率先突破千亿大关，实现重大跨越。开票销售超50亿元企业3家，同比增加2家；超10亿元企业18家，同比增加5家。新增亿元企业30家，总数达213家；新增规模企业66家，总数达865家。亿元企业、规模企业总数继续保持全市第一。加大企业上市挂牌工作力度，新增新三板挂牌企业7家，领跑全市。成功获批中国丝绸流行面料生产基地、国家差别化锦纶生产基地、国家色织产品开发基地。鑫缘集团荣获中国质量提名奖，全市唯一。2家企业入围江苏省自主工业品牌50强。新增中国驰名商标3个，全市第一。

服务业发展实现突破。完成服务业应税销售750亿元，增长50%。甘肃国际陆港华东物流基地、上海铁路局海安物流基地启动运行，中亚班列、汽车专列海安首发。苏中苏北唯一的上海期货交易所有色金属指定交割库投入使用。东部全球家具博览中心开业运营。列入省现代服务业"十百千"行动计划重点项目2个。AAA级以上物流企业总数保持全市第一。积极引导电商、旅游等产业发展。大力发展以人为主要生产要素的新兴服务业。新注册电商企业540家，海安淘金创谷成功落户，阿里巴巴·海安产业带上线运行，240家电商、仓储、快递企业入驻天赋力等园区。西泊乡村旅游集聚区一期建成。入选中国乡村旅游金牌农家乐11家。实现旅游总收入42.2亿元。

现代农业持续发展。农业现代化水平稳居全省第一方阵。成功入围基本实现农业现代化国家示范区。水利现代化水平快速提升。获批全国河湖管护体制机制创新试点县、全省首批生态循环农业示范县。雅周现代农业园"三大中心"全面建成，南农大果树研究院等一批高水平项目成功落户，园区品位和档次进一步提升。水稻钵苗机插高产栽培及新技术、新品种推广放样全国。稻麦年单产全省"十连冠"。50亩以上全托管服务组织实现农业村全覆盖。新增市级以上农业龙头企业11家，增量、总数全市第一。"海安桑蚕茧"获批国家地理标志保护产品。"海安紫菜"等4件商标被认定为国家地理标志证明商标，全市第一。县农村产权交易中心建成运行。实现村营总收入2亿元，增长10.8%。

建筑产业加速转型。积极策应"一带一路"战略，加快建筑业"走出去"步伐。扎实推进建筑产业现代化，首条预制装配式混凝土构件生产线加快建设。苏中

集团列“中国企业500强”第314位;华新集团列“中国民营企业500强”第412位。完成建筑业总产值1030亿元,入库地方税收9亿元。获鲁班奖3项、詹天佑奖2项、国优奖2项。

二、坚持创新开放,区域竞争优势不断增强

载体平台能级提升。开发区立足开放开发,综合实力不断增强,汽车零部件、现代纺织等主导产业高端化发展。高新区突出创新驱动,核心竞争力加速提升,新材料、装备制造等产业集群化发展,获批省创新型园区。商贸物流园入选“中国物流基地50强”,铁路1号线建成开通,2号线主体竣工,新疆棉花华东仓储物流基地等项目成功落户。中意海安生态园高标准规划,与意大利企业对接活动密集开展。锦纶新材料产业园建设速度加快,新增开票销售29.5亿元。常安纺织科技园升格为省级南北合作园区,新增设备投入2.3亿元。

科技创新成效显著。深入开展“县级机关服务企业科技行”活动,“创新创业在海安”“中科院专家走进海安”等大型主题活动成果丰硕。新增10万元以上产学研合作项目237个,其中30万元以上项目129个;新引进成果转化项目31个。新建产业研究院2家、企业研究院8家。新认定高新技术企业44家,总数达120家。高新技术产业产值占规模工业产值比重47.7%,全市第一。获批中国产学研合作创新示范基地、全省首批知识产权强省建设区域示范县。4家企业研发中心被评为省级优秀重点研发机构,获评数全省第一。引进国家“千人计划”等顶尖人才10人,入选省“双创团队”1个、省“双创人才”8人,总数全市第一。入选省“外专百人计划”1人,全市唯一。

对外开放克难求进。进一步聚焦“北上广”及苏南地区,瞄准欧美、日韩及中国台湾等国家和地区,全面开展精准化招商。与上海、昆山台协会以及上海部分区镇、园区建立战略合作关系。扎实推进境外招商,新增境外招商机构6个,境外专业招商人员超过50人。新批外资项目35个,新增工商注册外资5.5亿美元,实现外资到账3.5亿美元。推进外贸便利化建设,海安海关办事处成功获批。铁路一类口岸列入省“十三五”发展规划,保税物流中心(B型)通过省政府审核。加大外贸稳定增长政策支持力度,实现外贸进出口总额16亿美元。

沿海开发深入推进。全面实施省沿海开发“六大行动”,推进沿海前沿地区加快发展。滨海新区“3+1+1”产业园建设势头强劲,新开工亿元以上项目30个。核心区基础设施不断完善,园区承载能力得到提升。产城融合加速推进,生产生活性服务配套项目启动建设。

三、着力品质提升功能完善,城乡建设管理工作扎实推进

城市建设步伐加快。科学编制区镇控制性详规,实现全县建设用地控规全覆盖。“五大中心”全面建成,老干部大学、雨润城市综合体等重点工程加快建设。黄海大道、宁海南路一期等城市道路完成改造,如海河景观大道建成通车。慈善文化广场建设、老通扬河整治等生态园林工程顺利完成。实施25项“增绿”工程,通榆路、中坝路等8条城区主干道绿化品质明显提升。市民安居工程扎实推进,47.3万平方米安置房竣工交付。商品房开发有序实施,预计销售面积同比增长11%。智慧海安建设加快推进,光纤改造4.5万户,新增公共场所免费Wi-Fi接入点199个,4G网络实现全覆盖。推动重点工程融资向利率低、期限长的政策性贷款转化,全县政府性债务平均年化综合成本下降13.1%。

小城镇功能不断提升。各区镇基础设施投入10.3亿元,加快推进“八个一”重点工程建设,配套设施更加完善,城镇综合承载能力持续提升。曲塘镇被评为全国文明镇。李堡镇承办全市中心镇建设现场会。墩头镇成功创建省级卫生镇。白甸镇精致酒店、南莫镇小型城市综合体建成开业,雅周镇精致酒店开工建设。大公镇与主城区衔接的交通框架加快形成。

交通体系更加完善。全力服务宁启铁路复线电气化改造,动车即将开通运行。火车客运新站房投入使用。353省道海安段建成通车。完成老204国道维修改造、晓星大道北延工程。凤山港务码头加快建设。建成连申线仁桥大桥、黄海大道西延焦港河大桥。改造农村危桥180座。

城市管理不断加强。圆满完成城市环境综合整治“931”三年行动任务,整治工作全市放样。城市管理整体水平有效提升,“江苏省优秀管理城市”验收获专家组好评。推动城市管理向区镇延伸,老集镇环境明显改善。建立健全物业管理五级工作机制,物业管理水平稳步提升。

四、切实加强环境保护,生态文明建设成效明显

综合整治扎实开展。积极开展环境保护专项行动,突出重点领域环境执法检查。大力实施精细化工园区综合整治,实现雨污、清污分流视频监控,危险废物处置进一步规范。健全畜禽粪便收储运组织体系,畜禽粪便综合利用实现常态化。10家电镀企业完成整治,26家印染企业完善在线监控设施。

节能减排严管严控。严格执行环境准入制度,强化重点减排项目动态管理。44项减排工程实施到位。燃煤锅炉淘汰任务顺利完成。淘汰黄标车2051辆。大力发展清洁生产和循环经济,万元地区生产总值综合能耗下降3.52%。全年PM2.5平均浓度同比下降21.3%,空气质量良好天数225天。

生态水平全面提升。强化大气污染联防联控,秸秆禁烧禁抛与综合利用取得新成效。清水工程建设持续推进,一二级河道市场化保洁、三四级河道“以河养河”生态保洁实现全覆盖。铺设城乡污水管网80公里,城北污水处理厂基本建成,滨海新区污水处理厂加快建设,区镇污水收集处理率不断提升。新增造林绿化1.3万亩,林木覆盖率达24%。

五、始终坚持民生导向,社会和谐程度持续攀升

保障水平不断提高。全县新增就业、再就业1.68万人。新增创业1598人,新增发放小额担保贷款1743万元。企业职工“五大保险”新增参保人数均超额完成任务。发放大病保险3936万元,救助8964人次。全面启动农村留守儿童、困境儿童精准关爱工程。实现农村社区居家养老服务中心(站)全覆盖。建成村级慈善工作站55个。

社会事业协调推进。教育现代化创建加快实施,创建水平位居全市前列。加强教育内涵发展,中高考再创佳绩。城南实验中学二期、长江路幼儿园、开发区实验学校等重点工程建成使用。南通理工学院海安校区开工建设。成功创建省公共体育服务体系示范区。稳妥推进综合医改，县级公立医院改革成效初显，医联体建设扩面提质。91%的城乡社区卫生服务站完成标准化建设。区域人口健康信息平台试运行。高质量通过省人口协调发展先进县终期评估。推行“六化”公共文化服务新模式，通过省公共文化服务体系示范区创建资格评审。居民综合阅读率全市第一。获评省农家书屋提升工程示范县。非遗项目扎染作品获中国民间文艺“山花奖”。

平安建设持续深化。不断升级立体化、现代化社会治安防控体系，社会公众安全感满意度全省第一。“六五”普法顺利通过省级考核。创新积案化解机制，矛盾纠纷排查化解率进一步提高。信访目标管理综合考核实现全市“十一连冠”，信访制度改革全省放样。应急信息网络系统不断健全，应急处置能力有效提升。坚持“党政同责、一岗双责、齐抓共管、失职追责”，安全生产形势总体保持稳定。

六、扎实提升服务效能，政府自身建设深入推进

各项改革稳步实施。有序推进3项国家级和8项省级改革试点工作。落实简政放权，承接上级下放权力34项。中心镇行政管理体制改革稳步推进。规范中介服务机构监管，实现企业注册登记“三证合一”“一照一码”。建立涵盖科技创新、公共交通等领域30个项目的PPP项目库，其中10个入选省项目库，2个列入省试点。创新政府购买棚改服务模式，全省推广。

行政效能显著增强。政务服务中心启动运行，行政审批局正式挂牌，市场准入、工程项目等行政许可事项逐步实现集中统一审批。强化行政权力网上公开透明运行和电子监察，“三治三促”作风效能建设活动扎实开展。依法行政不断深入，行政复议和行政应诉工作有效落实。区镇公共法律服务中心全部建成。认真执行县人大常委会决议、决定和审议意见，自觉接受县人大、县政协监督，办结人大代表建议280件、政协提案213件，满意率分别达100%、98%。

廉政建设持续加强。深入开展“三严三实”专题教育，以争创全市“干部清正、政府清廉、政治清明”示范县为抓手，认真落实党风廉政建设责任制，并向村（居）、基层站所延伸。深入开展“5·10”思廉日等反腐倡廉主题教育活动。严格执行主要领导“四个不直接分管”制度。强化对“三重一大”事项的监督和管理。审计监督力度不断加大。“三公”经费支出一体化监管进一步加强。

积极支持工会、妇联、共青团、工商联、科协、残联、慈善、关工委等群众团体开展工作。人武、人防、消防、机构编制、公共资源交易管理、机关事务管理、供销、物价、外事侨务、双拥、民族宗教、档案、地方志、老干部、红十字、老区扶贫开发、防震减灾、气象等工作取得新的成绩。国检、供电、邮政、通讯、烟草、盐务、保险等部门为地方经济发展做出新的贡献。

五年来，我们始终坚持以加快发展为第一要务，综合实力实现跨越式提升。与“十一五”末相比，全县地区生产总值增加319亿元，年均增长13.6%；全社会固定资产投资增加291亿元，年均增长18.6%；农业增加值增加15亿元，可比速度年均增长4%；工业开票销售增加548亿元，年均增长17.1%；服务业应税销售增长5.3倍；建筑业总产值增长1.37倍；一般公共预算收入增长3.02倍。在南通市重点经济工作综合考核中实现“三连冠”。在全国中小城市综合实力百强榜、最具投资潜力中小城市百强榜排名分别前移10个和5个位次。

五年来，我们始终坚持以有效投入为第一抓手，三次产业实现结构性优化。三次产业结构占比由10.8:54.3:34.9优化调整为7.9:48:44.1。实际利用外资14.7亿美元。实现进出口总额94亿美元，是“十一五”的3倍。新批境外投资项目54个，比“十一五”末增加51个。新开工亿元以上工业项目450个、新竣工234个。增值税抵扣设备投入累计152.8亿元。新开工项目、新竣工项目和设备投入分别是“十一五”的2.2倍、4.7倍和2.6倍。金融机构新增贷款465亿元，是“十一五”的2.2倍。国家级开发区、省级商贸物流园、中意海安生态园相继获批，省级高新区获准筹建。沿海开发产业发展初具规模。

五年来，我们始终坚持以创新驱动为第一战略，发展活力实现可持续增强。全县66个部门挂钩280家科技型企业，帮助企业跑高校、找专家、寻项目，科技创新成为海安最响亮的城市名片。全社会研发投入占地区生产总值比重提升0.5个百分点。新增省级以上工程技术研究中心21家，万人发明专利拥有量由“十一五”末的0.65件增加至19件。首台套设备、首创产品、重大科技创新产品，累计数为“十一五”时期的4倍多。实施省产学研前瞻性联合攻关项目、研究项目46项，总数全省第一。建成省级以上博士后科研工作站7家。连续两轮获评省人才工作先进县。规模以上企业研发机构、产学研合作覆盖率均超过90%。科技进步对经济增长贡献率60%以上。

五年来，我们始终坚持以内涵提升为第一追求，城市功能实现全方位拓展。《城市总体规划(2012—2030)》获市政府批准实施，编制了100平方公里的县城区控制性详规。城市建成区面积达30.5平方公里，是“十一五”末的2倍。“五大中心”等一批重点项目陆续建成并投入使用，城市功能、城市形象显著提升。完成15个区域共6690户的棚户区、城中村改造，建设安置房206万平方米。实施房地产开发788万平方米。各区镇循环畅通的路网框架基本形成。实现区域供水、燃气主管网全覆盖。形成“三纵三横一联”的干线公路网络，铁路建设实现历史性跨越，千吨级航道实现零的突破。立体综合交通运输体系更加完善，“公铁水”无缝对接的枢纽城市初步建成。

五年来，我们始终坚持以民生优先为第一导向，社会事业实现大幅度进步。民生建设累计投入242亿元，同比增长262.7%。完成为民办实事项目70件。实现村级为民服务中心建设全覆盖。城乡居民人均可支配收入分别增长70.7%、81.6%。64.5万人纳入城乡各类养老保险，85.3万人纳入城乡各类医疗保险，覆盖率均列全市第一。10.8万名失地农民纳入被征地农民社会保障。新建改建学校校舍59.3万平方米，高质量建成国家义务教育发展基本均衡县。基本药物制度全面实施，三级医疗服务体系建设提档升级。公共文化服务水平省市领先。生态文明建设力度持续加大。北凌河等重点河道整治全面完成。放心消费创建保持全省前列。社会公众安全感满意度名列省市前茅。11人入选中国好人榜。荣膺全国文明县城、国家卫生县城、江苏省文明城市。建成苏中苏北首家国家级生态县。

过去的五年,我们以继承促发展,以创新求突破,成绩来之不易。五年来的发展成果,得益于我们坚定不移保持发展定力,千方百计转方式、调结构、促转型、求创新、提质效,不断巩固“稳”的基础,坚定“进”的信心,强化“好”的导向,提升“增”的动力。得益于我们坚定不移把“枢纽海安、物流天下”作为新时期特色发展之路和转型升级最重要的战略取向,充分发挥、全面彰显“动车时代、节点城市”新优势,持续“打好新征程七大战役,实现新时期七战七捷”,全力提升区域核心竞争力。得益于我们坚定不移以更高标准优化服务环境,以底线思维破解要素瓶颈,以改革创新增添发展活力,好政府、活市场、强企业,不断放大内涵式、可持续发展效应。得益于我们坚定不移跨越赶超、争先进位,以踏石留印、抓铁有痕、昂扬向上的精气神全力推进各项工作,全面开创经济社会发展新局面。

各位代表,五年奋斗,五年辉煌,成绩的取得令人振奋,拼搏的过程弥足珍贵。我们深知,海安的不断发展与快速变化,离不开历届班子打下的坚实基础,是县委正确领导的结果,是县人大、县政协监督支持的结果,更是全县人民同心协力、克难奋进的结果,凝聚着方方面面的关心与支持。在此,我代表县人民政府,向全县人民,向所有关心、支持海安发展的社会各界人士和海内外朋友,表示衷心的感谢!

在肯定成绩的同时,我们清醒地认识到存在的问题和不足,主要表现在:经济发展保持中高速、产业发展迈向中高端,任务依然繁重;宏观经济形势错综复杂,部分行业、少数企业面临一定的生产经营压力;要素瓶颈制约依然突出,新旧增长动力转换仍需加速;优质公共服务资源还比较紧缺,与人民群众日益增长的公共产品需求相比仍有差距;政府职能转变还需加强,机关作风和效能建设有待提升。对于上述问题,我们将在“十三五”期间高度重视,务实解决。

2016年主要工作安排

2016年,全县经济社会发展的主要预期目标为:地区生产总值增长10%以上,一般公共预算收入增长11%以上,工业开票销售增长确保12%、力争15%,服务业应税销售增长确保25%、力争30%,固定资产投资增长13%以上,城乡居民人均可支配收入分别增长9%和10%以上,城镇登记失业率控制在2.4%以内,全社会研发投入占地区生产总值比重达2.5%,万元地区生产总值能耗和主要污染物减排完成上级下达任务。

调研报告

掀起项目建设新攻势 增添持续发展强动力

县工业经济发展研究中心调研组

今年以来,全县上下认真贯彻落实中央和省市委部署要求,主动适应新常态,引领新常态,目标全市“保二争一”,坚持工业立县、创新驱动战略不动摇,坚持以项目建设为经济工作的主抓手不动摇,组织掀起项目建设新攻势,促进工业经济新增长,保持我县在苏中领先发展的好势头。

新攻势 新特色

掀起项目建设新攻势,是顺应新常态、应对新挑战、推动全县工业持续健康发展的迫切需要,是稳增长、转方式、调结构、促升级、抗风险的重要支撑,是发挥“动车时代、节点城市”新优势、保持我县领先发展、实现“保二争一”目标的关键举措。新攻势,是项目建设在新常态下的新发展新提升新突破,是新常态下可持续发展的新亮点新动力新基石,对于项目建设“提质、加速、扩量”,促进工业经济以质量和效益为中心、提升发展水平;对于我县新型工业化创新高、争第一、上台阶,新型工业化、信息化、城镇化、农业现代化“四化一体”创新协同发展;对于全县“十二五”圆满收官、“十三五”良好开局,都有重要现实意义。

项目建设新攻势最显著的特色是“四新”:

一、新主题。以习近平系列重要讲话为指南,以“四个全面”为统领,以创新为主线,把握新常态,抢抓新机遇,转方式、调结构、促升级、破难题、保增长,以项目大投入力促全县新发展。

二、新要求。坚持全县发动、凝神聚气、强力推进、集中攻坚,突出“提质、加速、扩量”,发动项目建设新攻势,掀起区镇比学赶超、机关争优创先新高潮,实现项目建设新突破、工业经济创新高。

三、新目标。围绕全年工业新开工千万元以上工业项目260个,其中亿元以上项目100个;新竣工千万元以上工业项目220个,其中亿元以上项目65个;设备投入35亿元的目标,确保全市经济综合考核“保二争一”。具体是“十个确保”,即确保增值税抵扣设备投入、固定资产增幅、市级重大项目开工率、转化率、投资完成率和新增基地型龙头型先进制造业项目、申报2016年省级重大项目、列入省市“十三五”储备项目等10项主要指标全面达标。

新目标有“三个特点”:一是符合上

情,充分体现中央和上级精神,更加注重新常态下提质增效。二是贴近地气,积极稳妥,“跳一跳,够得到”。三是问题导向。针对项目建设中的难点和短板,有的放矢,体现了问题导向效益导向。

四、新部署。主要是“两会三活动五重点”:“两会”——开好重点项目会商会办交办会议和固定资产投资及项目建设推进点评会议。“三活动”——深入开展“月月看、家家到”项目观摩活动;以开发区、高新区、滨海新区为主战场开展重大项目集中开工活动;广泛开展政策宣传活动。“五重点”——项目审批强服务;项目建设快推进;设备投入上水平;问题导向破难点;政策引路扩投资。

新攻势　新举措

一、以投资体制改革促进项目投资多元化。抢抓全面深化改革机遇,大胆探索试点,积极引导社会资本参与政府投资、基础设施、公共服务项目和新型城镇化建设(PPP模式),优化政府投资项目结构。通过宣传发动,统一认识行动,加快PPP项目的实施,并列入年度创新突破性工作的考核内容。出台推行PPP模式试点工作《方案》,明确试点的总体思路、基本原则、重点推进领域和工作要求,保障改革试点稳步推进。坚持以项目为核心相继在城市供水、污水垃圾处理、保障性安居工程、交通、卫生、教育、文化、养老服务等城市基础设施、公共服务领域先行先试,首批实施城北污水处理、三期长江供水管网、餐厨垃圾处理、江苏三零面粉、小区域投资开发等22个重点项目,积极稳妥加快推进,并对相关区镇、部门下达任务。

二、创新完善项目审批推进机制。创新项目审批机制,全面实施项目招引、核准、开工、在建、竣工、投产的一条龙高质效服务。建立企业营业执照、国地税登记证等“四证一体”办证平台,做到“一窗办理、一表填报、一次收件、一网录入和一本发证”。实行部门联合会办、预审、踏勘、审图、验收的“五联”制度,推动项目审批大提速。规范项目预审核准,把牢质量效益关,优化项目布局和资源要素配置,提高投入产出率。加大组织推进力度。健全县负责人挂钩联系省市县三级重大项目制度,围绕年度目标,制订个性化“时间表”和“路径图”,突出服务重点,落实工作责任,加快了项目建设步伐。强化现场观摩推进。把重大项目列为“月月看,家家到”的观摩督查重点,既看进度质量,又抓思路和短板,既出点子、解难题,又压担子、提要求,保证70个亿元以上重点项目年内全部投产。实行项目推进“三专”帮促。专人帮扶,实行“一对一”项目经理服务制。项目经理每天深入现场服务,帮助解决问题;专门服务,相关部门组成项目服务小组,提供保姆式、集约化、专业化服务,具体协助大同宝富等重大项目完成环评、能评审批;专题协调,实行省市重大项目月度办公会制度,集中解决建设中的阶段性问题。坚持以设备投入为核心,抓紧新开工项目的设备购置,保证如期安装到位,以“实打实”的验收倒逼项目投产达效,实现数量质量的“双提升”。紧盯纺织化纤、锻压机械、汽车零部件等重点行业,紧抓技改设备投入,促进企业转型升级。围绕固定资产增幅16%目标,加强项目招引、推进、统计三方面协调沟通,及时更新项目源,加快项目入库进度,做到有效投资的统计一个不漏。

三、抢抓用好政策机遇。紧紧抓住“一带一路”、长江经济带战略机遇,用好用活用足扶持政策,着力引进更新世界先进生产设备和技术,积极争取国家、省产业转型升级引导资金等政策的支持;加大县设备投入奖励政策和锦纶、机器人产业发展扶持政策宣传、落地力度,进一步释放政策“红利”,激发企业加强技改、扩大有效投入潜力和活力。抓紧搞好省市重大项目申报,力争优惠扶持政策。突出重大工业项目建设,坚持把投资体量大,科技含量高,符合国家产业政策,具有产业带动作用的高新技术产业、新兴产业和高端制造业项目,列入省市重大项目,更好发挥优质项目对发展的引领带动作用。积极申报省重大项目。搞好项目筛选和包装,加速跑省,跟踪对接,确保总投资150亿元的大宗物资物流园等4个重大项目列入省投资计划。积极申报市重大项目。列入市级重大项目有威尔曼电梯整机制造等17个,为全市最多。积极向上申报争取资金项目。全年组织向上申报的省工业和信息产业转型升级专项资金项目、产业振兴和技术改造专项项目、工业转型升级强基工程项目、智能制造试点示范项目和省级战略性新兴产业发展专项资金项目共49个,争取专项资金15272万元,专项资金争取的数额和项目数均为全市各县区第一,其中产业振兴和技术改造专项资金6027万元占全市70%、全省七分之一。

四、集中力量解决项目建设突出问题。开展项目专题调研、集中解决突出问题的专项行动。通过深入区镇调研、多次与部门对接,全面掌握“两区”在建亿元以上、各镇5000万以上重点项目急需县里协调解决问题的具体情况,共梳理归纳出行政许可、基础设施配套、融资服务等4大类54个项目(企业)77个问题,经过初步讨论研究,分别提出解决的建议方案,上报县政府同意后,以县政府交办单的形式分送行政服务中心、纪委等责任部门,集中一个半月,突击解决到位。着重化解土地供需矛盾。通过陆海统筹、市级中心镇试点等,争取用地指标,优先保障省、市级重大项目;积极向上争取土地点供指标,加快莫塔人造金刚石、大宗物资物流园等项目申报点供土地办理进度;开展用地指标有偿交易,促进土地资源高效配置。拓展企业融资渠道。深化“银政企携手攀新高”活动,确保新增贷款中制造业贷款占比30%以上;加快融资签约成果落实,帮助永通新材料等项目拓宽融资渠道,积极争取国家和省相关配套资金支持。多渠道解决用工问题。完善“订单式”培养、校企合作、劳务基地建设等长效机制,培养引进各类人才1.5万人,满足项目劳动力需求。持续提升项目质态。继续开展服务企业“科技行”活动,引导铁锚特种玻璃、威尔曼电梯等重大项目加大科技投入,实行产学研合作,增强企业创新能力和项目竞争力。

五、层层实施强有力的领导。县成立活动领导组,主要领导、分管领导高度重视亲自抓;领导组下设办公室,具体负责这一活动。区镇部门党政主要负责人为第一责任人,分管负责人为具体负责人,把项目建设新攻势作为发展的重中之重,做到思想到位工作到位。各部门加强配合,急事特办,能快则快,切实做好项目服务工作,及时解决问题,确保签约项目早开工、开工项目早竣工、竣工项目早达效。营造赶超氛围。通过大张旗鼓的宣传发动，坚持以项目实效论英雄的舆论导向，掀起“比速度、比质量、比业绩”热潮，形成你追我赶、争先创优的生动局面。围绕目标完成，逐级分解落实，将完成增值税抵扣设备投入，新开工、新竣工工业项目、亿元以上项目等28个主要指标分解落实到各区镇各责任单位，把工作任务细化量化到具体时段、具体单位个人。加大考核引导督查力度。建立活动“周通报、月点评”工作机制，实行逐月考核，加大考核频率；完善考核内容，健全系列考核指标体系；严格考核标准。对落户特色产业园区单独供地项目，重点考核“五个必须”：投资规模必须达标，必须经县行政中心出具核准开工通知书，生产厂房按规划必须一次性开工建设，主体生产厂房施工必须达到±0，开发区、高新区设备投资额占项目总投资的比例必须不低于25%、其他区镇不低于20%；对竣工项目，严格按投产设备投资额占比总投资额30%的标准核定。改进考核方法。所有开、竣工项目的认定，坚持考核组现场核实、集体审定，单位主要负责人和分管负责人审核“三堂会审”；所有考核内容网上公示，逐区镇对接复核，保证考核客观公正透明。针对考核中发现的薄弱环节，提出改进建议措施，督促整改到位。落实制度。区镇按期上交成绩单并进行书面述职，纪检监察部门定期督查通报，褒奖先进，鞭策落后，促进活动持续升温、取得实效。

新攻势　新战绩

1.项目建设有新飞跃。全年完成千万元以上工业项目新开工263个，新竣工222个；亿元以上项目新开工102个，新竣工65个。核准开工工业项目85个，已开工项目72个，占核准开工项目的85%。

2.工业投资有新局面。全县完成工业投资261.5亿元，增长10.5%，六县市区排名第一，预计年终增长12%，

3.设备投入有新水平。全县完成工业企业增值税抵扣设备投资额35.6亿元，突破了历史最高水平，超额完成了全年目标任务，总量九县市区排名第二。

4.攻坚克难有新突破。组织2011年以来的开工项目回头看、排问题、补短板，扫除“拦路虎”。据不完全统计，2011年以来共有87个重点项目存在105个问题。目前已解决65个问题，占总数的75%。还有22个正在解决过程中。

5.省、市级重大项目有新亮点。列入省重大项目投资计划的项目和市级重大项目数，分别在全省县级城市、全市区县中夺魁。市级重大项目完成投资额122.1亿元，完成年度计划的127%。8个续建项目全部超序时进度，7个计划开工项目中全部开工在建，2个前期项目全部转化为新开工项目。

6.发展动力后劲有新增强。到年底全县竣工投产千万元以上项目166个，其中亿元以上项目48个，可新增年开票销售95亿元，为工业经济新常态下新发展增强新的动力和后劲。

新攻势　新起点

项目建设新攻势是加强项目建设的新起点。要连续作战，扩大战果，夺取新常态下项目建设的“七战七捷”，推动工业经济有质量有后劲可持续发展。

一、组织新一轮的攻势。战斗正未有穷期。新攻势要再接再厉，速战速决，打响五个硬仗：加速推进预审项目快核准。安排专人抓紧到位。加速推进核准项目快开工。着重抓好凤飞门业防火门、仙湖数控机床等重点项目，明确专人对接协调，及早启动。加速推进在建项目快竣工。强化“定点、定量、定时、定人”服务，确保按序时推进。加速推进“慢”项目“问题”项目快上马。分别情况，精准发力：属企业的问题，由区镇包干解决；属区镇的，搭建专门班子，限期突破；须县里解决的，提请县专题办公会研究解决。对停滞项目，必须果断处置。加速推进主阵地建设快达标。两区瞄准县交目标，加强攻势，扩大阵地，确保完成。

二、着力提高技改项目的质量、水平。要以提质增效为中心，走上符合实际、科学发展的技改“快车道”，促进技改由单纯设备更新为主向应用新技术、新工艺、新装备、新材料转变。启动以减员增效、减耗增效、减能增效、减污增效和提高劳动生产率、优质产品率为主要内容的“四减两提高”现代制造技改行动，加快现代制造替代传统制造、“机器红利”替代“人口红利”进程，促进“工业制造”向“工业智造”转变，实现发展方式的根本性转变。

三、打胜攻坚克难歼灭战。以破解工程建设办证、用地难为突破口，组织强攻，定点爆破，集中火力围歼突出问题，提高解决问题的针对性时效性。要把解难的实绩作为机关服务项目建设考核的硬指标，严格考核。责任部门单位要负主责，勇担当，紧盯问题，一抓到底。对未到位的，必须问责追责。要着力破解项目用地难题。用足增量。实行政策倾斜保重点，将有限的计划用地用在刀刃上。争取流量。凡省政府重大项目，积极跑省争取留用指标。盘活存量。利用闲置土地开展项目合作，实现“零地招商”和项目重组。全县盘活闲置低效用地2000亩以上。切实做好用地超前服务，强化用地批后监管，督促用好用足土地资源，提升节约集约用地水平。

四、完善项目服务长效机制。强化优化服务，实现“三促进”：高标准建好综合服务平台，促进行政服务全方位一体化。完善“一个窗口”办理“一条鞭”配套化服务，加强窗口硬软件建设，不仅让基层少跑路，而且把事情办妥帖，努力打造多功能、高效率，工作最优、群众满意的平台。完善并联审批服务机制，促进项目审批提质增效。在“四变”上下功夫：变被动服务为主动服务，变坐等审批为上门服务，变机关办理为现场“一车式”服务，变定期会办为急事急办，进一步提高联合会办、联合踏勘、联合审图、联合验收的并联服务质量时效。三是推行全程代理代办制，促进项目服务上水平。选配区镇项目行政审批代办员，建立专业队伍；搞好人员队伍的政治思想、业务能力建设，明确落实导办协办代办服务的职责任务；开展“全程代办、及时会办、联合办理、限时办结、跟踪督办”的全程代办无偿服务，实现项目“当周开业、百天开工、当年投产”的落地速度。

五、继续争取省市重大项目。加强政策导向。用好用足市政府新引进优质重大项目加分政策，以政策引导大投入，调动上大项目好项目的积极性。继续抓好重大项目申报工作。目前已排的投资50亿元的龙源海上风力发电、投资30亿元的中瑞南科纯电汽车、投资20亿元的圣德曼铸造汽车零部件、合迪

科技铝合金模板、华一纺织新型纺织复合材料，投资10亿元的奥狮汽车制造专用汽车装配等7个重大项目，要抓紧完善手续，确保早日进入市滚动项目库。加紧铁锚玻璃，华诚中本，东村科技，弘盛新材料，上汽集团，南北共建常安现代纺织科技园，天楹环保，中意生态园，欧亚货物集散基地等项目的跟踪对接，力争进入省笼子。

六、进一步强化项目建设的领导。工业立县，项目强工。打好项目建设总体战、夺取新攻势"七战七捷"，关键在领导。全县上下要充分认识当前时和势于我有利、发展战略机遇期仍然存在、抓项目就是抓发展，始终保持定力，增强信心，不失时机抓牢项目建设这个牛鼻子、硬任务，强化领导，靠前指挥，冲锋陷阵，赢得决战决胜。并以此为新起点，永吹冲锋号，部署新攻势，以大投入大产出促进工业新发展新跨越，完成和超额完成"十二五"各项指标，实现"十三五""开门红"。

（王秀和　陈　楷　王　勇　周启玉　倪　明　王建军　晓　理）

实施人才强县战略　大力推进工业人才集聚工程建设

县工业经济发展研究中心课题组

科学技术是第一生产力，人才是推进科技进步和知识创新的主力军。在影响经济社会发展的诸多因素中，人力资源已成为关键要素，谁拥有人才，谁就会在激烈的市场竞争中赢得主动。推进人才集聚，优化人力资源配置，就会把握发展机遇，有力地促进区域经济持续健康发展，提升经济社会的综合实力，在新常态下实现未来发展的宏伟目标。多年来，我县加强人才队伍建设，特别是在推进工业人才集聚的实践中做了积极探索，并取得一定成效。

一、大力集聚和优化人力资源，为我县工业经济创新发展提供了有力的人才和智力支撑

多年来，我县各级领导高度重视加强人才队伍建设工作，坚持把"创新驱动，人才强县"作为县域经济社会发展的主战略，围绕建设较高素质的企业人才队伍的目标，认真研究制定人才资源发展规划，在实施过程中，采取多项举措推进工业人才集聚工程建设，积极探索和创新人才成长的新机制，促进人才与产业的良性互动，全县经济社会事业持续健康发展，连续4年获全省人才工作先进县荣誉称号，实现全国科技进步县"五连冠"，在今年全国县域经济最具创新力50强中，排名第5位。我县推进工业人才集聚工程建设取得一定成效，给我们的启示主要有以下几点：

（一）精心打造特色园区，为工业人才集聚提供了良好环境

我县打造长三角北翼最具竞争力的新型工业化基地具有良好的区位环境、产业基础和平台优势。从1996年以来，已先后创建了国家级经济技术开发区、省级高新技术开发区、滨海新区，以及3个中心镇和其他各镇创建的数十个特色园区和国家、省、市级特色产业基地。产业板块和产业集群企业的集聚与人才集聚互动，产生了良好的集聚效应。产业的专业化分工协作，信息的互联互通，现代服务业的配套与完善，浓厚的创新创业氛围，促进了产业结构的调整和优化，加快了企业转型升级的步伐。在开发区中意合作共建的国家级"中意海安生态园"内，入住的常安现代纺织科技园，是我县与常熟市政府合作获批的省级南北共建园区，围绕努力实现"国际一流，国内第一"生态、环境、节能、低碳的现代纺织示范园区目标定位，县开发区高起点规划，投资18.2亿元的高标准基础设施建设已按期完成。目前，入园企业已达12家，入园企业项目总投资70亿元，设备投入20亿元，一大批精英企业经营管理和高技能人才云集，继续入园企业项目全部建成投产后可实现年销售收入180亿元。

（二）把握产业牵引规律，以项目为载体带动工业人才集聚

为努力实现我县"十二五"国民经济社会发展目标，在新常态下，加速新型工业化的进程，调整优化工业产业结构，实施科技创新，是工业经济创新发展的重中之重。县、区镇各工业行业分工部门协同企业在招商引资中，把握产业牵引规律，注重优选项目与引才引智相结合，以项目为载体招引优秀人才，使科技创新取得显著成效。林丰顺是山东省菏泽市人，毕业于吉林大学，2003年，在攻读完国际贸易专业研究生后，他加盟江苏通润集团。2005年，经我县引荐，他带着项目总投资2亿元创办的南通通润汽车零部件有限公司在海安开发区落户，于2012年正式投产，当年就实现销售额3.3亿元，2015年销售额达5.03亿元，其中出口创汇5000多万元，成为我县汽车零部件企业的主力军。目前，公司产品覆盖全球140多个国家和地区，2013年，通润公司在行业内雄踞全球榜首。公司旗下的千斤顶系列产品先后被评为"江苏名牌产品"、"中国名牌产品"，被商务部列为国家重点培育和发展的出口品牌。该公司现在拥有本科以上学历研发人员30多名，其中博士1名，研究生2名。前两年，通润公司共申请实用新型及发明专利20余项，其中有3项发明专利，12项实用新型专利获得授权，已先后申报获批成立南通市通润汽车千斤顶工程技术中心、省级工程技术中心。2013年12月，通润公司的第三期项目工程又与英国一家公司研究中心合作，开发的手刹制动器总成项目已成功签约，公司规划投资2亿元，现已启动建设，预计2017年建成投产，届时有望实现年销售额10亿元。

(三)扩大开放交流合作,不断提升工业人才集聚的层次

一是借力2011年在我县落户的国家级“国际科技合作基地”平台,以开展合作研究、联合开发、共建实验室、科技人员受聘出国工作、合资创建高新技术企业等科技与经济一体化合作方式,积极引导企业参与国际科技交流合作,引进消化、吸收、转化国外先进技术和科技成果。几年来,全县先后实施国际科技合作项目90多项,其中20多项获得国家、省国际科技合作项目主项;二是积极组织赴外招聘。前3年,县人社局、发改委等部门共组织892家次重点企业赴外各类专场招聘活动97场,会同区、镇共引进高校毕业生12975人;三是强化人才交流合作。我县先后与5个国家级人才市场、8大人才基地、30多所高校院所建立了全面人才合作关系,有20多所高校在我县建立了实习与就业基地,先后组织了“两院院士海安行”“海外高层次人才海安行”“上海欧美同学会专家海安行”“30多所重点高校海安行”“高校学生处长海安行”等系列活动,促进企业与高校、专家开展人才和项目对接;四是加强人才载体建设。在县领导同志的主持下,去年,我县召开了第五届长三角海归创新创业圆桌会议暨中国海安首届高端人才高新项目洽谈会,成立了“长三角海归创新创业海安基地”和“上海市杨浦(海安)工业园人才服务工作站”。截至去年,全县共建立省级院士工作站4家、国家级博士后工作站1家、省级博士后创新实践基地5家、省级留学人员创业园1家;五是开展“学子归巢”活动。近年来,县人社局会同教育等部门深入推进“学子归巢”活动,举办了春节返乡大学生专题招聘会,积极引导高三毕业生与重点企业签订委托培养协议;六是上下整体联动。县人社局每周组织各区、镇对企业缺工情况调查摸底,并督促和指导区、镇通过举办专场招聘会、组织赴外地招工、加强劳务基地建设等措施,并在招聘中重点引进技能人才。

(四)运用多种培养方式,提高了各类人才的整体素质

我县工业行业为了不断提高各类人才的知识和能力水平,运用多种培养方式培养人才。引进和聘请高层次领军人才组成企业研发团队,指导开展科技创新;安排经营管理和专业技能人员到高等院进修学习;与高等院校开展合作,以资助方式与校方签订委培合作协议,学生毕业生定向到委托方企业就业工作;与院校开展交流合作,建立毕业生实际基地,超前协商选定毕业生到企业工作,充实工业人才队伍;企业制定计划,按专业分批分期举办岗位员工培训;组织企业人员参加企业经营管理、科技创新等研讨活动,邀请专家学者、企业家作专题讲座;组织参加国内外考察学习活动,扩大视野,吸取先进科学技术知识和经营管理经验为企业所用。南通建陵纳米科技有限公司董事长姜兴茂,扬州人,美国新墨西哥大学化学工程博士,我国第八批国家“千人计划”特聘专家,江苏省特聘教授,江苏省高层次创新创业人才,江苏省中青年创新创业促进会理事。2013年,他被海安创新创业的良好氛围和优秀高效的政务服务环境所打动,毅然带领自己的创新团队来到海安,创办的实体公司专注于“导电银浆、抗菌涂料用高性能超细银粉”的项目研发,此项目的技术达到国内领先水平。作为高新技术企业,他十分重视创新团队的人才培养,建立了“行为”和“运作”的规范化管理模式,将公司经营管理形成30类制度规范体系,按照岗位职责对每个员工实施责任制考核,形成环环紧扣的“管理链”。为提高员工的综合素质,营造良好的学习氛围。公司建立了标准较高的图书阅览室,征订了多种报刊、科技杂志及文学读物,每年仅此一项就投入6万多元。为提高员工的知识和能力水平,公司规定了员工每周读书学习的时间。他认为,作为创新型企业没有较高素质的人才团队,创新发展目标就难以实现,企业只有实施规范化经营管理,才能出人才、出质量、出名牌、出效益,为创新发展做贡献。

二、推进工业人才集聚和加强人才队伍建设需要探讨的几个问题

近几年来,在各级领导高度重视、各部门大力支持和各行业商会等组织与企业的共同努力下,我县大力引聘和培养各类人才,优化和集聚了人才资源,为工业经济创新发展增进了实力。但是,应该看到,在全球经济快速调整和转型升级的大背景下,国内外市场竞争特别是人才的竞争十分激烈。在新常态下,要适应新常态,引领新常态,应对世界经济复杂多变的形势,策应和紧抓“一带一路”等多方面的发展机遇,实现我县经济的持续健康发展,我县在工业人才队伍建设方面尚有差距。从总体现状分析,有以下几点:

一是专业人才总量不足。随着新上工业项目的不断增加,特别是高新技术企业生产规模扩大,急需充实大量有专业知识和技术的企业员工。但是,从外地和本县招引的人员中,除30%左右是高等院校和中等职校的毕业生以及从外地多年打工回乡就业的熟练工外,其他多数是缺乏专业知识和操作技能的农民工。由于人力资源不足和不符合聘用条件等原因,去年全县企业缺工人数就有2000多人。

二是人才结构有待优化。目前,从工业企业人才的构成看,较为普遍的现状是“单一性”功能人才居多,“复合型”人才偏少。不少单一性专业人才由于受传统性用人方式的约束,缺乏转岗交流学习和实践锻炼,在企业产业结构调整和生产规模扩大后,对转入新岗位工作不够适应,工作积极性不高,甚至出现跳槽现象。

三是高技术高技能人才缺乏。较多企业科技研发能力比较薄弱,缺少科技创新带头人引领,产品更新慢,新产品名牌少,缺乏市场竞争能力,如不尽快充实科技人才,增加技改投入,进行产品结构调整,加强名牌建设,提高产品质量和效益,有些企业将难以为继。

四是用人制度不够完善。生产规模较小的企业用人比较灵活,但用人机制不够规范。不少企业尚无培养人才的具体规划,对人才的培养投入少,人才整体素质不高,重使用,轻培养,用人理念狭窄,导致有些能力较强的人在一个岗位上一干就是十多年,得不到提拔重用,从而影响了工作积极性。

五是新老交替青黄不接。近年来,不少企业的掌门人已陆续进入退休高峰期,仍在坚持工作。除部分企业“创二代”已逐步接班外,也有一些企业老总由于缺乏人才培养,目前找不到合适的人才接班,新老替代出现危机感,如不能顺利过渡,势必影响企业的生存和发展。

三、关于继续推进工业人才集聚工程建设的思考

（一）深化认识，在实践中确立人才工作的核心地位

人才集聚是一个地域最高级、最重要的要素，是人力资本在空间位置上的移动，是人才资源优化配置的先决条件。人力资源开发在经济社会发展中起着基础性、战略性、决定性作用。建设一支数量充足、结构合理、素质优良、具有开拓创新能力的人才队伍，直接关系到经济社会发展的水平，直接影响到经济发展目标的实现。只有集聚大量高素质人才，才能提高创新能力和发展水平，转变经济增长方式由粗放型向集约型转变，推动产业结构由劳动密集型向科技型转变。因此，必须清醒地认识到人才工作的重要作用，进一步确立人才工作的核心地位，把培养人才作为实现创新发展之基，把吸引人才作为实现创新发展之策，把用好人才作为实现创新发展之本，把人才集聚作为实现创新发展的根本保证。实施工业人才集聚工程建设，一定要把我县打造成人才集聚的高地，人才积淀的洼地、人才创新创业的福地，才能确保我县工业经济的持续健康发展。

（二）科学规划，明确工业人才集聚工程建设的导向

“十三五”将是继续扩大开放，全面深化改革的关键时期，也是在新常态下，我县实施科技创新、人才强县战略，实现跨越发展的战略机遇期。要赢得新一轮创新发展的主动权，必须把人才强县作为经济社会发展的主战略，把培养开发大批服务经济社会发展的创新型人才、高层次人才队伍建设作为第一要务。要明确导向，根据产业调整的总体布局和产业发展规模与发展目标的需要，突出企业主体，依据《国家中长期人才发展规划（2010—2020）》要求，认真研究制定《海安“十三五”人才发展规划》，实施人才优先发展的战略布局，适应产业结构调整和实施“走出去”的战略需要，特别是策应国家“一带一路”战略的发展新机遇，进一步加强工业人才集聚工程建设。在工业行业人才结构布局中，要重点培养高级技术人才、高级技能人才和高层次“复合型”经营管理人才。在人才引进中要着力引聘国内外高层次科技领军人才和专业性科技研发团队。

（三）开阔视野，运用多种方式引进急需人才

在新常态下，为努力实现下一轮“十三五”时期我县工业经济的奋斗目标，要抓住创新发展的机遇，继续大力推进工业人才集聚工程建设，优化人力资源配置，进一步开阔视野，以产业为导向，运用多种方式引进各类急需人才。要坚持近期与长远发展相结合，引进与培养相结构，造就和壮大一支工业战线较高素质的人才队伍。一是发挥人力资源市场招聘人才的主体作用。县人社局要以人力资源市场为平台，为全县招聘各类人才创新举措，发挥引领的重要作用。要进一步完善人力资源信息体系建设，超前掌握产业发展动态要求，及时发布人才信息，扩展外地人力资源基地，组织工业重点企业与外地院校合作选聘招引专业人才；二是依托产业项目以特色园区为载体，实施“双招双引”结合，既招商引资又招才引智。要充分发挥产业重大项目龙头企业的辐射和带动功能，以完善“全产业链”为目标，以专业化分工和开展相互紧密合作为纽带，为产业集群和人才集聚招引更多的配套项目和优秀人才；三是加强载体平台建设。要大力推进产学研合作，县、区镇各分工部门要继续组织和引导企业与知名高校院所、地方职业学校，积极开展产学研合作，引进或聘请高层次科技人才，开展科技成果转让和培养企业研发人才，做到合作共赢；四是积极开展人才交流合作活动。要继续开展“两院”院士、教授、知名专家“海安行”活动。要策应国家“一带一路”发展战略机遇，“走出去”开展国际交流合作，以共建合作项目为载体，学习先进科学技术，提高人才的科技创新水平和现代企业管理经验。

（四）注重培养，进一步提高人才队伍的综合素质

人力资本投入是最重要的资源投入，要建设优秀的人才队伍关键在于人才的培养。一是制定人才培训规划。政府主管部门与有关部门要通力合作，引导和帮助各行业企业认真研究制定人才培养规划和年度实施计划，落实各类人才培养对象、培训方法及培训经费，使培训工作分期有序进行；二是县内组织培训可委托县职教中心、技工学校、职业中专校协助做好培训工作；三是与高等院校开展合作。根据企业培养人才需要，开展课程设置培养专业人才，或由企业提出课程计划，委托相关院校实施，或采取订单培养以企业为实习基地，双方签订合作协议，按协议要求培养合格人才；四是建立实习基地。企业根据人才需求，主动与高等院校联系，提出急需的专业用人计划，引导和组织毕业生到专业对口的企业实习，就业前在毕业生自愿的前提下，实行“双向”选择。

（五）完善机制，营造人才集聚的社会环境

人才集聚和人才培养的目的是充分发挥人才的潜能，做到人尽其才，才尽其用，为企业发展做贡献，同时实现人才自身追求的价值。一是创新用人机制。要建立有利于优秀人才脱颖而出的选拔使用机制，在人才选拔上，形成公开平等、竞争择优的选人机制，坚持公道正派、唯才是举的用人导向，充分调动人才的积极性；二是优化人才创新创业环境。要认真贯彻执行县委、县政府在“十一五”以来先后出台的《关于大力加强人力资源开展的意见》《关于吸引优秀人才来海安工作的实施意见》《海安县“人才特区”试点工作意见》《关于鼓励和扶持大学生在海安创业的实施细则》《县政府关于进一步促进创新就业和创建省级创业型县的实施意见》以及补充意见等多个文件精神，检查和监督执行落实到位情况，完善人才制度机制，努力做到人才引得进，用得好、容得住、留得下；三是妥善处理好企业人才新老交替问题。我县“本土企业”要十分重视各层次人才的培养，特别对掌管企业的接班人应超前酝酿，在实践中培养和锻炼成长。私营个人独资企业如无合格的“创二代”接班，应及早聘请职业经理人。要打破传统式的家族企业用人机制，用现代企业管理方式赢得企业的持续发展。

（王文蔚　陈　均　肖开凡）

文件选目

2015年中共海安县委重要文件题录

表 43

文　　号	发文单位	文件名称
海委〔2015〕18 号	县委、县政府	关于在全县深入开展“三治三促”机关作风效能建设主题教育活动的实施意见
海委〔2015〕38 号	县委、县政府	关于印发海安县支持机器人产业发展政策意见的通知
海委办〔2015〕22 号	县委办公室印发	关于强化基层党组织政治功能做好在服务中教育引导群众工作实施意见的通知
海委发〔2015〕6 号	海安县委	关于贯彻落实党的十八届四中全会精神全面推进依法治县的实施意见
海委发〔2015〕8 号	海安县委	关于印发《中国共产党海安县第十二届委员会第八次全体会议决议》和《陆卫东同志在县委十二届八次全体会议上的报告》的通知
海委发〔2015〕9 号	海安县委	《关于建立全面推进依法治县工作领导责任制的实施办法(试行)》的通知
海委办〔2015〕31 号	县委办公室	关于严格执行《江苏省党员领导干部践行“三严三实”三十条行为规范》的意见
海办发〔2015〕75 号	县委办公室、县政府办公室	关于推进我县农村集体经济组织产权制度改革的试点意见
海办发〔2015〕50 号	县委办公室、县政府办公室	关于印发海安县 2015 年文明城市建设长效管理工作考核办法的通知
海办发〔2015〕65 号	县委办公室、县政府办公室	关于印发海安县 2015 年农作物秸秆禁烧禁抛与综合利用工作方案的通知
海办发〔2015〕70 号	县委办公室、县政府办公室	关于印发海安县城区“现代、精致、增绿、便民”工程实施方案的通知

2015 年海安县人民政府重要文件题录

表 44

文　　号	发文单位	文件名称
海政办发〔2015〕2 号	县政府办公室	关于印发 2015 年重点工作和为民办实事项目督查办法的通知
海政办发〔2015〕15 号	县政府办公室	关于印发海安县 2015 年农村环境长效管理和村庄环境整治工作考核办法的通知
海政办发〔2015〕38 号	县政府办公室	关于印发海安县一二级河道渔具及沉船整治实施方案的通知
海政办发〔2015〕58 号	县政府办公室	关于印发海安县 2015 年环境保护大检查实施方案的通知
海政办发〔2015〕71 号	县政府办公室	关于印发海安县 2015 年保障性安居工程建设实施方案的通知
海政办发〔2015〕114 号	县政府办公室	关于印发智慧海安(免费公共 wifi)工作实施方案的通知
海政办发〔2015〕89 号	县政府办公室	关于印发海安县大气污染防治行动计划实施方案的通知
海政发〔2015〕28 号	县政府	关于 2015 年加快推进农业基本现代化建设若干政策的意见
海政发〔2015〕39 号	县政府	关于 2015 年全县工业经济稳增长促发展若干补充意见
海政发〔2015〕47 号	县政府	关于印发海安县土地利用“五化并进”行动实施方案的通知
海政发〔2015〕58 号	县政府	关于进一步推进社会养老服务体系建设加快养老服务业发展的实施意见
海政规〔2015〕1 号	县政府	关于印发海安县公共租赁住房管理暂行办法的通知

统计资料

2015年各区镇部分经济指标

表45

名　称	国内生产总值（万元）	现价工业总产值（万元）	现价农业总产值（万元）	主要农作物		
				粮食(万吨)	棉花(吨)	油料(吨)
高新区	2247331	10153020	177441	8.25	0	3487
开发区	1607739	6810000	165324	8.42	0	2241
曲塘镇	748141	3111389	109972	8.35	0	1721
李堡镇	468586	1117330	90005	5.68	0	968
滨海新区	361521	663813	136070	5.49	0	1032
大公镇	391155	857509	108668	6.03	0	277
雅周镇	186004	281598	73865	5.80	0	2643
白甸镇	182293	434358	31096	2.62	0	623
南莫镇	191403	720008	62597	4.91	0	665
墩头镇	410285	1258656	106823	8.07	0	1529

2015各区镇第三产业增加值完成情况

表46　　单位：万元

区镇名	完成数	区镇名	完成数
高新区	970408	大公镇	169770
开发区	721097	雅周镇	86735
曲塘镇	354369	白甸镇	85956
李堡镇	221127	南莫镇	81738
滨海新区	152697	墩头镇	190137

2015年各区镇规模工业产销情况

表47　　单位：万元

区镇名	销售收入	利税总额	区镇名	工业销售收入	利税总额
高新区	8409672	1086560	大公镇	748449	56322
开发区	5910640	652150	雅周镇	228002	12437
曲塘镇	1605323	187478	白甸镇	350052	22050
李堡镇	451545	29830	南莫镇	348564	7106
滨海新区	511970	45763	墩头镇	950196	143102

2015年全县固定资产投资完成情况

表48

单位:万元、万平方米

指标名称	完成数	±%	指标名称	完成数	±%
一、固定资产投资	5100042	13.6	二、新增固定资产总额	3176366	-4.1
其中:民营投资	4754806	9.2	三、房屋施工面积	591.34	0.2
其中:第一产业	12333	-69.6	房屋竣工面积	180.94	113.7
第二产业	3174350	10.8	四、商品房合同销售面积	74.05	17.3
#工业	3174350	10.8	商品房屋合同销售额	406292	7.7
第三产业	1913359	20.8	商品房空置面积	114.67	91.3
#房地产	547595	4.3			

劳动工资基本情况

表49

指标	单位	2015年	2014年	±%
一、在岗职工年末人数	人	166079	189659	-12.4
1.国有单位人数	人	18267	18329	-0.3
2.城镇集体单位人数	人	1267	1274	-0.4
3.其他经济类型单位人数	人	146545	170056	-13.8
二、在岗职工全年工资总额	千元	10565560	10845550	-2.6
1.国有经济单位职工全年工资总额	千元	1654323	1437657	15.1
2.集体经济单位职工全年工资总额	千元	53268	56960	-6.5
3.其他经济类型职工全年工资总额	千元	8857969	9350933	-5.3
三、在岗职工年平均人数	人	165123	181166	-8.9
1.国有经济单位职工平均人数	人	18201	18246	-0.2
2.集体经济单位职工年平均人数	人	1229	1265	-2.8
3.其他经济单位职工年平均人数	人	145693	161655	-9.9
四、在岗职工年平均工资	元	63986	59365	7.8
1.国有单位在岗职工年平均工资	元	90892	78793	15.4
2.集体单位在岗职工年平均工资	元	43343	45028	-3.7
3.其他类型单位在岗职工平均工资	元	60799	57845	5.1

社会消费品零售总额

表50

指标名称	2015年	2014年	±%
社会消费品零售总额	247.39	221.95	11.5
其中:限额上	72.16	64.01	12.7
限额下	175.23	157.94	10.9

续表 50

指　标　名　称	2015 年	2014 年	±%
(一)按销售单位所在地分组			
城镇	163.69	146.74	11.5
农村	83.70	75.21	11.3
(二)按行业分组			
批发和零售业	213.91	191.99	11.4
住宿和餐饮业	33.48	29.96	11.8
商品销售总额	734.18	654.50	12.2
其中:批发业	490.78	437.18	12.3
零售业	243.40	217.32	12.0
其中:限额上	279.83	263.74	6.1
限额下	454.35	390.76	16.3
贸易业零售额	212.43	190.59	11.5
其中:批发业	22.44	20.12	11.5
零售业	189.99	170.47	11.5
其中:限额上	62.15	55.45	12.1
限额下	150.28	135.14	11.2

2015 年城镇常住居民家庭基本情况(抽样调查)

表 51

指　标　名　称	单位	指标值	增长%
调查户数	户	100	0.0
户均人口	人	3.20	3.4
户均就业	人	1.89	2.5
人均可支配收入	元	34445	9.0
人均消费性支出	元	21611	7.4
食品	元	6191	7.8
衣着	元	1756	5.8
居住	元	3464	5.1
家庭设备及服务	元	1221	6.2
医疗保健	元	1361	7.7
交通和通讯	元	2953	10.3
娱乐教育文化服务	元	4034	7.5
其他商品和服务	元	631	8.8
每百户耐用消费品拥有量			
家用汽车	辆	61	8.9

续表 51

指　标　名　称	单位	指标值	增长%
电冰箱	台	105	0.0
洗衣机	台	109	1.9
热水器	台	123	1.7
空调器	台	258	2.0
固定电话	部	86	-10.4
移动电话	部	269	8.5
家用电脑	台	127	5.8

2015 年农村常住居民家庭基本情况(抽样调查)

表 52

指　标　名　称	单位	指标值	增长%
调查户数	户	100	0.0
户均人口	人	3.32	1.1
户均就业	人	2.19	0.5
人均可支配收入	元	16549	9.2
人均消费性支出	元	13559	8.9
食品	元	4267	9.2
衣着	元	768	7.3
居住	元	2144	7.7
家庭设备及服务	元	842	6.9
医疗保健	元	969	9.2
交通和通讯	元	1801	10.9
娱乐教育文化服务	元	2454	9.0
其他商品和服务	元	314	11.3
每百户耐用消费品拥有量			
家用汽车	辆	23	35.3
电冰箱	台	116	6.4
洗衣机	台	96	1.1
热水器	台	108	3.8
空调器	台	141	18.5
固定电话	部	92	-6.1
移动电话	部	248	3.3
家用电脑	台	64	3.2

物价指数

表 53

指　标	2015 年	2014 年	指　标	2015 年	2014 年
一、居民消费价格总指数	101.2	101.5	(四)家庭设备及维修服务	101.3	103.1
(一)食品	103.0	101.2	(五)医疗保健和个人用品	110.2	103.7
其中:粮食	101.7	103.0	(六)交通和通讯	94.1	98.7
肉禽及其制品	106.4	97.7	(七)娱乐教育文化用品及服务	102.3	102.2
水产品	102.2	102.6	(八)居住	96.5	101.1
菜类	109.0	90.7	二、商品零售价格总指数	100.1	100.9
(二)烟酒及用品	102.0	98.2	三、农业生产资料价格指数	96.6	99.2
(三)衣着类	105.0	104.9			

注:以上年同期价格为 100 计算

2015 年各区镇农业总产值、增加值情况

表 54　　单位:万元

区镇名	农林牧渔业总产值						农林牧渔业增加值					
	合　计	种植业	林业	畜牧业	渔业	农林牧渔服务业	合计	种植业	林业	畜牧业	渔业	农林牧渔服务业
高新区	177441	68821	445	87351	4736	16088	91386	44828	255	33378	3596	9329
开发区	165324	72903	707	74198	3697	13819	90681	49365	382	30241	2773	7920
曲塘镇	109972	39028	364	55420	3733	11427	58848	28791	176	20515	2786	6580
李堡镇	90005	42565	54	39633	2006	5747	52020	29992	33	17001	1525	3469
滨海新区	136070	57895	122	23679	46767	7607	78231	35686	74	10166	27178	5127
大公镇	108668	35111	426	64804	1720	6607	56347	23829	269	27149	1342	3758
雅周镇	73865	30516	136	34793	1062	7358	38455	21904	84	11804	796	3867
白甸镇	31096	12446	228	7898	4568	5956	18945	9029	116	3286	3426	3088
南莫镇	62597	23190	223	29495	3689	6000	33448	16547	121	10920	2804	3056
墩头镇	106823	36853	526	45685	14426	9333	61672	26717	284	17871	11541	5259

农业生产情况(一)

表 55

指　标	单位	2015 年	2014 年	±%
一、农业				
1.粮食合计	吨	641069	641249	-0.03
(1)谷物	吨	628480	628467	0.00
①稻谷	吨	365428	366214	-0.21
②小麦	吨	244206	243791	0.17
③玉米	吨	17861	17613	1.41

续表 55

指　　标	单位	2015 年	2014 年	±%
④其他谷物	吨	985	849	16.02
(2)豆类	吨	10912	11027	−1.04
①大豆	吨	9918	9644	2.84
②蚕豌豆	吨	885	1247	−29.03
③其他豆类	吨	109	136	−19.85
(3)薯类(5 折 1)	吨	1677	1755	−4.44
2.棉花	吨	0	12	−100.00
3.油料	吨	15196	15301	−0.69
(1)花生	吨	1833	1723	6.38
(2)油菜籽	吨	13356	13571	−1.58
(3)其他油料	吨	7	7	0.00
4.瓜类(含果用瓜)	吨	44838	33874	32.37
5.蔬菜(含菜用瓜)	吨	621614	593988	4.65
二、牧业				
1.生猪全年饲养量	万头	121.43	126.77	−4.21
生猪年末存栏	万头	49.19	50.1	−1.82
其中:母猪	万头	4.39	4.57	−3.94
生猪上市量	万头	72.24	76.67	−5.78
2.羊子年末存栏量	万只	46.1	47.81	−3.58
羊子上市量	万只	57.22	59.62	−4.03
3.家兔年末存栏量	万只	7.15	9.53	−24.97
兔毛产量	吨	24	14	71.43
4.家禽全年饲养量	万只	3463	3533	−1.98
家禽年末存栏	万只	1610	1651	−2.48
家禽上市量	万只	1853	1882	−1.54
禽蛋产量	吨	216617	221947	−2.40
5.蚕茧产量	吨	9100.01	10679	−14.79
三、渔业				
水产品总产量	吨	47768	34592	38.09
1.海水产品产量	吨	10024	9801	2.28
2.淡水产品产量	吨	37744	24791	52.25

农业生产情况(二)

表 56　　　　单位:万元

指　标	单位	2015 年	2014 年	±%
农林牧渔业产值(现行价)	万元	1081225	1027132	5.27
一、农业产值	万元	430473	413627	4.07
其中:1.粮食作物	万元	191340	193376	-1.05
2.棉花	万元	0	20	-100.00
3.油料	万元	6343	7349	-13.69
4.蔬菜	万元	181141	161023	12.49
5.其他	万元	51649	51859	-0.40
二、林业产值	万元	3234	3143	2.90
三、牧业产值	万元	464796	444475	4.57
其中:1.生猪	万元	124876	102262	22.11
2.家禽	万元	34467	30222	14.05
3.禽蛋	万元	188855	185034	2.07
4.蚕茧	万元	40915	48015	-14.79
5.其他	万元	75683	78942	-4.13
四、渔业产值	万元	90773	83117	9.21
其中:1.海水产品	万元	20004	19013	5.21
2.淡水产品	万元	70769	64104	10.40
五、农林牧渔服务业	万元	91949	82770	11.09
现价农业增加值	万元	590017	559968	5.37
一、农业	万元	293476	282036	4.06
二、林业	万元	1795	1743	2.98
三、牧业	万元	182925	174417	4.88
四、渔业	万元	59514	54491	9.22
五、农林牧渔服务业	万元	52307	47281	10.63

2015 年农村基本情况

表 57　　　　单位:个、户、人

区镇名	行政村个数(个)	村民小组个数(个)	年末乡村户数	年末乡村人口	乡村实有从业人员	1、农林牧渔从业人员	2、工业从业人员	3、建筑业从业人员	4、交通邮政仓储从业人员	5、信息传输、计算机服务和软件业从业人员	6、批发与零售业从业人员	7、住宿和餐饮业从业人员	8、金融、保险业从业人员	9、房地产、社会服务业从业人员	10、卫生、体育和社会福利业从业人员	11、教育、文化、艺术和广播电视从业人员	12、科研综合和综合技术服务事业从业人员	13、乡经济组织管理从业人员	14、其它从业人员
合　计	207	5097	248818	704751	374462	69765	110504	83903	31602	1019	34169	10724	1725	5921	1689	1420	655	1585	19781
高新区	40	967	48789	133074	74377	11719	21238	16237	5717	320	7376	3930	574	1786	499	481	47	351	4102
开发区	31	725	37864	122312	64719	8578	20356	14463	9094	259	6146	1913	280	1643	242	252	216	239	1038

续表 57

区镇名	行政村个数(个)	村民小组个数(个)	年末乡村户数	年末乡村人口	乡村实有从业人员	1、农林牧渔从业人员	2、工业从业人员	3、建筑业从业人员	4、交通邮政仓储从业人员	5、信息传输、计算机服务和软件业从业人员	6、批发与零售业从业人员	7、住宿和餐饮业从业人员	8、金融、保险业从业人员	9、房地产、社会服务业从业人员	10、卫生、体育和社会福利业从业人员	11、教育、文化、艺术和广播电视从业人员	12、科研综合和综合技术服务事业从业人员	13、乡经济组织管理从业人员	14、其它从业人员
曲塘镇	26	644	29635	79126	40199	8731	13558	9279	3141	60	3561	811	66	499	92	86	18	162	135
李堡镇	18	452	23242	64865	34611	6649	8583	8420	3266	53	3644	615	78	149	122	115	61	128	2728
滨海新区	20	393	20513	59495	31656	6875	8506	7346	1947	81	2366	898	193	154	174	85	45	98	2888
大公镇	12	440	18016	54252	25916	4896	8497	5725	1719	62	2817	430	137	96	107	84	38	131	1177
雅周镇	15	389	18826	55676	28994	6693	7625	7291	1752	38	2682	467	93	45	69	72	30	132	2005
白甸镇	10	204	11018	28984	15721	3345	6202	2445	371	25	702	278	24	1256	53	45	22	74	879
南莫镇	16	389	17741	45983	24719	4947	6132	6055	1952	41	2142	579	108	83	144	71	94	116	2255
墩头镇	18	484	22406	58908	32164	6279	9645	6537	2623	80	2728	803	172	210	187	129	84	148	2539
场　圃	1	10	768	2076	1386	1053	162	105	20	0	5	0	0	0	0	0	0	6	35

2015 年各区镇生猪、家禽、羊子饲养情况区镇名

表 58

区镇名	生猪(头)		家禽(万羽)		羊子(只)	
	出栏	存栏	出栏	存栏	出栏	存栏
高新区	145641	108684	361.61	316.08	85962	69105
开发区	101452	65112	332.78	281.42	113270	101865
曲塘镇	82384	49624	256.69	190.59	33089	26696
李堡镇	59365	40512	159.36	140.02	71945	55284
滨海新区	41822	26555	122.39	105.60	52093	49162
大公镇	72540	43332	219.06	209.04	98070	92243
雅周镇	118227	86698	113.03	71.28	18054	13157
白甸镇	9226	8263	13.64	29.25	17370	9844
南莫镇	32737	16653	78.84	72.91	40061	22908
墩头镇	54974	43061	190.92	188.48	41511	19973

(县统计局供稿)

索 引

Index

凤山书院　章　丽绘

◎ 责任编辑　张　梅

说　明

一、索引采用主题分析索引方法，依据首字汉语拼音字母同音字同词语顺序排列。

二、主题词后的数字表示内容所在的页码，有几个数字的表示同一主题的内容在不同的页码，数字后面的a、b、c分别表示从左至右主题词所在栏别。栏目、分目、概况、组织机构等条目重复较多不收入索引，文字通栏排版，不注栏别。表、媒体聚焦海安不注栏别。

A

B

C

D

E

F

G

H

J

K

L

M

N

P

Q

R

S

T

W

X

Y

Z